Padrões para Design de API

```
P124    Padrões para design de API : simplificando a integração com
        troca de mensagens de baixo acoplamento / Olaf
        Zimmermann... [et al.] ; tradução : Eveline Vieira Machado ;
        revisão técnica : Henrique Brodbeck.– [São Paulo]: Pearson ;
        Porto Alegre :  Bookman, 2025.
        xxxiii, 508 p. : il. ; 25 cm.

        ISBN 978-85-8260-660-5

        1. Serviços da web. 2. Arquitetura orientada a serviços.
        I. Zimmermann, Olaf.

                                                    CDU 004.738.52
```

Catalogação na publicação: Karin Lorien Menoncin – CRB 10/2147

Olaf Zimmermann
Mirko Stocker
Daniel Lübke
Uwe Zdun
Cesare Pautasso

Padrões para Design de API

Simplificando a Integração com Troca de Mensagens de Baixo Acoplamento

Tradução
Eveline Vieira Machado

Revisão técnica
Henrique Brodbeck
Professor do Instituto de Informática da
Universidade Federal do Rio Grande do Sul (UFRGS).

Porto Alegre
2025

Obra originalmente publicada sob o título *Patterns for API Design: Simplifying Integration with Loosely Coupled Message Exchanges*, 1st edition
ISBN 9780137670109

Authorized translation from the English language edition, entitled *Patterns for API Design: Simplifying Integration with Loosely Coupled Message Exchanges*,1st edition, by Olaf Zimmermann; Mirko Stocker; Daniel Lübke; Uwe Zdun; and Cesare Pautasso, published by Pearson Education, Inc, publishing as Pearson, Copyright © 2023 Pearson Education, Inc. All rights reserved. No part of this book may be reproduced or transmitted in any form or by any means, electronic or mechanical, including photocopying, recording or by any information storage retrieval system, without permission from Pearson Education, Inc.

Portuguese language edition published by GA Educação LTDA., selo Bookman, Copyright © 2025.

Tradução publicada sob contrato com a editora original Pearson Education, Inc. Todos os direitos reservados. O conteúdo desta obra não poderá ser reproduzida sob qualquer formato existente ou a ser desenvolvido, sem permissão da editora original Pearson Education, Inc.

A edição em língua portuguesa desta obra é publicada por GA Educação LTDA., selo Bookman, Copyright © 2025.

Coordenador editorial: *Alberto Schwanke*

Editora: *Simone de Fraga*

Preparação de originais: *Marina Carvalho Dummer*

Leitura final: *Mariana Belloli Cunha*

Arte sobre capa original: *Márcio Monticelli*

Editoração: *Clic Editoração Eletrônica Ltda.*

Reservados todos os direitos de publicação, em língua portuguesa, a
GA EDUCAÇÃO LTDA.
(Bookman é um selo editorial do GA EDUCAÇÃO LTDA.)
Rua Ernesto Alves, 150 – Bairro Floresta
90220-190 – Porto Alegre – RS Fone: (51) 3027-7000

SAC 0800 703 3444 – www.grupoa.com.br

É proibida a duplicação ou reprodução deste volume, no todo ou em parte, sob quaisquer formas ou por quaisquer meios (eletrônico, mecânico, gravação, fotocópia, distribuição na Web e outros), sem permissão expressa da Editora.

IMPRESSO NO BRASIL
PRINTED IN BRAZIL

Sobre os autores

Olaf Zimmermann é orientista de longa data, com doutorado em modelagem de decisão arquitetural. Como consultor e professor de arquitetura de *software* no Institute for Software, na Eastern Switzerland University of Applied Sciences, Suíça, ele se concentra em arquitetura ágil, integração de aplicativos, nativividade de nuvem, *design* orientado a domínio e sistemas orientados a serviço. No passado, atuou como arquiteto de *software* na ABB e na IBM, onde atendeu clientes de *e-business* e desenvolvimento de aplicações corporativas do mundo inteiro e trabalhou em sistemas e *middleware* de gerenciamento de rede. Olaf é Distinguished (Chief/Lead) IT Architect no The Open Group e coedita a coluna Insights na *Software IEEE*. É autor do livro *Perspectives on Web Services* e do primeiro IBM Redbook sobre Eclipse. Escreve para seu *blog* em ozimmer.ch e medium.com/olzzio.

Mirko Stocker é um programador de coração que não conseguiu decidir se gostava mais de desenvolvimento *front-end* ou *back-end*, então ficou no meio e descobriu que as APIs também têm muitos desafios interessantes. Ele cofundou duas *startups* no setor de tecnologia jurídica e, em uma delas, ainda é diretor administrativo. Esse caminho o levou a se tornar professor de engenharia de *software* na Eastern Switzerland University of Applied Sciences, onde pesquisa e leciona nas áreas de linguagens de programação, arquitetura de *software* e engenharia da *web*.

Daniel Lübke é arquiteto de *software* independente que presta consultoria e soluciona problemas de codificação, com foco em projetos de automação e digitalização de processos de negócios. Seus interesses são arquitetura de *software*, *design* de processos de negócios e integração de sistemas, que inerentemente requerem APIs para o desenvolvimento de soluções. Fez doutorado na Leibniz Universität Hannover, na Alemanha, em 2007, e trabalhou em muitos projetos do setor em diferentes domínios desde então. Daniel é autor e editor de vários livros, artigos e trabalhos de pesquisa, dá treinamento e regularmente se apresenta em conferências com temas de APIs e arquitetura de *software*.

Uwe Zdun é professor titular de arquitetura de *software* na Faculty of Computer Science, University of Vienna, Áustria. Seu trabalho se concentra em projeto e arquitetura de *software*, engenharia de *software* empírica, engenharia de sistemas distribuídos (microsserviços, sistemas baseados em nuvem, APIs e *blockchain*), DevOps e entrega contínua, padrões de *software*, modelagem de *software* e desenvolvimento orientado a modelos. Uwe trabalhou em muitos projetos de pesquisa e do setor nesses campos. Além de seus textos científicos, é coautor dos livros profissionais *Remoting Patterns – Foundations of Enterprise, Internet, and Realtime Distributed Object Middleware, Process-Driven SOA – Proven Patterns for Business-IT Alignment* e *Software-Architektur*.

Cesare Pautasso é professor titular do Software Institute da USI Faculty of Informatics, em Lugano, Suíça, onde chefia o grupo de pesquisa Architecture, Design, and Web Information Systems Engineering. Presidiu a 25ª Conferência Europeia sobre Linguagens de Padrões de Programas (EuroPLoP, 2022) e teve a sorte de trabalhar com Olaf por um breve período no IBM Zurich Research Lab, em 2007, depois de fazer seu doutorado na ETH Zurich, em 2004. É coautor de *SOA with REST* (Prentice Hall, 2013) e autopublicou a série Beautiful APIs, *RESTful Dictionary* e *Just Send an Email: Anti-patterns for Email-centric Organizations*, em LeanPub.

Agradecimentos

Agradecemos a Vaughn Vernon por todo seu *feedback* e incentivo durante o projeto do livro. É uma honra fazer parte da Addison Wesley Signature Series. Agradecimentos especiais também vão para Haze Humbert, Menka Mehta, Mary Roth, Karthik Orukaimani e Sandra Schroeder, da Pearson, por seu excelente apoio, e para Frank Leymann, por fazer o prefácio e dar *feedback* valioso sobre nosso trabalho. Nossa revisora, Carol Lallier, da Clarity Editing, tornou essa atividade demorada uma experiência gratificante e até mesmo agradável.

As histórias reais deste livro não teriam sido possíveis sem a cooperação dos projetos de desenvolvimento. Assim, gostaríamos de agradecer a Walter Berli e Werner Möckli, da Terravis, e Phillip Ghadir e Willem van Kerkhof, da innoQ, por suas contribuições e trabalho nessas histórias. Nicolas Dipner e Sebnem Kaslack criaram as versões iniciais dos ícones de padrões em seus projetos de qualificação e dissertação de pós-graduação. Toni Suter implementou grande parte dos aplicativos do estudo de caso Lakeside Mutual. Stefan Kapferer, desenvolvedor do Context Mapper, também contribuiu nas ferramentas MDSL.

Queremos agradecer a todas as pessoas que deram *feedback* sobre o conteúdo deste livro. Agradecimentos especiais a Andrei Furda, que contribuiu com o material de introdução e revisou muitos dos nossos padrões; a Oliver Kopp e Hans-Peter Hoidn, que aplicaram padrões, deram *feedback* e/ou organizaram vários *workshops* informais com colegas; a James Higginbotham e, novamente, a Hans-Peter Hoidn, que revisaram o manuscrito do livro.

Além disso, muitos colegas deram um *feedback* útil, especialmente os instrutores e os participantes do *workshop* de escritores da EuroPLoP 2017, 2018, 2019 e 2020. Agradecemos as seguintes pessoas por seus *insights* valiosos: Linus Basig, Luc Bläser, Thomas Brand, Joseph Corneli, Filipe Correia, Dominic Gabriel, Antonio Gámez Díaz, Reto Fankhauser, Hugo Sereno Ferreira, Silvan Gehrig, Alex Gfeller, Gregor Hohpe, Stefan Holtel, Ana Ivanchikj, Stefan Keller, Michael Krisper, Jochen Küster, Fabrizio Lazzaretti, Giacomo De Liberali, Fabrizio Montesi, Frank Müller, Padmalata Nistala, Philipp Oser, Ipek Ozkaya, Boris Pokorny, Stefan Richter, Thomas Ronzon, Andreas Sahlbach, Niels Seidel, Souhaila Serbout, Apitchaka Singjai, Stefan Sobernig, Peter Sommerlad, Markus Stolze, Davide Taibi, Dominic Ullmann, Martin

(Uto869), Uwe van Heesch, Timo Verhoeven, Stijn Vermeeren, Tammo van Lessen, Robert Weiser, Erik Wilde, Erik Wittern, Eoin Woods, Rebecca Wirfs-Brock e Veith Zäch. Também gostaríamos de agradecer aos alunos de várias edições das palestras HSR/OST "Advanced Patterns and Frameworks" e "Application Architecture", além da palestra da USI "Software Architecture". Apreciamos sua discussão sobre nossos padrões e seu *feedback* adicional.

Prefácio de Vaughn Vernon, editor da série

Minha série enfatiza o crescimento orgânico e o refinamento, que detalho mais abaixo. Faz sentido começar descrevendo a comunicação orgânica que tive com o primeiro autor deste livro, o professor doutor Olaf Zimmermann.

Como costumo me referir à Lei de Conway do projeto de sistemas, a comunicação é um fator crucial no desenvolvimento de *software*. Os projetos de sistemas não lembram apenas as estruturas de comunicação dos projetistas; a estrutura e a combinação de indivíduos como comunicadores são igualmente importantes. Elas podem levar de conversas interessantes a pensamentos estimulantes e, depois, continuar com a entrega de produtos inovadores. Olaf e eu nos conhecemos em uma reunião do Java User Group em Berna, Suíça, em novembro de 2019. Eu dei uma palestra sobre arquitetura e programação reativa e como ela é usada com *design* orientado por domínio (DDD, *domain-driven design*). Depois, Olaf se apresentou. Também conheci Stefan Kapferer, seu aluno de pós-graduação e, mais tarde, colega. Juntos, eles haviam projetado e construído organicamente o produto de código aberto Context Mapper, uma linguagem específica de domínio e ferramentas para DDD. Nosso encontro casual acabou levando à publicação deste livro. Contarei melhor essa história depois de descrever a motivação e o propósito da minha série de livros.

Projetei e fiz a curadoria da minha série com o objetivo de orientar os leitores em direção à maturidade no desenvolvimento de *software* e ao maior sucesso com práticas centradas nos negócios. A série enfatiza o refinamento orgânico com inúmeras abordagens – arquitetura e programação reativas, de objeto e funcionais; modelagem de domínio; serviços com tamanho certo; padrões; e APIs – e abrange os melhores usos das tecnologias subjacentes associadas.

A partir daqui, foco apenas em duas palavras: *refinamento orgânico*.

A palavra "orgânico" destacou-se para mim recentemente, quando um amigo e colega de profissão a utilizou para descrever a arquitetura de *software*. Ouvi e usei a palavra "orgânico" conectada ao desenvolvimento de *software*, mas não pensei nela com tanto cuidado como fiz quando combinei com outra: *arquitetura orgânica*.

Pense na palavra "orgânico", e até mesmo na palavra "organismo". Em geral, são usadas para se referir a coisas vivas, mas também servem para descrever coisas inanimadas que apresentam características que se assemelham a formas de vida. "Orgânico" tem origem grega. Sua etimologia faz referência a um órgão funcional do corpo. Se você ler a etimologia de "órgão", verá um uso mais amplo e, de fato, "orgânico" segue o mesmo caminho: órgãos do corpo; implementar; descrever uma ferramenta para criar ou fazer; um instrumento musical.

É fácil pensar em inúmeros objetos orgânicos (organismos vivos), desde os muito grandes até as formas de vida unicelulares microscópicas. Contudo, no segundo uso de "organismo", os exemplos podem não vir tão facilmente à mente. Um deles é "organização", que inclui o prefixo de "orgânico" e "organismo". Nesse uso de "organismo", descrevo algo que é estruturado com dependências bidirecionais. Uma organização é um organismo, porque tem partes organizadas. Esse tipo de organismo não pode sobreviver sem as partes, e as partes não podem sobreviver sem o organismo.

Dessa perspectiva, podemos continuar aplicando esse pensamento a coisas não vivas, que exibem características de organismos vivos. Considere o átomo. Cada átomo é um sistema em si, e todas as coisas vivas são compostas de átomos. No entanto os átomos são inorgânicos e não se reproduzem. Mesmo assim, não é difícil pensar em átomos como seres vivos, no sentido de que eles estão em infinito movimento, em funcionamento. Os átomos até se ligam a outros átomos. Quando isso ocorre, cada átomo não é apenas um sistema em si; ele se torna um subsistema junto com outros átomos como subsistemas, e seus comportamentos combinados produzem um sistema inteiro maior.

Então, todos os conceitos sobre *software* são bem orgânicos, pois coisas não vivas ainda são "caracterizadas" por aspectos de organismos vivos. Quando examinamos os conceitos de modelo de *software* usando cenários concretos, desenhamos um diagrama de arquitetura ou escrevemos um teste unitário e sua unidade de modelo de domínio correspondente, o *software* começa a ganhar vida. Ele não é estático, pois continuamos a discutir como torná-lo melhor, sujeitando-o ao aprimoramento. Um cenário leva a outro, e isso tem um impacto na arquitetura e no modelo de domínio. À medida que continuamos a iterar, o aumento de valor nos aprimoramentos leva ao crescimento incremental do organismo. Com o passar do tempo, o mesmo acontece com o *software*. Discutimos e lidamos com a complexidade por meio de abstrações úteis, e o *software* cresce e muda de forma, tudo com o propósito explícito de melhorar o trabalho para os organismos vivos e reais em escalas globais.

Infelizmente, a parte orgânica do *software* tende a crescer mal com mais frequência. Mesmo se ela começa a vida com boa saúde, tende a contrair doenças e ficar deformada. Crescem apêndices não naturais, ela se atrofia e se deteriora. Para piorar, esses sintomas são causados por esforços para aprimorar o *software*, mas que dão errado. A pior parte é que, com cada aprimoramento falho, tudo o que corre mal nesses corpos doentes e complexos não causa sua morte. Ah, se eles pudessem simplesmente morrer! Em vez disso, temos de matá-los, e isso requer a coragem, as habilidades e a força interna de um caçador de dragões. Não, não um, mas dezenas de caçadores de dragões fortes. Na verdade, dezenas de caçadores de dragões com cérebros muito grandes.

É aí que esta série entra em jogo. Faço a curadoria de uma série projetada para ajudar o leitor a amadurecer e alcançar maior sucesso com muitas abordagens (arquitetura reativa, de objeto e funcional; modelagem de domínios; serviços com tamanho certo; padrões; e APIs). Além disso, a série abrange os melhores usos das tecnologias subjacentes associadas. Isso não é feito de uma só vez; requer aprimoramento orgânico com propósito e habilidade. Os outros autores e eu estamos aqui para ajudar. Para tanto, entregamos o nosso melhor para alcançar nosso objetivo.

Agora, de volta à minha história. Quando Olaf e eu nos conhecemos, convidei-o, junto com Stefan, para participar do meu *workshop* IDDD algumas semanas depois, em Munique, Alemanha. Embora nenhum dos dois pudesse dar uma escapada de três dias, eles conseguiram ir no terceiro dia. Meu segundo convite foi que Olaf e Stefan usassem o tempo após o *workshop* para demonstrar a ferramenta Context Mapper. Os participantes do *workshop* ficaram impressionados, assim como eu. Isso levou a uma maior colaboração em 2020. Nenhum de nós esperava o que aquele ano traria. Mesmo assim, Olaf e eu conseguimos nos encontrar com certa frequência para continuar as discussões sobre o Context Mapper. Durante uma dessas reuniões, Olaf mencionou seu trabalho sobre padrões de API que eram fornecidos abertamente. Olaf me mostrou inúmeros padrões e ferramentas adicionais que ele e outras pessoas tinham construído. Ofereci a Olaf a oportunidade de ser um autor na série. O resultado está agora em suas mãos.

Mais tarde, fiz uma videochamada com Olaf e Daniel Lübke para iniciar o desenvolvimento do produto. Não tive a oportunidade de passar um tempo com os outros autores (Mirko Stocker, Uwe Zdun e Cesare Pautasso), mas eu estava certo da qualidade da equipe, dadas as suas credenciais. Em particular, Olaf e James Higginbotham colaboraram para garantir o resultado complementar deste livro e do *Principles of Web API Design*, também desta série. Como resultado geral, estou muito impressionado com a contribuição desses cinco para a literatura da área. O *design* de APIs é um tema muito importante. O entusiasmo em torno do lançamento do livro prova que ele chegou hora certa. Estou confiante de que você concordará.

— Vaughn Vernon, editor da série

Prefácio de Frank Leymann

As APIs estão em toda parte. A economia de APIs possibilita a inovação nas áreas de tecnologia, incluindo a computação em nuvem e a Internet das Coisas (IoT), além de ser um facilitador-chave da digitalização de muitas empresas. Quase não há uma aplicação corporativa sem interfaces externas para integrar clientes, fornecedores e outros parceiros de negócios; as interfaces de solução interna decompõem esses aplicativos em partes mais gerenciáveis, como microsserviços de baixo acoplamento. As APIs baseadas na *web* têm um papel de destaque nessas configurações distribuídas, mas não são a única forma de integrar as partes remotas: canais de mensagens baseados em fila e canais baseados em publicação/assinatura são amplamente utilizados para a integração de *back-end*, expondo as APIs aos produtores e aos consumidores de mensagens. gRPC e GraphQL ganharam muito impulso também. Assim, as melhores práticas para projetar "boas" APIs são desejáveis. O ideal é que os *designs* de API persistam nas tecnologias e sobrevivam à mudança.

Os padrões estabelecem um vocabulário para um domínio de solução de problemas, encontrando equilíbrio entre ser abstrato e concreto, o que lhes dá atemporalidade e relevância atualmente. Veja como exemplo o livro *Enterprise Integration Patterns*, de Gregor Hohpe e Bobby Woolf, da Addison Wesley Signature Series: tenho usado o livro na sala de aula e no trabalho desde quando atuava como arquiteto-chefe da família de produtos IBM MQ. As tecnologias de mensagens vêm e, às vezes, vão, mas conceitos de mensagem como o Service Activator e o Idempotent Receiver vieram para ficar. Eu mesmo escrevi padrões de computação em nuvem, padrões de IoT, padrões de computação quântica, até mesmo padrões para padrões em humanidades digitais. E o livro *Padrões de arquitetura de aplicações corporativas*, de Martin Fowler, também da Addison Wesley Signature Series, dá-nos a Fachada Remota e a Camada do Serviço. Por isso muitas partes do espaço de *design* geral das aplicações distribuídas são cobertas nesta literatura, mas não todas. Portanto é ótimo ver que o *design* de API agora também tem o suporte de padrões, as mensagens de solicitação e resposta que viajam entre o cliente e o provedor de API em particular.

A equipe que escreveu este livro é um grande *mix* de arquitetos e desenvolvedores muito experientes, líderes na comunidade de padrões, pesquisadores e professores. Tenho trabalhado com três dos autores deste livro há anos e acompanho o projeto MAP deles desde sua criação, em 2016. Eles aplicam o conceito de padrão de forma fiel: cada texto de padrões segue um modelo comum, que vai do contexto do problema, incluindo os fatores de *design*, até uma solução conceitual. Também há um exemplo concreto (muitas vezes HTTP RESTful). Uma discussão crucial dos prós e contras analisa os fatores iniciais do *design* e fecha apontando para os padrões relacionados. Muitos dos padrões passaram por supervisão e *workshops* de escritores em conferências de padrões, que ajudaram na melhoria incremental e iterativa, fortalecendo-os ao longo de vários anos e capturando um conhecimento coletivo resultante do processo.

Este livro traz várias perspectivas sobre o *design* de API, desde o escopo e a arquitetura até a estrutura de representação de mensagens, o *design* orientado ao atributo da qualidade e a evolução da API. Sua linguagem de padrões pode ser navegada por diferentes caminhos, incluindo as fases do projeto e os elementos estruturais, como *endpoint* (ponto de extremidade) e operação da API. Como em nosso livro *Cloud Computing Patterns*, um ícone gráfico para cada padrão transmite sua essência. Esses ícones servem como mnemônicos e podem ser usados para esboçar as APIs e seus elementos. O livro dá um passo único e inovador ao fornecer modelos de decisão, que coletam perguntas, opções e critérios recorrentes sobre as aplicações dos padrões. Ele fornece orientação de *design* passo a passo, fácil de seguir, sem simplificar demais as complexidades inerentes ao *design* de API. Um passo a passo para os exemplos torna tangíveis os modelos e suas recomendações.

Na Parte II, os arquitetos de referência de padrões, de aplicações e de integração verão os papéis do *endpoint* (como os Recursos de Processamento) e das responsabilidades operacionais (como a Operação de Transição do Estado), que são úteis para dimensionar as APIs de forma adequada e tomar decisões de implantação na nuvem. Afinal, o estado importa, e vários padrões tornam explícito o gerenciamento do estado por trás da cortina da API. Os desenvolvedores de API se beneficiarão da consideração criteriosa dada aos identificadores (em padrões como Chave da API e Elemento Id), às várias opções para a modelagem de resposta (p. ex., com Listas de Desejos e Modelo de Desejo, que abstrai o GraphQL) e às recomendações pragmáticas sobre como expor os diferentes tipos de metadados.

Não vi estratégias de gerenciamento do ciclo de vida e de versão capturadas em forma de padrões em outros livros até então. Aqui, podemos aprender sobre Garantia de Vida Limitada e Dois em Produção, dois padrões muito comuns em aplicações corporativas. Esses padrões evolutivos serão valorizados por proprietários e mantenedores dos produtos de API.

Em resumo, este livro apresenta uma combinação saudável de teoria e prática, contendo conselhos profundos e preciosos, mas nunca perdendo o panorama geral. Seus 44 padrões, organizados em cinco categorias e capítulos, são fundamentados na experiência real, documentados com rigor acadêmico aplicado e aprimorados com *feedback* da comunidade de profissionais. Estou confiante de que esses padrões servirão bem à comunidade, hoje e amanhã. *Designers* de API no setor, bem como na pesquisa, no desenvolvimento e na educação relacionada ao *design* e à evolução de APIs, podem se beneficiar deles.

*— Professor doutor Frank Leymann, diretor administrativo do
Institute of Architecture of Application Systems,
University of Stuttgart*

Sumário

Parte I Fundamentos e narrativas 1

Capítulo 1 Fundamentos da interface de programação de aplicações (API) 3

Das interfaces locais às APIs remotas 3
    Um pouco de história sobre distribuição e comunicação remota 5
    API remota: acesso a serviços via protocolo de integração 6
    As APIs importam 8

Fatores decisivos no *design* de APIs 14
    O que torna uma API bem-sucedida? 15
    Qual a diferença entre os *designs* de API? 16
    O que torna o *design* de APIs desafiador? 17
    Requisitos importantes do ponto de vista da arquitetura 19
    Experiência do desenvolvedor 21

Um modelo de domínio para as APIs remotas 22
    Participantes da comunicação 22
    Os *endpoints* oferecem contratos descrevendo as operações 24
    Mensagens como componentes principais da conversa 24
    Estrutura da mensagem e representação 25
    Contrato de API 26
    Uso do modelo de domínio no livro 27

Resumo 28

Capítulo 2 Estudo de caso Lakeside Mutual 31

Contexto e requisitos do negócio 31
    Histórias do usuário e qualidades desejadas 32
    Modelo de domínio no nível da análise 32

Visão geral da arquitetura 35
    Contexto do sistema 35
    Arquitetura da aplicação. 36
Atividades do *design* de APIs. 38
Especificação da API de destino 39
Resumo 41

Capítulo 3   **Narrativas de decisão da API** 43
Introdução: padrões como opções de decisão, fatores como critérios de decisão 43
Decisões e padrões fundamentais da API. 45
    Visibilidade da API 47
    Tipos de integração da API 52
    Documentação da API 55
Decisões sobre papéis e responsabilidades da API. 57
    Papel arquitetural de um *endpoint*. 59
    Aprimoramento dos papéis do detentor da informação 61
    Definição das responsabilidades da operação. 67
Seleção dos padrões de representação da mensagem 70
    Estrutura plana *versus* aninhada dos elementos da representação 72
    Estereótipos dos elementos. 78
Interlúdio: padrões de responsabilidade e estrutura no caso Lakeside Mutual 83
Governança da qualidade da API. 84
    Identificação e autenticação do cliente de API 84
    Medição e cobrança do consumo da API 88
    Como impedir que clientes usem a API em excesso 90
    Especificação explícita dos objetivos de qualidade e das penalidades. 92
    Comunicação de erros. 94
    Representação contextual explícita. 96
Escolha de melhorias na qualidade da API 98
    Paginação 98
    Outros meios de evitar a transferência de dados desnecessária 102
    Como lidar com dados referenciados nas mensagens 107

Decisões sobre a evolução da API 110
    Gerenciamento do versionamento e da compatibilidade 112
    Estratégias para comissionamento e descomissionamento . 115
Interlúdio: padrões de qualidade e evolução
no caso Lakeside Mutual 120
Resumo 122

Parte II Padrões 125

Capítulo 4 Introdução à linguagem de padrões 127

Posicionamento e escopo 128
Padrões: por que e como? 130
Navegando pelos padrões 131
    Organização estrutural: encontre padrões por escopo 131
    Categorias de temas: pesquise por tópicos. 132
    Dimensão do tempo: siga as fases de refinamento
    do *design* 135
    Como navegar: o mapa para MAP 136
Fundamentos: visibilidade e tipos de integração da API 137
    Resumo dos padrões de fundamentos................... 145
Padrões básicos de estrutura 146
    Resumo dos padrões básicos de estrutura 157
Resumo 158

Capítulo 5 Definição dos tipos de *endpoints* e das operações 161

Introdução aos papéis e às responsabilidades da API.......... 161
    Desafios e qualidades desejadas 163
    Padrões deste capítulo............................... 165
Papéis do *endpoint* (ou granularidade de serviço)............. 167
Responsabilidades da operação 215
Resumo 248

Capítulo 6 *Design* das representações das mensagens
de solicitação e resposta 253

Introdução ao *design* de representação de mensagens.......... 253
    Desafios do *design* de representações da mensagem 254
    Padrões neste capítulo............................... 255

Estereótipos dos elementos.................................. 256
Representações especiais 283
Resumo 306

Capítulo 7 Aprimoramento do *design* da mensagem para melhorar a qualidade 309

Introdução à qualidade da API............................. 309
    Desafios ao melhorar a qualidade da API 310
    Padrões neste capítulo 311
Granularidade da mensagem............................... 313
Conteúdo da mensagem orientado a clientes (ou modelagem da resposta)................................ 325
Otimização da troca de mensagens (ou eficiência da conversa) 344
Resumo 355

Capítulo 8 Evolução de APIs.................................. 357

Introdução à evolução das APIs............................ 357
    Desafios ao evoluir as APIs............................ 358
    Padrões neste capítulo 361
Gestão de versionamento e compatibilidade................ 362
Garantias do gerenciamento do ciclo de vida.............. 374
Resumo 393

Capítulo 9 Documentação e comunicação dos contratos de API ... 395

Introdução à documentação da API......................... 395
    Desafios ao documentar APIs........................... 396
    Padrões neste capítulo 397
Padrões da documentação.................................. 398
Resumo 421

Parte III Nossos padrões em ação (agora e depois)... 423

Capítulo 10 Histórias de padrões reais 425

Integração de processos em larga escala no negócio de hipotecas suíço 426
    Contexto e domínio do negócio 426
    Desafios técnicos 427

    Papel e *status* da API............................. 429
    Uso e implementação dos padrões...................... 429
    Retrospectiva e perspectiva.......................... 436
  Processos de oferta e pedidos no domínio da construção
  de edificações... 438
    Contexto e domínio do negócio........................ 438
    Desafios técnicos.................................... 439
    Papel e *status* da API.............................. 440
    Uso e implementação dos padrões...................... 443
    Retrospectiva e perspectiva.......................... 444
  Resumo... 445

Capítulo 11 Conclusão... 447
  Retrospectiva rápida..................................... 447
  Pesquisa de API: refatoração para padrões, MDSL e outros..... 449
  O futuro das APIs.. 450
  Observações finais....................................... 451

Apêndice A Identificação dos *endpoints* e guias de seleção de padrões... 453

Apêndice B Implementação do caso Lakeside Mutual................. 463

Apêndice C Linguagem de microsserviços específica do domínio (MDSL)................................. 471

Referências.. 483

Índice... 499

Introdução

Esta apresentação do livro aborda os seguintes temas:

- Contexto e propósito do livro: motivação, objetivos e escopo.
- Quem deve ler o livro: nosso público-alvo, com seus casos de uso e necessidades de informação.
- Como o livro é organizado: com padrões servindo como veículos de conhecimento.

Motivação

O ser humano se comunica em muitas linguagens diferentes, e o mesmo vale para o *software*. O *software* não só é escrito em várias linguagens de programação, como também se comunica usando uma infinidade de protocolos (p. ex., HTTP) e formatos de troca de mensagens (p. ex., JSON). O HTTP, o JSON e outras tecnologias operam sempre que alguém atualiza seu perfil nas redes sociais, pede algo em uma loja virtual, passa o cartão de crédito para comprar algo etc.:

- Aplicações de *front-end*, como aplicativos móveis em *smartphones*, fazem solicitações de processamento de transações em *back-end*, como pedidos de compras em lojas *on-line*.
- Partes do aplicativo trocam dados de longa duração, como perfis de clientes ou catálogos de produtos entre si, com os sistemas de parceiros comerciais, clientes e fornecedores.
- Os aplicativos de *back-end* fornecem serviços externos, como *gateways* de pagamento ou armazenamento em nuvem, com dados e metadados.

Os componentes de *software* envolvidos nesses cenários (grandes, pequenos e intermediários) conversam com outros para alcançar seus objetivos individuais e, ao mesmo tempo, atender os usuários finais em conjunto. A resposta do engenheiro de *software* a esse desafio de distribuição é a integração de aplicativos por meio de *APIs (interfaces de programação de aplicações)*. Cada cenário de integração envolve pelo menos duas partes de comunicação: cliente de API e provedor de API. Os clientes de API consomem os serviços expostos pelos provedores de API. A documentação da API rege as interações entre cliente/provedor.

Assim como os seres humanos, os componentes de *software* muitas vezes lutam para se entender quando se comunicam; é difícil para seus *designers* decidirem sobre um tamanho adequado e sobre a estrutura do conteúdo da mensagem e então concordar com o estilo de conversa mais adequado. Nenhuma parte quer ser muito quieta ou ter uma comunicação excessiva ao articular suas necessidades ou responder às solicitações. Alguns *designs* de integração de aplicações e API funcionam muito bem, e os envolvidos se entendem e alcançam seus objetivos. Eles interoperam de forma eficaz e eficiente. Outros carecem de clareza e, assim, confundem ou estressam os participantes; mensagens detalhadas e conversas excessivas podem sobrecarregar os canais de comunicação, introduzir riscos técnicos desnecessários e causar um trabalho extra no desenvolvimento e nas operações.

Agora, o que diferencia os bons e os maus *designs* de API de integração? Como os *designers* de API podem estimular uma experiência positiva do desenvolvedor cliente? O ideal é que as diretrizes para boas arquiteturas de integração e *designs* de API não dependam de uma tecnologia ou produto em particular. Tecnologias e produtos vêm e vão, mas as recomendações de *design* relacionadas devem permanecer relevantes por muito tempo. Em uma analogia ao mundo real, princípios como os da retórica e eloquência de Cícero ou de Rosenberg no livro *Nonviolent Communication: A Language of Life* (Rosenberg, 2002) não são específicos de um idioma ou de qualquer outra língua natural; eles não sairão de moda à medida que as línguas evoluírem. Nosso livro visa a estabelecer uma caixa de ferramentas e vocabulário semelhantes para especialistas em integração e *designers* de API. Ele apresenta o conteúdo como *padrões* para o *design* e a evolução de APIs elegíveis em diferentes paradigmas e tecnologias de comunicação, com APIs da *web* baseadas em HTTP e JSON servindo como fontes primárias de exemplos.

Objetivos e escopo

Nossa missão é ajudar a superar a complexidade de projetar e desenvolver APIs com elementos de solução comprovados e reutilizáveis:

> Como as APIs podem ser projetadas de forma compreensível e sustentável a partir dos objetivos das partes interessadas, de requisitos arquitetonicamente significativos e de elementos de *design* já comprovados?

Embora muito tenha sido dito e escrito sobre HTTP, APIs da *web* e arquiteturas de integração em geral (incluindo as orientadas a serviços), o *design* dos *endpoints* individuais da API e das trocas de mensagens recebeu menos atenção até agora:

- Quantas operações de API devem ser expostas remotamente? Quais dados devem ser trocados nas mensagens de solicitação e resposta?
- Como o baixo acoplamento das operações da API e das interações entre cliente/provedor é garantido?
- Quais são as representações de mensagem adequadas: planas ou hierarquicamente aninhadas? Como se chega a um acordo sobre o significado dos elementos de representação para que esses elementos sejam processados de forma correta e eficiente?
- Os provedores de API devem ser responsáveis pelo processamento de dados fornecido pelos clientes, possivelmente mudando o estado do provedor e conectando-se a sistemas de *back-end*? Ou eles devem apenas fornecer armazenamento de dados compartilhados aos clientes?
- Como as alterações nas APIs são introduzidas de forma controlada para equilibrar a extensibilidade e a compatibilidade?

Os padrões deste livro ajudam a responder a essas perguntas com soluções comprovadas para os problemas de *design* específicos recorrentes em certos contextos de requisitos. Com foco nas APIs remotas, em vez de nas APIs internas do programa, eles visam a melhorar a experiência do desenvolvedor nos lados do cliente e do provedor.

Público-alvo

Este livro tem como alvo profissionais de *software* de nível intermediário em busca de melhorar suas habilidades e seus *designs*. Os padrões apresentados são direcionados principalmente a arquitetos de integração, *designers* de API e desenvolvedores da *web* interessados em um conhecimento de arquitetura independentemente da plataforma. Especialistas na integração *back-end* a *back-end* e desenvolvedores de APIs que dão suporte a aplicações de *front-end* podem tirar proveito do conhecimento capturado nos padrões. Como focamos a granularidade do *endpoint* da API e os dados trocados nas mensagens, outros alvos do livro são o proprietário do produto da API, o revisor da API, o locatário e o provedor de nuvem.

> Este livro é para você, engenheiro de *software* com experiência intermediária (como desenvolvedor, arquiteto ou *product owner*), já familiarizado com os fundamentos de API, que deseja melhorar suas habilidades de *design* de API, incluindo o *design* de contrato de dados da mensagem e a evolução da API.

Estudantes, professores e pesquisadores de engenharia de *software* também podem achar úteis os padrões e sua apresentação neste livro. Fornecemos uma introdução aos fundamentos de API e um modelo de domínio para o *design* de API, o que torna o livro e seus padrões compreensíveis sem a necessidade de ler um livro para iniciantes.

Conhecer os padrões disponíveis e seus prós e contras vai melhorar a proficiência em relação ao *design* e à evolução da API. As APIs e os serviços que elas fornecem serão mais simples de desenvolver, consumir e evoluir com a aplicação dos padrões deste livro, adequados a um contexto de requisitos particular.

Cenários de uso

Nosso objetivo é tornar o *design* e o uso da API uma experiência agradável. Para tanto, os três casos de uso principais para o nosso livro e seus padrões são os seguintes:

1. *Facilitar os debates e os workshops sobre design de API*, estabelecendo um vocabulário comum, apontando as decisões de *design* necessárias e compartilhando as opções e as concessões relacionadas disponíveis. Com esse conhecimento, os provedores de API estão habilitados a expor APIs de qualidade e estilo que atendam às necessidades dos clientes no curto e no longo prazos.

2. *Simplificar as revisões do design de API e acelerar as comparações objetivas da API*, de modo que as APIs possam ter uma qualidade assegurada, sendo desenvolvidas de forma compatível e extensível.

3. *Melhorar a documentação da API com informações de design neutras em termos de plataforma*, de modo que os desenvolvedores de clientes da API possam entender com facilidade os recursos e as restrições das APIs. Os padrões são projetados para serem incorporados nos contratos da API e observáveis nos *designs* existentes.

Fornecemos um estudo de caso fictício e duas histórias reais de adoção de padrões para demonstrar esse uso de padrões.

Não esperamos que os leitores já conheçam qualquer abordagem de modelagem, técnica de *design* ou estilo arquitetônico. No entanto, tais conceitos, como o processo ADDR (Alinhar–Definir–Desenhar–Aprimorar), DDD (*design* orientado por domínio) e RDD (*design* orientado por responsabilidade), têm papéis a desempenhar. Eles são revistos rapidamente no Apêndice A.

Heurística do *design* (e as lacunas no conhecimento)

Você pode encontrar muitos livros excelentes que dão conselhos profundos sobre tecnologias e conceitos específicos da API. Por exemplo, o *RESTful Web Services Cookbook* (Allamaraju, 2010) explica como construir APIs com recursos HTTP (p. ex., qual método HTTP, como POST ou PUT, escolher). Outros livros explicam como as mensagens assíncronas funcionam em termos de roteamento, transformação e entrega garantida (Hohpe, 2003). O DDD estratégico (Evans, 2003; Vernon, 2013) pode ajudá-lo a começar com o *endpoint* da API e a identificação do serviço. A arquitetura orientada a serviços, a computação em nuvem e os padrões de infraestrutura dos microsserviços já foram publicados. A estruturação dos armazenamentos de dados (relacional, NoSQL) também é documentada de forma abrangente, e uma linguagem de padrões inteira para *design* de sistemas distribuídos se encontra disponível (Buschmann, 2007). Por fim, o livro *Release It!* cobre extensivamente o *design* para operações e a implantação para produção [Nygard, 2018a].

O processo de *design* da API, incluindo a identificação e o *design* da operação dos *endpoints* orientados por objetivos, é bastante abordado em livros já publicados. Por exemplo, o livro *Principles of Web API Design: Delivering Value with APIs and Microservices* (Higginbotham, 2021) sugere quatro fases de processo com sete etapas. O livro *The Design of Web APIs* (Lauret, 2019) propõe um *canvas* para API, já o *Design and Build Great Web APIs* (Amundsen, 2020) trabalha com histórias de APIs.

Apesar dessas fontes valiosas de recomendações de *design*, o tema do *design* de API remota ainda não foi abordado o suficiente. E as estruturas das mensagens de solicitação e resposta indo e voltando entre cliente e provedor da API? O livro *Enterprise Integration Patterns* (Hohpe, 2003) apresenta três padrões que representam os tipos de mensagem (evento, comando e mensagem de documento), mas não fornece mais detalhes sobre o funcionamento interno. No entanto, os "dados de fora", trocados entre os sistemas, diferem dos "dados de dentro", processados internamente pelo programa (Helland, 2005). Há diferenças significativas entre os dois tipos de dados em termos de necessidades de mutabilidade, vida útil, precisão, consistência e proteção. Por exemplo, é provável que aperfeiçoar um contador local de itens em estoque interno para um sistema de inventário demande um *design* de arquitetura um pouco menor do que mensurar as informações de preço de produto e envio trocadas entre fabricantes e empresas de logística, gerenciando em conjunto uma cadeia de suprimentos via APIs remotas e canais de mensagens.

O *design* de representação de mensagens – dados de fora (Helland, 2005) ou o padrão "Linguagem Publicada" (Evans, 2003) de uma API – é a principal área de foco deste livro. Ele fecha as lacunas de conhecimento sobre *endpoint*, operação e *design* de mensagens da API.

Padrões como veículos que compartilham conhecimento

Os padrões de *software* são instrumentos sofisticados de compartilhamento de conhecimento, com um histórico de mais de 25 anos. Decidimos pelo formato de padrões para compartilhar recomendações do *design* de API porque os nomes dos padrões visam a formar um vocabulário de domínio, uma "linguagem ubíqua" (Evans, 2003). Por exemplo, os padrões de integração corporativa se tornaram a língua franca das mensagens baseadas em filas; esses padrões foram até implementados em estruturas e ferramentas de mensagens.

Os padrões não são inventados; eles são extraídos da experiência prática e consolidados por meio do *feedback* de colegas. A comunidade de padrões desenvolveu um conjunto de práticas para organizar o processo de *feedback*; entre as mais importantes estão os *workshops* de supervisão e de escritores (Coplien, 1997).

No centro de cada padrão há um par de problema/solução. Seus pontos fortes e a discussão das consequências apoiam a tomada de decisão fundamentada, por exemplo, sobre as características de qualidade desejadas e alcançadas, bem como sobre as desvantagens de certos *designs*. Soluções alternativas são discutidas, e dicas sobre padrões relacionados e possíveis tecnologias de implementação completam o quadro.

Observe que os padrões não visam a fornecer soluções completas, mas servem como esboços a serem adotados e adaptados para um *design* de API específico, em um contexto particular. Em outras palavras, os padrões são um pouco indefinidos; eles descrevem possíveis soluções, mas não fornecem planos a serem copiados cegamente. Continua sendo responsabilidade dos *designers* e dos proprietários de API saber como adotar e perceber um padrão para atender aos requisitos do projeto ou do produto.

Temos aplicado e ensinado padrões no setor e na academia há tempos. Alguns de nós já escreveram padrões para programação, arquitetura e integração de sistemas de aplicação distribuídos e suas partes (Voelter, 2004; Zimmermann, 2009; Pautasso, 2016).

Percebemos que o conceito de padrão é bem adequado para os cenários de uso mencionados anteriormente nas seções "Objetivos e escopo" e "Público-alvo".

Padrões da API de microsserviços

Nossa linguagem de padrões, chamada de *padrões da API de microsserviços* (MAP, *Microservice API Patterns*), apresenta visões completas sobre *design* e evolução de API da perspectiva das mensagens trocadas quando as APIs são expostas e consumidas. Essas mensagens e suas cargas são estruturadas como elementos de representação. Tais elementos diferem em sua *estrutura* e significado, porque os *endpoints* da API e suas operações têm diferentes *responsabilidades* de arquitetura. As estruturas de mensagem influenciam muito as *qualidades* de *design* e execução de uma API e de suas implementações subjacentes. Por exemplo, poucas mensagens grandes geram cargas de trabalho de rede e *endpoint* (p. ex., consumo de CPU e uso da largura de banda da rede) diferentes das geradas por muitas mensagens pequenas. Por fim, as APIs bem-sucedidas *evoluem* ao longo do tempo; as mudanças ao longo do tempo devem ser gerenciadas.

Escolhemos a metáfora e a sigla MAP porque os mapas proporcionam um meio de orientação, assim como as linguagens de padrões; eles instruem seus leitores sobre as opções disponíveis em um espaço de solução abstrato. As APIs em si também têm uma natureza de mapeamento, pois roteiam as solicitações de entrada até as implementações do serviço subjacentes.

Admitimos que "padrões da API de microsserviços" pode soar como *clickbait* (isca de cliques). No caso de os microsserviços não estarem mais na moda logo após a publicação deste livro, reservamo-nos o direito de renomear a linguagem e reutilizar a sigla. Por exemplo, "padrões da API de mensagens" também descreve bem o escopo da linguagem. No livro, na maioria das vezes nos referimos a MAP como "a linguagem de padrões" ou "nossos padrões".

Escopo dos padrões neste livro

Este livro é o resultado de um projeto voluntário focado no *design* e na evolução de APIs da *web* e outras APIs remotas que abordam a responsabilidade do *endpoint* e da mensagem, a estrutura, a qualidade e a evolução da API de serviços. O projeto iniciou na metade de 2016. A linguagem de padrões resultante, apresentada neste livro, ajuda a responder às seguintes perguntas:

- Qual é a função arquitetural desempenhada por cada *endpoint* da API? Qual é o impacto dos papéis do *endpoint* e das responsabilidades das operações sobre o tamanho e a granularidade do serviço?
- Qual é o número adequado de elementos de representação nas mensagens de solicitação e resposta? Como esses elementos são estruturados? Como eles podem ser agrupados e anotados com informações complementares?

- De que maneira um provedor de API pode atingir certo nível de qualidade da API e, ao mesmo tempo, usar seus recursos de forma econômica? Como as concessões na qualidade podem ser comunicadas e contabilizadas?
- De que maneira os profissionais de API podem lidar com as questões de gerenciamento do ciclo de vida, como períodos de suporte e versão? Como eles podem promover a compatibilidade com versões anteriores e comunicar mudanças inevitáveis?

Coletamos nossos padrões ao estudarmos inúmeras APIs da *web* e especificações relacionadas à API, refletindo sobre nossa própria experiência profissional (antes de escrever qualquer padrão). Observamos muitas ocorrências dos padrões (usos conhecidos) em APIs da *web* públicas e em projetos de desenvolvimento de aplicativos e integração de *software* no setor. Versões intermediárias de muitos dos nossos padrões passaram por processos de supervisão e *workshops* de escritores no EuroPLoP[1] de 2017 a 2020. Mais tarde, eles foram publicados nos respectivos anais da conferência.[2]

Pontos de entrada, ordem de leitura e organização do conteúdo

Ao trabalhar em um espaço de *design* complexo para resolver problemas difíceis (Wikipédia, 2022a) (e o *design* de APIs se qualifica às vezes como difícil), muitas vezes pode ser complicado ignorar os detalhes para visualizar o problema como um todo. Não é possível nem desejável serializar ou padronizar as atividades de solução de problemas. Portanto, nossa linguagem de padrões tem vários pontos de entrada. Cada parte do livro pode servir como ponto de partida, e o Apêndice A tem mais sugestões.

O livro tem três partes: **Parte I, "Fundamentos e narrativas"**; **Parte II, "Padrões"**; e **Parte III, "Nossos padrões em ação (agora e depois)"**. A Figura I.1 mostra essas partes com seus capítulos e dependências lógicas.

A Parte I introduz o domínio do *design* de API conceitualmente, começando com o **Capítulo 1, "Fundamentos da interface de programação de aplicações (API)"**. Lakeside Mutual, nosso estudo de caso e fonte primária de exemplos, aparece pela primeira vez com seu contexto de negócio, requisitos, sistemas existentes e o *design* inicial da API no **Capítulo 2, "Estudo de caso Lakeside Mutual"**. Fornecemos modelos de decisão que mostram como os padrões em nossa linguagem se relacionam no **Capítulo 3, "Narrativas de decisão da API"**.

---

[1] https://europlop.net/content/conference

[2] Decidimos não incluir grandes coleções de usos conhecidos no livro; tais informações estão disponíveis *on-line* e nos anais da conferência EuroPLoP de 2017 a 2020. Em alguns recursos complementares, você também pode encontrar dicas extras de implementação.

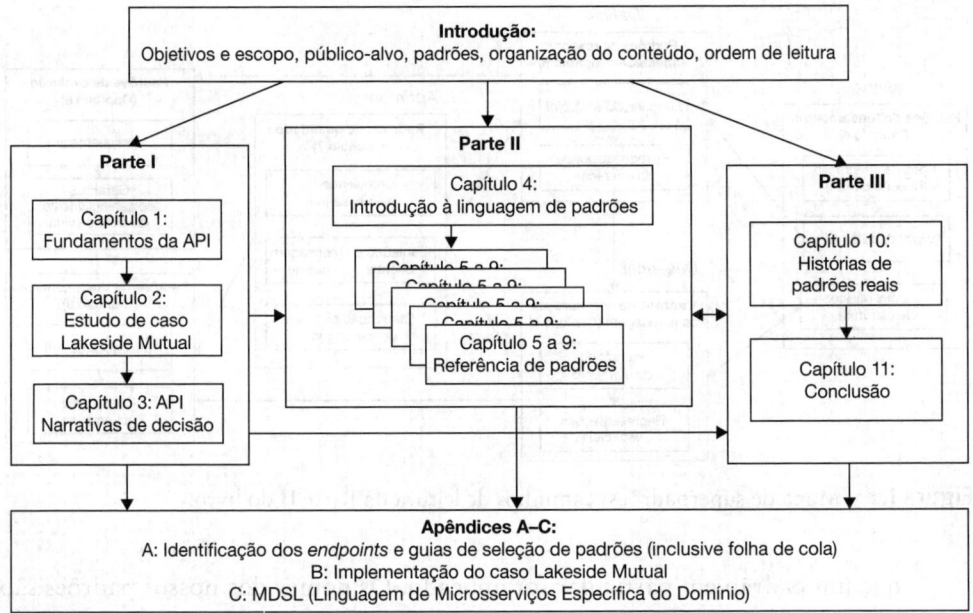

Figura I.1 Partes do livro e suas dependências.

O Capítulo 3 também fornece critérios de seleção de padrões e mostra como as decisões apresentadas foram tomadas no caso Lakeside Mutual. Esses modelos de decisão podem ajudar na leitura do livro e na aplicação dos padrões na prática.

A Parte II é a referência dos padrões. Ela começa com o **Capítulo 4, "Introdução à linguagem de padrões"**, seguido por cinco capítulos repletos de padrões: **Capítulo 5, "Definição dos tipos de *endpoint* e das operações"**; **Capítulo 6, "*Design* das representações das mensagens de solicitação e resposta"**; **Capítulo 7, "Aprimoramento do *design* da mensagem para melhorar a qualidade"**; **Capítulo 8, "Evolução de APIs"**; e **Capítulo 9, "Documentação e comunicação dos contratos de API"**. A Figura I.2 ilustra os capítulos e os possíveis caminhos de leitura nessa parte. Por exemplo, você pode aprender sobre padrões básicos de estrutura no Capítulo 4, como Parâmetro atômico e Árvore de parâmetros, e, em seguida, passar para estereótipos de elementos, como o Elemento ID e o Elemento de metadados, no Capítulo 6.

Cada descrição de padrão pode ser vista como um pequeno artigo especializado, geralmente com poucas páginas. Essas discussões são estruturadas de forma idêntica: primeiro apresentamos quando e por que aplicar o padrão, então explicamos como o padrão funciona e damos, pelo menos, um exemplo concreto. Em seguida, discutimos as consequências de aplicar o padrão e direcionamos os leitores para outros padrões que se tornam elegíveis assim

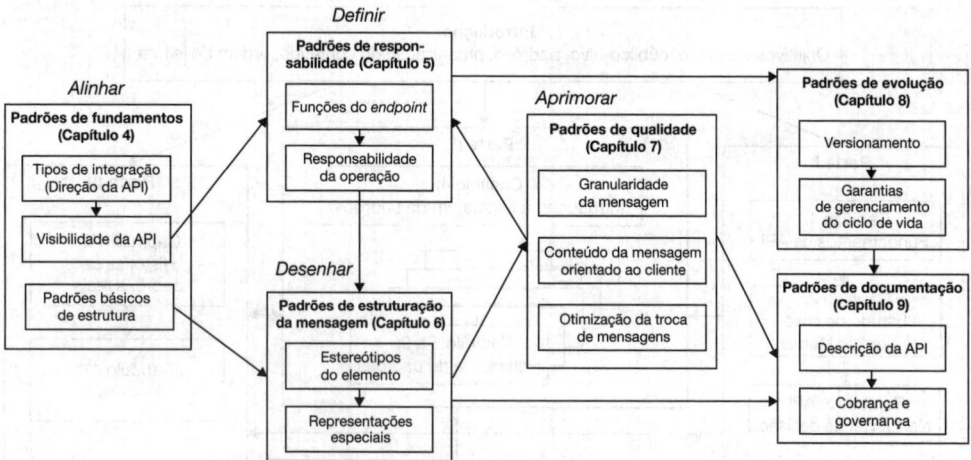

Figura I.2 Mapa de superpadrões: caminhos de leitura da Parte II do livro.

que um padrão em particular for aplicado. Os nomes dos nossos padrões são definidos em versalete (p. ex., RECURSO DE PROCESSAMENTO). Esse modelo de padrão, detalhado no Capítulo 4, deriva do modelo de conferência EuroPLoP (Harrison, 2003). Refatoramos um pouco esse modelo para levar em conta os comentários de revisão e as recomendações (graças a Gregor e Peter). Há uma ênfase em particular nos atributos de qualidade e em seus conflitos, pois nossos padrões lidam com requisitos arquitetonicamente significativos; como consequência, são necessárias concessões na tomada de decisões de *design* e evolução da API.

A Parte III apresenta a aplicação dos padrões em dois projetos reais em domínios bem diferentes: serviços eletrônicos do governo e gerenciamento de ofertas/pedidos no setor de construção civil. Ela também faz reflexões, chega a algumas conclusões e dá uma perspectiva.

O **Apêndice A, "Identificação dos *endpoints* e guias de seleção de padrões"**, funciona como uma folha de cola baseada em problemas, servindo como outra opção para começar. Ele também discute como nossos padrões se relacionam com RDD, DDD e ADDR. O **Apêndice B, "Implementação do caso Lakeside Mutual"** compartilha mais artefatos do *design* de APIs no estudo de caso do livro. O Apêndice C, **"Linguagem de microsserviços específica do domínio (MDSL)"** apresenta um conhecimento prático da MDSL, uma linguagem para contratos de microsserviços com suporte de padrões predefinidos via decoradores, como <<Pagination>>. A MDSL fornece associações e suporte a geradores para OpenAPI, *buffers* de protocolo gRPC, GraphQL e outras linguagens de descrição de interface e de programação de serviço.

Você verá, mas não muito, Java e um pouco de JSON e HTTP (p. ex., na forma de comandos *curl* e respostas a eles) conforme avançar no livro.

Também pode aparecer, muito pouco, se houver, gRPC, GraphQL e SOAP/WSDL; se acontecer, eles são projetados com simplicidade suficiente para que sejam compreensíveis sem que seja preciso experiência nessas tecnologias. Alguns de nossos exemplos são descritos em MDSL (se você está se perguntando por que criamos mais uma linguagem de descrição de interface: OpenAPI, em suas renderizações YAML ou JSON, simplesmente não cabe em uma única página do livro, indo além dos exemplos do tipo Hello World!).

Informações complementares estão disponíveis no *site* do livro (conteúdo em inglês):

    https://api-patterns.org

Esperamos que você considere úteis os resultados de nossos esforços, para que nossos padrões consigam encontrar seu caminho para o corpo de conhecimento da comunidade global de arquitetos de integração e desenvolvedores de API. Ficaremos felizes em receber *feedback* e comentários construtivos.

Olaf, Mirko, Daniel, Uwe, Cesare

Parte I

Fundamentos e narrativas

Os três capítulos da Parte I são uma preparação para que você faça o melhor uso do livro *Padrões para design de API*. O Capítulo 1, "Fundamentos da interface de programação de aplicações (API)", introduz conceitos básicos de API (do inglês, *application programming interface*) e determina por que as APIs remotas são importantes e um tanto difíceis de projetar bem. Este capítulo prepara o terreno para os seguintes.

O Capítulo 2, "Estudo de caso Lakeside Mutual", apresenta um estudo de caso fictício da área de seguros, que fornece os exemplos funcionais do livro. Os sistemas de Lakeside Mutual colocam nossos padrões em ação.

O Capítulo 3, "Narrativas de decisão da API", dá uma visão geral dos padrões na forma das decisões necessárias (os padrões são abordados em profundidade na Parte II). Cada decisão responde a uma pergunta de *design* da API; os padrões fornecem as alternativas de solução (opções). Exemplos dos resultados de decisão do caso Lakeside Mutual são dados também. O modelo de decisão apresentado neste capítulo pode ajudá-lo a organizar seu trabalho de *design* de API e/ou servir como uma *checklist* nas revisões do *design* de APIs.

Capítulo 1
Fundamentos da interface de programação de aplicações (API)

Este capítulo primeiro estabelece o contexto das APIs remotas. Depois, ele determina por que as APIs são tão importantes hoje. Ele também cita os principais desafios de *design*, de projeto das APIs, incluindo os problemas de acoplamento e granularidade. Por fim, introduz um modelo de domínio da API para estabelecer a terminologia e os conceitos utilizados ao longo do livro.

Das interfaces locais às APIs remotas

Hoje, quase não existe aplicação totalmente desconectada; até mesmo as aplicações autônomas normalmente oferecem algum tipo de *interface* externa. Um exemplo simples é a exportação e a importação de arquivos, muitas vezes baseadas em texto; até mesmo os recursos de copiar e colar, ao fazerem proveito da área de transferência do sistema operacional, podem ser vistos como interfaces. Examinando as aplicações, cada componente de *software* fornece uma interface também (Szyperski, 2002). Essas interfaces descrevem quais operações, propriedades e eventos um componente expõe, mas não revelam as estruturas de dados internas dos componentes nem a lógica de implementação. Para usar um componente, os desenvolvedores têm que aprender e entender a interface fornecida. Um componente selecionado pode consumir os serviços de outros componentes; em tais casos, ele tem uma dependência externa em uma ou mais interfaces necessárias.

Algumas interfaces estão mais expostas que outras. Por exemplo, as plataformas de *middleware* e os *frameworks* normalmente fornecem APIs. As APIs com característica de plataforma originalmente apareciam nos sistemas operacionais para separar o *software* de aplicação do usuário e a implementação do sistema operacional; POSIX e a API Win32 são dois exemplos de APIs desse tipo. Essas APIs devem ser gerais e expressivas o suficiente para os desenvolvedores construírem diferentes aplicações; também devem ser estáveis em várias versões do sistema operacional para que as aplicações antigas continuem funcionando sem alterações após os *upgrades* dos sistemas operacionais. Promover a interface interna de um componente do sistema operacional para se tornar parte de uma API pública impõe fortes requisitos relativos à qualidade de sua documentação e às restrições estritas de mudanças que ele pode sofrer ao longo do tempo.

As APIs não só podem cruzar os limites dos processos do sistema operacional, como também podem ser expostas na rede. Isso permite que as aplicações executadas em diferentes nós de *hardware*, físicos ou virtuais, comuniquem-se. As empresas vêm usando essas *APIs remotas* para integrar suas aplicações há tempos (Hohpe, 2003). Atualmente, essas APIs são encontradas com frequência no limite entre os *front-ends* de aplicações móveis ou da *web* e os *back-ends* no lado do servidor dessas aplicações, muitas vezes implantadas em *data centers* na nuvem.

Os *front-ends* de aplicações costumam trabalhar com dados compartilhados, gerenciados por seus *back-ends*. Assim, a mesma API pode manter diferentes tipos de clientes de API (p. ex., aplicações móveis e clientes *desktop* robustos), bem como várias instâncias de cliente com execução simultânea. Algumas APIs até abrem os sistemas para os clientes externos desenvolvidos e operados por outras organizações. Essa abertura levanta questões de segurança, por exemplo, em relação aos clientes ou aos usuários finais de aplicações com permissão para acessar a API. Também tem implicações estratégicas. Por exemplo, a propriedade dos dados e os níveis de serviço devem ser acordados.

As interfaces de componentes locais e as APIs remotas que conectam as aplicações pressupõem um *conhecimento compartilhado*. Duas ou mais partes exigem esse conhecimento para escrever um *software* interoperável. Assim como é possível e fácil plugar cabos nas devidas tomadas elétricas, as APIs servem para permitir a integração de sistemas compatíveis. O conhecimento compartilhado abrange:

- Operações expostas e os serviços de computação ou manipulação de dados fornecidos por elas.
- Representação e significado dos dados trocados quando as operações são chamadas.
- Propriedades observáveis, tais como informações sobre o estado do componente e transições do estado válidas.
- Tratamento das notificações de eventos e das condições de erro, como a falha do componente.

As APIs remotas também têm de definir:

- Protocolos de comunicação para transferir mensagens entre as redes.
- *Endpoints* da rede, incluindo localização e outras informações de acesso (endereços, credenciais de segurança).

- Políticas relativas a falhas específicas da distribuição, incluindo as causadas pela infraestrutura de comunicação subjacente (p. ex., *timeouts*, erros de transporte, interrupções da rede e do servidor).

Os contratos de API expressam as expectativas das partes que a integram. Seguindo os princípios básicos de ocultação de informações, a implementação é mantida em segredo. Apenas uma quantidade mínima de informação sobre como contatar a API e consumir seus serviços é revelada. Por exemplo, o desenvolvedor de uma ferramenta de engenharia de *software* que se integra com o GitHub é informado sobre como criar e consultar problemas, e quais atributos (ou campos) um problema contém. A API do GitHub não revela a linguagem de programação, a tecnologia do banco de dados, a estrutura dos componentes ou o esquema do banco de dados dentro da aplicação de gerenciamento de problemas que atende a API pública.

Vale a pena notar que nem todos os sistemas e serviços apresentam APIs desde o início; as APIs também podem desaparecer com o tempo. Por exemplo, o Twitter (atualmente X) abriu sua API da *web* para desenvolvedores de clientes terceirizados e para aumentar sua popularidade; em pouco tempo, um vasto ecossistema de clientes surgiu, atraindo muitos usuários. Para monetizar o conteúdo gerado por usuários, mais tarde o Twitter fechou a API, adquiriu algumas aplicações cliente e continuou mantendo-as internamente. Podemos concluir que a *evolução* da API ao longo do tempo deve ser gerenciada.

Um pouco de história sobre distribuição e comunicação remota

As APIs remotas têm muitas formas diferentes. Nos últimos 50 anos, muitos conceitos e tecnologias para decompor as aplicações em *sistemas distribuídos* apareceram, permitindo que partes do sistema se comunicassem:

- Os protocolos de transporte e rede TCP/IP, junto com sua *API de soquete* (*socket API*), a espinha dorsal da internet, foram desenvolvidos na década de 1970. O mesmo vale para os protocolos de transferência de arquivos, como FTP e entrada/saída básicas de arquivos (de/para unidades compartilhadas ou sistemas de arquivos de rede montados), indiscutivelmente disponíveis em todas as linguagens de programação do passado e atuais.
- *Chamadas de procedimento remoto* (RPCs, *remote procedure calls*), como o ambiente de computação distribuída (DCE, *data communications equipment*) e agentes (*brokers*) de requisição orientados a objetos (*object-oriented request brokers*), como CORBA e Java RMI, adicionaram camadas de abstração e conveniência nas décadas de 1980 e 1990. Recentemente, novas variantes de RPC, como gRPC, ficaram populares.
- *Integrações de aplicações orientadas a mensagens e baseadas em fila*, como IBM MQSeries e Apache ActiveMQ, ajuda a desacoplar as partes de

comunicação na dimensão temporal. São tão antigas quanto as RPCs, com novas implementações e tipos surgindo desde os anos 2000. Por exemplo, os principais provedores de nuvem oferecem seus próprios serviços de mensagens hoje. Os locatários da nuvem (*cloud tenants*) também podem implantar outro *middleware* de mensagem para as infraestruturas de nuvem; RabbitMQ é uma escolha frequente.

- Devido à popularidade da World Wide Web, os *protocolos orientados a hipermídia*, tais como HTTP, aumentaram nas últimas duas décadas. A qualificação como RESTful exigiria respeitar todas as restrições arquiteturais do estilo REST (*representational state transfer* – transferência de estado representacional). Embora nem todas as APIs HTTP sejam assim, o HTTP parece dominar o espaço de integração de aplicações públicas no momento.

- *Pipelines* de processamento de dados construídos em *fluxos de dados* contínuos, como os construídos com Apache Kafka, têm suas raízes nas arquiteturas de canais e filtros UNIX clássicas. São particularmente populares nos cenários de análise de dados (p. ex., análise do tráfego da *web* e comportamento de compras *on-line*).

Embora o TCP/IP, o HTTP e as mensagens assíncronas baseadas em fila hoje sejam importantes e comuns como nunca antes, os objetos distribuídos saíram de moda novamente; alguns sistemas antigos ainda os utilizam. A transferência de arquivos via protocolos ou unidades compartilhadas ainda é muito comum. O tempo dirá se as opções atualmente disponíveis vieram para ficar; é provável que novas apareçam.

Todas as tecnologias remotas e de integração têm um objetivo comum: conectar aplicações distribuídas (ou suas partes) para que possam disparar um processamento remoto ou recuperar e manipular os dados remotos. Sem APIs e descrições de API, essas aplicações não saberiam como se conectar e conversar com os sistemas parceiros remotos nem como receber e processar as respostas desses sistemas.

API remota: acesso a serviços via protocolo de integração

Apresentamos a terminologia de API usada em todo o livro na seção "Um modelo de domínio para as APIs remotas", mais adiante neste capítulo. Agora, porém, faremos uma generalização das observações anteriores em uma única definição.

API significa *interface de programação de aplicações* (*application programming interface*) devido às raízes do termo na decomposição interna do programa (via APIs locais). As APIs têm uma natureza dupla: conectar e separar ao mesmo tempo. Em nosso contexto remoto, a API poderia também significar *acessar* recursos no lado do servidor, como dados ou serviços de *software* via *protocolo* de comunicação para a *integração* de aplicações.

Capítulo 1 | Fundamentos da interface de programação de aplicações (API)

A Figura 1.1 ilustra os conceitos de mensagens remotas que surgiram até agora.

As APIs remotas fornecem uma conexão virtual e abstrata entre as partes integradas da aplicação. Cada API remota é realizada por, pelo menos, três outras APIs: uma local no lado do cliente e outra no lado do provedor, além de uma interface remota na próxima camada inferior da pilha de comunicação. As duas interfaces locais são fornecidas pelo sistema operacional, pelo *middleware* ou pelas bibliotecas das linguagens de programação e kits de desenvolvimento de *software* (SDKs, *software development kits*); elas são consumidas pelas aplicações nos lados do cliente e do provedor de API. Essas interfaces locais expõem os serviços de protocolo de rede/transporte, tais como HTTP em soquetes TCP/IP para os componentes da aplicação, subsistemas ou aplicações inteiras que requerem integração.

Para alcançar o objetivo comum da comunicação interoperável, um entendimento compartilhado entre os participantes da comunicação deve ser estabelecido em um *contrato de API*. Ao definir esses contratos, os protocolos e os *endpoints* ("pontos de extremidade") que os suportam são um lado da moeda; os dados expostos são o outro. As *representações das mensagens* de solicitação e resposta precisam de algum tipo de estruturação.[1] Até as importações/exportações de arquivo ou as transferências requerem um *design* de mensagem meticuloso; nesse caso, os arquivos contêm essas mensagens. A integração

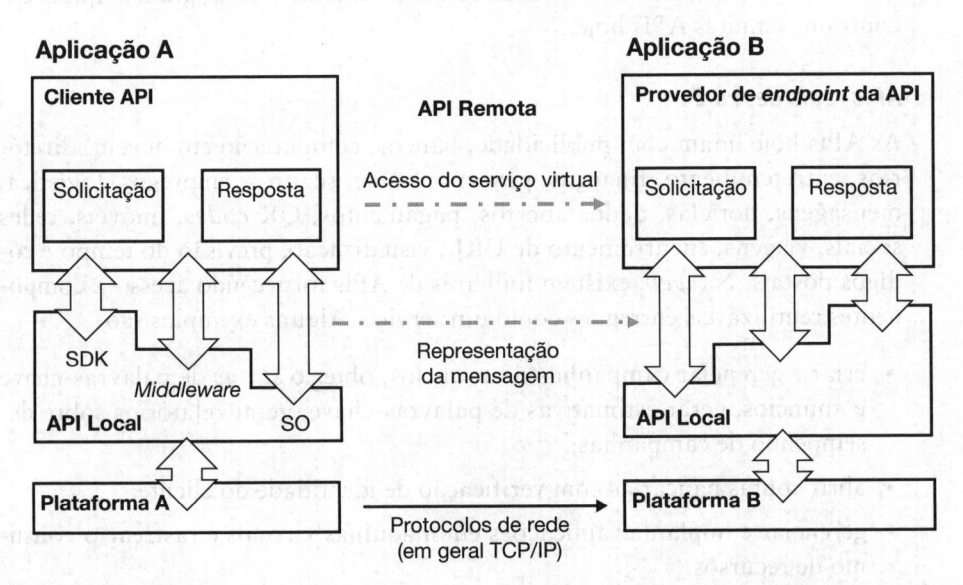

Figura 1.1 Integração baseada em mensagens e conceitos nas APIs remotas (SO: sistema operacional, SDK: kit de desenvolvimento de *software*).

---

[1] A presença da mensagem de resposta depende do padrão de troca de mensagens em uso (nosso modelo de domínio da API, introduzido mais adiante neste capítulo, aborda esse tópico).

baseada na área de transferência tem propriedades semelhantes. O contrato de API descreve o conhecimento compartilhado sobre a sintaxe da mensagem, a estrutura e a semântica que conecta, mas também separa, as duas partes.

Nossa definição de API remota segue este raciocínio:

> API remota é um conjunto de *endpoints* de rede bem documentados que permite aos componentes de aplicações internas e externas fornecerem serviços uns aos outros. Esses serviços ajudam a atingir objetivos específicos do domínio, por exemplo, automatizando total ou parcialmente os processos comerciais. Eles permitem que os clientes ativem a lógica de processamento no lado do provedor ou deem suporte às trocas de dados e às notificações de eventos.

Essa definição estabelece o espaço de *design* do nosso livro. Como o livro aborda as APIs remotas, o termo API refere-se a essa modalidade de API de agora em diante, exceto quando indicarmos explicitamente uma API local.

Projetar APIs é muito desafiador. Muitos fatores de decisão, também chamados de *fatores* ou *atributos de qualidade*, desempenham papéis vitais no *design*. A seção "Fatores de decisão no *design* de APIs", mais adiante neste capítulo, discute essas qualidades desejadas.

As APIs importam

Vamos rever alguns domínios comerciais e áreas de tecnologia nas quais encontramos muitas APIs hoje.

APIs reais de A a Z

As APIs hoje lidam com publicidade, bancos, computação em nuvem, diretórios, entretenimento, finanças, governo, saúde, seguros, empregos, logística, mensagens, notícias, dados abertos, pagamentos, QR *codes*, imóveis, redes sociais, viagens, encurtamento de URL, visualização, previsão do tempo e códigos postais. Na *web*, existem milhares de APIs fornecendo acesso a componentes reutilizáveis entregues como um serviço. Alguns exemplos são:

- criar e gerenciar campanhas de anúncios, obter o *status* de palavras-chave e anúncios, gerar estimativas de palavras-chave, gerar relatórios sobre desempenho de campanhas;
- abrir contas bancárias com verificação de identidade do cliente;
- gerenciar e implantar aplicações em máquinas virtuais e rastrear o consumo de recursos;
- identificar uma pessoa; encontrar números de telefone, *e-mails*, localizações e informações demográficas dela;
- coletar, descobrir e compartilhar suas citações favoritas;

Capítulo 1 | Fundamentos da interface de programação de aplicações (API)

- buscar informações sobre o mercado de câmbio Forex (em inglês, *foreign exchange market*), ações e *commodities*; acessar preços em tempo real nos mercados;
- acessar conjuntos de dados públicos, como controle da qualidade do ar, estacionamento, consumo de energia e água, contagens diárias de casos de covid e pedidos de serviço de emergência;
- ativar o compartilhamento de dados de saúde e bem-estar, mantendo a privacidade do usuário e o controle;
- retornar cotações para apólices de seguro de viagem, casa e carro; entregar uma cobertura de seguro instantânea aos clientes;
- integrar um banco de dados de vagas de emprego com seu *software* ou *site* usando métodos para uma pesquisa básica de emprego, coletar dados para um cargo específico e se candidatar a uma vaga de emprego;
- agregar informações de várias transportadoras, com classificação de frete, cotações dos custos de envio e funções de reserva, bem como rastreamento de remessa com a capacidade de organizar a coleta e a entrega;
- enviar mensagens de texto para qualquer lugar do mundo;
- acessar conteúdos publicados, incluindo notícias, vídeos, imagens e artigos multimídia;
- acessar soluções de pagamento *on-line* com gerenciamento de faturas, processamento das transações e gerenciamento de contas;
- fornecer acesso a serviços de avaliação de imóveis, detalhes da propriedade (incluindo histórico de preços de venda, cidade, estatísticas de mercado do bairro), taxas de hipoteca e estimativas de pagamento mensal;
- explorar como as afirmações se espalham pelas redes sociais. Uma afirmação pode ser *fake news*, farsa, boato, teoria da conspiração, sátira ou até mesmo um relatório preciso;
- obter *webcams* por categorias, país, região ou apenas nas proximidades; obter apresentações de *slides* para cada *webcam*; adicionar sua própria *webcam*;
- fornecer acesso programático a observações atuais, previsões, observações/avisos do tempo, e avisos de ciclones tropicais usando linguagem de marcação para condições meteorológicas digital (DWML, *digital weather markup language*).

Em todos os exemplos, os contratos de API definem onde e como chamar a API, quais dados enviar e como as respostas recebidas são exibidas. Alguns desses domínios e serviços realmente dependem das APIs e não existiriam sem elas. Agora investigaremos alguns desses domínios e serviços em maior profundidade.

Aplicações móveis e aplicações nativas da nuvem consomem e fornecem muitas APIs

A forma como o *software* é construído e disponibilizado aos usuários finais mudou drasticamente desde que *smartphones*, como o iPhone, e nuvens públicas, como o Amazon Web Services (AWS), apareceram há cerca de 15 anos. A disponibilidade do JavaScript nos navegadores da *web* e a especificação XMLHttpRequest[2] também tiveram seu papel na mudança de paradigma para clientes avançados, como aplicações de página única e aplicativos para *smartphones*.

Atualmente, os *back-ends* das aplicações que atendem aplicações móveis ou outro *front-end* de usuário final muitas vezes são implantados em nuvens públicas ou privadas. Inúmeros serviços de nuvem em diferentes modelos XaaS (*everything as a service* – tudo como um serviço) existem hoje e podem ser implantados, alugados, selecionados e cobrados de forma independente. Essa modularização em massa e (possivelmente) distribuição regional exigem APIs, tanto internas quanto consumidas pelos locatários da nuvem. Desde 2021, o AWS inclui mais de 200 serviços, seguido de perto pelo Microsoft Azure e pelo Google Cloud.[3]

Quando os provedores de nuvem oferecem APIs para seus locatários, as aplicações implantadas em nuvens começam a depender dessas APIs de nuvem, mas também expõem e consomem as próprias APIs em nível de aplicação. Tais APIs podem conectar os *front-ends* das aplicações externas à nuvem aos *back-ends* de aplicações hospedadas na nuvem. As APIs também podem separar os *back-ends* das aplicações em componentes para que esses *back-ends* possam se beneficiar das propriedades de nuvem, como *pay-per-use* e escalonamento elástico, e se tornam verdadeiras *aplicações nativas da nuvem* (CNA, *cloud-native applications*). A Figura 1.2 ilustra uma arquitetura CNA típica.

Do ponto de vista arquitetural, a sigla IDEAL (*isolated state, distribution, elasticity, automation, and loose coupling* – estado isolado, distribuição, elasticidade, automação e baixo acoplamento) abrange propriedades desejadas dos CNAs (Fehling, 2014). IDEAL é um dos vários conjuntos de princípios na literatura que caracterizam as aplicações em nuvem. Como um superconjunto IDEAL, os sete aspectos a seguir resumem o que permite aos CNAs operarem com sucesso e explorem os benefícios da computação em nuvem (Zimmermann, 2021a):

1. Adequado à finalidade.
2. Tamanho certo e modular.
3. Soberano e tolerante.

---

[2] Conhecido como *AJAX*, abreviação de JavaScript e XML assíncronos: https://developer.mozilla.org/en-US/docs/Web/Guide/AJAX. Note que o JSON atualmente é preferível ao XML, e a Fetch API é mais poderosa e flexível do que o objeto XMLHttpRequest.

[3] Os números exatos são difíceis de definir e dependem da forma como os serviços são diferenciados entre si.

Capítulo 1 | Fundamentos da interface de programação de aplicações (API)

4. Resiliente e protegido.
5. Controlável e adaptável.
6. Consciente da carga de trabalho e com eficiência dos recursos.
7. Ágil e apoiado por ferramentas.

O aspecto 2, tamanho certo e modular, exige diretamente a introdução de APIs. O gerenciamento de aplicações em nuvem (aspecto 5) também requer APIs e as cadeias de ferramentas DevOps (aspecto 7) também se beneficiam deles.

O *software* de gerenciamento de *cluster* Kubernetes, por exemplo, tornou-se uma escolha popular para executar aplicações e orquestrar os recursos de computação subjacente locais e na nuvem. Ele aborda o problema da necessidade de implantar várias aplicações e serviços individuais repetidamente. Todos esses serviços de aplicações se comunicam entre si e com seus clientes através de APIs. A própria plataforma do Kubernetes também expõe as APIs de gerenciamento (Kubernetes, 2022), bem como interfaces da linha de comando. Seu conceito de operador, exposto via API e um SDK acima, promove a extensibilidade. As APIs das aplicações podem até ser gerenciadas com o Kubernetes.

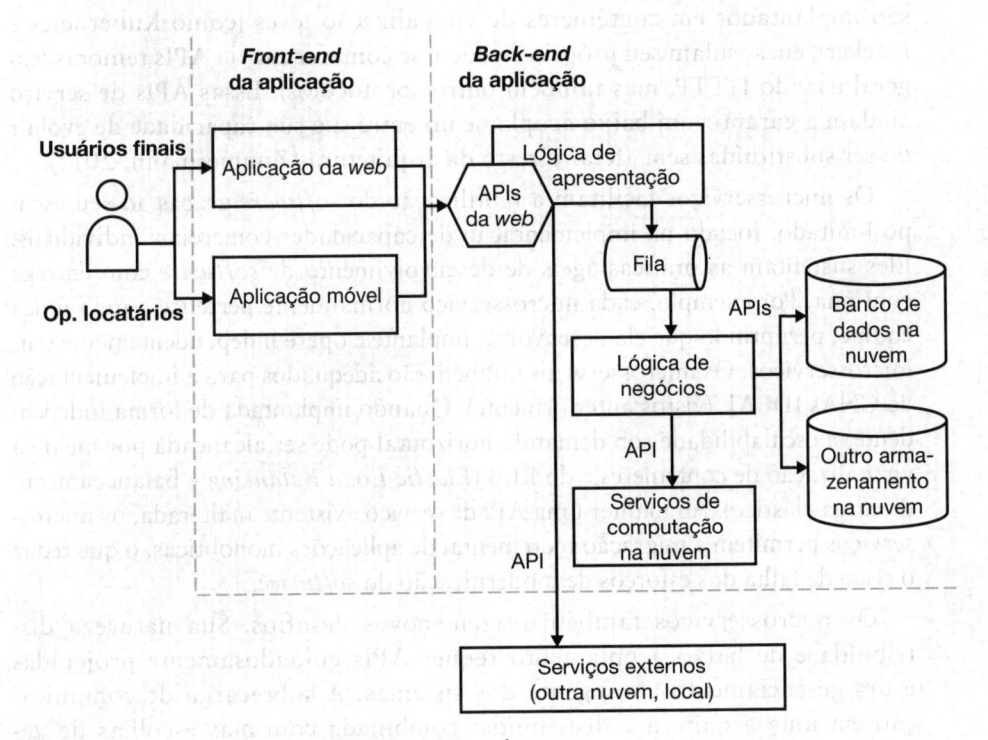

Figura 1.2 Arquitetura de aplicações nativas da nuvem.

Como outro exemplo, os provedores de *software* como serviço (SaaS, *software as a service*) normalmente não fornecem apenas aplicações de usuário final personalizáveis e multilocatários, mas também abrem a funcionalidade das aplicações para terceiros via HTTP. Um exemplo é o Salesforce, que oferece acesso a dados e integração nas APIs HTTP. No momento da escrita deste livro, 28 APIs estavam disponíveis, cobrindo domínios bem diversos, como *marketing*, comércio B2C e gerenciamento de dados do cliente.

Os microsserviços se comunicam via APIs

Tem sido difícil escapar do termo *microsserviços* nos últimos anos. Muito foi dito sobre essa abordagem bastante avançada para a decomposição de sistema desde James Lewis e o primeiro artigo *on-line* de Martin Fowler, em abril de 2014 (Lewis, 2014). Eles surgiram conforme as SOAs (*service-oriented architectures* – arquiteturas orientadas a serviços) entraram na era da entrega contínua de *software* e computação em nuvem. Além da fama, os microsserviços são posicionados como um estilo secundário ou uma abordagem de implementação para SOA, enfatizando a implantação independente, a escalabilidade e a mutabilidade dos serviços, além de temas como tomada de decisão autônoma e descentralizada, e orquestração de contêineres (Pautasso, 2017a).

Cada microsserviço tem uma responsabilidade que deve representar uma capacidade comercial específica do domínio. Muitas vezes os microsserviços são implantados em contêineres de virtualização leves (como Kubernetes e Docker), encapsulam seu próprio estado e se comunicam via APIs remotas (em geral usando HTTP, mas também outros protocolos). Essas APIs de serviço ajudam a garantir um baixo acoplamento entre si e sua capacidade de evoluir ou ser substituídas sem afetar o resto da arquitetura (Zimmermann, 2017).

Os microsserviços facilitam a reutilização do *software* graças ao seu escopo limitado, focado na implementação de capacidades comerciais individuais. Eles sustentam as práticas ágeis de desenvolvimento de *software* com entrega contínua. Por exemplo, cada microsserviço normalmente pertence a uma única equipe, permitindo que ela desenvolva, implante e opere independentemente seus microsserviços. Os microsserviços também são adequados para a implementação de CNAs IDEAL (vistos anteriormente). Quando implantada de forma independente, a escalabilidade sob demanda horizontal pode ser alcançada por meio da virtualização de contêineres e do ELB (*Elastic Load Balancing* – balanceamento de carga elástico). Ao manter uma API de serviço existente inalterada, os microsserviços permitem a migração incremental de aplicações monolíticas, o que reduz o risco de falha dos esforços de modernização do *software*.

Os microsserviços também trazem novos desafios. Sua natureza distribuída e de baixo acoplamento requer APIs cuidadosamente projetadas e um gerenciamento abrangente dos sistemas. A sobrecarga de comunicação em uma arquitetura distribuída, combinada com más escolhas de *design* de API, pode afetar o desempenho das arquiteturas dos microsserviços.

Os desafios relacionados à consistência de dados e ao gerenciamento de estado surgem quando, por exemplo, é preciso desacoplar aplicações monolíticas com estado em microsserviços independentes e autônomos (Furda, 2018); os efeitos de pontos de falha únicos ou a proliferação de falhas em efeito cascata precisam ser evitados. A autonomia e a consistência de toda a arquitetura do microsserviço não pode ser garantida quando se emprega uma estratégia de *backup* e recuperação de desastres tradicionais (Pardon, 2018). Dimensionar a arquitetura para incluir muitos microsserviços requer uma abordagem disciplinada do gerenciamento do ciclo de vida, do monitoramento e da depuração.

Alguns desses desafios podem ser superados com infraestruturas adequadas. Por exemplo, balanceadores de carga introduzem redundância (gerenciada) e *circuit breakers* (disjuntores) (Nygard, 2018a) reduzem o risco de falhas nas instâncias de microsserviço *downstream*, diminuindo as falhas *upstream* (e, finalmente, de todo o sistema). As APIs de serviço ainda têm que ter o tamanho certo e evoluir corretamente ao longo do tempo.

Neste livro, não estamos preocupados com as infraestruturas de microsserviços, mas com o tamanho certo do serviço no nível da API (em termos de granularidade do *endpoint* e da operação/acoplamento de dados). No entanto, o *design* da infraestrutura é facilitado quando os serviços de API têm tamanhos adequados; portanto, indiretamente, também estamos preocupados com o *design* da infraestrutura.

APIs são produtos e podem formar ecossistemas

Um *produto* de *software* é um ativo físico ou virtual que pode ser comprado (ou licenciado). Os clientes pagantes têm certas expectativas em relação à longevidade, à qualidade e à utilização de suas aquisições. Já vimos exemplos de APIs que são produtos por si só; outras vêm com produtos de *software* (p. ex., para carregar esses produtos com dados mestres ou configurá-los e adaptá-los a determinado grupo de usuários). Até mesmo as APIs que não têm seu próprio modelo de negócio ou quaisquer ambições de contribuir para uma estratégia de negócio devem ser diretamente "tratadas como produto" (Thoughtworks, 2017). Elas devem ter um proprietário dedicado, uma estrutura de governança, um sistema de suporte e um roteiro.

Como exemplo, um *data lake* alimentado por algoritmos de aprendizagem profunda (DL, *deep learning*) requer dados, que precisam vir de algum lugar. Se os dados são o petróleo da era digital, os canais de mensagem e os fluxos de eventos formam os dutos (*pipelines*), com o *middleware*, ferramentas e aplicações sendo as refinarias. Nessa metáfora, as APIs então são válvulas localizadas entre os dutos, os produtores e os consumidores. O *data lake* pode ser um produto comercializado que expõe APIs, mas também um ativo interno da empresa gerenciado como um produto comercializado.

Um *ecossistema* de *software* "é a interação de um conjunto de atores em uma plataforma tecnológica, que resulta em uma série de soluções ou serviços de *software*" (Manikas, 2013). Os ecossistemas de *software* consistem em partes e atores independentes, porém relacionados, com crescimento orgânico e são ou totalmente descentralizados ou centrados em um formador de mercado. *Marketplaces de código aberto*, como o Cloud Foundry Ecosystem, qualificam-se como ecossistemas de *software*. Há ainda os *ecossistemas de software de revenda*, como a App Store da Apple. As APIs desempenham um papel fundamental para o sucesso de ambos os tipos, permitindo que as aplicações se juntem ao ecossistema ou o deixem para que os membros possam se comunicar e colaborar, analisar a integridade do ecossistema, e assim por diante (Evans, 2016).

Vejamos um exemplo de ecossistema de gerenciamento de viagens. Uma API é necessária para a integração (encaminhar um membro do ecossistema, como um locatário de quartos ou um provedor de transporte etc.). Outro sistema poderia dar suporte ao desenvolvimento do planejamento de viagens, relatórios e aplicações de análise (com classificações de destino, avaliações da acomodação, e outros). Essas partes do ecossistema se comunicam entre si via APIs, mas também com o formador de mercado/ecossistema quando viagens de trem e voos são agendados ou quartos de hotel são reservados.

O sucesso do ecossistema depende do *design* e da evolução da API certos. Quanto mais complexo e dinâmico é um ecossistema de *software*, mais desafiador se torna o *design* de suas APIs. Várias mensagens viajam entre os atores, cujas relações são descritas nos contratos de API; as mensagens formam conversas mais longas. Os membros do ecossistema têm que concordar com formatos, protocolos, padrões de conversação e assim por diante.

Juntando tudo

Todos os exemplos, cenários e domínios que vimos nesta seção contêm e dependem de APIs remotas e seus contratos, e não somente isso. Se você estiver pronto para uma rodada de jargões: as APIs são uma *tecnologia facilitadora* para a maioria (se não todas) das principais tendências nos últimos anos – não apenas *mobile*/*web* e nuvem, como mencionado antes, mas também inteligência artificial e aprendizado de máquina (ML, *machine learning*), a internet das coisas (IoT, *Internet of Things*), cidades inteligentes e redes inteligentes. Mesmo a computação quântica na nuvem depende das APIs; veja, por exemplo, a Quantum Engine API fornecida pelo Google Quantum AI.[4]

Fatores decisivos no *design* de APIs

O papel um tanto singular de conectar e separar que as APIs desempenham em uma arquitetura como a mostrada na Figura 1.1 leva a muitas preocupações desafiadoras, às vezes conflitantes, de *design*. Por exemplo, um equilíbrio deve ser encontrado entre a exposição dos dados (para que os clientes possam fazer

---

[4] Bingo!

bom uso deles) e a ocultação de seus detalhes de implementação (para que possam ser alterados à medida que a API evolui). As representações de dados expostas pelas APIs não só devem atender às necessidades de informação e processamento de seus clientes, mas também ser projetadas e documentadas de formas compreensível e sustentável. A compatibilidade e a interoperabilidade são qualidades importantes.

Nesta seção, apresentamos fatores particularmente importantes que continuaremos vendo ao longo do livro. Começaremos com os fatores críticos de sucesso.

O que torna uma API bem-sucedida?

O sucesso é uma medida relativa e um tanto subjetiva. Uma posição sobre o sucesso da API pode ser:

> Apenas uma API projetada e lançada há anos, que atende diariamente a solicitações de bilhões de clientes pagantes com latência mínima e zero tempo de inatividade, qualifica-se como um sucesso.

Uma posição oposta poderia ser:

> Uma API recém-lançada, que finalmente recebe e responde à primeira solicitação de um cliente externo e construída inteiramente com base em sua documentação, sem ajuda nem interação da equipe de implementação original, pode ser considerada um sucesso.

Se a API for usada em uma situação comercial, o sucesso dela pode ser avaliado de acordo com o *valor de negócio*, com foco na sustentabilidade econômica dos custos operacionais do serviço *versus* as receitas geradas direta ou indiretamente a partir de cada cliente da API. Diferentes modelos de negócio são possíveis, variando desde APIs acessíveis e gratuitas financiadas por anunciantes interessados em extrair os dados fornecidos de bom grado (ou não?) pelos usuários as aplicações construídas sobre a API até APIs baseadas em assinatura e APIs *pay-per-use* ("pagamento por uso"), oferecidas com diferentes planos pagos. Por exemplo, o Google Maps costumava ser uma aplicação autônoma da *web*. A API do Google Maps apareceu somente depois que os usuários começaram a fazer a engenharia reversa de como incorporar visualizações de mapa em seus próprios *sites*. Aqui, uma arquitetura inicialmente fechada abriu-se de acordo com a demanda do usuário. A API inicialmente acessível e gratuita foi posteriormente transformada em um lucrativo serviço *pay-per-use*. O OpenStreetMap, a alternativa de código aberto para o Google Maps, também fornece várias APIs.

Um segundo fator de sucesso é a *visibilidade*. O melhor *design* de API será um fracasso se seus futuros clientes não souberem que ela existe. As APIs públicas, por exemplo, podem ser *descobertas* com *links* para as APIs fornecidas em produtos de empresa e documentação de produtos ou com a divulgação de sua existência dentro das comunidades de desenvolvedores. Além disso, existem diretórios de API, como ProgrammableWeb e APIs.guru. De qualquer forma, investimentos para tornar a API conhecida devem valer a pena no final.

O tempo de entrada no mercado das APIs pode ser medido em termos de quanto tempo leva para implantar novos recursos ou corrigir *bugs* em uma API, bem como em termos de quanto tempo leva para desenvolver um cliente totalmente funcional para a API. O *tempo da primeira chamada* é um bom indicador da qualidade da documentação da API e da experiência de integração dos desenvolvedores do cliente. Para manter essa medida baixa, o esforço de aprendizagem também deve ser baixo. Outra métrica pode ser o *tempo para o primeiro tíquete de nível n* – espera-se que leve muito tempo para um desenvolvedor de cliente API encontrar um *bug* que requer suporte de nível 1, 2 ou 3 para resolver.

Outra medida de sucesso é o *tempo de vida* da API. As APIs podem viver mais do que seus desenvolvedores originais. Uma API de sucesso costuma sobreviver porque continua atraindo clientes por se adaptar às suas necessidades de mudança ao longo do tempo. No entanto, uma API estável, que não muda por um longo período, ainda pode estar em uso ativo pelos clientes, incluindo aqueles que não têm uma alternativa, tal como o cumprimento de requisitos de conformidade regulatórios por meio de APIs padronizadas e lentas do governo.

Resumindo, as APIs permitem uma *rápida integração* dos sistemas e de suas partes em curto prazo e têm de dar suporte à autonomia e à *evolução independente* desses sistemas em longo prazo. O objetivo da integração rápida é diminuir o custo de unir dois sistemas; a evolução independente é para impedir que os sistemas fiquem tão emaranhados e acoplados que não possam mais ser separados (ou substituídos). Esses objetivos entram em conflito até certo ponto, o que nos manterá ocupados durante todo o livro.

Qual a diferença entre os *designs* de API?

O *design* das APIs impacta todo o *design* e a arquitetura do *software*. Em "Das interfaces locais às APIs remotas", vimos que as APIs dependem das suposições que clientes e provedores de serviço desenvolvidos e operados de forma independente fazem sobre si. O seu sucesso exige que as partes envolvidas cheguem a acordos e mantenham o acordo por um longo tempo. Esses pressupostos e acordos concernem problemas e concessões (*trade-offs*), tais como:

- Um *endpoint* geral *versus* muitos *endpoints* específicos/especializados: todos os clientes devem usar a mesma interface, ou alguns ou todos devem receber sua própria API? Qual dessas opções torna a API mais fácil de usar? Por exemplo, uma API de uso geral seria mais reutilizável, porém também mais difícil de aplicar em casos específicos?

- *Endpoint* de granulação fina *versus endpoint* de granulação grossa e escopo da operação: como encontrar o equilíbrio entre amplitude e profundidade da funcionalidade da API? A API deve corresponder, agregar ou dividir a funcionalidade do sistema subjacente?

- **Poucas operações que carregam muitos dados *versus* muitas interações que carregam poucos dados:** as mensagens de solicitação e resposta devem ser complexas ou estritamente focadas no conteúdo dos dados? Quais dessas duas alternativas leva a uma melhor compreensão, desempenho, escalabilidade, consumo da largura de banda e evolução?
- **Atualização dos dados *versus* correção dos dados:** é melhor compartilhar dados obsoletos do que não compartilhar nada? Como os conflitos naturais entre a consistência confiável dos dados (dentro do provedor da API) e os tempos de resposta rápidos (conforme percebido pelo cliente de API) devem ser resolvidos? As mudanças de estado devem ser relatadas por votação ou enviadas por notificações de eventos ou *streaming*? Os comandos e as consultas devem ser separados?
- **Contratos estáveis *versus* contratos que mudam rápido:** como as APIs são mantidas compatíveis sem sacrificar sua extensibilidade? Como as mudanças compatíveis são introduzidas nas APIs avançadas e duradouras?

Essas perguntas, opções e critérios desafiam os *designers*, os projetistas de API. Diferentes escolhas são feitas em diferentes contextos de requisitos. Nossos padrões discutem as possíveis respostas e suas consequências.

O que torna o *design* de APIs desafiador?

Assim como o *design* de uma interface de usuário final resultará em uma experiência de usuário agradável ou incômoda, um *design* de API afetará a *experiência do desenvolvedor* (DX, *developer experience*) – em primeiro lugar, dos desenvolvedores no lado do cliente aprendendo a usar a API para construir aplicações distribuídas, mas também dos desenvolvedores que trabalham na implementação da API no lado do provedor. Assim que a API é inicialmente lançada e colocada em produção, seu *design* tem um grande impacto no desempenho, na escalabilidade, na confiabilidade, na segurança e no gerenciamento do sistema integrado resultante. As preocupações conflitantes das partes interessadas devem ser equilibradas; a DX estende-se à experiência do operador e do responsável.

Os objetivos e os requisitos dos provedores de API e clientes podem se sobrepor, mas também entram em conflito; um modelo em que todos ganham nem sempre é possível. Veja algumas razões não técnicas para o *design* da API ser difícil:

- **Diversidade de clientes:** os desejos e as necessidades dos clientes de API mudam de um cliente para outro – e seguem mudando. Os provedores de API precisam decidir se querem fazer concessões boas o suficiente em uma API unificada ou tentar atender às exigências específicas e divergentes do cliente individualmente.
- **Dinâmica de mercado:** na tentativa de acompanharem as inovações uns dos outros, provedores de API concorrentes podem promover mais mudanças e estratégias de evolução possivelmente incompatíveis do que os clientes são

capazes ou estão dispostos a aceitar. Além disso, os clientes procuram APIs padronizadas como meio de preservar sua independência de provedores específicos, enquanto alguns provedores podem se ver tentados a reter os clientes oferecendo extensões atraentes. Não seria bom se as APIs do Google Maps e do OpenStreetMap implementassem o mesmo conjunto de APIs? Desenvolvedores de clientes e provedores podem responder essa pergunta de forma diferente.

- **Erros de distribuição:** as APIs remotas são acessadas, às vezes, por redes não confiáveis. O que pode dar errado acabará dando errado. Por exemplo, mesmo que um serviço esteja em execução, os clientes podem ficar temporariamente incapazes de acessá-lo. Isso torna particularmente difícil fornecer acesso a uma API com altas garantias de qualidade de serviço (QoS – do inglês, *quality of service*), por exemplo, em relação aos tempos de disponibilidade e resposta.

- **Ilusão de controle:** qualquer dado exposto em uma API pode ser usado pelos clientes, às vezes de formas inesperadas. Publicar uma API significa abrir mão de parte do controle e, assim, abrir um sistema à pressão externa, por vezes de clientes desconhecidos. A decisão sobre quais partes internas do sistema e fontes de dados devem se tornar acessíveis através da API deve ser tomada com cuidado. Uma vez perdido, o controle é difícil de recuperar, se não impossível.

- **Armadilhas da evolução:** embora os microsserviços sejam destinados a permitir mudanças frequentes (p. ex., no contexto das práticas de DevOps, como a entrega contínua), há apenas uma chance de acertar o *design* de uma API logo de primeira. Quando uma API é lançada e se torna bem-sucedida, com mais e mais clientes dependendo dela, fica cada vez mais caro aplicar correções e melhorias, sendo impossível remover os recursos sem prejudicar alguns clientes. Ainda assim, as APIs evoluem ao longo do tempo. Alterá-las requer resolver a tensão entre a necessidade de estabilidade do *design* e a necessidade de flexibilidade por meio da adoção de práticas adequadas de versionamento. Às vezes, o provedor tem poder de mercado suficiente para ditar as estratégias de evolução e o ritmo; outras vezes, a comunidade de clientes é o lado mais forte da relação de uso da API.

- **Incompatibilidades de *design*:** o que os sistemas de *back-end* podem fazer (em termos de escopo funcional e qualidade) e como eles são estruturados (em termos de definições dos *endpoints* e dados) pode ser diferente do que os clientes esperam. Essas diferenças devem ser superadas com a introdução de alguma forma de adaptador, que atue entre as partes incompatíveis. Às vezes, os sistemas de *back-end* precisam ser refeitos ou redesenhados para conseguirem atender às necessidades externas do cliente.

- **Mudanças e desvios de tecnologia:** a tecnologia de interface do usuário continua avançando, por exemplo, de teclado e mouse para *touchscreen*, reconhecimento de voz, sensores de movimento em realidade virtual e realidade aumentada e assim por diante. Esses avanços exigem repensar o modo como os usuários interagem com as aplicações. A tecnologia da API também continua mudando. Novos formatos de representação de dados, protocolos de comunicação melhores e mudanças no cenário de *middleware* e ferramentas exigem investimento contínuo para que a lógica de integração e a infraestrutura de comunicação se mantenham atualizadas.[5]

Resumindo, o *design* da API pode ser decisiva em projetos de *software*, produtos e ecossistemas. Uma API não é um mero artefato de implementação, mas um ativo de integração. As APIs têm que ser bem projetadas devido à sua dupla função de conector/separador, com uma vida útil normalmente longa. Apesar das idas e vindas das tecnologias, muitos problemas e soluções de *design* permanecem os mesmos.

Os requisitos importantes relacionados à arquitetura, abordados a seguir, mudam um pouco, mas um conjunto comum permanece relevante há muito tempo.

Requisitos importantes do ponto de vista da arquitetura

As metas de qualidade para as APIs são de três tipos: *desenvolvimento, operacionais* e *gerenciais*. Apresentamos aqui um conjunto inicial de metas; mais detalhes sobre elas são abordados nos capítulos posteriores.

- **Compreensão**: uma preocupação importante de desenvolvimento no *design* de APIs é a estrutura dos elementos de representação nas mensagens de solicitação e resposta. Para garantir a compreensão e evitar uma complexidade desnecessária, muitas vezes é aconselhável acompanhar de perto o modelo de domínio no código de implementação da API e na API. Note que "acompanhar" não implica uma exposição total nem cópias exatas – é bom ocultar o máximo possível de informação.

- **Compartilhar *versus* ocultar informações**: as APIs especificam o que os clientes podem esperar enquanto abstraem o modo como tais expectativas são atendidas pelo provedor. É preciso esforço para separar a especificação da realização de um componente de *software*. Embora uma solução rápida para projetar a API possa ser simplesmente expor o que já existe, tais vazamentos de detalhes da implementação na interface restringem severamente o modo como a implementação pode mudar sem afetar os clientes mais tarde.

- **Quantidade de acoplamento**: *baixo acoplamento* é uma qualidade interna do *design* estrutural de um sistema distribuído e seus componentes. Como princípio de arquitetura, o baixo acoplamento pode oscilar entre um requisito (problema) e um elemento do *design* (solução). O baixo acoplamento das partes de comunicação tem diferentes dimensões: (a) autonomia de referência, que lida com convenções de nomenclatura e endereçamento, (b)

---

[5] Quantos desenvolvedores e ferramentas XML continuam por aí?

autonomia da plataforma, que oculta as escolhas da tecnologia, (c) autonomia do tempo, que dá suporte à comunicação síncrona ou assíncrona, e (d) autonomia de formato, que lida com o *design* do contrato de dados (Fehling, 2014). Uma chamada de API, por definição, acopla cliente e provedor; no entanto, quanto menor o acoplamento, mais fácil é desenvolver o cliente e o provedor de modo independente um do outro. Uma razão para isso é que o conhecimento que deve ser compartilhado pelo provedor e o consumidor tem impacto na mudança; redimensionar as estruturas de dados expostas pode trazer certa quantidade de autonomia de formato. Além disso, duas APIs do mesmo provedor não devem ser acopladas sem necessidade, por exemplo, por meio de dependências ocultas.

- **Mutabilidade:** é uma preocupação importante e secundária de suporte e manutenção. No contexto do *design* e da evolução da API, inclui a compatibilidade com versões anteriores para promover uma flexibilidade paralela de desenvolvimento e implantação.

- **Desempenho e escalabilidade:** a *latência* do ponto de vista de um cliente de API, influenciada por comportamento de rede, como largura de banda e latência de baixo nível, além do processamento de *endpoint*, incluindo a serialização ou não da carga útil, são questões operacionais importantes. *Taxa de transferência* e *escalabilidade* são, basicamente, preocupações do provedor de API, o que significa que os tempos de resposta não degradam, mesmo que a carga do provedor aumente porque mais clientes usam uma API ou que os clientes existentes gerem mais carga.

- **Parcimônia de dados (ou *Datensparsamkeit*):** é um princípio de *design* geral importante em sistemas distribuídos nos quais desempenho e segurança são críticos. No entanto, esse princípio nem sempre é aplicado quando uma API é definida de forma iterativa e incremental por meio da especificação de suas mensagens de solicitação e resposta – em geral é mais fácil realizar adições (neste caso, itens de informação ou atributos dos objetos de valor) do que remoções.[6] Como consequência, a carga cognitiva geral e o esforço de processamento continuam aumentando durante o *design* e a evolução da API.

Assim que há uma adição a uma API, muitas vezes é difícil determinar se ela pode ser removida com segurança, pois muitos clientes (talvez até desconhecidos) podem depender dela. Como consequência, os contratos de API expostos por uma API podem conter muitos elementos de dados possivelmente complexos (como atributos de cliente ou dados mestres do produto); e, muito provavelmente, essa complexidade cresce conforme o *software* evolui. O gerenciamento da variabilidade e o "controle de opções" são necessários.

---

[6] Pense nos processos empresariais e nos formulários correspondentes a serem preenchidos, e nas aprovações exigidas em grandes empresas: normalmente, muitas atividades e campos de dados são adicionados com boas intenções, mas essas adições quase nunca substituem as pré-existentes.

- **Segurança e privacidade:** são considerações importantes no projeto de API, incluindo o controle de acesso, bem como a confidencialidade e a integridade de informações confidenciais. Uma API pode exigir segurança e privacidade para evitar a exposição de elementos confidenciais dos serviços de *back-end*. Para dar suporte às capacidades de observação e auditoria, o tráfego da API e o comportamento durante a execução devem ser monitorados.

Para atender a esses requisitos por vezes conflitantes (e em constante mudança), decisões de arquitetura precisam escolher entre certas opções conhecidas e novas, com os requisitos figurando entre os fatores (ou critérios) de decisão. As concessões existem e/ou devem ser encontradas/resolvidas; nossos padrões escolhem os requisitos como fatores de *design* e discutem a solução da concessão.

Experiência do desenvolvedor

A metáfora e a analogia da DX com a experiência do usuário (UX, *User Experience*) ficaram muito populares nos últimos anos. De acordo com o *blog* de Albert Cavalcante, "What Is DX?" (Cavalcante, 2019), os quatro pilares de uma DX agradável, combinando a entrada da UX com os princípios de *design* do *software*, são

DX = função, estabilidade, facilidade de uso e clareza

DX diz respeito a todas as coisas com as quais os desenvolvedores trabalham: ferramentas, bibliotecas e *frameworks*, documentação etc. O pilar *função* da DX afirma que o processamento e/ou os recursos de gerenciamento de dados expostos por um *software* têm alta prioridade simplesmente porque são o motivo pelo qual o desenvolvedor do cliente está interessado na API em questão; os recursos da API devem atender às metas dos clientes. Por *estabilidade* entende-se o atendimento das qualidades de execução desejadas e acordadas, como desempenho, confiabilidade e disponibilidade. *Facilidade de uso* (do *software*, para os desenvolvedores) pode ser alcançada com documentação (tutoriais, exemplos, material de referência), fóruns de conhecimento da comunidade, bem como recursos da ferramenta (e outras formas). O pilar *clareza* diz respeito à simplicidade, mas também capacidade de observação; as consequências de certas ações, como pressionar um botão em uma ferramenta, chamar uma interface da linha de comando (ou comando oferecido por um SDK) ou gerar código devem sempre ser claras. Se as coisas derem errado, os desenvolvedores do cliente desejarão saber o motivo (seria uma entrada inválida ou um problema no lado do provedor?) e o que eles podem fazer acerca do problema (tentar chamar mais tarde ou corrigir a entrada?).

Nesse contexto, é bom lembrar que projetamos as APIs não para nós mesmos, mas para nossos clientes e seu *software*. Dito isso, a comunicação entre as máquinas é fundamentalmente diferente da interação entre ser humano e computador – os seres humanos e os computadores trabalham e se comportam de forma diferente. Os programas podem pensar (mais ou menos), mas não sentem nem têm consciência de si mesmos e de seu ambiente.[7] Dessa forma, alguns, mas nem todos, conselhos da UX se aplicam à DX diretamente.

Embora a DX receba muita atenção (legitimamente) e possa incluir a experiência do responsável e a experiência do consultor/educador/aluno, será que ouvimos e sabemos o suficiente sobre a experiência do operador?

Concluindo, o sucesso da API de fato tem pelo menos duas facetas, a positividade em curto prazo e a utilização em longo prazo:

> A primeira impressão é a que fica. Quanto mais fácil e claro for conseguir fazer a primeira chamada para uma API, e então fazer algo significativo com as respostas, mais desenvolvedores clientes usarão a API e gostarão da experiência (em relação à função, à estabilidade, à facilidade de uso e à clareza). As qualidades do tempo de execução, como desempenho, confiabilidade e capacidade de gerenciamento, decidem se uma experiência inicial e positiva do desenvolvedor faz com que o uso da API se mantenha.

A próxima e última seção deste capítulo apresenta o modelo de domínio da API que serve como vocabulário e glossário do livro.

Um modelo de domínio para as APIs remotas

Este livro e sua linguagem de padrões usam um conjunto de abstrações e conceitos básicos que formam um *modelo de domínio* (Zimmermann, 2021b) para o *design* e a evolução de APIs. Embora sejam introduzidos todos os principais elementos de nossos padrões nesse modelo de domínio, não visamos a pintar um quadro unificado de todos os conceitos de comunicação e arquiteturas de integração existentes. Ainda assim, a relação entre os elementos do modelo de domínio e os conceitos em HTTP e outras tecnologias remotas será explicada.

Participantes da comunicação

Em um nível abstrato, dois tipos de *participantes da comunicação* (participantes, para abreviar) se comunicam por uma API: o *provedor de API* e o *cliente de API*. Um cliente de API pode usar (ou consumir) qualquer número de *endpoints da API*. A comunicação é regida pelo *contrato de API*, que é exposto pelo provedor de API e consumido por seus clientes. Esse contrato contém informações sobre os *endpoints* disponíveis, que oferecem a funcionalidade especificada pelo contrato. A Figura 1.3 mostra esses conceitos básicos e relações.

---

[7] Podemos treiná-los em domínios restritos, como o reconhecimento de imagens, mas não podemos esperar que construam um sistema de valores e se comportem moral e eticamente como os seres humanos (assim espero).

Observe que a API inteira não é mostrada na figura – uma API é uma coleção de *endpoints* com os contratos oferecidos por eles. Um *endpoint* da API representa o lado do provedor de um canal de comunicação; uma API contém, pelo menos, um desses *endpoints*. Cada *endpoint* da API tem um *endereço* exclusivo, como uma URL (*uniform resource locator* – localizador uniforme de recursos), comumente usada na World Wide Web, HTTP RESTful e SOAP baseado em HTTP. No papel de cliente, um participante de comunicação acessa uma API via *endpoint*. Tal participante pode desempenhar o papel de cliente ou provedor. Nesse caso, um participante de comunicação oferece certos serviços como um provedor de API, mas também consome os serviços oferecidos por outras APIs em sua implementação.[8]

Na terminologia de arquitetura orientada a serviços, o termo *consumidor de serviço* é sinônimo de cliente de API; o provedor de API é chamado de *provedor de serviço* (Zimmermann, 2009). Em HTTP, um *endpoint* de API corresponde a um conjunto de recursos afins. Um *recurso base* com uma URI publicada previamente é uma URL no nível da entrada para localizar e acessar um ou mais recursos relacionados.

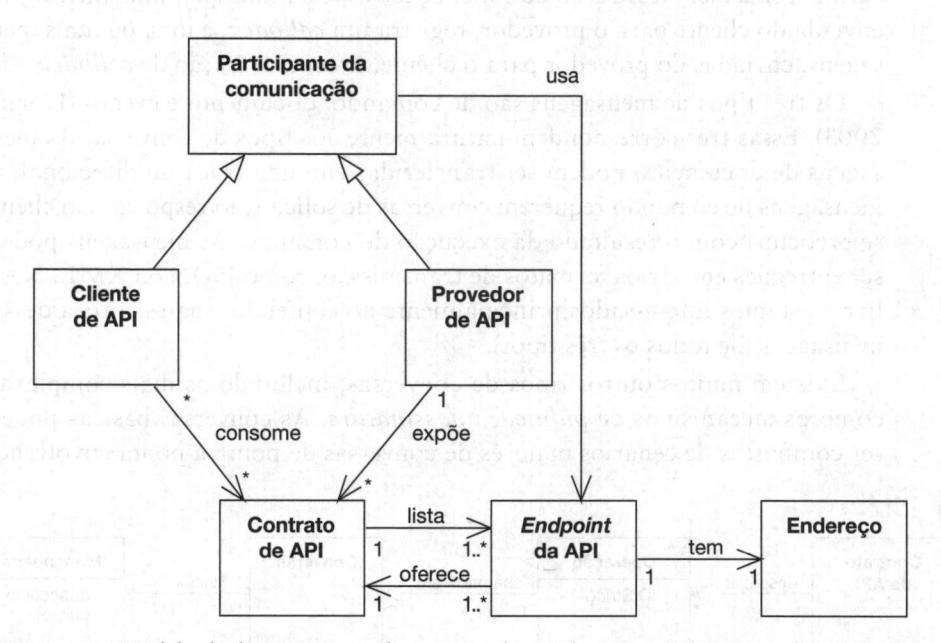

Figura 1.3 Modelo de domínio para *design* e evolução da API: participantes da comunicação, contrato de API e *endpoint* da API.

---

[8] O lado do cliente de um canal de comunicação também requer um *endpoint* de rede, que não é representado porque nosso foco são as APIs, não os canais de comunicação ou a rede.

Os *endpoints* oferecem contratos descrevendo as operações

Como mostrado na Figura 1.4, um contrato de API descreve as *operações*. Além do endereço do *endpoint*, um identificador de operação diferencia as operações. Por exemplo, a *tag* XML de alto nível no corpo de uma mensagem SOAP tem essa tarefa. Em HTTP RESTful, o nome do método HTTP (também chamado de *verbo*) é exclusivo dentro de um recurso.[9]

Mensagens como componentes principais da conversa

As operações de uma API, descritas por seu contrato e oferecidas pelos *endpoints*, podem participar das *conversas*. As conversas diferem na forma como combinam e compõem as mensagens. Cada conversa descreve uma sequência de mensagens trocadas entre os envolvidos na comunicação. A Figura 1.5 mostra quatro tipos principais de conversas. Uma troca de mensagens de *solicitação/resposta* consiste em uma *mensagem de solicitação* seguida de uma *mensagem de resposta*. Se não há resposta, a conversa tem uma natureza de *troca unidirecional*. Uma terceira forma de conversa é a *notificação de evento*, que apresenta uma única mensagem contendo o evento disparado. Por fim, uma conversa pode ser de longa duração – uma solicitação inicial é seguida por *várias respostas*. Nesse caso de solicitação/resposta múltipla, uma mensagem, enviada do cliente para o provedor, registra um *callback*, e uma ou mais mensagens, enviadas do provedor para o cliente, executam a ação de *callback*.

Os três tipos de mensagens são de comando, documento e evento (Hohpe, 2003). Essas três correspondem naturalmente aos tipos de conversa. As mensagens de documento podem ser transferidas em uma troca unidirecional; as mensagens de comando requerem conversas de solicitação/resposta se o cliente se preocupa com o resultado da execução do comando. As mensagens podem ser entregues em vários formatos de transmissão, como JSON ou XML. Neste livro, estamos interessados principalmente no conteúdo e na estrutura dessas mensagens (de todos os três tipos).

Existem muitos outros tipos de conversas, incluindo as mais complexas, como os mecanismos de *publicação/assinatura*. As conversas básicas podem ser compostas de cenários maiores de conversas de ponta a ponta envolvendo

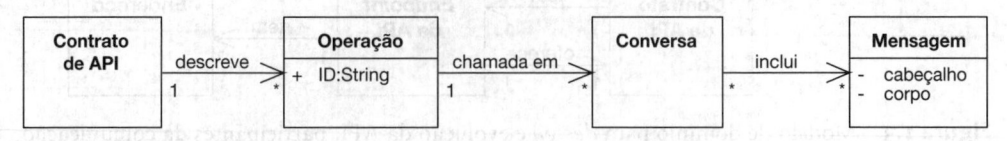

Figura 1.4 Modelo de domínio: operações, conversas, mensagens.

---

[9] Nas especificações OpenAPI, as operações são identificadas pelo método HTTP e seu caminho URI; há também uma propriedade adicional, operationId (OpenAPI, 2022).

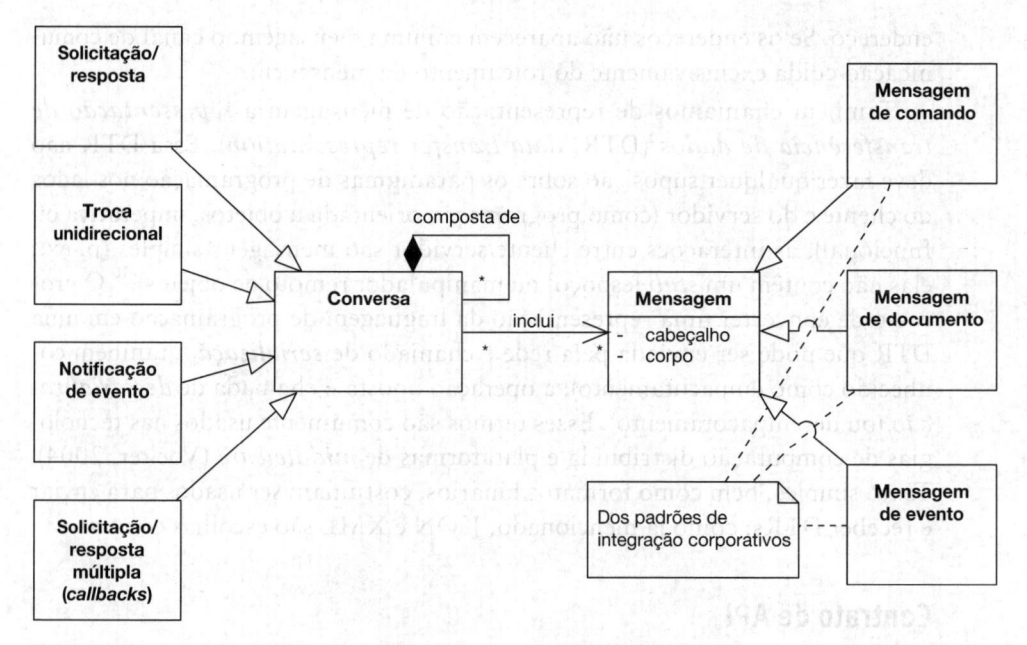

Figura 1.5 Modelo de domínio: tipos de conversa e de mensagem.

trocas de mensagens entre vários clientes e provedores de API até *processos comerciais* gerenciados e executados por dias, meses ou anos (Pautasso, 2016; Hohpe, 2017). Em geral, tais conversas avançadas podem ser encontradas em ecossistemas de *software*, aplicações corporativas e outros cenários de uso de APIs, mas não são nosso foco principal neste livro.

Estrutura da mensagem e representação

A Figura 1.6 ilustra que um ou mais *elementos de representação*, também conhecidos como *parâmetros*, constituem a *representação* de uma mensagem enviada pela rede (veja que algumas tecnologias usam o termo *assinatura* de operação para se referir aos parâmetros e a seus tipos). As mensagens carregam dados e metadados, que podem ser encontrados no *cabeçalho* da mensagem e no *corpo*. Os elementos de representação em endereços, cabeçalhos e corpo podem ou não estar ordenados e estruturados em hierarquias; geralmente são nomeados e podem ser tipificados estática ou dinamicamente. As mensagens podem ter seus endereços de origem (p. ex., para permitir o retorno de uma resposta para esse endereço) e/ou os endereços para onde são enviadas. Por exemplo, conceitos como endereço de retorno e identificador da correlação permitem que a mensagem participe do roteamento de mensagens baseado em conteúdo e conversas complexas de longa duração (Hohpe, 2003). Nas APIs de recursos HTTP, os controles de hipermídia (*links*) contêm tais informações de endereço. Se os endereços não aparecem em uma mensagem, o canal de comunicação cuida exclusivamente do roteamento da mensagem.

Também chamamos de representação de mensagem a *representação de transferência de dados* (DTR, *data transfer representation*). Essa DTR não deve fazer qualquer suposição sobre os paradigmas de programação nos lados do cliente e do servidor (como programação orientada a objetos, imperativa ou funcional); as interações entre cliente/servidor são mensagens simples (p. ex., elas não contêm um *stub* [esboço] ou manipulador remoto de objetos).[10] O processo de converter uma representação da linguagem de programação em uma DTR que pode ser enviada pela rede é chamado de *serialização* (também conhecido como empacotamento); a operação oposta é chamada de *desserialização* (ou desempacotamento). Esses termos são comumente usados nas tecnologias de computação distribuída e plataformas de *middleware* (Voelter, 2004). Texto simples, bem como formatos binários, costumam ser usados para enviar e receber DTRs; como já mencionado, JSON e XML são escolhas comuns.

Contrato de API

A Figura 1.7 mostra que todas as operações de *endpoint* são especificadas no contrato de API (apresentado na Figura 1.3). Esse contrato pode detalhar todas as conversas e mensagens possíveis até as representações de mensagens no nível do protocolo (parâmetros, corpos) e endereços de rede. Os contratos de API são necessários para realizar qualquer comunicação durante a execução interoperável, testável e evolutiva, porque os clientes e os provedores de API devem concordar com o conhecimento compartilhado especificado no contrato para poderem se comunicar.

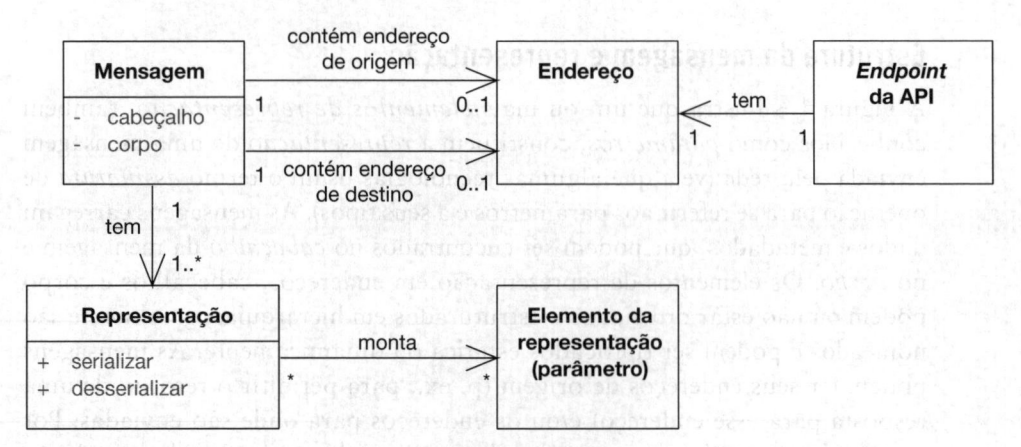

Figura 1.6 Modelo de domínio: detalhes da mensagem.

---

[10] Uma DTR pode ser vista como um equivalente em nível de rede de um padrão DTO (*data transfer object* – objeto de transferência de dados) em nível de programa. (Fowler, 2002; Daigneau, 2011.)

Na realidade, esse acordo pode ser altamente assimétrico, porque muitas APIs (especialmente as APIs públicas) são oferecidas como estão pelo provedor de API. Os clientes de API podem usá-las nessas condições ou não; nenhuma negociação ou acordo formal sobre um contrato entre os participantes ocorre nesses casos. A situação pode ser diferente se o cliente de API paga pelo serviço. Nesse caso, o contrato de API pode ser o resultado de uma negociação real e ser acompanhado por (ou mesmo parte de) um contrato legal. Um contrato de API pode ser documentado minimamente ou ser parte de uma Descrição da API e/ou de um Acordo de nível de serviço mais abrangente (dois dos nossos padrões).

Uso do modelo de domínio no livro

Os conceitos abstratos no modelo de domínio formam um vocabulário para a linguagem de padrões introduzida neste livro, pois os textos de padrões têm de permanecer independentes da plataforma e da tecnologia por definição (exceto por seus exemplos ilustrativos). Além disso, cada conceito e relação no modelo de domínio pode potencialmente servir como um fator de decisão a favor ou

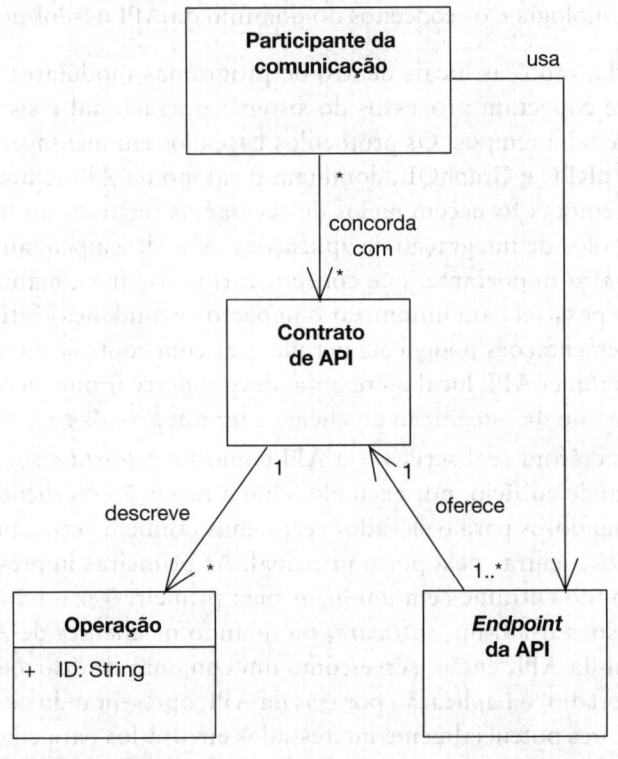

Figura 1.7 Modelo de domínio: um contrato de API descreve as operações (chamadas nas conversas que compõem as mensagens).

contra um padrão. Por exemplo, a estrutura de parâmetros de cada ocorrência de uma mensagem deve ser decidida. O Capítulo 3, "Narrativas de decisão da API", pega esses pensamentos e nos guia na tomada de decisão sobre todos os elementos e padrões do modelo de domínio.

Por fim, a MDSL (*microservices domain-specific language* – linguagem de microsserviços específica do domínio) que usamos para modelar alguns exemplos é designada de acordo com esse modelo de domínio. Veja o Apêndice C, "Linguagem de microsserviços específica do domínio (MDSL)", para ter informações de referência.

Resumo

Nesse capítulo, discutimos sobre:

- O que são APIs e por que é importante, e desafiador, projetá-las bem.
- As qualidades desejadas no *design* da API, incluindo considerações de acoplamento e granularidade, e os elementos de uma experiência de desenvolvedor (DX) positiva.
- A terminologia e os conceitos do domínio da API usados neste livro.

As APIs, tanto as locais dentro de programas modulares e quanto as remotas que conectam processos do sistema operacional e sistemas distribuídos, existem há tempos. Os protocolos baseados em mensagens, como HTTP RESTful, gRPC e GraphQL, dominam o campo da API remota no momento. As APIs remotas fornecem meios de acessar os recursos no lado do servidor via protocolos de integração de aplicações. Elas desempenham o papel de um intermediário importante, que conecta vários sistemas, mantendo-os o mais separados possível para minimizar o impacto de mudanças futuras. Uma API e suas implementações podem até permanecer com controle e propriedade separados. Qualquer API, local ou remota, deve endereçar uma necessidade real da informação ou da integração do cliente e ter um *propósito*.

Uma metáfora real seria ver a API como uma *porta e saguão de entrada* de um grande edifício, por exemplo, com a recepção recebendo os visitantes, encaminhando-os para o elevador certo, mas também verificando se eles estão autorizados a entrar pela porta principal. As primeiras impressões são as que ficam quando entramos em um lugar pela primeira vez – na vida real, quando as pessoas usam um *software*, ou quando os clientes de API usam APIs. Um portal da API, então, serve como um conjunto de "cartões de visita" (ou mapa do prédio) da aplicação por trás da API, apresentando os serviços aos desenvolvedores potencialmente interessados em usá-los para construir suas próprias aplicações. Os cartões de visita e a recepção influenciam a experiência do visitante (nesse caso, o DX).

Acertar as APIs locais é a primeira coisa a fazer. Para as APIs remotas, os erros da computação distribuída entram em jogo. As redes não podem ser consideradas confiáveis, por exemplo, quando as interfaces do usuário final, como as aplicações de página única baseadas no navegador e os serviços de *back-end* nas aplicações de nuvem distribuída, exigem APIs remotas para se comunicar uns com os outros.

Durante a tomada de decisão de arquitetura, uma série de atributos de qualidade precisa ser levada em conta. As qualidades de desenvolvimento para as APIs variam de DX no lado do cliente agradável, custo acessível e desempenho suficiente até operações e manutenção amigáveis às mudanças e sustentáveis no lado do provedor. Em todo o ciclo de vida da API, três tipos de atributos de qualidade são particularmente relevantes:

1. *Qualidades de desenvolvimento*: as APIs devem ser simples de descobrir, aprender e entender pelos desenvolvedores, e facilmente consumíveis para criar aplicações. A isso chamados de fornecimento de uma DX positiva, definida pelos quatro pilares de função, estabilidade, facilidade de uso e clareza.

2. *Qualidades operacionais*: as APIs e as respectivas implementações devem ser confiáveis e atender aos requisitos de desempenho, confiabilidade e segurança que foram declarados para elas. Devem ser gerenciáveis durante a execução.

3. *Qualidades gerenciáveis*: as API devem ser evolutivas e passíveis de manutenção ao longo do tempo, de preferência sendo extensíveis e compatíveis com as versões anteriores, de modo que as alterações sejam possíveis, sem prejudicar os clientes existentes. A agilidade e a estabilidade devem ser equilibradas.

Por que é difícil (e interessante) ter o *design* e a evolução de API corretos?

- A princípio, as APIs têm vida longa; o sucesso da API tem uma perspectiva de curto e longo prazos.
- As APIs exigem que partes diferentes e diversas cheguem a acordos sobre a funcionalidade exposta e as qualidades relacionadas.
- A granularidade das APIs é determinada pelos *endpoints* e pelas operações expostos, bem como pelos contratos de dados das mensagens de solicitação e resposta dessas operações. Um ponto de decisão importante diz respeito à escolha entre algumas operações avançadas e muitas restritas.
- O controle do acoplamento é necessário. Acoplamento zero significa ser desconectado; quanto mais o cliente e o provedor de API sabem (têm que saber) sobre o outro, mais são acoplados, dificultando evoluí-los de forma independente.

- Enquanto as tecnologias de API vêm e vão, os conceitos fundamentais do *design* de APIs e as decisões arquiteturais relacionadas com suas opções e critérios permanecem.

Nosso foco neste livro são as APIs remotas conectando sistemas e suas partes. Os provedores de API expõem os *endpoints* da API, que têm operações; as operações são chamadas via trocas de mensagens. As mensagens nessas trocas formam conversas que contêm elementos de representação de mensagens planos ou estruturados. Definimos esses conceitos em um modelo de domínio para o *design* e a evolução das APIs. Nossa tarefa é dar vida a esses conceitos para que as APIs resultantes atendam aos desejos e às necessidades de seus clientes com certas qualidades.

O que vem a seguir? O Capítulo 2, "Estudo de caso Lakeside Mutual", apresenta um exemplo fictício maior, porém realista, de um *design* de API e serviço. O Capítulo 3 pega os desafios e os requisitos desta seção na forma de fatores de decisão. Os pontos positivos e sua resolução nos padrões da Parte II, a referência do padrão, também detalham esses fatores de sucesso e propriedades da qualidade.

Capítulo 2

Estudo de caso Lakeside Mutual

Este capítulo apresenta o estudo de caso Lakeside Mutual, que serve como nosso cenário de exemplo no decorrer do livro. Para demonstrar a necessidade de APIs nesse cenário e conseguir justificar as decisões de *design* da API nos capítulos posteriores, são apresentados os sistemas de exemplo e requisitos necessários, junto com um *design* inicial de API, que serve como esquema e visualização.

Lakeside Mutual é uma seguradora fictícia que fornece vários serviços digitais para seus clientes, parceiros e funcionários. O *back-end* da empresa consiste em inúmeras aplicações corporativas para gerenciamento de clientes, apólices e riscos; os *front-ends* da aplicação atendem em vários canais, desde aplicativos de *smartphones* para clientes futuros e segurados até aplicações cliente robustas para a equipe da empresa e os agentes de vendas terceirizados.

Contexto e requisitos do negócio

Uma das equipes de desenvolvimento ágil na TI corporativa da Lakeside Mutual acaba de ser encarregada de ampliar a capacidade de uma aplicação do cliente com a ferramenta de autoatendimento. Um estudo arquitetural inicial revelou que os dados necessários do cliente e da apólice estão espalhados em vários sistemas de *back-end*. Nenhum desses sistemas oferece APIs da *web* adequadas nem canais de mensagens para os dados necessários.

Os seguintes artefatos de análise e *design* já foram criados pela equipe de desenvolvimento:

- histórias do usuário acompanhadas pelos atributos de qualidade desejados do sistema e um modelo de domínio no nível da análise;

- um diagrama de contexto do sistema/mapa contextual esboçando as interfaces disponíveis e obrigatórias;
- um diagrama de visão geral da arquitetura mostrando as partes do sistema existentes e suas relações.

Agora, examinaremos esses artefatos. Eles fornecem informações valiosas para o *design* da API.

Histórias do usuário e qualidades desejadas

A próxima versão da aplicação do cliente deve dar suporte a vários novos recursos de autoatendimento, visto que um deles foi capturado na seguinte história do usuário:

> Como cliente da Lakeside Mutual, eu mesmo quero atualizar minhas informações de contato *on-line* para que os dados sejam atuais. Não quero ter que chamar um agente para isso, o que pode envolver longos tempos de espera.

Os requisitos relativos às qualidades desejadas do sistema (p. ex., desempenho, disponibilidade e manutenção) foram reunidos. A história do usuário sobre a atualização das informações de contato não deve levar mais de 2 segundos em 80% das execuções. A Lakeside Mutual espera que 10 mil clientes usem o novo serviço *on-line*, com 10% deles trabalhando simultaneamente com o sistema.

A utilização é outra preocupação importante. Se o novo recurso de autoatendimento não ajudar os clientes a alcançarem seus objetivos de forma eficaz, eles poderão voltar para canais mais caros, acabando com o propósito do novo recurso. Em menor grau, isso se aplica aos requisitos de confiabilidade. A interface deve estar disponível durante o horário de expediente prolongado, nos fins de semana e nos feriados, quando os clientes da Lakeside Mutual podem ter tempo para cuidar de seus seguros.

Dados esses requisitos, quaisquer arquiteturas e *frameworks* escolhidos devem dar suporte às equipes de desenvolvimento e às operações da Lakeside Mutual de forma eficaz e eficiente. Elas devem ser capazes de monitorar e gerenciar a aplicação e mantê-la ao longo do tempo.

Modelo de domínio no nível da análise

Os clientes e suas apólices de seguro constituem o núcleo do sistema (gerenciamento de dados mestres). Com o novo *front-end* de autoatendimento, os clientes serão capazes não só de atualizar suas informações de contato, mas também de solicitar cotações para diferentes apólices de seguro, tudo sem ter que ir a uma filial ou agendar uma visita domiciliar. As aplicações corporativas usam

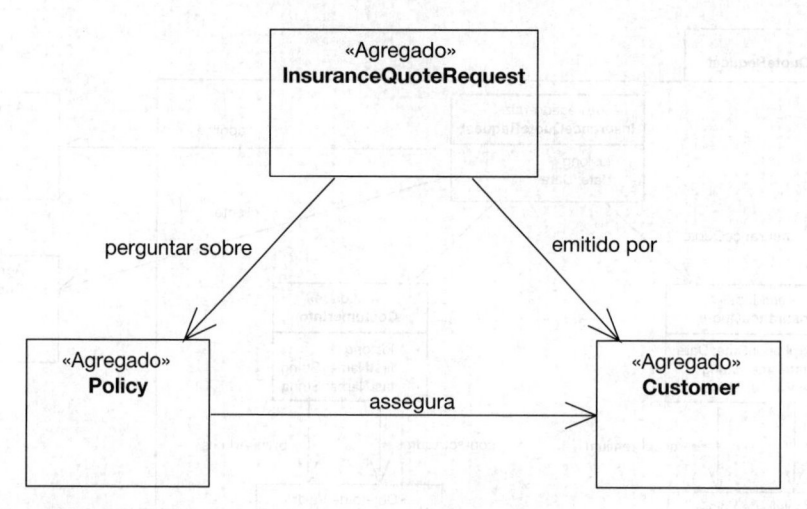

Figura 2.1 Visão geral dos agregados.

DDD, *design* orientado por domínio (*domain-driven design*) (Evans, 2003; Vernon, 2013) para estruturar sua lógica (de negócios) de domínio. A Figura 2.1 mostra os três principais agregados: Customer, InsuranceQuoteRequest e Policy.[1]

Agora ampliamos esses três agregados para explorar os conceitos adicionais de DDD. As solicitações de cotação de seguros vêm de clientes existentes ou potenciais. Eles perguntam sobre ofertas de novas apólices de seguro (p. ex., assistência médica ou seguro de carro). As ofertas e as apólices conhecem os clientes que pagam (pagarão) por elas e quem pode fazer reclamações no futuro.

A Figura 2.2 mostra os componentes do agregado InsuranceQuoteRequest, um exemplo de dados operacionais de curta duração. Ele compreende várias entidades com identidade, ciclo de vida e objetos de valor imutáveis. Uma entidade com papel único é a raiz do agregado InsuranceQuoteRequest e serve como um ponto de entrada para o agregado, além de manter seus componentes juntos. Também podemos ver algumas referências de saídas para outros agregados, apontando para as respectivas entidades-raiz do agregado. Por exemplo, InsuranceQuoteRequest faz referência às apólices existentes que o cliente deseja mudar. A solicitação também inclui CustomerInfo, que se refere a um ou mais endereços, pois uma apólice pode pertencer a várias pessoas (e as pessoas podem ter várias residências também). Por exemplo, o seguro de saúde dos filhos pode fazer parte da apólice dos pais.

Os detalhes do agregado Policy são mostrados na Figura 2.3. Uma apólice lida principalmente com objetos de valor, como MoneyAmounts, tipos

---

[1] Agregados são conjuntos de objetos de domínio carregados e armazenados juntos, reforçando as regras de negócio afins.

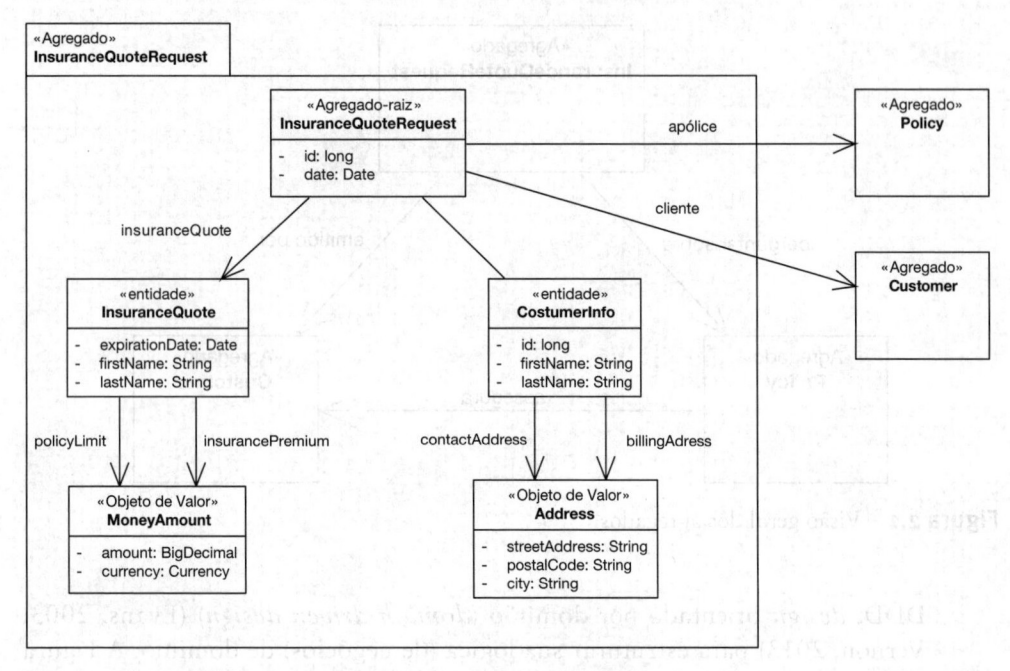

Figura 2.2 Detalhes do agregado InsuranceQuoteRequest.

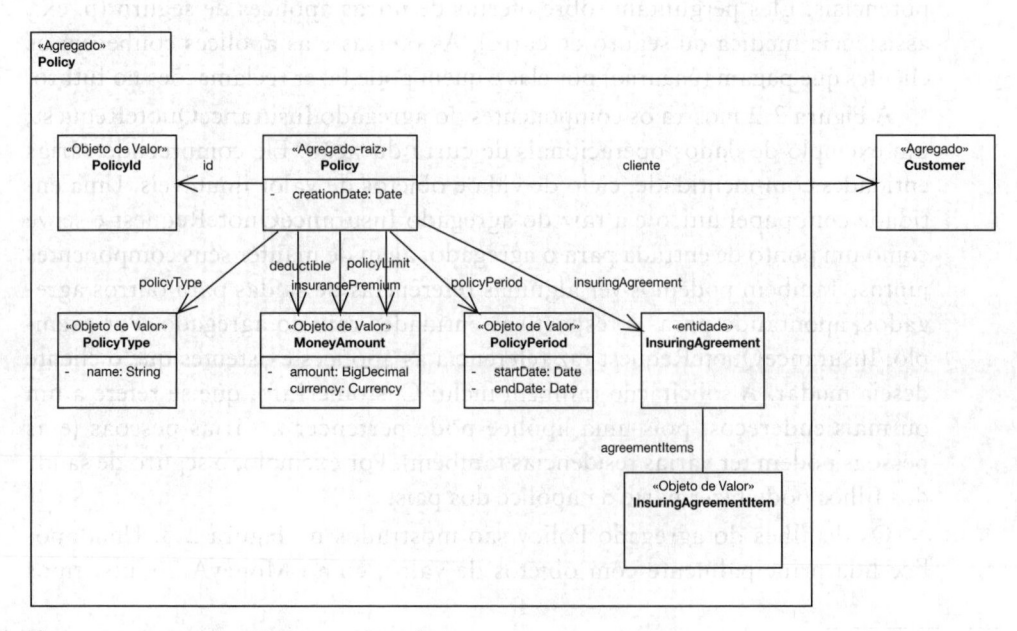

Figura 2.3 Detalhes do agregado Policy.

de apólice e períodos de data. Cada apólice também tem um identificador (PolicyId), usado para referenciar o agregado de fora. À direita, podemos ver a referência ao agregado Customer.

Na Figura 2.4, finalmente chegamos ao agregado Customer, que possui as informações de contato e os endereços atual e antigo. Como as apólices, os clientes podem ser identificados exclusivamente por seu CustomerId.

Visão geral da arquitetura

Agora que conhecemos o contexto do negócio e os requisitos, investigaremos os sistemas existentes na Lakeside Mutual e suas arquiteturas.

Contexto do sistema

A Figura 2.5 mostra o contexto atual do sistema. Os clientes existentes (não mostrados na figura) devem conseguir usar o *front-end* Autoatendimento do

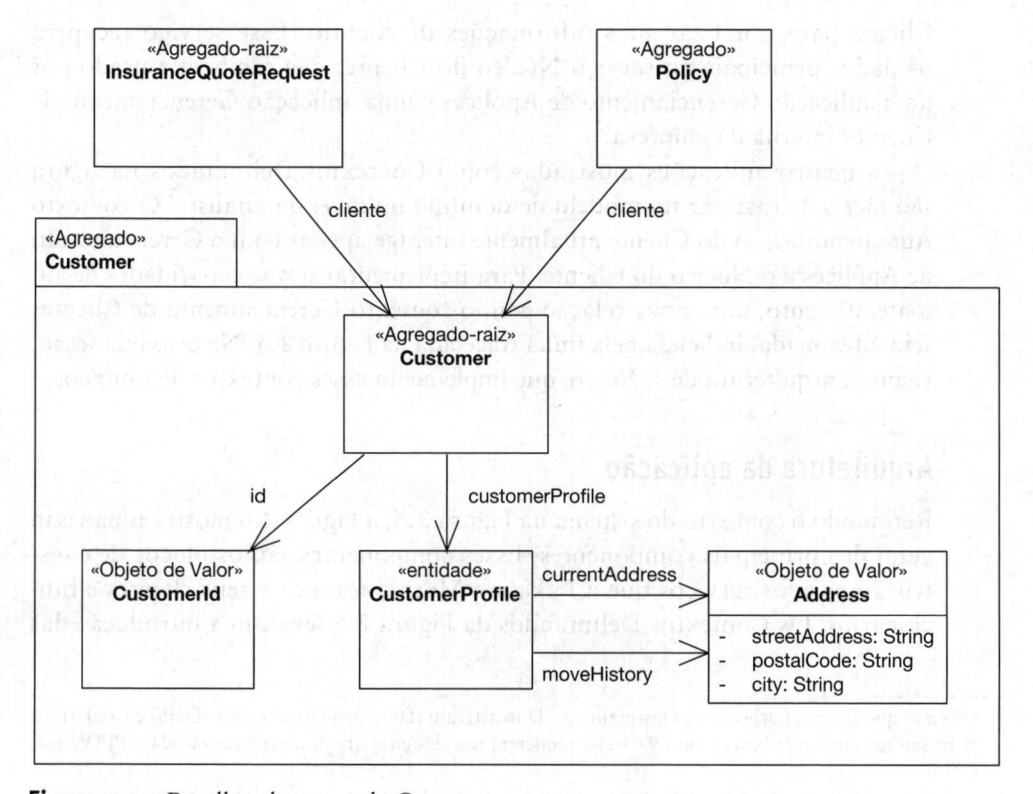

Figura 2.4 Detalhes do agregado Customer.

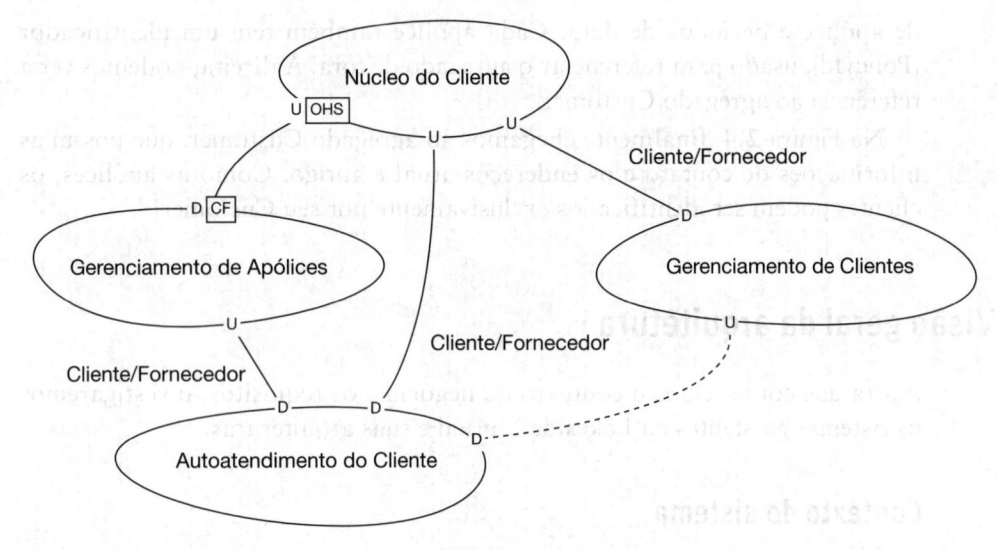

Figura 2.5 Mapa contextual da Lakeside Mutual (linhas sólidas: relações existentes; linha tracejada: nova interface).

Cliente para atualizar suas informações de contato. Esse serviço recupera os dados principais no serviço Núcleo do Cliente, que também é usado por uma aplicação Gerenciamento de Apólices e uma aplicação Gerenciamento de Clientes interna da empresa.[2]

As quatro aplicações mostradas como Contextos Delimitados na figura são fáceis de rastrear no modelo de domínio no nível da análise.[3] O contexto Autoatendimento do Cliente atualmente interage apenas com o Gerenciamento de Apólices e o Núcleo do Cliente. Para implementar novas capacidades de autoatendimento, uma nova relação com o contexto Gerenciamento de Clientes será adicionada, indicada pela linha tracejada na Figura 2.5. Na próxima seção, vemos a arquitetura de *software* que implementa esses contextos delimitados.

Arquitetura da aplicação

Refinando o contexto do sistema na Figura 2.5, a Figura 2.6 mostra uma visão geral dos principais componentes. Esses componentes são os blocos de construção para os serviços que a Lakeside Mutual fornece a seus clientes e funcionários. Os Contextos Delimitados da Figura 2.5 levaram à introdução das

---

[2] Observe que Cliente/Fornecedor, Upstream (U), Downstream (D), Open Host Service (OHS) e Conformist (CF) são relações contextuais do DDD que requerem um *design* e um desenvolvimento da API [Vernon 2013].

[3] O Contexto Delimitado do padrão DDD denota um limite do modelo; é uma abstração e uma generalização de equipes, sistemas e partes do sistema (como os *front-ends* e os *back-ends* de aplicações).

respectivas aplicações de *front-end* e microsserviços de *back-end* de suporte (p. ex., *front-end* de Gerenciamento de Clientes e *back-end* de Gerenciamento de Clientes).

A estratégia de *front-end* é usar clientes *web* robustos; portanto, SPAs (*single-page applications* – aplicações de página única) são implementados em JavaScript. Devido a uma decisão estratégica tomada no nível da empresa há vários anos, a maioria dos *back-ends* é feita em Java, utilizando os contêineres de injeção de dependência Spring Boot para obter maior flexibilidade e capacidade de manutenção. Como um sistema de mensagens de código aberto, amplamente difundido e maduro, o Apache ActiveMQ é usado para integrar o autoatendimento do cliente e o gerenciamento de apólices.

- **Núcleo do cliente**: gerencia os dados pessoais sobre os clientes individuais (p. ex., nome, *e-mail*, endereço atual etc.). Fornece esses dados aos outros componentes através de uma API de recursos HTTP.

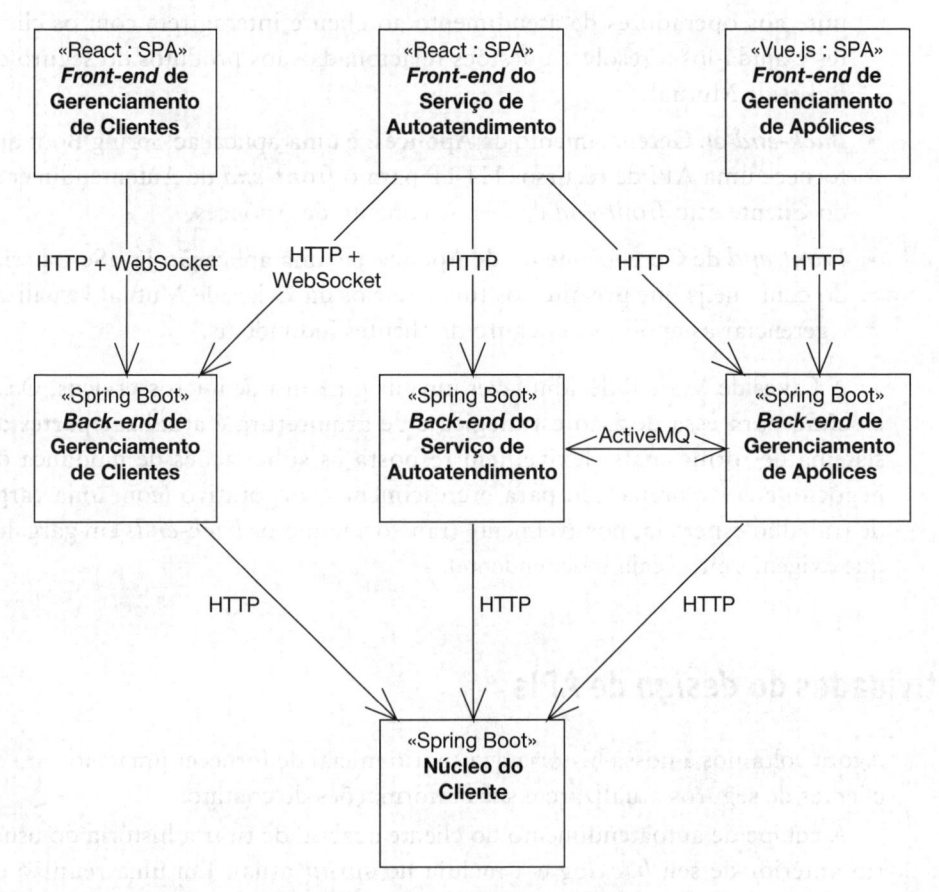

Figura 2.6 Componentes de serviços na Lakeside Mutual e suas relações.

- **Back-end de Autoatendimento do Cliente:** fornece uma API de recursos HTTP para o *front-end* de Autoatendimento do Cliente. Além disso, conecta um *broker* ActiveMQ fornecido pelo *back-end* Gerenciamento de Apólices para processar as solicitações de cotação de seguros.

- **Front-end de Autoatendimento do Cliente:** é uma aplicação React que permite aos usuários se registrarem, visualizarem a apólice do seguro atual e, no futuro, mudarem seu endereço (nossa história de usuário no exemplo).

- **Back-end de Gerenciamento de Clientes:** é uma aplicação Spring Boot que expõe uma API de recursos HTTP para o *front-end* Gerenciamento de Clientes e o *front-end* de Autoatendimento do Cliente. E mais, Web Sockets são usados para implementar o recurso de bate-papo para entregar as mensagens em tempo real entre o agente de *call center* usando o *front-end* de Gerenciamento de Clientes e o cliente conectado no *front-end* de Autoatendimento do Cliente.

- **Front-end de Gerenciamento de Clientes:** é uma aplicação React que permite aos operadores de atendimento ao cliente interagirem com os clientes e ajudá-los a resolver questões relacionadas aos produtos do seguro da Lakeside Mutual.

- **Back-end de Gerenciamento de Apólices:** é uma aplicação Spring Boot que fornece uma API de recursos HTTP para o *front-end* de Autoatendimento do Cliente e ao *front-end* de Gerenciamento de Apólices.

- **Front-end de Gerenciamento de Apólices:** é uma aplicação JavaScript criado com vue.js que permite aos funcionários da Lakeside Mutual visualizar e gerenciar as apólices de seguro de clientes individuais.

A Lakeside Mutual decidiu fazer uma arquitetura de microsserviços. O raciocínio para essa decisão estratégica e de arquitetura é atualizar partes do sistema de forma mais flexível (em resposta às solicitações de mudança do negócio) e estar preparado para o crescimento corporativo (com uma carga de trabalho esperada, possivelmente transformando os *back-ends* em gargalos que exigem uma escala independente).

Atividades do *design* de APIs

Agora voltamos à nossa história de usuário inicial de fornecer um meio para os clientes de seguros atualizarem suas informações de contato.

A equipe de autoatendimento do cliente acabou de tirar a história do usuário anterior de seu *backlog* e a incluiu no *sprint* atual. Em uma reunião de planejamento de *sprint*, as equipes identificaram as seguintes atividades para a próxima iteração:

1. Planejar uma API independente de plataforma para o *back-end* Gerenciamento de Clientes, consumido pelo *front-end* de Autoatendimento do Cliente abaixo.
2. Especificar os *endpoints* da API (recursos, se usamos uma API da *web* baseada em HTTP) e suas operações (verbos/métodos HTTP, como GET e POST), incluindo parâmetros de solicitação e estrutura de resposta (p. ex., estrutura de objeto das cargas JSON).
3. Justificar as decisões com base nos artefactos de análise e *design* listados ou referenciados antes neste capítulo.

Como os padrões podem ajudar os *designers* da API na Lakeside Mutual a realizarem essas tarefas? Essa pergunta será respondida a seguir (e no restante do livro). O Apêndice B, "Implementação do caso Lakeside Mutual", coleta alguns artefatos de implementação da API para o caso.

Especificação da API de destino

O seguinte esboço de uma API mostra como *poderia ser* um *endpoint* para atualizar as informações de contato do cliente ao executar as atividades de *design* da API (observe que esse esboço serve como uma prévia, não há necessidade de entender todos os detalhes neste momento):

```
API description CustomerManagementBackend
usage context SOLUTION_INTERNAL_API
   for FRONTEND_INTEGRATION

data type CustomerId ID
data type CustomerResponseDto D

data type AddressDto {
  "streetAddress": D<string>,
  "postalCode": D<string>,
  "city": D<string>
}

data type CustomerProfileUpdateRequestDto {
  "firstname": D<string>,
  "lastname": D<string>,
```

```
    "email": D<string>,
    "phoneNumber": D<string>,
    "currentAddress": AddressDto
}

endpoint type CustomerInformationHolder
version "0.1.0"
serves as INFORMATION_HOLDER_RESOURCE
exposes
   operation updateCustomer
   with responsibility STATE_TRANSITION_OPERATION
    expecting
    headers
       <<API_Key>> "accessToken": D<string>
    payload {
       <<Identifier_Element>> "id": CustomerId,
       <<Data_Element>>
         "updatedProfile":
         CustomerProfileUpdateRequestDto
    }
    delivering
    payload {
       <<Data_Element>> "updatedCustomer": CustomerResponseDto,
       <<Error_Report>> {
         "status":D<string>,
         "error":D<string>,
         "message":D<string>}
    }
```

A API é determinada na linguagem de especificação MDSL. MDSL, introduzida no Apêndice C, "Linguagem de microsserviços específica do domínio (MDSL)", é uma linguagem específica de domínio (DSL) para especificar contratos de (micro)serviços, suas representações de dados e *endpoints* da API. As especificações do OpenAPI podem ser geradas a partir disso (a versão do OpenAPI do contrato anterior tem 111 linhas na sua representação YAML).[4]

No nível superior, podemos ver a descrição da API, duas definições do tipo de dados e um *endpoint* representando uma operação. O estereótipo <<API_Key>> e os marcadores SOLUTION_INTERNAL_API,

---

[4] Originalmente, YAML significava *"yet another markup language"* ou "mais uma linguagem de marcação". No entanto, o nome foi alterado mais tarde para "YAML *ain't markup language*", ou "YAML não é linguagem de marcação" para destacar que ela é uma linguagem de serialização de dados, não uma linguagem de marcação verdadeira.

FRONTEND_INTEGRATION, INFORMATION_HOLDER_RESOURCE e STATE_TRANSITION_OPERATION (e vários outros) se referem a padrões. Na próxima parte do livro, eles são detalhados.

Resumo

Nesse capítulo, apresentamos a seguradora Lakeside Mutual, um estudo de caso fictício que fornece exemplos funcionais para o livro. A Lakeside Mutual implementou suas principais capacidades para cliente, contrato e gerenciamento de riscos como um conjunto de microsserviços com *front-ends* de aplicações correspondentes:

1. As APIs da *web* conectam os *front-ends* da aplicação aos *back-ends*.
2. Os *back-ends* também se comunicam via APIs.
3. O *design* da API começa com os requisitos do usuário, as qualidades desejadas, as informações contextuais do sistema e as decisões de arquitetura já tomadas.

Detalhamos esse *design* inicial da API no Capítulo 3 e na Parte II do livro, revisitando os padrões e a justificativa de sua aplicação no negócio e no contexto de arquitetura do *design* da API de autoatendimento do cliente.

Alguns trechos da implementação da API podem ser encontrados no Apêndice B. Uma implementação completa do cenário está disponível no GitHub.[5]

---

[5] https://github.com/Microservice-API-Patterns/LakesideMutual

Capítulo 3

Narrativas de decisão da API

O *design* de *endpoint*, operação e mensagem da API é multifacetado, portanto, não é fácil. Os requisitos muitas vezes entram em conflito, exigindo equilíbrio. Muitas decisões de arquitetura e escolhas de implementação devem ser feitas, com inúmeras soluções disponíveis. O segredo do sucesso de uma API é tomar as decisões certas. Às vezes, as escolhas necessárias não são conhecidas pelos desenvolvedores ou eles conhecem apenas um subconjunto das opções disponíveis. Além disso, nem todos os critérios podem estar claros; por exemplo, alguns atributos de qualidade (como desempenho e segurança) são mais óbvios do que outros (como a sustentabilidade).

Neste capítulo, identificamos as decisões de seleção de padrões por categorias de tópicos. O capítulo faz uma iteração de *design* da API, começando com o escopo da API e passando para decisões de arquitetura sobre funções dos *endpoints* e responsabilidades de operações. As decisões sobre os refinamentos do *design* relacionadas à qualidade e à evolução da API também são abordadas. Determinamos as decisões necessárias, junto com as opções mais predominantes (abordadas nos padrões presentes na Parte II) e os critérios para a seleção de padrões que vimos na prática.

Introdução: padrões como opções de decisão, fatores como critérios de decisão

A seleção de um padrão é uma decisão de arquitetura a ser tomada, justificada e fundamentada, como ocorre no livro *Continuous Architecture in Practice* (Erder, 2021). Assim, nossa narrativa identifica as decisões de arquitetura necessárias durante o *design* e a evolução da API. Para cada decisão, discutimos critérios de escolha e alternativas de *design*. Essas opções alternativas são fornecidas por nossos padrões, detalhados na Parte II do livro.

Para identificar as decisões necessárias, utilizamos o seguinte formato:

Decisão: *Exemplo de uma decisão necessária*
Qual tópico é abordado?

Os padrões elegíveis são apresentados no seguinte formato:

	Padrão: NOME DO PADRÃO
Problema	[Qual problema de *design* é abordado?]
Solução	[Visão geral dos possíveis modos de lidar com o problema]

Os critérios de tomada de decisão, correspondentes aos fatores dos padrões presentes na Parte II, são então resumidos, e algumas recomendações de boas práticas são dadas (que não devem ser seguidas palavra por palavra, mas colocadas no contexto de determinado esforço de *design* da API).

Resultado da decisão de exemplo – Também trazemos exemplos de decisões do caso Lakeside Mutual, apresentado no Capítulo 2, "Estudo de caso Lakeside Mutual". Usamos o seguinte formato ADR (*architectural decision record* – registro de decisão de arquitetura):

No *contexto de [recurso ou componente],*

com a necessidade de [requisito ou meta de qualidade],

decidimos [opção escolhida]

e ignoramos [alternativas]

para ter/alcançar [benefício],

aceitando que [consequências negativas].

Esse formato, chamado de *declaração do motivo* (Zdun, 2013), é um exemplo de modelo de registro da decisão de arquitetura. Popularizado por Michael Nygard (Nygard, 2011), tais registros de decisão têm um longo histórico de pesquisa e prática.[1] Em poucas palavras, eles acompanham os resultados da decisão e suas justificativas (racionais) em certo contexto.

Um exemplo do modelo ADR pode ser escrito do seguinte modo:

No *contexto das narrativas de decisão de padrões,*

com a necessidade de ilustrar as opções e os critérios em exemplos,

---

[1] Veja https://ozimmer.ch/practices/2020/04/27/ArchitectureDecisionMaking.html

decidimos injetar registros de decisão de arquitetura como este para ter um equilíbrio entre teoria e prática, aceitando que o capítulo fica mais longo e os leitores têm que ir dos conceitos à aplicação ao lerem do início ao fim.

As declarações do motivo ficam *em itálico* para que sejam claramente diferenciadas do conteúdo conceitual deste capítulo (pontos de decisão, opções e critérios). A parte "ignorada" da declaração do motivo é opcional e não é usada neste exemplo.

No restante do capítulo, abordamos os seguintes tópicos de decisão:

- "Decisões e padrões fundamentais da API" apresenta a visibilidade, os tipos de integração e a documentação da API.
- "Decisões sobre papéis e responsabilidades da API" discute o papel arquitetural de um *endpoint*, refinando os papéis dos detentores da informação e definindo as responsabilidades da operação.
- "Seleção dos padrões de representação da mensagem" aborda a escolha entre as estruturas planas e aninhadas dos elementos da representação e introduz os estereótipos dos elementos.
- "Governança da qualidade da API" é multifacetada: identificação e autenticação do cliente de API, medição e cobrança do consumo de API, prevenção do uso excessivo de API pelos clientes, especificação explícita dos objetivos de qualidade e das penalidades, comunicação de erros e representação do contexto externo.
- "Escolha de melhorias na qualidade da API" lida com a paginação, outros meios de evitar a transferência desnecessária de dados e o tratamento de dados referenciados nas mensagens.
- "Decisões sobre a evolução da API" tem duas partes: versão e gerenciamento da compatibilidade, além de estratégias para comissionamento e descomissionamento.

Dois interlúdios cobrem "Padrões de responsabilidade e de estrutura no caso Lakeside Mutual" e "Padrões de qualidade e de evolução no caso Lakeside Mutual".

Decisões e padrões fundamentais da API

No Capítulo 1, "Fundamentos da interface de programação de aplicações (API)", vimos que APIs são interfaces de *software* que expõem os serviços de gerenciamento da computação ou da informação, desacoplando as implementações subjacentes do provedor de serviços dos clientes de API. Nesta seção, apresentamos as decisões fundamentais de *design* da arquitetura com padrões como opções de decisão, detalhando essa relação entre implementações do serviço no lado do provedor de API e no dos clientes de API. Os padrões nesta seção têm um tema gerencial ou organizacional, além de terem grande impacto sobre importantes considerações técnicas.

As decisões desta seção respondem às seguintes perguntas:

- De onde a API deve estar acessível ou quão *visível* é a API?
- Quais *tipos de integração* devem ser suportados pela API?
- A API deve ser *documentada*? Em caso afirmativo, como?

A Figura 3.1 mostra como as decisões se relacionam.

A primeira decisão nessa categoria é sobre a visibilidade da API. Em diferentes tipos de APIs, os clientes de API que devem usá-la podem ser muito diferentes, variando de um grande número de clientes que residem em diferentes

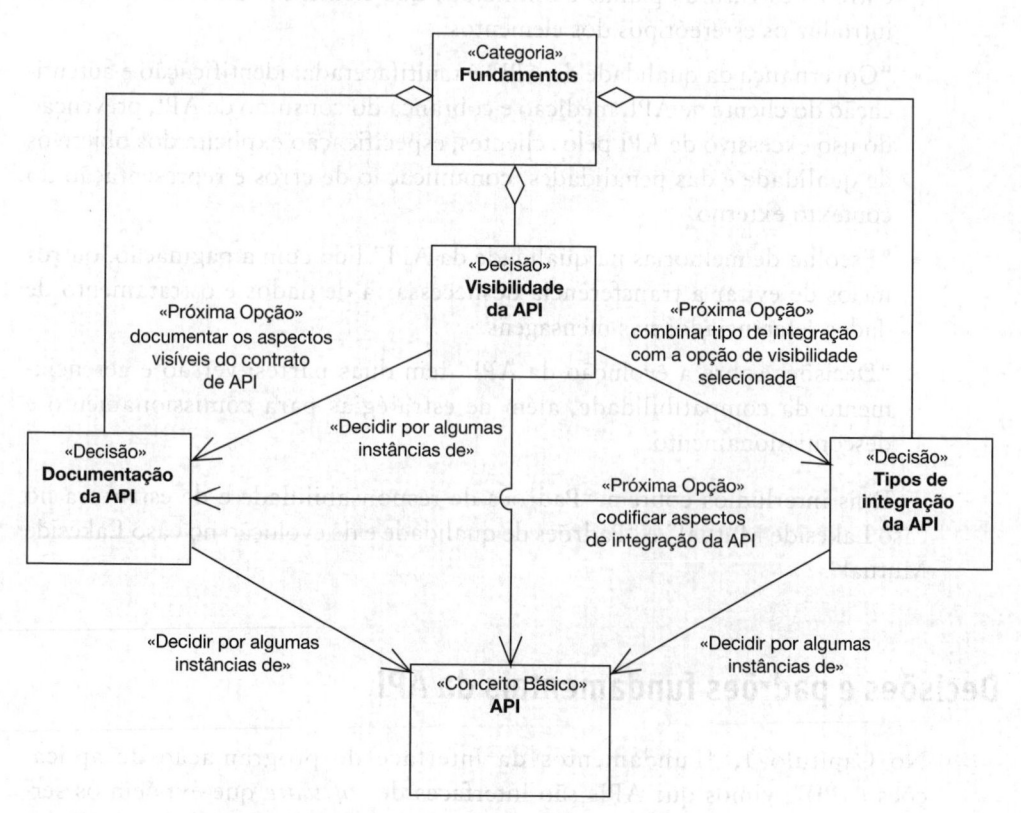

Figura 3.1 Categoria Fundamentos.

organizações e locais até alguns clientes conhecidos em uma única organização e/ou no mesmo sistema de *software*.

Além disso, deve ser decidido como a organização de um sistema em níveis físicos está relacionada às APIs, levando a diferentes tipos possíveis de integração. Um *front-end* que é responsável por exibir e controlar uma interface de usuário final pode ser fisicamente separado de seus *back-ends* responsáveis pelo processamento e pelo armazenamento de dados. Tais *back-ends* podem ser divididos e distribuídos em vários sistemas e/ou subsistemas, por exemplo, em arquiteturas orientadas a serviços. Em ambos os casos (*front-end* e *back--end*) é possível uma integração baseada em APIs.

Por fim, são necessárias decisões sobre a documentação da API. Quando um provedor de serviço decide expor um ou mais *endpoints* da API, os clientes devem conseguir descobrir onde e como as operações da API podem ser chamadas. Isso inclui informações técnicas de acesso à API, como localizações do *endpoint* da API ou parâmetros nas representações de mensagens, bem como documentação do comportamento da operação, incluindo precondições e pós--condições, bem como as respectivas garantias de qualidade do serviço.

Visibilidade da API

Talvez você deseje que uma parte de uma aplicação tenha uma API remota que exponha um ou mais *endpoints* de API. Nesse cenário, uma decisão inicial sobre cada API diz respeito à sua visibilidade. Do ponto de vista técnico, a visibilidade de uma API é determinada pela localização da implantação e suas conexões de rede (p. ex., a internet, uma extranet, uma rede interna da empresa ou até mesmo um único *data center*). Do ponto de vista organizacional, os usuários finais atendidos pelos clientes de API influenciam o nível de visibilidade necessário.

Essa decisão não é essencialmente técnica, mas gerencial ou organizacional. Muitas vezes está relacionada a orçamentos e considerações sobre captação de recursos. Às vezes, o desenvolvimento, as operações e a manutenção da API são custeados por um único projeto ou produto; em outros casos, várias organizações (ou unidades dentro de uma organização) contribuem para pagá-la.

Entretanto a decisão tem impactos importantes em muitos aspectos técnicos. Compare, por exemplo, uma API aberta e pública exposta na internet, usada por um número arbitrário de clientes de API parcialmente desconhecidos, com uma API de solução interna usada por um pequeno número estável de outros sistemas e/ou subsistemas de uma organização. A carga de trabalho possível que a API pública e aberta tem que tolerar pode ser bem alta e conter inúmeros picos; a carga de trabalho de uma API de solução interna com alguns clientes de API conhecidos geralmente é muitíssimo menor. Como consequência, o desempenho e os requisitos de escalabilidade para os dois tipos de visibilidade da API podem ser muito diferentes.

A decisão central a ser tomada é a seguinte:

Decisão: *Visibilidade da API*

De onde a API deve ser acessível: da *web*, de uma rede controlada por acesso, como uma intranet ou uma extranet, ou apenas de um *data center* que hospeda certa solução?

A Figura 3.2 ilustra as três opções de decisão, descritas como padrões. A primeira opção é o padrão API Pública.

	Padrão: API Pública
Problema	Como uma API fica disponível para um número ilimitado e/ou desconhecido de clientes de API fora da organização distribuídos de forma global, nacional e/ou regional?
Solução	Exponha a API na internet pública junto com uma Descrição da API detalhada que descreva as propriedades funcionais e não funcionais da API.

Especificamente para as APIs Públicas, é importante considerar o tamanho do público-alvo, a localização e a diversidade. Os desejos e as necessidades do público-alvo, as possíveis plataformas de desenvolvimento e de *middleware* usadas e outras considerações podem ajudar a determinar se e como uma API deve ser oferecida publicamente. Por exemplo, a tendência de utilizar aplicações de página

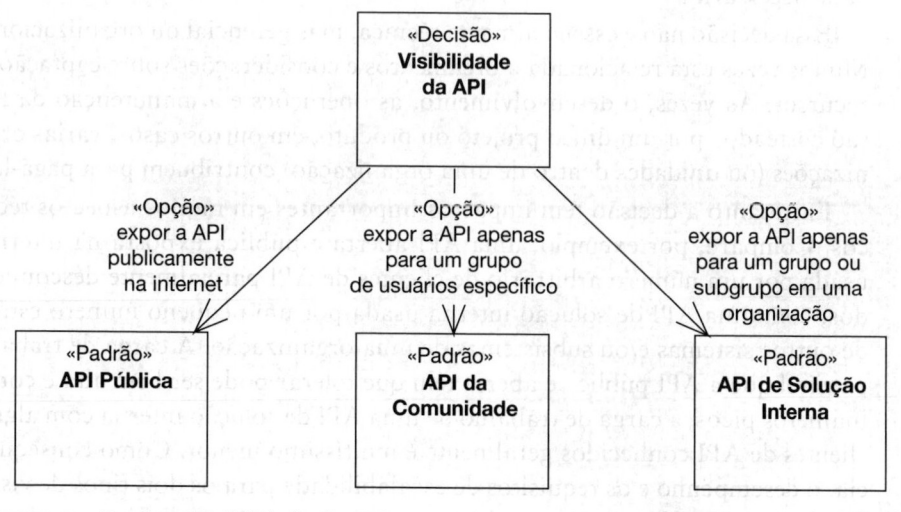

Figura 3.2 Decisão Visibilidade da API.

única que acessam as APIs pelo navegador (em oposição aos *sites* dinâmicos renderizados no servidor) levou a um aumento nas APIs acessíveis pela internet.

As APIs Públicas com alta visibilidade costumam lidar com cargas de trabalho continuamente altas e/ou com cargas de pico. Isso pode aumentar a complexidade e exigir uma alta maturidade dos sistemas de *back-end* e de armazenamento de dados. As cargas possíveis que a API precisa tratar dependem do tamanho do público-alvo. A localização do público-alvo determina o nível de acesso à internet e a largura de banda exigida.

As APIs mais visíveis podem ter demandas de segurança maiores do que as menos visíveis. O uso de Chaves da API ou, como alternativa, protocolos de autenticação, geralmente indica a diferença entre uma API Pública em geral e sua variante Open API: uma API verdadeiramente *aberta* é uma API Pública sem uma Chave da API ou outros meios de autenticação. Claro, as Chaves da API e os protocolos de autenticação também podem ser usados em todas as outras opções dessa decisão.

Os custos de desenvolvimento, operações e manutenção da API devem ser cobertos. Normalmente, uma API deve ter um modelo de negócios para gerar fundos. Para as APIs Públicas, assinaturas pagas e pagamentos por chamada (veja o padrão Plano de Preços) são opções comuns. Outra opção é o financiamento cruzado, por exemplo, por publicidade. Tais considerações devem andar junto com as considerações de orçamento. Embora possa ser fácil custear o desenvolvimento inicial da primeira versão de uma API, suas operações, manutenção e evolução podem ser mais difíceis de custear no longo prazo, sobretudo para uma API Pública bem-sucedida com muitos clientes.

Uma opção de decisão alternativa, com visibilidade mais limitada, é a API da Comunidade.

	Padrão: API da Comunidade
Problema	Como a visibilidade e o acesso a uma API podem ser restritos a um grupo fechado de usuários que não trabalha para uma unidade organizacional, mas para múltiplas entidades (p. ex., empresas, organizações sem fins lucrativos/não governamentais e governos)?
Solução	Implante a API e seus recursos de implementação com segurança em um local com acesso restrito para que apenas o grupo de usuários desejado tenha acesso a ela; por exemplo, em uma extranet. Compartilhe a Descrição da API apenas com o público-alvo restrito.

Quanto a uma API Pública, o desenvolvimento da API, as operações e a manutenção das APIs da Comunidade devem ser custeados. Dessa forma, os orçamentos desempenham um papel igualmente importante, mas aqui as especificidades da comunidade e as soluções requeridas determinam como eles são realizados. Em uma comunidade de usuários de produtos, por exemplo, as taxas de licença podem cobrir o orçamento. Um governo ou uma ONG pode financiar as APIs para grupos de usuários específicos e restritos para atingir determinados objetivos próprios da comunidade. Uma diferença essencial das APIs de Solução Interna (explicadas em breve) é que muitas vezes não é um único projeto ou orçamento de produto que paga pela API. Os interesses de quem paga por ela podem ser diversos.

Existem mais variantes do padrão, com frequência observadas em contextos corporativos. Uma API Corporativa fica disponível apenas na rede interna da empresa. A API do Produto é fornecida com um *software* adquirido (ou *software* de código aberto). Por fim, as APIs de Serviço expostas por provedores de nuvem e serviços de aplicações hospedados nos ambientes de nuvem também se qualificam como variantes da API da Comunidade se o acesso a elas é limitado e seguro.

O tamanho do público-alvo, a localização e as preferências técnicas dele também desempenham seus papéis (muitas vezes até em relação às considerações orçamentárias, pois os membros da comunidade podem pagar pela API). Essas características da comunidade podem ser bem mais desafiadoras e diversificadas do que as das equipes individuais ou da API pública. Comparando com a API Pública, em que a organização de desenvolvimento da API geralmente pode definir padrões com facilidade, porque os usuários pouco influem na política, as preocupações das partes interessadas (*stakeholders*) costumam ser diversas e complexas. Por exemplo, as preocupações com papéis, tais como, proprietário da aplicação, equipe de DevOps, agente de segurança de TI etc., podem diferir e entrar em conflito. Essas considerações também podem exigir mais do gerenciamento do ciclo de vida da API. Por exemplo, um cliente pagante de uma API da Comunidade pode demandar que certa versão da API permaneça em operação.

Enfim, a opção de decisão com visibilidade mais limitada é a API de Solução Interna.

Padrão: API de Solução Interna

Problema	Como o acesso e o uso de uma API podem ser limitados a, por exemplo, os componentes na mesma camada ou em outra camada lógica e/ou nível físico de uma aplicação?
Solução	Separe a aplicação logicamente em componentes. Deixe que os componentes exponham as APIs locais ou remotas. Ofereça essas APIs apenas aos parceiros de comunicação do sistema interno, como outros serviços no *back-end* da aplicação.

Quanto aos dois padrões anteriores, o orçamento deve ser considerado para custear o desenvolvimento, as operações e a manutenção da API DE SOLUÇÃO INTERNA. Isso geralmente é menos problemático para tais APIs do que para os outros dois tipos de visibilidade de API (mais expostos), porque um único orçamento de projeto ou de produto costuma cobrir os custos da API. Isso, por sua vez, significa que o projeto também pode decidir sobre o ciclo de vida e o tamanho do público-alvo, sua localização e preferências técnicas suportados. Naturalmente, a importância dessas preocupações depende dos objetivos do projeto. Por exemplo, considere uma API interna desenvolvida para faturar as compras de produtos em uma loja *on-line*. Pode-se esperar que os produtos e seus requisitos de cobrança sejam conhecidos pela equipe de desenvolvimento da API, e eles mudam ao longo do tempo. Se a equipe lança uma nova versão da API, ela pode notificar as equipes dependentes que estão trabalhando na mesma aplicação de compras sobre a mudança.

Outras preocupações técnicas levantadas antes têm características similares. As cargas de trabalho são normalmente mais conhecidas do que nas APIs PÚBLICAS, a menos que a API DE SOLUÇÃO INTERNA receba suas chamadas de uma API PÚBLICA. Por exemplo, no cenário de faturamento, se os próprios produtos da empresa são oferecidos por APIs PÚBLICAS, a API DE SOLUÇÃO INTERNA para a cobrança tem que lidar com as cargas provenientes dessas APIs PÚBLICAS. Da mesma forma, a complexidade e a maturidade dos sistemas de *back-end* e do armazenamento de dados, bem como as demandas de segurança, têm que atender apenas às demandas de solução interna e podem seguir as melhores práticas usadas na organização que os oferece.

Observe que, às vezes, as APIs DE SOLUÇÃO INTERNA evoluem para APIs DA COMUNIDADE (ou APIs PÚBLICAS). Tal gradação não deve acontecer apenas como uma forma de distorção do escopo, e sim ser decidida e planejada com consciência. Algumas decisões de *design* da API, como as que dizem respeito à segurança da API, podem ser revisitadas quando essa gradação acontece.

Observe também que a visibilidade da API inclui a visibilidade da mensagem e da estrutura de dados. O cliente e o provedor de API exigem uma compreensão compartilhada das estruturas de dados trocadas. Em termos de *design* orientado por domínio, essas estruturas de dados fazem parte da Linguagem Publicada (Evans, 2003). Uma Linguagem Publicada robusta tem o potencial de contribuir para uma experiência positiva do desenvolvedor; mas também introduz acoplamento por natureza.

Resultado da decisão de exemplo – Como a equipe do estudo de caso da Lakeside Mutual tomou sua decisão e por quê?

No contexto do canal de autoatendimento do cliente,

com a necessidade de atender os usuários externos, como clientes existentes, os designers da API na Lakeside Mutual decidiram desenvolver sua API DE SOLUÇÃO INTERNA para ser uma API DA COMUNIDADE, ignorando a API PÚBLICA,

para lidar com os desejos e as necessidades de uma população de usuários conhecidos e prever a carga de trabalho da API,

aceitando que os usuários não registrados (clientes em potencial) não podem ser atendidos por essa API.

Tipos de integração da API

Uma segunda decisão fundamental diz respeito aos tipos de integração suportados pela API:

Decisão: *Tipos de integração suportados pela API*

Os clientes de API exibem formulários e resultados do processamento para os usuários finais, por exemplo, em aplicações móveis, aplicações da *web* e aplicações cliente avançados? Ou devem servir como *wrappers* e adaptadores em camadas intermediárias e níveis de *back-end* que hospedam os componentes das aplicações?

A Figura 3.3 mostra duas opções de decisão: INTEGRAÇÃO DE FRONT-END (integração vertical) e INTEGRAÇÃO DE BACK-END (integração horizontal).[2]

Ambos os tipos de integração podem ser combinados com qualquer um dos padrões de visibilidade vistos antes.

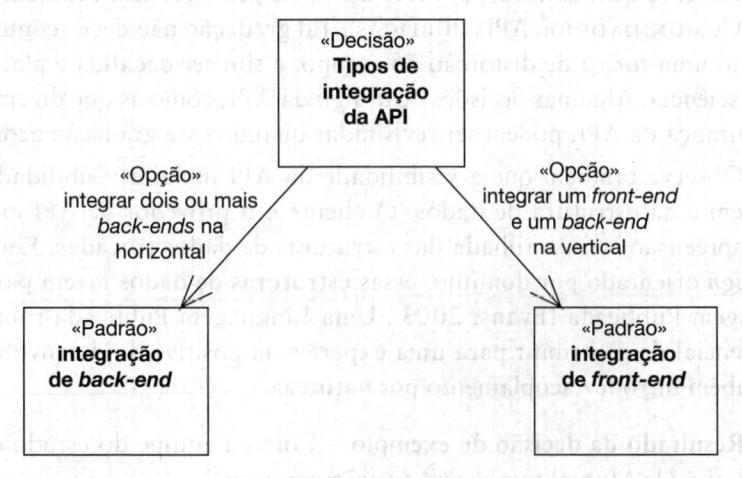

Figura 3.3 Decisão sobre os tipos de integração da API.

---

[2] A noção de integração horizontal *versus* vertical tem origem na visualização comum dos sistemas distribuídos (suas camadas e níveis), que coloca os *front-ends* no topo dos diagramas e os *back-ends* na parte inferior.

	Padrão: INTEGRAÇÃO DE *FRONT-END*
Problema	Como as interfaces do usuário final no lado do cliente, que são fisicamente separadas da lógica de negócios e do armazenamento de dados no lado do servidor, podem ser preenchidas e atualizadas com os resultados da computação, com os conjuntos de resultados das pesquisas nas fontes de dados e com as informações detalhadas sobre as entidades de dados? Como os *front-ends* de aplicações podem chamar as atividades em um *back-end* ou carregar dados neles?
Solução	Deixe o *back-end* de uma aplicação distribuída expor seus serviços a um ou mais *front-ends* de aplicações através de uma API DE INTEGRAÇÃO DE *FRONT-END* remota baseada em mensagens.

O desenho de uma API DE INTEGRAÇÃO DE *FRONT-END* depende muito das informações e das necessidades comerciais dos *front-ends*. Sobretudo se o *front-end* tem uma interface de usuário (IU), APIs robustas e expressivas podem ser necessárias para lidar com todas as necessidades da IU (p. ex., a API deve suportar o padrão PAGINAÇÃO para torná-lo eficiente para a IU buscar informações adicionais de forma incremental). Isso possibilita que a experiência do desenvolvedor de cliente da API seja agradável. No entanto, APIs mais expressivas costumam ser caras de desenvolver e podem causar um acoplamento maior do que as alternativas mais simples. Esforços adicionais e um alto acoplamento podem se traduzir em riscos maiores.

Para uma API DE INTEGRAÇÃO DE *FRONT-END*, as considerações de segurança e privacidade de dados costumam ser importantes, pois muitos *front-ends* de aplicações trabalham com dados confidenciais, como as informações do cliente.

	Padrão: INTEGRAÇÃO DE *BACK-END*
Problema	Como as aplicações distribuídas e suas partes, que foram construídas com independência e são implantadas separadamente, podem trocar dados e disparar uma atividade mútua, preservando a integridade conceitual interna do sistema sem introduzir um acoplamento indesejado?
Solução	Integre o *back-end* de uma aplicação distribuída com um ou mais *back-ends* (das mesmas aplicações distribuídas ou de outras) expondo seus serviços por meio de uma API DE INTEGRAÇÃO DE *BACK-END* remota baseada em mensagens.

Para muitas integrações de *back-end*, devem ser levadas em conta as qualidades de execução, como desempenho e escalabilidade. Por exemplo, alguns *back-ends* podem atender a vários *front-ends*, ou grandes quantidades de dados podem ser transferidas entre os *back-ends*. A segurança pode ser uma consideração importante quando são necessárias integrações de *back-end* além dos limites organizacionais. Da mesma forma, a interoperabilidade é um fator importante em alguns cenários de integração de *back-end*. Por exemplo, os proprietários de aplicações e os integradores dos sistemas envolvidos podem não se conhecer.

Para as tarefas de integração, a INTEGRAÇÃO DE BACK-END em particular, o orçamento do desenvolvimento também pode ser um fator importante. Como exemplo, as alocações de custo das APIs DE SOLUÇÃO INTERNA e das APIs DA COMUNIDADE podem não ser claras, e orçamentos limitados podem ser utilizados nas tarefas de integração. Integração dos sistemas significa que as culturas de desenvolvimento e as políticas corporativas dos sistemas a serem integrados podem entrar em conflito ou ser incompatíveis.

Para ambos os padrões dessa decisão (INTEGRAÇÃO DE FRONT-END e INTEGRAÇÃO DE BACK-END) existem *links* para as opções de decisão da visibilidade da API, como os listados a seguir:

- As APIs PÚBLICAS geralmente fornecem recursos de INTEGRAÇÃO DE FRONT-END para conectar as aplicações da *web* ou os *front-ends* de dispositivos móveis. Também podem ser usadas para sustentar as INTEGRAÇÕES DE BACK-END, por exemplo, para alimentar *data lakes* em cenários de *big data* com dados abertos.

- As APIs DA COMUNIDADE geralmente sustentam cenários de INTEGRAÇÃO DE BACK-END, por exemplo, replicação de dados ou *event sourcing*. Também podem sustentar a INTEGRAÇÃO DE FRONT-END em portais e *mashups*.

- Por fim, as APIs DE SOLUÇÃO INTERNA podem ter a INTEGRAÇÃO DE FRONT-END para dar suporte a clientes de API que atendem às interfaces de usuário final usadas apenas dentro da solução. Também podem sustentar a INTEGRAÇÃO DE BACK-END em um contexto local, como processos locais ETL (extração, transformação e carregamento).

Resultado da decisão de exemplo – Qual *design* da API da Lakeside Mutual surgiu com essa decisão?

No contexto do canal de autoatendimento do cliente,

com a necessidade de fornecer dados corretos aos usuários externos por meio de uma IU, o padrão INTEGRAÇÃO FRONT-END *foi escolhido (e a* INTEGRAÇÃO BACK-END *ignorada) para obter uma alta qualidade de dados e ganhos de produtividade quando os clientes atendem a si mesmos,*

aceitando que a interface externa deve ser devidamente protegida.

HTTPS e o padrão CHAVE DA API apresentados em uma decisão posterior são duas opções para lidar com a consequência "aceitando que", declarada no resultado da decisão de exemplo.

Documentação da API

Além das decisões fundamentais sobre a visibilidade das APIs e os tipos de integração delas, é preciso decidir se e como a API deve ser documentada. Essa decisão é mostrada na Figura 3.4.

O padrão essencial relacionado à API para essa decisão é a DESCRIÇÃO DA API. Um projeto pequeno ou simples, ou projetos de protótipo possivelmente mudando muito em um futuro próximo, pode optar por não aplicar esse padrão e, assim, selecionar a opção "Nenhuma descrição da API".

Decisão: *Documentação da API*

A API deve ser documentada? Em caso afirmativo, como?

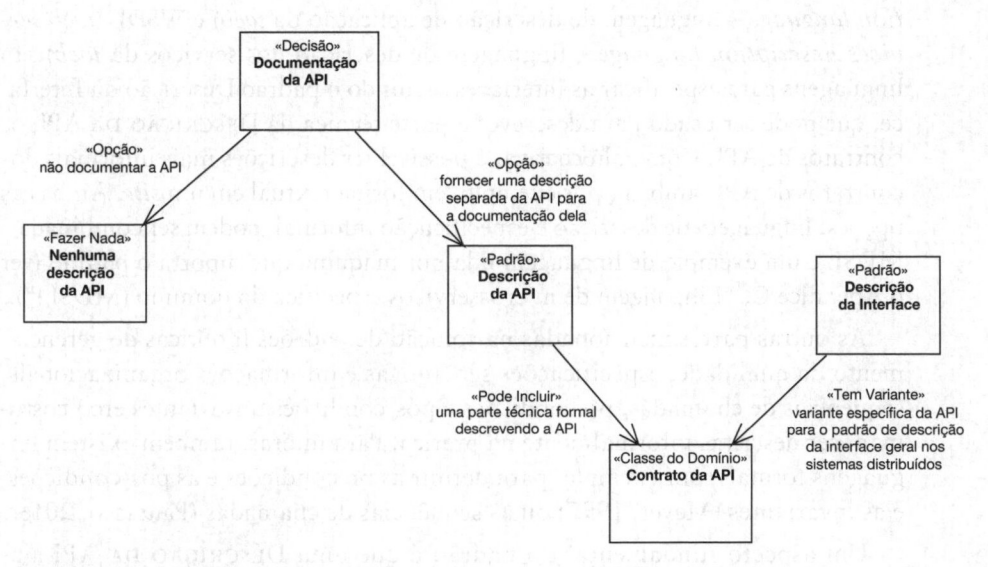

Figura 3.4 Decisão de documentação da API.

	Padrão: Descrição da API
Problema	Qual conhecimento deve ser compartilhado entre um provedor de API e seus clientes? Como esse conhecimento deve ser documentado?
Solução	Crie uma Descrição da API que defina as estruturas das mensagens de solicitação e resposta, um relatório de erros e outras partes relevantes do conhecimento técnico a ser compartilhado entre provedor e cliente. Além das informações estáticas e estruturais, cobrir também os aspectos dinâmicos ou comportamentais, incluindo sequências de chamadas, precondições e pós-condições, e invariantes. Complemente a descrição da interface sintática com políticas de gerenciamento da qualidade, bem como especificações semânticas e informações organizacionais.

Uma Descrição da API contém o contrato da API funcional, que define as estruturas das mensagens de solicitação e resposta, os relatórios de erros e outras partes relevantes do conhecimento técnico a ser compartilhado entre provedor e cliente de API. Além da descrição da interface sintática, ela contém políticas de gerenciamento da qualidade, bem como especificações semânticas e informações organizacionais. A parte do contrato da API é basicamente um caso especial ou variante do padrão "Descrição da Interface" (Voelter, 2004), com o propósito de descrever uma API. Por exemplo, Especificação OpenAPI (antes conhecida como Swagger), API Blueprint (API Blueprint, 2022), WADL (*web application description language* – linguagem de descrição de aplicação da *web*) e WSDL (*web services description language* – linguagem de descrição dos serviços da *web*) são linguagens para especificar as interfaces seguindo o padrão Descrição da Interface, que pode ser usado para descrever a parte técnica da Descrição da API, os contratos de API. Como alternativa, é possível ter descrições mais informais dos contratos de API também, por exemplo, em forma textual em um *site*. Ambas as opções, linguagem de descrição e especificação informal, podem ser combinadas. MDSL é um exemplo de linguagem lida por máquina que suporta o padrão (ver o Apêndice C, "Linguagem de microsserviços específica do domínio (MDSL)").

As outras partes mencionadas na solução de padrões (políticas de gerenciamento da qualidade, especificações semânticas e informações organizacionais, sequências de chamadas, precondições e pós-condições, invariantes etc.) costumam ser descritas informalmente na prática. Para muitas, também existem linguagens formais, por exemplo, para definir as precondições e as pós-condições, e as invariantes (Meyer, 1997) ou as sequências de chamadas (Pautasso, 2016).

Um aspecto fundamental do padrão é que uma Descrição da API ajuda a permitir a interoperabilidade, porque fornece uma descrição da API que é comum e independente da linguagem de programação. Além disso, ajuda a fornecer suporte à ocultação das informações. Os provedores não devem revelar detalhes sobre a implementação da API que os clientes não requerem. Ao mesmo tempo, os clientes não devem ter que adivinhar como chamar corretamente a API, ou seja, os *designers* de API devem dar atenção ao consumo e à compreensão da API. Uma DESCRIÇÃO DA API clara e precisa é essencial para alcançar esse objetivo. Essa DESCRIÇÃO pode ajudar a encontrar um equilíbrio entre consumo, compreensão e ocultação das informações.

A independência dos detalhes da implementação da API ajuda a garantir um baixo acoplamento dos clientes e dos provedores de API. O baixo acoplamento e a ocultação das informações são essenciais para permitir a extensibilidade e a evolução da API. Se os clientes não são altamente dependentes dos detalhes da implementação da API, geralmente é fácil alterar e evoluir a API.

> **Resultado da decisão de exemplo** – A Lakeside Mutual decidiu aplicar o seguinte padrão:
>
> *No contexto do canal de autoatendimento do cliente,*
>
> *buscando melhorar a experiência do desenvolvedor do cliente,*
>
> *os designers da API na Lakeside Mutual escolheram elaborar as* DESCRIÇÕES DA *API e*
>
> *as linguagens de contrato MDSL e OpenAPI,*
>
> *para terem uma API interoperável que seja fácil de aprender e usar,*
>
> *aceitando que sua documentação deve se manter atualizada conforme a API evolui.*

Na Parte II, os padrões de visibilidade e integração apresentados na seção aparecem no Capítulo 4, "Introdução à linguagem de padrões". A DESCRIÇÃO DA API é apresentada no Capítulo 9, "Documentação e comunicação dos contratos de API".

Decisões sobre papéis e responsabilidades da API

Duas questões surgem no *design* dos *endpoints* de API e suas operações:

- Qual papel arquitetural um *endpoint* de API deve desempenhar?
- Qual é a responsabilidade de cada operação da API?

Os fatores para a introdução da API e os requisitos para o *design* da API são diversos. Como consequência, os papéis que as APIs desempenham em aplicações e ecossistemas de serviços diferem muito. Às vezes, um cliente de API deseja informar o provedor sobre um incidente ou entregar alguns dados; outras vezes, um cliente solicita dados no lado do provedor para continuar o processamento no lado do cliente. Às vezes, o provedor tem que fazer muito processamento complexo para atender às necessidades de informação do cliente; outras vezes, ele pode simplesmente retornar um elemento de dados que já existe como parte do estado da aplicação. Alguns processamentos, simples ou complexos, podem alterar o estado no lado do provedor, alguns podem deixá-lo intocado.

Assim que o papel de um *endpoint* é definido (para ações ou dados), são necessárias decisões de granularidade mais fina sobre as responsabilidades das operações de *endpoint*. As operações podem apenas calcular resultados, apenas ler o estado, criar um estado novo sem lê-lo ou fazer uma transição de estado. Por exemplo, definir claramente essas responsabilidades em uma Descrição da API pode ajudar os desenvolvedores a planejarem e escolherem melhor as opções de implantação para um *endpoint* da API. Se apenas os cálculos sem estado e a leitura de dados são feitos em um *endpoint*, por exemplo, seus resultados podem ser armazenados em cache e a implementação correspondente pode ser replicada para escalar com mais facilidade.

Como ilustrado na visão geral das categorias na Figura 3.5, a categoria de responsabilidade contém duas decisões. Geralmente, uma decisão (pelo menos inicial) de papel arquitetural é tomada durante a identificação do *endpoint*. Em seguida, as responsabilidades de operação são desenhadas. Observe que os papéis arquiteturais devem ser decididos para cada *endpoint* (ou recurso), ao passo que as responsabilidades operacionais devem ser atribuídas a cada operação da API.

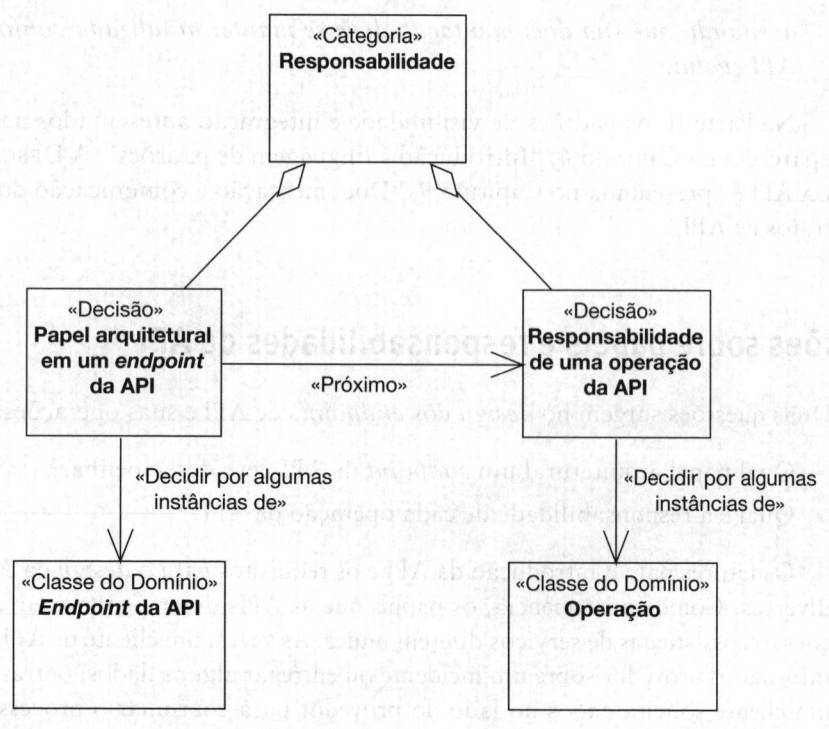

Figura 3.5 Categorias de responsabilidade.

Papel arquitetural de um *endpoint*

A análise de requisitos da API pode levar a uma lista de *endpoints* de API candidatos, como recursos de HTTP. No início do desenvolvimento de um projeto ou um produto, essas interfaces ainda não são especificadas (ou são parcialmente). Os *designers* de API precisam lidar com questões semânticas e encontrar uma granularidade de negócio apropriada para os serviços expostos pela API. Declarações simplistas, como "os serviços em arquitetura orientada a serviços (SOA, *service-oriented architecture*) são gerais por definição, enquanto os microsserviços possuem granularidade fina; você não pode ter os dois em um sistema" ou "sempre prefira serviços de granulação fina aos serviços gerais", são insuficientes, porque os requisitos do projeto e as preocupações das partes interessadas diferem (Pautasso, 2017a). O contexto é sempre importante (Torres, 2015); os critérios de coesão e acoplamento têm muitas formas (Gysel, 2016). Como resultado, os requisitos não funcionais para o *design* de serviços costumam ser contraditórios (Zimmermann, 2004).

Em resposta a esses desafios gerais, uma decisão importante para os *endpoints* de uma API é decidir qual o papel arquitetural que eles devem desempenhar. Isso, por sua vez, pode ajudar a melhorar a seleção e a decomposição dos *endpoints* (candidatos) da API.

Decisão: *Papel arquitetural de um* endpoint

Qual papel técnico um *endpoint* de API deve desempenhar na arquitetura?

Duas opções principais podem ser escolhidas nessa decisão, ilustradas na Figura 3.6.

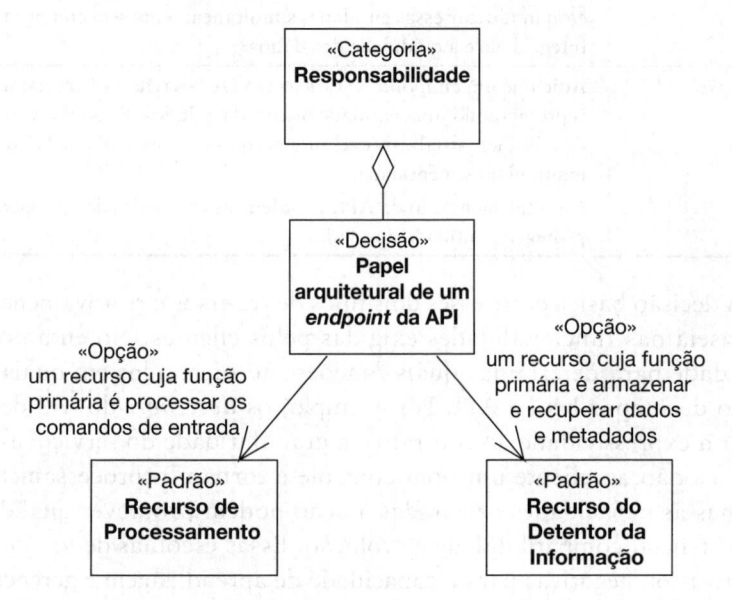

Figura 3.6 Categorias de responsabilidade: papel arquitetural de um *endpoint*.

Recursos de Processamento são recursos cuja função principal é lidar com as solicitações da ação de entrada (também conhecidas como comandos ou atividades).

Padrão: Recurso de Processamento	
Problema	Como um provedor de API pode permitir que seus clientes disparem uma ação nela?
Solução	Adicione um *endpoint* Recurso de Processamento à API expondo as operações que agrupam e integram as atividades ou os comandos no nível da aplicação.

Já os Recursos do Detentor da Informação são recursos cuja função primária é expor o armazenamento e o gerenciamento de dados ou metadados, incluindo a criação, a manipulação e a recuperação.

Padrão: Recurso do Detentor da Informação	
Problema	Como os dados do domínio podem ser expostos em uma API, mas sua implementação ainda ficar oculta? Como uma API pode expor as entidades de dados para que os clientes de API possam acessar e/ou modificar essas entidades simultaneamente sem comprometer a integridade e a qualidade dos dados?
Solução	Adicione um *endpoint* Recurso do Detentor da Informação à API, representando uma entidade orientada a dados. Exponha as operações de criar, ler, atualizar, excluir e pesquisar nesse *endpoint* para acessar e manipular essa entidade. Na implementação da API, coordene as chamadas dessas operações para proteger a entidade dos dados.

A decisão básica entre esses dois tipos de recursos é relativamente fácil, pois se baseia nas funcionalidades exigidas pelos clientes. No entanto, há muita liberdade para determinar quais funções são oferecidas em quais recursos e como decompor bem a API. Por exemplo, os *designers* de API devem considerar a expressividade do contrato e a granularidade do serviço: as interações simples dão ao cliente um bom controle e tornam o processamento eficiente, mas as capacidades orientadas à ação podem promover qualidades como consistência, compatibilidade e evolução. Essas escolhas de *design* podem ser positivas ou negativas para a capacidade de aprendizagem e gerenciamento da API. Além disso, a interoperabilidade semântica (incluindo uma compreensão conjunta do significado dos dados trocados) deve ser assegurada. Se não for feita com cuidado, o *layout* da operação do *endpoint* escolhido pode ter um impacto negativo no tempo de resposta e levar a APIs excessivas.

Um Recurso de Processamento verdadeiramente sem estado pode ser difícil de alcançar na realidade. A segurança da API e a privacidade dos dados de solicitação/resposta podem levar à necessidade de manter o estado, por exemplo, quando um *log* de auditoria completo de todas as chamadas da API e do processamento resultante no lado do servidor precisa ser mantido.

O impacto secundário no acoplamento deve ser considerado, em particular nos recursos com estado. Abordagens altamente centradas em dados costumam levar a APIs CRUD (*create, read, update, delete* – criar, ler, atualizar, excluir), que podem afetar negativamente o acoplamento. Isso é detalhado mais adiante nos diferentes tipos de papéis dos detentores da informação. A estrutura de alguns *back-ends* pode levar a APIs altamente acopladas quando seguidas como estão; no entanto, os *designers* de API são livres para projetar a API como uma camada adicional especificamente para servir de suporte às interações entre a API e seus clientes. Aqui, vários conflitos dos atributos de qualidade e concessões específicas para o *design* de API, mas também em relação aos serviços de *back-end*, devem ser considerados, como simultaneidade, consistência, qualidade e integridade dos dados, recuperação, disponibilidade e mutabilidade (ou imutabilidade). Além disso, tais decisões muitas vezes dependem da conformidade com os princípios de *design* de arquitetura, como baixo acoplamento (Fehling, 2014) e independência de dados lógicos e físicos, ou os princípios dos microsserviços, como a capacidade de implantação independente (Lewis, 2014).

> **Resultado da decisão de exemplo** – Como nossa equipe de estudo de caso resolveu os fatores de preocupação?
>
> *No contexto do canal de autoatendimento do cliente na Lakeside Mutual,*
>
> *com a necessidade de permitir aos clientes atualizarem suas informações de contato facilmente,*
>
> *os arquitetos de integração na Lakeside Mutual decidiram introduzir um*
>
> Detentor da Informação *e não um* Recurso de Processamento *orientado à atividade*
>
> *para fornecer uma funcionalidade expressiva, fácil de entender, criar, ler, atualizar e excluir,*
>
> *aceitando que a exposição das informações de contato une o canal de autoatendimento e o* back-end *de gerenciamento de clientes até certo ponto.*

Aprimoramento dos papéis do detentor da informação

Os Recursos do Detentor da Informação têm a função principal de expor o armazenamento e o gerenciamento de dados ou metadados, incluindo sua criação e recuperação. Existem vários padrões que cobrem os tipos de detentores da informação, refinando o padrão geral Recurso do Detentor da Informação. A Figura 3.7 fornece uma visão geral.

No contexto desses papéis do detentor da informação, distinguimos três tipos de dados que servem de base para definir os papéis descritos nos três primeiros padrões:

- Os *dados operacionais* dizem respeito aos eventos nas transações de uma organização. Fazer um pedido em uma empresa, enviar itens para um cliente ou contratar funcionários são exemplos de transações comerciais que formariam os dados operacionais. Os dados operacionais (também chamados de *dados transacionais*) são geralmente de curta duração, têm uma natureza transacional e muitos relacionamentos de saída.
- Os *dados mestres* são informações essenciais que dão suporte às transações comerciais feitas em um sistema. Normalmente, dizem respeito à representação digital das *partes* de uma organização, como pessoas, clientes, funcionários ou fornecedores. Também cobrem as principais *coisas* relevantes para uma organização, como produtos, materiais, itens e veículos. Por fim, os dados mestres podem representar locais físicos ou virtuais, como localizações ou *sites*. Os dados mestres costumam ter vida longa e são frequentemente referenciados.
- Os *dados de referência* são dados inertes, referenciados e compartilhados em um ou mais sistemas, entre os microsserviços e os componentes que constituem esses sistemas. Alguns exemplos são códigos de país, códigos postais e códigos de *status* de entrega (p. ex., pendente, informação recebida, em trânsito, saiu para entrega, falhou na tentativa, entregue). Os dados de referência são de longa duração, simples e não podem ser alterados diretamente pelos clientes.

O papel Recurso do Detentor da Informação que dá suporte aos dados operacionais é o Detentor dos Dados Operacionais. Um importante

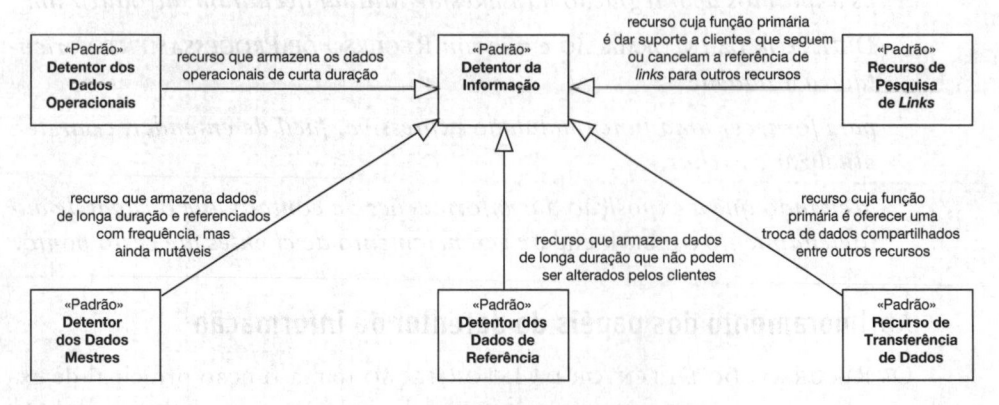

Figura 3.7 Categorias de responsabilidade: tipos de Recurso do Detentor da Informação.

fator de decisão para essa opção geralmente costuma ser a alta velocidade de processamento das operações de atualização. Os serviços que lidam com os dados também devem ser fáceis de alterar para dar suporte à agilidade do negócio e à flexibilidade de atualização. No entanto, os dados operacionais criados e modificados devem atender a padrões de alta precisão e qualidade em muitos cenários (comerciais). Por exemplo, qualidades como a integridade conceitual e a coerência devem ter suporte.

	Padrão: DETENTOR DOS DADOS OPERACIONAIS
Problema	Como uma API pode dar suporte a clientes que desejam criar, ler, atualizar e/ou excluir instâncias das entidades de domínio que representam os dados operacionais: dados que são de curta duração, mudam frequentemente durante as operações comerciais diárias e têm muitas relações de saída?
Solução	Marque um RECURSO DO DETENTOR DA INFORMAÇÃO como DETENTOR DOS DADOS OPERACIONAIS e adicione as operações de API que permitem aos clientes da API criar, ler, atualizar e excluir seus dados com frequência e rapidez.

Ao contrário dos dados operacionais, os dados mestres têm vida longa e são frequentemente referenciados, mas ainda são mutáveis. Um DETENTOR DOS DADOS MESTRES armazena esses dados. Nesse caso, a qualidade dos dados mestres costuma ser um fator de decisão central, incluindo a consistência dos dados mestres e a sua proteção, por exemplo, contra ataques e violações de dados. Muitas vezes, existem dependências externas, como a propriedade dos dados por diferentes unidades organizacionais, que devem ser consideradas também no *design* dos recursos DETENTOR DOS DADOS MESTRES.

	Padrão: DETENTOR DOS DADOS MESTRES
Problema	Como projetar uma API que forneça acesso aos dados mestres de longa duração, que não mudam frequentemente e serão referenciados a partir de muitos clientes?
Solução	Marque um RECURSO DO DETENTOR DA INFORMAÇÃO para ser um *endpoint* DETENTOR DOS DADOS MESTRES dedicado que agrupa as operações de acesso e manipulação dos dados mestres de modo que a consistência dos dados seja preservada e as referências sejam gerenciadas adequadamente. Trate as operações de exclusão como formas especiais de atualização.

Para o DETENTOR DOS DADOS OPERACIONAIS e o DETENTOR DOS DADOS MESTRES, um *design* simples é um recurso CRUD para cada elemento de interface identificado que expõe os dados operacionais ou mestres. O uso das palavras "criar, ler, atualizar e excluir" nos esboços dos padrões anteriores não deve indicar que tais *design*s são os pretendidos ou a única solução possível para efetuar os padrões. Tais *design*s levam rapidamente a APIs com desempenho e propriedades de escalabilidade ruins. Também podem levar a um acoplamento indesejado e complexidade. Cuidado com esses *design*s de API. Em vez disso, recomendamos uma abordagem incremental durante a identificação dos recursos, visando primeiro identificar os elementos de interface bem definidos, como raízes dos agregados em DDD, capacidades comerciais ou processos de negócios. Até formações ainda maiores, como Contextos Delimitados, podem servir como pontos de partida. Em casos pouco frequentes, as Entidades de domínio também podem ser consideradas como candidatas a *endpoint*. Para uma discussão mais profunda sobre a relação das APIs e do DDD, veja Singjai (2021a, 2021b, 2021c). Essa abordagem leva a *design*s do DETENTOR DOS DADOS OPERACIONAIS e do DETENTOR DOS DADOS MESTRES que são semanticamente mais robustos. Em termos de DDD, no lado do modelo de domínio, buscamos um modelo de domínio rico e profundo, não um "modelo de domínio anêmico" (Fowler, 2003). Esse modelo deve refletir, mas não necessariamente espelhar o *design* da API.

Para alguns dados, também de longa duração, sabemos que os clientes não querem ou não devem ser autorizados a modificá-los. Tais dados de referência devem ser oferecidos via DETENTOR DOS DADOS DE REFERÊNCIA. A *cache* desses dados é possível, o que leva a um alto desempenho. Se a *cache* for usada, concessões de consistência *versus* desempenho terão que ser feitas. Como os dados de referência raramente mudam, é uma tentação simplesmente codificá-los diretamente nos clientes de API ou recuperá-los uma vez e armazenar uma cópia localmente. Tais *design*s violam o princípio *DRY* (*do not repeat yourself* – "não se repita") e funcionam bem apenas em curto prazo.

Padrão: DETENTOR DOS DADOS DE REFERÊNCIA

Problema	Como os dados que são referenciados em muitos lugares, duram muito tempo e são imutáveis para os clientes devem ser tratados nos *endpoints* de API? Como esses dados de referência podem ser usados em solicitações e respostas a partir dos RECURSOS DE PROCESSAMENTO ou dos RECURSOS DO DETENTOR DA INFORMAÇÃO?
Solução	Forneça um tipo especial de *endpoint* RECURSO DO DETENTOR DA INFORMAÇÃO, um DETENTOR DOS DADOS DE REFERÊNCIA, como um único ponto de referência para os dados estáticos e imutáveis. Forneça operações para ler, mas não para criar, atualizar ou excluir as operações nesse *endpoint*.

Com o objetivo de fornecer suporte, há a opção de criar Recursos de Pesquisa de Links. São recursos cuja função principal é dar suporte aos clientes que seguem ou cancelam a referência dos *links* para outros recursos. *Links* são um meio básico de melhorar o acoplamento e a coesão entre os consumidores e os provedores de API, mas há também o acoplamento com o Recurso de Pesquisa de Links a ser considerado. Os *links* também podem ajudar a reduzir os tamanhos da mensagem por meio da inclusão de um *link* nela em vez do conteúdo, como no padrão Entidade Incorporada. Mas se os clientes precisarem de toda ou parte da informação, essa prática aumenta o número necessário de chamadas. Colocar *links* nas mensagens e incluir o conteúdo em uma Entidade Incorporada influenciam o uso geral do recurso. Para os *links* funcionarem bem, o ideal é que sejam estabelecidas referências de *endpoint* dinâmicas que podem mudar durante a execução. Os Recursos de Pesquisa de Links aumentam o número de *endpoints* em uma API e podem levar a uma maior complexidade dela. A gravidade das consequências depende de quão *centralizados* ou *descentralizados* estão os Recursos de Pesquisa de Links. Enfim, a questão da consistência de lidar com *links* violados tem que ser considerada: uma pesquisa de *link* fornece a opção de lidar com o problema, já um *link* violado sem uma pesquisa geralmente leva a uma exceção de imediato (i.e., um erro "recurso não encontrado").

Padrão: Recurso de Pesquisa de Links

Problema	Como as representações da mensagem podem se referir a outros *endpoints* e operações de API, que possivelmente mudam muito e com frequência, sem vincular o destinatário da mensagem aos endereços reais desses *endpoints*?
Solução	Introduza um tipo especial de Recurso do Detentor da Informação, um *endpoint* Recurso de Pesquisa de Links dedicado, que expõe as operações especiais Operação De Recuperação, que retornam instâncias únicas ou coleções de Elementos de Link, representando os endereços atuais dos *endpoints* da API referenciados.

Um Recurso de Transferência de Dados é um padrão de função de *endpoint* que representa um recurso cuja função principal é oferecer uma troca de dados compartilhados entre os clientes. Isso pode ajudar a reduzir o acoplamento entre os participantes da comunicação que interagem com o Recurso de Transferência de Dados em termos de tempo – os clientes da API não precisam estar em operação ao mesmo tempo – e localização – os clientes da API não precisam saber os endereços uns dos outros, desde que possam localizar o Recurso de Transferência de Dados. O padrão pode ajudar a superar certas restrições de comunicação, por exemplo, se uma das partes não consegue se conectar diretamente à outra. Um Recurso de Transferência de Dados assíncrono e persistente é mais confiável do que, por exemplo, uma comunicação entre cliente/servidor. Esse recurso também pode oferecer uma boa escalabilidade, mas medidas devem ser tomadas para lidar com um número possivelmente desconhecido de destinatários, que pode impedir a escalabilidade. A comunicação indireta pode introduzir uma latência adicional. Os dados a serem trocados devem ser armazenados em algum lugar, e um espaço de armazenamento suficiente deve estar disponível. Por fim, a propriedade da informação compartilhada deve ser estabelecida para conseguir um controle explícito sobre o ciclo de vida da disponibilidade de recursos.

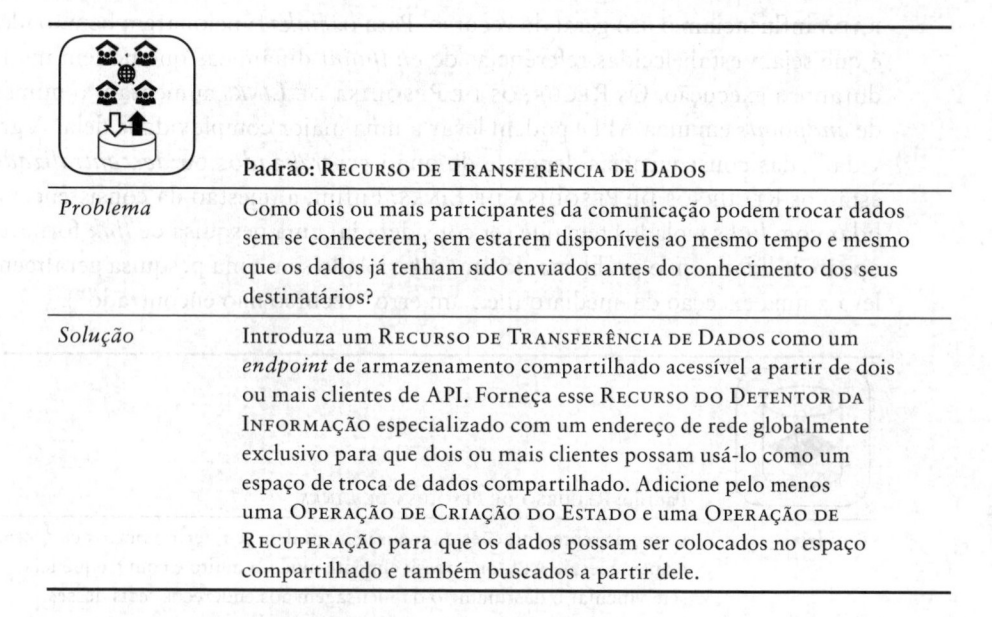

	Padrão: Recurso de Transferência de Dados
Problema	Como dois ou mais participantes da comunicação podem trocar dados sem se conhecerem, sem estarem disponíveis ao mesmo tempo e mesmo que os dados já tenham sido enviados antes do conhecimento dos seus destinatários?
Solução	Introduza um Recurso de Transferência de Dados como um *endpoint* de armazenamento compartilhado acessível a partir de dois ou mais clientes de API. Forneça esse Recurso do Detentor da Informação especializado com um endereço de rede globalmente exclusivo para que dois ou mais clientes possam usá-lo como um espaço de troca de dados compartilhado. Adicione pelo menos uma Operação de Criação do Estado e uma Operação de Recuperação para que os dados possam ser colocados no espaço compartilhado e também buscados a partir dele.

Resultado da decisão de exemplo – Os *designers* de API na Lakeside Mutual decidiram pelas especializações dos detentores de dados do seguinte modo:

No contexto do back-end *Gerenciamento de Clientes,*

diante da necessidade de manter e usar os dados do cliente por muito tempo,

os designers de API na Lakeside Mutual decidiram usar o padrão Detentor dos Dados Mestres, *introduzindo um serviço Núcleo do Cliente, e ignoraram os outros quatro tipos de detentores da informação,*

para terem uma visão consolidada e única dos dados dos clientes em todos os sistemas,

aceitando que o Detentor dos Dados Mestres *pode se tornar um gargalo no desempenho e um ponto de falha se não for projetado e implementado corretamente.*

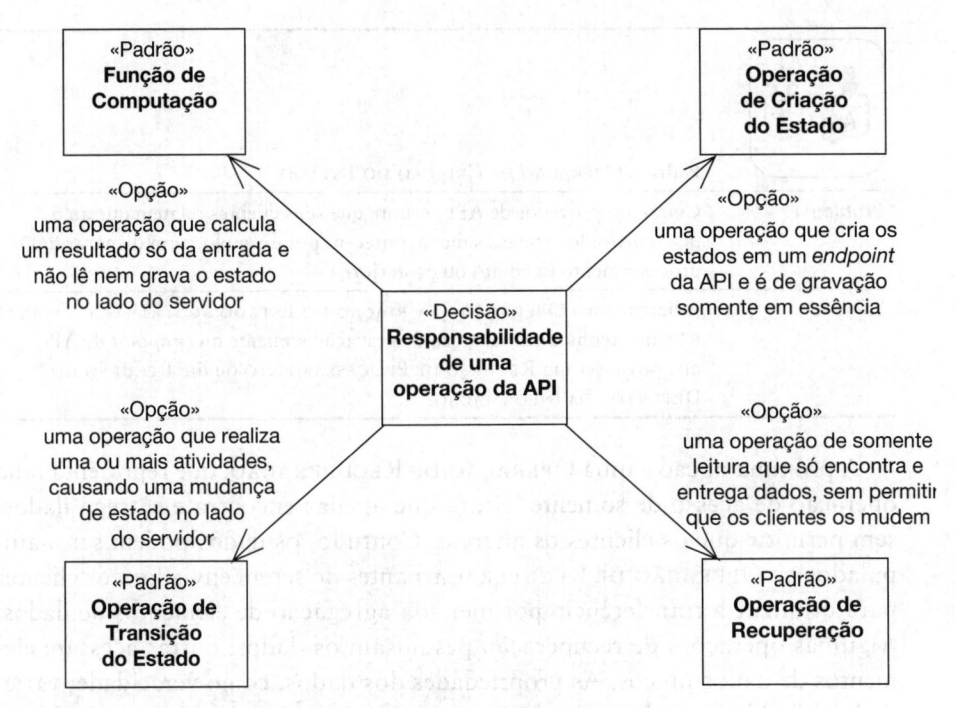

Figura 3.8 Categorias de responsabilidade: responsabilidades da operação.

Definição das responsabilidades da operação

Uma vez que o papel de um *endpoint* for decidido, decisões de granulação mais fina devem ser tomadas para suas operações, contemplando quatro padrões de responsabilidade de operação da API amplamente utilizados. Esses padrões são as opções de solução na decisão ilustrada na Figura 3.8.

Decisão: *Responsabilidade da operação*

Quais são as características de leitura/gravação de cada operação da API?

O primeiro padrão é OPERAÇÃO DE CRIAÇÃO DO ESTADO, que modela uma operação que cria estados em um *endpoint* de API e é, em essência, somente de gravação. Nesse caso, *em essência* significa que tais operações precisam ler algum estado interno do provedor, por exemplo, para verificar se há chaves duplicadas nos dados existentes antes da criação. No entanto, seu principal objetivo é a criação do estado.

No *design* das OPERAÇÕES DE CRIAÇÃO DO ESTADO, o impacto delas no acoplamento deve ser considerado. Uma vez que o estado do provedor não é lido, pode ser difícil garantir a consistência. Como os incidentes que os clientes relatam acontecem antes de eles chegarem ao provedor, o tempo também precisa ser considerado no *design*. Por fim, a confiabilidade é uma importante preocupação, pois as mensagens podem aparecer em uma ordem diferente ou ser duplicadas no provedor de API.

	Padrão: Operação de Criação do Estado
Problema	Como um provedor de API permite que seus clientes relatem que algo que o provedor precisa saber aconteceu, por exemplo, para disparar um processamento imediato ou posterior?
Solução	Adicione uma Operação de Criação do Estado sco: in -> (out, S') que tenha uma natureza de gravação somente no *endpoint* de API, que possa ser um Recurso de Processamento ou um Recurso do Detentor da Informação.

A próxima opção é uma Operação de Recuperação, que representa uma operação de acesso de somente leitura que apenas encontra e entrega dados, sem permitir que os clientes os alterem. Contudo, os dados podem ser manipulados na Operação de Recuperação antes de serem enviados aos clientes para otimizar a transferência por meio da agregação de elementos de dados. Algumas operações de recuperação pesquisam os dados; outras acessam elementos de dados únicos. As propriedades dos dados, como veracidade, variedade, velocidade e volume devem ser consideradas no *design* da operação, pois os dados têm muitas formas, e o interesse do cliente neles varia. Além disso, considerações de gerenciamento da carga de trabalho devem ser feitas, em especial se volumes significativos de dados são transferidos. Além disso, mais informações transferidas do cliente para o provedor de API (e vice-versa) podem levar a um maior acoplamento e tamanhos de mensagem maiores.

	Padrão: Operação de Recuperação
Problema	Como as informações disponíveis de uma parte remota (o provedor de API) podem ser recuperadas para atender a uma necessidade de informação de um usuário final ou permitir mais processamento no lado do cliente?
Solução	Adicione uma operação de somente leitura ro: (in, S) -> out a um *endpoint* de API, que geralmente é um Recurso do Detentor da Informação, para solicitar um relatório de resultados que contenha uma representação legível por máquina das informações solicitadas. Adicione as capacidades de pesquisar, filtrar e formatar à assinatura da operação.

Uma Operação de Transição do Estado executa uma ou mais atividades, causando uma mudança de estado no lado do servidor. Exemplos de tais operações são atualizações completas e parciais dos dados no lado do servidor, bem como exclusões desses dados. Promover o estado das instâncias de processos comerciais de longa duração também requer Operações de Transição do Estado. Os dados a serem atualizados ou excluídos podem ter sido criados com a chamada de uma Operação de Criação do Estado ou inicializados internamente pelo provedor de API (i.e., a criação pode não ser causada pelo cliente de API e pode não estar visível para ele).

A seleção desse padrão tem os seguintes fatores de decisão: a granularidade do serviço é essencial, uma vez que grandes serviços podem conter informações complexas e avançadas do estado, atualizadas apenas em algumas transições, enquanto as menores podem ser simples, mas com comunicação intensa em termos de suas transições de estado. Para as instâncias de processo com execução mais longa, pode ser difícil manter consistentes o estado no lado do cliente e os estados dos *back-ends* no lado do provedor. Além disso, é importante considerar se há dependências nas mudanças de estado feitas antes do processo. Por exemplo, as transações do sistema disparadas por outros clientes de API, por eventos externos em sistemas abaixo ou por serviços do provedor em *batch* e internos podem conflitar com uma alteração de estado disparada por uma Operação de Transição do Estado. Existe uma concessão entre os dois objetivos de *eficiência de rede* e *parcimônia dos dados*: quanto menores as mensagens, mais mensagens devem ser trocadas para alcançar um objetivo em particular.

	Padrão: Operação de Transição do Estado
Problema	Como um cliente pode iniciar uma ação de processamento que faz com que o estado da aplicação no lado do provedor mude?
Solução	Introduza uma operação em um *endpoint* de API que combine a entrada de cliente e o estado atual para disparar uma mudança de estado no lado do provedor sto: (in, S) -> (out, S'). Modele as transições de estado válidas dentro do *endpoint*, que pode ser um Recurso de Processamento ou um Recurso do Detentor da Informação, e verifique a validade das solicitações de alteração de entrada e as solicitações de atividades comerciais durante a execução.

Uma Função de Computação é uma operação que calcula um resultado exclusivamente a partir da entrada do cliente e não lê nem grava o estado no lado do servidor. As diferentes considerações de desempenho e tamanho da mensagem feitas antes são relevantes para as Funções de Computação. Em muitos casos, essas Funções exigem a reprodução das execuções. Alguns cálculos podem requerer muitos recursos, como tempo de CPU e memória principal (RAM); para tais funções, o gerenciamento da carga de trabalho é essencial. Como muitas Funções de Computação mudam com frequência, a manutenção requer uma consideração especial, no sentido de que atualizar o lado do provedor é mais fácil do que atualizar os clientes.

	Padrão: FUNÇÃO DE COMPUTAÇÃO
Problema	Como um cliente pode chamar o processamento remoto sem efeitos colaterais no lado do provedor e ter um resultado calculado a partir de sua entrada?
Solução	Introduza uma operação de API cf com cf: in -> out para o *endpoint* da API, que muitas vezes é um RECURSO DE PROCESSAMENTO. Deixe a FUNÇÃO DE COMPUTAÇÃO validar a mensagem de solicitação recebida, execute a função desejada cf e retorne seu resultado na resposta.

Resultado da decisão de exemplo – Os *designers* de API na Lakeside Mutual decidiram o seguinte:

No contexto do RECURSO DO DETENTOR DA INFORMAÇÃO do Núcleo do Cliente,

com a necessidade de alcançar um elevado nível de automação e inúmeros clientes, os designers de API na Lakeside Mutual decidiram introduzir operações que realizam os quatro padrões de responsabilidade (ler, gravar, ler/gravar, calcular)

para terem o acesso de leitura e gravação aos dados mestres do cliente, além do suporte de validação,

aceitando que o acesso simultâneo deve ser coordenado e as interações podem ficar bem intensas quando operações granulares para criar, ler, atualizar e gravar são especificadas.

Na Parte II, os padrões que cobrem os papéis arquiteturais de um *endpoint* aparecem no Capítulo 5, "Definição dos tipos de *endpoint* e das operações". Os padrões de responsabilidade da operação são apresentados nesse capítulo também.

Seleção dos padrões de representação da mensagem

Além dos *endpoint*s e das operações, os contratos de API definem a estrutura das mensagens trocadas na chamada das operações. A categoria da representação estrutural da nossa linguagem de padrões aborda a forma de planejar essas estruturas de representação da mensagem. Ela trata das seguintes questões de *design*:

- Qual é o número ideal de parâmetros de mensagem da API e de partes do corpo das mensagens, e qual é a estrutura adequada desses elementos de representação?

- Quais são o significado e os estereótipos dos elementos de representação?

Por exemplo, em relação à primeira pergunta, uma API de recursos HTTP normalmente usa o corpo da mensagem para enviar ou receber dados do provedor (p. ex., renderizados como JSON, XML ou outro tipo MIME), e os parâmetros de consulta da URI especifica os dados solicitados. Em um contexto WSDL/SOAP, podemos interpretar essa questão de *design* como as partes da mensagem SOAP que devem ser organizadas e quais tipos de dados devem ser usados para definir os elementos correspondentes na Definição de Esquema XML (XSD, *XML Schema Definition*). No gRPC, essa questão de *design* é, por exemplo, relacionada à estrutura da mensagem definida com as especificações Protocol Buffer, contendo detalhes como mensagens e tipos de dados.

As decisões dessa categoria tendem a precisar ser tomadas sempre que uma mensagem é projetada ou refatorada. Os elementos de representação transportados na mensagem, incluindo os parâmetros de solicitação e os elementos do corpo das mensagens, são considerações nessas decisões.

Como ilustrado na Figura 3.9, a categoria contém quatro decisões típicas. A primeira está na estrutura da representação do parâmetro. Com base nessa representação, pode-se decidir o significado e a responsabilidade dos elementos da mensagem. Depois, também pode-se decidir se vários elementos de dados exigem informações adicionais. Por fim, toda a mensagem inteira pode ou não ser estendida com informações de contexto.

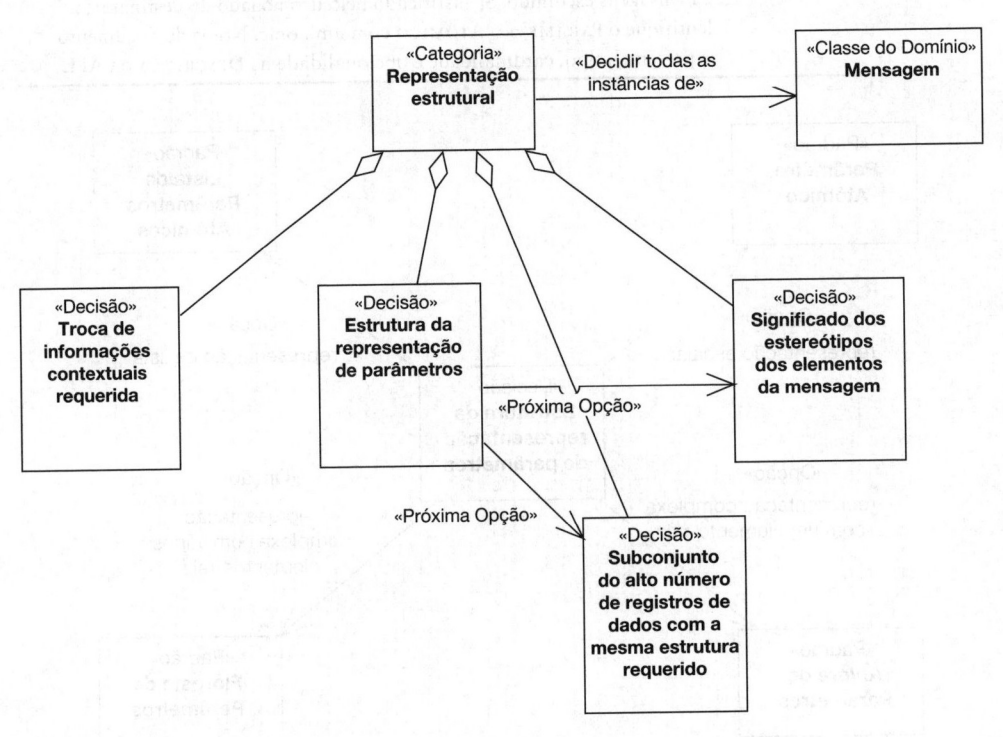

Figura 3.9 Categoria de representação estrutural.

Estrutura plana *versus* aninhada dos elementos da representação

Uma decisão importante no *design* da representação estrutural é a seguinte:

Decisão: *Estrutura da representação de parâmetros*

Qual é a estrutura de representação geral adequada para que os elementos de dados sejam transmitidos na mensagem?

A Figura 3.10 mostra as opções típicas da tomada de decisão para essa questão.

A opção de decisão mais simples é que uma representação escalar é suficiente. Nesse caso, o padrão PARÂMETRO ATÔMICO deve ser escolhido.

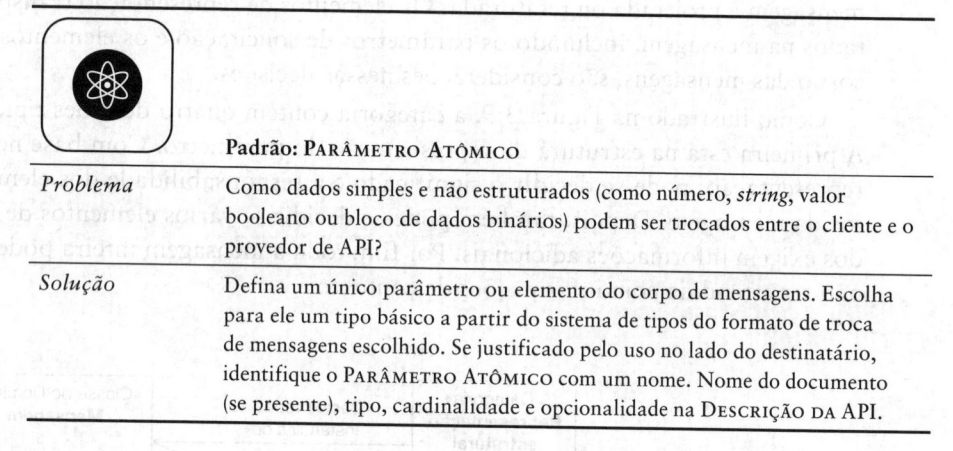

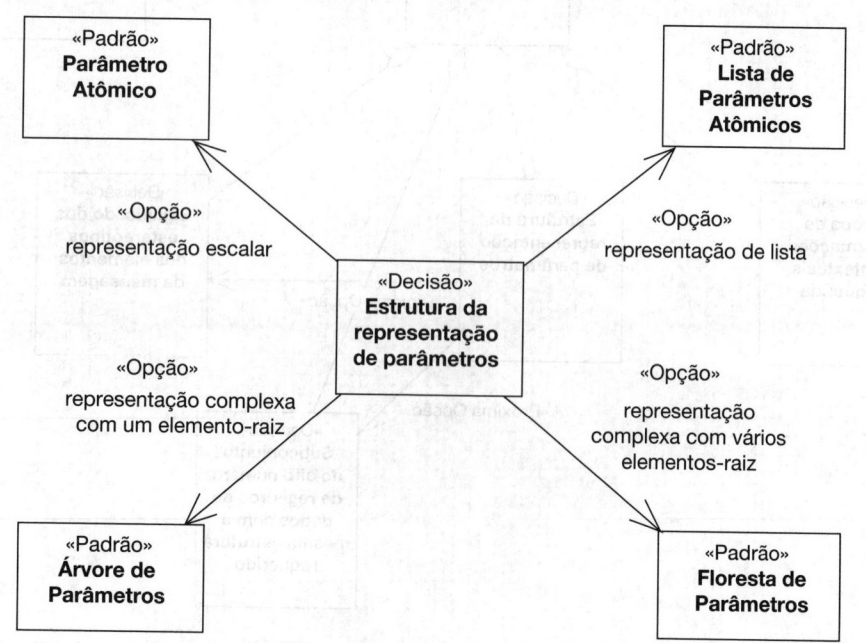

	Padrão: PARÂMETRO ATÔMICO
Problema	Como dados simples e não estruturados (como número, *string*, valor booleano ou bloco de dados binários) podem ser trocados entre o cliente e o provedor de API?
Solução	Defina um único parâmetro ou elemento do corpo de mensagens. Escolha para ele um tipo básico a partir do sistema de tipos do formato de troca de mensagens escolhido. Se justificado pelo uso no lado do destinatário, identifique o PARÂMETRO ATÔMICO com um nome. Nome do documento (se presente), tipo, cardinalidade e opcionalidade na DESCRIÇÃO DA API.

Figura 3.10 Decisão acerca da estrutura da representação de parâmetros.

Às vezes, vários escalares precisam ser transmitidos. Nesses casos, uma representação de lista costuma ser a melhor decisão, seguindo o padrão LISTA DE PARÂMETROS ATÔMICOS.

	Padrão: LISTA DE PARÂMETROS ATÔMICOS
Problema	Como vários PARÂMETROS ATÔMICOS relacionados podem ser combinados em um elemento de representação para que cada um deles permaneça simples, mas sua relação se torne explícita na DESCRIÇÃO DA API e nas trocas de mensagens durante a execução?
Solução	Agrupe dois ou mais elementos de dados simples e não estruturados em um único elemento de representação coeso para definir uma LISTA DE PARÂMETROS ATÔMICOS contendo vários PARÂMETROS ATÔMICOS. Identifique seus itens por posição (índice) ou uma chave com *string* de valores. Identifique também a LISTA DE PARÂMETROS ATÔMICOS inteira com um nome próprio, se for necessário, para processá-la no destinatário. Especifique quantos elementos são requeridos e podem aparecer.

Se nenhuma opção (representação escalar ou de lista) for aplicável, uma das duas representações mais complexas devem ser escolhidas. Se um único elemento-raiz estiver presente nos dados ou puder ser facilmente designado para os dados a serem transmitidos, os elementos de representação poderão ser integrados em uma estrutura hierárquica seguindo o padrão ÁRVORE DE PARÂMETROS.

	Padrão: ÁRVORE DE PARÂMETROS
Problema	Como as relações de contenção podem ser expressas na definição de elementos de representação complexos e na troca de tais elementos relacionados durante a execução?
Solução	Defina uma ÁRVORE DE PARÂMETROS como uma estrutura hierárquica com um nó-raiz dedicado que tem um ou mais nós-filhos. Cada nó-filho pode ser um PARÂMETRO ATÔMICO, uma LISTA DE PARÂMETROS ATÔMICOS ou outra ÁRVORE DE PARÂMETROS, identificado localmente por um nome e/ou posição. Cada nó pode ter uma cardinalidade de exatamente um, mas também uma cardinalidade de zero ou um, de pelo menos um, de zero ou mais.

Como qualquer estrutura de dados complexa pode ser colocada sob um único elemento-raiz, a opção ÁRVORE DE PARÂMETROS é sempre aplicável, mas pode não fazer muito sentido se os elementos de dados são pouco relacionados ao conteúdo. Se uma única estrutura de árvore parecer estranha ou artificial para os elementos de dados a serem transmitidos, várias árvores podem ser agrupadas em uma lista de tais estruturas no padrão FLORESTA DE PARÂMETROS.

	Padrão: FLORESTA DE PARÂMETROS
Problema	Como várias ÁRVORES DE PARÂMETROS podem ser expostas como uma carga de solicitação ou resposta de uma operação de API?
Solução	Defina um padrão FLORESTA DE PARÂMETROS que inclua duas ou mais ÁRVORES DE PARÂMETROS. Localize os membros da floresta por posição ou nome.

Todos os padrões mais complexos nessa categoria usam PARÂMETROS ATÔMICOS para construir estruturas mais complexas, isto é, a LISTA DE PARÂMETROS ATÔMICOS é uma sequência de PARÂMETROS ATÔMICOS e as folhas em uma ÁRVORE DE PARÂMETROS são PARÂMETROS ATÔMICOS. As estruturas em uma FLORESTA DE PARÂMETROS são construídas usando os outros três padrões. Aquelas que usam relações entre os padrões são ilustradas na Figura 3.11. Como consequência, as duas decisões explicadas antes precisam ser tomadas recursivamente de novo para as estruturas detalhadas nos padrões complexos. Por exemplo, para cada estrutura de dados em uma ÁRVORE DE PARÂMETROS, deve-se decidir novamente se a estrutura em si é representada como um escalar, uma lista ou uma árvore. Os mapeamentos da tecnologia para os padrões são discutidos no Capítulo 4.

Uma LISTA DE PARÂMETROS ATÔMICOS pode ser representada como uma ÁRVORE DE PARÂMETROS e como uma estrutura *wrapper* (integrante) do transporte se a tecnologia utilizada não for capaz de suportar nenhuma outra forma de transportar vários parâmetros planos. Tal árvore tem apenas folhas escalares sob sua raiz.

Existem vários fatores de decisão compartilhados durante a seleção entre os quatro padrões na estrutura de decisão da representação de parâmetros.

Um fator evidente é a estrutura inerente do modelo de domínio e do comportamento do sistema. Para garantir a compreensão e a simplicidade, bem como evitar uma complexidade desnecessária, é aconselhável ficar perto do modelo de domínio, tanto no código quanto nas representações dos parâmetros nas mensagens. É importante aplicar esse conselho geral com cuidado – apenas os dados que o destinatário deseja devem ser expostos, para evitar um acoplamento desnecessário. Por exemplo, se a estrutura do elemento de dados do domínio for uma árvore, aplicar a ÁRVORE DE PARÂMETROS é uma escolha natural, permitindo uma fácil rastreabilidade das estruturas de dados do modelo de domínio ou da linguagem de programação até as estruturas de mensagens. Do mesmo modo, o comportamento pretendido deve ser refletido com atenção: para um

```
                    «Padrão»
                  Floresta de
                   Parâmetros

                      «Usa»

                    «Padrão»
                    Lista de
                   Parâmetros
                    Atômicos

         «Pode Usar»
        como estrutura      «Usa»
       integrada (wrapper)
         para o transporte
   «Padrão»                          «Padrão»
   Árvore de                         Parâmetro
  Parâmetros                          Atômico
                      «Usa»
```

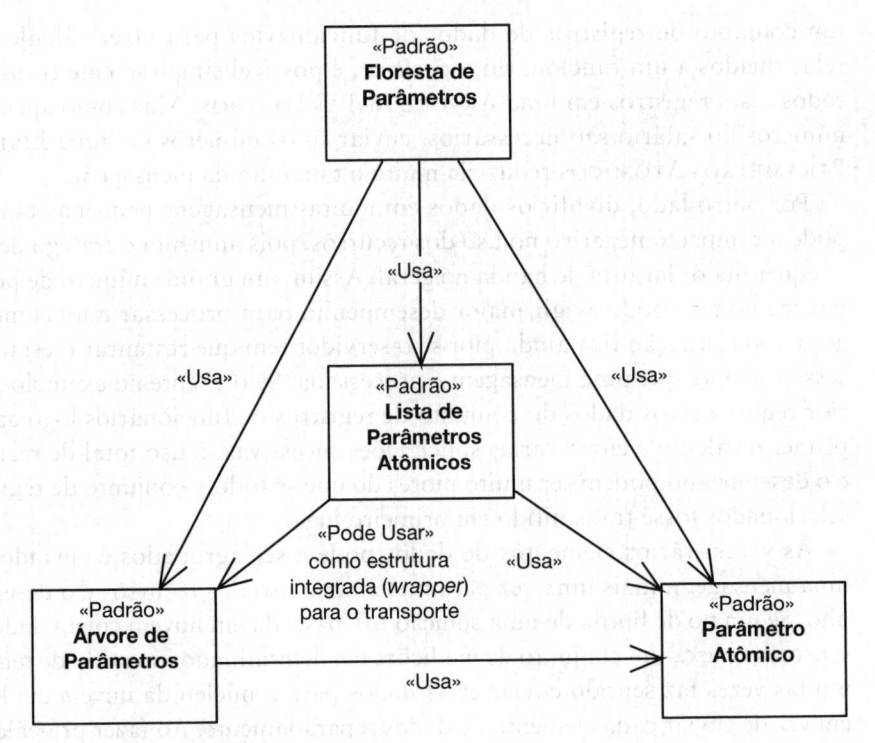

Figura 3.11 Representação das dependências de padrões para a estrutura de parâmetros.

cenário IoT (*Internet of Things* – Internet das Coisas), em que um sensor envia um item de dados com frequência para um nó de borda, a escolha mais natural é um PARÂMETRO ATÔMICO. Decisões acerca do número de mensagens e de cada estrutura de mensagem exigem uma análise criteriosa de quando cada elemento de dados é necessário. Às vezes isso não pode ser deduzido analiticamente, e testes extensivos são necessários para otimizar as estruturas da mensagem.

Todos os tipos de dados adicionais a serem transmitidos com a mensagem, como dados relacionados à segurança (p. ex., *tokens* de segurança) ou outros metadados (p. ex., identificadores de mensagem e correlações ou códigos de erro), também devem ser considerados nessa situação. Tais informações extras podem mudar a representação estrutural da mensagem de forma efetiva. Por exemplo, se os metadados precisarem ser enviados junto com uma ÁRVORE DE PARÂMETROS, pode fazer sentido não integrá-los na árvore, mas usar uma FLORESTA DE PARÂMETROS com dois elementos de árvore de alto nível, o conteúdo da mensagem e os metadados.

Nem sempre é necessário transmitir os elementos de dados inteiros disponíveis em uma lógica de negócios ou modelo de domínio subjacentes. Para um melhor desempenho, apenas as partes relevantes dos elementos de dados devem ser transmitidas. Isso otimiza o uso do recurso (menor utilização da largura de banda e menor consumo de memória) e o processamento das mensagens. Por exemplo, se um cliente requer os dados salariais armazenados em um conjunto de registros de dados de funcionários para fazer cálculos não relacionados a um funcionário específico, é possível simplesmente transmitir todos esses registros em uma Árvore de Parâmetros. Mas como apenas os números do salário são necessários, enviar só os números em uma Lista de Parâmetros Atômicos reduziria muito o tamanho da mensagem.

Por outro lado, dividir os dados em muitas mensagens pequenas também pode ter impacto negativo no uso dos recursos, pois aumenta o tráfego de rede e requer maior largura de banda no geral. Assim, um grande número de pequenas mensagens pode exigir maior desempenho para processar muitas mensagens. Essa situação fica ainda pior se o servidor tem que restaurar o estado da sessão sempre que uma mensagem é processada. Se o cliente no exemplo anterior requer outros dados do conjunto de registros de funcionários logo após o primeiro cálculo e envia várias solicitações sucessivas, o uso total de recursos e o desempenho podem ser muito piores do que se todo o conjunto de registros selecionados fosse transmitido em primeiro lugar.

Às vezes, vários elementos de dados podem ser agrupados e enviados em uma mensagem, mais uma vez para melhorar o uso dos recursos e o desempenho. Se um nó de borda de uma solução IoT baseada em nuvem coleta dados de sensores (p. ex., um conjunto de medições em determinado intervalo de tempo), muitas vezes faz sentido enviar esses dados para o núcleo da nuvem em lotes, em vez de enviar cada elemento de dados separadamente. Ao fazer pré-cálculos na borda, seus resultados podem até caber em Parâmetros Atômicos únicos.

Considerar a capacidade e a mutabilidade da carga da mensagem pode ajudar a melhorar o desempenho e o consumo dos recursos.

Otimizar o uso de recursos e o desempenho pode ter uma influência negativa sobre outras qualidades, como compreensão, simplicidade e complexidade. Por exemplo, uma API que oferece uma mensagem por tarefa específica a ser executada em um registro de funcionários conteria muito mais operações no *endpoint* da API do que um *design* alternativo que só permite transmitir um conjunto específico de registros de funcionários em sua totalidade. A primeira opção pode ter uma melhor utilização de recursos e desempenho, mas o *design* da API também é muito mais complexo, portanto mais difícil de entender.

As estruturas das mensagens de solicitação e resposta são elementos importantes do contrato de API entre o provedor e o cliente de API; elas contribuem para o conhecimento compartilhado dos participantes da comunicação. Esse conhecimento compartilhado determina parte do acoplamento entre o provedor e o cliente de API, que é discutido como o aspecto *autonomia do formato* de baixo acoplamento (Fehling, 2014). Por exemplo, pode-se considerar sempre trocar as *strings* ou os pares de chave/valor, mas tais soluções genéricas aumentam o conhecimento que é implicitamente compartilhado entre consumidor e provedor, levando a um maior acoplamento. Isso complicaria o teste e a manutenção. Também pode desnecessariamente aumentar o conteúdo da mensagem.

Às vezes, só alguns elementos de dados precisam ser trocados nas estruturas das mensagens para atender às necessidades de informação dos participantes da comunicação, por exemplo, na verificação do *status* de um recurso de processamento (na forma de um valor distinto, definido em uma enumeração). Se o contrato de API for pouco especificado, podem surgir problemas de interoperabilidade, como quando se lida com opções (o que pode ser indicado pela ausência, mas também por valores `null` dedicados) e outras formas de variabilidade (p. ex., escolher entre diferentes representações). Se o contrato tiver muitas especificidades, torna-se inflexível na compatibilidade com as versões anteriores, ficando difícil de preservar. Estruturas de dados simples levam a contratos de serviços de granularidade fina; as complexas são frequentemente usadas para serviços mais gerais (que cobrem uma grande quantidade de funcionalidades de negócios).

Em alguns casos, as preocupações de interoperabilidade relacionadas à padronização podem determinar as decisões. Por exemplo, se existe um formato de troca padrão, o formato-padrão pode ser escolhido para economizar o esforço de *design*, mesmo que um formato especial personalizado possa ser mais compreensível e eficiente de transferir.

Conveniência e experiência do desenvolvedor, incluindo o esforço de aprendizado e programação, também podem influenciar na decisão sobre a estrutura das representações das mensagens. Esses aspectos estão intimamente relacionados às considerações de compreensão, simplicidade e complexidade. Por exemplo, estruturas que são fáceis de criar e preencher podem ser difíceis de entender ou depurar; já um formato compacto que é leve na transferência pode ser difícil de documentar, entender e analisar.

Preocupações com segurança (em especial integridade e confidencialidade dos dados) e privacidade dos dados são relevantes, porque as soluções de segurança podem exigir uma carga adicional de mensagens, como chaves e *tokens* (em geral assinados e/ou criptografados). Outra consideração importante é qual carga deve realmente ser enviada e como deve ser protegida. É necessária uma auditoria completa de todo o conteúdo da mensagem. Os dados em trânsito não devem ser adulterados nem deve ser possível fingir ser outra pessoa. Geralmente, basta aplicar as medidas de segurança necessárias para os elementos de dados mais sensíveis em toda a mensagem. Em alguns casos, tais considerações podem até mesmo levar a uma estrutura de mensagem diferente ou refatoração da API (p. ex., dividir os *endpoint*s ou as operações [Stocker, 2021b]). Em um caso em que dois elementos de dados em uma única mensagem requerem diferentes níveis de segurança (como diferentes permissões e papéis), pode ser necessário dividir uma mensagem complexa em duas mensagens que são protegidas de formas diferentes. O uso do Parâmetro Atômico requer menos trabalho de *design* e processamento em comparação com os outros padrões mais complexos quanto ao nível de segurança dos diferentes parâmetros e sua *proximidade semântica*, como discutido em Gysel (2016).

Um problema nas decisões dos padrões anteriores é que o provedor de API muitas vezes não conhece os casos de uso que os clientes de API podem ter (no futuro). Por exemplo, ao planejar a API, o provedor de API que oferece os registros dos funcionários pode não saber quais cálculos diferentes os clientes podem querer executar. Assim, no uso real, são aconselháveis refatorações da interface (Stocker, 2021a; Neri, 2020) e extensões. No entanto, essa evolução contínua do *design* da API tem um impacto negativo na estabilidade desse *design*. Estão envolvidas aqui considerações importantes de *design*, que são difíceis de acertar na primeira tentativa, sendo uma das razões para isso a incerteza sobre os (futuros) casos de uso que os provedores e os clientes de API geralmente têm.

Resultado da decisão de exemplo – Os *design*ers de API na Lakeside Mutual decidiram o seguinte:

No contexto das solicitações de atualização da OPERAÇÃO DE TRANSIÇÃO DO ESTADO *do cliente,*

com a necessidade de agregar informações sobre os clientes,

os designers de API na Lakeside Mutual decidiram combinar os padrões ÁRVORE DE PARÂMETROS *e* PARÂMETROS ATÔMICOS

para chegarem a um contrato de dados expressivo, que expõe a visão desejada no modelo de domínio,

aceitando que as estruturas de árvores aninhadas devem ser serializadas e desserializadas de forma interoperável.

Observe que, além das considerações mais conceituais mencionadas nesta seção, muitas decisões de tecnologia também precisam ser tomadas. Isso inclui os protocolos de comunicação com suporte (HTTP, HTTPS, AMQP, FTP, SMTP etc.) e os formatos de troca de mensagem, como JSON, SOAP ou XML simples, ASN.1 (Dubuisson, 2001), Protocol Buffers (Google, 2008), esquemas Apache Avro (Apache, 2021a) ou Apache Thrift (Apache, 2021b). Linguagens de consulta da API, como GraphQL (GraphQL, 2021), também podem ser introduzidas.

Estereótipos dos elementos

A decisão sobre a estrutura dos parâmetros, explicada anteriormente, define as representações da transferência de dados (DTR, *data transfer representations*) para as mensagens de solicitação e resposta. No entanto, essa decisão ainda não define o significado dos elementos individuais de representação. Quatro padrões do estereótipo dos elementos, mostrados na Figura 3.12, definem as opções de *design* típicas para a decisão desses estereótipos.

Decisão: *Estereótipos dos elementos*

O que significam os elementos individuais de representação? Quais propósitos eles têm dentro das DTR?

Capítulo 3 | Narrativas de decisão da API

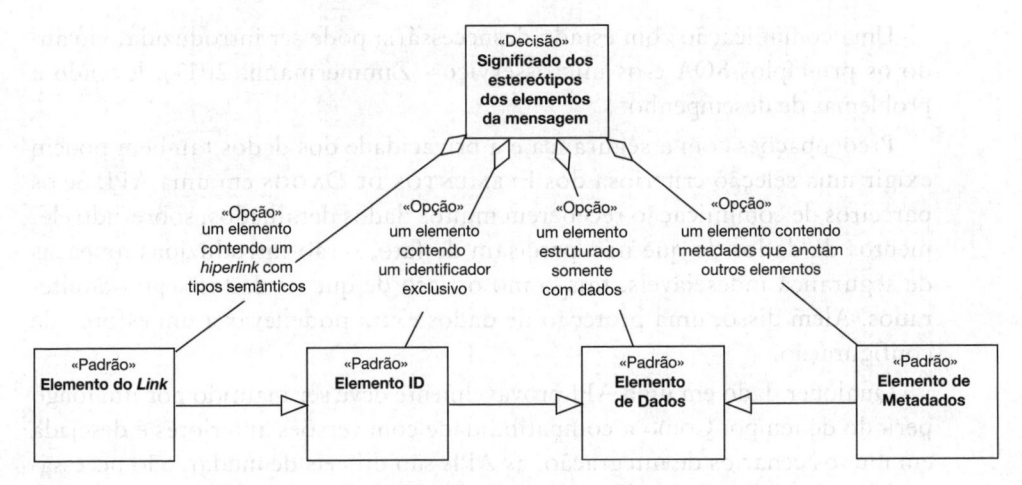

Figura 3.12 Decisão acerca dos estereótipos dos elementos.

Um significado ou responsabilidade bem comum de um elemento de representação é ser usado para transportar dados comuns da aplicação. Por exemplo, considere os dados de uma Entidade no modelo de domínio se DDD (Evans, 2003) é usado para estruturar a lógica comercial de uma aplicação.

	Padrão: ELEMENTO DE DADOS
Problema	Como as informações no nível do domínio/aplicação podem ser trocadas entre os clientes e os provedores de API sem expor as definições de dados internas do provedor na API? Como o cliente e o provedor de API podem ser dissociados do ponto de vista do gerenciamento de dados?
Solução	Defina um vocabulário específico dos ELEMENTOS DE DADOS para as mensagens de solicitação e resposta que integram e/ou mapeiam as partes relevantes dos dados na lógica de negócios de uma implementação da API.

Existem vários fatores de decisão que se aplicam a qualquer tipo de ELEMENTO DE DADOS. Ao planejar os elementos da API que representam elementos de domínio centrados em dados, como Entidades, a forma mais simples e expressiva de mapeá-los para as APIs é representar totalmente a Entidade na API. Muitas vezes isso não é uma boa ideia, pois aumenta o número de opções de processamento para os participantes da comunicação, o que limita a facilidade de processamento dos dados. A interoperabilidade pode estar em risco e o esforço de documentação da API aumenta.

Uma comunicação com estado desnecessária pode ser introduzida, violando os princípios SOA e os microsserviços (Zimmermann, 2017), levando a problemas de desempenho.

Preocupações com a segurança e a privacidade dos dados também podem exigir uma seleção criteriosa dos ELEMENTOS DE DADOS em uma API. Se os parceiros de comunicação receberem muitos dados detalhados, sobretudo elementos de dados de que não precisam de fato, serão introduzidas ameaças de segurança indesejáveis, tais como o risco de que os dados sejam adulterados. Além disso, uma proteção de dados extra pode levar a um esforço de configuração.

Qualquer dado em uma API provavelmente deve ser mantido por um longo período de tempo. Como a compatibilidade com versões anteriores é desejada em muitos cenários de integração, as APIs são difíceis de mudar. São necessários testes contínuos de todos os recursos da API. Uma adaptação flexível aos requisitos de mudança contínua precisa fazer concessões em relação à manutenção e à evolução da API.

Um tipo de ELEMENTO DE DADOS com metadados é o ELEMENTO DE METADADOS.

	Padrão: ELEMENTO DE METADADOS
Problema	Como as mensagens podem ser enriquecidas com informações adicionais para que os destinatários possam interpretar o conteúdo da mensagem corretamente, sem ter que codificar suposições sobre a semântica dos dados?
Solução	Introduza um ou mais ELEMENTOS DE METADADOS para explicar e melhorar os outros elementos da representação que aparecem nas mensagens de solicitação e resposta. Preencha os valores dos ELEMENTOS DE METADADOS de forma completa e consistente; processe-os para orientar o consumo e o processamento interoperáveis e eficientes das mensagens.

Os principais fatores de decisão para os ELEMENTOS DE METADADOS são semelhantes aos dos ELEMENTOS DE DADOS comuns. No entanto, vários aspectos adicionais específicos devem ser considerados. Se os dados viajarem com as informações do tipo, da versão e do autor correspondentes, o destinatário poderá usar essas informações extras para resolver as ambiguidades, melhorando a interoperabilidade. Se os dados de execução forem acompanhados por dados explicativos adicionais, ficará mais fácil interpretar e processar; por outro lado, isso pode aumentar o acoplamento entre as partes da comunicação. Para melhorar a facilidade de uso, os ELEMENTOS DE METADADOS podem ajudar o destinatário da mensagem a entender o conteúdo dela e processá-la de forma eficiente. Mas as mensagens ficam maiores quando os ELEMENTOS DE METADADOS são incluídos, portanto a eficiência do tempo de execução pode ser afetada negativamente.

Um tipo de ELEMENTO DE DADOS com um significado ou uma responsabilidade especial são os elementos que expressam os identificadores.

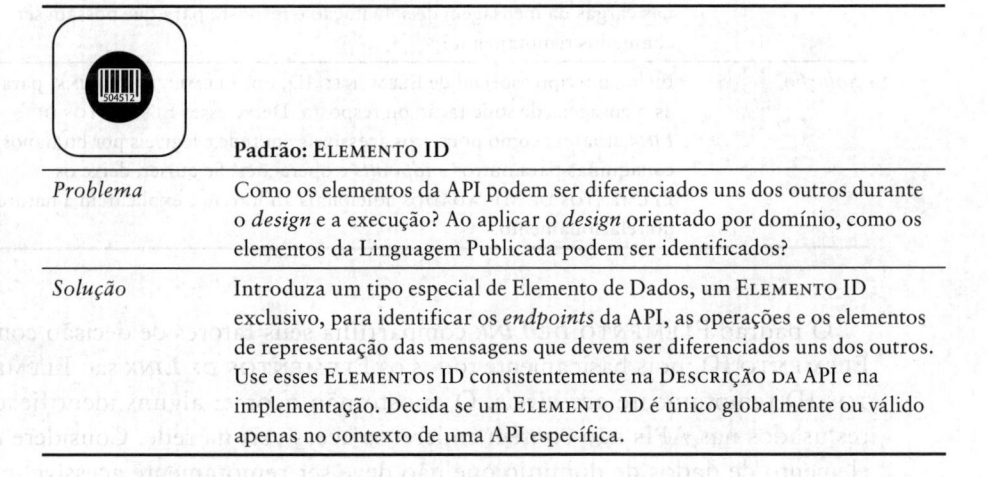

	Padrão: ELEMENTO ID
Problema	Como os elementos da API podem ser diferenciados uns dos outros durante o *design* e a execução? Ao aplicar o *design* orientado por domínio, como os elementos da Linguagem Publicada podem ser identificados?
Solução	Introduza um tipo especial de Elemento de Dados, um ELEMENTO ID exclusivo, para identificar os *endpoints* da API, as operações e os elementos de representação das mensagens que devem ser diferenciados uns dos outros. Use esses ELEMENTOS ID consistentemente na DESCRIÇÃO DA API e na implementação. Decida se um ELEMENTO ID é único globalmente ou válido apenas no contexto de uma API específica.

Para um esquema de identificação usado nos ELEMENTOS ID, é importante que eles sejam precisos em múltiplos sentidos, de modo que nenhuma ambiguidade ocorra ao longo da vida da API. Esquemas simples com baixo esforço inicial, como *strings* de caracteres simples e não estruturados usadas como identificadores, podem levar a problemas de estabilidade de longo prazo, portanto a mais esforço para corrigir o problema técnico acumulado. Por exemplo, novos requisitos podem levar a alterações de nome dos elementos, então, as versões da API ficam incompatíveis com as versões anteriores. Assim, se possível, os identificadores únicos universais (UUID, *universally unique identifiers*) (Leach, 2005) costumam ser mais adequados do que os identificadores exclusivos mais simples ou apenas locais. Esses identificadores são fáceis de ler por máquinas, mas geralmente não por seres humanos, o que é outra concessão que precisa ser feita. Por fim, pode haver questões de segurança, pois, em muitos contextos de aplicações, deve ser impossível ou pelo menos extremamente difícil adivinhar os identificadores de instância. Para os UUIDs, esse é o caso, mas não é necessariamente assim para os esquemas de identificação muito simples.

A capacidade de endereçamento remoto dos identificadores às vezes é importante. Nesse caso, URIs ou outros localizadores remotos podem ser usados como ELEMENTOS ID. No contexto deles, novamente, deve-se decidir se serão utilizados nomes descritivos ou identificadores únicos legíveis por máquina (p. ex., um UUID pode fazer parte de uma URI). Isso nos leva ao próximo tipo especial de ELEMENTO DE DADOS, os elementos que fornecem *links*.

	Padrão: Elemento de Link
Problema	Como os *endpoints* e as operações da API podem ser referenciados nas cargas da mensagem de solicitação e resposta para que possam ser chamados remotamente?
Solução	Inclua um tipo especial de Elemento ID, um Elemento de Link, para as mensagens de solicitação ou resposta. Deixe esses Elementos de Link atuarem como ponteiros acessíveis em rede e legíveis por humanos e máquinas para outros *endpoints* e operações. Se quiser, deixe os Elementos de Metadados adicionais anotarem e explicarem a natureza do relacionamento.

O padrão Elemento de Link compartilha seus fatores de decisão com o Elemento ID, pois basicamente todos os Elementos de Link são Elementos ID remotamente acessíveis. O oposto não ocorre; alguns identificadores usados nas APIs não contêm endereços acessíveis na rede. Considere um elemento de dados de domínio que não deve ser remotamente acessível pelo cliente, mas que ainda precisa ser referenciado (p. ex., um elemento da chave de dados no *back-end* ou em um sistema de terceiros). Em tal situação, uma URI não pode ser usada. Pode-se questionar se tais elementos devem ou não ser passados aos clientes. Às vezes, isso pode ser uma má escolha de *design*, já em outros casos, pode ser necessário. Considere, por exemplo, um "Identificador de Correlação" de *back-end* (Hohpe, 2003) ou um *proxy* (substituto) para um Identificador de Correlação: ele deve ser passado para o cliente para ser aplicável.

Resultado da decisão de exemplo – Os *designers* de API na Lakeside Mutual decidiram o seguinte:

No contexto da Operação de Recuperação do cliente de leitura,

com a necessidade de identificar os clientes de forma exclusiva,

os designers de API na Lakeside Mutual decidiram usar uma implementação personalizada do padrão Elemento ID *(exemplo:* `"customerid"`: `"bunlo9vk5f"`)

para obterem uma forma curta, compacta e precisa de identificação do cliente,

aceitando que tais ids não são endereçáveis em rede e não são muito legíveis por seres humanos.

Interlúdio: padrões de responsabilidade e estrutura no caso Lakeside Mutual

Já registramos várias decisões de arquitetura que os arquitetos de integração e os *design*ers de API da Lakeside Mutual tomaram. Agora veremos o resultado do *design* (até agora).

Transformando o fragmento MDSL do *design* inicial da API mostrado no Capítulo 2 em classes no nível da implementação – e percorrendo as decisões e as opções da seleção de padrões vistas neste capítulo até agora –, acabamos ficando com o controlador Spring Boot `CustomerInformationHolder` mostrado na Figura 3.13.

Para permitir que os clientes interajam com os dados mestres do consumidor, `CustomerInformationHolder` é implementado como um RECURSO DO DETENTOR DA INFORMAÇÃO, especificamente um DETENTOR DE DADOS MESTRES que expõe várias operações. Nessas operações, as mensagens de solicitação e resposta transportam diferentes ELEMENTOS DE DADOS, por exemplo, de dados do consumidor. As classes de implementação não são expostas diretamente; em vez disso, objetos de transferência de dados (DTO, *data transfer objects*) são usados. Ao contrário das entidades, os DTOs também possuem ELEMENTOS ID e ELEMENTOS DE *LINK*, que permitem aos clientes recuperarem mais dados.

```
«Detentor de Dados Mestres, Recurso do Detentor da Informação»
CustomerInformationHolder
─────────────────────────────────────────────────
«Paginação, OperaçãoDeRecuperação, ListaDeDesejos»
getCustomers(String, int, int, String): PaginatedCustomerResponseDto
«PacoteDeSolicitação, OperaçãoDeRecuperação, ListaDeDesejos»
getCustomer(List<String>, List<String>): CustomersResponseDto
«OperaçãoDeTransiçãoDeEstado»
changeAddress(CustomerId, AddressDto): AddressDto
updateCustomer(CustomerId, CustomerProfileUpdateRequestDto): CustomerResponseDto
«OperaçãoDeCriaçãoDeEstado»
createCustomer(CustomerCreationUpdateRequestDto): CustomerResponseDto
```

```
«Elemento de Dados»
CustomerProfileUpdateRequestDto
firstName: String
lastName: String
...
```

```
«Elemento de Dados»
CustomersResponseDto
```

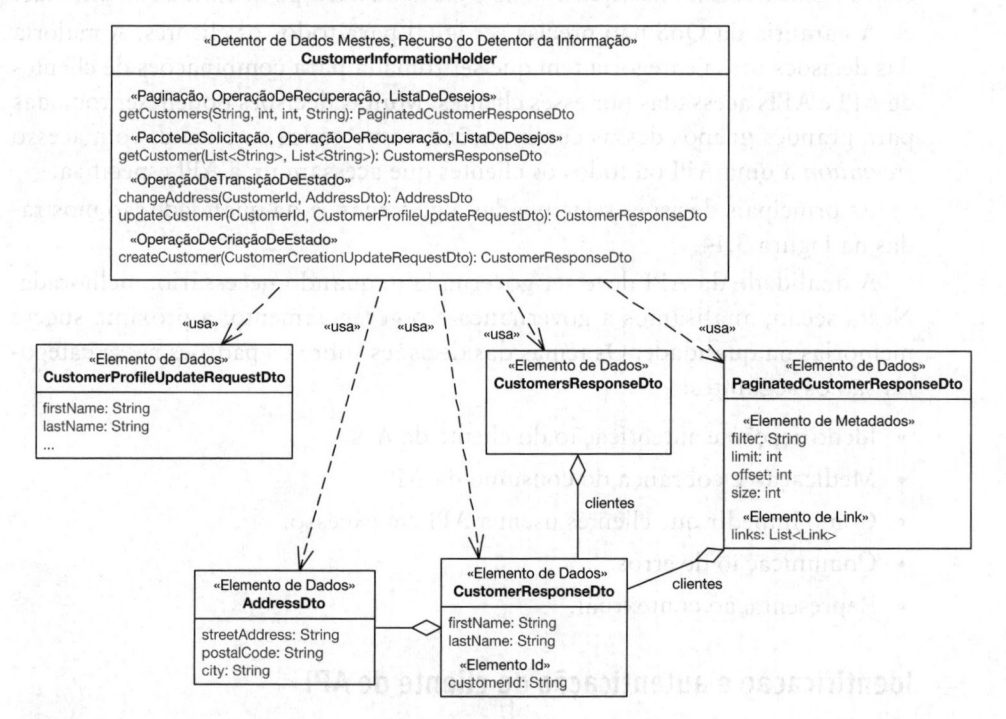

```
«Elemento de Dados»
PaginatedCustomerResponseDto
«Elemento de Metadados»
filter: String
limit: int
offset: int
size: int
«Elemento de Link»
links: List<Link>
```

```
«Elemento de Dados»
AddressDto
streetAddress: String
postalCode: String
city: String
```

```
«Elemento de Dados»
CustomerResponseDto
firstName: String
lastName: String
«Elemento Id»
customerId: String
```

Figura 3.13 Diagrama de classe do controlador `CustomerInformationHolder` e seus DTOs associados.

Como a Lakeside Mutual atende a um grande número de clientes, o resultado da OPERAÇÃO DE RECUPERAÇÃO getCustomers usa a PAGINAÇÃO, um padrão que não vimos ainda, para permitir que os clientes de API naveguem os dados em blocos gerenciáveis.

A PAGINAÇÃO e outros padrões relacionados à qualidade da API são apresentados mais adiante, nas duas narrativas de decisão a seguir.

Governança da qualidade da API

Um provedor de API deve se comprometer em fornecer serviços de alta qualidade e fazer isso de forma econômica. Os padrões na categoria Qualidade abordam ou contribuem com a seguinte questão geral de *design*:

> *Como podemos alcançar certo nível de qualidade da API oferecida e, ao mesmo tempo, utilizar os recursos disponíveis de forma econômica?*

A qualidade de uma API tem muitas dimensões, começando com a funcionalidade descrita no contrato de API, mas também incluindo confiabilidade, desempenho, segurança e escalabilidade. Algumas dessas qualidades técnicas são referidas como propriedades de *qualidade do serviço* (QoS, *quality of service*). Essas propriedades podem ser conflitantes e quase sempre precisam ser equilibradas com exigências econômicas, tais como o custo ou o tempo de entrada no mercado.

A garantia da QoS não precisa ser igual para todos os clientes. A maioria das decisões nessa categoria tem que ser tomada para combinações de clientes de API e APIs acessadas por esses clientes. Muitas decisões podem ser tomadas para grandes grupos dessas combinações, como todos os clientes com acesso *freemium* a uma API ou todos os clientes que acessam uma API específica.

As principais decisões relacionadas à governança da qualidade são mostradas na Figura 3.14.

A qualidade da API deve ser governada e, quando necessário, melhorada. Nesta seção, analisamos a governança e o gerenciamento; a próxima sugere melhorias na qualidade. Os temas das decisões sobre os padrões nessa categoria são os seguintes:

- Identificação e autenticação do cliente de API.
- Medicação e cobrança do consumo da API.
- Como impedir que clientes usem a API em excesso.
- Comunicação de erros.
- Representação contextual.

Identificação e autenticação do cliente de API

Identificação significa diferenciar qual cliente está interagindo com a API; *autenticação* significa validar uma identidade fornecida à API. Identificação e

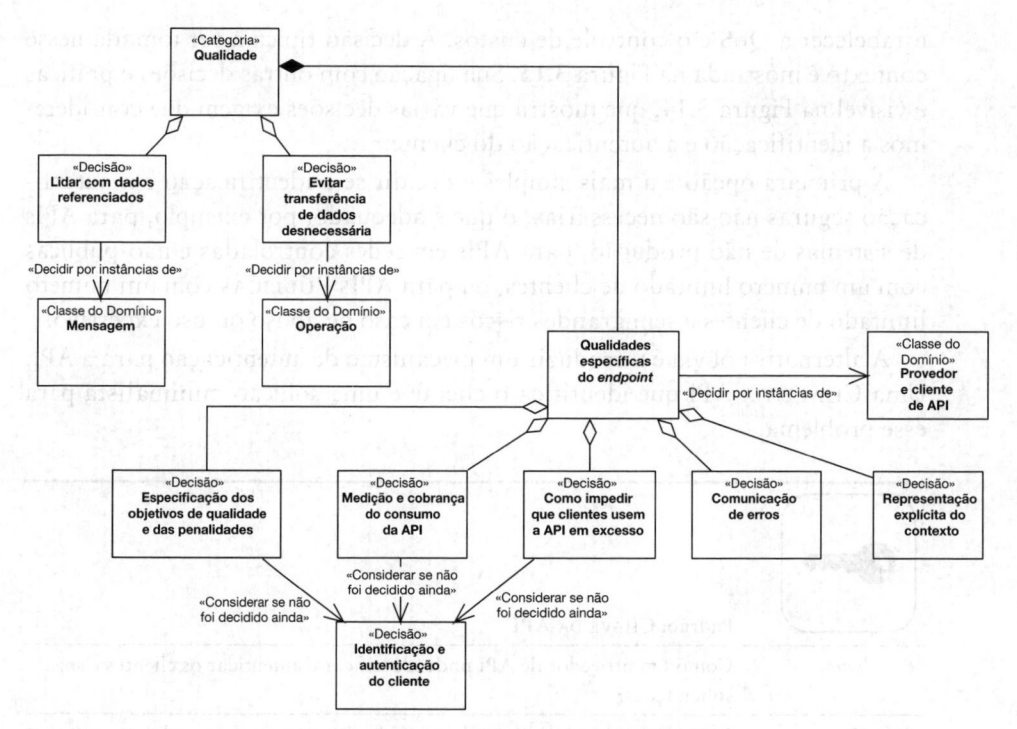

Figura 3.14 Decisões sobre a qualidade da API e sua governança.

autenticação são importantes para os provedores de APIs que são pagos (e/ou usam modelos *freemium*) para estabelecer a *autorização*: assim que um cliente de API é identificado e autenticado, o provedor de API concede acesso com base na identidade comprovada do cliente e em seus direitos de autorização. Por exemplo, o provedor de API de uma oferta de API comercial deve identificar seus clientes para decidir se uma chamada realmente se origina de um cliente conhecido (como um cliente pagante) ou de um desconhecido.

A autenticação e a autorização são importantes para garantir a segurança, mas também permitem medidas para assegurar muitas outras qualidades. Por exemplo, o desempenho do sistema geral pode se degradar se clientes desconhecidos puderem acessar a API sem controle ou se clientes conhecidos forem capazes de fazer um uso excessivo da API. Em tais situações, a confiabilidade está ameaçada ou os custos operacionais podem aumentar inesperadamente.

Fatores relacionados à QoS, como desempenho, escalabilidade e confiabilidade, podem ser garantidos ou monitorados pelo provedor e pelo cliente de API até certo ponto. Além disso, eles podem ser assegurados nas garantias de QoS para o cliente de API. Tais garantias costumam estar relacionadas a alguma noção de esquema de preços ou modelo de assinatura do cliente, e isso requer identificação e autenticação do cliente de API também.

Resumindo, a identificação e a autenticação do cliente são as bases para alcançar certas qualidades de segurança e dar suporte a muitas técnicas para estabelecer a QoS e o controle de custos. A decisão típica a ser tomada nesse contexto é mostrada na Figura 3.15. Sua ligação com outras decisões e práticas é visível na Figura 3.14, que mostra que várias decisões exigem que consideremos a identificação e a autenticação do cliente.

A primeira opção e a mais simples é decidir se a identificação e a autenticação seguras não são necessárias, o que é adequado, por exemplo, para APIs de sistemas de não produção, para APIs em redes controladas e não públicas com um número limitado de clientes, ou para APIs Públicas com um número limitado de clientes e sem grandes riscos em caso de abuso ou uso excessivo.

A alternativa óbvia é introduzir um mecanismo de autenticação para a API. Uma CHAVE DA API que identifica o cliente é uma solução minimalista para esse problema.

	Padrão: CHAVE DA API
Problema	Como um provedor de API pode identificar e autenticar os clientes e suas solicitações?
Solução	Como provedor de API, atribua a cada cliente um *token* exclusivo, a CHAVE DA API, que o cliente pode apresentar ao *endpoint* da API para fins de identificação.

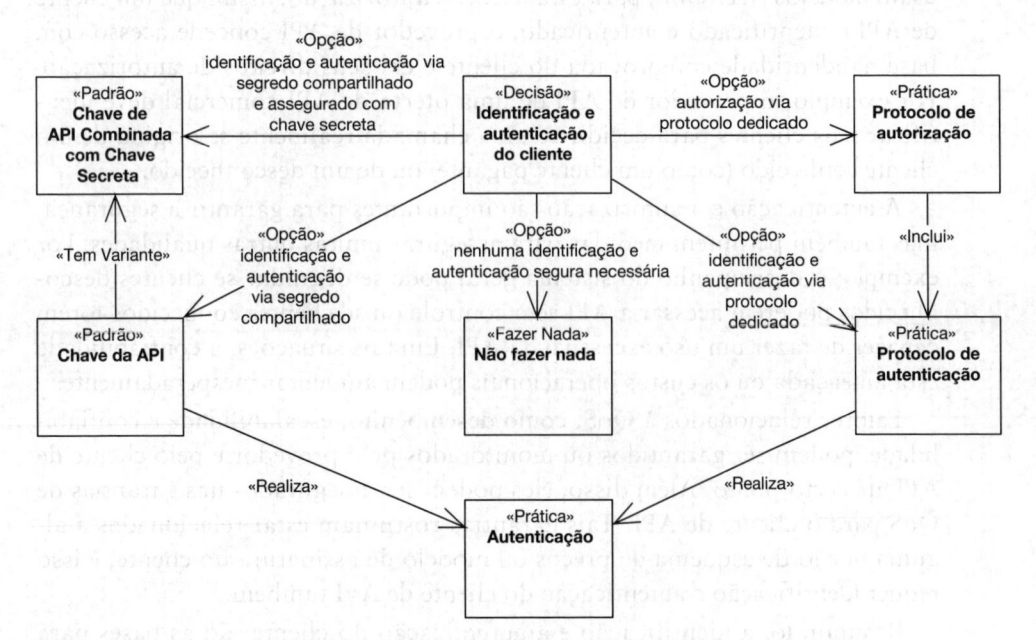

Figura 3.15 Decisão de identificação e autenticação do cliente.

Se a segurança é importante, só as CHAVES DA API são insuficientes. Em conjunto com uma chave secreta adicional, que não é revelada, as CHAVES DA API podem ser usadas para autenticar com segurança um cliente de API. A CHAVE DA API identifica o cliente, e uma assinatura adicional feita com a chave secreta, que nunca é transmitida, comprova a identidade e garante que a solicitação não foi adulterada.

Existem muitos complementos e alternativas às CHAVES DA API, pois a segurança é um tópico desafiador e multifacetado. Por exemplo, OAuth 2.0 (Hardt, 2012) é um protocolo-padrão para a autorização que também é a base de uma autenticação segura usando OpenID Connect (OpenID, 2021). Outro exemplo de um protocolo de autenticação ou autorização completo é o Kerberos (Neuman, 2005), um protocolo de autenticação que costuma ser usado em uma rede para fornecer *logon* único (SSO, *single sign-on*). Em combinação com o LDAP (Lightweight Directory Access Protocol – protocolo leve de acesso a diretório) (Sermersheim, 2006), ele também pode fornecer autorização. O LDAP sozinho também tem recursos de autenticação, portanto pode ser usado como um protocolo de autenticação e/ou autorização. Exemplos de protocolos de autenticação de ponto a ponto são CHAP (*challenge-handshake authentication protocol* – protocolo de autenticação por desafio handshake) (Simpson, 1996) e EAP (*extensible authetication protocol* – protocolo de autenticação extensível) (Vollbrecht, 2004).

Uma série de fatores devem ser considerados nessa decisão. Em primeiro lugar, o nível de segurança necessário é importante. Se a identificação e a autenticação seguras são requisitos, não é suficiente escolher não é necessário identificação e autenticação seguras ou CHAVES DA API. As CHAVES DA API também não ajudam a estabelecer uma segurança básica. Embora precisem seguir um processo de registro, elas têm uma pequena degradação em termos de facilidade de uso para os clientes uma vez que tenham sido obtidas (em comparação com sem identificação e autenticação seguras). As outras opções não são tão fáceis de usar, pois exigem lidar com protocolos mais complexos e configurar os serviços necessários e a infraestrutura. O gerenciamento das credenciais da conta de usuário necessárias nos protocolos de autenticação e autorização pode ser cansativo nos lados do cliente e do provedor; evita-se isso em todas as opções usando CHAVES DA API, incluindo sua combinação com uma chave secreta.

No que diz respeito ao desempenho, a decisão de que a identificação e a autenticação seguras não são necessárias não tem *overhead*. As CHAVES DA API têm um pequeno custo para o processamento das chaves, e sua combinação com uma chave secreta requer mais processamento, o que reduz um pouco o desempenho. Os protocolos de autenticação e autorização tendem a ter mais *overhead*, pois também oferecem recursos adicionais (p. ex., entrar em contato com terceiros confiáveis em Kerberos ou autorizar em OAuth ou LDAP). Por fim, a opção CHAVE DA API separa o cliente que faz uma chamada de API e a organização do cliente, pois usar as credenciais da conta do cliente daria desnecessariamente aos administradores e aos desenvolvedores do sistema acesso completo à conta. Esse problema pode ser mitigado nos protocolos de autenticação e autorização com o estabelecimento de credenciais de uma conta secundária que apenas habilita o acesso à API para um cliente de API, sem oferecer outros privilégios da conta dele.

Resultado da decisão de exemplo – Os *designers* de API na Lakeside Mutual decidiram o seguinte:

No contexto da **API da Comunidade** *para a* **Integração de Front-End** *do gerenciamento de clientes,*

com a necessidade de proteger as informações pessoais e confidenciais, como registros de clientes,

os designers de API na Lakeside Mutual decidiram pelo padrão **Chave da API**

para que apenas os clientes identificados possam acessar a API,

aceitando que o gerenciamento das **Chaves da API** *é necessário, o que adiciona custo operacional, também aceitando que é apenas uma solução de segurança básica.*

Medição e cobrança do consumo da API

Se a API for uma oferta comercial, o provedor de API pode cobrar pelo uso. Assim, é necessário um meio de identificar e autenticar os clientes. Geralmente, são usadas as práticas de autenticação existentes. Então, o provedor pode monitorar os clientes e atribuir um Plano de Preços para o uso da API.

	Padrão: Plano de Preços
Problema	Como o provedor de API pode medir o consumo do serviço de API e cobrar por ele?
Solução	Atribua um Plano de Preços para o uso da API à Descrição da API usada para cobrar os clientes de API, os anunciantes ou outras partes interessadas de acordo. Defina e monitore as métricas para medir o uso da API, como estatísticas de uso por operação.

Novamente, uma alternativa é não medir e cobrar o cliente.

A Figura 3.17 mostra as possíveis variantes do padrão Plano de Preços: a precificação pode se basear na utilização real, em algum tipo de alocação baseada em mercado (p. ex., leilões) ou em assinaturas com taxa fixa. Cada uma dessas variantes pode ser combinada com um modelo *freemium*. No contexto de um Plano de Preços, às vezes uma Taxa-Limite é usada para garantir o uso justo. A Figura 3.16 mostra a medição e a cobrança da decisão de consumo da API.

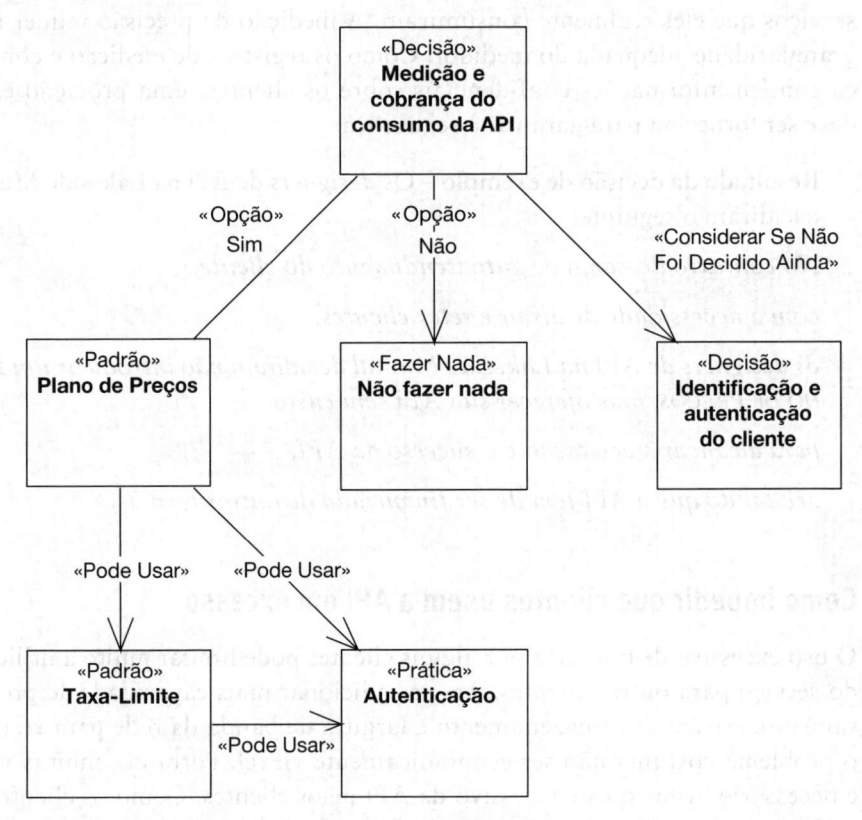

Figura 3.16 Decisão de medir e cobrar pelo consumo da API.

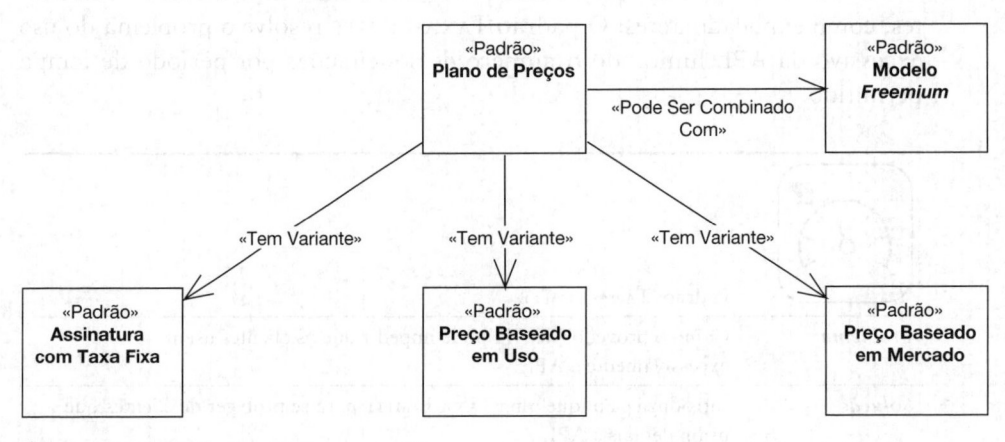

Figura 3.17 Variantes do Plano de Preços.

Os principais fatores dessa decisão são geralmente econômicos, como modelos de precificação e seleção de uma variante do padrão que melhor se adapte ao modelo de negócio. Os benefícios da aplicação do padrão devem ser comparados com os esforços e os custos necessários para medir e cobrar os clientes. A precisão é central, pois os clientes de API devem ser cobrados apenas pelos serviços que eles realmente consumiram. A medição da precisão requer uma granularidade adequada do medidor. Como os registros de medição e cobrança contêm informações confidenciais sobre os clientes, uma proteção extra deve ser fornecida para garantir a segurança.

> **Resultado da decisão de exemplo** – Os *designers* de API na Lakeside Mutual decidiram o seguinte:
>
> *No contexto do canal de autoatendimento do cliente,*
>
> *com a necessidade de atrair e reter clientes,*
>
> *os designers de API na Lakeside Mutual decidiram não introduzir um* Plano de Preços, *mas oferecer sua API sem custo*
>
> *para alcançar a aceitação e o sucesso da API,*
>
> *aceitando que a API tem de ser financiada de outras formas.*

Como impedir que clientes usem a API em excesso

O uso excessivo de uma API por alguns clientes pode limitar muito a utilidade do serviço para outros clientes. Apenas adicionar mais capacidade de processamento, espaço de armazenamento e largura de banda da rede para resolver o problema costuma não ser economicamente viável. Portanto, muitas vezes é necessário evitar o uso excessivo da API pelos clientes. Como os clientes de API podem ser identificados, seu uso individual da API pode ser monitorado. A maneira usual de fazer a identificação é com a autenticação dos clientes, como explicado antes. O padrão Taxa-Limite resolve o problema do uso excessivo da API, limitando o número de solicitações por período de tempo permitido.

Padrão: Taxa-Limite

Problema	Como o provedor de API pode impedir que os clientes usem excessivamente a API?
Solução	Introduza e aplique uma Taxa-Limite para se proteger de clientes que usam demais a API.

A alternativa ao uso de Taxas-Limite é não fazer nada para impedir que os clientes de API a usem em excesso. Isso faz sentido nas situações em que o problema é avaliado como improvável de se transformar em algo grave. Por exemplo, se todos os clientes forem internos ou parceiros confiáveis, o custo de uma Taxa-Limite pode não ser justificado.

As duas alternativas, bem como o *link* para a identificação e a autenticação do cliente (e as práticas de autenticação), são mostradas na Figura 3.18.

Os principais fatores a serem considerados nessa decisão são os seguintes: certo nível de desempenho deve ser mantido pelo provedor (às vezes até formalmente garantido em um Acordo de Nível de Serviço); o desempenho pode ficar comprometido se os clientes abusam da API. Meios para dar suporte à conscientização do cliente em relação às Taxas-Limite são necessários para que eles possam descobrir quanto de seu limite eles usaram em determinado momento. Estabelecer Taxas-Limite ajuda o provedor a dar suporte às qualidades relacionadas à confiabilidade, porque as taxas dificultam que os clientes abusem da API de uma maneira que coloca essas qualidades em risco. Todos esses benefícios em potencial devem ser comparados com o impacto e a gravidade dos riscos de abuso da API e com aspectos econômicos. Introduzir Taxas-Limite gera custos e pode ser percebido negativamente pelos clientes. Assim, deve-se considerar se os riscos de abuso da API impostos por alguns

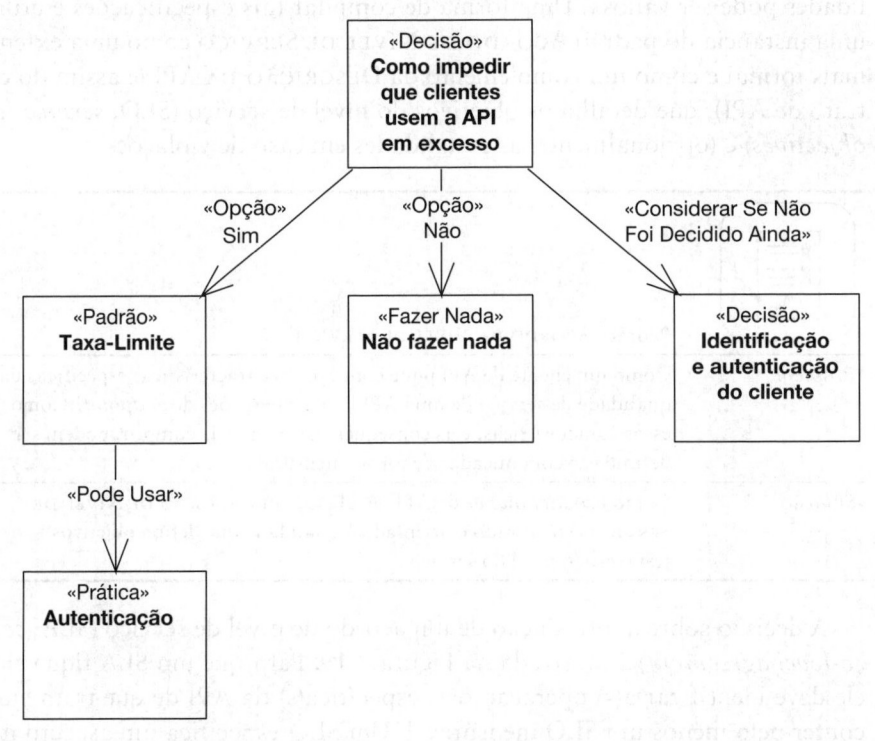

Figura 3.18 Decisão para impedir que os clientes façam uso excessivo da API.

clientes são superiores aos riscos e aos custos associados à introdução de Taxas-Limite para todos os clientes.

Resultado da decisão de exemplo – Os *designers* de API na Lakeside Mutual decidiram o seguinte:

No contexto do canal de autoatendimento do cliente,

com a necessidade de atrair e reter clientes,

os designers de API na Lakeside Mutual decidiram pelo padrão Taxa-Limite

para alcançar uma distribuição de carga de trabalho justa,

aceitando que a Taxa-Limite *escolhida deve ser imposta, o que causará um esforço de implementação e desacelerará os clientes de API que atingirem seus limites.*

Especificação explícita dos objetivos de qualidade e das penalidades

Os objetivos de qualidade são implícitos e vagos para muitas APIs. Se o cliente exigir (ou mesmo pagar por) garantias mais fortes ou se o provedor quiser tornar as garantias explícitas (p. ex., como uma forma de se diferenciar da concorrência), uma especificação explícita dos objetivos de qualidade e das penalidades pode ser valiosa. Uma forma de compilar tais especificações é utilizar uma instância do padrão Acordo de Nível de Serviço como uma extensão mais formal e como um complemento da Descrição da API (e assim do contrato de API), que detalha os objetivos do nível de serviço (SLO, *service-level objectives*) e (opcionalmente) as penalidades em caso de violações.

Padrão: Acordo de Nível de Serviço

Problema	Como um cliente de API pode conhecer as características específicas da qualidade de serviço de uma API e suas operações de *endpoint*? Como essas características, e as consequências de não as cumprir, podem ser definidas e comunicadas de forma mensurável?
Solução	Como *product owner* da API, estabeleça um Acordo de Nível de Serviço estruturado e orientado à qualidade que defina objetivos testáveis no nível do serviço.

A decisão sobre a introdução de um acordo de nível de serviço (SLA, *service-level agreement*) é mostrada na Figura 3.19. Para que um SLA fique claro, ele deve identificar a(s) operação(ões) específica(s) da API de que trata e deve conter pelo menos um SLO mensurável. Um SLO especifica um aspecto mensurável da API, como desempenho ou disponibilidade.

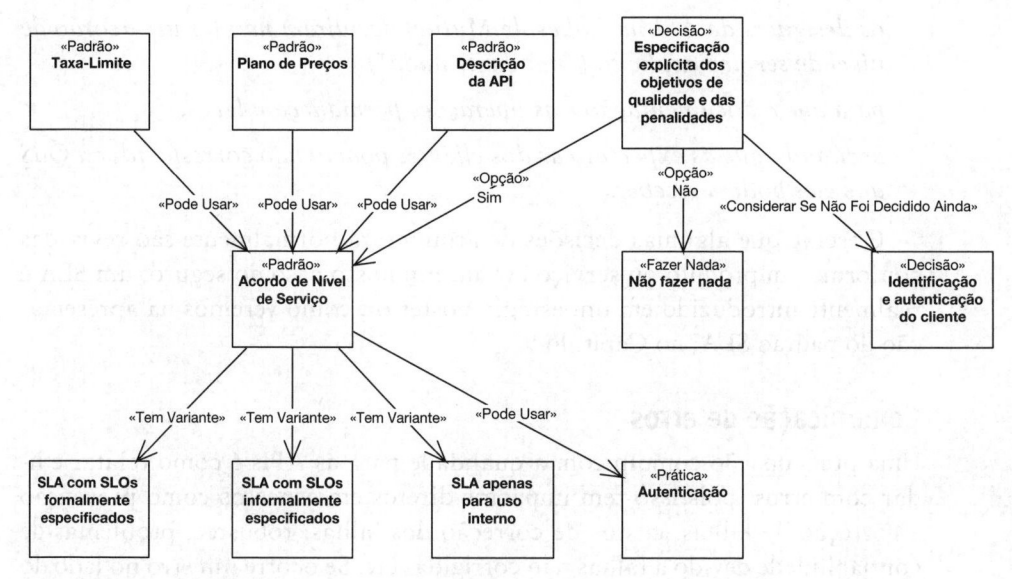

Figura 3.19 Decisão sobre SLA e especificação explícita dos objetivos de qualidade e das penalidades.

Há muitas variantes comuns do padrão: SLAs de uso interno apenas, SLAs com SLOs formalmente especificados e SLAs com SLAs com SLOs especificados apenas informalmente.

Um Plano de Preços e uma Taxa-Limite devem mencionar o Acordo de Nível de Serviço se ele for usado. Como esses padrões, um Acordo de Nível de Serviço requer meios de identificar e autenticar os clientes; geralmente, práticas de autenticação como Chaves da API ou protocolos de autenticação também devem ser usados.

São vários os principais fatores de decisão. Eles estão relacionados com a agilidade e a vitalidade do negócio, pois o modelo de negócio de um cliente de API pode depender de uma ou mais das qualidades citadas anteriormente de um serviço específico. A atratividade do ponto de vista do consumidor pode ser maior se garantias sobre as qualidades forem fornecidas e comunicadas ao cliente. No entanto, isso deve ser comparado com possíveis problemas relacionados ao custo-benefício e aos riscos do negócio do ponto de vista do provedor. Algumas garantias são exigidas por regulamentações governamentais e obrigações legais, tais como as relacionadas à proteção de dados pessoais. Os aspectos típicos candidatos a garantias em SLAs são disponibilidade, desempenho e segurança.

Resultado da decisão de exemplo – Os *designers* de API na Lakeside Mutual decidiram o seguinte:

No contexto de todas as APIs de gerenciamento de seguros,

com a necessidade de coordenar o desenvolvimento de clientes e provedores de API, os designers de API na Lakeside Mutual decidiram não ter um acordo de nível de serviço explícito ("não fazer nada")

para que a documentação e as operações permaneçam leves,

aceitando que as expectativas dos clientes podem não corresponder à QoS que eles podem receber.

Observe que algumas decisões de arquitetura normalmente são revisadas conforme um produto ou serviço evolui. Em nosso caso do seguro, um SLA é realmente introduzido em um estágio posterior, como veremos na apresentação do padrão SLA, no Capítulo 9.

Comunicação de erros

Uma preocupação comum com a qualidade para as APIs é como relatar e lidar com erros, pois isso tem impactos diretos em aspectos como prevenção e correção de falhas, custos de correção das falhas, robustez, problemas de confiabilidade devido a falhas não corrigidas etc. Se ocorre um erro no lado do provedor, o motivo pode ser uma solicitação incorreta, permissões inválidas ou inúmeros outros problemas que podem ser culpa do cliente, da implementação da API ou da infraestrutura de TI subjacente.

Uma opção é não relatar um erro (e depois lidar com ele), mas essa abordagem não é aconselhável. Uma solução comum em casos nos quais apenas uma pilha de protocolos é usado (p. ex., HTTP sobre TCP/IP), é utilizar os mecanismos de relatório de erros desses protocolos, como códigos de *status* em HTTP (códigos de erro no nível do protocolo). Isso não funciona se o relatório de erros tiver que incluir vários protocolos, formatos e plataformas. Em tais casos, o padrão RELATÓRIO DE ERROS é elegível.

	Padrão: RELATÓRIO DE ERROS
Problema	Como um provedor de API pode informar seus clientes sobre as falhas de comunicação e processamento? Como essa informação pode ser independente das tecnologias e das plataformas de comunicação subjacentes (p. ex., cabeçalhos no nível do protocolo que representam códigos de *status*)?
Solução	Responda com códigos de erro nas mensagens de resposta, que indicam e classificam as falhas de forma simples e legível pela máquina. Além disso, adicione descrições textuais dos erros para as partes interessadas do cliente de API, incluindo desenvolvedores e/ou usuários finais, tais como administradores.

A decisão é mostrada na Figura 3.20. Os principais fatores de decisão para introduzir qualquer tipo de relatório de erros são a ajuda na correção das falhas e o aumento da robustez e da confiabilidade que isso promete. Os relatórios de erros levam a uma melhor manutenção e evolução. As explicações detalhadas dos erros reduzem o esforço de localizar a causa-raiz de um problema; como consequência, o padrão RELATÓRIO DE ERROS muitas vezes é mais eficiente do que os códigos de erro simples. Os públicos-alvo das informações de falhas incluem desenvolvedores e operadores, mas também a equipe de assistência técnica e de suporte. Assim, os RELATÓRIOS DE ERROS devem ser planejados para alcançar alta expressividade e atender às expectativas do público-alvo. Os RELATÓRIOS DE ERROS costumam ser projetados para pontuarem bem no que diz respeito à interoperabilidade e à portabilidade, comparando com os códigos de erro simples. No entanto, mensagens de erro muito elaboradas podem revelar informações problemáticas no que diz respeito à segurança, pois divulgar mais informações sobre os sistemas internos abre caminho para ataques. Um RELATÓRIO DE ERROS requer mais trabalho se a internacionalização é necessária, porque informações mais detalhadas contidas nesse relatório devem ser traduzidas.

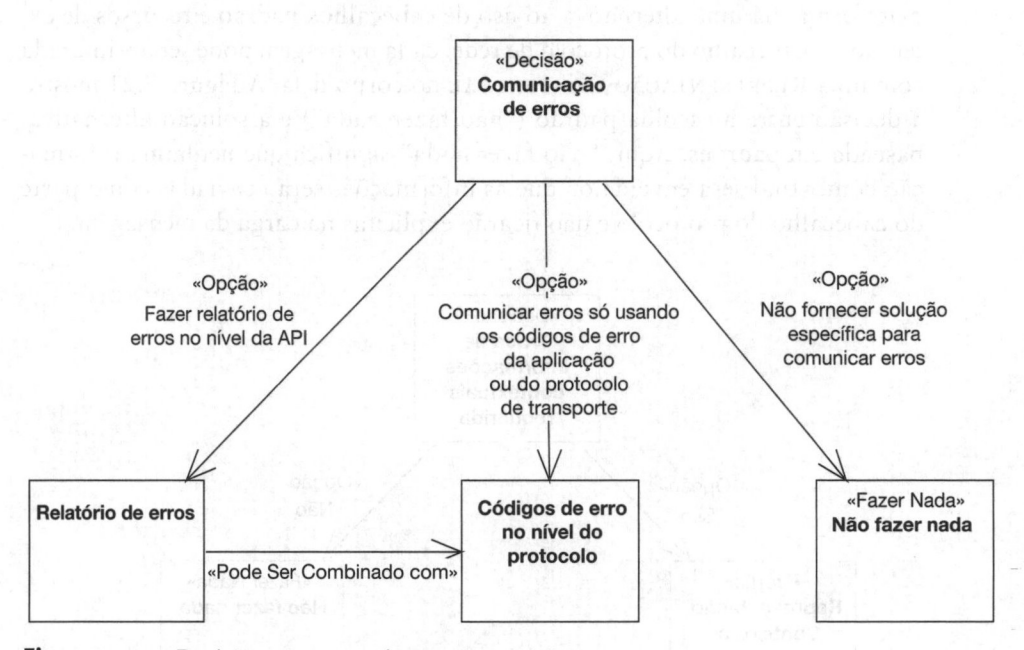

Figura 3.20 Decisão para comunicar erros.

Resultado da decisão de exemplo – Os *design*ers de API na Lakeside Mutual decidiram o seguinte:

No contexto de todas as APIs DE INTEGRAÇÃO DE BACK-END,

com a necessidade de operar de forma confiável, mesmo em caso de falhas,

os designers de API na Lakeside Mutual decidiram usar o padrão RELATÓRIO DE ERROS

para que os clientes possam usar as informações de erro relatadas para decidir sobre suas reações,

aceitando que os relatórios devem ser preparados e processados, e que o tamanho da mensagem de resposta aumentará.

Representação contextual explícita

Em algumas mensagens, além dos dados comuns, informações contextuais devem ser trocadas entre cliente e provedor. Exemplos de informações contextuais são localização e outras informações do usuário da API, as preferências que formam uma LISTA DE DESEJOS ou informações de segurança, como credenciais de *login* usadas para autenticação, autorização e cobrança (p. ex., incluindo uma CHAVE DA API).

Para promover a independência do protocolo e um *design* independente de plataforma, há uma alternativa ao uso de cabeçalhos-padrão e recursos de extensão do cabeçalho do protocolo de rede: cada mensagem pode ser aprimorada com uma REPRESENTAÇÃO CONTEXTUAL no corpo dela. A Figura 3.21 mostra a decisão entre a escolha-padrão ("não fazer nada") e a solução alternativa, baseada em padrões. Aqui, "não fazer nada" significa que nenhuma informação contextual será enviada ou que as informações serão enviadas como parte do cabeçalho do protocolo e não ficarão explícitas na carga da mensagem.

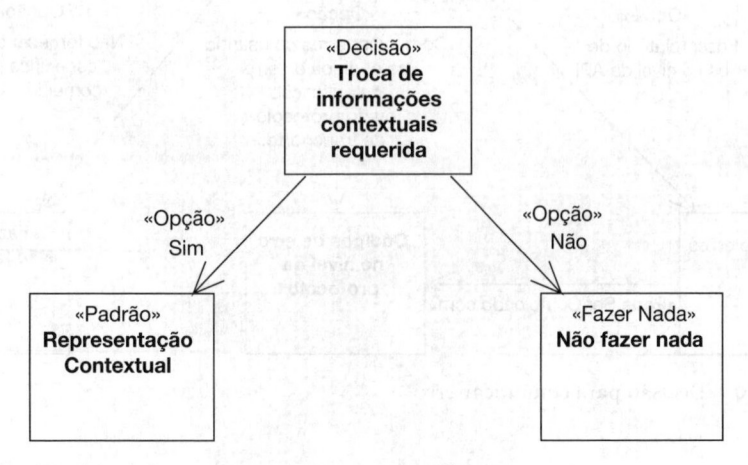

Figura 3.21 Decisão sobre representação contextual.

Decisão: *Representação contextual*

A troca de informações contextuais explícitas é adequada?

Essa escolha decide a favor ou contra o padrão REPRESENTAÇÃO CONTEXTUAL.

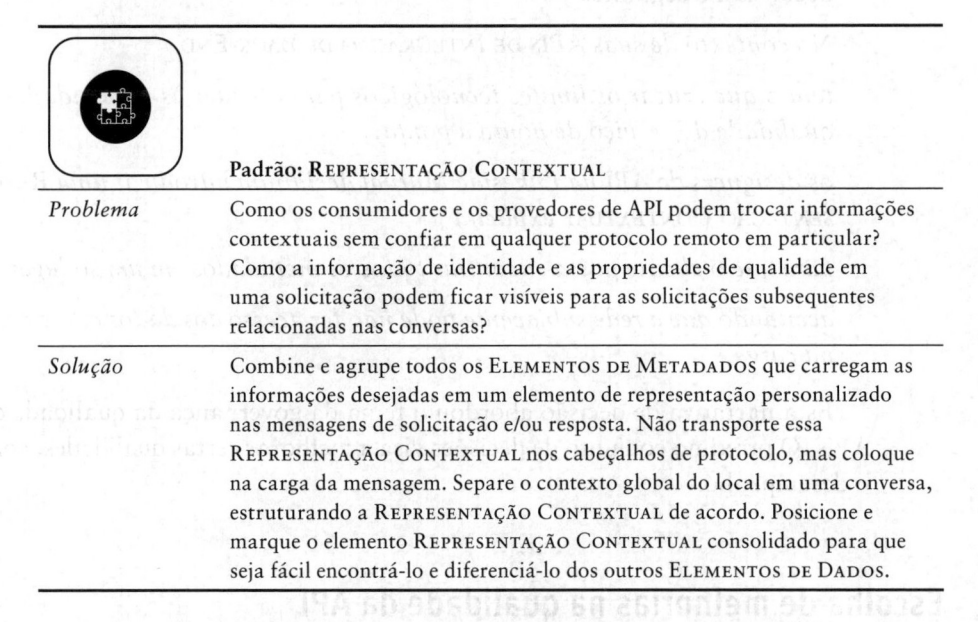

	Padrão: REPRESENTAÇÃO CONTEXTUAL
Problema	Como os consumidores e os provedores de API podem trocar informações contextuais sem confiar em qualquer protocolo remoto em particular? Como a informação de identidade e as propriedades de qualidade em uma solicitação podem ficar visíveis para as solicitações subsequentes relacionadas nas conversas?
Solução	Combine e agrupe todos os ELEMENTOS DE METADADOS que carregam as informações desejadas em um elemento de representação personalizado nas mensagens de solicitação e/ou resposta. Não transporte essa REPRESENTAÇÃO CONTEXTUAL nos cabeçalhos de protocolo, mas coloque na carga da mensagem. Separe o contexto global do local em uma conversa, estruturando a REPRESENTAÇÃO CONTEXTUAL de acordo. Posicione e marque o elemento REPRESENTAÇÃO CONTEXTUAL consolidado para que seja fácil encontrá-lo e diferenciá-lo dos outros ELEMENTOS DE DADOS.

A interoperabilidade e a capacidade de modificação técnica podem ser melhoradas se as informações contextuais forem transportadas fora dos cabeçalhos no nível do protocolo. Caso contrário, fica difícil garantir que a troca de informações contextuais possa passar por cada tipo de intermediário, como "Proxies" (Gamma, 1995) e "API Gateways" (Richardson, 2016) em um sistema distribuído. Quando os protocolos são atualizados, a disponibilidade e a semântica dos cabeçalhos de protocolo definidos podem mudar. Além disso, a REPRESENTAÇÃO CONTEXTUAL ajuda a lidar com a diversidade de protocolos suportados em muitas aplicações distribuídas, que, por sua vez, podem ajudar a melhorar a evolução e diminuir a dependência das tecnologias. O padrão pode aumentar a produtividade dos programadores.

O uso dos cabeçalhos de protocolo é conveniente e possibilita utilizar *frameworks* específicos do protocolo, *middleware* e infraestrutura (p. ex., balanceadores de carga e *caches*), mas delega o controle aos *designers* de protocolo e implementadores. Por outro lado, uma abordagem personalizada maximiza o controle, mas requer um esforço de desenvolvimento e teste.

Para ter segurança de ponta a ponta, *tokens* e assinaturas digitais precisam ser transportados entre vários nós. Essas credenciais de segurança são um tipo de metadados de controle que o consumidor e o provedor devem trocar diretamente; envolver intermediários e *endpoints* do protocolo violaria a segurança de ponta a ponta desejada. Do mesmo modo, as informações de registro e auditoria são dados contextuais cruciais, que devem ser transportados de ponta a ponta sem qualquer interferência de intermediários.

> **Resultado da decisão de exemplo** – Os *designers* de API na Lakeside Mutual decidiram o seguinte:
>
> *No contexto de suas* APIs DE INTEGRAÇÃO DE BACK-END,
>
> *tendo que cruzar os limites tecnológicos para atender às necessidades da qualidade do serviço de ponta a ponta,*
>
> *os designers de API na Lakeside Mutual decidiram introduzir uma* REPRESENTAÇÃO CONTEXTUAL *explícita*
>
> *para que o cliente possa encontrar todos os metadados em um só lugar,*
>
> *aceitando que a rede subjacente pode não ter acesso aos dados contextuais na carga.*

Esta narrativa de decisão abordou o tema da governança da qualidade das APIs. O próximo conjunto de decisões visa a melhorar certas qualidades, como o desempenho.

Escolha de melhorias na qualidade da API

A seção anterior tratou da governança e do gerenciamento da qualidade. Nesta seção, investigamos as melhorias na qualidade. Começamos com a paginação, depois examinamos outras formas de evitar a transferência desnecessária de dados e como lidar com os dados referenciados nas mensagens.

Paginação

Às vezes, os elementos complexos da representação podem conter grandes quantidades de dados de natureza repetitiva (p. ex., conjuntos de registros). Se apenas um subconjunto dessas informações por vez é exigido no cliente, poderia ser melhor enviar a informação em blocos pequenos, em vez de fazer uma grande transmissão. Considere como exemplo os milhares de registros contidos nos dados, mas um cliente que exibe as informações por página com 20 registros cada. A entrada do usuário é necessária para avançar para a próxima página. Exibir apenas a página atual e talvez buscar previamente uma ou duas páginas em qualquer direção pode ser muito mais eficiente em termos de desempenho e uso da largura de banda do que baixar todos os registros de dados antes mesmo de começar a exibir esses dados.

O ponto de partida é que os *designers* de API decidiram aplicar a Árvore de Parâmetros ou a Floresta de Parâmetros. Os dois padrões são usados para representar registros de dados complexos. Nesses casos, os *designers* devem pensar sobre a seguinte decisão (ilustrada na Figura 3.22):

Decisão: *Decisões de paginação*

Uma estrutura de dados a ser transmitida aos clientes de API contém um grande número de registros de dados com a mesma estrutura? Em caso afirmativo, para a tarefa do cliente de API, apenas alguns registros de dados são necessários?

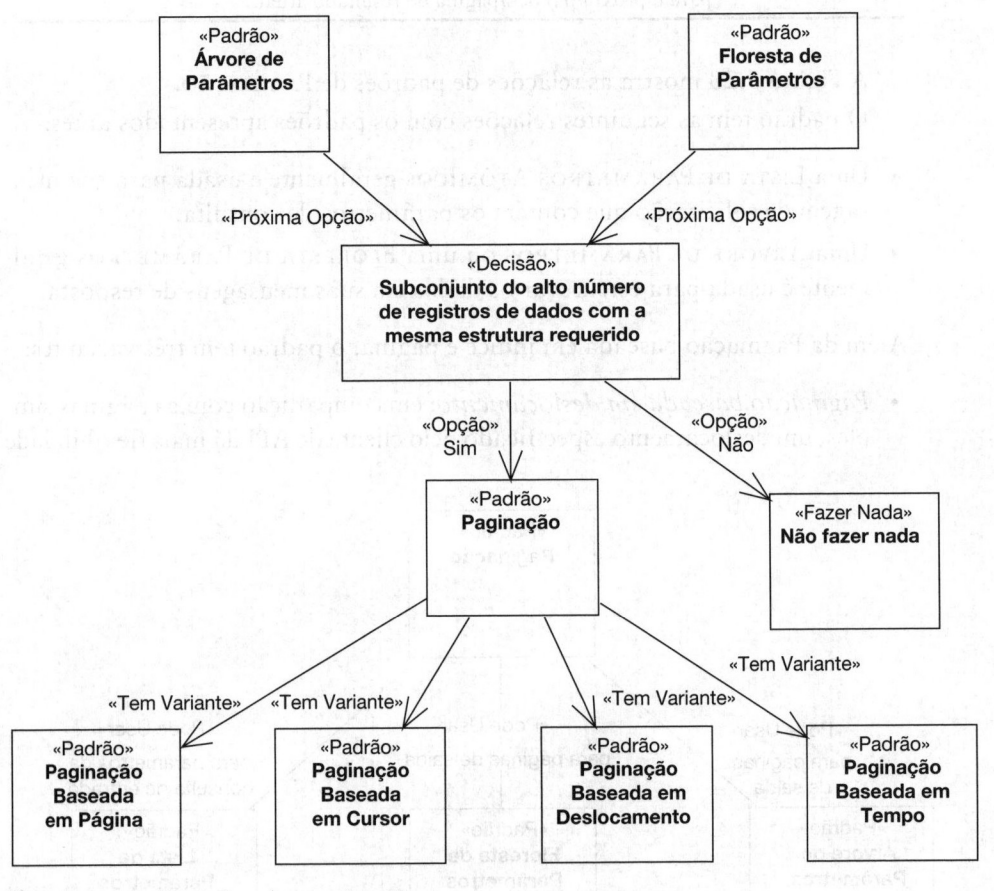

Figura 3.22 Decisão sobre paginação.

Se ambas as condições se aplicam, o padrão PAGINAÇÃO é elegível.

	Padrão: PAGINAÇÃO
Problema	Como um provedor de API pode fornecer grandes sequências de dados estruturados sem sobrecarregar os clientes?
Solução	Divida os grandes conjuntos de dados de resposta em blocos gerenciáveis e fáceis de transmitir (também conhecidos como páginas). Envie um bloco dos resultados parciais por mensagem de resposta e informe o cliente sobre o número total e/ou restante de blocos. Forneça recursos de filtragem opcionais para que os clientes possam solicitar uma seleção específica de resultados. Para maior conveniência, inclua uma referência para o próximo bloco/página do resultado atual.

A Figura 3.23 mostra as relações de padrões de PAGINAÇÃO.

O padrão tem as seguintes relações com os padrões apresentados antes:

- Uma LISTA DE PARÂMETROS ATÔMICOS geralmente é usada para sua mensagem de solicitação que contém os parâmetros de consulta.
- Uma ÁRVORE DE PARÂMETROS ou uma FLORESTA DE PARÂMETROS geralmente é usada para estruturar os dados em suas mensagens de resposta.

Além da Paginação baseada em índice e página, o padrão tem três variantes:

- *Paginação baseada em deslocamento*: em comparação com as páginas simples, um deslocamento especificado pelo cliente de API dá mais flexibilidade

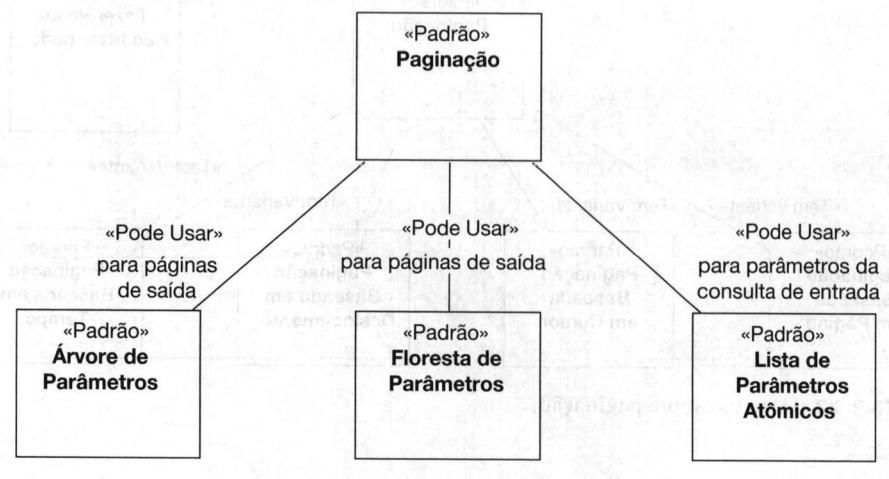

Figura 3.23 Dependências da PAGINAÇÃO.

ao controle do número de resultados ou alterações solicitadas no tamanho da página.
- *Paginação baseada em cursor*: essa variante não depende do índice de um elemento, mas de um cursor que o cliente de API pode controlar.
- *Paginação baseada em tempo*: essa variante é semelhante à *paginação baseada em cursor*, mas usa *timestamps* (registros de data/hora) em vez de cursores para solicitar os blocos.

Existem vários fatores de decisão importantes na aplicação da PAGINAÇÃO. A estrutura dos elementos de dados ou dos dados adicionais que devem ser enviados com a mensagem precisa ser de natureza repetitiva (conter registros de dados). A variabilidade dos dados deve ser considerada: todos os elementos de dados são estruturados de forma idêntica? Com que frequência as definições dos dados mudam?

A PAGINAÇÃO visa a melhorar muito o consumo e o desempenho dos recursos por meio do envio de apenas os dados necessários em determinado momento o mais rápido possível para o cliente de API. Uma única mensagem de resposta grande pode ser ineficiente para a troca e o processamento.

Nesse contexto, o tamanho do conjunto de dados e o perfil de acesso aos dados (segundo os desejos e as necessidades do usuário), sobretudo o número de registros de dados que precisam estar disponíveis para um cliente de API (imediatamente e ao longo do tempo), devem ser considerados. Em especial, ao retornar os dados para uso humano, nem todos os dados podem ser necessários de imediato.

Também quanto ao consumo de recursos, a memória disponível para uma solicitação (no provedor e no cliente de API) e a capacidade da rede devem ser consideradas. As capacidades de processamento da rede e do *endpoint* devem ser utilizadas de forma eficiente, mas todos os resultados devem ser transferidos e processados com precisão e consistência.

Os formatos comuns de troca de mensagens baseadas em texto (p. ex., excesso de marcas XML ou JSON) incorrem em altos custos de análise e tamanho dos dados de transferência devido ao detalhamento e ao *overhead* das representações textuais dos dados. Parte desse *overhead* pode ser muitíssimo reduzida com formatos binários como Apache Avro ou Protocol Buffers. No entanto, muitos desses formatos exigem bibliotecas de serialização/desserialização dedicadas, que podem não estar disponíveis em todos os ambientes de consumo, como para clientes de API nos navegadores da *web*. O padrão é particularmente elegível nesses casos.

Transportes de rede subjacentes, como redes IP, transportam os dados em pacotes, tendo tempos de transferência não lineares com o tamanho dos dados. Por exemplo, 1.500 *bytes* são adequados em um único pacote IP transmitido pela Ethernet (Hornig, 1984). Assim que os dados ficam um *byte* maiores, dois pacotes separados devem ser transmitidos e remontados no lado do destinatário.

Do ponto de vista da segurança, a recuperação e a codificação de grandes conjuntos de dados pode incorrer em um alto esforço e custo no lado do provedor, podendo abrir caminho para um ataque de negação de serviço (DoS, *denial-of-service*). Além disso, a transferência de grandes conjuntos de dados em uma rede pode levar a interrupções, porque as redes não têm garantias de confiabilidade, especialmente as redes celulares.

Por fim, em comparação com o uso dos padrões ÁRVORE DE PARÂMETROS e FLORESTA DE PARÂMETROS sem PAGINAÇÃO, o padrão é bem mais complexo de entender e pode ser menos conveniente para os desenvolvedores, normalmente requerendo mais experiência.

Resultado da decisão de exemplo – Os *designers* de API na Lakeside Mutual decidiram o seguinte:

No contexto das operações de recuperação nos DADOS MESTRES *do Núcleo do Cliente,*

com a necessidade de equilibrar o número de solicitações/respostas e os tamanhos das mensagens,

os designers de API na Lakeside Mutual decidiram usar a variante baseada em cursor do padrão PAGINAÇÃO

para fatiar os grandes conjuntos de dados nas respostas,

aceitando que esses pares de solicitação/resposta devem ser coordenados, o que exige metadados de controle.

Outros meios de evitar a transferência de dados desnecessária

Às vezes, dados desnecessários são transferidos quando operações da API são chamadas. Já vimos que a PAGINAÇÃO é uma opção para reduzir os tamanhos das mensagens de resposta. Mais quatro padrões lidam com tais situações.

A maioria dos aspectos de qualidade da API vistos anteriormente pode ser decidida para grupos maiores de combinações de API e clientes (p. ex., todos os clientes que têm acesso *freemium* à API). Em comparação, as decisões sobre os padrões apresentados nesta seção devem ser tomadas por operação, pois apenas uma análise das necessidades individuais de informação dos clientes de determinada operação pode indicar se a transferência de dados pode ou não ser reduzida.

Os provedores de API costumam atender a muitos clientes diferentes. Pode ser difícil planejar operações de API que fornecem exatamente os dados exigidos por todos esses clientes. Alguns deles podem usar só um subconjunto dos dados oferecidos pelas operações; outros clientes podem esperar mais dados. A necessidade de informações pode não ser previsível antes da execução. Uma possível forma de resolver esse problema é deixar o cliente informar ao provedor sobre suas preferências de busca de dados durante a execução. Uma opção simples é deixar o cliente enviar uma lista de seus desejos.

	Padrão: Lista de Desejos
Problema	Como um cliente de API pode informar ao provedor de API, durante a execução, sobre os dados nos quais está interessado?
Solução	Como cliente de API, forneça uma Lista de Desejos na solicitação, enumerando todos os elementos de dados desejados do recurso solicitado. Como provedor de API, forneça apenas os elementos de dados na mensagem de resposta que são enumerados na Lista de Desejos ("modelagem da resposta").

Uma lista simples de desejos nem sempre é fácil de especificar, como no caso em que um cliente quer solicitar apenas certas frações das estruturas de parâmetros profundamente aninhadas ou repetitivas. Uma solução alternativa que funciona melhor para os parâmetros complexos é deixar o cliente enviar um modelo (ou objeto simulado) que expresse os desejos como exemplos em sua solicitação.

	Padrão: Modelo de Desejo
Problema	Como um cliente de API pode informar ao provedor de API sobre os dados aninhados nos quais está interessado? Como essas preferências podem ser expressas de formas flexível e dinâmica?
Solução	Adicione um ou mais parâmetros extras à mensagem de solicitação, que espelhem a estrutura hierárquica dos parâmetros na mensagem de resposta correspondente. Torne esses parâmetros opcionais ou use booleanos como seus tipos para que seus valores indiquem se deve ou não incluir um parâmetro.

Enquanto as Listas de Desejos são normalmente especificadas como Listas de Parâmetros Atômicos e levam a uma resposta baseada na Árvore de Parâmetros, o Modelo de Desejo costuma fazer a especificação do desejo em uma Árvore de Parâmetros simulada cuja estrutura também é usada para a resposta.

Vejamos outra situação em que uma análise do uso das operações de um provedor de API mostra que alguns clientes continuam solicitando os mesmos dados no lado do servidor. Os dados solicitados mudam com muito menos frequência do que as solicitações de envio do cliente. Em tais casos, podemos evitar a transferência de dados desnecessária usando uma Solicitação Condicional.

	Padrão: Solicitação Condicional
Problema	Como evitar o processamento desnecessário no lado do servidor e o uso da largura de banda ao chamar com frequência as operações de API que raramente retornam dados alterados?
Solução	Faça solicitações condicionais adicionando Elementos de Metadados às representações da mensagem (ou cabeçalhos de protocolo) e processando essas solicitações somente se a condição especificada pelos metadados for atendida.

Por exemplo, o provedor poderia fornecer uma *impressão digital* para cada recurso acessado, a qual o cliente pode incluir em uma solicitação subsequente para indicar qual "versão" do recurso já existe localmente na *cache* para que apenas as versões mais recentes sejam enviadas.

Em outras situações, uma análise do uso da API já implantada pode revelar que os clientes estão fazendo muitas solicitações semelhantes e que respostas individuais são retornadas para uma ou mais dessas chamadas. Esses lotes de solicitações podem ter um impacto negativo na escalabilidade e na taxa de transferência. Em tais situações, o padrão Pacote de Solicitações é elegível.

	Padrão: Pacote de Solicitações
Problema	Como o número de solicitações e respostas pode ser reduzido para aumentar a eficiência da comunicação?
Solução	Defina um Pacote de Solicitações como um contêiner de dados que monta várias solicitações independentes em uma única mensagem de solicitação. Adicione metadados tais como identificadores de solicitações individuais e contador de elementos do pacote.

A Figura 3.24 resume a decisão sobre como evitar uma transferência de dados desnecessária.

Para muitas operações, não é possível ou desejável reduzir a transferência de dados para a(s) operação(ões)-alvo. Como alternativa, a transferência de dados desnecessária pode ser evitada com Lista de Desejos ou Modelo de Desejo, que informam o provedor sobre os dados necessários durante a execução. Outras alternativas são a Solicitação Condicional, para evitar respostas repetidas às mesmas solicitações, e o Pacote de Solicitações, para agregar várias solicitações em uma única mensagem.

A combinação de Solicitação Condicional com Lista de Desejos e Modelo de Desejo é uma escolha bem útil para indicar qual subconjunto de recursos é solicitado no caso de a avaliação da condição indicar que o recurso deve ser enviado novamente. O Pacote de Solicitações pode, a princípio, ser combinado com todas as alternativas anteriores, Solicitação Condicional ou Lista de Desejos e Modelo de Desejo. No entanto, uma combinação de dois ou até três padrões aumenta muito a complexidade do *design* e da programação da API para ganhos muito pequenos, pois os quatro padrões influenciam positivamente um conjunto semelhante de qualidades desejadas. A Figura 3.25 mostra as possíveis combinações dos padrões.

O principal fator para essa decisão diz respeito às necessidades individuais de informação dos clientes, que devem ser analisadas para descobrir quais

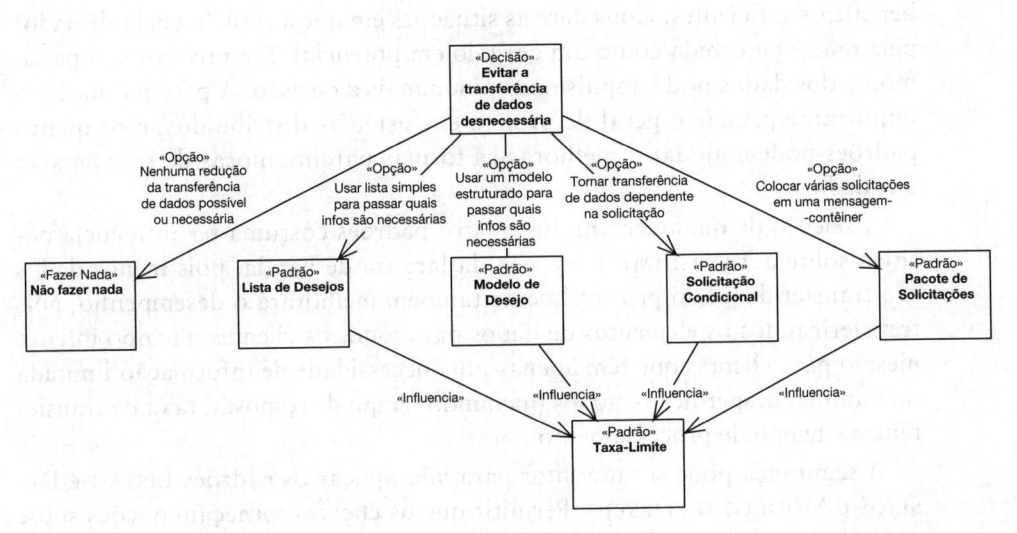

Figura 3.24 Decisão para evitar a transferência de dados desnecessária.

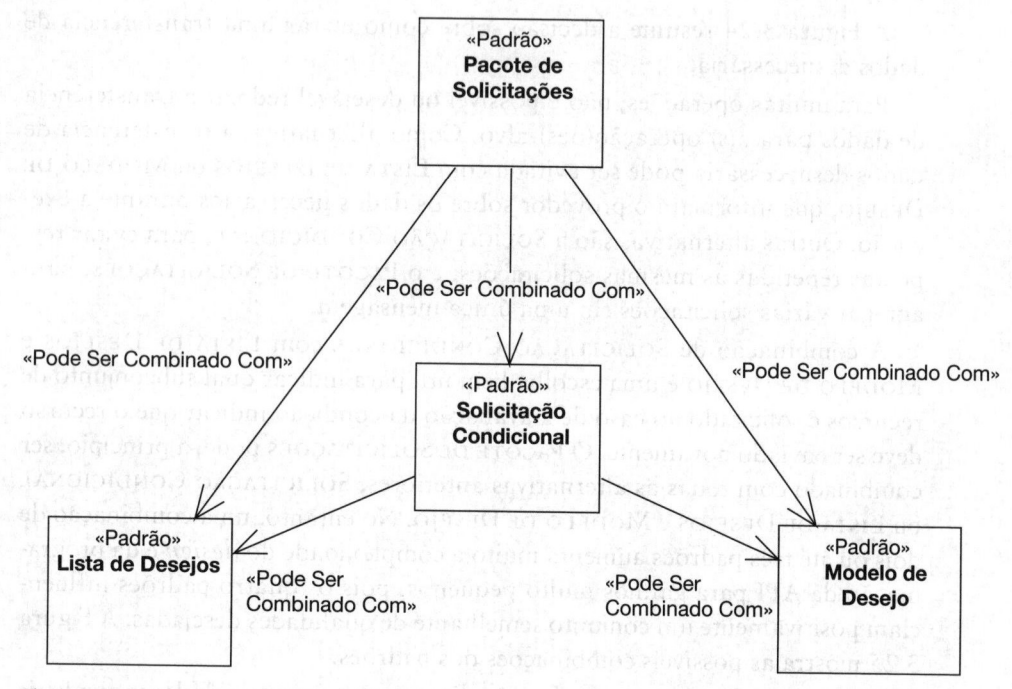

Figura 3.25 Evite uma transferência de dados desnecessária: combinações de padrões.

padrões (e talvez até mesmo quais combinações) são aplicáveis e prometem benefícios suficientes. Considere as situações em que a transferência de dados pela rede é percebida como um gargalo em potencial. Em tais casos, a parcimônia dos dados pode impulsionar ainda mais a decisão. A parcimônia é um importante princípio geral de projeto em sistemas distribuídos, e os quatro padrões podem ajudar a melhorar as formas parcimoniosas de transmissão dos dados.

A seleção de qualquer um dos quatro padrões costuma ter influência positiva sobre a TAXA-LIMITE e o uso da largura de banda, pois menos dados são transferidos. Isso provavelmente também melhorará o desempenho, pois transferir todos os elementos de dados para todos os clientes o tempo inteiro, mesmo para clientes que têm apenas uma necessidade de informação limitada ou mínima, desperdiça recursos (incluindo tempo de resposta, taxa de transferência e tempo de processamento).

A segurança pode ser um fator para *não* aplicar os padrões LISTA DE DESEJOS e MODELO DE DESEJO. Permitir que os clientes forneçam opções sobre quais dados receber pode, sem querer, expor dados sensíveis a solicitações inesperadas ou abrir mais caminhos para ataques no geral. Por exemplo, enviar longas listas de elementos de dados ou utilizar nomes de atributo inválidos pode introduzir uma forma de ataque de negação de serviço específica para API. Os dados que não são transferidos não podem ser roubados nem adulterados. Enfim, complicar a API (o que os quatro padrões fazem) aumenta a complexidade da programação do cliente de API. A tendência da tecnologia GraphQL atualmente pode ser vista como uma forma extrema do Modelo de Desejo declarativo. E mais, casos especiais de chamadas introduzidos pelos padrões exigem mais testes e esforços de manutenção.

Resultado da decisão de exemplo – Como as APIs na Lakeside Mutual fornecem granularidade da mensagem e frequência de chamadas adequadas? Os arquitetos e os *designers* escolheram os seguintes padrões:

No contexto do front-end Gerenciamento de Clientes para os casos de uso da equipe e dos agentes,

tendo que lidar com grandes quantidades de registros de clientes,

os designers de API na Lakeside Mutual selecionaram o padrão Lista de Desejos *e não escolheram nenhum outro padrão desta seção,*

para que as mensagens de resposta sejam pequenas,

aceitando que os desejos devem ser preparados no lado do cliente e processados no lado do provedor, e que são necessários metadados adicionais.

Intimamente relacionada às decisões sobre a otimização do tamanho da mensagem está a decisão sobre incorporar ou dividir os dados estruturados (dados complexos com relações multifacetadas entre suas partes). Examinamos dois padrões alternativos que abordam essa questão de *design* a seguir.

Como lidar com dados referenciados nas mensagens

Nem todo Elemento de Dados em uma mensagem pode ser representado como um registro de dados simples, pois alguns registros de dados contêm referências a outros registros de dados. Uma questão importante é como essas referências de dados locais devem ser refletidas na API; as respostas determinam a granularidade da API e suas características de acoplamento.

Decisão: *Como lidar com dados referenciados*

Como os dados referenciados nos registros de dados devem ser representados na API?

Existem duas grandes opções para essa decisão, mostradas na Figura 3.26

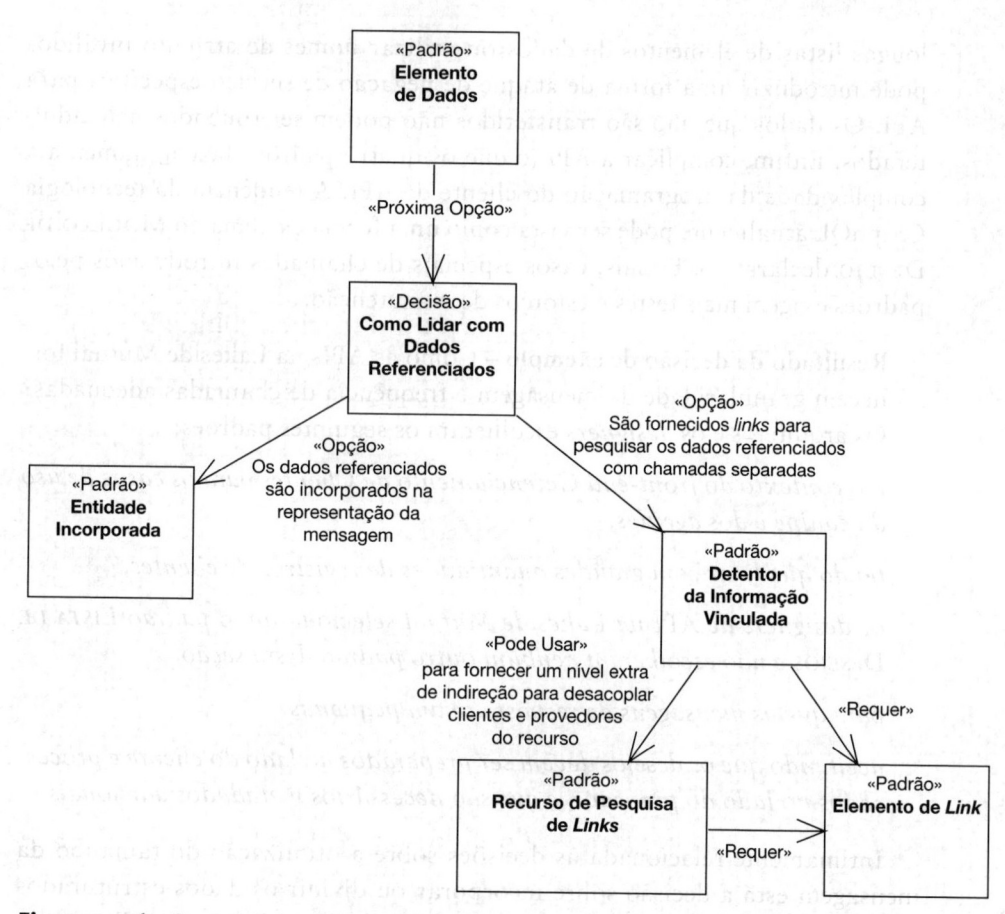

Figura 3.26 Decisão para lidar com os dados referenciados.

Uma opção para resolver o problema é incorporar os dados do registro de dados referenciados no ELEMENTO DE DADOS a ser enviado na rede.

	Padrão: ENTIDADE INCORPORADA
Problema	Como evitar o envio de várias mensagens quando seus destinatários exigem *insights* sobre vários elementos de informação relacionados?
Solução	Para qualquer relação de dados que o cliente queira seguir, incorpore um ELEMENTO DE DADOS na mensagem de solicitação ou resposta que contém os dados da extremidade de destino do relacionamento. Coloque essa ENTIDADE INCORPORADA dentro da representação da origem do relacionamento.

A alternativa é tornar os dados referenciados acessíveis remotamente e apontar para eles, introduzindo um ELEMENTO DE LINK na mensagem:

	Padrão: DETENTOR DA INFORMAÇÃO VINCULADA
Problema	Como as mensagens podem permanecer pequenas mesmo quando uma API lida com vários elementos de informação que se referem uns aos outros?
Solução	Adicione um ELEMENTO DE LINK às mensagens que pertencem a vários elementos de informação relacionados. Deixe esse ELEMENTO DE LINK referenciar outro *endpoint* da API que represente o elemento vinculado.

A Figura 3.26 mostra que esse padrão pode usar um RECURSO DE PESQUISA DE LINKS para fornecer um nível adicional de indireção com o objetivo de desacoplar clientes e provedores de recursos. O DETENTOR DA INFORMAÇÃO VINCULADA e o RECURSO DE PESQUISA DE LINKS requerem o uso de ELEMENTOS DE LINK.

É possível combinar os dois padrões, por exemplo, usando uma ENTIDADE INCORPORADA de alto nível, que por sua vez usa DETENTORES DA INFORMAÇÃO VINCULADA para (alguns de) seus registros de dados referenciados.

Como fatores de decisão, o desempenho e a escalabilidade costumam ter um papel importante. O tamanho da mensagem e o número de chamadas necessárias para fazer uma integração devem ser baixos, mas esses dois desejos ficam em conflito entre si.

A capacidade de modificação e a flexibilidade também devem ser consideradas: os elementos de informação em dados independentes e estruturados podem ser difíceis de mudar, porque qualquer atualização local deve ser coordenada e sincronizada com as atualizações das estruturas dos dados relacionados e as operações da API que as enviam e recebem. Os dados estruturados com referências a recursos externos geralmente são ainda mais difíceis de mudar do que os dados independentes, pois há mais consequências e dependências (externas) para os clientes.

Os dados da ENTIDADE INCORPORADA às vezes são armazenados por um tempo, já os *links* sempre se referem às últimas atualizações nos dados. Assim, acessar os dados por meio de *links* quando necessário é positivo para a qualidade, a atualização e a consistência dos dados. Em termos de privacidade dos dados, a fonte e o destino de um relacionamento podem ter diferentes necessidades de proteção, como é o caso de uma pessoa e as informações do cartão de crédito dela. Isso deve ser considerado, por exemplo, antes de incorporar as informações do cartão de crédito em uma mensagem que solicita os dados da pessoa.

Resultado da decisão de exemplo – A Lakeside Mutual prefere muitas mensagens pequenas ou poucas grandes? O seguinte foi decidido:

No contexto do canal de autoatendimento do cliente,

com a necessidade de expor o agregado do cliente, que, contém duas entidades (e trabalha com duas tabelas do banco de dados), os designers de API na Lakeside Mutual decidiram usar o padrão ENTIDADE INCORPORADA

e ignorar o DETENTOR DA INFORMAÇÃO VINCULADA

para que todos os dados relacionados sejam transmitidos em uma única solicitação,

aceitando que os dados de endereço são transferidos, embora não sejam necessários em alguns casos de uso.

Os padrões CHAVE DA API, REPRESENTAÇÃO CONTEXTUAL e RELATÓRIO DE ERROS são usados sobretudo na fase de elaboração (ou Definir), que é abordada no Capítulo 6, "*Design* das representações das mensagens de solicitação e resposta". O Capítulo 7, "Aprimoramento do *design* da mensagem para melhorar a qualidade", explica a fase de construção (ou Desenhar), que contém os padrões SOLICITAÇÃO CONDICIONAL, PACOTE DE PEDIDOS, LISTA DE DESEJOS, MODELO DE DESEJO, ENTIDADE INCORPORADA e DETENTOR DA INFORMAÇÃO VINCULADA. Por fim, PLANO DE PREÇOS, TAXA-LIMITE e ACORDO DE NÍVEL DE SERVIÇO são abordados no Capítulo 9, pois dizem respeito, principalmente, à fase de transição de uma API.

Esta seção completa as opções de decisão e de padrão sobre a qualidade da API (neste livro). A seguir, identificamos as decisões necessárias e os padrões disponíveis para organizar a evolução da API.

Decisões sobre a evolução da API

Para terem sucesso, as APIs devem expor contratos estáveis, que sirvam para a construção de aplicações baseadas neles; as expectativas do desenvolvedor e as garantias de entrega devem ser equilibradas. As APIs devem ser mantidas e precisam *evoluir*, com a correção de *bugs* e a adição de recursos. A evolução de uma API requer que os provedores e os clientes de API, que normalmente seguem diferentes ciclos de vida (Murer, 2010), estabeleçam regras e políticas para assegurar que (1) o provedor possa melhorar e estender a API e sua implementação, e (2) o cliente possa continuar operando o máximo possível com nenhuma ou pouca mudança. Modificar uma API pode levar a alterações que quebram a compatibilidade com o cliente; tais alterações que quebram a compatibilidade (*breaking changes*) devem ser minimizadas, pois geram esforços de migração para um número potencialmente grande (e às vezes desconhecido) de clientes. Se as alterações necessárias gerarem atualizações de versão da API, essas alterações e atualizações devem ser gerenciadas e comunicadas para reduzir o risco e o custo associados.

Os provedores e os clientes de API têm que equilibrar preocupações diferentes e conflitantes para seguirem seus próprios ciclos de vida; certa quantidade de autonomia é necessária para evitar muito acoplamento entre eles. Em resposta a esse conflito, os padrões apresentados aqui dão suporte a proprietários, *designers* e usuários de APIs que buscam responder à seguinte pergunta:

Quais são as regras que regem o equilíbrio entre estabilidade/compatibilidade e manutenção/extensibilidade durante a evolução da API?

Conforme ilustrado na Figura 3.27, a evolução da API gira em torno de três decisões. A primeira é se a API suporta algum esquema de identificação da versão explicitamente definido e, em caso afirmativo, como as informações da versão são trocadas. A segunda decisão é sobre quando e como novas versões de uma API devem ser introduzidas e as versões antigas, desativadas. Esta tem três estratégias alternativas como opções de decisão. Por fim, a terceira decisão estabelece se qualquer uma das três estratégias deve ser aumentada com uma prévia experimental adicional ou não. Todas essas decisões costumam ser tomadas no nível da *API*.

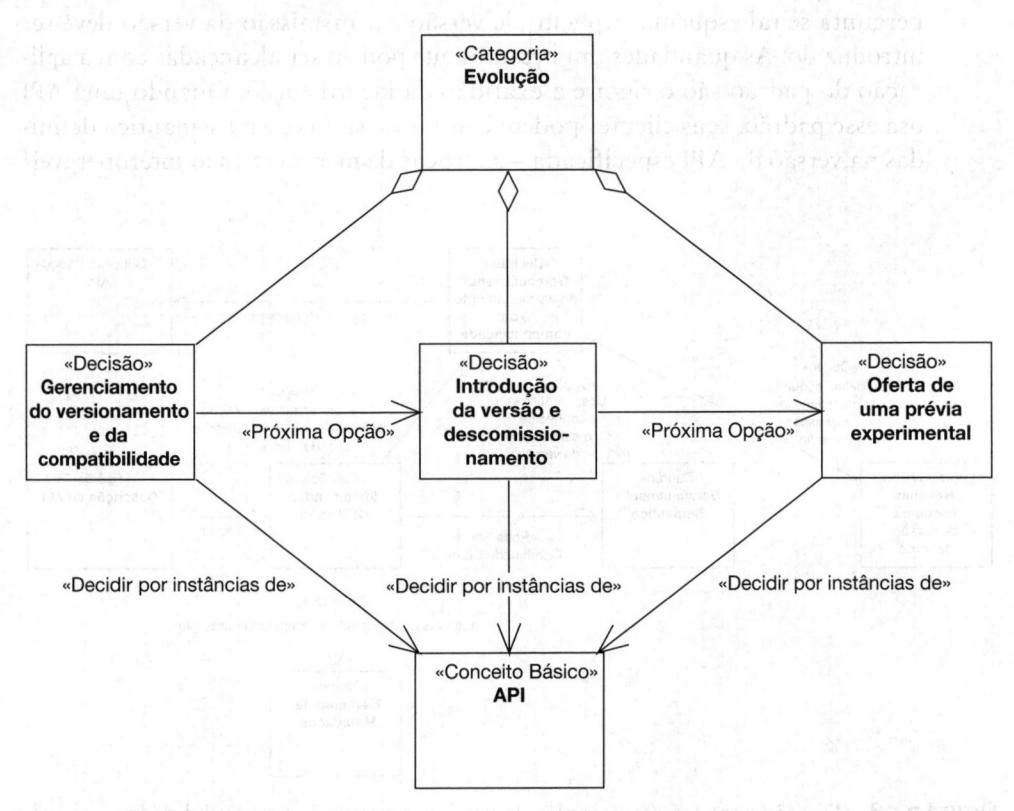

Figura 3.27 Categoria Evolução.

Gerenciamento do versionamento e da compatibilidade

Uma decisão importante sobre a evolução da API, e que deve ser tomada no início, diz respeito ao suporte ao versionamento, ou troca de versões, e como ele deve ser feito. Em casos raros, até não versionar pode ser uma opção – considere, por exemplo, os projetos de prova de conceito, de prévia experimental ou de *hobby*.

Decisão: *Gerenciamento do versionamento e da compatibilidade*

O gerenciamento do versionamento e da compatibilidade da API deve ter suporte? Como?

A Figura 3.28 mostra as opções típicas para esta decisão. Primeiro, deve-se decidir se será utilizado um esquema explícito de identificação e transmissão da versão. O padrão IDENTIFICADOR DE VERSÃO cobre essa opção. Em seguida, o VERSIONAMENTO SEMÂNTICO descreve o uso de um IDENTIFICADOR DE VERSÃO estruturado, que separa as alterações que quebram a compatibilidade das que não quebram.

O IDENTIFICADOR DE VERSÃO define como os números de versão explícitos são transmitidos nas APIs para indicar a versão dela. A decisão relacionada pergunta se tal esquema explícito de versão e transmissão da versão deve ser introduzido. As qualidades importantes que podem ser alcançadas com a aplicação do padrão são o rigor e a exatidão da identificação. Quando uma API usa esse padrão, seus clientes podem confiar na sintaxe e na semântica definidas na versão da API especificada – as trocas de mensagens são interoperáveis

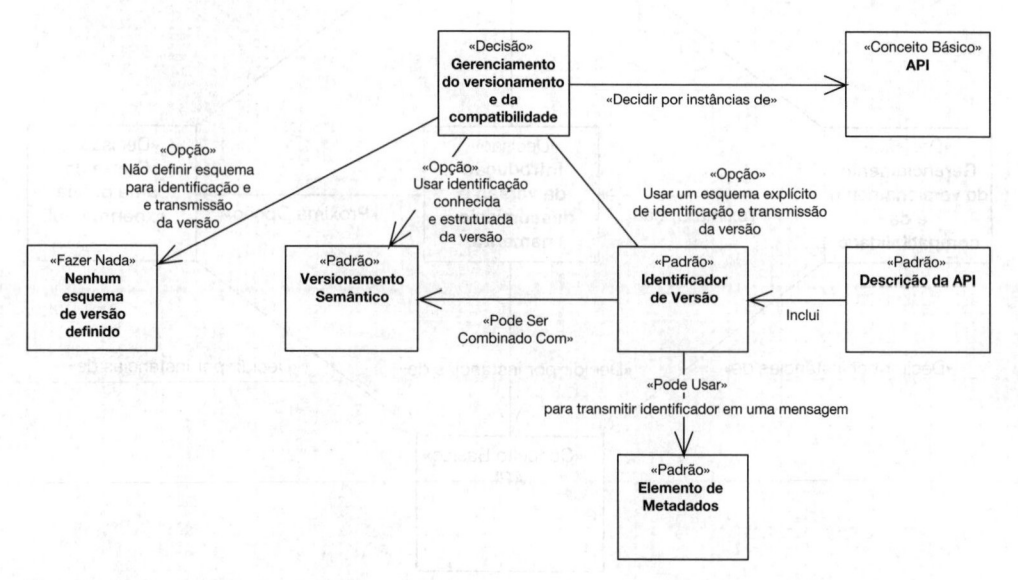

Figura 3.28 Decisão para o gerenciamento do versionamento e da compatibilidade.

desde que o IDENTIFICADOR DE VERSÃO permaneça igual. Desta forma, o impacto no lado do cliente é minimizado: o cliente pode presumir com segurança que alterações que quebram a compatibilidade só serão introduzidas nas versões posteriores. Além disso, os provedores de API não querem violar sem querer a compatibilidade: se um IDENTIFICADOR DE VERSÃO faz parte da mensagem, os destinatários podem rejeitar uma mensagem com um número de versão desconhecido. Por fim, a versão explícita facilita o gerenciamento das APIs para os provedores, pois permite rastrear as versões da API em uso: os provedores de API podem monitorar quantos e quais clientes dependem de uma versão específica da API.

	Padrão: IDENTIFICADOR DE VERSÃO
Problema	Como um provedor de API pode indicar seus recursos atuais, bem como a existência de alterações possivelmente incompatíveis para os clientes, a fim de evitar o mau funcionamento dos clientes devido a erros de interpretação não descobertos?
Solução	Introduza um indicador de versão explícito. Inclua esse IDENTIFICADOR DE VERSÃO na DESCRIÇÃO DA API e nas mensagens trocadas. Para o último, adicione um ELEMENTO DE METADADOS ao endereço do *endpoint*, ao cabeçalho do protocolo ou à carga da mensagem.

Os IDENTIFICADORES DE VERSÃO são normalmente especificados na DESCRIÇÃO DA API. Em geral, todos os padrões nessa categoria estão intimamente relacionados à DESCRIÇÃO DA API. Eles podem ser usados para especificar inicialmente a versão da API e fornecer um mecanismo para não apenas definir a estrutura sintática (o contrato técnico de API), mas também incluir questões organizacionais, como estratégias de propriedade, suporte e evolução.

Há muitas formas possíveis de incluir IDENTIFICADORES DE VERSÃO nas mensagens. Um modo simples e independente da tecnologia é definir um ELEMENTO DE METADADOS como um lugar especial no corpo da mensagem para conter o IDENTIFICADOR; esse local especial pode fazer parte de uma REPRESENTAÇÃO CONTEXTUAL dedicada. Cabeçalhos do protocolo e endereços de *endpoint*, como URLs, são alternativas possíveis.

Embora existam muitas convenções que possam ser seguidas, o padrão IDENTIFICADOR DE VERSÃO é muitas vezes usado em conjunto com VERSIONAMENTO SEMÂNTICO. O padrão VERSIONAMENTO SEMÂNTICO descreve como os números de versão compostos podem ser definidos, expressando a compatibilidade com versões anteriores e o impacto das alterações funcionais por meio de versões maior, menor e de correção.

Os IDENTIFICADORES DE VERSÃO devem ser precisos e exatos. Alterações radicais exigirão mudanças nos clientes; assim, estão intimamente vinculados a considerações sobre o impacto no lado do cliente das etapas de evolução do *software*. Para impossibilitar a violação acidental da compatibilidade com versões anteriores, os destinatários devem ser capazes de rejeitar uma mensagem com base nos números desconhecidos da versão. Por fim, deve-se considerar que o IDENTIFICADOR DE VERSÃO pode ajudar a estabelecer a rastreabilidade das versões da API em uso.

	Padrão: VERSIONAMENTO SEMÂNTICO
Problema	Como as partes interessadas podem comparar as versões da API para detectar de imediato se elas são compatíveis?
Solução	Introduza um esquema de versionamento hierárquico com três números, x.y.z, que permita aos provedores de API indicarem os diferentes níveis de alterações em um identificador composto. Os três números são geralmente chamados de versões maior, menor e de correção.

No VERSIONAMENTO SEMÂNTICO é preciso esforço mínimo para detectar a incompatibilidade da versão, sobretudo para os clientes, e o impacto da alteração pode ficar mais claro com a simples visualização das partes do IDENTIFICADOR DE VERSÃO. Um esquema de VERSIONAMENTO SEMÂNTICO bem conhecido, como o esquema hierárquico com três números, pode ajudar a conseguir uma separação clara das alterações com diferentes níveis de impacto e compatibilidade. Isso traz clareza em relação ao cronograma da evolução da API. Além disso, o impacto da mudança causado pelo lançamento de uma nova versão da API deve ser claro para os desenvolvedores de cliente e provedor de API.

Os provedores de API devem ter cuidado para não dar suporte a muitas versões de API ao mesmo tempo – um esquema de versionamento com granularidade alta pode levá-los a fazer exatamente isso. A capacidade de gerenciamento das versões de API e os esforços de governança relacionados por parte do provedor de API são importantes: mais APIs, versões de API paralelas e garantias estendidas feitas para os clientes significam mais esforço de gerenciamento e de governança da API.

Resultado da decisão de exemplo – O gerente de produtos da API na Lakeside Mutual decidiu o seguinte:

No contexto dos recursos de cotação de oferta na API de gerenciamento de apólices,

com a necessidade de integrar desenvolvedores de terceiros e atender aos requisitos de auditoria, os designers de API na Lakeside Mutual decidiram combinar os padrões IDENTIFICADOR DE VERSÃO *e* VERSIONAMENTO SEMÂNTICO

para que as alterações radicais sejam detectadas o mais rápido possível e sua manutenção seja facilitada,

aceitando que os metadados devem ser transmitidos e as descrições da API exigem atualizações à medida que as versões evoluem.

Estratégias para comissionamento e descomissionamento

Muitos provedores de API ficam ansiosos para colocar novas versões em produção rapidamente. No entanto, muitas vezes eles ignoram a importância da capacidade de descomissionar as versões antigas para não se verem sobrecarregados com o esforço de manutenção e o custo resultante.

Se novas versões da API são desenvolvidas e colocadas em produção, existem diferentes estratégias para introduzir as novas versões e descomissionar as antigas. Esta seção cobre a seguinte decisão:

Decisão: *Introdução e descomissionamento de versão*

Quando e como as novas versões de uma API devem ser introduzidas e as versões antigas, descomissionadas?

A Figura 3.29 mostra as escolhas típicas dessa decisão. Os padrões explicados nesta seção são opções alternativas, fornecendo diferentes estratégias para introduzir e descomissionar as versões.

A primeira opção é dar uma GARANTIA DE VIDA LIMITADA, que estabelece um intervalo de tempo fixo para o tempo de vida da versão da API após seu lançamento inicial.

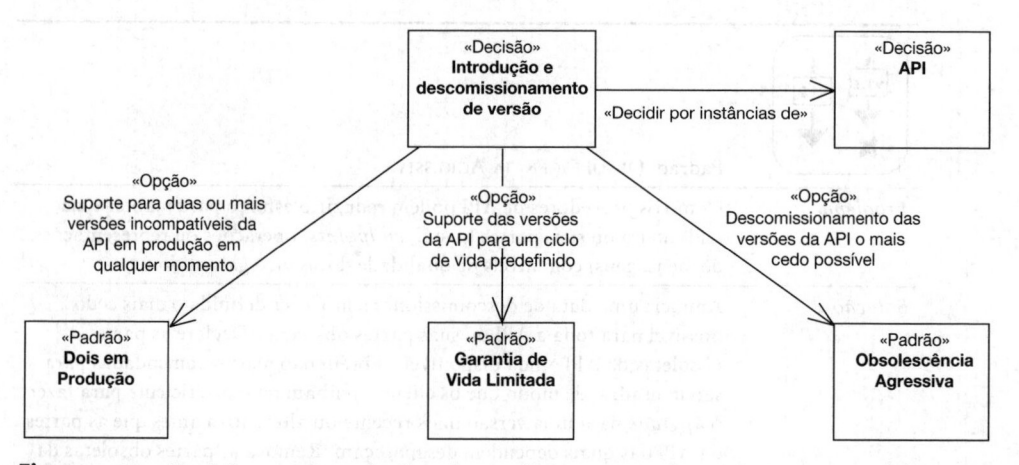

Figura 3.29 Decisão para introdução e descomissionamento de versão.

	Padrão: GARANTIA DE VIDA LIMITADA
Problema	Como um provedor pode informar aos clientes por quanto tempo eles podem confiar na versão publicada de uma API?
Solução	Como provedor de API, garanta que não quebrará a compatibilidade da API publicada em um intervalo de tempo fixo. Rotule cada versão da API com uma data de validade.

Aplicar esse padrão significa que um número limitado de versões da API será mantido em produção. O objetivo é garantir que as alterações da API não levem a problemas de compatibilidade não detectados entre clientes e provedor, sobretudo no que diz respeito à semântica. Isso, no entanto, tem um preço: por um lado, as mudanças no cliente causadas pelas alterações da API são minimizadas quando várias versões são suportadas, e os clientes podem manter a última versão por um tempo definido; por outro, o padrão também limita o número de versões da API suportadas pelos provedores, minimizando o esforço de manutenção para os clientes que dependem dessas versões. Assim, o padrão garante que as alterações da API não levem a problemas de compatibilidade com versões anteriores não detectados entre clientes e provedor.

A GARANTIA DE VIDA LIMITADA consegue essa combinação de impactos por meio de uma data concreta na garantia do tempo de vida, que ajuda a planejar mais as mudanças no lado do cliente causadas pelas alterações da API. Também limita o esforço de manutenção que os provedores precisam planejar para dar suporte aos antigos clientes.

O padrão OBSOLESCÊNCIA AGRESSIVA pode ser usado para eliminar gradualmente os recursos existentes o mais cedo possível.

	Padrão: OBSOLESCÊNCIA AGRESSIVA
Problema	Como os provedores de API podem reduzir o esforço para manter uma API inteira ou suas partes (p. ex., *endpoints*, operações ou representações de mensagens) com níveis de qualidade do serviço garantidos?
Solução	Anuncie uma data de descomissionamento a ser definida o mais cedo possível para toda a API ou suas partes obsoletas. Declare as partes obsoletas da API ainda disponíveis, porém não mais recomendadas para serem usadas, de modo que os clientes tenham tempo suficiente para fazer o *upgrade* para uma versão mais recente ou alternativa antes que as partes da API das quais dependem desapareçam. Remova as partes obsoletas da API e o suporte delas assim que o prazo terminar.

Em comparação com todas as outras opções nesta decisão, a OBSOLESCÊNCIA AGRESSIVA minimiza radicalmente o esforço de manutenção para o provedor de API. Praticamente nenhum suporte para os clientes antigos precisa ser fornecido. No entanto, para os clientes que não seguem o mesmo ciclo de vida do provedor, esse fator de padrão força alterações em determinado período de tempo como consequência das mudanças na API. Como isso nem sempre é possível, os clientes podem ter problemas de compatibilidade. Esse padrão reconhece ou respeita a dinâmica de poder entre o provedor e o cliente de API, mas aqui o provedor de API é o parceiro "forte" no relacionamento e pode ditar quando as alterações acontecerão. Isso muitas vezes tem que ser visto à luz das metas comerciais e das restrições do provedor de API. Por exemplo, se as receitas da API são pequenas e muitos clientes precisam receber suporte, o provedor de API pode não conseguir sustentar outras garantias de vida.

O padrão DOIS EM PRODUÇÃO define uma estratégia bem rigorosa de quantas versões incompatíveis podem ser mantidas ativas ao mesmo tempo.

	Padrão: DOIS EM PRODUÇÃO
Problema	Como um provedor pode atualizar gradualmente uma API sem gerar problemas de compatibilidade para os clientes existentes, mas também sem ter que manter um grande número de versões da API em produção?
Solução	Implemente e ofereça suporte a duas versões de um *endpoint* de API e suas operações que forneçam variações da mesma funcionalidade, mas que não precisem ser compatíveis entre si. Atualize e descomissione as versões de forma contínua e sobreposta.

Ao lançar uma nova versão da API, a mais antiga ainda em produção é aposentada (que é a segunda e última por padrão). Como uma variante, mais de duas versões – por exemplo, três – podem ter suporte. Nesses casos, a variante do padrão "N em Produção" é escolhida. Mas, para manter a característica e os benefícios desse padrão, é crucial que o número N permaneça pequeno.

DOIS EM PRODUÇÃO permite que o provedor e o cliente de API sigam diferentes ciclos de vida, de modo que um provedor consiga lançar uma nova versão da API sem gerar problemas de compatibilidade para os clientes que estão usando a versão anterior da API. O impacto de DOIS EM PRODUÇÃO na resolução é semelhante ao de GARANTIA DE VIDA LIMITADA. A diferença é que duas (ou, no caso geral, N) versões recebem suporte em paralelo, o que afeta significativamente os conflitos de metas entre clientes e provedores. Como vantagem adicional para os provedores, o padrão permite reverter para uma versão antiga da API se uma nova versão não for aceita pelos clientes devido a *bugs*, baixo desempenho ou experiência insatisfatória do desenvolvedor.

Por fim, para facilitar o *design* das novas APIs, ganhar experiência e coletar *feedback*, o padrão PRÉVIA EXPERIMENTAL pode ser aplicado para indicar que nenhuma garantia de disponibilidade e suporte da API é dada, mas que pode-se aproveitar a API para coletar *feedback* (provedor) e conhecer as novidades o quanto antes (cliente).

Decisão: *Usar uma prévia experimental*

Uma nova versão da API ou uma nova API deve ter uma prévia experimental?

A Figura 3.30 mostra a decisão bem simples de permitir ou não uma PRÉVIA EXPERIMENTAL.

Esse padrão pode ser aplicado para dar suporte a inovações e novos recursos. Tais exibições aumentam a conscientização sobre uma nova API (versão), facilita o *feedback* e dá tempo para que os clientes decidam se querem usar a nova API e iniciar o desenvolvimento de projetos.

A PRÉVIA EXPERIMENTAL é uma alternativa para uma ou mais versões oficiais. É elegível quando os provedores de API não desejam gerenciar e dar suporte a muitas versões de API a fim de concentrar seus esforços.

Os consumidores desejam conhecer as novas APIs ou as versões de API o quanto antes para que possam planejar com antecedência, criar produtos inovadores e influenciar o *design* da API. No que diz respeito ao planejamento, os clientes, em especial, querem APIs estáveis para minimizar o esforço de alteração.

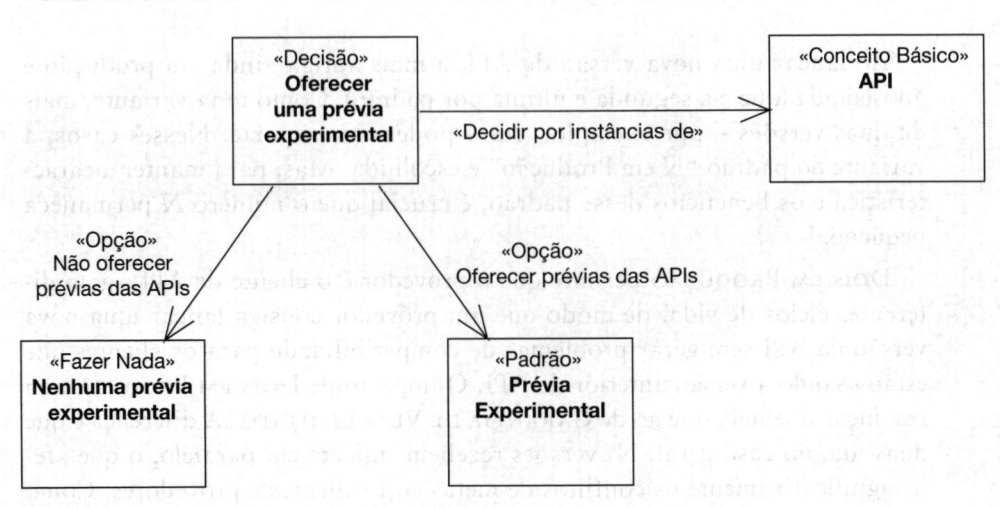

Figura 3.30 Decisão para usar uma prévia experimental extra.

	Padrão: Prévia Experimental
Problema	Como os provedores podem tornar a introdução de uma nova API (versão) menos arriscada para seus clientes e obter *feedback* inicial sem ter que congelar o *design* da API prematuramente?
Solução	Forneça acesso a uma API com base no melhor esforço sem assumir nenhum compromisso sobre a funcionalidade oferecida, a estabilidade e a longevidade. Expresse clara e explicitamente essa falta de maturidade da API para gerenciar as expectativas dos clientes.

Esse padrão pode ser visto como uma consideração adicional para as estratégias na decisão acerca da introdução e do descomissionamento da versão apresentada antes, pois a Prévia Experimental pode ser oferecida no lugar de uma versão adicional completa – ou seja, a decisão sobre uma prévia experimental adicional pode ser tomada como um acompanhamento de uma decisão sobre as estratégias de versionamento e descomissionamento já tomada. Além disso, a Prévia Experimental pode ser usada também em qualquer uma das outras estratégias ou mesmo sem uma estratégia em vigor, por exemplo para dar suporte à experimentação com a API e à coleta de um *feedback* inicial. Por exemplo, uma Prévia Experimental pode ser usada na fase inicial de uma nova versão introduzida no contexto de Dois em Produção, que então, uma vez amadurecida o suficiente, acaba se tornando uma das duas versões suportadas em produção.

Resultado da decisão de exemplo – O *product owner* da API na Lakeside Mutual decidiu o seguinte:

No contexto da API de cotação de oferta no back-end de gerenciamento de apólices,

com a necessidade de fornecer suporte a vários clientes de API com diferentes ciclos de lançamento,

os designers de API na Lakeside Mutual decidiram pelos padrões Dois em Produção *e* Prévia Experimental

para que os clientes tenham escolha e tempo para migrar quando surgirem alterações radicais (e possam lidar com os próximos recursos),

aceitando que as duas versões devem ser operadas e suportadas simultaneamente.

Os padrões na evolução da API são abordados no Capítulo 8, "Evolução de APIs". Eles dizem respeito principalmente à fase de transição (e fases posteriores) de uma API.

Interlúdio: padrões de qualidade e evolução no caso Lakeside Mutual

Os desenvolvedores da Lakeside Mutual aplicaram muitos padrões de qualidade em vários serviços. Para atender a diversos clientes com diferentes necessidades de informação, LISTAS DE DESEJOS são introduzidas para que os clientes possam recuperar exatamente os dados necessários. Por exemplo, um cliente pode precisar de códigos postais e aniversários dos consumidores para uma pesquisa estatística, mas não o endereço completo:

```
curl -X GET --header 'Authorization: Bearer b318ad736c6c844b'\
http://localhost:8080/customers/gktlipwhjr?\
fields=customerId,birthday,postalCode
```

A resposta retornada agora contém apenas os campos solicitados (consulte o padrão LISTAS DE DESEJOS no Capítulo 7, "Aprimoramento do *design* da mensagem para qualidade", para ver o exemplo completo):

```
{
  "customerId": "gktlipwhjr",
  "birthday": "1989-12-31T23:00:00.000+0000",
  "postalCode": "8640"
}
```

Todas as operações são protegidas por CHAVES DA API, que são representadas pelo cabeçalho `Authorization` no comando anterior. No serviço Núcleo do Cliente, várias solicitações podem ser combinadas em um PACOTE DE SOLICITAÇÕES. As falhas são comunicadas com RELATÓRIOS DE ERROS. Na chamada a seguir, é usado `invalid-customer-id`:

```
curl -X GET --header 'Authorization: Bearer b318ad736c6c844b'\
http://localhost:8080/customers/invalid-customer-id
```

Um RELATÓRIO DE ERROS informa ao cliente que o consumidor não foi encontrado:

```
{
  "timestamp": "2022-02-17T11:03:58.517+00:00",
  "status": 404,
  "error": "Not Found",
  "path": "/customer/invalid-customer-id"
}
```

Para mais exemplos de CHAVES DA API e de RELATÓRIOS DE ERROS, consulte os padrões do Capítulo 6.

Muitas mensagens de resposta contêm uma ENTIDADE INCORPORADA ou DETENTORES DA INFORMAÇÃO VINCULADA. Por exemplo, no *back-end* de Gerenciamento de Apólices, `CustomerDto` contém uma representação aninhada de todas as apólices do cliente. No entanto, muitos clientes podem não estar interessados nas apólices quando acessam o recurso do consumidor. Para não enviar grandes mensagens com muitos dados que não são processados no lado do cliente, um DETENTOR DA INFORMAÇÃO VINCULADA é usado e se refere a um *endpoint* separado, que retorna as apólices do consumidor:

```
curl -X GET http://localhost:8090/customers/rgpp0wkpec
{
  "customerId": "rgpp0wkpec",
  ...
  "_links": {
    ...
    "policies": {
      "href": "/customers/rgpp0wkpec/policies"
    }
  }
}
```

Então as apólices podem ser solicitadas de forma separada:

```
curl -X GET http://localhost:8090/customers/rgpp0wkpec/policies
[ {
  "policyId": "fvo5pkqerr",
  "customer": "rgpp0wkpec",
  "creationDate": "2022-02-04T11:14:49.717+00:00",
  "policyPeriod": {
    "startDate": "2018-02-04T23:00:00.000+00:00",
    "endDate": "2018-02-09T23:00:00.000+00:00"
  },
  "policyType": "Health Insurance",
  "deductible": {
    "amount": 1500.00,
    "currency": "CHF"
  },
  ...
```

Aplicando decisões para IDENTIFICADOR DE VERSÃO, VERSIONAMENTO SEMÂNTICO, PRÉVIA EXPERIMENTAL e DOIS EM PRODUÇÃO, os proprietários de APIs, arquitetos e desenvolvedores na Lakeside Mutual podem adicionar identificadores como v1.0 às URIs e usar as capacidades de gerenciamento de lançamento de seu repositório de código-fonte e plataforma de colaboração. As decisões de gerenciamento da versão e do ciclo de vida não são mostradas nos fragmentos de código neste interlúdio.

Pressupondo que git é o sistema de controle de versão escolhido, que fornece repositórios de código-fonte, poderia haver dois ramos de produção e um experimental. Cada um poderia alimentar uma integração contínua diferente e um *pipeline* de integração e entrega contínuas (CI/CD, *continuous delivery/continuous deployment*), terminando com uma implantação (para teste ou produção, respectivamente).

Mais detalhes sobre a implementação da Lakeside Mutual podem ser encontrados no Apêndice B, "Implementação do caso Lakeside Mutual". Observe que nem todas as decisões deste capítulo são inteiramente implementadas; a implementação do estudo de caso continua a evoluir.[3]

Resumo

Nesse capítulo, identificamos decisões de arquitetura relacionadas a padrões que precisam ser tomadas durante o *design* e a evolução da API, abrangendo os seguintes tópicos:

- Seleção de padrões básicos que caracterizam a visibilidade (pública, da comunidade, solução interna) e o tipo das APIs (integração de *front-end versus back-end*).
- Seleção das funções de *endpoint* e das responsabilidades de operação, que diferem em natureza (atividade *versus* dados) e impacto no estado no lado do provedor (acesso de leitura e/ou gravação).
- Escolha de padrões relacionados à estrutura, que descrevem os elementos individuais da mensagem sintaticamente (parâmetros planos e aninhados) e semanticamente (estereótipos de elementos como dados, metadados, identificador e elemento de *link*).
- Decisão sobre a governança e o gerenciamento da qualidade das APIs (p. ex., ACORDOS DE NÍVEL DE SERVIÇO).
- Padrões de qualidade da API para melhorar o desempenho e o tamanho certo das mensagens, incluindo PAGINAÇÃO e LISTA DE DESEJOS.

---

[3] Os desenvolvedores da Lakeside Mutual estão um pouco desconectados dos arquitetos e do *product owner* deste caso de exemplo?

- Acordos sobre os ciclos de vida da API adequados e abordagens de versão durante a evolução da API.
- Documentação de contratos e descrições das APIs de forma mínima ou elaborada, incluindo aspectos técnicos e comerciais, como cobrança.

Cada um dos nossos 44 padrões aparece como uma opção (ou alternativa) nas questões de decisão de arquitetura apresentadas; seus prós e contras em relação aos fatores de *design* constituem critérios de decisão. Utilizamos o estudo de caso Lakeside Mutual para dar exemplos dos resultados de decisão, capturados como declarações explicativas.

Isso completa a Parte I – parte introdutória do nosso livro. A Parte II, de referência, contém os textos dos padrões e uma visão geral da linguagem de padrões.

Parte II

Padrões

Esta parte do livro apresenta nosso catálogo de padrões para o *design* e a evolução de APIs. Complementar ao Capítulo 3, "Narrativas de decisão da API", na Parte I, ela não precisa ser lida página por página, mas serve como referência.

O catálogo é organizado em quatro fases do processo ADDR (Alinhar–Definir–Desenhar–Refinar) introduzido no livro *Principles of web API Design: Delivering Value with APIs and Microservices* (Higginbotham, 2021):

- Nos estágios iniciais, o escopo da API é derivado dos objetivos do cliente e *alinhado* a eles e a outros requisitos – por exemplo, podem ser articulados nas histórias do usuário ou do trabalho. Resumimos rapidamente os padrões de *fundamentos* que são elegíveis nessa fase.
- Ainda em um estágio inicial do *design* de API, os *endpoints* e suas operações são *definidos* em um nível bem elevado de abstração e elaboração. Nossos padrões de *responsabilidade* entram em cena nessa fase.
- Em seguida, os detalhes técnicos e as vinculações da tecnologia são projetados. É aqui que nossos padrões de *estrutura* de mensagens e de *qualidade* da API têm lugar.
- Por fim, os *designs* da API e suas implementações são continuamente *refinados* durante a *evolução* da API. Padrões de qualidade adicionais também podem ser aplicados nessa etapa, muitas vezes na forma de refatoração da API (para os padrões).

O progresso com o *design* da API é *documentado* continuamente (e de forma incremental) nas etapas de *design* e evolução. O Apêndice A, "Identificação dos *endpoints* e guias de seleção de padrões" explica como as quatro fases do ADDR, suas sete etapas (p. ex., "Modele os perfis da API") e nossos padrões se relacionam.

A estrutura dos capítulos nesta parte vem dessas considerações. Cada capítulo tem pelo menos um papel no nosso público-alvo:

- O **Capítulo 4, "Introdução à linguagem de padrões"**, traz uma visão geral dessa linguagem e introduz padrões básicos de estrutura que servem como blocos de construção dos padrões nos capítulos subsequentes.
- O **Capítulo 5, "Definição dos tipos de *endpoints* e das operações"**, explica os papéis e as responsabilidades operacionais do *endpoint*, assumindo uma visão de arquitetura conceitual sobre o *design* e a evolução da API.
- O **Capítulo 6, "*Design* das representações das mensagens de solicitação e resposta"**, trata das estruturas das mensagens de solicitação e resposta, visando arquitetos de integração e desenvolvedores.
- O **Capítulo 7, "Aprimoramento do *design* da mensagem para melhorar a qualidade"**, apresenta padrões que melhoram as estruturas das mensagens em relação a certas qualidades. Esse capítulo também tem como alvo arquitetos e desenvolvedores.
- O **Capítulo 8, "Evolução de APIs"**, discute a evolução da API e o gerenciamento do ciclo de vida. O gerente de produto da API entra como uma função adicional específica.
- O **Capítulo 9, "Documentação e comunicação dos contratos de API"**, cobre a documentação e os aspectos comerciais da API. É relevante para todos os papéis e para os gerentes de produto da API em particular.

Começaremos com a visão geral sobre padrões e orientação.

Capítulo 4

Introdução à linguagem de padrões

Na Parte I, aprendemos que as APIs remotas tornaram-se um recurso importante dos sistemas de *software* distribuídos. As APIs fornecem interfaces de integração que expõem a funcionalidade remota do sistema para aplicações do usuário final, como clientes móveis, aplicações da *web* e sistemas de terceiros. Não só as aplicações do usuário final que consomem APIs e dependem delas – os sistemas de *back-end* distribuídos e os microsserviços nesses sistemas requerem APIs para trabalhar uns com os outros também.

A Lakeside Mutual, uma seguradora fictícia, e seus aplicativos baseados em microsserviços nos forneceram um caso de exemplo. Vimos que o *design* e a evolução da API envolvem muitos problemas recorrentes de *design* para resolver os requisitos em conflito e encontrar as devidas concessões. Modelos de decisão para grupos de problemas afins apresentaram opções e critérios para nos orientar no trabalho de *design*. Padrões apareceram como opções alternativas nessas decisões.

Este capítulo dá o próximo passo. Começa com uma visão geral da linguagem de padrões e, em seguida, propõe caminhos de navegação pela linguagem. Ele também introduz um primeiro conjunto de padrões básicos de escopo e estrutura. Depois de ler este capítulo, você conseguirá explicar o escopo da nossa linguagem de padrões (em termos de tópicos abordados e questões de arquitetura) e encontrar padrões nos quais está interessado (p. ex., por fase do projeto). Também será capaz de caracterizar a API em construção de acordo com sua visibilidade e tipo de integração por meio dos padrões de fundamentos, e conhecerá os padrões básicos de estrutura que constituem os blocos de construção sintáticos das mensagens de solicitação e resposta (e muitos dos outros padrões em nossa linguagem).

Posicionamento e escopo

De acordo com nosso modelo de domínio, estabelecido no Capítulo 1, "Fundamentos da interface de programação de aplicações (API)", clientes e provedores de API trocam mensagens de solicitação e resposta para chamar operações nos *endpoints* da API. Muitos dos nossos padrões focam o *conteúdo* da carga de tais mensagens, que contêm um ou mais elementos da representação, possivelmente aninhados. O livro *Enterprise Integration Patterns* (Hohpe, 2003) oferece três padrões alternativos sobre o conteúdo da mensagem: "Mensagem de Documento", "Mensagem de Comando" e "Mensagem de Evento". Nos sistemas de mensagens, tais mensagens vão do *endpoint* de envio até o *endpoint* de recebimento nos "Canais" de comunicação. Esses Canais podem ser oferecidos por sistemas de mensagens baseados em fila, mas também como conexões HTTP ou outras tecnologias de integração de uso, como GraphQL e gRPC. As capacidades e a configuração do protocolo, bem como o tamanho da mensagem e a estrutura do conteúdo, influenciam as propriedades da qualidade de uma API e sua implementação. Nesse contexto de mensagens, as APIs podem ser vistas como "Ativadores de Serviço" (Hohpe, 2003) – exibidos nos canais de comunicação, servem como "Adaptadores" (Gamma, 1995) para os serviços de aplicação disponíveis na implementação da API.

Em nossa linguagem de padrões, analisamos as mensagens de comando, documento e evento em termos de suas estruturas internas. Também investigamos os papéis desempenhados pelos elementos da representação, pelas operações e pelos *endpoints* da API, independentemente dos protocolos de comunicação utilizados. Discutimos como agrupar as mensagens em *endpoints* para obter uma granularidade e um acoplamento de APIs adequados, como documentar as APIs e gerenciar a evolução dos *endpoints* da API e suas partes.

Estamos particularmente interessados nas cargas das mensagens trocadas como objetos JSON, por exemplo, via HTTP GET, POST e PUT, e nas filas de mensagens oferecidas por provedores de nuvem ou sistemas de mensagens (p. ex., ActiveMQ ou RabbitMQ). JSON é um formato popular de troca de mensagens nas APIs da *web*; nossos padrões funcionam igualmente bem quando documentos XML ou outras estruturas de texto são trocadas. Eles podem até ser aplicados para definir o conteúdo de mensagens com codificações binárias.

A Figura 4.1 mostra o escopo de nossos padrões em um exemplo de API da *web*. Um HTTP GET, mostrado como um comando *curl*, pede informações sobre um único cliente, `rgpp0wkpec`, da Lakeside Mutual (o caso apresentado no Capítulo 2, "Estudo de caso Lakeside Mutual").

A mensagem de resposta no exemplo é aninhada: as informações do consumidor contêm não só o aniversário, mas também um *log* das mudanças de endereço na forma de um `moveHistory`. Indicada pela notação de *array* JSON [...], uma coleção das mudanças de endereço poderia ser retornada (no exemplo, o *array* contém apenas um destino de mudança). Cada destino é caracterizado por três *strings*, `"city"`, `"postal-Code"`, `"street-Address"`, colocadas na notação de objeto JSON {...} na figura. Essa estrutura de dois níveis levanta um problema importante e recorrente do *design* de API:

> *Dados complexos cujas partes têm contenção ou outras relações no nível do domínio devem ser incorporados nas representações da mensagem ou links devem ser fornecidos para pesquisar esses dados com chamadas separadas para outras operações nos mesmos (ou outros) endpoints da API?*

Dois dos nossos padrões oferecem respostas alternativas para essa pergunta: ENTIDADE INCORPORADA (mostrado na Figura 4.1) e DETENTOR DA INFORMAÇÃO VINCULADA. O padrão ENTIDADE INCORPORADA injeta representações de dados aninhados na carga, já o DETENTOR DA INFORMAÇÃO VINCULADA coloca *hiperlinks* na carga. No último caso, o cliente tem de seguir os *hiperlinks* para obter os dados referenciados nas solicitações subsequentes até o local do *endpoint* encontrado nos *links*. A combinação escolhida desses dois

Mensagem de Solicitação

curl –X GET "http://localhost:8080/customers/rgpp0wkpec" –H "accept */*"

Front-end — Consumidor

Back-end — Provedor de API

Mensagem de Resposta
HTTP 200/OK

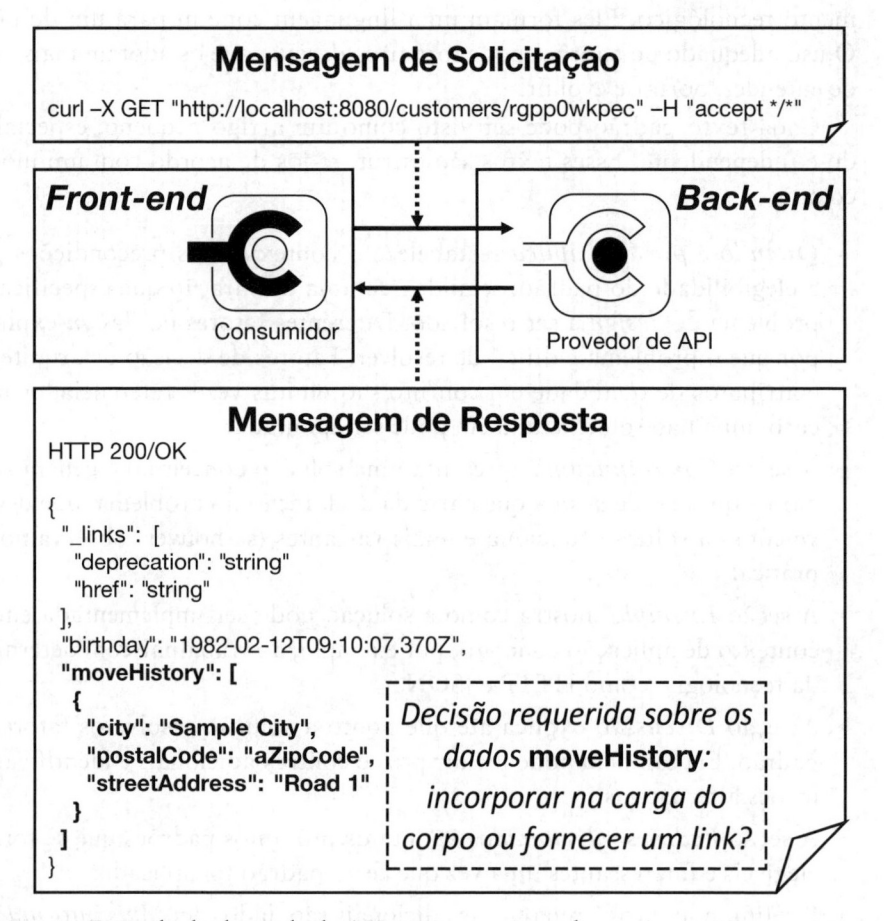

```
{
"_links": [
  "deprecation": "string"
  "href": "string"
],
"birthday": "1982-02-12T09:10:07.370Z",
"moveHistory": [
  {
    "city": "Sample City",
    "postalCode": "aZipCode",
    "streetAddress": "Road 1"
  }
]
}
```

Decisão requerida sobre os dados **moveHistory**: *incorporar na carga do corpo ou fornecer um link?*

Figura 4.1 Exemplo de chamada da API: mensagens trocadas e sua estrutura.

padrões tem um forte impacto na qualidade da API. Por exemplo, o tamanho da mensagem e o número de interações influenciam o desempenho e a capacidade de mudança. Os dois padrões são escolhas válidas, dependendo dos recursos da rede e do *endpoint*, das necessidades de informação e dos perfis de clientes para o acesso aos dados, da localização de *back-end* dos dados de origem etc. Esses critérios são fatores de seleção e adoção de padrões. Voltaremos a esses padrões e seus pontos fortes no Capítulo 7, "Aprimoramento do *design* da mensagem para melhorar a qualidade".

Padrões: por que e como?

Os padrões podem ajudar a resolver os problemas de *design* da API, apresentando soluções comprovadas para problemas recorrentes em certo contexto (no caso deste livro, o *design* e a evolução da API). Os padrões são independentes da plataforma por definição, evitando o conceito, a tecnologia e o aprisionamento tecnológico. Eles formam uma linguagem comum para um domínio. O uso adequado de padrões pode tornar os *designs* que os adotam mais fáceis de entender, portar e evoluir.

Cada texto-padrão pode ser visto como um artigo pequeno, especializado e independente. Esses textos são estruturados de acordo com um modelo comum:

- *Quando e por que aplicar* estabelece o contexto e as precondições para a elegibilidade do padrão, seguidos de uma declaração que especifica um problema de *design* a ser resolvido. Diferentes fatores no *design* explicam por que o problema é difícil de resolver. Fatores de decisão de arquitetura e atributos de qualidade em conflito são muitas vezes referenciados neste caso; uma não solução também pode ser apontada.
- A seção *Como funciona* apresenta uma solução conceitual e generalizada para a questão de *design* que parte da declaração do problema, que descreve como a solução funciona e quais variantes (se houver) observamos na prática.
- A seção *Exemplo* mostra como a solução pode ser implementada em um contexto de aplicação concreto, por exemplo, ao trabalhar com determinada tecnologia, como HTTP e JSON.
- A seção *Discussão* explica até que ponto a solução resolve os fatores do padrão. Ela também pode incluir prós e contras adicionais e identificar soluções alternativas.
- A seção *Padrões relacionados* aponta os próximos padrões que se tornam elegíveis e interessantes uma vez que certo padrão foi aplicado.
- Por fim, ponteiros e referências adicionais são dados em *Mais informações*.

Voltando aos dois padrões de exemplo, DETENTOR DA INFORMAÇÃO VINCULADA e ENTIDADE INCORPORADA são documentados nesse formato no Capítulo 7.

Note que usar um padrão não dita uma implementação em particular, deixando muita flexibilidade para sua adoção específica ao contexto do projeto. Na verdade, os padrões nunca devem ser seguidos cegamente, mas vistos como uma ferramenta ou um guia. Um *design* específico do produto ou do projeto pode atender seus requisitos reais e concretos somente se os conhece (o que é difícil para um artefato generalizado, como é o caso de um padrão).

Navegando pelos padrões

Para decidirmos a maneira como iríamos organizar nossos padrões, consultamos outros dois livros como inspiração: *Enterprise Integration Patterns* (Hohpe, 2003) é organizado pelo ciclo de vida das mensagens que viajam por um sistema distribuído, desde a criação e o envio até o roteamento, a transformação e o recebimento; *Patterns of Enterprise Application Architecture* (Fowler, 2002) usa camadas lógicas como divisão de capítulos e tópicos, progredindo da camada de domínio para as camadas de persistência e apresentação.

Infelizmente, nem camadas nem ciclos de vida por si só pareceram funcionar bem para o domínio da API. Portanto a melhor maneira de organizar os padrões seria oferecer várias opções para servir como guias: escopo arquitetural (conforme definido pelo modelo de domínio da API, no Capítulo 1), categorias de tópicos e fases de refinamento.[1]

Organização estrutural: encontre padrões por escopo

A maioria dos nossos padrões se concentra nos blocos de construção da API em diferentes níveis de abstração e detalhe. Alguns dizem respeito à API inteira e sua documentação, técnica e de negócio. Os escopos arquiteturais resultantes são a API como um todo, *endpoint*, operação e mensagem. Introduzimos esses conceitos básicos no modelo de domínio da API no Capítulo 1. A Figura 4.2 mostra os padrões desses cinco escopos.

---

[1] A tática de "pedir um, receber três" é uma exceção à nossa regra geral, "em caso de dúvida, deixe de fora" (Zimmermann, 2021b), felizmente apenas no metanível. Por sorte, comitês de padrões e *designers* de API seguiram essa regra melhor do que nós.

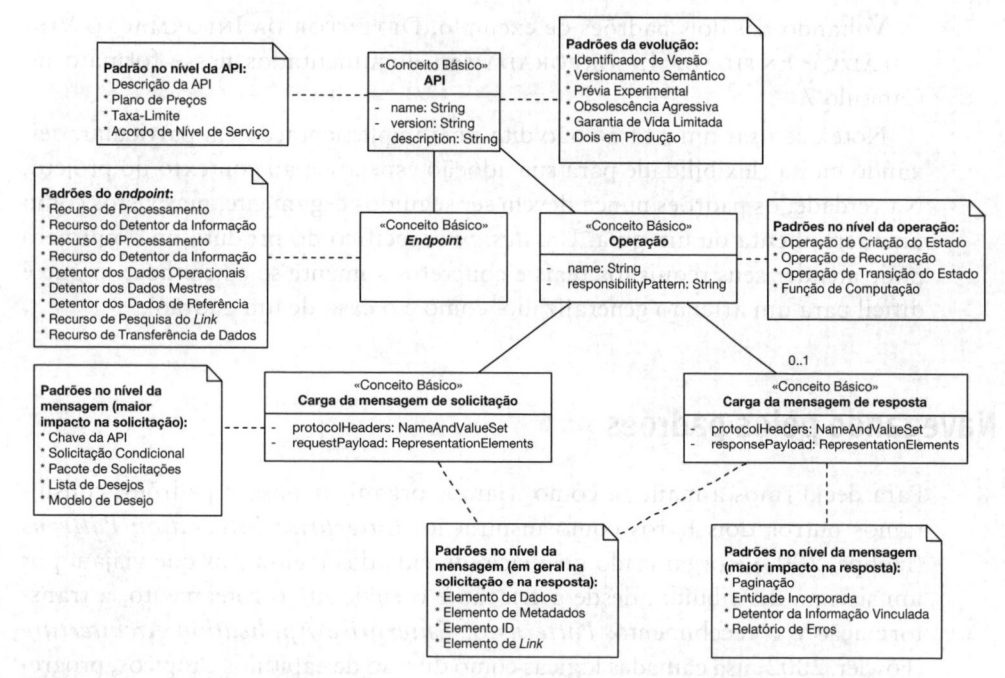

Figura 4.2 Padrões por elemento do modelo de domínio e escopo arquitetural.

Padrões como Descrição da API e Acordo de Nível de Serviço dizem respeito à API inteira. Outros, como Recurso de Processamento e Recurso de Transferência de Dados, operam em *endpoints* únicos. Muitos padrões lidam com o *design* da operação ou da mensagem; alguns visam basicamente as mensagens de solicitação (Chave da API, Lista de Desejos) e outros são mais focados nas mensagens de resposta (Paginação, Relatório de Erros). Os estereótipos dos elementos podem aparecer nas solicitações e nas respostas (Elemento Identificador, Elemento de Metadados).

Chamado para ação: ao ser confrontado com uma tarefa de *design* de API, pergunte a si mesmo com qual desses escopos você irá lidar e consulte a Figura 4.2 para encontrar os padrões de interesse dessa tarefa.

Categorias de temas: pesquise por tópicos

Agrupamos os padrões em cinco categorias. Cada categoria responde a várias questões de tópicos afins:

- **Padrões de fundamentos**: que tipos de sistemas e componentes são integrados? A partir de onde uma API deve estar acessível? Como ela deve ser documentada?

- **Padrões de responsabilidade**: qual é o papel arquitetural desempenhado por cada *endpoint* da API? Quais são as responsabilidades da operação? Como esses papéis e responsabilidades impactam na decomposição do serviço e a granularidade da API?
- **Padrões de estrutura**: qual é o número adequado de elementos da representação para as mensagens de solicitação e resposta? Como esses elementos devem ser estruturados? Como podem ser agrupados e anotados?
- **Padrões de qualidade**: como um provedor de API pode atingir certa qualidade durante o *design* e a execução ao mesmo tempo que usa seus recursos de forma econômica? Como as concessões na qualidade da API podem ser comunicadas e representadas?
- **Padrões de evolução**: como é possível lidar com questões de gerenciamento do ciclo de vida, como períodos de suporte e versionamento? Como a compatibilidade com versões anteriores pode ser promovida e as mudanças que, inevitavelmente, quebram a compatibilidade podem ser comunicadas?

Essas categorias de temas organizam os modelos de decisão no Capítulo 3, "Narrativas de decisão da API", e no *site* que serve como material de apoio deste livro.[2] A Figura 4.3 agrupa os padrões por capítulo do livro. As categorias de temas e os Capítulos 4 a 8 correspondem entre si com duas exceções: a Descrição da API da categoria fundamental e os três padrões relacionados ao gerenciamento da qualidade (Taxa-Limite, Plano de Preços, Acordo de Nível de Serviço) são considerados em um capítulo separado, o Capítulo 9, "Documentação e comunicação dos contratos de API". Os padrões Chave da API, Relatório de Erros e Representação Contextual estão relacionados à qualidade, mas aparecem no Capítulo 6, "*Design* das representações das mensagens de solicitação e resposta", devido ao seu papel de representação para fins especiais. A cola do Apêndice A segue a mesma estrutura.

Chamado para ação: pense em um problema de *design* de API com o qual você foi confrontado recentemente. Ele se encaixa em alguma das categorias anteriores? Algumas perguntas e nomes de padrões sugerem que o padrão consegue resolver o problema? Em caso afirmativo, você pode ir para o respectivo capítulo e padrão agora (e voltar aqui mais tarde). Se precisar de mais informações, pode consultar a cola no Apêndice A.

---

[2] https://api-patterns.org

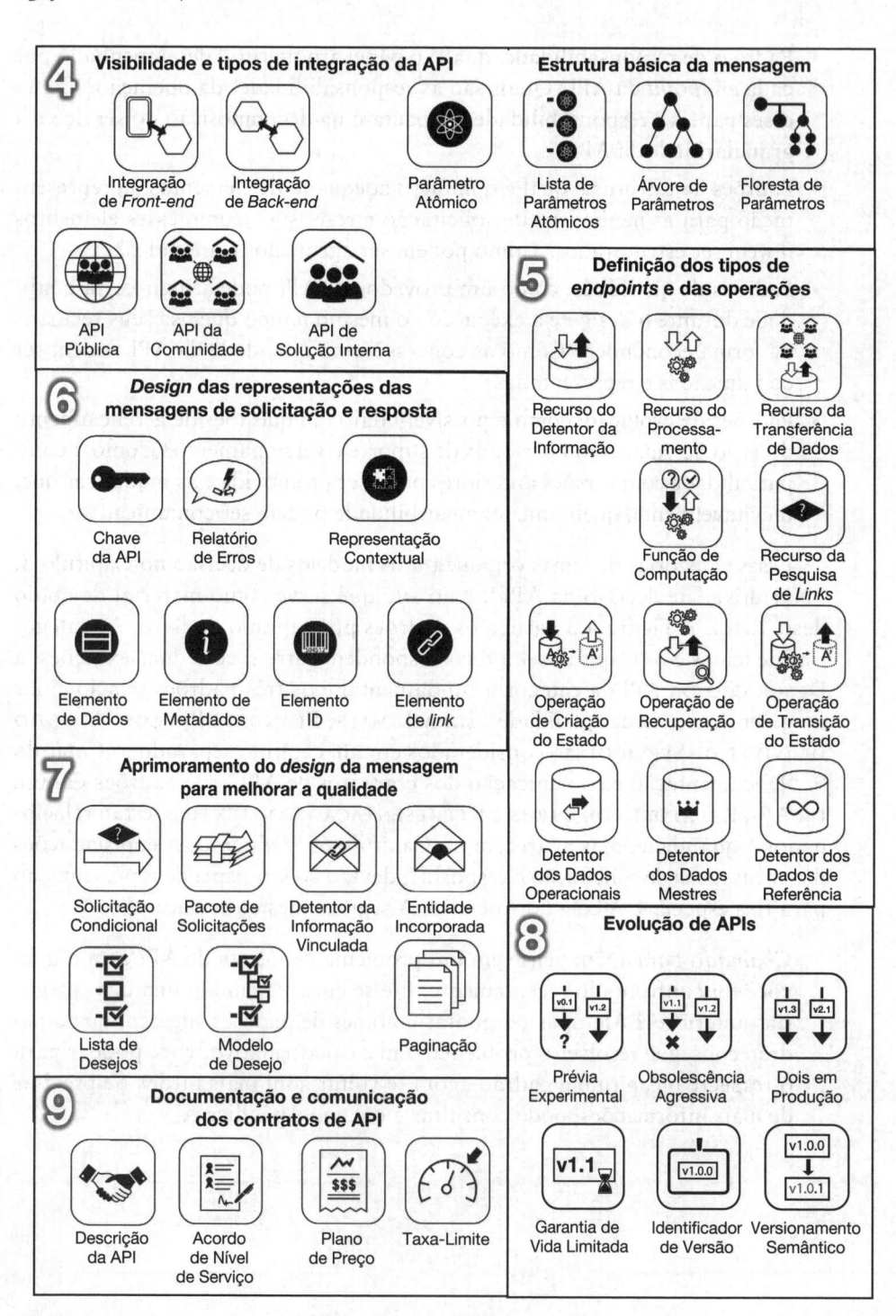

Figura 4.3 Padrões por capítulo.

Dimensão do tempo: siga as fases de refinamento do *design*

Seguindo mais ou menos o "Processo Unificado" (Kruchten, 2000), um *design* de API evolui da concepção do projeto/produto até a elaboração do *design*, as interações de construção da implementação e a transição do projeto/produto. A Tabela 4.1 classifica os padrões por fases do processo. Note que alguns padrões podem ser aplicados em várias fases.

Os *endpoints* das APIs são identificados e caracterizados por seus papéis na arquitetura do sistema geral nos estágios iniciais (concepção). Em seguida, as operações são elaboradas com sua estrutura de mensagens de solicitação e

Tabela 4.1 Padrões por fase

Fase	Categoria	Padrões
Concepção	Fundamentos	API Pública, API da Comunidade, API de Solução Interna
		Integração de Back-End, Integração de Front-End
		Descrição da API
Elaboração	Responsabilidade	Recurso do Detentor da Informação, Recurso de Processamento
		Detentor dos Dados Mestres, Detentor dos Dados Operacionais, Detentor dos Dados de Referência
		Recurso de Transferência dos Dados, Recurso de Pesquisa de Links
	Qualidade	Chave da API, Representação Contextual, Relatório de Erros
Construção	Estrutura	Parâmetro Atômico, Lista de Parâmetros Atômicos, Árvore de Parâmetros, Floresta de Parâmetros
		Elemento de Dados, Elemento ID, Elemento de Link, Elemento de Metadados
	Responsabilidade	Operação de Criação do Estado, Operação de Transição do Estado
		Operação de Recuperação, Função de Computação
	Qualidade	Paginação
		Lista de Desejos, Modelo de Desejo
		Entidade Incorporada, Detentor da Informação Vinculada
		Solicitação Condicional, Pacote de Solicitações
Transição	Fundamentos	Descrição da API
	Qualidade	Acordo de Nível de Serviço, Plano de Preços, Taxa-Limite
	Evolução	Versionamento Semântico, Identificador de Versão
		Obsolescência Agressiva, Prévia Experimental
		Garantia de Vida Limitada, Dois em Produção

resposta conceitualizada e projetada inicialmente (elaboração). As melhorias de qualidade vêm em seguida (construção). Uma abordagem para a estratégia de versão e suporte/tempo de vida é especificada para as APIs quando elas entram em atividade (transição); as atualizações são possíveis mais adiante.

Embora a Tabela 4.1 tenha uma ordem de cima para baixo (como todas as tabelas), ela pode ser percorrida várias vezes, mesmo em um único *sprint* de duas semanas. Não propomos um modelo em cascata (*waterfall*) aqui; é perfeitamente normal ir e voltar, por exemplo, ao aplicar as práticas ágeis de organização de projetos. Em outras palavras, cada *sprint* pode conter tarefas de concepção, elaboração, construção e transição (e aplicar padrões afins).

Você pode estar se perguntando como as fases ADDR (Alinhar–Definir–Desenhar–Refinar, ver introdução da Parte II) se relacionam às fases do Processo Unificado e da Tabela 4.1. Nossa opinião: Alinhar corresponde à concepção, e as atividades Definir acontecem durante a elaboração; o trabalho de Desenhar estende-se desde a elaboração até às iterações de construção; a construção e a transição (e depois as fases de evolução e manutenção) proporcionam oportunidades para Refinar o projeto continuamente.

Chamado para ação: em que fase está o seu esforço atual de *design* de API? Os padrões listados sugerem elegibilidade para consideração em seu *design*? Você pode revisitar a Tabela 4.1 sempre que seu processo *design* atingir determinado marco ou cada vez que escolher uma história relacionada à API no *backlog* do produto, no início de um *sprint*.

Como navegar: o mapa para MAP

Você pode usar a estrutura de três ajudas de navegação desta seção (estrutura/escopo, categoria/capítulo do tema e tempo/fase) para explorar a linguagem em relação às suas necessidades imediatas se ainda não estiver pronto para ler a Parte II página por página. Tendo escolhido um ou mais pontos de entrada, você pode então seguir os ponteiros "Padrões Relacionados", fornecidos em cada padrão, para seguir em frente e pode retornar a um dos três organizadores (escopo, tópico, fase). Tendo estudado alguns padrões, você pode verificar o estudo de caso Lakeside Mutual ou as histórias do Capítulo 10, "Histórias de padrões reais", para voltar ao quadro geral e aprender como os padrões podem ser combinados.

A próxima seção apresenta os fundamentos básicos da API e os padrões da estrutura de mensagem elegíveis durante a fase Alinhar de ADDR, com os Capítulos 5 a 9 abrangendo as fases Definir, Desenhar e Refinar restantes, além de tópicos adicionais.

Fundamentos: visibilidade e tipos de integração da API

Os padrões apresentados nesta seção são termos bastante simples dos fatores motivadores do *design* e de sua resolução, mas servem como blocos de construção para os padrões subsequentes e mais avançados. Portanto, nós os apresentamos aqui de forma simplificada: contexto e problema, solução e detalhes. Fique à vontade para seguir com o Capítulo 5, "Definição dos tipos de *endpoints* e das operações" e retorne aqui quando necessário.

Os padrões de fundamentos lidam com duas decisões estratégicas:

- Que tipos de sistemas, subsistemas e componentes são integrados?
- A partir de onde uma API deve ser acessível?

Responder essas duas perguntas ajuda a definir e caracterizar uma API e sua finalidade: INTEGRAÇÃO DE *FRONT-END* e INTEGRAÇÃO DE *BACK-END* são duas direções (ou propósito e posição arquitetural) das APIs. API PÚBLICA, API DA COMUNIDADE e API DE SOLUÇÃO INTERNA definem a visibilidade da API. A Figura 4.4 apresenta um mapa para os cinco padrões.

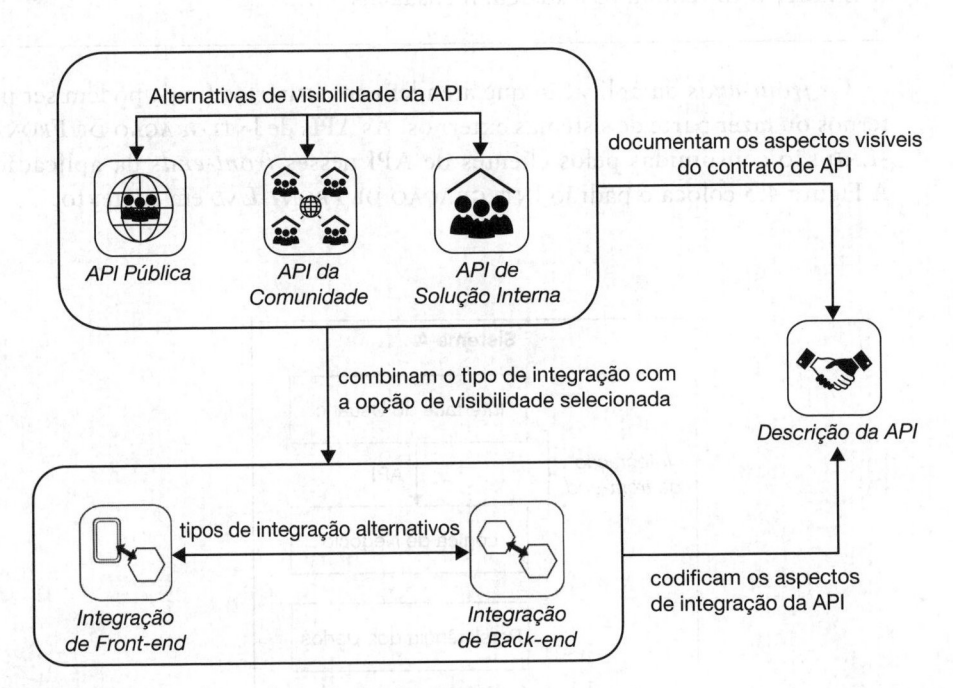

Figura 4.4 Mapa dos padrões de fundamentos.

Observe que o padrão DESCRIÇÃO DA API é abordado no Capítulo 9.

Padrão:
INTEGRAÇÃO DE *FRONT-END*

No Capítulo 1, nós citamos o surgimento de aplicações móveis e aplicações nativas da nuvem como uma das razões pelas quais as APIs são tão importantes. Elas fornecem dados e acesso às capacidades de processamento no lado do provedor às aplicações móveis e aos clientes *web* de aplicações em nuvem.

De que forma as interfaces do usuário final no lado do cliente, que são fisicamente separadas da lógica de negócio e do armazenamento de dados no lado do servidor, podem ser preenchidas e atualizadas com os resultados da computação, os conjuntos de resultados de pesquisas nas fontes de dados e as informações detalhadas sobre as entidades de dados? De que forma os *front-ends* das aplicações podem chamar as atividades em um *back-end* ou carregar dados nele?

Deixe que o *back-end* de uma aplicação distribuída exponha seus serviços a um ou mais *front-ends* de aplicações via API de INTEGRAÇÃO DE *FRONT-END* remota baseada em mensagens.

Os *front-ends* da aplicação que atendem aos usuários finais podem ser internos ou fazer parte de sistemas externos. As APIs de INTEGRAÇÃO DE *FRONT-END* são consumidas pelos clientes de API nesses *front-ends* da aplicação. A Figura 4.5 coloca o padrão INTEGRAÇÃO DE *FRONT-END* em contexto.

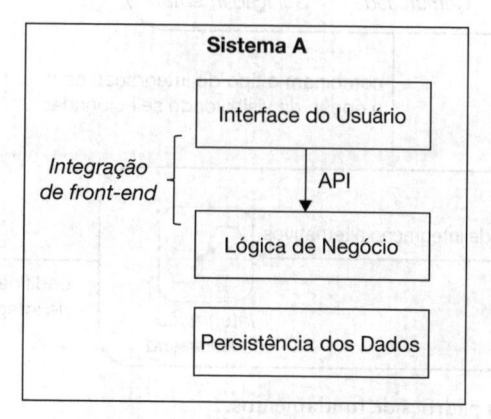

Figura 4.5 INTEGRAÇÃO DE *FRONT-END*: uma API conecta uma interface de usuário remota com a lógica e os dados de *back-end*.

A Camada de Lógica de Negócio (Fowler, 2002) no *back-end* é um ponto de entrada natural. Às vezes, a interface do usuário também é dividida entre o cliente e o servidor. Nesses casos, a API também pode residir no nível da interface do usuário.

Detalhes

Decida se a API é uma API Pública, uma API da Comunidade ou uma API de Solução Interna. Componha as mensagens de solicitação e, opcionalmente, de resposta das operações da API a partir de um ou mais Parâmetros Atômicos e Árvores de Parâmetros (ver as seções mais adiante para explicações sobre esses padrões).

Veja os candidatos a *endpoint* de API selecionados com a ajuda dos padrões de papel e responsabilidade (Capítulo 5), dos padrões de estrutura da mensagem (Capítulo 6) e dos padrões de qualidade (Capítulos 6 e 7). Decida conscientemente se e como versionar a API de integração – considere um ou mais dos nossos padrões de evolução (Capítulo 8, "Evolução de APIs") ao fazê-lo. Documente o contrato de API, os termos e as condições de seu uso em uma Descrição da API e os artefatos complementares (Capítulo 9).

Uma API DE Integração DE Front-End remota baseada em mensagens é muitas vezes vista como uma API de recurso HTTP.[3] Outras tecnologias remotas, como gRPC (gRPC), transferidas via HTTP/2 (Belshe, 2015) ou Web Sockets (Melnikov, 2011), também podem ser usadas. GraphQL ficou popular recentemente, prometendo não exagerar nem ficar aquém em termos de busca.[4]

As APIs de Integração de Front-End têm um propósito geral que se adapta a todos os clientes ou se especializam em fornecer diferentes "*Back-ends* para *Front-ends*" (Newman, 2015) por tipo de cliente ou tecnologia da interface do usuário.

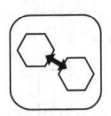

Padrão:
Integração de *Back-End*

No Capítulo 1, vimos que as aplicações nativas da nuvem e os sistemas baseados em microsserviços requerem APIs para conectar e separar suas partes. As APIs também têm um papel fundamental nos ecossistemas de *software*. De modo mais geral, qualquer sistema de *back-end* pode utilizar e contar com as APIs remotas ao requerer informações ou desejar uma atividade em outros sistemas.

---

[3] As APIs de recurso HTTP utilizam a interface uniforme do estilo REST e chamam os métodos HTTP, tais como POST, GET, PUT, PATCH e DELETE nas URIs. Se seguirem as restrições adicionais de REST, como o uso de *hiperlinks* para transferir o estado, também poderão ser chamadas de APIs HTTP RESTful.

[4] O GraphQL pode ser visto como uma realização em larga escala do nosso padrão Modelo de Desejo no Capítulo 7.

De que forma as aplicações distribuídas e suas partes, que foram construídas de modo independente e são implantadas separadamente, podem trocar dados e disparar uma atividade mútua, ao mesmo tempo preservando a integridade conceitual interna do sistema sem introduzir um acoplamento indesejado?

Integre o *back-end* de uma aplicação distribuída em um ou mais outros *back-ends* (da mesma aplicação distribuída ou de outras) expondo seus serviços por meio de uma API de INTEGRAÇÃO DE BACK-END remota baseada em mensagens.

Essas APIs de INTEGRAÇÃO DE BACK-END nunca são usadas diretamente pelos clientes de *front-end* da aplicação distribuída, mas são consumidas exclusivamente por outros *back-ends*.

A Figura 4.6 posiciona o padrão no primeiro de seus dois contextos da aplicação, a integração B2B (ou entre sistemas).

A Figura 4.7 ilustra o segundo contexto de uso do padrão, a decomposição da lógica de negócio interna da aplicação em componentes de serviço que expõem uma API DE SOLUÇÃO INTERNA.

A entrada para a camada de lógica de negócio é um local adequado para uma API de INTEGRAÇÃO DE BACK-END. Controle de acesso, aplicação da autorização, gerenciamento de transações do sistema e avaliação das regras de negócio normalmente já estão aqui. Em alguns cenários centrados em dados que não exigem muita lógica, pode fazer sentido integrar na camada de persistência de dados (não mostrado na Figura 4.7).

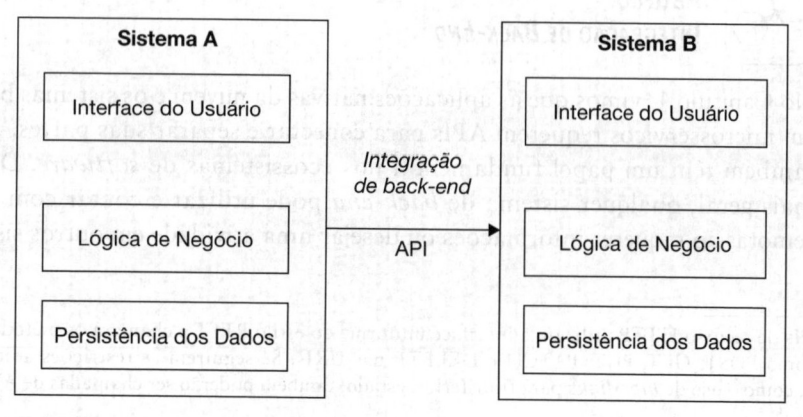

Figura 4.6 Esboço 1 da INTEGRAÇÃO DE BACK-END: troca de mensagens entre sistemas.

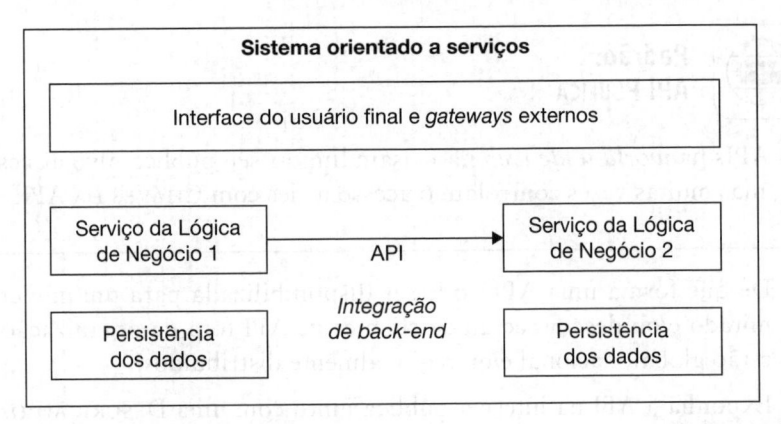

```
┌─────────────────────────────────────────────────────────┐
│                 Sistema orientado a serviços            │
│  ┌───────────────────────────────────────────────────┐  │
│  │   Interface do usuário final e gateways externos  │  │
│  └───────────────────────────────────────────────────┘  │
│                                                         │
│  ┌──────────────┐                    ┌──────────────┐   │
│  │ Serviço da   │                    │ Serviço da   │   │
│  │   Lógica     │───── API ────────▶ │   Lógica     │   │
│  │ de Negócio 1 │                    │ de Negócio 2 │   │
│  └──────────────┘   Integração       └──────────────┘   │
│  ┌──────────────┐   de back-end      ┌──────────────┐   │
│  │ Persistência │                    │ Persistência │   │
│  │  dos dados   │                    │  dos dados   │   │
│  └──────────────┘                    └──────────────┘   │
└─────────────────────────────────────────────────────────┘
```

Figura 4.7 Esboço 2 da INTEGRAÇÃO DE BACK-END: microsserviços se comunicando via API DE SOLUÇÃO INTERNA.

Detalhes

Tome uma decisão acerca da visibilidade da API de integração: as opções são API PÚBLICA, API DA COMUNIDADE e API DE SOLUÇÃO INTERNA. Componha as mensagens de solicitação e, opcionalmente, de resposta das operações da API a partir de um ou mais PARÂMETROS ATÔMICOS, possivelmente aninhados no padrão ÁRVORES DE PARÂMETROS (discutido mais adiante em "Padrões básicos de estrutura"). Defina os papéis dos *endpoints* da API na INTEGRAÇÃO DE BACK-END e as responsabilidades de sua operação (Capítulo 5). Projete as mensagens em detalhe com os estereótipos dos elementos e os padrões de melhoria da qualidade (Capítulos 6 e 7). Decida conscientemente se e como versionar a API de integração durante sua vida útil (Capítulo 8) e quando fazê-lo. Crie uma DESCRIÇÃO DA API e informações complementares (Capítulo 9).

Aplique uma abordagem sistemática ao planejamento da paisagem das aplicações (*design* entre sistemas). Considere o DDD estratégico (Vernon, 2013) como uma abordagem leve para o gerenciamento da arquitetura corporativa ("planejamento urbano do *software*"). Para decompor um único sistema em serviços, aplique critérios de corte derivados dos requisitos funcionais e do modelo de domínio (Kapferer, 2021; Gysel, 2016), e dos requisitos operacionais, como necessidades de escala e preocupações de desenvolvimento, por exemplo, alteração independente (Zimmermann, 2017). Além disso, considere os padrões de custo da nuvem e de carga de trabalho (Fehling, de 2014).

Para promover a interoperabilidade, escolha uma tecnologia remota madura com suporte para os protocolos de mensagens padrão e os formatos de troca de mensagens estabelecidos. Além dos listados como opções para fazer a INTEGRAÇÃO DE FRONT-END, a mensagem assíncrona e em fila costuma ser usada nas INTEGRAÇÕES DE BACK-END (especialmente aquelas que integram sistemas separados). Ver a análise no Capítulo 1 para justificativas e exemplos.

Padrão: API Pública

As APIs na *world wide web* não visam limitar seu público-alvo e acessibilidade, mas muitas vezes controlam o acesso a eles com Chaves da API.

De que forma uma API pode ser disponibilizada para um número ilimitado e/ou desconhecido de clientes de API fora da organização, que estão global, nacional e/ou regionalmente distribuídos?

Exponha a API na internet pública junto com uma Descrição da API detalhada, que descreva as propriedades funcionais e não funcionais dela.

A Figura 4.8 mostra o padrão API Pública em um cenário de exemplo.

Detalhes

Especifique os *endpoints*, as operações, as representações de mensagens, as garantias de qualidade do serviço e o modelo de suporte do ciclo de vida da API. Continue esse *design* de integração escolhendo os padrões de responsabilidade e um ou mais padrões de evolução (dos Capítulos 5 e 8). Por exemplo, marque a API como um Recurso de Processamento, introduza Identificadores de Versão e aplique o Versionamento Semântico.

Use Chaves da API (Capítulo 7) ou outros meios de segurança para controlar o acesso à API. Fortaleça a API de uma perspectiva de segurança e confiabilidade, também invista na qualidade da Descrição da API e dos procedimentos de suporte (Capítulo 9). Do ponto de vista da economia da API, defina um Plano de Preços e implemente o gerenciamento da cobrança/assinatura. Considere a introdução de Taxas-Limite para os planos gratuitos. Documente os termos e condições de uso da API, por exemplo, em um Acordo de

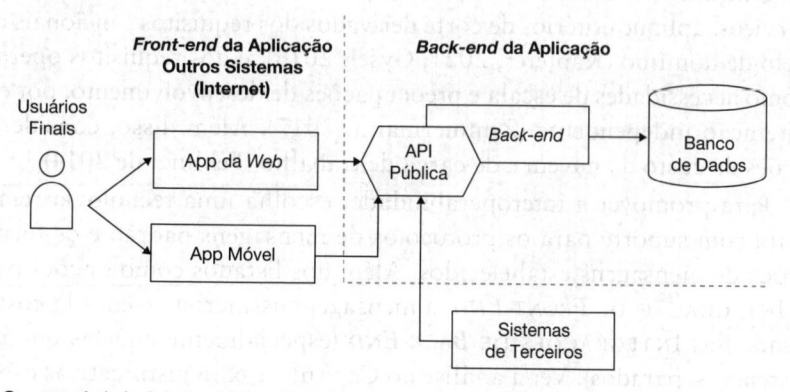

Figura 4.8 Visibilidades da API: API Pública em contexto

NÍVEL DE SERVIÇO, e deixe a concordância dos consumidores da API com os termos como um pré-requisito para usar a API. Inclua o uso justo e a indenização nesses termos e condições.[5] Esses padrões são abordados no Capítulo 9.

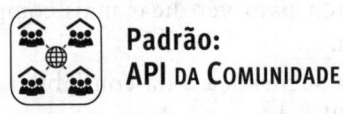

**Padrão:
API DA COMUNIDADE**

Algumas APIs são compartilhadas por clientes de diferentes organizações e podem ser implantadas e ficar acessíveis nas redes disponíveis apenas para os membros da comunidade.

De que forma a visibilidade e o acesso a uma API podem ser restringidos a um grupo de usuários que não trabalha para uma única unidade organizacional, mas para várias entidades legais (tais como empresas, organizações sem fins lucrativos/não governamentais e governos)?

Implante a API e seus recursos de implementação com segurança em um local de acesso restrito para que apenas o grupo de usuários desejado tenha acesso a ela – por exemplo, em uma extranet. Compartilhe a descrição da API apenas com o público-alvo restrito.

A Figura 4.9 mostra o padrão API DA COMUNIDADE em seu contexto arquitetural.

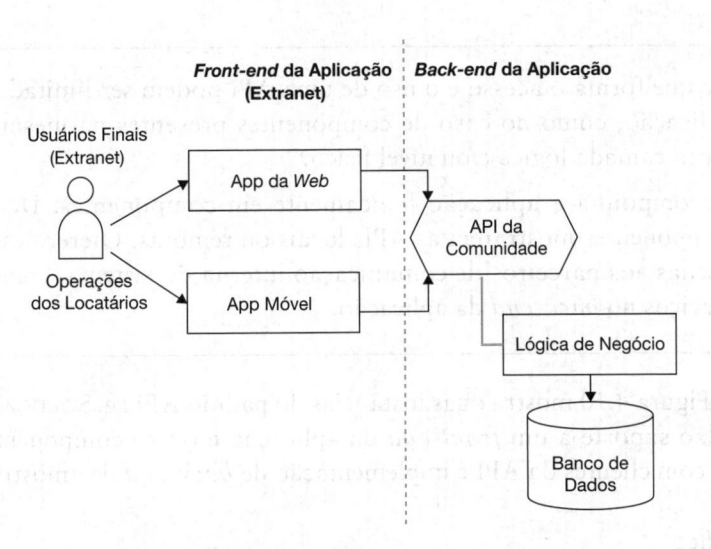

Figura 4.9 Visibilidades da API: API DA COMUNIDADE em contexto.

---

[5] Sendo artefatos juridicamente vinculados, os documentos de termos e condições, e os ACORDOS DE NÍVEL DE SERVIÇO das APIs PÚBLICAS devem ser escritos ou, pelo menos, revisados e aprovados por profissionais especializados em questões legais.

Detalhes

Especifique a API em termos de seus *endpoints*, operações, representações de mensagens, qualidade das garantias de serviço e modelo do ciclo de vida. Consulte os detalhes da solução da API PÚBLICA para ver dicas mais completas (igualmente válidas) e padrões relacionados.

Fortaleça a API de uma perspectiva da segurança e da confiabilidade, e invista na qualidade da DESCRIÇÃO DA API e dos procedimentos de suporte (incluindo o suporte aos membros gerenciado pela comunidade). Nomeie um proprietário da API na comunidade e busque financiamento compartilhado.

Esse padrão combina os elementos de seus padrões de visibilidade próximos, a API PÚBLICA e a API DE SOLUÇÃO INTERNA (e pode ser visto como um híbrido desses dois padrões). Ele pode, por exemplo, definir um modelo de preços específico da comunidade (em uma abordagem semelhante para uma API PÚBLICA), mas também pode considerar a disposição dos *endpoints* da API e de suas implementações (como muitas APIs DE SOLUÇÃO INTERNA fazem).

Padrão: API DE SOLUÇÃO INTERNA

Algumas APIs estruturam as aplicações em componentes, como serviços/microsserviços ou módulos internos do programa. Nesses casos, os clientes de API e seus provedores costumam rodar no mesmo *data center* ou até no mesmo nó de computação física ou virtual.

De que forma o acesso e o uso de uma API podem ser limitados a uma aplicação, como no caso de componentes presentes na mesma ou em outra camada lógica e/ou nível físico?

Decomponha a aplicação logicamente em componentes. Deixe esses componentes mostrarem as APIs locais ou remotas. Ofereça essas APIs apenas aos parceiros de comunicação interna do sistema, como outros serviços no *back-end* da aplicação.

A Figura 4.10 mostra duas instâncias do padrão API DE SOLUÇÃO INTERNA, que dão suporte a um *front-end* da aplicação e outro componente do *back-end*, com clientes da API e implementação de *back-end* de amostra.

Detalhes

Um conjunto de APIs DE SOLUÇÃO INTERNA relacionadas entre si às vezes é chamado de *API de plataforma*. Por exemplo, todas as APIs da web expostas em uma única oferta do provedor de nuvem (ou conjuntos de tais ofertas) qualificam-se como APIs de plataforma. Exemplos incluem as APIs nas ofertas de

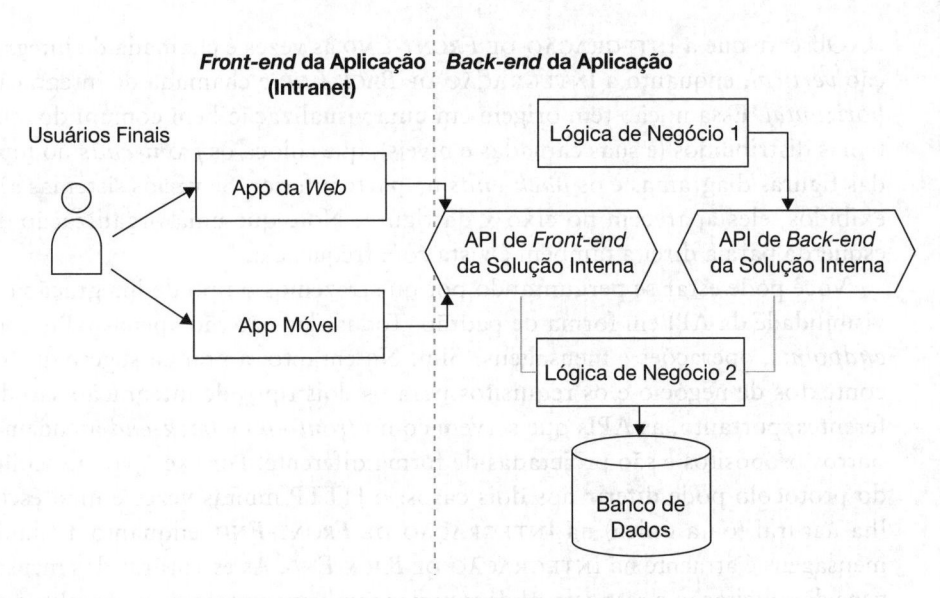

Figura 4.10 Visibilidades da API: API de Solução Interna.

armazenamento da Amazon Web Services e no Cloud Foundry. O mesmo vale para todas as APIs de Solução Interna em um produto de *software*, como um *middleware* orientado a mensagens. As APIs de *endpoint* e gerenciamento no ActiveMQ e no RabbitMQ podem servir como exemplo de tais APIs da plataforma.

Observe que a *implantação* independente não precisa implicar na *implementação* independente. Um bloco monolítico modular (Mendonça, 2021), por exemplo, usa mensagens simples que trocam objetos de transferência de dados via APIs locais. O bloco monolítico modular pode, também, ser transformado em um sistema baseado em microsserviços mais facilmente do que um "monte de instâncias" orientadas a objetos, em um caso no qual há muito acoplamento entre os objetos durante a execução causados pela chamada por referência entre os métodos remotos e a coleta de lixo distribuída.

Projetar e implantar APIs de Solução Interna para a Integração de Back-End para melhorar as características de acoplamento das aplicações e suas partes é complexo. A primeira onda de arquiteturas orientadas a serviços, na década de 2000, e a tendência dos microsserviços, que ganhou força desde 2014, visam essa parte do *design*. Há muitos livros e artigos, incluindo alguns nesta série (Vernon, 2021). Voltamos ao tópico no Capítulo 5.

Resumo dos padrões de fundamentos

Com isso concluímos a abordagem dos cinco padrões de fundamentos neste capítulo. O Capítulo 3 apresenta esses padrões como decisões necessárias e pares de problema e solução.

Observe que a INTEGRAÇÃO DE FRONT-END às vezes é chamada de integração *vertical*, enquanto a INTEGRAÇÃO DE BACK-END é chamada de integração *horizontal*. Essa noção tem origem em uma visualização bem comum dos sistemas distribuídos (e suas camadas e níveis), que coloca os *front-ends* no topo das figuras/diagramas e os *back-ends* na parte inferior. Se vários sistemas são exibidos, eles aparecem no eixo x da figura. Note que uma organização da esquerda para a direita também é vista com frequência.

Você pode estar se perguntando por que trazemos o tipo de integração e a visibilidade da API em forma de padrão. Todas elas não são apenas APIs com *endpoints*, operações e mensagens? Sim. No entanto, a prática sugere que os contextos de negócio e os requisitos para os dois tipos de integração são diferentes; portanto, as APIs que servem como *front-end* e *back-end* atendem a outros propósitos e são projetadas de forma diferente. Por exemplo, a escolha do protocolo pode diferir nos dois casos: o HTTP muitas vezes é uma escolha natural (ou a única) na INTEGRAÇÃO DE FRONT-END, enquanto a fila de mensagens é atraente na INTEGRAÇÃO DE BACK-END. As estruturas das mensagens de solicitação e resposta podem variar também em termos de amplitude e profundidade. Uma API que faz essas duas coisas precisa abrir mão de algumas coisas no *design* ou precisa oferecer recursos opcionais, o que tende a complicar seu uso. Questões semelhantes se aplicam à visibilidade da API, como no caso de uma API PÚBLICA, que geralmente tem mais requisitos de segurança avançados e necessidades de estabilidade do que uma API interna. O relatório de erros tem que considerar que os clientes e os provedores da API podem nem se conhecer (o que é menos provável para as APIs DE SOLUÇÃO INTERNA).

Em seguida, veremos os blocos de construção das mensagens de solicitação e resposta, abstraindo os conceitos de definição de dados nos formatos de troca, como JSON.

Padrões básicos de estrutura

Os contratos de API descrevem o endereço exclusivo de um ou mais *endpoints* da API (como URI de recurso HTTP), suas operações (como verbos HTTP suportados ou o nome de uma operação de *web service* SOAP), além das estruturas das mensagens de solicitação e resposta de cada operação. As estruturas de dados que definem essas mensagens são uma parte essencial do contrato de API. O modelo de domínio no Capítulo 1 mostra-os como *elementos de representação*. A Figura 4.1 apresentou exemplos de mensagens de solicitação e resposta no início deste capítulo.

Surgem então questões de *design* sobre essas estruturas de dados (elementos de representação):

- Qual é o número adequado de elementos de representação para as mensagens de solicitação e resposta?
- Como esses elementos devem ser estruturados e agrupados?

Por exemplo, essas questões de *design* afetam a URI do recurso (incluindo os parâmetros de caminho), as consultas, os *cookies*, os parâmetros do cabeçalho e o conteúdo da mensagem (também chamado de *corpo da mensagem*) quando o HTTP é o protocolo de troca de mensagens. As solicitações GET e DELETE geralmente não contêm corpos, mas as respostas para essas solicitações sim. POSTs, PUTs e PATCHs HTTP costumam ter corpos de solicitação e resposta, mas também podem definir um ou mais parâmetros de caminho, consulta, cabeçalho e *cookies*. Em um contexto WSDL/SOAP, podemos interpretar essa questão de *design* como as partes da mensagem SOAP que devem ser organizadas e quais tipos de dados devem ser usados para definir os elementos do esquema XML correspondentes. gRPC Protocol Buffers e GraphQL fornecem conceitos parecidos para especificar as mensagens, requerendo decisões de granularidade semelhantes.

Os quatro padrões nesta seção respondem as duas questões de forma diferente. Um PARÂMETRO ATÔMICO descreve dados simples, como textos e números, e uma LISTA DE PARÂMETROS ATÔMICOS agrupa vários desses parâmetros elementares. As ÁRVORES DE PARÂMETROS fornecem aninhamento (de átomos e outras árvores), e uma FLORESTA DE PARÂMETROS agrupa vários parâmetros das árvores no nível superior de uma mensagem. O mapa de padrões na Figura 4.11 mostra os quatro padrões e suas relações.

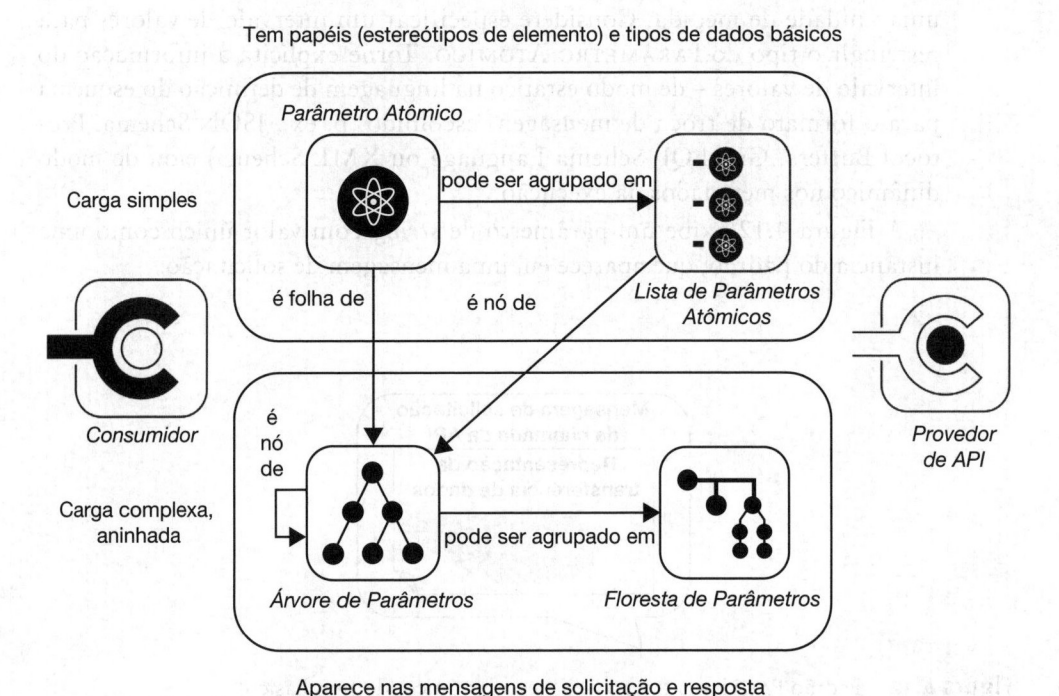

Figura 4.11 Padrões para estruturar mensagens e seus elementos de representação.

Padrão: PARÂMETRO ATÔMICO

Conhecidos das linguagens de programação, os tipos básicos são a unidade mais simples de transmissão nas trocas de mensagens entre clientes e provedores de API (de todos os tipos de visibilidade e integração apresentados antes nesta seção).

De que forma os dados simples e não estruturados (p. ex., *string*, valor booleano ou bloco de dados binários) podem ser trocados entre cliente e provedor de API?

Defina um único parâmetro ou elemento de corpo. Escolha um tipo básico no sistema de tipos do formato de troca de mensagens escolhido. Se justificado pelo uso no lado do destinatário, identifique esse PARÂMETRO ATÔMICO com um nome. Documente o nome (se houver), o tipo, a cardinalidade e a opção na DESCRIÇÃO DA API.

Decida se o átomo tem valor único ou de conjunto. Descreva o significado dos valores transportados, pelo menos informalmente, incluindo, por exemplo, uma unidade de medida. Considere especificar um intervalo de valores para restringir o tipo do PARÂMETRO ATÔMICO. Torne explícita a informação do intervalo de valores – de modo estático na linguagem de definição do esquema para o formato de troca de mensagens escolhido (p. ex., JSON Schema, Protocol Buffers, GraphQL Schema Language ou XML Schema) e/ou de modo dinâmico nos metadados da execução.

A Figura 4.12 exibe um parâmetro de *string* com valor único como uma instância do padrão, que aparece em uma mensagem de solicitação.

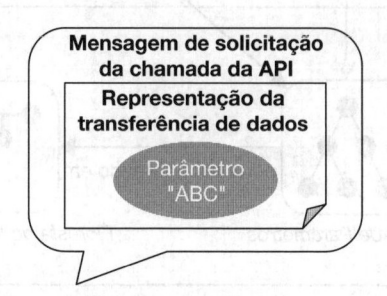

Figura 4.12 Padrão PARÂMETRO ATÔMICO: escalar único (do tipo básico).

No caso de exemplo da Lakeside Mutual, os PARÂMETROS ATÔMICOS podem ser encontrados em todas as operações da API, como aquelas que lidam com serviços relativos às informações dos clientes. O primeiro exemplo é um valor único:

```
"city":Data<string>
```

A notação desse exemplo é a linguagem de microsserviços específica de domínio ([MDSL, *microservice domain-specific language*]; ver o Apêndice C para uma introdução). Na API da aplicação Núcleo do Cliente na Lakeside Mutual, esses parâmetros podem ser usados para recuperar a cidade (*city*) de um cliente:

```
curl -X GET --header 'Authorization: Bearer b318ad736c6c844b' \
http://localhost:8110/customers/gktlipwhjr?fields=city
{
    "customers": [{
      "city": "St. Gallen",
      "_links": {
        "self": {
          "href": "/customers/gktlipwhjr?fields=city"
        },
        "address.change": {
          "href": "/customers/gktlipwhjr/address"
        }
      }
    }],
    ...
}
```

Observe que `city` não é o único PARÂMETRO ATÔMICO no exemplo. O identificador do cliente `gktlipwhjr` no caminho da URI também se qualifica como tal.

Os parâmetros atômicos podem vir como coleções de tipos básicos, o que é expresso tornando-se o átomo um conjunto de valores *, como mostrado no seguinte exemplo MDSL:

```
"streetAddress":D<string>*
```

Uma instância JSON da definição anterior é

```
{ "streetAddress": [ "sampleStreetName1", "sampleStreetName2"]}
```

Os PARÂMETROS ATÔMICOS aparecem em todas as definições de operação e seus componentes do esquema. O Apêndice B apresenta uma especificação OpenAPI do caso Lakeside Mutual.

Detalhes

Nomes do domínio ao qual a API pertence com significado claro tornam a API compreensível para os desenvolvedores dos clientes e para as partes interessadas não técnicas. Cada átomo pode ter uma cardinalidade exatamente um, mas também pode ser opcional (cardinalidade zero ou um), conjunto de valores (pelo menos um) ou ambos (zero ou mais). Os dados binários podem precisar ser codificados, por exemplo, em Base64 (Josefsson, 2006).

Note que os textos e os números que viajam nos PARÂMETROS ATÔMICOS podem ser estruturados internamente, como no caso em que uma *string* precisa corresponder a determinada expressão regular ou é uma coleção de entradas estruturadas de forma idêntica (como as linhas no formato CSV). No entanto, essa estrutura não é algo com o qual o provedor e o cliente de API lidam durante a serialização e a desserialização. O preparo e o processamento dos dados válidos permanecem sendo responsabilidade da aplicação que contém o cliente de API e da implementação da API no lado do provedor. A DESCRIÇÃO DA API pode definir certo intervalo de valores e regras de validação, mas, normalmente, a imposição dessas regras não faz parte do contrato de interoperabilidade, sendo uma tarefa do nível da implementação (como explicado antes). Perceba que essa abordagem de "túnel" às vezes é vista como um antipadrão, porque desvia das ferramentas de serialização/desserialização e do *middleware*; essa abordagem pode parecer conveniente, mas introduz um risco técnico e, possivelmente, ameaças de segurança.

Os PARÂMETROS ATÔMICOS costumam desempenhar determinados papéis em uma mensagem de solicitação ou resposta. O Capítulo 6 destaca quatro desses papéis, na seção "Estereótipos dos elementos": ELEMENTO DE DADOS, ELEMENTO DE METADADOS, ELEMENTO ID e ELEMENTO DE *LINK* do domínio.

Padrão:
LISTA DE PARÂMETROS ATÔMICOS

Às vezes, um único PARÂMETRO ATÔMICO não é expressivo o suficiente. Dois ou mais podem ter fortes laços semânticos ou o conteúdo de uma mensagem de solicitação ou resposta pode precisar de várias partes que valem a pena diferenciar do ponto de vista de um cliente de API, um provedor de API ou intermediário.

> De que forma vários PARÂMETROS ATÔMICOS relacionados podem ser combinados em um elemento de representação para que cada um permaneça simples, mas sua relação fique explícita na DESCRIÇÃO DA API e nas trocas de mensagens durante a execução?
>
> Agrupe dois ou mais elementos de dados simples e não estruturados em um único elemento de representação coeso para definir uma LISTA DE

Parâmetros Atômicos contendo múltiplos Parâmetros Atômicos. Identifique seus itens pela posição (índice) ou por uma chave de *string*/valor. Também identifique a Lista de Parâmetros Atômicos como um todo com um nome próprio para ela, se isso for necessário para processá-la no destinatário. Especifique quantos elementos são necessários e podem aparecer.

A Lista de Parâmetros Atômicos como um todo, mas também seus elementos, pode ser opcional ou um conjunto de valores. Essas propriedades devem ser expressas como cardinalidades na Descrição da API.

A Figura 4.13 mostra uma aplicação do padrão em uma mensagem de solicitação. A representação de transferência dos dados na figura tem três entradas do Parâmetro Atômico.

No caso Lakeside Mutual, uma Lista de Parâmetros Atômicos pode representar os endereços do cliente (notação MDSL):

```
data type AddressRecord (
  "streetAddress":D<string>*,
  "postalCode":D<int>?,
  "city":D<string>
)
```

O `streetAddress` é um conjunto de valores, indicado pelo asterisco `*`. O `postalCode` é marcado como opcional neste exemplo, indicado pelo ponto de interrogação `?`.

Uma representação JSON dos dados de amostra que segue essa definição é

```
{
  "street": ["sampleStreetName"],
  "postalCode": "42",
  "city": "sampleCityName"
}
```

Revisitando o exemplo Núcleo do Cliente no Parâmetro Atômico, pode ser necessário especificar vários campos na solicitação. Nesse caso, um único parâmetro `fields=city,postalCode`, que é uma Lista de Parâmetros

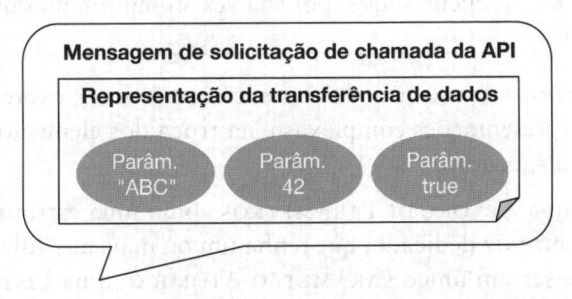

Figura 4.13 Padrão Lista de Parâmetros Atômicos: átomos agrupados.

Atômicos, permite que o cliente de API indique que deseja que o provedor inclua certos (mas não todos) campos na resposta:

```
curl -X GET --header 'Authorization: Bearer b318ad736c6c844b' \
http://localhost:8110/customers/gktlipwhjr?\
fields=city,postalCode
```

O cliente não identifica os campos individuais por uma chave, mas pela posição na solicitação GET. O provedor itera a lista para decidir se deve ou não incluir um campo na resposta. Isso, na verdade, é a essência de um padrão de qualidade da API chamado LISTA DE DESEJOS (apresentado no Capítulo 7).

Detalhes

O conselho de *design* para os PARÂMETROS ATÔMICOS únicos se aplica também nessa situação, como no caso em que os parâmetros precisam receber nomes que tenham significado claro e sigam uma padronização, e em que os nomes escolhidos precisam fazer parte do vocabulário do domínio. A ordem dos átomos na lista deve ser lógica e expressar a proximidade dos elementos para melhorar a legibilidade por humanos. A DESCRIÇÃO DA API deve fornecer exemplos representativos para as combinações permitidas (instâncias de listas válidas).

Algumas plataformas não permitem que os participantes da comunicação enviem vários escalares em um tipo de mensagem particular. Por exemplo, muitas linguagens de programação permitem apenas um valor de retorno ou um objeto em uma mensagem de resposta; os mapeamentos padrão dessas linguagens para os esquemas JSON e XML seguem essa convenção (p. ex., JAX-RS e JAX-WS em Java). O padrão não pode ser usado nesse caso – uma ÁRVORE DE PARÂMETROS tem a expressividade necessária.

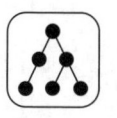

Padrão: ÁRVORE DE PARÂMETROS

Listar elementos básicos da representação em uma LISTA DE PARÂMETROS ATÔMICOS plana que, por definição, contém apenas PARÂMETROS ATÔMICOS simples, muitas vezes não é suficiente – por exemplo, ao publicar dados de domínio avançados, como um pedido que contém itens de compra ou produtos que são vendidos a muitos clientes (que, por sua vez, compram muitos produtos).

De que forma as relações de contenção podem ser expressas na definição de representações complexas e na troca dos elementos relacionados durante a execução?

Defina uma ÁRVORE DE PARÂMETROS como uma estrutura hierárquica com um nó-raiz dedicado, que tenha um ou mais nós-filhos. Cada nó-filho pode ser um único PARÂMETRO ATÔMICO, uma LISTA DE PARÂMETROS ATÔMICOS ou outra ÁRVORE DE PARÂMETROS, e ser identificado localmente por um nome e/ou posição. Cada nó pode ter uma cardinalidade exatamente um, mas também ter uma cardinalidade zero ou um, uma cardinalidade pelo menos um e uma cardinalidade zero ou mais.

Note que o padrão é definido recursivamente para produzir as estruturas aninhadas desejadas. Nas APIs HTTP, os objetos JSON aninhados fornecem a estrutura de árvore expressa por esse padrão. Os nós da árvore com conjunto de valores podem ser representados com *arrays* JSON contendo objetos JSON correspondentes aos nós.

A Figura 4.14 mostra o padrão conceitualmente.

No caso Lakeside Mutual, as ÁRVORES DE PARÂMETROS podem ser encontradas em várias operações da API que lidam com dados de clientes e de contratos. Pegando o exemplo da Figura 4.1 no início deste capítulo, um exemplo de aninhamento em dois níveis é o seguinte (veja que AddressRecord no exemplo já foi definido como uma LISTA DE PARÂMETROS ATÔMICOS acima):

```
data type MoveHistory {
  "from":AddressRecord, "to":AddressRecord, "when":D<string>
}
data type CustomerWithAddressAndMoveHistory {
  "customerId":ID<int>,
  "addressRecords":AddressRecord+, // um ou mais
  "moveHistory":MoveHistory*       // referência do tipo, coleção
}
```

Essa definição de dados MDSL CustomerWithAddressAndMoveHistory pode produzir a seguinte estrutura de *array* de objetos JSON durante a execução:

```
{
  "customerId": "111",
  "addressRecords": [{
    "street": "somewhere1",
    "postalCode": "42",
  "city": "somewhere2"
  }],
```

Figura 4.14 Padrão ÁRVORE DE PARÂMETROS: dois *versus* um nível de aninhamento

```
    "moveHistory": [{
      "from": {
        "street": "somewhere3",
        "postalCode": "44",
        "city": "somewhere4"
      },
      "to": {
        "street": "somewhere1",
        "postalCode": "42",
        "city": "somewhere2"
      },
      "when": "2022/01/01"
    }]
}
```

O *site* MDSL[6] fornece mais exemplos.

Detalhes

Se a estrutura do(s) elemento(s) do modelo de domínio representados como parâmetros é hierárquica ou associativa (com relações 1:1, como visão geral e detalhes do cliente, ou relações *n:m*, como os clientes comprando produtos), então usar a ÁRVORE DE PARÂMETROS é uma escolha natural e boa para a compreensão quando comparada com outras opções, tais como representar a estrutura complexa em uma lista plana. Se dados adicionais (como informações de segurança) precisarem ser transmitidos com a mensagem, a natureza hierárquica de uma ÁRVORE DE PARÂMETROS poderá separar estruturalmente os dados adicionais dos parâmetros do domínio, sendo bem adequada para este caso de uso (REPRESENTAÇÃO CONTEXTUAL, Capítulo 6).

As ÁRVORES DE PARÂMETROS são mais complexas de processar do que os átomos, e a largura de banda pode ser desperdiçada durante a transferência de mensagens se elas contiverem elementos desnecessários ou um número excessivo de níveis de aninhamento. Mas, se a estrutura que precisa ser transferida for uma hierarquia profunda, elas normalmente são mais eficientes no processamento e no uso da largura de banda do que enviar várias mensagens com estruturas mais simples. As ÁRVORES DE PARÂMETROS introduzem o risco de, por vezes, informações desnecessárias e/ou mais informações da(s) estrutura(s) serem compartilhadas entre o cliente e o provedor de API, por exemplo, quando a opção da informação não está definida explicitamente. Isso pode não ser o ideal no que diz respeito à autonomia do formato como uma faceta do baixo acoplamento.

Observe a definição recursiva do padrão. Ao aplicar o padrão, por exemplo, ao definir um esquema JSON para o corpo de uma solicitação HTTP POST, usar tais definições recursivas pode ser elegante (e às vezes não pode ser

---

[6] https://microservice-api-patterns.github.io/MDSL-Specification/datacontract

evitado). As escolhas e as opções de nós dão aos processadores de construção de árvores uma chance de terminarem. No entanto, mesmo assim, essas definições recursivas também podem levar a grandes cargas de mensagens, que forçam as ferramentas e os serializadores em tempo de execução, como o Jackson (ou até mesmo os paralisa).

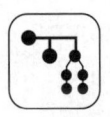

Padrão:
Floresta de Parâmetros

Assim como os Parâmetros Atômicos podem formar Listas de Parâmetros Atômicos, as Árvores de Parâmetros também podem ser montadas em grupos. Isso é útil apenas no nível superior do cabeçalho ou da carga de uma mensagem de solicitação ou resposta.

De que forma várias Árvores de Parâmetros podem ser expostas como uma carga de solicitação ou resposta de uma operação da API?

Defina uma Floresta de Parâmetros que inclua duas ou mais Árvores de Parâmetros. Localize os membros da floresta por posição ou nome.

A Figura 4.15 ilustra o padrão.

As Árvores de Parâmetros na floresta são acessadas pela posição ou pelo nome. Diferentemente das árvores que podem conter outras árvores, as Florestas de Parâmetros não podem conter outras florestas.

```
data type CustomerProductForest [
  "customers": { "customer":CustomerWithAddressAndMoveHistory }*,
  "products": { "product":ID<string> }
]
```

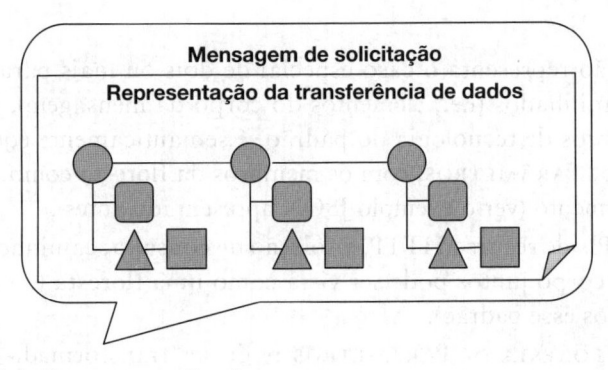

Figura 4.15 Padrão Floresta de Parâmetros.

A renderização JSON dessa especificação é muito semelhante à de uma árvore de mesma estrutura:

```
{
    "customers": [{
      "customer": {
        "customerId": "42",
        "addressRecords": [{
          "street": "someText",
          "zipCode": "42",
          "city": "someText"
        }],
        "moveHistory": []
    }}],
    "products": [{ "product": "someText" }]
}
```

No entanto, uma interface Java do serviço revela a pequena diferença na assinatura da operação:

```
public interface CustomerInformationHolder {
    boolean uploadSingleParameter(
        CustomerProductForest newData);
    boolean uploadMultipleParameters(
        List<Customer> newCustomer, List<String> newProducts);
}
```

O método `uploadSingleParameter` usa uma única classe `CustomerProductForest` como sua entrada (contendo árvores de clientes e produtos), já `uploadMultipleParameters` trabalha com dois parâmetros, do tipo `List<Customer>` e `List<String>`. Note que o último pode ser facilmente refatorado para o primeiro.

Detalhes

Esse padrão representa o caso especial de dois ou mais parâmetros de nível superior aninhados (i.e., elementos do corpo da mensagem). Na maioria dos mapeamentos de tecnologia do padrão, é semanticamente equivalente a uma ÁRVORE DE PARÂMETROS, com os membros da floresta como o primeiro nível de aninhamento (ver o exemplo JSON apresentado antes).

Nas APIs de recurso HTTP, a coleção de consulta, caminho, parâmetros de *cookies* e corpo juntos pode ser vista como uma floresta (e é uma das razões para termos esse padrão).

Uma FLORESTA DE PARÂMETROS pode ser transformada em uma ÁRVORE DE PARÂMETROS com a introdução de um nó-raiz "artificial". Do mesmo modo, as LISTAS DE PARÂMETROS ATÔMICOS e as ÁRVORES DE PARÂMETROS planas são equivalentes. Portanto, ÁRVORES DE PARÂMETROS recursivas e PARÂMETROS ATÔMICOS como nós-folhas seriam suficientes para representar arbitrariamente as estruturas de dados complexos. Pode-se imaginar o mérito de ter quatro padrões distintos em vez de dois. Decidimos apresentar quatro opções de *design* como padrão para possibilitar a modelagem das complexidades das várias tecnologias, como HTTP, WSDL/SOAP, gRPC etc. – sem ocultar suas diferenças conceituais e perder o aspecto geral.

Resumo dos padrões básicos de estrutura

A parte dos dados no contrato de API, estabelecido pelas estruturas de carga das mensagens de solicitação e resposta, contribui (ou prejudica) diretamente a experiência do desenvolvedor. Qualidades como interoperabilidade e manutenção estão em jogo. O Capítulo 1 faz uma análise mais profunda destas e muitas outras qualidades desejadas (e desafios de *design*).

O uso dos padrões resulta em definições de esquema independentes de plataforma que correspondem ao esquema JSON (como usado em OpenAPI), às especificações Protocol Buffer ou à linguagem de esquema GraphQL (consulte a Tabela 4.2).

Tabela 4.2 Padrões básicos de estrutura e seus usos conhecidos

Tema	Padrão	JSON	XML, Esquema XML	Protocol Buffers	GraphQL
Dados simples	PARÂMETRO ATÔMICO (um valor)	Tipos básicos/ primitivos	Tipos simples	Tipos de valor escalar	Tipos de escalar
Mapa/ registro	LISTA DE PARÂMETROS ATÔMICOS	Objeto {...}, sem incluir outros objetos	Sequência de tamanho 1, referenciando tipos predefinidos ou personalizados	Tipos aninhados	Definições `input` e `type`
Aninhamento	ÁRVORE DE PARÂMETROS	Objetos incluindo outros objetos {... {...} ...}	Tipos complexos	Mensagem referenciando outras mensagens	Definições `input` e `type` referenciando outras
Grupo de elementos aninhados	FLORESTA DE PARÂMETROS	*Array* de alto nível de objetos	Pode ser modelado em WSDL (mas não usado na prática)	n/d	n/d
Coleção	Variante de outros padrões (átomos, árvores)	*Array* [...]	`maxOccurs= "unbounded"`	*flag* `repeated`	*Array* [...]

As Árvores de Parâmetros planas e as Listas de Parâmetros Atômicos podem ser mapeadas para os parâmetros do caminho ou a *string* de consulta de uma URI, por exemplo, via serialização "deepObject" (OpenAPI, 2022). Isso fica mais difícil ou pode até ser impossível para as árvores profundamente aninhadas. De acordo com a Especificação OpenAPI, o "comportamento de objetos e *array*s aninhados é indefinido".

Todos os quatro elementos básicos da estrutura podem ser usados e combinados para criar Elementos de Metadados, Elementos ID e Elementos de *Link* como variações dos Elementos de Dados de uso geral (padrões no Capítulo 6). As Entidades Incorporadas costumam vir como Árvores de Parâmetros, e os Detentores da Informação Vinculada usam as Listas de Parâmetros Atômicos para definir o destino do *link* (Capítulo 7). Um Identificador de Versão geralmente é um Parâmetro Atômico (Capítulo 8).

Como opção, informações da proveniência dos dados podem ser fornecidas na Descrição da API. Tais informações podem incluir entidades, pessoas e processos envolvidos na produção dos elementos de representação; as origens dos dados; e por onde os dados se movem ao longo do tempo. Note que tais informações podem aumentar o acoplamento, porque o destinatário da mensagem pode começar a interpretar e depender delas, dificultando a alteração da API. Os estereótipos do elemento no Capítulo 6 descrevem como adicionar esta e outras informações semânticas aos elementos de representação: Elemento de Metadados, Elemento ID e Elemento de *Link*.

O Capítulo 3 aborda os quatro padrões básicos de estrutura apresentados nesta seção, com seus pares de problema e solução.

Resumo

Nesse capítulo, estabelecemos o escopo da nossa linguagem de padrões, introduzimos sua organização e discutimos os possíveis caminhos de navegação. Também introduzimos cinco padrões fundamentais e quatro padrões básicos de estrutura não abordados em profundidade mais adiante no livro.

Os padrões apresentam soluções comprovadas para os problemas de *design* comumente encontrados ao especificar, implementar e manter as APIs baseadas em mensagens. Para facilitar a navegação, os padrões são agrupados por fase do ciclo de vida, escopo e categoria de *design*. Cada padrão apresentado nos próximos capítulos é descrito seguindo um modelo comum, progredindo do contexto e do problema para a solução e o exemplo, até a discussão e os padrões relacionados.

Os blocos de construção básicos da nossa linguagem de padrões foram introduzidos neste capítulo, começando com a API Pública para a Integração de *Front-End* até a API da Comunidade e a API de Solução Interna para a Integração de *Front-End* e a Integração de *Back-End* para as estruturas de mensagens planas e aninhadas, incluindo os Parâmetros Atômicos e as Árvores de Parâmetros.

Uma vez decidido o tipo de API a construir e onde exibi-lo, os *endpoints* e suas operações podem ser identificados. Atribuir os papéis do *endpoint* e as responsabilidades da operação ajuda nesse sentido, e esse é o tópico do Capítulo 5. O *design* da mensagem e do contrato de dados continua no Capítulo 6. Detentor da Informação Vinculada e Entidade Incorporada são mais dois dos 44 padrões deste livro – eles serviram como exemplos no início desse capítulo e voltaremos a eles no Capítulo 7.

Capítulo 5
Definição dos tipos de *endpoints* e das operações

O *design* da API afeta não apenas a estrutura das mensagens de solicitação e resposta, abordada no Capítulo 4, "Introdução à linguagem de padrões". É igualmente ou até mais importante posicionar os *endpoints* da API e suas operações na arquitetura do sistema distribuído em construção – os termos *endpoints* e *operações* foram introduzidos no modelo de domínio da API, no Capítulo 1, "Fundamentos da interface de programação de aplicações (API)". Se o posicionamento é feito sem cuidado, com pressa ou simplesmente não é feito, a implementação do provedor de API corre o risco de ser difícil de escalar e manter, quando inconsistências começarem a degradar a integridade conceitual. Os desenvolvedores dos clientes de API também podem achar difícil aprender e utilizar as APIs, que ficam confusas nesses casos.

Os padrões de arquitetura apresentados neste capítulo têm um papel central em nossa linguagem de padrões. Seu objetivo é conectar as atividades de identificação do *endpoint* de alto nível com um *design* detalhado das operações e das representações das mensagens. Utilizamos uma abordagem orientada a papéis e responsabilidades para essa transição. Conhecer os papéis técnicos dos *endpoints* da API e as responsabilidades de gerenciamento do estado de suas operações permite que os *designers* de API justifiquem decisões mais detalhadas no futuro e também ajuda no gerenciamento da API durante a execução (p. ex., o planejamento da capacidade da infraestrutura).

Este capítulo corresponde à fase Definir do processo ADDR (Alinhar–Definir–Desenhar–Refinar), descrito na introdução da Parte II do livro. Você não precisa estar familiarizado com o ADDR para aplicar os padrões.

Introdução aos papéis e às responsabilidades da API

As atividades de ideação no nível do negócio geralmente produzem coleções de *endpoints de API candidatos*. Esses produtos iniciais de *design* costumam começar nas metas de projeto da API, expressas como histórias de usuário (de várias formas), resultados do *event storming* ou cenários de colaboração (Zimmermann, 2021b). Quando a realização da API começa, essas interfaces candidatas precisam ser definidas com mais detalhes. Os *designers* de API buscam um equilíbrio apropriado entre as preocupações de arquitetura, como a granularidade dos serviços expostos pela API (pequena e específica *versus* grande e universal) e o grau de acoplamento entre as implementações dos clientes e dos provedores de API (o menor possível, o maior necessário).

Os requisitos de *design* de API são diversos. Como explicado antes, os objetivos oriundos das atividades no nível do negócio são uma fonte primária de entrada, mas não a única. As regras de governança externas e as restrições impostas pelos sistemas de *back-end* existentes, por exemplo, também devem ser levadas em conta. Como consequência, os papéis arquiteturais das APIs nas aplicações e nos ecossistemas de serviços diferem muitíssimo. Às vezes, os clientes de API só querem informar o provedor sobre um incidente ou entregar alguns dados; outras vezes, eles procuram os dados no lado do provedor para continuar seu processamento. Ao responder às solicitações de clientes, os provedores podem simplesmente retornar um elemento de dados já disponível ou podem executar etapas de processamento bem complexas (incluindo chamadas para outras APIs). Um processamento no lado do provedor, simples ou complexo, pode mudar o estado do provedor, outro pode deixar esse estado como está. As chamadas para as operações da API podem ou não fazer parte dos cenários complexos de interação e conversas. Por exemplo, processos de negócio de longa duração, como compras *on-line* e gerenciamento dos sinistros de seguros, envolvem interações complexas entre as várias partes.

A granularidade das operações varia muito. Operações de API pequenas são fáceis de escrever, mas pode haver muitas delas, compostas com suas chamadas coordenadas ao longo do tempo. Algumas operações de API grandes podem ser independentes e autônomas, mas difíceis de configurar, testar e evoluir. O gerenciamento das operações durante a execução de muitas unidades pequenas também difere do gerenciamento de poucas unidades grandes – é preciso abrir mão ou de flexibilidade ou de eficiência no processo.

Os *designers* de API precisam decidir como dar às operações um significado de negócio (um princípio nas arquiteturas orientadas a serviços [Zimmermann, 2017]). Eles também precisam decidir se e como gerenciar o estado. Uma operação pode simplesmente retornar uma resposta calculada, mas também pode ter um efeito mutacional permanente nos armazenamentos de dados no lado do provedor.

Em resposta a esses desafios, os padrões deste capítulo lidam com a semântica do *endpoint* e da operação no *design* e no uso da API. Eles modelam o papel arquitetural dos *endpoints* da API (ênfase nos dados ou na atividade?) e as responsabilidades das operações (comportamento de leitura e/ou gravação?).

Desafios e qualidades desejadas

O *design* dos *endpoints* e das operações, expresso no contrato de API, influencia diretamente a experiência do desenvolvedor em termos de função, estabilidade, facilidade de uso e clareza.

- **Precisão**: chamar uma API em vez de implementar suas próprias funcionalidades requer certa confiança de que a operação chamada entregará corretamente os resultados de forma confiável. Nesse contexto, precisão significa a correção funcional da implementação da API no que diz respeito ao seu contrato. Tal precisão certamente ajuda a construir confiança. Uma funcionalidade crítica merece atenção especial. Quanto mais importante é o funcionamento correto de um processo de negócio e suas atividades, mais esforço deve ser empregado em seu *design*, desenvolvimento e operações. Precondições, invariantes e pós-condições das operações no contrato de API comunicam o que clientes e provedores esperam uns dos outros em termos de conteúdo da mensagem de solicitação e resposta.

- **Distribuição de controle e autonomia**: quanto mais trabalho é distribuído, mais processamento paralelo e especialização tornam-se possíveis. No entanto, a distribuição de responsabilidades e a propriedade compartilhada das instâncias dos processos de negócio exigem coordenação e consenso entre cliente e provedor de API. As garantias de integridade precisam ser definidas, e o término consistente da atividade deve ser planejado. Quanto menor e mais autônomo for o *endpoint*, mais fácil fica gravá-lo de novo – no entanto, muitas unidades pequenas geralmente têm muitas dependências entre si, tornando uma atividade de nova gravação isolada e arriscada. Pense na especificação das precondições e das pós-condições, no teste de ponta a ponta e no gerenciamento da conformidade.

- **Escalabilidade, desempenho e disponibilidade**: as APIs críticas e suas operações normalmente têm Acordos de Nível de Serviço exigentes junto com a Descrição da API. Dois exemplos de componentes críticos são os algoritmos de *day trading* (negociação diária) em uma bolsa de valores e o processamento de pedidos e cobrança em uma loja *on-line*. Um requisito de disponibilidade 24 horas por dia, 7 dias por semana (24/7) é um exemplo de meta de qualidade altamente exigente, muitas vezes irreal. Os processos de negócio com muitas instâncias concorrentes, implementadas de forma distribuída e envolvendo um grande número de clientes de API e várias chamadas para operações, podem ser tão bons quanto o componente mais fraco nesse aspecto. Os clientes de API esperam que os tempos de resposta de suas chamadas de operações fiquem na mesma ordem de magnitude quando o número de clientes e solicitações aumenta. Caso contrário, começam a questionar a confiabilidade da API.

Avaliar as consequências da falha ou da indisponibilidade é uma tarefa de análise e *design* na engenharia de *software*, mas também uma atividade da liderança empresarial e do gerenciamento de risco. Um *design* de API expondo os processos de negócio e suas atividades pode facilitar a recuperação de falhas, mas também dificultar. Por exemplo, as APIs podem fornecer operações de compensação que desfazem o trabalho realizado pelas chamadas anteriores para a mesma API; no entanto, uma falta de clareza arquitetural e coordenação das solicitações também pode levar a um estado inconsistente da aplicação nos clientes e nos provedores de API.

- **Gerenciamento:** embora seja possível planejar as qualidades da execução, como desempenho, escalabilidade e disponibilidade, apenas rodar o sistema revelará se o *design* e a implementação da API são adequados. Monitorar a API e seus serviços expostos é fundamental para determinar sua adequação e o que pode ser feito para resolver as incompatibilidades entre os requisitos declarados e o desempenho, a escalabilidade e a disponibilidade observados. O monitoramento dá suporte a disciplinas de gerenciamento como falha, configuração, responsabilidade, desempenho e gerenciamento da segurança.

- **Consistência e atomicidade:** as atividades de negócio devem ter uma semântica "tudo ou nada". Assim que sua execução é concluída, o provedor de API encontra-se em um estado consistente. No entanto, a execução da atividade de negócio pode falhar, os clientes podem optar por abortar ou *compensar* explicitamente (nesse caso, compensação refere-se a uma operação desfazer no nível da aplicação ou outra operação de acompanhamento que redefine o estado da aplicação no lado do provedor para um estado válido).

- **Idempotência:** é outra propriedade que influencia ou até orienta o *design* de API. Uma operação de API é idempotente se várias chamadas para ela (com a mesma entrada) retornam a mesma saída e, para as operações com estado, têm o mesmo efeito sobre o estado da API. A idempotência ajuda a lidar com os erros de comunicação, permitindo uma retransmissão da mensagem simples.

- **Auditoria:** a conformidade com o modelo do processo de negócio é assegurada por verificações de auditoria realizadas por grupos de gerenciamento de risco nas empresas. Todas as APIs que expõem a funcionalidade e estão sujeitas à auditoria devem ter suporte para tais auditorias e implementar *controles* relacionados para que seja possível monitorar a execução das atividades de negócio com *logs* que não podem ser adulterados. Atender aos requisitos de auditoria é uma preocupação de *design*, mas também influencia muito o gerenciamento dos serviços durante a execução. O artigo "Compliance by Design – Bridging the Chasm between Auditors and IT Architects", por exemplo, apresenta os controles de conformidade CAVR (Completude, Acurácia, Validade, Restrição de Acesso) e sugere como realizar tais controles, por exemplo, nas arquiteturas orientadas a serviços (Julisch, 2011).

Padrões deste capítulo

Resolver os desafios de *design* anteriores é uma tarefa complexa – existem muitas táticas e padrões de *design*. Muitos já foram publicados (p. ex., nos livros que listamos no prefácio). Nesta seção, apresentamos padrões que modelam as características arquiteturais importantes dos *endpoints* e das operações da API. Isso simplifica e agiliza a aplicação dessas outras táticas e padrões.

Algumas questões de arquitetura que um *design* de API precisa responder dizem respeito à entrada das operações:

> *O que o provedor de API pode e deve esperar dos clientes? Por exemplo, quais são as precondições em relação à validade e à integridade dos dados? Uma chamada de operação implica na transferência do estado?*

A saída produzida pelas implementações da API ao processar as chamadas para as operações também requer atenção:

> *Quais são as pós-condições da operação? O que o cliente de API pode esperar do provedor quando envia uma entrada que atende às precondições? Uma solicitação atualiza o estado do provedor?*

Em um exemplo de compras *on-line*, o *status* do pedido pode ser atualizado e obtido nas chamadas da API subsequentes, com a confirmação do pedido contendo todos (e apenas) os produtos comprados.

Diferentes tipos de APIs lidam com essas questões de forma variada. Uma decisão importante é se o *endpoint* deve ter uma semântica orientada a atividades ou a dados. Portanto, introduzimos dois *papéis de endpoint* neste capítulo. Esses *endpoints* correspondem aos seguintes papéis na arquitetura:

- O padrão **Recurso do Processamento** pode ajudar a realizar os *endpoints* da API orientados a atividades.
- Os *endpoints* da API orientados a dados são representados pelos **Recursos do Detentor da Informação**.

A seção "Papéis do *endpoint*" inclui o Recurso do Processamento e o Recurso do Detentor da Informação. Existem tipos especializados de Recursos do Detentor da Informação. Esse é o caso do Recurso de Transferência de Dados, que suporta APIs orientadas à integração, e do Recurso de Pesquisa de Links, que tem um papel de diretório. Os Detentores dos Dados Operacionais, os Detentores dos Dados Mestres e os Detentores dos Dados de Referência diferem em relação às características dos dados expostos em termos de tempo de vida dos dados, relação e mutabilidade.

As quatro *responsabilidades de operação* encontradas nesses *endpoints* são Função de Computação, Operação de Recuperação, Operação de Criação do Estado e Operação de Transição do Estado. Esses tipos são abordados na seção "Responsabilidades da operação". Eles diferem em termos de compromisso do cliente (precondições no contrato de API) e expectativa (pós-condições), bem como seu impacto no estado da aplicação no lado do provedor e a complexidade do processamento.

A Figura 5.1 resume os padrões deste capítulo.

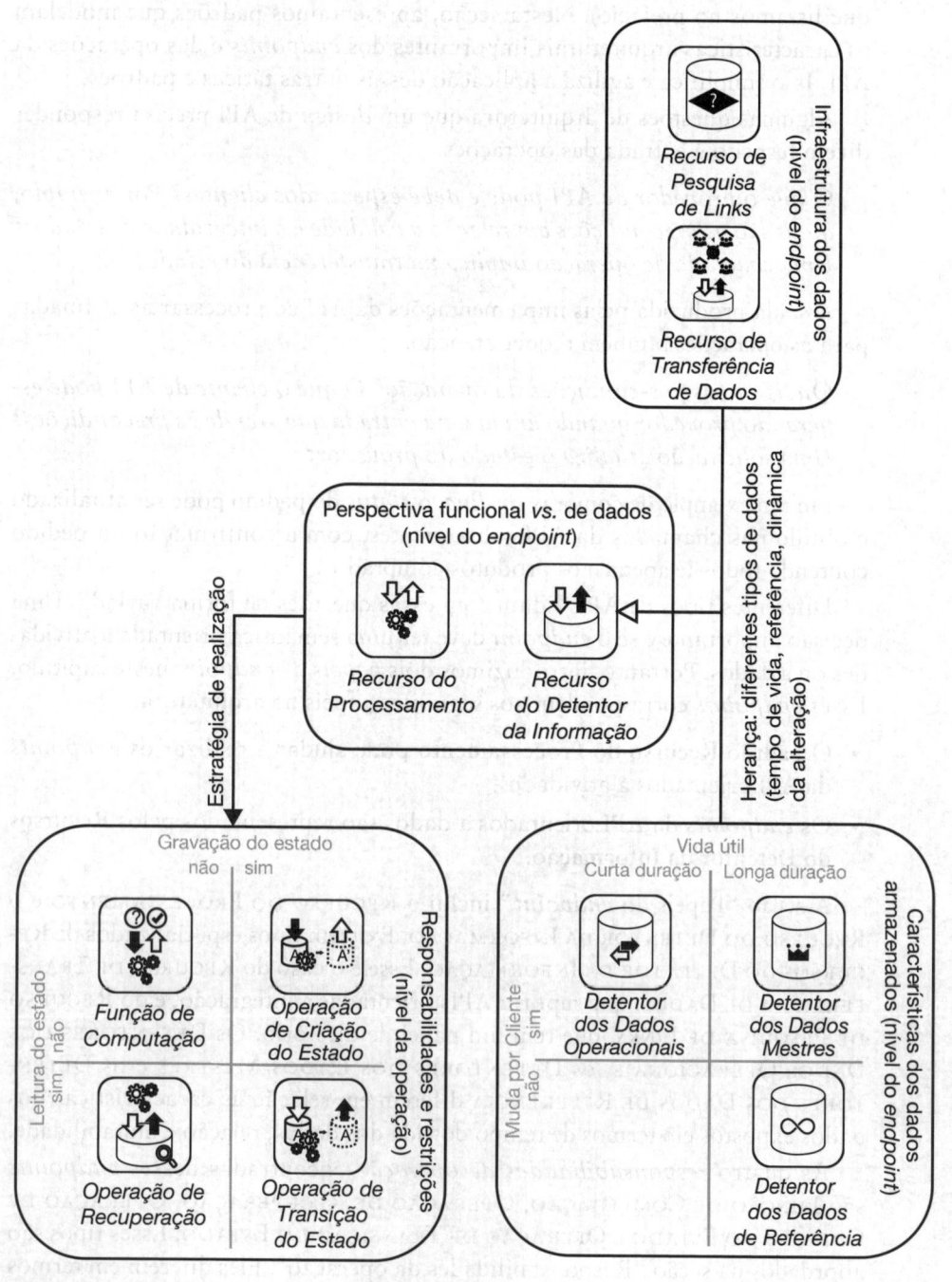

Figura 5.1 Mapa dos padrões deste capítulo (papéis do *endpoint* e responsabilidades das operações).

Papéis do *endpoint* (ou granularidade de serviço)

Refinando o mapa de padrões deste capítulo, a Figura 5.2 mostra os padrões que representam dois papéis gerais do *endpoint* e cinco tipos de detentores da informação.

Os dois papéis gerais do *endpoint* são RECURSO DO PROCESSAMENTO e RECURSO DO DETENTOR DA INFORMAÇÃO. Eles podem expor diferentes operações que são de gravação, leitura, leitura/gravação ou apenas computação. Existem cinco especializações do RECURSO DO DETENTOR DA INFORMAÇÃO, respondendo de forma diferente a seguinte pergunta:

> *De que forma os endpoints da API orientados a dados podem ser classificados por tempo de vida dos dados, estrutura de links e características de mutabilidade?*

Veremos o RECURSO DO PROCESSAMENTO primeiro, depois o RECURSO DO DETENTOR DA INFORMAÇÃO e suas cinco especializações.

Papéis do *endpoint*

Recurso do Processamento
+ stateCreationOperation()
+ retrievalOperation()
+ stateTransitionOperation()
+ computationFunction()

Recurso do Detentor da Informação
+ createInformationHolder()
+ getInformationHolder()
+ updateInformationHolder()
+ deleteInformationHolder()
+ searchInformationHolder()

Tipos de Detentor da Informação

- Detentor dos Dados Operacionais
- Detentor dos Dados Mestres
- Detentor dos Dados de Referência
- Recurso de Pesquisa de *Links*
- Recurso de Transferência de Dados

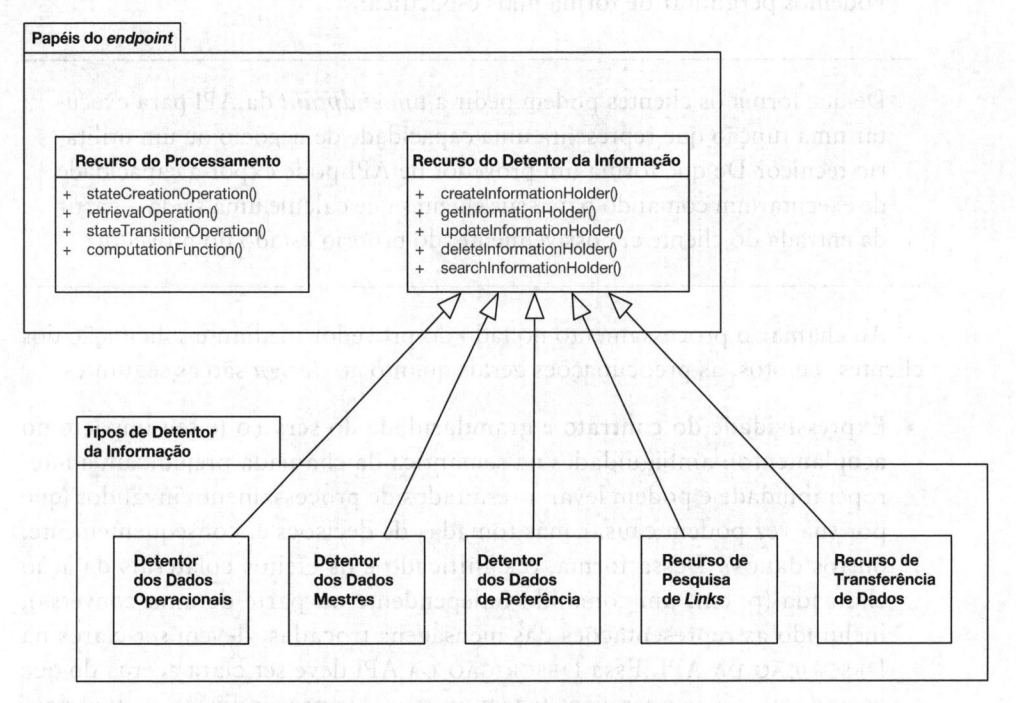

Figura 5.2 Padrões que diferenciam os papéis do *endpoint*.

> **Padrão:**
> **RECURSO DO PROCESSAMENTO**

Quando e por que aplicar

Os requisitos funcionais para uma aplicação foram especificados, por exemplo, na forma de histórias de usuários, casos de uso e/ou modelos de processos de negócio no nível da análise. Uma análise dos requisitos funcionais sugere que algo deve ser computado ou determinada atividade é necessária. Isso não pode ou não deve ser feito localmente – são necessárias APIs de INTEGRAÇÃO DE FRONT-END e/ou BACK-END. Uma lista preliminar de *endpoints* candidatos já pode ter sido coletada.

De que forma um provedor de API pode permitir que seus clientes remotos disparem ações nela?

Tais ações podem ser comandos e cálculos independentes de curta duração (específicos do domínio da aplicação ou utilitários técnicos) ou atividades de longa duração em um processo de negócio, podendo ou não ler e gravar o estado no lado do provedor.

Podemos perguntar de forma mais específica:

De que forma os clientes podem pedir a um *endpoint* da API para executar uma função que representa uma capacidade de negócio ou um utilitário técnico? De que forma um provedor de API pode expor a capacidade de executar um comando para seus clientes que calcule uma saída a partir da entrada do cliente e, possivelmente, do próprio estado do provedor?

Ao chamar o processamento no lado do provedor mediante solicitação dos clientes remotos, as preocupações gerais quanto ao *design* são as seguintes:

- **Expressividade do contrato e granularidade do serviço (e seu impacto no acoplamento):** ambiguidades na semântica da chamada prejudicam a interoperabilidade e podem levar a resultados de processamento inválidos (que por sua vez podem causar más tomadas de decisões e, consequentemente, outros danos). Dessa forma, o significado e os efeitos colaterais da ação chamada (p. ex., um comando independente ou parte de uma conversa), incluindo as representações das mensagens trocadas, devem ser claros na DESCRIÇÃO DA API. Essa DESCRIÇÃO DA API deve ser clara acerca do que os *endpoints* e as operações fazem ou não – as precondições, as invariantes e as pós-condições devem ser especificadas. As mudanças de estado, a idempotência, a transação, a emissão de eventos e o consumo de recursos na implementação da API também devem ser definidos. Nem todas essas propriedades devem ser divulgadas aos clientes de API, mas ainda devem ser descritas na documentação da API interna do provedor.

Os *designers* de API precisam decidir quanta funcionalidade cada *endpoint* da API e suas operações devem expor. Muitas interações simples dão ao cliente muito controle e podem tornar o processamento altamente eficiente, mas também introduzem um esforço de coordenação e desafios de evolução. Poucos recursos avançados da API podem promover qualidades como a consistência, mas podem não se adequar a cada cliente e, por consequência, podem desperdiçar recursos. A precisão da DESCRIÇÃO DA API é tão importante quanto sua implementação.

- **Capacidade de aprendizagem e gerenciamento**: um número excessivo de *endpoints* da API e operações leva a desafios de orientação para os programadores de clientes, os testadores e a equipe de manutenção e evolução da API (que pode ou não incluir os desenvolvedores originais). Torna-se difícil encontrar e escolher os *endpoints* apropriados para um caso de uso em particular. Quanto mais opções disponíveis, mais explicações e suporte à tomada de decisão devem ser dados e mantidos ao longo do tempo.

- **Interoperabilidade semântica**: a interoperabilidade sintática é uma preocupação técnica para os *designers* de *middleware*, protocolo e formato. As partes da comunicação devem chegar a um acordo sobre o significado e o impacto dos dados trocados antes e depois de qualquer operação executada.

- **Tempo de resposta**: tendo chamado a ação remota, o cliente pode bloquear até um resultado ficar disponível. Quanto mais tempo o cliente tiver que esperar, maiores as chances de que haverá alguma falha (no lado do provedor ou nas aplicações do cliente). A conexão de rede entre o cliente e a API pode expirar mais cedo ou mais tarde. Um usuário final esperando por resultados lentos pode clicar em atualizar, colocando uma carga adicional em um provedor de API que atende a aplicação do usuário.

- **Segurança e privacidade**: se um *log* de auditoria completo de todas as chamadas da API e do processamento resultante no lado do servidor precisar ser mantido (p. ex., por causa dos requisitos de privacidade dos dados), a falta de estado no lado do provedor é uma ilusão, mesmo que o estado da aplicação não seja requerido do ponto de vista de um requisito funcional. As informações pessoais sensíveis e/ou as informações sigilosas (p. ex., de governos ou empresas) podem ficar nas representações das mensagens de solicitação e resposta. Além disso, em muitos cenários é necessário garantir que apenas os clientes autorizados possam chamar certas ações (i.e., comandos, partes da conversa). Funcionários regulares, por exemplo, geralmente não são autorizados a aumentar seu próprio salário nos sistemas de gerenciamento de funcionários integrados via APIs DA COMUNIDADE e implementados como microsserviços. Assim, o *design* de arquitetura da segurança tem que levar em conta os requisitos das operações de API centradas no processamento – por exemplo, no seu *design* de ponto de decisão política (PDP, *policy decision point*) e de ponto de aplicação da política (PEP, *policy enforcement point*) e ao decidir entre o controle de acesso baseado em funções (RBAC, *role-based access control*) e o controle de acesso baseado em atributos (ABAC, *attribute-based access control*). O recurso de processamento é o tema do *design* de segurança da API (Yalon, 2019), mas também é uma oportunidade para colocar PEPs no fluxo de controle geral. O modelo de ameaça e controles criados por consultores de segurança, gerentes de risco e auditores também deve levar em conta os ataques específicos do processamento, como ataques DoS (negação de serviço) (Julisch, 2011).

- **Compatibilidade e evolução:** o provedor e o cliente devem concordar com os pressupostos relativos às representações de entrada/saída, além da semântica da função a ser executada. As expectativas do cliente devem corresponder ao que é oferecido pelo provedor. A mensagem de solicitação e resposta pode mudar com o tempo. Em um caso em que as unidades de medida mudam ou parâmetros opcionais são introduzidos, o cliente deve ter a chance de notar isso e reagir (p. ex., desenvolvendo um adaptador ou mudando para uma nova versão, possivelmente usando uma nova versão de uma operação de API). O ideal é que as novas versões sejam compatíveis com os clientes de API existentes.

Essas questões entram em conflito umas com as outras. Por exemplo, quanto mais avançado e expressivo é um contrato, mais ele deve ser aprendido, gerenciado e testado (no que diz respeito à interoperabilidade). Serviços mais refinados podem ser mais fáceis de proteger e evoluir, mas haverá muitos deles, que devem ser integrados. Isso adiciona um *overhead* no desempenho e pode levar a problemas de consistência (Neri, 2020).

Um "Banco de Dados Compartilhado" (Hohpe, 2003) que oferece ações e comandos na forma de procedimentos armazenados poderia ser uma abordagem de integração válida (e é usado na prática), mas cria um único ponto de falha, não escala com o número crescente de clientes e não pode ser implantado ou reimplantado de forma independente. Os Bancos de Dados Compartilhados com lógica de negócio nos procedimentos armazenados não se alinham bem com os princípios de *design* do serviço, como responsabilidade única e baixo acoplamento.

Como funciona

Adicione um *endpoint* Recurso do Processamento à API expondo as operações que reúnem e integram as atividades ou os comandos no nível da aplicação.

Para o novo *endpoint*, defina uma ou mais operações, cada uma assumindo uma responsabilidade de processamento dedicada ("ação necessária"). Função de Computação, Operação de Criação do Estado e Operação de Transição do Estado são comuns nos Recursos do Processamento orientados a atividades. As Operações de Recuperação são limitadas a meras verificações de *status*/estado nesse caso e mais comumente encontradas nos Recursos do Detentor da Informação orientados a dados. Para cada uma dessas operações, defina uma "Mensagem do Comando" para a solicitação. Adicione uma "Mensagem do Documento" para a resposta ao realizar uma operação, como uma troca de mensagens "Solicitação/Resposta" (Hohpe, 2003). Torne o *endpoint* acessível remotamente para um ou mais clientes de API, fornecendo um endereço lógico único (p. ex., uma URI nas APIs HTTP).

A Figura 5.3 mostra esse *design* de operação do *endpoint* em um diagrama de classe UML.

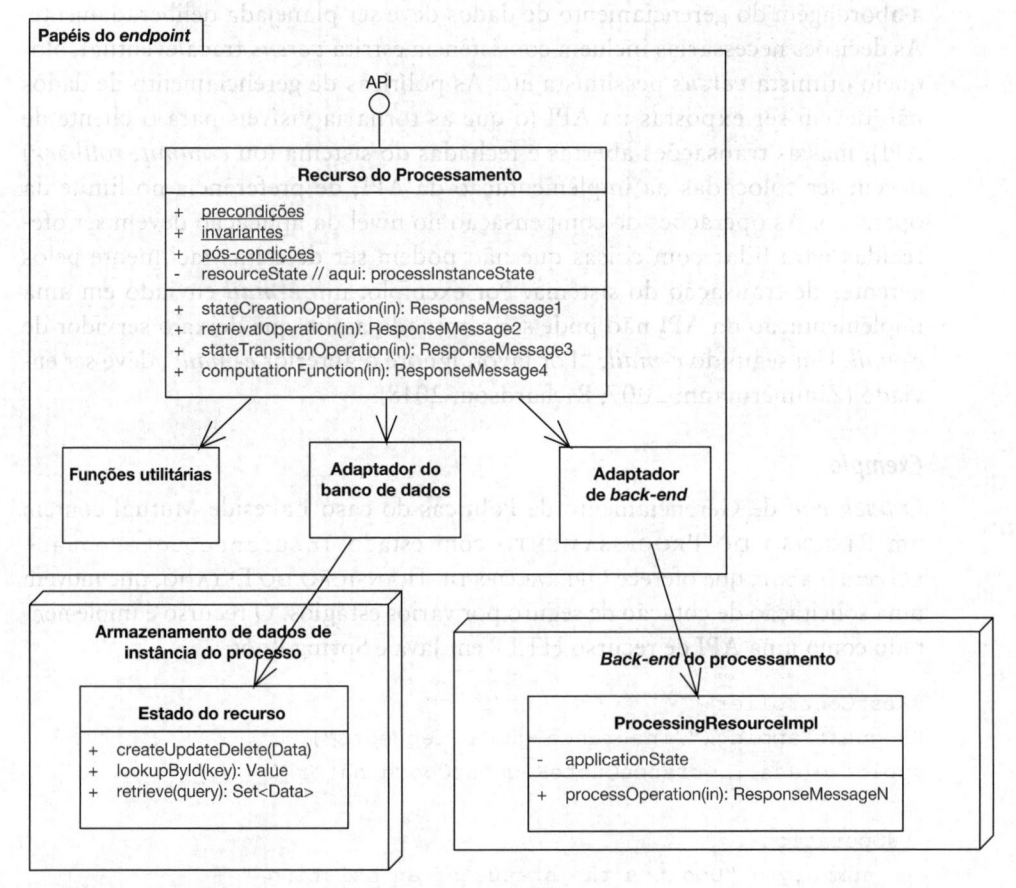

Figura 5.3 Os Recursos do Processamento representam os *designs* da API orientados a atividades. Algumas operações no *endpoint* acessam e mudam o estado da aplicação, outras não. Os dados são expostos apenas nas mensagens de solicitação e resposta.

A mensagem de solicitação deve tornar explícita a ação executada e permitir que o *endpoint* da API determine qual lógica de processamento executar. Essas ações podem representar uma capacidade do sistema funcional geral ou específica do domínio da aplicação (implementada no provedor de API ou residindo em algum *back-end* e acessada por uma porta/adaptador de saída) ou um utilitário técnico.

As mensagens de solicitação e resposta possivelmente podem ser estruturadas de acordo com um dos quatro padrões de representação estrutural Parâmetro Atômico, Lista de Parâmetros Atômicos, Árvores de Parâmetros e Floresta de Parâmetros. A Descrição da API precisa documentar a sintaxe e a semântica do Recurso do Processamento (incluindo as precondições e as pós-condições da operação, bem como as invariantes).

O Recurso do Processamento pode ser um "Componente com Estado" ou um "Componente sem Estado" (Fehling, 2014). Se as chamadas de suas operações causam alterações no estado (compartilhado) no lado do provedor, a abordagem do gerenciamento de dados deve ser planejada deliberadamente. As decisões necessárias incluem consistência estrita *versus* fraca/eventual, bloqueio otimista *versus* pessimista etc. As políticas de gerenciamento de dados não devem ser expostas na API (o que as tornaria visíveis para o cliente de API), mas as transações abertas e fechadas do sistema (ou *commit*, *rollback*) devem ser colocadas na implementação da API, de preferência no limite da operação. As operações de compensação no nível da aplicação devem ser oferecidas para lidar com coisas que não podem ser desfeitas facilmente pelos gerentes de transação do sistema. Por exemplo, um *e-mail* enviado em uma implementação da API não pode ser retornado assim que deixa o servidor de *e-mail*. Um segundo *e-mail*, "Por favor, ignore o anterior *e-mail*", deve ser enviado (Zimmermann, 2007; Richardson, 2018).

Exemplo

O *back-end* de Gerenciamento de Políticas do caso Lakeside Mutual contém um Recurso do Processamento com estado `InsuranceQuoteRequestCoordinator`, que oferece Operações de Transição do Estado, que movem uma solicitação de cotação de seguro por vários estágios. O recurso é implementado como uma API de recurso HTTP em Java e Spring Boot:

```
@RestController
@RequestMapping("/insurance-quote-requests")
public class InsuranceQuoteRequestCoordinator {

  @Operation(
    summary = "Updates the status of an existing " +
    "Insurance Quote Request")
  @PreAuthorize("isAuthenticated()")
  @PatchMapping(value = "/{id}")
```

```java
public ResponseEntity<InsuranceQuoteRequestDto>
respondToInsuranceQuote(
  Authentication,
  @Parameter(description = "the insurance quote " +
    "request's unique id", required = true)
  @PathVariable Long id,
  @Parameter(description = "the response that " +
    "contains the customer's decision whether " +
    "to accept or reject an insurance quote",
    required = true)
  @Valid @RequestBody
  InsuranceQuoteResponseDto insuranceQuoteResponseDto) {
```

Os serviços da aplicação da Lakeside Mutual também contêm Risk-ComputationService, um RECURSO DO PROCESSAMENTO sem estado que implementa uma FUNÇÃO DE COMPUTAÇÃO chamada computeRiskFactor:

```java
@RestController
@RequestMapping("/riskfactor")
public class RiskComputationService {
  @Operation(
    summary = "Computes the customer's risk factor.")
  @PostMapping(
    value = "/compute")
  public ResponseEntity<RiskFactorResponseDto>
  computeRiskFactor(
      @Parameter(description = "the request containing " +
        "relevant customer attributes (e.g., birthday)",
        required = true)
      @Valid @RequestBody
      RiskFactorRequestDto riskFactorRequest) {

    int age = getAge(riskFactorRequest.getBirthday());
    String postalCode = riskFactorRequest.getPostalCode();
    int riskFactor = computeRiskFactor(age, postalCode);
    return ResponseEntity.ok(
      new RiskFactorResponseDto(riskFactor));
  }
```

Discussão

A orientação a atividades de negócio e processos pode reduzir o acoplamento e promover a ocultação da informação. No entanto, as instâncias desse padrão não devem parecer uma chamada de procedimento remoto (RPC, *remote procedure call*) canalizada em uma API baseada em mensagens (e consequentemente serem criticadas porque as RPCs aumentam o acoplamento, p. ex., nas dimensões de autonomia do tempo e do formato). Muitas aplicações e sistemas de informação corporativos têm uma semântica "RPC de negócios", pois executam um comando ou uma transação de negócios a partir de um usuário que deve ser disparado, executado e encerrado de alguma forma. Segundo a literatura original e as coleções subsequentes de conselhos de *design* (Allamaraju, 2010), um recurso HTTP não precisa modelar dados (ou apenas dados), mas pode representar tais transações de negócio, em especial as de longa duração.[1] Note que "REST nunca foi sobre CRUD" (Higginbotham, 2018). A evolução dos Recursos do Processamento é abordada no Capítulo 8.

Um Recurso do Processamento pode ser identificado ao aplicar uma técnica de identificação de serviço, como a *análise dinâmica de processos* ou *event storming* (Pautasso, 2017a). Isso tem um efeito positivo no princípio do "alinhamento de negócio" nas arquiteturas orientadas a serviços. É possível definir uma instância do padrão por necessidade de integração do *back-end*, evidenciando um caso de uso ou uma história de usuário. Se uma única operação execute é incluída em um *endpoint* Recurso do Processamento, ela pode aceitar mensagens de solicitação de ação com autodescrição e retornar documentos de resultados independentes. Todas as operações na API devem ser protegidas conforme exigido pelos requisitos de segurança.

Em muitos cenários de integração, a orientação a atividades e processos teria que ser forçada no *design*, dificultando explicá-la e mantê-la (entre outras consequências negativas). Nesses casos, o Recurso do Detentor da Informação é uma escolha melhor. É possível definir *endpoints* da API que são orientados a processamentos e dados (assim como muitas classes na programação orientada a objetos combinam armazenamento e comportamento). Mesmo um mero Recurso do Processamento pode ter que manter o estado (mas desejará ocultar sua estrutura dos clientes de API). O uso conjunto de Recurso do Processamento e Recurso do Detentor da Informação não é recomendado para as arquiteturas de microsserviços devido à quantidade de acoplamento possivelmente introduzida.

Diferentes tipos de Recursos do Processamento exigem diferentes padrões de troca de mensagens, dependendo de (1) quanto tempo o processamento levará e (2) se o cliente deve receber o resultado imediatamente para continuar seu processamento (caso contrário, o resultado pode ser entregue mais tarde). O tempo de processamento pode ser difícil de estimar, pois depende da complexidade da ação a ser executada, da quantidade de dados enviados pelo cliente e da disponibilidade de carga/recurso do provedor. O padrão Solicitação/Resposta requer, pelo menos, duas mensagens que possam ser trocadas em uma conexão de rede, como um par de solicitação/resposta HTTP em uma API de recurso HTTP. Uma alternativa são as várias conexões técnicas que podem

---

[1] Veja que HTTP é um protocolo síncrono; portanto, a assincronia deve ser adicionada no nível da aplicação (ou usando cabeçalhos QoS ou HTTP/2) (Pautasso, 2018). O padrão Recurso de Transferência de Dados descreve tal *design*.

ser usadas, por exemplo, enviando o comando via HTTP POST e obtendo o resultado via HTTP GET.

Decompor o Recurso do Processamento para chamar operações em outros *endpoints* da API deve ser considerado – é muito comum que nenhum sistema existente ou a ser construído possa atender a todas as necessidades de processamento, devido a restrições do sistema organizacional ou de herança. A maior dificuldade do *design* está em como decompor um Recurso do Processamento em uma granularidade gerenciável e um conjunto de operações expressivas e fáceis de aprender. A atividade de *design* de serviço por etapas no livro *Design Practice Reference* (DPR) (Zimmermann, 2021b) investiga esse conjunto de problemas.

Padrões relacionados

Esse padrão explica como enfatizar a atividade; seu Recurso do Detentor da Informação foca a orientação a dados. Os Recursos do Processamento podem conter operações que diferem em como lidam com o estado no lado do provedor (serviços sem estado *versus* processadores com estado): Operação de Transição do Estado, Operação de Criação do Estado, Função de Computação e Operação de Recuperação.

Os Recursos do Processamento costumam ser expostos nas APIs da Comunidade, mas também são encontrados nas APIs de Solução Interna. Suas operações são muitas vezes protegidas com Chaves da API e Taxas-Limite. Um Acordo de Nível de Serviço que acompanha o contrato técnico de API pode reger seu uso. Para evitar que parâmetros técnicos entrem na carga das mensagens de solicitação e resposta, tais parâmetros podem ser isolados em uma Representação Contextual.

Os três padrões "Mensagem do Comando", "Mensagem do Documento" e "Solicitação/Resposta" (Hohpe, 2003) são usados combinados nesse padrão. O padrão "Comando" (Gamma, 1995) codifica uma solicitação de processamento e seus dados de chamada como um objeto e uma mensagem, respectivamente. O Recurso do Processamento pode ser visto como a variante da API remota do padrão "Serviço da Aplicação" (Alur, 2013). Suas implementações no lado do provedor servem como "Ativadores de Serviço" (Hohpe, 2003).

Outros padrões abordam a capacidade de gerenciamento – veja nossos padrões de evolução no Capítulo 8, "Evolução de APIs", para ter conselhos no processo de *design* e livros de padrões remotos (Voelter, 2004; Buschmann, 2007) para considerações durante a execução.

Mais informações

Os Recursos do Processamento correspondem a "Interfaces" que fornecem e protegem o acesso aos provedores de serviço em *design* orientado por responsabilidades (RDD, *responsibility-driven design*) (Wirfs-Brock, 2002).

O Capítulo 6 do livro *SOA in Practice* (Josuttis, 2007) discorre sobre a classificação dos serviços e compara várias taxonomias, incluindo a de *Enterprise*

SOA (Krafzig, 2004). Alguns dos exemplos no tipo/categoria dos serviços de processo nesses livros SOA se qualificam como usos conhecidos do padrão. Os dois livros incluem exemplos de projetos e estudos de caso de domínios como bancos e telecomunicações.

O artigo "Understanding RPC vs REST for HTTP APIs" (Sturgeon, 2016a) fala sobre RPC e REST, mas observando com atenção, (também) é sobre como decidir entre o RECURSO DO PROCESSAMENTO e o RECURSO DO DETENTOR DA INFORMAÇÃO.

A área/categoria do tópico recursos de ação em *API Stylebook* (Lauret, 2017) fornece um uso (meta) conhecido para esse padrão. Seu tópico "desfazer" também está relacionado porque as operações para desfazer participam do gerenciamento do estado no nível da aplicação.

Padrão:
RECURSO DO DETENTOR DA INFORMAÇÃO

Quando e por que aplicar

Foi especificado um modelo de domínio, um diagrama conceitual de relacionamento das entidades ou outra forma de glossário dos principais conceitos de aplicação e suas interconexões. O modelo contém entidades que têm uma identidade e um ciclo de vida, além de atributos; as entidades se cruzam.

A partir desse trabalho de análise e *design*, ficou evidente que dados estruturados terão que ser usados em vários lugares no sistema distribuído sendo projetado; portanto, as estruturas de dados compartilhados devem ser acessíveis a partir de vários clientes remotos. Não é possível ou não é fácil ocultar as estruturas de dados compartilhados atrás da lógica de domínio (i.e., ações orientadas a processamentos, como atividades de negócio e comandos). A aplicação em construção não tem um fluxo de trabalho ou outra natureza de processamento.

De que forma os dados do domínio podem ser expostos em uma API, mas sua implementação permanecer oculta?

Mais especificamente,

De que forma uma API pode expor as entidades de dados para que os clientes de API possam acessar e/ou modificar essas entidades simultaneamente sem comprometer a integridade e a qualidade dos dados?

- **Abordagem de modelagem e seu impacto no acoplamento:** alguns métodos de engenharia de *software* e de análise e *design* orientados a objetos (OOAD, *object-oriented analysis and design*) equilibram os aspectos de processamento e de estrutura em suas etapas, artefatos e técnicas; outros enfatizam mais a computação ou os dados. O *design* orientado a domínio (DDD, *domain-driven design*) (Evans, 2003; Vernon, 2013), por exemplo, é um tipo de abordagem equilibrada. Diagramas de relacionamento de entidades focam a estrutura de dados e as relações, em vez do comportamento. Se uma abordagem de modelagem centrada em dados e de identificação do *endpoint* da API é escolhida, há o risco de que muitas APIs CRUD (criar, ler, atualizar, deletar) operando nos dados sejam expostas, o que pode ter um impacto negativo na qualidade dos dados porque cada cliente autorizado pode manipular os dados no lado do provedor de forma bem arbitrária. As abstrações dos dados orientados a CRUD nas interfaces introduzem um acoplamento operacional e semântico.

- **Conflitos nos atributos de qualidade e concessões:** muitas vezes, qualidades do processo de *design*, como simplicidade e clareza; do processo de execução, como desempenho, disponibilidade e escalabilidade; bem como as qualidades da evolução, como manutenção e flexibilidade, entram em conflito.

- **Segurança:** preocupações transversais, como a segurança das aplicações, também dificultam lidar com os dados nas APIs. Uma decisão de expor os dados internos por meio de uma API deve considerar os direitos necessários do acesso de leitura/gravação dos dados para os clientes. Informações pessoais sensíveis e/ou informações sigilosas podem estar contidas nas representações das mensagens de solicitação e resposta. Tais informações devem ser protegidas. Por exemplo, o risco de criação de pedidos falsos, declarações fraudulentas etc. deve ser avaliado e controles de segurança introduzidos para mitigá-lo (Julisch, 2011).

- **Atualização dos dados *versus* consistência:** os clientes desejam que os dados obtidos nas APIs sejam os mais atualizados possível, mas é necessário um esforço para mantê-los consistentes e atuais (Helland, 2005). Além disso, quais são as consequências para os clientes se tais dados ficarem temporária ou permanentemente indisponíveis no futuro?

- **Conformidade com os princípios de *design* de arquitetura:** a API em construção pode ser parte de um projeto que já estabeleceu uma lógica e uma arquitetura de *software* física. Também deve funcionar bem no que diz respeito às decisões de arquitetura de toda a organização (Zdun, 2018), caso daquelas que estabelecem os princípios arquiteturais, como o baixo acoplamento, a independência lógica e física dos dados ou os preceitos dos microsserviços, como a implantação independente. Tais princípios podem incluir orientações sugestivas ou normativas sobre se e como os dados podem ser expostos nas APIs. Várias decisões de seleção de padrões são necessárias, com esses princípios atuando como fatores para tomá-las (Zimmermann, 2009; Hohpe, 2016). Nossos padrões fornecem alternativas concretas e critérios para tomar tais decisões de arquitetura (como visto no Capítulo 3).

Pode-se pensar em ocultar todas as estruturas de dados atrás de operações da API orientadas a processamento e objetos de transferência de dados (DTOs, *data transfer objects*) análogos à programação orientada a objetos (i.e., as APIs orientadas a objetos locais expõem métodos de acesso e fachadas, mantendo privados todos os membros de dados individuais). Tal abordagem é viável e promove a ocultação das informações; no entanto, pode limitar as oportunidades de implantar, escalar e substituir os componentes remotos independentemente uns dos outros porque muitas operações da API de alta granularidade e com comunicação excessiva são necessárias ou os dados precisam ser armazenados de forma redundante. Essa abordagem também introduz um nível extra indesejado de indireção, por exemplo, ao construir aplicações com uso intenso de dados e soluções de integração.

Outra possibilidade seria dar acesso direto ao banco de dados para que os consumidores possam ver por si mesmos quais dados estão disponíveis, ler diretamente e até mesmo gravá-los se permitido. A API, nesse caso, torna-se um túnel para o banco de dados, no qual os consumidores podem enviar consultas e transações arbitrárias por ele. Os bancos de dados, como o CouchDB, fornecem tais APIs no nível dos dados, prontas para uso. Essa solução elimina por completo a necessidade de projetar e implementar uma API porque a representação interna dos dados é diretamente exposta aos clientes. Violando os princípios básicos de ocultação das informações, o uso dessa solução também resulta em uma arquitetura fortemente acoplada na qual será impossível tocar no esquema do banco de dados sem afetar todos os clientes de API. O acesso direto ao banco de dados também introduz ameaças à segurança.

Como funciona

Adicione um *endpoint* Recurso do Detentor da Informação à API, representando uma entidade orientada a dados. Exponha as operações de criar, ler, atualizar, excluir e pesquisar nesse *endpoint* para acessar e manipular a entidade.

Na implementação da API, coordene as chamadas a essas operações para proteger a entidade dos dados.

Torne o *endpoint* remotamente acessível para um ou mais clientes de API fornecendo um endereço lógico exclusivo. Deixe que cada operação do Recurso do Detentor da Informação tenha uma e apenas uma das quatro responsabilidades operacionais (detalhadas na próxima seção): as Operações de Criação do Estado criam a entidade que está representada pelo Recurso do Detentor da Informação. As Operações de Recuperação acessam e leem uma entidade, mas não a atualizam. Elas podem pesquisar e retornar coleções de tais entidades, possivelmente filtradas. As Operações de

Transição do Estado acessam as entidades existentes e as atualizam total ou parcialmente, além de poderem excluí-las.

Para cada operação, planeje as estruturas das mensagens de solicitação e, se necessário, de resposta. Por exemplo, represente os relacionamentos das entidades como Elementos de Link. Se os dados de referência básicos, tais como códigos de país ou códigos de moeda, são pesquisados, a mensagem de resposta normalmente é um Parâmetro Atômico. Se uma entidade do modelo de domínio avançada e estruturada é pesquisada, é muito provável que a resposta contenha uma Árvore de Parâmetros com a representação da transferência de dados (um termo do modelo de domínio da API introduzido no Capítulo 1) da informação pesquisada. A Figura 5.4 mostra a solução.

Defina as precondições e as pós-condições no nível da operação, bem como as invariantes para proteger o estado do recurso. Decida se o Recurso do Detentor da Informação deve ser um "Componente com Estado" ou um "Componente sem Estado" (Fehling, 2014). No último caso, ainda há estado (porque os dados expostos devem ser mantidos em algum lugar), mas todo o gerenciamento do estado é terceirizado em um sistema de *back-end*. Defina as características de qualidade do novo *endpoint* e de sua operação, abrangendo a transação, a idempotência, o controle de acesso, a responsabilização e a consistência:

- Introduza políticas de controle de acesso/modificação. As Chaves da API são uma forma simples de identificar e autorizar clientes, e soluções de segurança mais avançadas também estão disponíveis.

- Proteja o acesso simultâneo aos dados aplicando uma estratégia de bloqueio otimista ou pessimista a partir do banco de dados e comunidades de programação simultâneas. Planeje as políticas de coordenação.

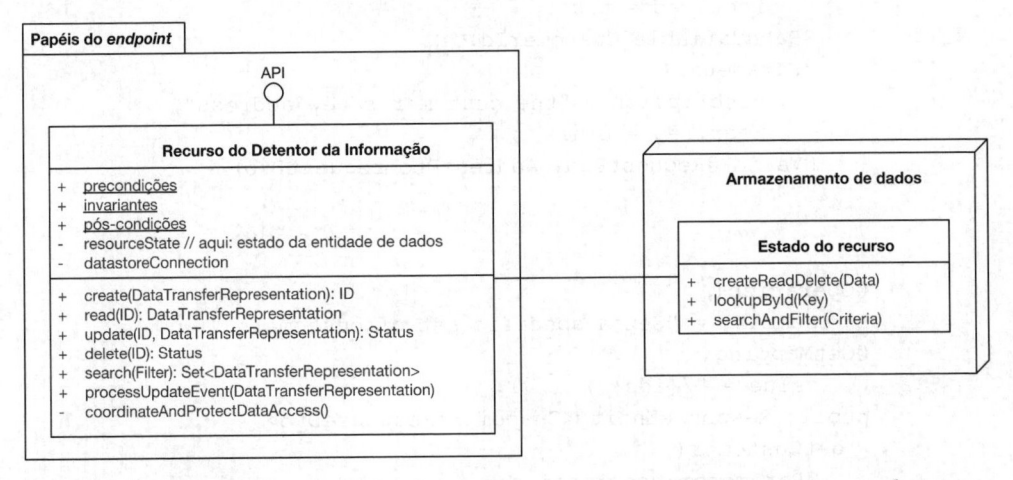

```
Papéis do endpoint
                          API
                           O
           Recurso do Detentor da Informação
  + precondições
  + invariantes
  + pós-condições
  - resourceState // aqui: estado da entidade de dados
  - datastoreConnection

  + create(DataTransferRepresentation): ID
  + read(ID): DataTransferRepresentation
  + update(ID, DataTransferRepresentation): Status
  + delete(ID): Status
  + search(Filter): Set<DataTransferRepresentation>
  + processUpdateEvent(DataTransferRepresentation)
  - coordinateAndProtectDataAccess()

                    Armazenamento de dados
                       Estado do recurso
  + createReadDelete(Data)
  + lookupById(Key)
  + searchAndFilter(Criteria)
```

Figura 5.4 Os Recursos do Detentor da Informação modelam e expõem os *designs* gerais orientados a dados da API. O papel desse *endpoint* agrupa as responsabilidades orientadas ao acesso da informação. Suas operações para criar, ler, atualizar ou excluir os dados são mantidas. Também há suporte para pesquisar conjuntos de dados.

- Implemente verificações de preservação da consistência, que podem dar suporte a uma "Consistência Estrita" ou a uma "Consistência Eventual" (Fehling, 2014).

Os cinco padrões em nossa linguagem aprimoram essa solução geral para a modelagem do *endpoint* da API orientada a dados: Detentor dos Dados Operacionais, Detentor dos Dados Mestres, Detentor dos Dados de Referência, Recurso de Transferência de Dados e Recurso de Pesquisa de *Links*.

Exemplo

O microsserviço Núcleo do Cliente no exemplo Lakeside Mutual expõe os dados mestres. A semântica e suas operações (p. ex., changeAddress(...)) desse serviço são orientadas a dados em vez de ações (o serviço é consumido por outros microsserviços que realizam o padrão Recursos do Processamento). Portanto, isso expõe um *endpoint* CustomerInformationHolder, realizado como um recurso HTTP:

```
@RestController
@RequestMapping("/customers")
public class CustomerInformationHolder {
    @Operation(
        summary = "Change a customer's address.")
    @PutMapping(
        value = "/{customerId}/address")
    public ResponseEntity<AddressDto> changeAddress(
        @Parameter(
            description = "the customer's unique id",
            required = true)
        @PathVariable CustomerId,
        @Parameter(
            description = "the customer's new address",
            required = true)
        @Valid @RequestBody AddressDto requestDto) {
            [...]
    }

    @Operation(
        summary = "Get a specific set of customers.")
    @GetMapping(
        value = "/{ids}")
    public ResponseEntity<CustomersResponseDto>
      getCustomer(
        @Parameter(description =
            "a comma-separated list of customer ids",
            required = true)
        @PathVariable String ids,
```

```
            @Parameter(description =
                "a comma-separated list of the fields" +
                "that should be included in the response",
                required = false)
            @RequestParam(
                value = "fields", required = false,
                defaultValue = "")
            String fields) {
                [...]
            }
        )
    }
```

Este *endpoint* `CustomerInformationHolder` expõe duas operações, uma OPERAÇÃO DE TRANSIÇÃO DO ESTADO de leitura/gravação `changeAddress` (HTTP PUT) e OPERAÇÕES DE RECUPERAÇÃO de somente leitura `getCustomer` (HTTP GET).

Discussão

Os RECURSOS DO DETENTOR DA INFORMAÇÃO resolvem seus fatores de *design* do seguinte modo:

- **Abordagem de modelagem e seu impacto no acoplamento:** introduzir RECURSOS DO DETENTOR DA INFORMAÇÃO costuma ser a consequência de uma abordagem centrada em dados para a modelagem da API. O processamento costuma mudar para o consumidor do RECURSO DO DETENTOR DA INFORMAÇÃO. Então esse RECURSO é responsável somente por atuar como a fonte confiável dos dados vinculados. O recurso pode servir como um coletor de relacionamentos, uma fonte ou ambos.

    Se essa abordagem é adequada depende do cenário em questão e dos objetivos do projeto/visão do produto. Embora a orientação a atividades ou processo seja muitas vezes preferida, ela não é natural em inúmeras situações; os exemplos incluem arquivos digitais, inventários de infraestrutura de TI e repositórios de configuração do servidor. A análise orientada a dados e os métodos de *design* são muito adequados para identificar os *endpoints* DETENTOR DA INFORMAÇÃO, mas às vezes vão longe demais, por exemplo, ao abordarem o comportamento e a lógica do sistema.[2]

- **Conflitos e concessões nos atributos de qualidade:** usar um RECURSO DO DETENTOR DA INFORMAÇÃO requer considerar com cuidado a segurança, a proteção dos dados, a consistência, a disponibilidade e as implicações do acoplamento. Qualquer mudança no conteúdo, nos metadados ou nos formatos da representação do RECURSO DO DETENTOR DA INFORMAÇÃO deve

---

[2] Um dos vieses cognitivos clássicos é que todo problema de construção parece um prego se você sabe como usar um martelo (e tem um na mão). Os métodos de análise e *design* são ferramentas com finalidades específicas.

ser controlada para não prejudicar os consumidores. As árvores de atributos da qualidade podem orientar o processo de seleção do padrão.

- **Segurança**: nem todos os clientes de API podem ser autorizados a acessar cada Recurso do Detentor da Informação da mesma forma. As Chaves da API, a autenticação do cliente e o ABAC/RBAC ajudam a proteger cada Recurso.

- **Atualização de dados *versus* consistência**: a consistência dos dados deve ser preservada para o acesso simultâneo de múltiplos consumidores. Da mesma forma, os clientes devem lidar com as consequências das interrupções temporárias, por exemplo, introduzindo uma *cache* apropriada, uma replicação dos dados *off-line* e uma estratégia de sincronização. Na prática, a decisão entre disponibilidade e consistência não é tão binária e estrita como o teorema CAP sugere, o que é discutido por seus autores originais em uma retrospectiva de 12 anos e perspectivas (Brewer, 2012).

  Se vários Detentores da Informação de alta granularidade aparecem em uma API, muitas chamadas para as operações podem ser necessárias para realizar uma história de usuário, e a qualidade dos dados é difícil de garantir (porque se torna uma responsabilidade compartilhada e distribuída). Considere ocultar vários deles atrás de algum tipo de Recurso do Processamento.

- **Conformidade com os princípios de *design* de arquitetura**: a introdução dos *endpoints* Recurso do Detentor da Informação pode quebrar os princípios de ordem superior, tais como camadas lógicas estritas que proíbem o acesso direto às entidades de dados a partir da camada de apresentação. Pode ser necessário refatorar a arquitetura (Zimmermann, 2015) – ou conceder uma exceção explícita à regra.

Os Recursos do Detentor da Informação têm a reputação de aumentar o acoplamento e quebrar o princípio da ocultação da informação. Uma publicação no *blog* de Michael Nygard menciona uma estratégia baseada em responsabilidades para evitar os Recursos do Detentor da Informação puros, aos quais ele se refere como "antipadrão do serviço de entidade". O autor recomenda sempre evoluir longe desse padrão, porque ele cria grande acoplamento semântico e operacional, "foca o comportamento em vez dos dados" (que descrevemos como Recurso do Processamento) e "divide os serviços por ciclo de vida em um processo de negócio" (Nygard, 2018b), o que vemos como uma das várias estratégias de identificação do serviço. Em nossa opinião, os Recursos do Detentor da Informação têm seu lugar nos sistemas orientados a serviços e em outros cenários de uso de APIs. No entanto, qualquer uso deve ser uma decisão consciente justificada pelo cenário de negócios e de integração em mãos – por causa do impacto no acoplamento que é observado e criticado. Para certos dados, realmente pode ser melhor não expô-los no nível da API, mas ocultá-los atrás dos Recursos do Processamento.

Padrões relacionados

"Detentor da Informação" é um papel estereotipado em RDD (Wirfs-Brock, 2002). O padrão Recurso do Detentor da Informação geral tem vários aprimoramentos que diferem no que diz respeito à mutabilidade, aos relacionamentos e aos tempos de vida das instâncias Detentor dos Dados Operacionais, Detentor dos Dados Mestres e Detentor dos Dados de Referência. O padrão Recurso de Pesquisa de *Links* é outra especialização; os resultados da pesquisa podem ser outros Recursos do Detentor da Informação. Por fim, o Recurso de Transferência de Dados mantém temporariamente os dados compartilhados que os clientes possuem. O padrão Recurso de Processamento representa a semântica complementar e, portanto, é uma alternativa a esse padrão.

As Operações de Criação do Estado e as Operações de Recuperação normalmente podem ser encontradas nos Recursos do Detentor da Informação, na modelagem da semântica CRUD. As Funções de Computação sem estado e as Operações de Transição do Estado de leitura e gravação também são permitidas nos Recursos do Detentor da Informação, mas em geral operam em um nível inferior de abstração comparando com os dos Recursos do Processamento.

As implementações desse padrão podem ser vistas como o apêndice da API para o padrão "Repositório" em DDD (Evans, 2003; Vernon, 2013). Um Recurso do Detentor da Informação costuma ser implementado com uma ou mais "Entidades" do DDD, possivelmente agrupadas em um "Agregado". Observe que nenhuma correspondência individual entre o Recurso do Detentor da Informação e as Entidades deve ser presumida, porque o trabalho principal dos padrões táticos DDD é organizar a camada de lógica de negócio de um sistema, não uma "Camada de Serviço" da API (remota) (Fowler, 2002).

Mais informações

O Capítulo 8 em *Process-Driven SOA* é dedicado à integração de objetos de negócio e a negociação com dados (Hentrich, 2011). O artigo "Data on the Outside versus Data on the Inside", de Pat Helland, explica as diferenças entre o gerenciamento de dados na API e o nível de implementação da API (Helland, 2005).

"Understanding RPC vs REST for HTTP APIs" (Sturgeon, 2016a) aborda as diferenças entre os Recursos do Detentor da Informação e os Recursos do Processamento no contexto de uma comparação entre RPC e REST.

Existem vários padrões de gerenciamento de consistência. "Eventually Consistent" de Werner Vogels, CTO do Amazon Web Services, aborda esse tópico (Vogels, 2009).

Padrão:
DETENTOR DOS DADOS OPERACIONAIS

Quando e por que aplicar

Foram especificados um modelo de domínio, um diagrama de relacionamento das entidades ou um glossário dos principais conceitos de negócio e suas interconexões; foi decidido expor algumas entidades de dados contidas nessas especificações em uma API por meio de instâncias RECURSO DO DETENTOR DA INFORMAÇÃO.

A especificação dos dados revela que os tempos de vida da entidade e/ou os ciclos de atualização diferem muito (p. ex., de segundos, minutos e horas a meses, anos e décadas), e que as entidades em constante mudança têm relações com as de mudanças mais lentas. Os dados que mudam rapidamente podem atuar sobretudo como as origens do *link*; já os dados que mudam lentamente aparecem sobretudo como os destinos dele.[3]

De que forma uma API pode dar suporte a clientes que desejam criar, ler, atualizar e/ou excluir instâncias das entidades de domínio que representam dados operacionais de curta duração, que mudam com frequência durante as operações de negócio diárias e têm muitas relações de saída?

Vale a pena ver várias qualidades desejadas, além daquelas que se aplicam a qualquer tipo de RECURSO DO DETENTOR DA INFORMAÇÃO.

- **Velocidade de processamento para operações de leitura e atualização do conteúdo:** dependendo do contexto do negócio, os serviços de API que lidam com os dados operacionais devem ser rápidos, com tempo de resposta baixo para ler e atualizar seu estado atual.

- **Agilidade de negócio e flexibilidade de atualização do esquema:** dependendo do contexto do negócio (p. ex., ao realizar testes A/B com partes dos usuários ativos), os *endpoints* da API que lidam com os dados operacionais também devem ser fáceis de alterar, em especial quando a definição ou o esquema dos dados evolui.

- **Integridade conceitual e consistência dos relacionamentos:** os dados operacionais criados e modificados devem atender aos altos padrões de precisão e qualidade se forem cruciais para os negócios. Por exemplo, auditorias de garantia dos sistemas e dos processos inspecionam os objetos de negócio

---

[3] O contexto desse padrão é semelhante ao do seu parente DETENTOR DOS DADOS MESTRES. Ele reconhece e aponta que os tempos de vida e a estrutura de relacionamento desses dois tipos de dados diferem (em alemão, *Stammdaten vs. Bewegungsdaten* [dados estáticos *versus* dados dinâmicos]; ver [Ferstl, 2006; White, 2006]).

financeiramente relevantes, como faturas e pagamentos nas aplicações empresariais (Julisch, 2011). Os dados operacionais podem ser possuídos, controlados e gerenciados por entidades externas, tais como provedores de pagamentos. Esses dados podem ter muitas relações externas com dados semelhantes e dados mestres que mudam com menos frequência e têm vida mais longa. Os clientes esperam que as entidades referidas estejam corretas e acessíveis após a interação com um recurso de dados operacionais ter sido concluída com sucesso.

É possível tratar todos os dados igualmente para promover a simplicidade da solução, independentemente de suas características do tempo de vida e de relacionamento. Entretanto, tal abordagem leva apenas a um comprometimento medíocre que atende a todas as necessidades anteriores em certo nível, mas não se destaca em nenhuma delas. Por exemplo, se os dados operacionais são tratados como dados mestres, pode-se acabar com uma API de engenharia excessiva no que diz respeito à consistência e ao gerenciamento das referências, que também deixa espaço para melhorias quanto à velocidade de processamento e ao gerenciamento das mudanças.

Como funciona

Marque um RECURSO DO DETENTOR DA INFORMAÇÃO como DETENTOR DOS DADOS OPERACIONAIS e adicione operações da API que permitam aos clientes de API criarem, lerem, atualizarem e excluírem seus dados com frequência e rapidez.

Outra opção é expor as operações adicionais para dar responsabilidades específicas do domínio ao DETENTOR DOS DADOS OPERACIONAIS. Por exemplo, um carrinho de compras pode oferecer cálculos fiscais, notificações de atualização dos preços, descontos e outras operações de transição do estado.

As mensagens de solicitação e resposta desses DETENTORES DOS DADOS OPERACIONAIS muitas vezes têm a forma de ÁRVORES DE PARÂMETROS; no entanto, outros tipos de estrutura das mensagens de solicitação e resposta também podem ser encontrados na prática. É preciso estar ciente dos relacionamentos com os dados mestres e ser cauteloso ao incluir tais dados nas solicitações e nas respostas dos DETENTORES DOS DADOS OPERACIONAIS via instâncias da ENTIDADE INCORPORADA. É muitas vezes melhor separar os dois tipos em diferentes *endpoints* e fazer referências cruzadas por meio de instâncias do DETENTOR DA INFORMAÇÃO VINCULADA.

A Figura 5.5 mostra a solução. Um Sistema de Engajamento é usado para dar suporte a negociações diárias e normalmente mantém os dados operacionais; os dados mestres vinculados a eles podem ser encontrados em um Sistema de Registro. A implementação da API também pode manter seus próprios

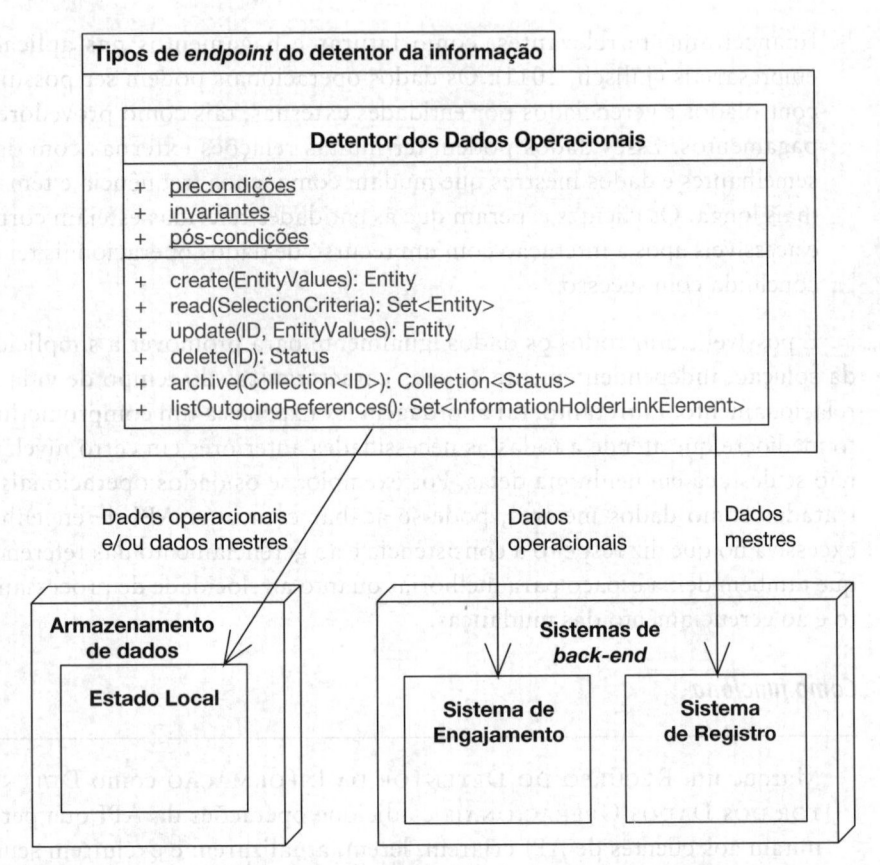

```
┌─────────────────────────────────────────────────────────┐
│ Tipos de endpoint do detentor da informação             │
│  ┌────────────────────────────────────────────────────┐ │
│  │         Detentor dos Dados Operacionais            │ │
│  ├────────────────────────────────────────────────────┤ │
│  │  +  precondições                                   │ │
│  │  +  invariantes                                    │ │
│  │  +  pós-condições                                  │ │
│  ├────────────────────────────────────────────────────┤ │
│  │  +  create(EntityValues): Entity                   │ │
│  │  +  read(SelectionCriteria): Set<Entity>           │ │
│  │  +  update(ID, EntityValues): Entity               │ │
│  │  +  delete(ID): Status                             │ │
│  │  +  archive(Collection<ID>): Collection<Status>    │ │
│  │  +  listOutgoingReferences(): Set<InformationHolderLinkElement> │ │
│  └────────────────────────────────────────────────────┘ │
└─────────────────────────────────────────────────────────┘
```

Figura 5.5 DETENTOR DOS DADOS OPERACIONAIS: os dados operacionais têm duração de vida curta a média e podem mudar muito ao longo do dia. Eles podem referenciar dados mestres e outros dados operacionais.

Armazenamentos de Dados, além de integrar tais sistemas de *back-end*, que podem conter dados operacionais e dados mestres.

Os DETENTORES DOS DADOS OPERACIONAIS acessados a partir de vários clientes simultâneos devem fornecer garantias transacionais em termos de isolamento e atomicidade para que os vários clientes possam acessar os mesmos itens de dados ao mesmo tempo, mantendo seu estado consistente. Se ocorrerem falhas durante a interação com um cliente específico, o estado do DETENTOR DOS DADOS OPERACIONAIS deve voltar para o último estado consistente. Da mesma forma, as solicitações de atualização ou criação sendo repetidas devem ter a duplicação cancelada quando não forem idempotentes. Os DETENTORES DOS DADOS OPERACIONAIS estreitamente relacionados também devem ser gerenciados e evoluídos juntos para garantir aos clientes que as referências entre eles permanecerão válidas. A API deve fornecer operações atômicas de atualização ou exclusão em todos Detentores dos Dados Operacionais relacionados.

Os Detentores dos Dados Operacionais são bons candidatos para o *event sourcing* (Stettler, 2019) pelo qual todas as mudanças de estado são registradas, tornando possível que os clientes de API acessem todo o histórico de mudanças de estado para o Detentor dos Dados Operacionais específico. Isso pode aumentar a complexidade da API, pois os consumidores podem querer consultar ou recuperar capturas de imagem arbitrárias e antigas, em vez de simplesmente consultar o último estado.

Exemplo

Em uma loja *on-line*, os pedidos de compra e os itens do pedido se qualificam como dados operacionais – os produtos pedidos e os clientes que fazem um pedido atendem às características dos dados mestres. Portanto, esses conceitos de domínio costumam ser modelados como diferentes instâncias de "Contexto Delimitado" (em DDD) e expostos como serviços separados, como mostrado na Figura 5.6.

Lakeside Mutual, nossa aplicação de exemplo na área de seguros, gerencia dados operacionais, tais como sinistros e avaliações de risco, que são expostos como serviços da *web* e recursos REST (ver Figura 5.7).

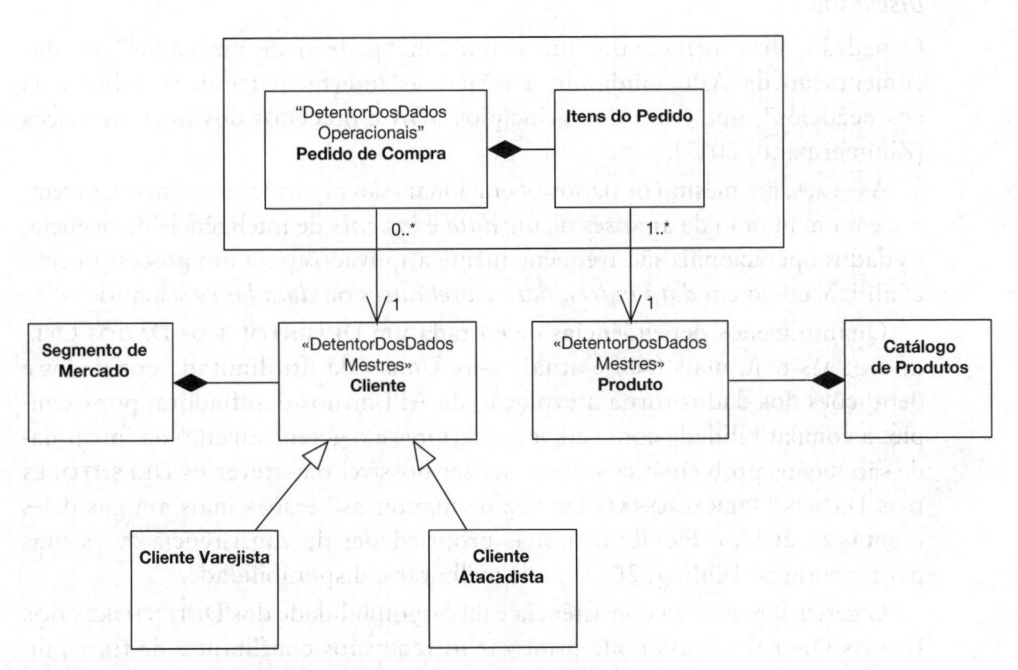

Figura 5.6 Exemplo de loja *on-line*: Detentor dos Dados Operacionais (Pedido de Compra), Detentores dos Dados Mestres (Cliente, Produto) e suas relações.

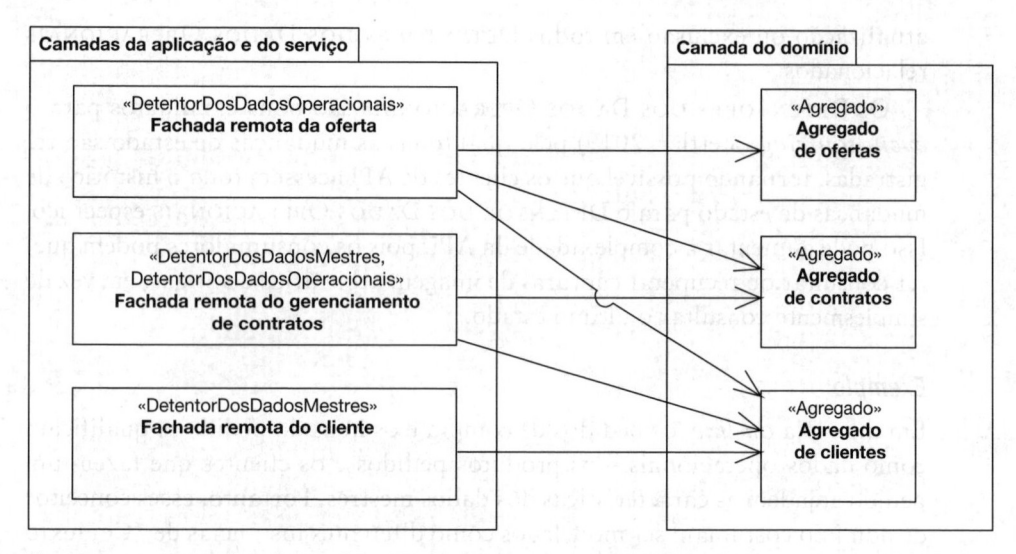

Figura 5.7 Exemplos de combinação do DETENTOR DOS DADOS OPERACIONAIS e do DETENTOR DOS DADOS MESTRES: as ofertas referenciam os contratos e os clientes, os contratos referenciam os clientes. No exemplo, as fachadas remotas acessam vários agregados isolados entre si. Os nomes lógicos da camada vêm de Evans (2003) e Fowler (2002).

Discussão

O padrão serve principalmente como um "padrão de marcador" na documentação da API, ajudando a tornar as interfaces técnicas "alinhadas aos negócios", que é um dos princípios SOA e preceitos dos microsserviços (Zimmermann, 2017).

Às vezes, até mesmo os dados operacionais são mantidos por um longo tempo: em um mundo de análises de *big data* e *insights* de inteligência de negócio, os dados operacionais são frequentemente arquivados para um processamento analítico, como em *data marts*, *data warehouses* ou *data lakes* semânticos.

Quanto menos dependências de entrada um DETENTOR DOS DADOS OPERACIONAIS tem, mais fácil é atualizá-lo. Uma vida útil limitada dos dados e definições dos dados torna a evolução da API menos desafiadora; por exemplo, a compatibilidade com versões anteriores e o gerenciamento da integridade são menos problemáticos. Pode até ser possível reescrever os DETENTORES DOS DADOS OPERACIONAIS em vez de manter as versões mais antigas deles (Pautasso, 2017a). Flexibilizar suas propriedades de consistência de estritas para eventuais (Fehling, 2014) pode melhorar a disponibilidade.

O gerenciamento da consistência e da disponibilidade dos DETENTORES DOS DADOS OPERACIONAIS pode priorizar os requisitos conflitantes de forma diferente dos DETENTORES DOS DADOS MESTRES (dependendo do domínio e do cenário). A agilidade dos negócios, a flexibilidade de atualização do esquema e a velocidade de processamento são determinadas pela implementação da API.

A distinção entre dados mestres e dados operacionais é subjetiva e depende do contexto da aplicação. Os dados que são necessários apenas temporariamente em uma aplicação podem ser um ativo central em outro. Considere, por exemplo, as compras em uma loja *on-line*. Enquanto o comprador se preocupa com o pedido apenas até que ele seja entregue e pago (a menos que haja um caso de garantia, o cliente queira devolver o produto ou repetir o mesmo pedido no futuro), o provedor da loja provavelmente manterá todos os detalhes para analisar o comportamento de compra ao longo do tempo (perfil do cliente, recomendações de produtos e publicidade direcionada).

O padrão DETENTOR DOS DADOS OPERACIONAIS pode ajudar a atender os requisitos regulatórios expressos como controles de conformidade. Um exemplo de tal requisito e controle de conformidade é "todos os pedidos de compra referenciam um cliente que realmente existe em um sistema de registro e no mundo real". Aplicar essa regra impede (ou encontra) casos de fraude (Julisch, 2011).

Padrões relacionados

Os detentores da informação de vida mais longa com muitas referências recebidas são descritos pelos padrões DETENTOR DOS DADOS MESTRES (mutável) e DETENTOR DOS DADOS DE REFERÊNCIA (imutável via API). Um padrão alternativo, menos orientado a dados e mais orientado a ações é o RECURSO DO PROCESSAMENTO. Todos os padrões de responsabilidades operacionais, incluindo OPERAÇÃO DE CRIAÇÃO DO ESTADO e OPERAÇÃO DE TRANSIÇÃO DO ESTADO, podem ser usados nos *endpoints* DETENTORES DOS DADOS OPERACIONAIS.

Os padrões dos Capítulos 4, 6 e 7 são aplicados ao planejar as mensagens de solicitação e resposta das operações do DETENTORES DOS DADOS OPERACIONAIS. Sua adequação depende muito da semântica real dos dados. Por exemplo, inserir itens em um carrinho de compras pode esperar uma ÁRVORE DE PARÂMETROS e retornar uma *flag* de sucesso simples como um PARÂMETRO ATÔMICO. A atividade de *check-out* pode exigir vários parâmetros complexos (FLORESTA DE PARÂMETROS) e retornar o número do pedido e a data de entrega esperada em uma LISTA DE PARÂMETROS ATÔMICOS. A exclusão dos dados operacionais pode ser disparada pelo envio de um ELEMENTO ID e pode retornar uma *flag* simples de sucesso e/ou uma representação do RELATÓRIO DE ERROS. A PAGINAÇÃO fatia as respostas para as solicitações de grandes quantidades de dados operacionais.

O padrão "Canal do Tipo de Dados" (Hohpe, 2003) descreve como organizar um sistema de mensagens por semântica e sintaxe da mensagem (p. ex., consulta, cotação de preço ou pedido de compra).

Os DETENTORES DOS DADOS OPERACIONAIS referenciando outros DETENTORES DOS DADOS OPERACIONAIS podem optar por incluir esses dados na forma de uma ENTIDADE INCORPORADA. Por outro lado, as referências aos DETENTORES DOS DADOS MESTRES geralmente não são incluídas/incorporadas, mas externalizadas via referências do DETENTOR DA INFORMAÇÃO VINCULADA.

Mais informações

A noção de dados operacionais (ou transacionais) tem raízes na comunidade de integração de banco de dados e da informação, e nos negócios informatizados (do alemão, *Wirtschaftsinformatik*) (Ferstl, 2006).

Padrão:
DETENTOR DOS DADOS MESTRES

Quando e por que aplicar

Um modelo de domínio, um diagrama de relacionamentos das entidades, um glossário ou um dicionário semelhante dos principais conceitos de aplicação foi especificado. Foi decidido expor algumas dessas entidades de dados em uma API por meio dos RECURSOS DO DETENTOR DA INFORMAÇÃO.

A especificação dos dados revela que os ciclos de vida e de atualização dos *endpoints* RECURSOS DO DETENTOR DA INFORMAÇÃO diferem muito (p. ex., de segundos, minutos e horas a meses, anos e décadas). Os dados de longa duração costumam ter muitos relacionamentos de entrada, já os dados de vida mais curta muitas vezes referenciam os dados de longa duração. Os perfis de acesso aos dados desses dois tipos diferem bastante.[4]

De que forma posso projetar uma API que forneça acesso a dados mestres que ficam disponíveis por muito tempo, não mudem com frequência e sejam referenciados por muitos clientes?

Em muitos cenários de aplicação, os dados referenciados em vários lugares e que duram muito têm necessidades de alta qualidade e proteção.

- **Qualidade dos dados mestres:** os dados mestres devem ser precisos porque são usados direta, indireta e/ou implicitamente em muitos lugares, desde negócios diários até a tomada de decisão estratégica. Se não forem armazenados e gerenciados em um único lugar, atualizações descoordenadas, *bugs* de *software* e outras circunstâncias imprevistas podem levar a inconsistências e outros problemas de qualidade difíceis de detectar. Se estiverem armazenados centralmente, o acesso a eles pode ser lento devido ao *overhead* causado pela contenção de acesso e pela comunicação de *back-end*.

---

[4] O contexto desse padrão é semelhante ao do seu modelo alternativo, DETENTOR DOS DADOS OPERACIONAIS. Ele enfatiza que os tempos de vida e a estrutura de relacionamento desses dois tipos de dados são diferentes. Aqui estamos interessados nos *dados mestres*, muitas vezes contrastados com os *dados operacionais*, também chamados de *dados transacionais* (em alemão, *Stammdaten vs. Bewegungsdaten* [dados estáticos *versus* dados dinâmicos]; ver Ferstl [2006] e White [2006]).

- **Proteção dos dados mestres:** independentemente de sua política de armazenamento e gerenciamento, os dados mestres devem ser bem protegidos com controles de acesso adequados e políticas de auditoria, por serem um alvo atraente para ataques e porque as consequências da violação dos dados podem ser graves.
- **Dados sob controle externo:** os dados mestres podem ser de propriedade e gerenciados por sistemas dedicados, frequentemente adquiridos por (ou desenvolvidos em) uma unidade organizacional separada. Por exemplo, existe um gênero de aplicação de *sistemas de gerenciamento de dados mestres* especializados em dados de produtos ou de clientes. Na prática, a hospedagem externa (terceirização estratégica) desses sistemas de gerenciamento especializado de dados mestres acontece e complica a integração dos sistemas porque mais partes interessadas estão envolvidas em sua evolução.

Os procedimentos de propriedade e auditoria dos dados diferem dos de outros tipos de dados. As coleções de dados mestres são um ativo com valor monetário que aparece no balanço das empresas. Portanto, suas definições e interfaces muitas vezes são difíceis de influenciar e mudar. Devido a influências externas em seu ciclo de vida, os dados mestres podem evoluir a uma velocidade diferente dos dados operacionais que os referenciam.

Pode-se pensar em tratar todas as entidades/recursos igualmente para promover a simplicidade da solução, independentemente do seu tempo de vida e padrões e relacionamento. No entanto, tal abordagem corre o risco de não responder satisfatoriamente às preocupações das partes interessadas, tais como auditores de segurança, proprietários e administradores de dados. Os provedores de hospedagem e, por último, mas não menos importante, os correspondentes reais dos dados (p. ex., consumidores e usuários internos do sistema) são outras partes interessadas dos dados mestres cujos interesses podem não ser atendidos satisfatoriamente por essa abordagem.

Como funciona

Marque um Recurso do Detentor da Informação para ser um *endpoint* Detentor dos Dados Mestres dedicado, que agrupe as operações de acesso e manipulação dos dados mestres de modo que a consistência dos dados seja preservada e as referências sejam gerenciadas adequadamente. Trate as operações de exclusão como formas especiais de atualização.

Como opção, ofereça outros eventos do ciclo de vida ou transições de estado nesse *endpoint* Detentor dos Dados Mestres. Também opcionalmente, exponha operações adicionais para dar ao Detentor dos Dados Mestres responsabilidades específicas do domínio. Por exemplo, um arquivo pode oferecer operações de recuperação por tempo, criações em massa e limpeza.

Um DETENTOR DOS DADOS MESTRES é um tipo especial de RECURSO DO DETENTOR DA INFORMAÇÃO. Normalmente oferece operações para pesquisar informações que são referenciadas em outro lugar. Um DETENTOR DOS DADOS MESTRES também oferece operações para manipular os dados por meio da API (ao contrário de um DETENTOR DOS DADOS DE REFERÊNCIA). Ele deve atender aos requisitos de segurança e conformidade para esse tipo de dados.

A Figura 5.8 mostra os elementos de *design* específicos.

As mensagens de solicitação e resposta dos DETENTORES DOS DADOS MESTRES geralmente têm a forma de ÁRVORES DE PARÂMETROS. No entanto, os tipos mais atômicos da estrutura de mensagens de solicitação e resposta também podem ser encontrados na prática. As operações de *criação* de dados mestres normalmente recebem uma ÁRVORE DE PARÂMETROS com uma complexidade simples a média porque os dados mestres podem ser complexos, mas muitas vezes são criados de uma só vez, como quando são inseridos completamente por um usuário em um formulário (p. ex., um formulário de criação de conta). Eles geralmente retornam um PARÂMETRO ATÔMICO ou uma LISTA DE PARÂMETROS ATÔMICOS para reportar o ELEMENTO ID ou o ELEMENTO DE *LINK* que identifica a entidade dos dados mestres de forma única/global e informar se a solicitação de criação foi bem-sucedida ou não (p. ex., usando o padrão RELATÓRIO DE ERROS). As razões de falha podem ser chaves duplicadas, violações das regras de negócio e outras invariantes, ou erros de processamento internos no lado do servidor (p. ex., a indisponibilidade temporária dos sistemas de *back-end*).

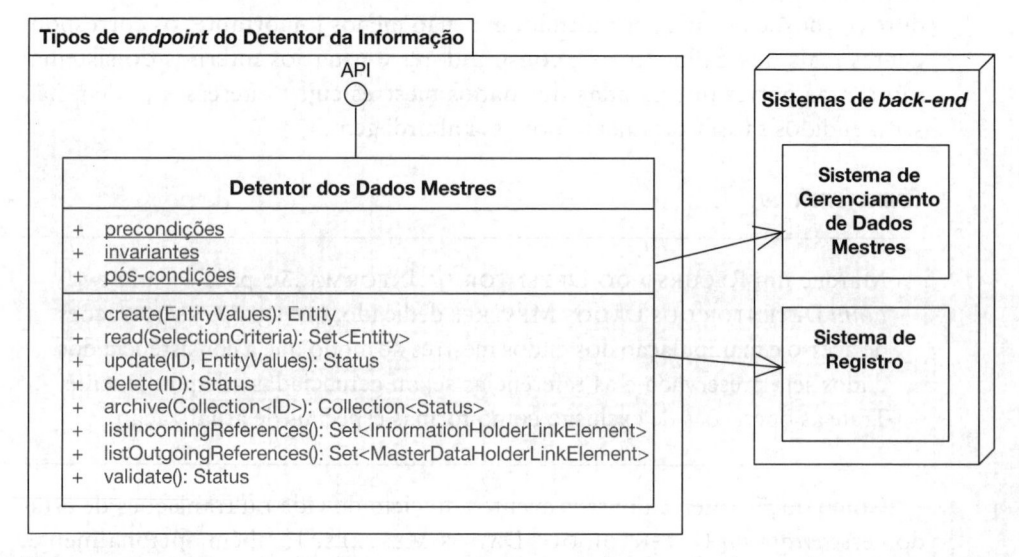

Figura 5.8 DETENTOR DOS DADOS MESTRES. Os dados mestres duram muito tempo e com frequência são referenciados por outros dados mestres e dados operacionais. Portanto têm requisitos específicos de qualidade e consistência.

Há duas formas de *atualizar* os dados mestres:

1. *Baixa granularidade*: operação de atualização completa, que substitui a maioria ou todos os atributos em uma entidade dos dados mestres, como cliente ou produto. Essa forma corresponde ao verbo HTTP PUT.
2. *Alta granularidade*: operação de atualização parcial, que atualiza apenas um ou alguns atributos em uma entidade de dados mestres, por exemplo, o endereço de um cliente (mas não o seu nome) ou o preço de um produto (mas não seu fornecedor e regras de tributação). Em HTTP, o verbo PATCH tem essa semântica.

O acesso de *leitura* aos dados mestres costuma ser realizado por meio de OPERAÇÕES DE RECUPERAÇÃO que oferecem recursos de consulta de pesquisa e filtro parametrizados (possivelmente expressos de forma declarativa).

A exclusão pode não ser desejada. Se há suporte, as operações de *exclusão* nos dados mestres às vezes são complicadas de implementar devido aos requisitos legais de conformidade. Existe o risco de quebrar um grande número de referências recebidas ao remover os dados mestres por completo. Portanto, os dados mestres geralmente não são excluídos, mas definidos para um estado imutável "arquivado" no qual as atualizações não são mais possíveis. Isso também permite manter trilhas de auditoria e registros históricos de manipulação dos dados; as alterações dos dados mestres são muitas vezes críticas e devem ser incontestáveis. Se a exclusão é de fato necessária (e isso pode ser um requisito regulatório), os dados podem realmente ficar ocultados dos consumidores (alguns ou todos), mas ainda preservados em um estado invisível (a menos que outro requisito regulatório proíba isso).

Em uma API de recurso HTTP, o endereço (URI) de um recurso DETENTOR DOS DADOS MESTRES pode ser amplamente compartilhado entre os clientes que fazem referência a ele, que podem acessá-lo via HTTP GET (um método de somente leitura que dá suporte a *caching*). As chamadas de criação e atualização usam os métodos POST, PUT e PATCH, respectivamente (Allamaraju, 2010).

Observe que a análise das palavras *criar, ler, atualizar* e *excluir* no contexto desse padrão não deve indicar que os *designs* da API baseados em CRUD são a solução pretendida ou possível somente para realizar o padrão. Tais *designs* levam rápido a APIs com desempenho e propriedades de escalabilidade ruins, com um acoplamento e uma complexidade indesejados. Cuidado com esses *designs* de API! Em vez disso, siga uma abordagem incremental durante a identificação dos recursos que tem como objetivo primeiro apontar os elementos de interface com escopo, como as raízes agregadas em DDD, as capacidades de negócios ou os processos de negócio. Formações ainda maiores, como Contextos Delimitados, podem servir como pontos de partida. Em casos pouco frequentes, as Entidades do domínio também podem ser consideradas como candidatas a *endpoint*. Isso inevitavelmente levará a *designs* do DETENTOR DOS DADOS MESTRES que são semanticamente mais avançados e significativos – e com um impacto mais positivo sobre as qualidades mencionadas. Em termos de DDD, buscamos um modelo de domínio avançado e profundo, em oposição a um modelo de domínio anêmico (Fowler, 2003); isso deve ser refletido no *design* da API. Em muitos cenários, faz sentido identificar e chamar os dados mestres (bem como os dados operacionais) nos modelos de domínio para que as decisões posteriores de *design* possam usar essas informações.

Exemplo

Lakeside Mutual, nossa aplicação de exemplo da área de seguros, apresenta dados mestres, como clientes e contratos, que são expostos como serviços da *web* e recursos REST, por isso aplicando o padrão Detentor dos Dados Mestres. A Figura 5.9 ilustra dois desses recursos como fachadas remotas.

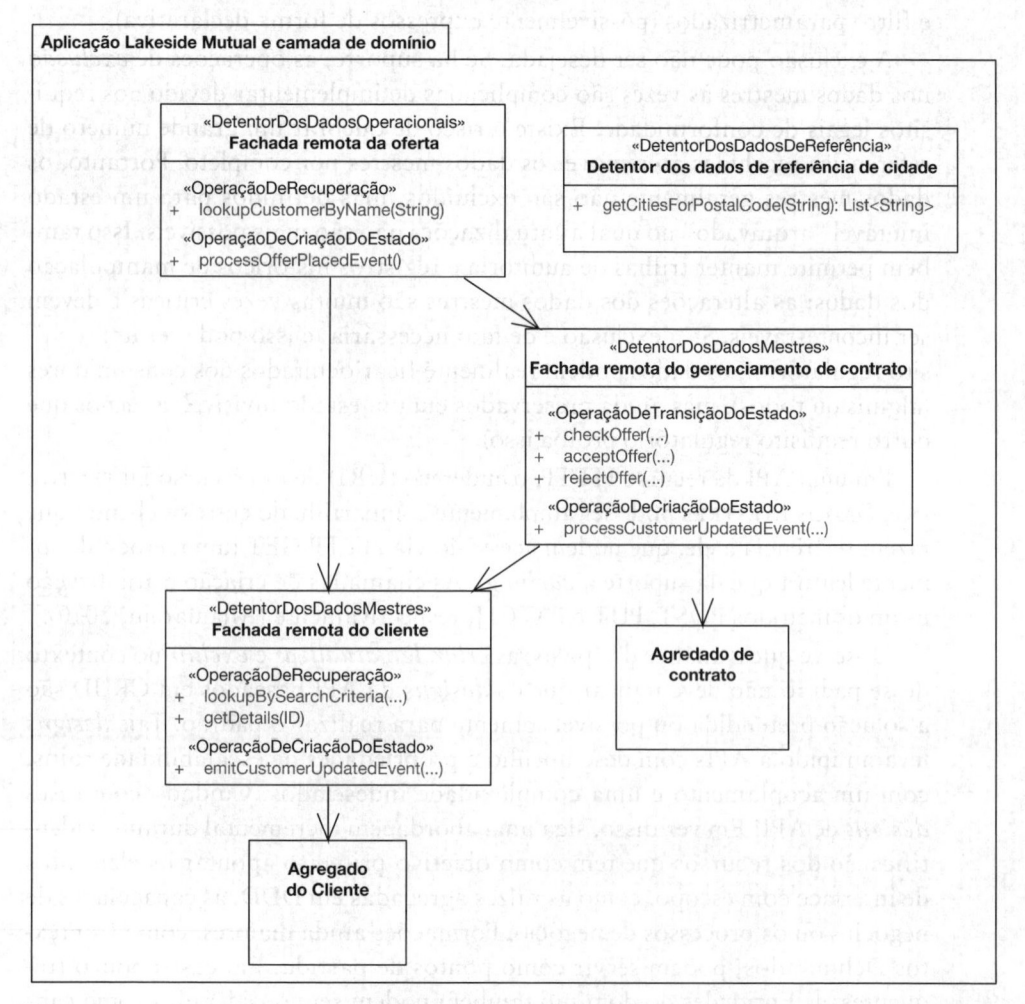

Figura 5.9 Exemplo de interação entre o Detentor dos Dados Operacionais e o Detentor dos Dados Mestres. Os dados operacionais referenciam os dados mestres, mas não vice-versa. Uma aplicação do padrão Detentor dos Dados de Referência também é mostrada.

Neste exemplo, as fachadas remotas (oferta, contrato, cliente) acessam umas às outras e dois agregados da camada de domínio na implementação da API.

Discussão

Marcar um *endpoint* da API como DETENTOR DOS DADOS MESTRES pode ajudar a alcançar o foco necessário na qualidade e na proteção dos dados.

Os dados mestres, por definição, têm muitas dependências de entrada e também podem ter de saída. Como esses dados geralmente estão sob controle externo, marcar um *endpoint* da API como DETENTOR DOS DADOS MESTRES também ajuda a controlar e limitar onde tal dependência externa é introduzida. Dessa forma, existirá apenas uma API dando acesso atualizado a uma fonte de dados mestres específica e com consistência.

Os dados mestres costumam ser um ativo valioso da empresa, fundamentais para o sucesso no mercado (eles podem até transformar uma empresa em um alvo de aquisição). Portanto, quando expostos como parte da API, é muito importante planejar sua evolução futura em um roteiro que respeita a compatibilidade com as versões anteriores, considera a preservação digital e protege os dados contra roubo e adulteração.

Padrões relacionados

O padrão DETENTOR DOS DADOS MESTRES tem duas alternativas: DETENTOR DOS DADOS DE REFERÊNCIA (com dados imutáveis via API) e DETENTOR DOS DADOS OPERACIONAIS (expondo os dados de curta duração com menos referências de entrada).

Mais informações

A noção de dados mestres *versus* dados operacionais vem da literatura do banco de dados da comunidade (mais especificamente, a integração de informações) e da informática corporativa (em alemão, *Wirtschaftsinformatik*) (Ferstl, 2006). Esse conceito tem um papel importante nos esforços de processamento analítico *on-line* (OLAP, *on-line analytical processing*), *data warehouses* e *business intelligence* (BI) (Kimball, 2002).

Padrão:
DETENTOR DOS DADOS DE REFERÊNCIA

Quando e por que aplicar

Uma especificação de requisitos revela que alguns dados são referenciados na maioria (se não em todas) as partes do sistema, mas mudam muito raramente (se mudam). Essas modificações são administrativas por natureza e não causadas por clientes de API que operam durante seu dia a dia de negócios. Esses dados são chamados de *dados de referência*. Eles têm muitas formas, incluindo códigos de país, códigos postais, geolocalizações, códigos de moeda e unidades de medida. Os dados de referência muitas vezes são representados por enumerações de *strings* literais ou intervalos de valores numéricos.

As representações da transferência de dados nas mensagens de solicitação e resposta das operações de API podem conter ou apontar os dados de referência para atender às necessidades de informação de um destinatário da mensagem.

De que forma os dados referenciados em muitos lugares, que duram muito tempo e são imutáveis para os clientes devem ser tratados nos *endpoints* da API?

Como esses dados de referência podem ser usados nas solicitações e nas respostas dos Recursos de Processamento ou dos Recursos do Detentor da Informação?

Vale a pena ver duas qualidades desejadas (além daquelas que se aplicam a qualquer tipo de Recurso do Detentor da Informação).

- **Não se repita (DRY, *do not repeat yourself*)**: como os dados de referência raramente mudam (se mudam), há uma tentação de só codificá-los nos clientes de API ou, se estiver usando uma *cache*, recuperá-los uma vez e armazenar uma cópia local para sempre. Tais *designs* funcionam bem no curto prazo e podem não causar nenhum problema iminente, até os dados e suas definições terem que mudar.[5] Como o princípio DRY é violado, a mudança impactará cada cliente e se os clientes estiverem fora de alcance, poderá não ser possível atualizá-los.
- **Concessão entre desempenho e consistência para o acesso de leitura**: como os dados de referência raramente mudam (se mudam), pode valer a pena introduzir uma *cache* para reduzir o tempo de resposta de acesso de saída e retorno e diminuir o tráfego se há muitos dados a serem referenciados e lidos. Tais táticas de replicação devem ser planejadas com cuidado para que funcionem como desejado e não tornem o sistema de ponta a ponta excessivamente complexo e difícil de manter. Por exemplo, as *caches* não devem crescer muito e a replicação deve ser capaz de tolerar partições de rede (interrupções). Se os dados de referência mudam (no esquema ou no nível do conteúdo), as atualizações devem ser aplicadas com consistência.

---

[5] Por exemplo, era suficiente utilizar dois dígitos para os anos civis até 1999.

Dois exemplos são os novos códigos postais introduzidos em um país e a transição das moedas locais para o euro (EUR) em muitos países europeus.

Pode-se tratar os dados de referência estáticos e imutáveis como dados dinâmicos que são lidos e gravados. Isso funciona bem em muitos cenários, mas perde oportunidades para otimizar o acesso de leitura, por exemplo, via replicação dos dados em redes de entrega de conteúdo (CDNs, *content delivery networks*) e pode levar a uma duplicação desnecessária dos esforços de armazenamento e computação.

Como funciona

Forneça um tipo especial de *endpoint* Recurso do Detentor da Informação, um Detentor dos Dados de Referência, como um único ponto de referência para os dados estáticos e imutáveis. Forneça operações de leitura, mas nenhuma operação para criar, atualizar ou excluir nesse *endpoint*.

Atualize os dados de referência em outro lugar, se necessário, alterando diretamente os ativos de *back-end* ou por meio de uma API de gerenciamento separada. Consulte o *endpoint* Detentor dos Dados de Referência via Detentores da Informação Vinculada.

O Detentor dos Dados de Referência pode permitir que os clientes recuperem todo o conjunto dos dados de referência para que eles possam manter uma cópia local que pode ser acessada várias vezes. Eles podem querer filtrar seu conteúdo antes de fazê-lo (p. ex., para implementar algum recurso de preenchimento automático em um formulário de entrada na interface de usuário). Também é possível pesquisar as entradas individuais apenas dos dados de referência (p. ex., para efeitos de validação). Uma lista de moedas, por sua vez, pode ser copiada e colada em todo lugar (pois nunca muda) ou pode ser recuperada e armazenada em *cache* a partir da API do Detentor dos Dados de Referência, como já descrevemos. Tal API pode fornecer uma enumeração completa da lista (para inicializar e atualizar a *cache*), apresentar a capacidade de projetar/selecionar o conteúdo (p. ex., uma lista de nomes de moedas na Europa) ou permitir que os clientes verifiquem se existe algum valor na lista para a validação no lado do cliente ("Essa moeda existe?").

A Figura 5.10 mostra a solução.

As mensagens de solicitação e resposta dos Detentores dos Dados de Referência geralmente têm a forma de Parâmetros Atômicos ou Listas de Parâmetros Atômicos, como quando os dados de referência não são estruturados e apenas enumeram certos valores fixos.

```
┌─────────────────────────────────────────────┐  ┌──────────────────────────────┐
│ Tipo de endpoint do Detentor da Informação  │  │ Infraestrutura               │
│                                             │  │                              │
│                    API                      │  │         ┌──────────────┐     │
│                     O                       │  │         │  Rede de     │     │
│                     │                       │  │         │  entrega de  │     │
│         ┌───────────┴──────────────┐        │  │         │  conteúdo    │     │
│         │ Detentor dos Dados de Referência │◄─┼──┐      └──────────────┘     │
│         ├──────────────────────────┤        │  │  │                           │
│         │ + populate(RefDataSet): Status   │  │  │                           │
│         │ + lookup(RefDataKey): RefDataInstance │  │                          │
│         └──────────────────────────┘        │  │  │                           │
└─────────────────────────────────────────────┘  │  │                           │
                                                 │  │  ┌──────────────────────┐ │
                                                 │  │  │ Sistemas de back-end │ │
                                                 │  │  │                      │ │
                                                 │  └──┤ Tabela dos dados de referência │
                                                 │     │ + lookupById(): StaticDataHolder │
                                                 │     └──────────────────────┘ │
                                                 └──────────────────────────────┘
```

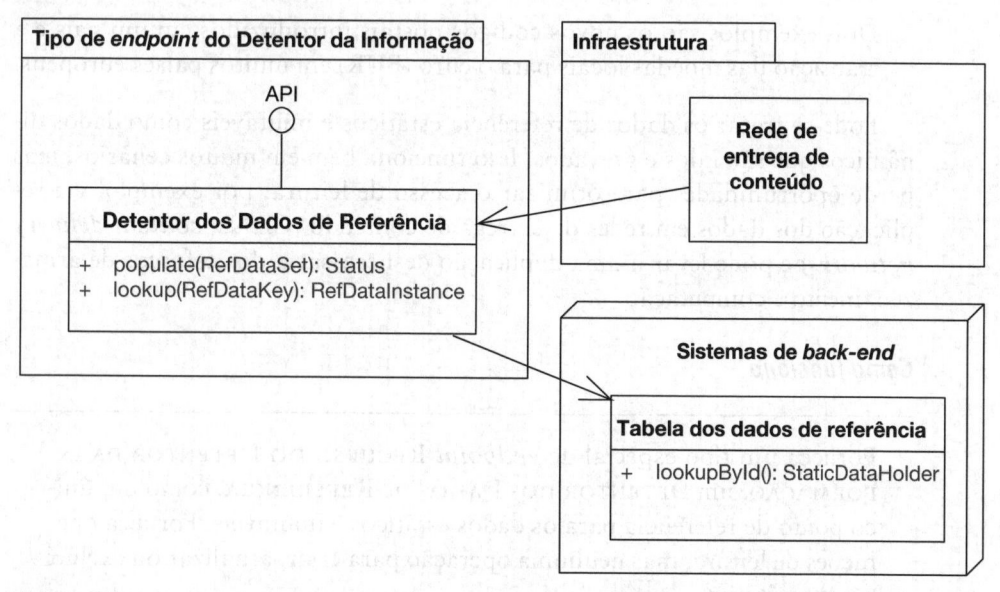

Figura 5.10 DETENTOR DOS DADOS DE REFERÊNCIA. Os dados de referência duram muito tempo, mas não podem ser alterados via API. Eles são referenciados com frequência e em muitos lugares.

Os dados de referência têm vida longa, mas quase nunca mudam; são referenciados com frequência e em muitos lugares. Portanto, as operações dos DETENTORES DOS DADOS DE REFERÊNCIA podem oferecer acesso direto a uma tabela de dados de referência. Essas pesquisas podem mapear um identificador curto (como uma chave substituta interna do provedor) para um identificador mais expressivo e legível por humanos e/ou um conjunto de dados inteiro.

O padrão não prescreve nenhum tipo de implementação. Um banco de dados relacional, por exemplo, pode parecer uma solução com engenharia excessiva ao gerenciar uma lista de moedas; um armazenamento de chave/valor baseado em arquivos ou arquivos ISAM (*indexed sequential access method* – método de acesso sequencial indexado) podem ser suficientes. Os armazenamentos de chave/valor, como um Redis, ou um banco de dados NoSQL orientado a documentos, como CouchDB ou MongoDB, também podem ser considerados.

Exemplo

A Figura 5.11 mostra uma instância do padrão que permite aos clientes de API pesquisarem os códigos postais baseados nos endereços ou vice-versa.

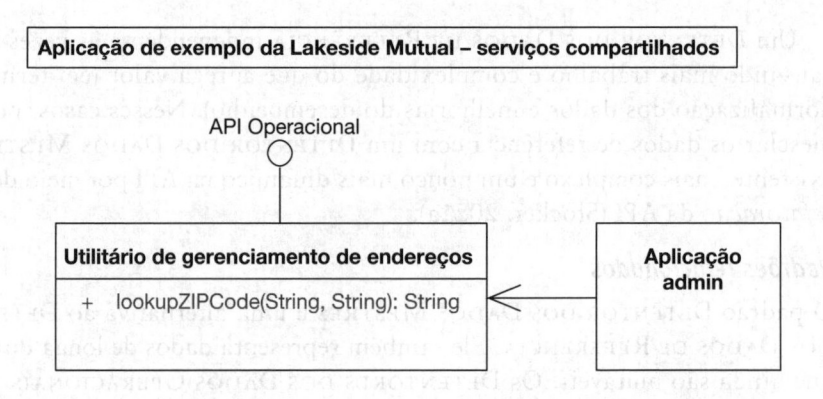

```
┌─────────────────────────────────────────────────────────┐
│ Aplicação de exemplo da Lakeside Mutual – serviços compartilhados │
└─────────────────────────────────────────────────────────┘

                    API Operacional
                          ○
                          │
┌──────────────────────────────────────┐        ┌──────────────┐
│ Utilitário de gerenciamento de endereços │        │  Aplicação   │
├──────────────────────────────────────┤◄───────│    admin     │
│ + lookupZIPCode(String, String): String │        │              │
└──────────────────────────────────────┘        └──────────────┘
```

Figura 5.11 DETENTOR DOS DADOS DE REFERÊNCIA: pesquisa de código postal.

Discussão

O cenário de uso mais comum desse padrão é a pesquisa de dados de texto simples cujos intervalos de valor atendem a certas restrições (p. ex., códigos de país, códigos de moeda ou taxas de imposto).

Os DETENTORES DOS DADOS DE REFERÊNCIA explícitos evitam repetições desnecessárias. A finalidade de um DETENTOR DOS DADOS DE REFERÊNCIA é oferecer um ponto de referência central para ajudar a disseminar os dados, mantendo o controle sobre eles. O desempenho da leitura pode ser otimizado e os dados imutáveis podem ser replicados com bastante facilidade (sem risco de inconsistências, contanto que nunca mudem).

Os DETENTORES DOS DADOS DE REFERÊNCIA dedicados devem ser desenvolvidos, documentados, gerenciados e mantidos. Esse esforço ainda será menor do que o necessário para atualizar todos os clientes se tais dados de referência são codificados neles.

- **DRY**: os clientes não precisam mais implementar o gerenciamento das referências por conta própria, à custa da introdução de uma dependência de uma API remota. Esse efeito positivo pode ser visto como uma forma de normalização dos dados, como é conhecido no *design* do banco de dados e no gerenciamento da informação.

- **Concessão entre desempenho e consistência para o acesso de leitura**: o padrão oculta os dados reais atrás da API, portanto, permite que o provedor de API introduza *proxies*, *caches* e réplicas de somente leitura internamente. O único efeito visível para os clientes de API é uma melhoria (se o padrão for aplicado corretamente) em termos de propriedades da qualidade, como tempos de resposta e disponibilidade, possivelmente expressos no ACORDO DE NÍVEL DE SERVIÇO que acompanha o contrato de API funcional.

Um DETENTOR DOS DADOS DE REFERÊNCIA independente às vezes acaba causando mais trabalho e complexidade do que agrega valor (em termos de normalização dos dados e melhorias do desempenho). Nesses casos, pode-se mesclar os dados de referência com um DETENTOR DOS DADOS MESTRES já existente, mais complexo e um pouco mais dinâmico na API por meio de uma *refatoração* da API (Stocker, 2021a).

Padrões relacionados

O padrão DETENTOR DOS DADOS MESTRES é uma alternativa ao DETENTOR DOS DADOS DE REFERÊNCIA. Ele também representa dados de longa duração, que ainda são mutáveis. Os DETENTORES DOS DADOS OPERACIONAIS representam dados mais efêmeros.

A seção "Granularidade da mensagem", no Capítulo 7, "Aprimoramento do *design* da mensagem para melhorar a qualidade", apresenta dois padrões relacionados, ENTIDADE INCORPORADA e DETENTOR DA INFORMAÇÃO VINCULADA. Dados estáticos simples são frequentemente incorporados (o que elimina a necessidade de um DETENTOR DOS DADOS DE REFERÊNCIA), mas também podem ser vinculados (com o *link* apontando para um DETENTOR DOS DADOS DE REFERÊNCIA).

Mais informações

O artigo "Data on the Outside versus Data on the Inside" introduz os dados de referência no sentido amplo da palavra (Helland, 2005). A Wikipédia fornece *links* para inventários/diretórios de dados de referência (Wikipédia, 2022b).

Padrão:
RECURSO DE PESQUISA DE *LINKS*

Quando e por que aplicar

As representações nas mensagens de solicitação e resposta de uma operação de API foram planejadas para atender às necessidades de informação dos destinatários das mensagens. Para tanto, essas mensagens podem conter referências para outros *endpoints* da API (como RECURSOS DO DETENTOR DA INFORMAÇÃO e/ou RECURSOS DE PROCESSAMENTO) na forma de ELEMENTOS DE *LINK*. Às vezes, não é desejável expor esses endereços de *endpoint* diretamente a todos os clientes porque isso adiciona acoplamento e prejudica a localização e a autonomia da referência.

De que forma as representações de mensagens podem se referir a outros *endpoints* e operações da API, que possivelmente são muitos e mudam com frequência, sem vincular o destinatário da mensagem aos endereços reais desses *endpoints*?

A seguir estão duas razões para evitar um acoplamento de endereço entre os participantes da comunicação:

- Os provedores de API querem mudar os destinos dos *links* livremente ao evoluir suas APIs enquanto a carga cresce e os requisitos mudam.
- Os clientes de API não querem ter que alterar o código e a configuração (p. ex., os procedimentos de inicialização da aplicação) quando as convenções de nomenclatura e a estruturação dos *links* mudam no lado do provedor.

Os seguintes desafios de *design* devem ser abordados igualmente:

- **Acoplamento entre clientes e *endpoints*:** se os clientes usam o endereço de um *endpoint* para referenciá-lo diretamente, um vínculo forte é criado entre essas partes. As referências do cliente podem ser quebradas por vários motivos, por exemplo, se o endereço do *endpoint* muda ou o *endpoint* fica temporariamente inativo.
- **Referências de *endpoint* dinâmicas:** os *designs* de API geralmente vinculam as referências aos *endpoints* durante o *design* ou a implantação, por exemplo, codificando referências nos clientes (embora também existam esquemas de vinculação mais sofisticados). Às vezes isso não é flexível o suficiente, pois são necessárias mudanças dinâmicas nas referências do *endpoint* durante a execução. Dois exemplos são *endpoints* colocados *off-line* para manutenção e balanceadores de carga trabalhando com um número dinâmico de *endpoints*. Outro cenário de uso envolve intermediários e assistentes de redirecionamento que ajudam a superar as diferenças de formatação depois que novas versões da API foram introduzidas.
- **Centralização *versus* descentralização:** fornecer exatamente um Recurso do Detentor da Informação por elemento de dados na Linguagem Publicada que é referenciada nas solicitações e nas respostas para outros *endpoints* da API por meio de endereços codificados leva a soluções altamente descentralizadas. Outros *designs* de API podem centralizar o registro e a vinculação dos endereços de *endpoint*. Qualquer solução centralizada provavelmente receberá mais tráfego do que uma solução parcialmente autônoma e distribuída; as descentralizadas são fáceis de criar, mas podem ficar difíceis de manter e evoluir.
- **Tamanho das mensagens, número de chamadas, uso de recursos:** uma solução alternativa a considerar para qualquer forma de referência utilizada nos clientes é evitá-la, seguindo o padrão Entidade Incorporada. No entanto, isso aumenta o tamanho das mensagens. Quaisquer soluções para gerenciar as referências para os *endpoints* nos clientes geralmente geram chamadas de API adicionais. Todas essas considerações influenciam o uso de recursos em termos de recursos de processamento no lado do provedor e largura de banda da rede.

- **Links quebrados:** os clientes que seguem as referências irão presumir que elas apontam para os *endpoints* existentes da API. Se essas referências não funcionam mais porque um *endpoint* da API foi movido, os clientes que não sabem desse fato podem ter falhas (pois não são mais capazes de se conectar à API) ou, ainda pior, correm o risco de receber informações desatualizadas de uma versão anterior do *endpoint*.
- **Número de *endpoints* e complexidade da API:** o problema do acoplamento pode ser evitado tendo um *endpoint* específico apenas para obter o endereço de outro *endpoint*. Mas no caso extremo de todos os *endpoints* exigirem essa funcionalidade, essa tática dobraria o número de *endpoints*, tornando a manutenção da API mais difícil e aumentando a complexidade dela.

Uma abordagem simples poderia ser adicionar operações de pesquisa, que são tipos especiais de OPERAÇÕES DE RECUPERAÇÃO que retornam ELEMENTOS DE LINK para os *endpoints* já existentes. Essa solução é viável, mas compromete a coesão dentro dos *endpoints*.

Como funciona

Introduza um tipo especial de *endpoint* de RECURSO DO DETENTOR DA INFORMAÇÃO, um RECURSO DE PESQUISA DE LINKS, que expõe as operações da OPERAÇÃO DE RECUPERAÇÃO especiais. Essas operações retornam instâncias únicas ou coleções de ELEMENTOS DE LINK que representam os endereços atuais dos *endpoints* da API referenciados.

Esses ELEMENTOS DE LINK podem apontar para os RECURSOS DO PROCESSAMENTO orientados a ação e para os *endpoints* RECURSOS DO DETENTOR DA INFORMAÇÃO orientados a dados (ou qualquer um dos seus aprimoramentos que lidam com dados operacionais, dados mestres, dados de referência ou que servem como um espaço de troca de dados compartilhado).

O RECURSO DE PESQUISA DE LINKS mais básico usa um único PARÂMETRO ATÔMICO da mensagem de solicitação para identificar o destino da pesquisa por sua chave primária, como um ELEMENTO ID simples/plano, mas globalmente único. Esses identificadores exclusivos também são usados para criar as CHAVES DA API. No próximo nível de conveniência do cliente, uma LISTA DE PARÂMETROS ATÔMICOS poderá ser usada se existirem várias opções de pesquisa e parâmetros de consulta (dessa forma, o modo de pesquisa pode/tem que ser especificado pelo cliente). O RECURSO DE PESQUISA DE LINKS retorna referências globais e acessíveis em rede para as informações retidas (cada uma tendo a forma de um ELEMENTO DE LINK, possivelmente alterado com ELEMENTOS DE METADADOS que divulgam o tipo de *link*).

Se os endereços de rede das instâncias dos diferentes tipos de RECURSO DO DETENTOR DA INFORMAÇÃO são retornados, o cliente pode acessar esses recursos posteriormente para obter atributos, informações de relacionamento etc. A Figura 5.12 mostra a solução.

As informações do *link* podem ter diferentes formas. Muitas notações foram propostas para representar os *hiperlinks* em mensagens, incluindo JSON-LD (W3C, 2019), HAL (Kelly, 2016), WS-Addressing (XML) (W3C, 2004).

Variante Quando os Elementos de *Link* apontam para os Recursos do Processamento em vez dos Recursos do Detentor da Informação, uma variante desse padrão é constituída: *hipertexto como motor do estado da aplicação (HATEOAS, hypertext as the engine of application state)* é uma das características definidoras das APIs *web* RESTful verdadeiras, de acordo com as definições do estilo REST (Webber, 2010; Erl, 2013). Note que os *links* em HATEOAS também são referidos como *controles de hipermídia*.

Os endereços de alguns *endpoints*-raiz (também chamados de *recursos iniciais*) são publicados (i.e., comunicados para os clientes de API em potencial); os endereços dos serviços relacionados podem então ser encontrados em cada resposta. Os clientes analisam as respostas para descobrir as URIs dos recursos a serem chamados posteriormente. Se um Recurso do Processamento é referenciado assim, o fluxo de controle e o gerenciamento do estado da aplicação tornam-se dinâmicos e altamente descentralizados. O padrão no nível operacional da Operação de Transição do Estado cobre esse princípio REST em detalhes. Os Recursos do Detentor da Informação RESTful podem suportar o fatiamento ou o particionamento de dados grandes e complexos.

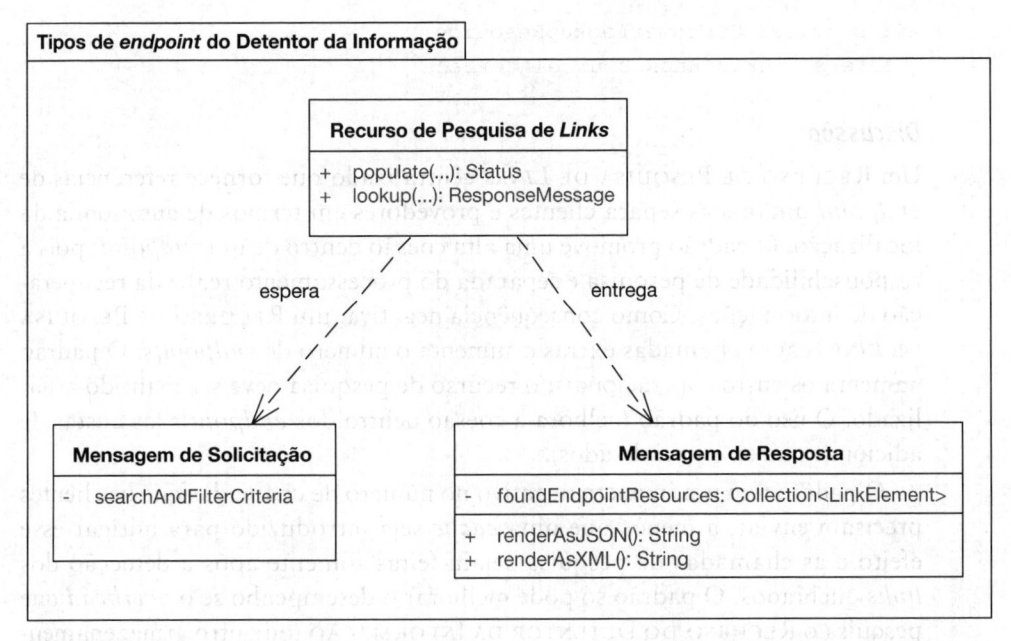

```
┌─ Tipos de endpoint do Detentor da Informação ──────────────────────────┐
│                                                                        │
│                    ┌──────────────────────────────────┐                │
│                    │  Recurso de Pesquisa de Links    │                │
│                    ├──────────────────────────────────┤                │
│                    │  +  populate(...): Status        │                │
│                    │  +  lookup(...): ResponseMessage │                │
│                    └──────────────────────────────────┘                │
│                         ╱                    ╲                         │
│                  espera╱                      ╲entrega                 │
│                       ╱                        ╲                       │
│                      ╱                          ╲                      │
│   ┌────────────────────────────┐   ┌────────────────────────────────────────────┐
│   │  Mensagem de Solicitação   │   │  Mensagem de Resposta                       │
│   ├────────────────────────────┤   ├────────────────────────────────────────────┤
│   │  -  searchAndFilterCriteria│   │  -  foundEndpointResources: Collection<LinkElement>│
│   └────────────────────────────┘   │  +  renderAsJSON(): String                  │
│                                    │  +  renderAsXML(): String                   │
│                                    └────────────────────────────────────────────┘
└────────────────────────────────────────────────────────────────────────┘
```

Figura 5.12 O Recurso de Pesquisa de *Links* é um *endpoint* da API que apenas mantém informações sobre outros.

Exemplo

No caso de exemplo Lakeside Mutual, duas operações para encontrar os Recursos do Detentor da Informação que representam os clientes podem ser especificados da seguinte forma (notação: MDSL, introduzida no Apêndice C):

```
Descrição da API LinkLookupResourceExample

data type URI D<string> // protocolo, domínio, caminho, parâmetros

endpoint type LinkLookupResourceInterface // esboço
exposes
  operation lookupInformationHolderByLogicalName
    expecting payload
      <<Identifier_Element>> "name": ID
    delivering payload
      <<Link_Element>> "endpointAddress": URI

  operation lookupInformationHolderByCriteria
    expecting payload {
      "filter": P // parâmetro P do espaço reservado
    }
    delivering payload {
      <<Link_Element>> "uri": URI* // cardinalidade 0..m
    }

API provider CustomerLookupResource
  offers LinkLookupResourceInterface
```

Discussão

Um Recurso de Pesquisa de Links centralizado que fornece referências de *endpoint* dinâmicas separa clientes e provedores em termos de autonomia da localização. O padrão promove uma alta coesão dentro de um *endpoint*, pois a responsabilidade de pesquisa é separada do processamento real e da recuperação de informações. Como consequência negativa, um Recurso de Pesquisa de Links causa chamadas extras e aumenta o número de *endpoints*. O padrão aumenta os custos operacionais; o recurso de pesquisa deve ser mantido atualizado. O uso do padrão melhora a coesão dentro dos *endpoints* (às custas de adicionar outros especializados).

O padrão tem um impacto negativo no número de chamadas que os clientes precisam enviar, a menos que uma *cache* seja introduzido para mitigar esse efeito e as chamadas de pesquisa sejam feitas somente após a detecção dos *links* quebrados. O padrão só pode melhorar o desempenho se o *overhead* que pesquisa o Recurso do Detentor da Informação (ou outro armazenamento de dados interno do provedor) em um limite de operação da API (fazendo duas chamadas) não excede a economia alcançada com cargas de mensagens mais enxutas (de cada operação).

Se a combinação de um DETENTOR DA INFORMAÇÃO VINCULADA com um RECURSO DE PESQUISA DE *LINKS* acaba adicionando mais *overhead* do que os ganhos de desempenho e flexibilidade, o DETENTOR DA INFORMAÇÃO VINCULADA pode ser alterado para conter um *link* direto. Se o *link* direto ainda leva a trocas de mensagens excessivas (conversas) entre clientes e provedores de API, os dados referenciados podem ser nivelados como uma instância da ENTIDADE INCORPORADA.

A indireção adicionada pode ajudar a mudar o ambiente de execução do sistema mais livremente. Sistemas que incluem URIs diretas podem ser mais difíceis de mudar quando os nomes do servidor mudam. O princípio REST de HATEOAS resolve o problema dos nomes de recursos reais; somente os *links* codificados no lado do cliente são problemáticos (a menos que as redireções do HTTP sejam introduzidas). O *middleware* dos microsserviços, como os *gateways* de API, também pode ser usado; no entanto, esse uso adiciona complexidade à arquitetura geral, além de dependências extras durante a execução. Usar a hipermídia para avançar o estado da aplicação é uma das restrições definidoras do estilo REST. Pode ser preciso decidir se a hipermídia deve se referir aos recursos responsáveis para o processamento no lado do provedor (qualquer tipo de *endpoint*) diretamente ou se deve ser introduzido um nível de indireção para separar mais os clientes e os *endpoints* (o padrão).

Padrões relacionados

Instâncias desse padrão podem retornar *links* para qualquer tipo/papel de *endpoint*, geralmente para os RECURSOS DO DETENTOR DA INFORMAÇÃO. O padrão usa as OPERAÇÕES DE RECUPERAÇÃO. Por exemplo, as instâncias OPERAÇÃO DE RECUPERAÇÃO podem retornar ELEMENTOS ID apontando para os RECURSOS DO DETENTOR DA INFORMAÇÃO indiretamente (que por sua vez retornam os dados); o RECURSO DE PESQUISA DE *LINKS* transforma o ELEMENTO ID em um ELEMENTO DE *LINK*.

A descoberta de serviços no nível da infraestrutura pode ser usada como alternativa. Padrões como "Registro de Serviço", "Descoberta no Lado do Cliente" e "Autorregistro" foram demonstrados por Richardson (2018).

Esse padrão é uma versão/aprimoramento específico da API do padrão de "Pesquisa" mais geral descrito em Kircher (2004) e Voelter (2004). Em um nível mais abstrato, o padrão também é uma especialização do padrão Repositório descrito em Evans (2003), efetivamente atuando como um metarrepositório.

Mais informações

Livros sobre SOA abrangem conceitos relacionados, como repositórios de serviços e registros. Em termos RDD, um RECURSO DE PESQUISA DE *LINKS* atua como um "Estruturador" (Wirfs-Brock, 2002).

Se vários resultados do mesmo tipo forem retornados, o RECURSO DE PESQUISA DE *LINKS* se tornará um "Recurso de Coleção". Os Recursos de Coleção podem ser vistos como um apêndice HTTP RESTful desse padrão, acrescentando suporte para adicionar e remover. Recipe 2.3 em *RESTful Web Services Cookbook* (Allamaraju, 2010) apresenta esse caso; o Capítulo 14 desse livro discute a descoberta. As coleções usam *links* para enumerar seu conteúdo e permitir que os clientes recuperem, atualizem ou excluam itens individuais. Como mostrado em Serbout (2021), as APIs podem apresentar coleções de somente leitura, coleções anexas, bem como coleções mutáveis.

Padrão:
RECURSO DE TRANSFERÊNCIA DE DADOS

Quando e por que aplicar

Dois ou mais participantes da comunicação querem trocar dados. O número de participantes da troca pode variar ao longo do tempo e sua existência pode ser conhecida apenas parcialmente. Eles podem não estar sempre ativos ao mesmo tempo. Por exemplo, participantes adicionais podem querer acessar os mesmos dados depois deles serem compartilhados por seu criador.

Os participantes também podem estar interessados em acessar apenas a versão mais recente das informações compartilhadas e não precisam observar cada mudança aplicada. Os participantes da comunicação podem ter limitações nas tecnologias de rede e integração que eles estão autorizados a usar.

De que forma dois ou mais participantes da comunicação podem trocar dados sem se conhecer, sem estar disponíveis ao mesmo tempo e fazê-lo mesmo que os dados tenham sido enviados antes de seus destinatários se tornarem conhecidos?

- **Acoplamento (dimensão temporal):** os participantes da comunicação podem não conseguir se comunicar de forma síncrona (i.e., ao mesmo tempo), pois sua disponibilidade e perfis de conectividade podem diferir e mudar com o tempo. Quanto mais os participantes da comunicação querem trocar dados, o mais improvável é que todos estejam prontos para enviar e receber mensagens ao mesmo tempo.
- **Acoplamento (dimensão local):** a localização dos participantes da comunicação pode ser desconhecida para os outros participantes. Pode não ser possível endereçar todos os participantes diretamente devido à conectividade de rede assimétrica, dificultando, por exemplo, que os emissores saibam como chegar nos destinatários da troca de dados ocultados atrás de uma

tabela de conversão de endereços de rede (NAT, *network address translation*) ou um *firewall*.

- **Restrições de comunicação:** alguns participantes da comunicação podem não conseguir falar diretamente uns com os outros, como é o caso dos clientes no estilo de arquitetura cliente/servidor, que por definição não são capazes de aceitar conexões de entrada. Além disso, alguns participantes podem não ter permissão para instalar o *software* necessário para a comunicação além de uma biblioteca de cliente HTTP básica e local (p. ex., um *middleware* de mensagens). Nesses casos, a comunicação indireta é a única possibilidade.

- **Confiabilidade:** as redes podem não ser consideradas confiáveis e os clientes nem sempre estão ativos ao mesmo tempo. Portanto, qualquer troca de dados distribuída deve ser planejada para lidar com as partições de rede temporárias e as interrupções do sistema.

- **Escalabilidade:** o número de destinatários pode não ser conhecido no momento em que os dados são enviados. Esse número também pode ficar muito grande e aumentar as solicitações de acesso de formas inesperadas. Isso, por sua vez, pode prejudicar as taxas de transferência e os tempos de resposta. Escalar a quantidade de dados pode ser um problema: a quantidade de dados trocados pode crescer sem limites e ficar além da capacidade das mensagens individuais (conforme definido pelos protocolos de comunicação e integração utilizados).

- **Eficiência do espaço de armazenamento:** os dados trocados devem ser armazenados em algum lugar ao longo do caminho e um espaço de armazenamento suficiente deve estar disponível. A quantidade de dados compartilhados deve ser conhecida, pois pode haver limites nos dados que podem ser transferidos ou armazenados devido a restrições da largura de banda.

- **Latência:** a comunicação direta tende a ser mais rápida do que a indireta através de retransmissões ou intermediários.

- **Gerenciamento de propriedade:** a propriedade das informações trocadas deve ser estabelecida para ter um controle explícito sobre o ciclo de vida de sua disponibilidade. O proprietário inicial é o participante que compartilha os dados; no entanto, pode haver diferentes partes responsáveis pela limpeza: o emissor original (interessado em maximizar o alcance dos dados compartilhados), o destinatário pretendido (que pode ou não querer ler várias vezes) ou o *host* do recurso de transferência (que deve manter os custos de armazenamento sob controle).

Pode-se pensar em usar mecanismos de publicação/assinatura, como oferecidos por um *middleware* orientado a mensagens (MOM, *message-oriented middleware*), como ActiveMQ, Apache Kafka ou Rabbit MQ, mas os clientes teriam que executar seu próprio *endpoint* do sistema de mensagens local para receber e processar as mensagens recebidas. O MOM precisa ser instalado e operado, o que aumenta o esforço geral de gerenciamento dos sistemas (Hohpe, 2003).

Como funciona

Introduza um Recurso de Transferência de Dados como um *endpoint* de armazenamento compartilhado acessível a partir de dois ou mais clientes de API. Forneça esse Recurso do Detentor da Informação especializado com um endereço de rede globalmente exclusivo para que dois ou mais clientes possam usá-lo como um espaço de troca de dados compartilhado. Adicione pelo menos uma Operação de Criação do Estado e uma Operação de Recuperação para que os dados possam ser colocados no espaço compartilhado e também buscados nele.

Compartilhe o endereço do recurso de transferência com os clientes. Decida sobre a propriedade dos dados e sua transferência. Prefira a propriedade do cliente acima da propriedade do provedor nesse caso.

Várias aplicações (clientes de API) podem usar o Recurso de Transferência de Dados compartilhado como um meio de troca de informações originalmente criado por um deles e transferido para o recurso compartilhado. Uma vez que a informação foi publicada no recurso compartilhado, qualquer cliente

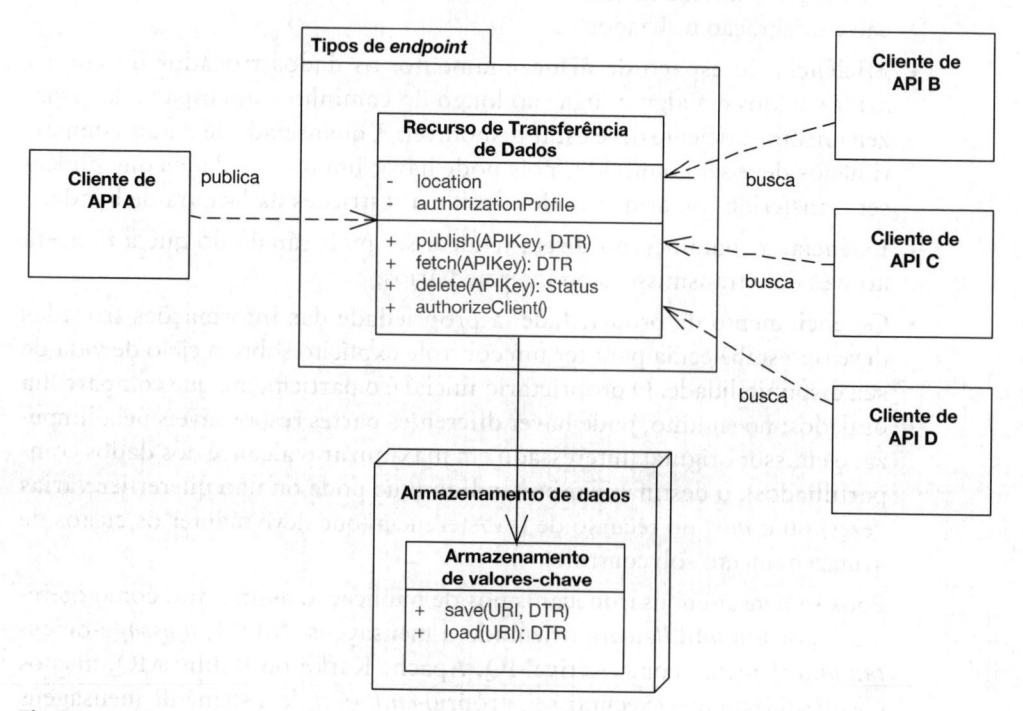

Figura 5.13 Recurso de Transferência de Dados. Um *endpoint* Recurso de Transferência de Dados mantém dados temporários para desacoplar dois ou mais clientes de API que compartilhem esses dados. A instância do padrão fornece um espaço de troca de dados entre os clientes. A propriedade dos dados continua com os clientes da aplicação.

adicional que conheça a URI do recurso compartilhado e seja autorizado pode recuperá-lo, atualizá-lo, adicioná-lo e excluí-lo (quando os dados já não são úteis para nenhuma aplicação do cliente). A Figura 5.13 mostra a solução.

O RECURSO DE TRANSFERÊNCIA DE DADOS compartilhado estabelece um quadro entre seus clientes, fornecendo-lhes um canal de fluxo de dados virtual e assíncrono para mediar todas as suas interações. Como resultado, os clientes podem trocar dados sem se conectarem diretamente uns aos outros ou (talvez ainda mais importante) sem se endereçarem diretamente e sem estarem ativos ao mesmo tempo. Assim, ele os separa no tempo (eles não precisam estar disponíveis simultaneamente) e torna sua localização irrelevante, desde que todos possam acessar o RECURSO DE TRANSFERÊNCIA DE DADOS compartilhado.

Como os clientes negociam a URI do recurso compartilhado? Os clientes podem ter que chegar a um acordo sobre o endereço do recurso compartilhado com antecedência ou eles podem descobri-lo dinamicamente usando um RECURSO DE PESQUISA DE LINKS dedicado. Além disso, é possível que o primeiro cliente defina a URI ao publicar o conteúdo original e informe os outros sobre ela com algum outro canal de comunicação ou, novamente, registrando o endereço com um RECURSO DE PESQUISA DE LINKS, cuja identidade foi previamente acordada por todos os clientes.

Suporte HTTP do padrão Do ponto de vista da implementação, essa solução é diretamente apoiada no protocolo HTTP, em que o Cliente A primeiro faz uma solicitação PUT para publicar as informações no recurso compartilhado, identificado exclusivamente por uma URI, então o Cliente B faz uma solicitação GET para buscar no recurso compartilhado. Note que as informações publicadas no recurso compartilhado não desaparecem contanto que nenhum cliente faça uma solicitação DELETE explícita. O Cliente A que publica as informações no recurso compartilhado pode fazê-lo de forma confiável, dado que a solicitação HTTP PUT é idempotente. Da mesma forma, se a solicitação GET subsequente falha, o Cliente B pode simplesmente tentar ler de novo as informações compartilhadas posteriormente. A Figura 5.14 ilustra a realização HTTP do padrão.

Os clientes não conseguem saber se outros clientes recuperaram as informações do recurso compartilhado. Para resolver essa limitação, o recurso compartilhado pode controlar o tráfego de acesso e oferecer metadados adicionais sobre o status de entrega para que seja possível perguntar se e quantas vezes a informação foi buscada após ter sido publicada. Tais ELEMENTOS DE METADADOS expostos pelas OPERAÇÕES DE RECUPERAÇÃO também podem ajudar na coleta de lixo dos recursos compartilhados que não estão mais em uso.

Variantes Os padrões de acesso e os tempos de vida dos recursos podem ser diferentes, o que sugere as seguintes variantes desse padrão:

1. *Recurso de Retransmissão*: existem apenas dois clientes, um que grava e outro que lê. A propriedade dos dados muda da gravação para a leitura. A Figura 5.15 ilustra essa variante.

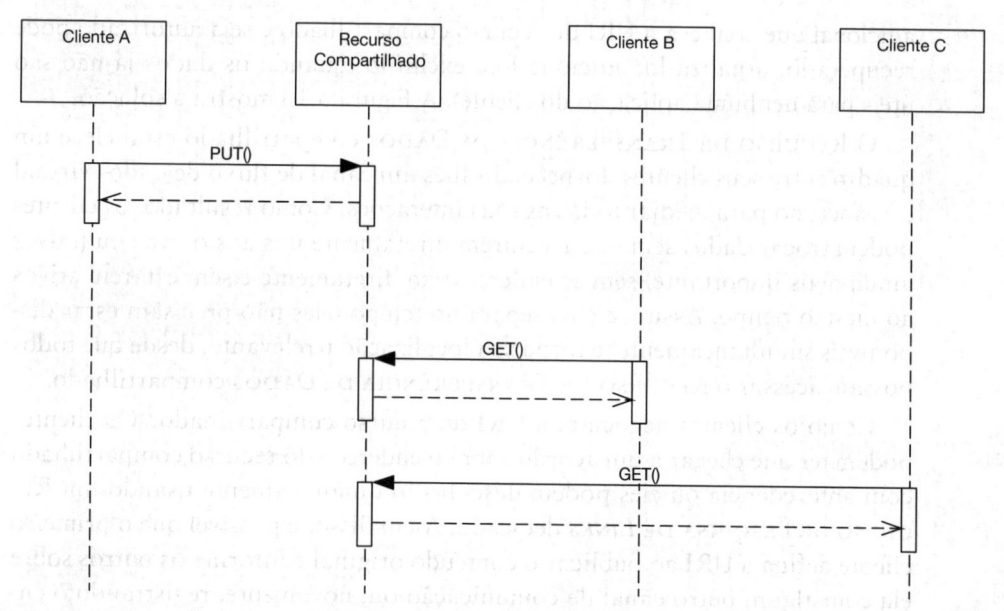

Figura 5.14 Recurso de Transferência de Dados (por HTTP).

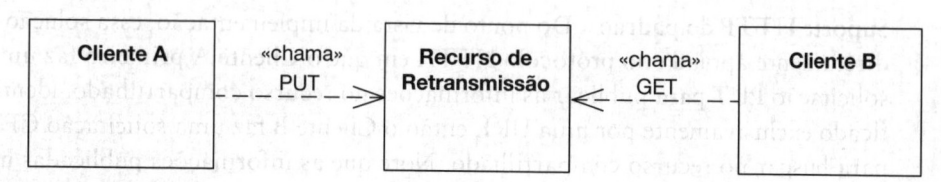

Figura 5.15 Recurso de Retransmissão.

2. *Recurso Publicado*: um cliente grava como antes, mas depois um número muito grande e imprevisível de clientes lê em momentos diferentes (talvez anos depois), como mostrado na Figura 5.16. A gravação original determina quanto tempo o recurso compartilhado fica publicamente disponível para seus múltiplos leitores. Padrões de roteamento, como "Lista de Destinatários" podem ter suporte dessa forma (Hohpe, 2003) – o *middleware* de *streaming* pode realizar essa variante.

3. *Recurso de Conversação*: muitos clientes leem, gravam e, por fim, excluem o recurso compartilhado (Figura 5.17). Qualquer participante possui o recurso de transferência (portanto, pode atualizar e excluir).

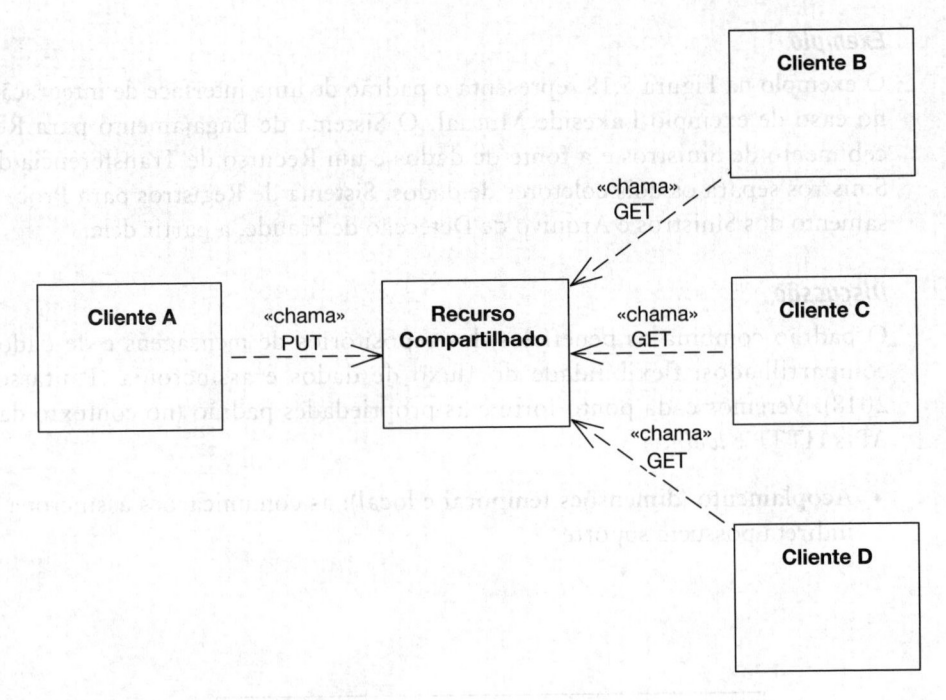

Figura 5.16 Recurso Publicado.

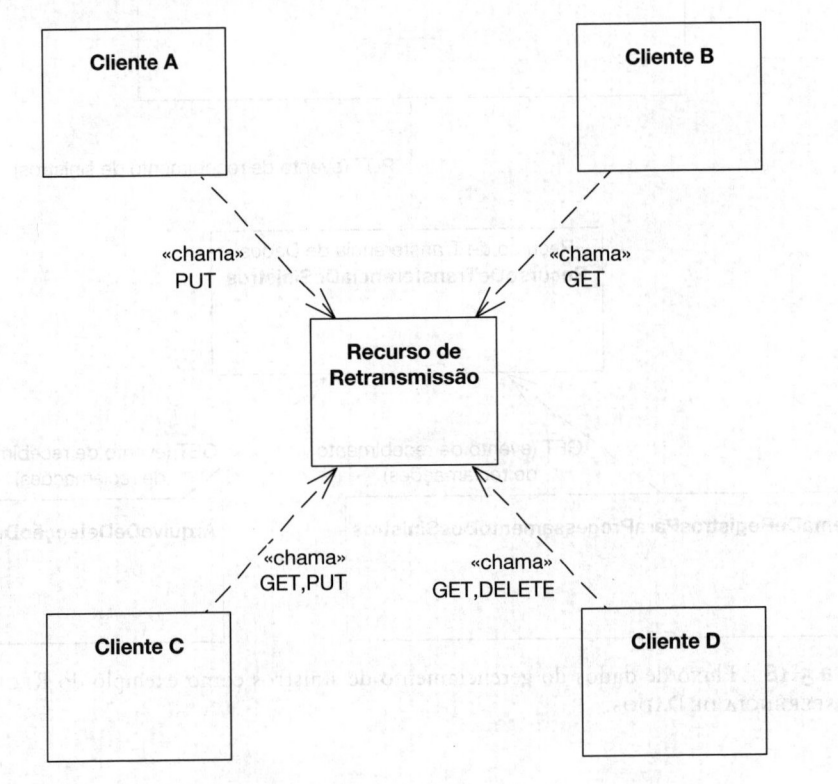

Figura 5.17 Recurso de Conversação.

Exemplo

O exemplo na Figura 5.18 representa o padrão de uma interface de integração no caso de exemplo Lakeside Mutual. O Sistema de Engajamento para Recebimento de Sinistros é a fonte de dados e um Recurso de Transferência de Sinistros separa os dois coletores de dados, Sistema de Registros para Processamento dos Sinistros e Arquivo de Detecção de Fraude, a partir dele.

Discussão

O padrão combina os benefícios dos repositórios de mensagens e de dados compartilhados: flexibilidade do fluxo de dados e assincronia (Pautasso, 2018). Veremos cada ponto forte e as propriedades padrão (no contexto das APIs HTTP e *web*).

- **Acoplamento (dimensões temporal e local)**: as comunicações assíncrona e indireta possuem suporte.

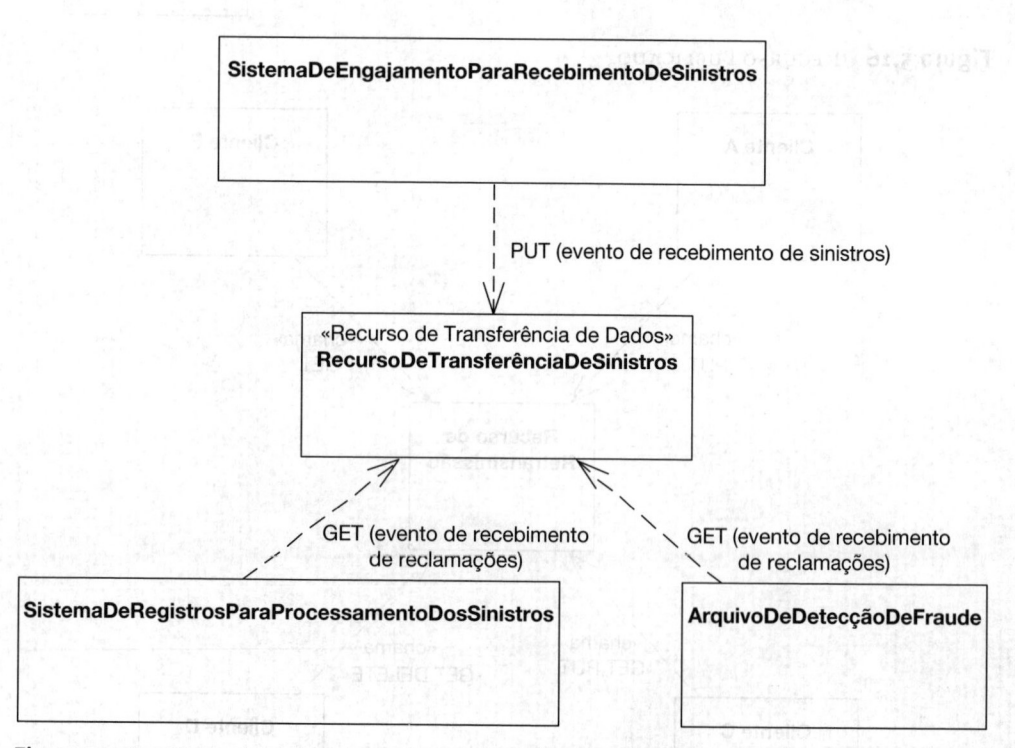

Figura 5.18 Fluxo de dados do gerenciamento de sinistros como exemplo do Recurso de Transferência de Dados.

- **Restrições de comunicação:** os clientes que não podem se conectar diretamente usam o recurso de transferência como um quadro compartilhado. Os clientes às vezes não podem se comunicar de forma direta pelos seguintes motivos:

    a. Eles são clientes e, portanto, não devem receber nenhuma solicitação de entrada.

    b. São executados por trás de um *firewall*/NAT que permite apenas conexões de saída.

    c. São executados dentro de um navegador da *web*, que permite apenas o envio de solicitações HTTP e o recebimento de respostas de um servidor da *web*.

    d. Não são executados ao mesmo tempo.

    Se a conectividade direta for impossível, uma rota indireta ainda pode funcionar. O Recurso de Transferência de Dados compartilhado fornece esse elemento intermediário e pode servir como um espaço de armazenamento comum, acessível a partir de ambos os clientes e disponível mesmo quando alguns clientes desaparecem temporariamente.

- **Confiabilidade:** ao usar sistemas de mensagens, a conexão do cliente com o *middleware* pode ser local (o processo de intermediário do sistema de mensagens cuida das mensagens remotas, assegurando a entrega delas). Tal "programação sem pilha de chamadas" é conceitualmente mais difícil e propensa a erros do que bloquear as chamadas de procedimentos remotas, mas também é mais poderosa quando feita corretamente (Hohpe, 2003). Ao aplicar o padrão Recurso de Transferência de Dados, a conexão entre cliente/recurso sempre é remota. Além disso, o protocolo HTTP não pode garantir a entrega das mensagens. No entanto, a idempotência dos métodos PUT e GET em HTTP pode mitigar o problema porque os clientes que enviam podem repetir as chamadas para o Recurso de Transferência de Dados até o *upload* ou o *download* ter sucesso. Ao usar esses métodos HTTP idempotentes para acessar o recurso compartilhado, nem o *middleware* nem o destinatário precisam detectar e remover as mensagens duplicadas.

- **Escalabilidade:** a quantidade de dados que pode ser armazenada em um recurso da *web* é vinculada pela capacidade do sistema de armazenamento de dados/arquivos subjacente ao servidor da *web*. A quantidade de dados que pode ser transferida de e para o recurso da *web* em uma solicitação/resposta HTTP padrão é realmente ilimitada de acordo com o protocolo, portanto, é restringida apenas pelas implementações do middleware subjacente e pela capacidade do *hardware*. As mesmas restrições também se aplicam ao número de clientes.

- **Eficiência do espaço de armazenamento:** o provedor Recurso de Transferência de Dados tem que alocar espaço suficiente.

- **Latência:** a comunicação indireta requer dois saltos entre os participantes, que não precisam estar disponíveis ao mesmo tempo. Nesse padrão, a capacidade de transferir dados em grandes períodos e vários participantes tem prioridade sobre o desempenho da transferência individual.
- **Gerenciamento de propriedade:** dependendo da variante padrão, a propriedade dos dados – o direito, mas também a obrigação, de garantir a validade do conteúdo do recurso compartilhado e limpá-lo posteriormente – pode ficar com a origem, ser compartilhada entre todas as partes conscientes de sua URI ou ser transferida para o RECURSO DE TRANSFERÊNCIA DE DADOS. A última opção é adequada se a origem que publica originalmente os dados não precisa estar presente até que todos os destinatários tenham tido a oportunidade de lê-los.

Assim que um RECURSO DE TRANSFERÊNCIA DE DADOS é introduzido, surgem outras questões de *design*:

- **Controle de acesso:** dependendo do tipo de informação sendo trocada, os clientes lendo a partir do recurso confiam que o recurso foi inicializado pelas origens corretas. Portanto, em alguns cenários, apenas os clientes autorizados podem ter permissão para ler ou gravar no recurso compartilhado. O acesso pode ser controlado com uma CHAVE DA API ou soluções de segurança mais avançadas.
- **(Falta de) coordenação:** os clientes podem ler e gravar no recurso compartilhado a qualquer momento, até várias vezes. Há pouca coordenação entre as gravações e as leituras, além de serem capazes de detectar recursos vazios (ou não inicializados).
- **Bloqueio otimista:** vários clientes que gravam ao mesmo tempo podem ter conflitos, que devem ser relatados como um erro e disparar uma atividade de gerenciamento de sistemas para conciliar.
- *Polling*: alguns clientes não podem receber notificações quando o estado do recurso compartilhado é alterado e eles devem recorrer ao *polling* (votação) para conseguirem acessar a versão mais recente.
- **Coleta de lixo:** o RECURSO DE TRANSFERÊNCIA DE DADOS não consegue identificar se um cliente que terminou a leitura será o último; portanto, há um risco de vazamento de dados, a menos que seja explicitamente removido. É necessário fazer uma limpeza: purgar os RECURSOS DE TRANSFERÊNCIA DE DADOS que sobreviveram à sua utilidade evita o desperdício dos recursos de armazenamento.

Padrões relacionados

O padrão difere de outros tipos de RECURSOS DO DETENTOR DA INFORMAÇÃO em relação ao acesso aos dados e à propriedade de armazenamento. O RECURSO DE TRANSFERÊNCIA DE DADOS age como uma fonte de dados e um coletor de dados. Esse RECURSO possui e controla exclusivamente seu próprio armazenamento de dados, e a única maneira de acessar seu conteúdo é com uma API publicada do RECURSO DE TRANSFERÊNCIA DE DADOS. As instâncias de outros tipos de RECURSO DO DETENTOR DA INFORMAÇÃO geralmente trabalham com dados acessados e, possivelmente, até mesmo de propriedade de outras partes (como sistemas de *back-end* e seus clientes não API). Um RECURSO DE PESQUISA DE *LINKS* pode ser visto como um RECURSO DE TRANSFERÊNCIA DE DADOS que mantém um tipo especial de dados, a saber, endereços (ou ELEMENTOS DE *LINK*).

Os padrões para as mensagens assíncronas são descritos no livro *Enterprise Integration Patterns* (Hohpe, 2003). Alguns desses padrões estão intimamente relacionados ao RECURSO DE TRANSFERÊNCIA DE DADOS. Um RECURSO DE TRANSFERÊNCIA DE DADOS pode ser visto como uma implementação baseada na *web* de um "Canal de Mensagens", com suporte para o roteamento e a transformação de mensagens, bem como várias opções de consumo de mensagens ("Consumidores Concorrentes" e "Destinatário Idempotente"). As mensagens baseadas em fila e os conectores de *software* baseados na *web* (como descrito pelo padrão RECURSO DE TRANSFERÊNCIA DE DADOS) podem ser vistos como dois estilos de integração diferentes, mas relacionados. Esses estilos são comparados em "The Web as a Software Connector" (Pautasso, 2018).

"Quadro" é um padrão POSA 1 (Buschmann, 1996), elegível em um contexto diferente, mas semelhante em seu esboço de solução. O livro *Remoting Patterns* (Voelter, 2004) descreve o estilo "Repositório Compartilhado". Nosso RECURSO DE TRANSFERÊNCIA DE DADOS pode ser visto como a API para um repositório compartilhado do tipo *web*.

Mais informações

"*Interfacer*" é um estereótipo de papel em RDD que descreve um conceito relacionado, mas mais genérico, de nível de programação (Wirfs-Brock, 2002).

Responsabilidades da operação

Um *endpoint* da API expõe uma ou mais operações em seu contrato. Essas operações mostram alguns padrões recorrentes na maneira como eles trabalham com o estado no lado do provedor. Os quatro padrões de responsabilidade de operações são FUNÇÃO DE COMPUTAÇÃO, OPERAÇÃO DE CRIAÇÃO DO ESTADO, OPERAÇÃO DE RECUPERAÇÃO e OPERAÇÃO DE TRANSIÇÃO DO ESTADO.

A Figura 5.19 fornece uma visão geral desses padrões, incluindo suas variantes.

Observe que chamamos de *funções* as responsabilidades da API que preservam o estado (pois elas recebem trabalho independente feito em nome de um cliente) e de *operações* as responsabilidades de mudança do estado (pois

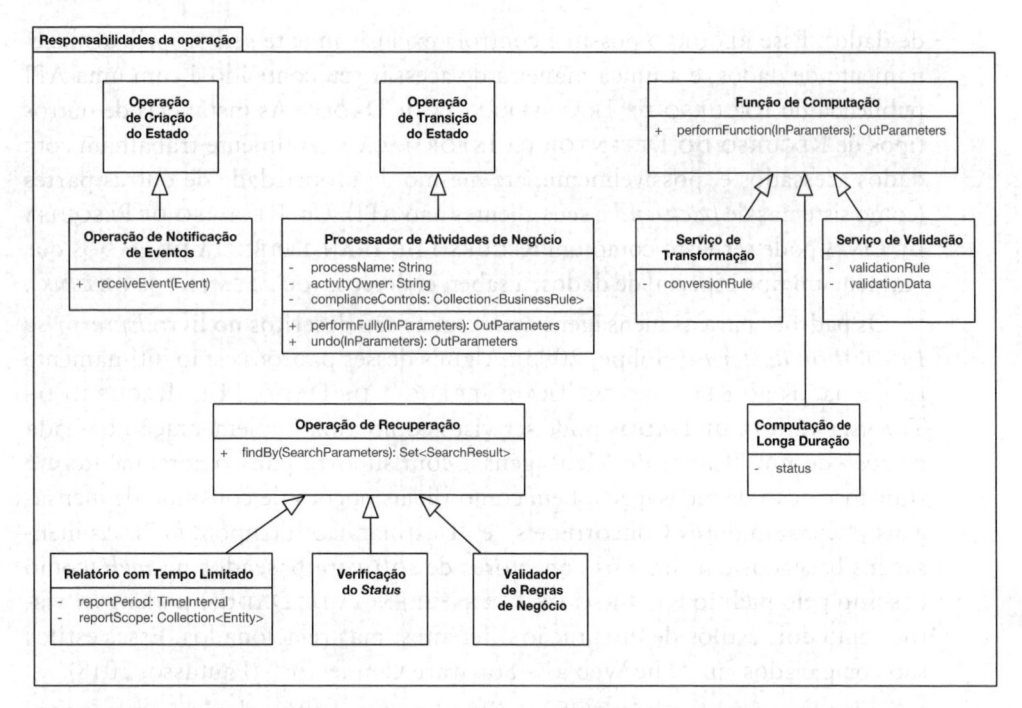

Figura 5.19 Padrões que diferenciam as responsabilidades da operação.

ficam ativas porque o cliente entrega alguns dados, que então são processados e armazenados; eles podem ser recuperados também).

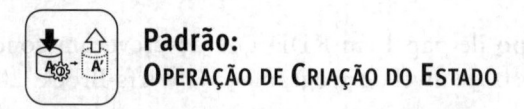

Padrão:
OPERAÇÃO DE CRIAÇÃO DO ESTADO

Quando e por que aplicar

Um *endpoint* da API foi introduzido. O cliente de API expressou seus desejos e necessidades de API, por exemplo, na forma de histórias de usuários e/ou cláusulas "dadas-quando-então" (Fowler, 2013). Os requisitos de qualidade também foram obtidos.

O cliente de API gostaria de informar o provedor de API sobre os novos incidentes no lado do cliente sem se interessar por informações detalhadas sobre o processamento adicional no lado do servidor (se houver).

O cliente pode querer instruir o provedor de API para iniciar uma transação de negócio de longa duração (como um gerenciamento de pedidos e um processo de atendimento) ou relatar a conclusão de um trabalho em *batch* no lado do cliente (como a reinicialização em massa de um catálogo de produtos). Essas solicitações fazem com que os dados sejam adicionados ao estado interno do provedor.

Uma resposta imediata pode ser retornada, podendo ser apenas um simples reconhecimento com "entendido".

De que forma um provedor de API permite que seus clientes relatem que algo aconteceu que ele precisa saber, por exemplo, para um disparo instantâneo ou um processamento posterior?

- **Concessões de acoplamento (precisão e expressividade *versus* parcimônia das informações):** para facilitar o processamento no lado do provedor, o relatório de incidentes recebidos deve ser autossuficiente para que seja independente de outros relatórios. Para simplificar a construção do relatório no lado do cliente, economizar capacidades de transporte e ocultar os detalhes da implementação, ele deve conter apenas o mínimo de informações nas quais o provedor de API está interessado.
- **Considerações temporais:** a ocorrência de um incidente no lado do cliente pode ser diferente do momento em que ele é relatado e do momento em que o relatório de incidentes finalmente chega no provedor. Pode não ser possível determinar o sequenciamento/serialização dos incidentes que ocorrem em diferentes clientes.[6]
- **Efeitos da consistência:** às vezes o estado no lado do provedor não pode ser lido ou deve ser lido o mínimo possível quando as chamadas para uma API chegam. Nesses casos, fica mais difícil validar se o processamento no lado do provedor causado pelas solicitações de entrada não quebram as invariantes e outras propriedades da consistência.
- **Considerações de confiabilidade:** nem sempre os relatórios podem ser processados na mesma ordem em que foram produzidos e enviados. Às vezes os relatórios se perdem ou o mesmo relatório é transmitido e recebido várias vezes. Seria bom reconhecer se o relatório que gerou o estado foi processado corretamente.

É possível apenas adicionar outra operação da API a um *endpoint* sem tornar explícito seu perfil de leitura e gravação do estado. Se isso for feito, as necessidades de integração específicas e as preocupações descritas antes ainda precisam ser descritas na documentação da API e nos exemplos de uso; há o risco de fazer suposições implícitas que são esquecidas com o tempo. Essa abordagem informal e pontual para o *design* e a documentação da API pode levar a esforços extras indesejados para os desenvolvedores dos clientes e mantenedores de API quando eles descobrem que suas suposições sobre os efeitos no estado, nas precondições e nas pós-condições da operação não se mantêm

---

[6] A sincronização do tempo é uma limitação teórica geral e um desafio em qualquer sistema distribuído – relógios lógicos foram inventados por essa razão.

mais. Além disso, a coesão no *endpoint* pode ser prejudicada. O balanceamento de carga fica mais complicado se operações com e sem estado aparecem no mesmo *endpoint*. A equipe de operações deve imaginar onde e como fazer a implementação do *endpoint* (p. ex., em determinados ambientes de nuvem e gerenciadores de contêineres).

Como funciona

Adicione ao *endpoint* da API uma OPERAÇÃO DE CRIAÇÃO DO ESTADO sco: in -> (out, S') que tenha uma natureza de somente gravação, que pode ser um RECURSO DE PROCESSAMENTO ou um RECURSO DO DETENTOR DA INFORMAÇÃO.

Deixe que uma OPERAÇÃO DE CRIAÇÃO DO ESTADO represente um único incidente de negócio que não exige uma reação no nível do negócio a partir do *endpoint* no lado do provedor. Ela pode simplesmente armazenar os dados ou fazer mais processamento na implementação da API ou em um *back-end* subjacente. Deixe o cliente receber um mero reconhecimento ou identificador "entendido" (p. ex., perguntar sobre o estado no futuro e reenviar o relatório de incidentes no caso de problemas de transmissão).

Tais operações precisam ler algum estado, por exemplo, para verificar a duplicação das chaves nos dados existentes antes da criação, mas seu principal objetivo deve ser a criação do estado. Essa intenção é mostrada na Figura 5.20.

Descreva a sintaxe abstrata e concreta, bem como a semântica do relatório de incidentes (as mensagens de criação do estado de entrada) e a resposta de

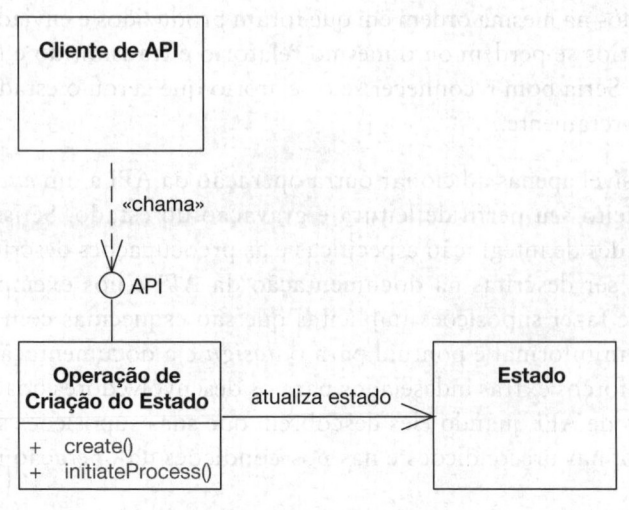

Figura 5.20 Uma OPERAÇÃO DE CRIAÇÃO DO ESTADO tem a responsabilidade de gravar no armazenamento no lado do provedor, mas não pode ler a partir dele.

reconhecimento (se houver) na DESCRIÇÃO DA API. Expresse o comportamento da operação nas precondições e nas pós-condições.

As OPERAÇÕES DE CRIAÇÃO DO ESTADO podem ou não ter uma semântica do tipo "fazer e esquecer". No último caso, dê uma identificação exclusiva a cada item de estado gerado pelas chamadas para as instâncias desse padrão (para a detecção e a remoção de duplicatas). Inclua um *timestamp* para capturar o momento em que o incidente relatado aconteceu (de acordo com o relógio no lado do cliente).

A menos que você grave em um repositório de eventos de somente anexação, execute a operação de gravação/inserção necessária em seu próprio sistema de transação cujos limites correspondem à operação da API (mas não são visíveis para o cliente de API). Deixe que o processamento da OPERAÇÃO DE CRIAÇÃO DO ESTADO apareça como sendo idempotente.

As mensagens de solicitação aceitas por uma OPERAÇÃO DE CRIAÇÃO DO ESTADO contêm o conjunto de dados completo necessário para descrever o incidente que aconteceu, muitas vezes na forma de uma ÁRVORE DE PARÂMETROS, possivelmente incluindo ELEMENTOS DE METADADOS que anotam outros ELEMENTOS DE DADOS. A mensagem de resposta costuma conter apenas um elemento "relatório recebido" simples e básico, como um PARÂMETRO ATÔMICO contendo uma *flag* de reconhecimento explícito (do tipo booleano). Por vezes, é usada uma LISTA DE PARÂMETROS ATÔMICOS combinando um código de erro com uma mensagem de erro, formando assim um RELATÓRIO DE ERROS.

Variante Uma variante popular desse padrão é a *Operação de Notificação de Eventos*, notificando o *endpoint* sobre um evento externo sem presumir qualquer atividade visível no lado do provedor e, assim, realizando o *event sourcing* (Fowler, 2006). As Operações de Notificação de Eventos podem relatar que os dados foram criados, atualizados (total ou parcialmente) ou excluídos em outro lugar. Normalmente o tempo no passado é usado para nomear os eventos (p. ex., "entidade cliente criada"). Ao contrário da maioria das implementações de processamento com estado, o evento de entrada é armazenado apenas como está, mas o estado da aplicação no lado do provedor não é atualizado instantaneamente. Se o estado mais recente for necessário mais tarde, todos os eventos armazenados (ou todos os eventos até certo ponto no tempo quando as capturas foram feitas) serão reproduzidos e o estado da aplicação será calculado na implementação da API. Isso torna o relatório de eventos rápido, mas desacelera a pesquisa do estado posterior. Um benefício adicional do *event sourcing* é que podem ser feitas consultas baseadas no tempo, pois todo o histórico de manipulação dos dados está disponível no diário de eventos. Sistemas modernos baseados em eventos, como o Apache Kafka, suportam essas reproduções nos diários de eventos e nos logs de transações distribuídos.

Os eventos podem conter valores novos e absolutos que formam *relatórios completos* ou, como os *relatórios delta*, comunicam as alterações desde o evento anterior (apontadas por um "Identificador de Correlação" [Hohpe, 2003] ou indiretamente por um *timestamp* e um identificador de entidade).

As Operações de Notificação de Eventos e o *event sourcing* podem ser a base das arquiteturas orientadas a eventos (EDA, *event-driven architectures*). Outras linguagens de padrões fornecem orientações para o *design* EDA (Richardson, 2016).

Uma segunda variante desse padrão é um *Relatório em Massa*. O cliente combina vários eventos de incidentes relacionados em um relatório e envia esse relatório como um Pacote de Solicitações. As entradas do pacote podem pertencer à mesma entidade ou se referir a entidades diferentes, por exemplo, ao criar uma captura de tela ou um *log* de auditoria dos eventos individuais no Relatório em Massa, ou passar um diário de eventos que ocorreram em determinado período para um *data warehouse* ou *data lake*.

Exemplos

No cenário de compras *on-line*, mensagens como "novo produto XYZ criado" enviadas de um sistema de gerenciamento de produtos ou "o cliente fez *check-out* no pedido 123" em uma loja *on-line* se qualificam como exemplos.

A Figura 5.21 dá um exemplo do caso Lakeside Mutual. Os eventos recebidos pela Operação de Criação do Estado relatam que certo cliente foi contatado, por exemplo, por um agente de vendas.

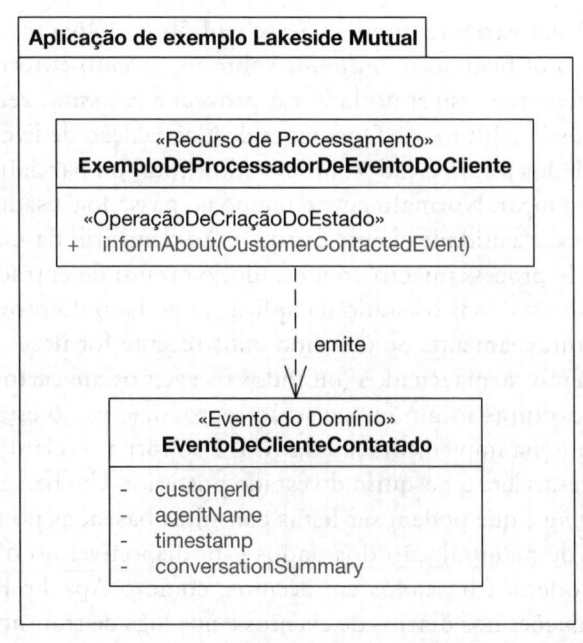

Figura 5.21 Exemplo da Operação de Criação do Estado: Operação de Notificação de Eventos.

Discussão

O baixo acoplamento é promovido porque o cliente e o provedor não compartilham nenhum estado da aplicação – o cliente de API só informa o provedor sobre os incidentes em seu lado. As verificações da consistência no lado do provedor podem ser difíceis de implementar porque as leituras do estado devem ser evitadas nas OPERAÇÕES DE CRIAÇÃO DO ESTADO (p. ex., se deseja-se aumentar ou diminuir a escala das APIs e de seus *endpoints*). Portanto, a consistência nem sempre pode ser totalmente assegurada quando as operações são definidas como de somente gravação (p. ex., como os eventos relatando informações contraditórias devem ser lidados?). O gerenciamento do tempo continua a ser uma tarefa de *design* difícil pela mesma razão. A confiança pode sofrer se nenhum reconhecimento ou identificador de estado é retornado; se for retornado, o cliente de API deve interpretá-lo corretamente (p. ex., para evitar o reenvio desnecessário ou prematuro de mensagens).

Expor operações de API de somente gravação com semântica de negócios relatando eventos externos é um princípio fundamental das EDAs – vimos isso no contexto da variante Operação de Notificação de Eventos. Nos cenários de replicação, os eventos representam as mudanças de estado que devem ser propagadas entre as réplicas.

O padrão deixa alguma margem de interpretação ao implementá-lo:

- O que deve ser feito com os relatórios que chegam: eles devem ser simplesmente armazenados no local, processados ou repassados? O estado no lado do provedor precisa ser acessado, mesmo que não desejado, por exemplo, para verificar a exclusividade das chaves?

- O processamento de relatórios muda o comportamento das chamadas futuras para outras operações no mesmo *endpoint*?

- A chamada da operação é idempotente? Os eventos podem se perder, por exemplo, no caso de conexões de rede não confiáveis ou interrupções temporárias do servidor, e podem ser transmitidos várias vezes se o cliente tentar reenviar os eventos sem confirmação. Como a consistência é assegurada em tais situações? A consistência estrita e a eventual são duas das opções (Fehling, 2014).

Às vezes, as OPERAÇÕES DE CRIAÇÃO DO ESTADO são expostas em APIs PÚBLICAS. Se isso for feito, elas devem ser protegidas, por exemplo, com uma CHAVE DA API e TAXAS-LIMITE.

Esse padrão inclui cenários em que um cliente de API notifica um provedor de API conhecido sobre um incidente. Um provedor de API notificando seus clientes via *callbacks* e mecanismos de publicação/assinatura é uma abordagem tratada em outras linguagens de padrões e livros de *middleware*/sistemas distribuídos (Hohpe, 2003; Voelter, 2004; Hanmer, 2007).

Padrões relacionados

Os padrões de papéis do *endpoint* Recurso de Processamento e Recurso do Detentor da Informação normalmente contêm, pelo menos, uma Operação de Criação do Estado (a menos que sejam meros recursos de computação ou provedores de visualização). Outras responsabilidades operacionais são Operação de Transição do Estado, Função de Computação e Operação de Recuperação. Uma Operação de Transição do Estado geralmente identifica um elemento de estado no lado do provedor em sua mensagem de solicitação (p. ex., id do pedido ou número de série de um membro da equipe); as Operações de Criação do Estado não precisam fazer isso (mas podem).

"Consumidor Orientado a Eventos" e "Ativador de Serviços" (Hohpe, 2003) descrevem como disparar o recebimento da mensagem e a chamada da operação de forma assíncrona (todos as quatro responsabilidades operacionais podem ser combinadas com esses padrões). O Capítulo 10 no livro *Process-Driven SOA* apresenta padrões para integrar eventos em SOAs orientados a processos (Hentrich, 2011).

O padrão "Evento do Domínio" em DDD (Vernon, 2013) pode ajudar a identificar as Operações de Criação do Estado, especificamente, mas não limitado, a variante Operação de Notificação de Eventos.

Mais informações

As instâncias desse padrão podem disparar *conversas* longas e, portanto, com estado (Hohpe, 2007; Pautasso, 2016). O padrão Operação de Transição do Estado abrange esse cenário de uso.

Martin Fowler descreve a segregação de responsabilidade de consulta e comando (CQRS, *command query responsibility segregation*) (Fowler, 2011) e o *event sourcing* (Fowler, 2006). A Context Mapper DSL e as ferramentas sustentam o DDD e a modelagem de eventos, a refatoração do modelo, bem como o diagrama e a geração de contratos de serviço (Kapferer, 2021).

O DPR apresenta um método de *design* de serviço com sete etapas para criar os *endpoints* da API e suas operações (Zimmermann, 2021b).

Padrão: Operação de Recuperação

Quando e por que aplicar

Foi identificado que um *endpoint* Recurso de Processamento ou Recurso do Detentor da Informação é necessário; foram especificados os requisitos funcionais e de qualidade. As operações desses recursos ainda não abrangem todos os recursos necessários – os consumidores da API também requerem acesso de somente leitura aos dados, possivelmente grandes quantidades de dados repetidos em particular. Esses dados podem ser estruturados de forma diferente do modelo de domínio da implementação da API subjacente, podendo pertencer a certo período de tempo ou conceito do domínio (como uma categoria de produto ou grupo de perfil do cliente). A necessidade de informação é pontual ou regular, como no final de determinado período (p. ex., semana, mês, trimestre ou ano).

> De que forma a informação disponível em uma parte remota (o fornecedor de API) pode ser recuperada para atender a uma necessidade de informação de um usuário final ou permitir o processamento no lado do cliente?

Processar os dados no contexto transforma-os em informação, interpretá-los no contexto gera conhecimento. As questões de *design* relacionadas são as seguintes:

- Como as diferenças do modelo de dados podem ser superadas e como os dados podem ser agregados e combinados com as informações de outras fontes?
- Como os clientes podem influenciar o escopo e os critérios de seleção para os resultados da recuperação?
- Como o intervalo de tempo para os relatórios pode ser especificado?

Veracidade, variedade, velocidade e volume: os dados têm muitas formas e o interesse do cliente varia em termos de volume, precisão necessária e velocidade de processamento. As dimensões da variabilidade incluem frequência, amplitude e profundidade de acesso aos dados. A produção de dados no lado do provedor e seu uso no lado do cliente também mudam ao longo do tempo.

Gerenciamento da carga de trabalho: o processamento de dados leva tempo, especialmente se o volume de dados é grande e a capacidade de processamento é limitada. Os clientes devem baixar bancos de dados inteiros para que possam processar seu conteúdo à vontade localmente? Um processamento deve ser feito no lado do provedor para que os resultados possam ser compartilhados e recuperados por vários clientes?

Eficiência da rede *versus* parcimônia dos dados (tamanhos da mensagem): quanto menores as mensagens, mais mensagens devem ser trocadas para atingir um objetivo em particular. Poucas mensagens grandes causam menos tráfego de rede, mas tornam as mensagens individuais de solicitação e resposta mais difíceis de preparar e processar nos participantes da conversa.

É difícil imaginar um sistema distribuído que não exija alguma capacidade de recuperação e consulta. É possível replicar todos os dados para seus usuários "internamente" de forma periódica, mas tal abordagem tem grandes deficiências no que diz respeito à consistência, ao gerenciamento e à atualização dos dados, sem mencionar o acoplamento de todos os clientes ao esquema do banco de dados de somente leitura e totalmente replicado.

Como funciona

Adicione uma operação de somente leitura `ro: (in,S) -> out` a um *endpoint* da API, que muitas vezes é um Recurso do Detentor da Informação, para solicitar um relatório de resultados contendo uma representação legível por máquina das informações solicitadas. Adicione as capacidades de pesquisa, filtro e formatação à assinatura da operação.

Acesse o estado no lado do provedor no modo de somente leitura. Verifique se a implementação do padrão não muda o estado da aplicação/sessão (exceto para os *logs* de acesso e outros dados no nível da infraestrutura), como mostrado na Figura 5.22. Documente esse comportamento na Descrição da API.

Para as recuperações simples, é possível usar uma Lista de Parâmetros Atômicos para definir os parâmetros de consulta do relatório e retornar o relatório como uma Árvore de Parâmetros ou uma Floresta de Parâmetros. Nos cenários mais complexos, uma linguagem de consulta mais expressiva, como GraphQL (GraphQL 2021) com suas soluções de chamadas hierárquicas ou SPARQL (W3C 2013), usado para *big data lakes*, pode ser introduzida. A consulta descreve a saída desejada de forma declarativa (p. ex., como uma expressão formulada na linguagem de consulta) e pode viajar como uma *string* Parâmetro Atômico. Tal abordagem expressiva e altamente declarativa suporta o V de "variedade" (um dos quatro Vs apresentados antes).

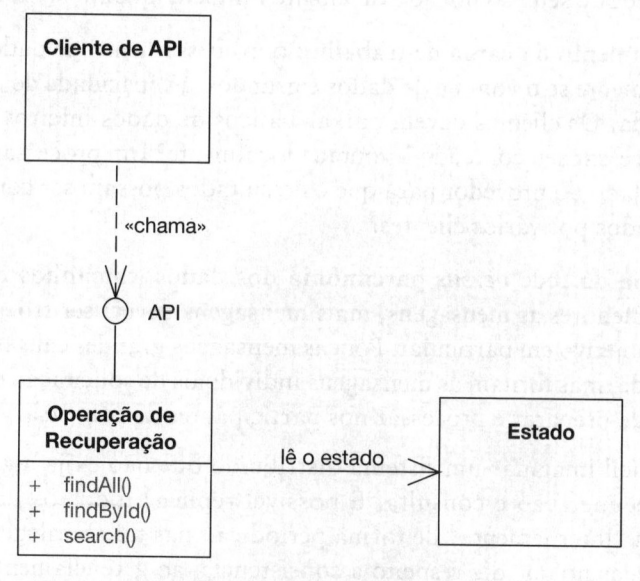

Figura 5.22 Uma Operação de Recuperação lê, mas não grava, no armazenamento no lado do provedor. A pesquisa (e o filtro) pode ter suporte.

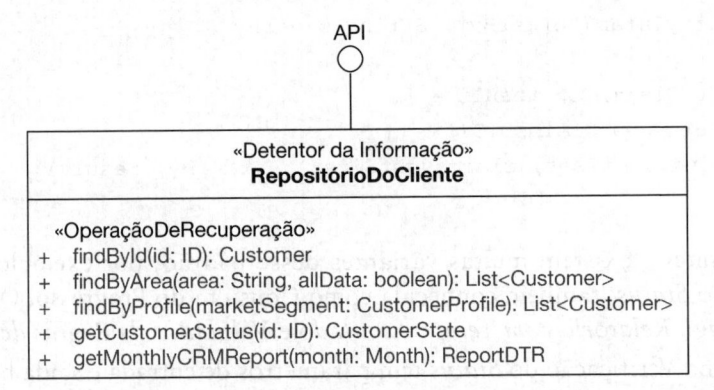

Capítulo 5 | Definição dos tipos de *endpoints* e das operações

```
                    API
                     ○
                     │
┌────────────────────┴────────────────────┐
│          «Detentor da Informação»        │
│            RepositórioDoCliente          │
├─────────────────────────────────────────┤
│  «OperaçãoDeRecuperação»                 │
│  + findById(id: ID): Customer            │
│  + findByArea(area: String, allData: boolean): List<Customer> │
│  + findByProfile(marketSegment: CustomerProfile): List<Customer> │
│  + getCustomerStatus(id: ID): CustomerState │
│  + getMonthlyCRMReport(month: Month): ReportDTR │
└─────────────────────────────────────────┘
```

Figura 5.23 Exemplo de Operações de Recuperação: pesquisa, filtro, acesso direto.

Adicionar suporte para a Paginação é comum e aconselhado se as coleções de resultados são grandes (o V de "volume" dos quatro Vs do *big data*). Os clientes podem modelar e simplificar as respostas ao fornecer instâncias de Lista de Desejos ou Modelo de Desejo em suas solicitações de recuperação.

Pode ser necessário um controle de acesso para orientar o que o cliente de API pode solicitar. As configurações de acesso a dados (incluindo limites de transação e nível de isolamento) podem ter feitas na implementação da operação.

Exemplos

Em um exemplo de compras *on-line*, uma Operação de Recuperação analítica é "mostrar todos os pedidos que o cliente ABC fez nos últimos 12 meses".

No caso Lakeside Mutual, podemos definir várias operações para encontrar os clientes e recuperar informações sobre eles, como na Figura 5.23. O parâmetro `allData` é uma Lista de Desejos primitiva do tipo sim/não. Quando definida para `true`, uma Entidade Incorporada contendo todos os dados do cliente é incluída na resposta; quando definida para `false`, um Detentor da Informação Vinculada apontando para esses dados é retornado.

Na implementação de Lakeside Mutual, encontramos muitas operações de recuperação baseadas na *web* (HTTP GETs), que podem ser chamadas com `curl` na linha de comando. Um exemplo é `listClaims`:

```
curl -X GET http://localhost:8080/claims?limit=10&offset=0
```

O comando chega nesta operação de *endpoint* da API (Java Spring):

```
@GET
public ClaimsDTO listClaims(
  @QueryParam("limit") @DefaultValue("3") Integer limit,
  @QueryParam("offset") @DefaultValue("0") Integer offset,
```

```
    @QueryParam("orderBy") String orderBy
) {
  List<ClaimDTO> result = […]
  return new ClaimsDTO(
    limit, offset, claims.getSize(), orderBy, result);
}
```

Variantes Existem muitas variantes desse padrão, por exemplo, *Verificação do Status* (também conhecida como Consulta do Progresso, Operação de Polling), *Relatório com Tempo Limitado* e *Validador de Regras de Negócio*.

Uma Verificação do *Status* tem parâmetros de entrada e saída bem simples (p. ex., duas instâncias Parâmetro Atômico): um id (p. ex., um identificador de processo ou atividade) é passado e um código de *status* numérico ou um nome do estado (definido em um tipo de enumeração) é retornado.

Um Relatório com Tempo Limitado normalmente especifica o(s) intervalo(s) de tempo como um parâmetro de consulta adicional (ou conjunto de parâmetros) – suas respostas contêm uma Árvore de Parâmetros por intervalo.

Um Validador de Regras de Negócio é semelhante à variante *Serviço de Validação* de uma Função de Computação. No entanto, ele não valida os dados passados, mas recupera esses dados a partir do estado da aplicação no lado do provedor. Uma lista de identificadores de entidades já presentes na implementação da API (destino da validação) pode ser incluída na solicitação. Um exemplo de Validador de Regras de Negócio é uma verificação se o provedor conseguirá processar o objeto de negócio no estado atual da conversa com o cliente. Esse validador pode ser chamado antes de uma chamada para a Operação de Transição do Estado que trabalha basicamente no objeto de negócio passado. A validação também pode incluir o estado da aplicação no lado do provedor no processo de verificação. Em um exemplo de compras *on-line*, "verificar se todos os itens do pedido apontam para os produtos existentes que estão atualmente em estoque" é um exemplo de tal validador. Esse Validador de Regras de Negócio ajuda a detectar os erros antecipadamente, reduzindo a carga de trabalho.

Discussão

Com relação ao gerenciamento da carga de trabalho, as Operações de Recuperação podem escalar replicando os dados. Isso é simplificado por sua natureza de somente leitura. As Operações de Recuperação também podem se tornar um gargalo no desempenho, por exemplo, se as necessidades de informações do usuário e as capacidades de consulta não correspondem, e muitos cálculos complexos são necessários para combinar a demanda e o fornecimento de informação. A eficiência da rede fica em perigo.

A Paginação é comumente usada para lidar com o aspecto "volume" e reduzir os tamanhos da mensagem. O aspecto "velocidade" não pode ser facilmente sustentado com as recuperações de solicitação/resposta padrão.

A introdução de APIs de *streaming* e processamento de *streaming* (fora do nosso escopo aqui) pode ser considerada.

Do ponto de vista da segurança, a mensagem de solicitação costuma ter necessidades de proteção de dados baixas a médias no caso da recuperação de dados agregados; no entanto, a solicitação pode conter credenciais de segurança para autorizar o acesso a informações confidenciais e tem que evitar ataques DoS. Os requisitos de proteção das mensagens de resposta podem ser mais avançados, pois os relatórios de dados retornados podem conter dados de desempenho do negócio ou informações pessoais confidenciais.[7]

As instâncias OPERAÇÃO DE RECUPERAÇÃO são comumente expostas nas APIs PÚBLICAS, como as de dados abertos (Wikipédia, 2022h) e cenários de dados abertos do governo. Se isso for feito, geralmente são protegidas com uma CHAVE DA API e TAXAS-LIMITE.

Os serviços Relatório com Tempo Limitado podem usar réplicas de dados não normalizados e aplicar a preparação para extrair/transformar/carregar, comumente usada em *data warehouses*. Tais serviços são comuns nas APIs DA COMUNIDADE e nas APIs DE SOLUÇÃO INTERNA, por exemplo, as que dão apoio a soluções de análise de dados.

Padrões relacionados

O padrão de *endpoint* RECURSO DE PROCESSAMENTO e todos os tipos de RECURSOS DO DETENTOR DA INFORMAÇÃO podem expor as OPERAÇÕES DE RECUPERAÇÃO. O padrão PAGINAÇÃO costuma ser aplicado nas OPERAÇÕES DE RECUPERAÇÃO.

Se as respostas da consulta não forem autoexplicativas, ELEMENTOS DE METADADOS podem ser introduzidos para reduzir o risco de interpretações erradas no lado do consumidor.

Os padrões próximos são OPERAÇÃO DE TRANSIÇÃO DO ESTADO, OPERAÇÃO DE CRIAÇÃO DO ESTADO e FUNÇÃO DE COMPUTAÇÃO. Uma OPERAÇÃO DE CRIAÇÃO DO ESTADO leva os dados do cliente para o provedor de API, já uma OPERAÇÃO DE RECUPERAÇÃO puxa os dados; a FUNÇÃO DE COMPUTAÇÃO e a OPERAÇÃO DE TRANSIÇÃO DO ESTADO podem ter suporte para fluxos de dados unidirecionais e bidirecionais.

Mais informações

O Capítulo 8 do livro *RESTful Web Services Cookbook* (Allamaraju, 2010) explica as consultas (no contexto das APIs HTTP). Há muita literatura sobre *design* do banco de dados e integração das informações, incluindo *data warehouses* (Kimball, 2002).

---

[7] O OWASP publicou uma lista API Security Top 10 (Yalon, 2019) que qualquer API deve seguir, sobretudo aquelas que lidam com dados sensíveis e/ou confidenciais.

O livro *Implementando Domain-Driven Design* (Vernon, 2013) fala sobre Modelos de Consulta no Capítulo 4 da seção sobre CQRS. Os *endpoints* que expõem apenas as OPERAÇÕES DE RECUPERAÇÃO formam o Modelo de Consulta em CQRS.

Padrão:
OPERAÇÃO DE TRANSIÇÃO DO ESTADO

Quando e por que aplicar

Existe um RECURSO DE PROCESSAMENTO ou um RECURSO DO DETENTOR DA INFORMAÇÃO em uma API. Sua funcionalidade deve ser decomposta em múltiplas atividades e operações relacionadas a entidades, cujo estado de execução deve ser visível na API para que os clientes possam avançar.

> De que forma um cliente pode iniciar uma ação de processamento que faz com que o estado da aplicação no lado do provedor mude?

Por exemplo, a funcionalidade que faz parte de um processo de negócio de longa duração pode requerer atualizações incrementais das entidades e a coordenação das transições de estado da aplicação para mover as instâncias do processo do início ao fim de forma descentralizada e em etapas. O comportamento do processo e a dinâmica da interação podem ter sido especificados em um modelo de caso de uso e/ou conjunto de histórias de usuário relacionadas. Um modelo de processo de negócio no nível da análise ou uma máquina de estado centrada em entidades pode ter sido especificada também.

> De que forma clientes e provedores de API podem compartilhar as responsabilidades necessárias para executar e controlar os processos de negócio e suas atividades em uma abordagem distribuída ao gerenciamento dos processos de negócio?

Nesse contexto de gerenciamento de processos, o gerenciamento de processos de negócios (BPM, *business process management*) de *front-end* e os *serviços* BPM se diferenciam:

- Como os clientes de API podem pedir a um provedor de API para assumir certas funções que representam as atividades de negócio de granularidade variável, desde atividades atômicas até subprocessos e processos inteiros, mas ainda possuindo o estado do processo?
- Como os clientes de API podem iniciar, controlar e seguir a execução assíncrona dos processos de negócios remotos (incluindo subprocessos e atividades) expostos e pertencentes a um provedor de API?

As instâncias do processo e a propriedade do estado podem ficar com o cliente de API (BPM de *front-end*) ou o provedor de API (serviços BPM), ou eles podem ter responsabilidades compartilhadas.

Um processo de exemplo aprovado no domínio de seguros é o processamento de sinistros, com atividades como a validação inicial de um formulário de requerimento recebido, a verificação de fraude, a correspondência de clientes adicional, a decisão para aceitar/rejeitar, o pagamento/liquidação e o arquivamento. As instâncias desse processo podem durar de dias a meses, ou mesmo anos. O estado da instância do processo deve ser gerenciado – algumas partes do processamento podem ser executadas em paralelo, já outras devem ser executadas uma a uma em sequência. Ao lidar com tal semântica do domínio complexa, o controle e o fluxo de dados dependem de vários fatores. Inúmeros sistemas e serviços podem estar envolvidos ao longo do caminho, cada um expondo uma ou mais APIs. Outros serviços e *front-ends* da aplicação podem atuar como clientes de API.

Os seguintes fatores devem ser resolvidos ao representar processos de negócios e suas atividades como operações de API ou, mais genericamente, ao atualizar o estado da aplicação no lado do provedor: granularidade do serviço; consistência; dependências nas mudanças do estado sendo feitas de antemão, que podem colidir com outras mudanças de estado; gerenciamento da carga de trabalho; e eficiência da rede *versus* parcimônia dos dados. O gerenciamento do tempo e a confiabilidade também se qualificam como pontos fortes desse padrão; essas preocupações de *design* são discutidas no padrão Operação de Criação do Estado.

- **Granularidade do serviço:** os serviços de grandes empresas podem conter informações complexas e avançadas do estado, atualizadas apenas em algumas transições, enquanto as menores podem ser simples, mas com intensa comunicação em termos de suas transições do estado. Não está claro por si só se todo um processo de negócios, seus subprocessos ou atividades individuais devem ser expostas como operações de um Recurso de Processamento. Os serviços orientados a dados fornecidos pelos Recursos do Detentor da Informação também estão disponíveis em diferentes granularidades, desde simples pesquisas de atributos até consultas complexas, desde atualizações de um atributo até *uploads* em massa de conjuntos de dados avançados e abrangentes.

- **Consistência e auditoria:** as instâncias do processo muitas vezes estão sujeitas à auditoria. Dependendo do estado atual da instância do processo, certas atividades não devem ser realizadas. Algumas atividades devem ser concluídas em certa janela de tempo porque exigem recursos que devem ser reservados e alocados. Quando as coisas dão errado, algumas atividades precisam ser desfeitas para retornar os recursos de instância do processo e de *back-end* (como objetos de negócios e entidades do banco de dados) a um estado consistente.

- **Dependências nas mudanças de estado feitas com antecedência:** as operações da API de mudança do estado podem colidir com as mudanças de estado já iniciadas por outras partes do sistema. Exemplos de tais mudanças conflitantes são as transações do sistema disparadas por outros clientes de API, por eventos externos nos sistemas posteriores ou por trabalhos em *batch* internos do provedor. Podem ser necessárias uma coordenação e uma resolução de conflitos.

- **Gerenciamento da carga de trabalho:** algumas ações de processamento e atividades de processos de negócios podem requerer muita computação ou memória, longa execução ou interações com outros sistemas. Uma alta carga de trabalho pode afetar a escalabilidade do provedor e dificultar o gerenciamento.

- **Eficiência da rede *versus* parcimônia dos dados:** é possível reduzir o tamanho da mensagem (ou o peso da carga da mensagem) e só enviar a diferença em relação a um estado anterior (uma abordagem incremental). Essa tática cria mensagens menores; outra opção é sempre enviar informações completas e consistentes, o que leva a mensagens maiores. O número de mensagens trocadas pode ser reduzido combinando várias atualizações em uma única mensagem.

É possível suspender o estado da aplicação no lado do provedor por completo. Isso só acontece em cenários comuns de aplicações, tais como calculadoras de bolso (não exigindo nenhum armazenamento) ou serviços de conversão simples (trabalhando com dados estáticos). Também é possível decidir expor sempre as operações sem estado e transferir o estado de e para o *endpoint*. O padrão "Estado da Sessão do cliente" (Fowler, 2002) descreve os prós e os contras dessa abordagem (e o princípio REST do "hipertexto como mecanismo de estado da aplicação" promove isso). Ele escala bem, mas pode introduzir ameaças de segurança com clientes não confiáveis e, se o estado for grande, causará problemas na largura de banda. A programação do cliente, os testes e a manutenção ficam mais flexíveis, mas também mais complexos e arriscados. A auditoria sofre; por exemplo, não está claro como garantir que todos os fluxos de execução sejam válidos. Em nosso exemplo de cancelamento de pedidos, um fluxo válido seria "pedir produtos → pagar → entregar → receber reembolso", já "pedir produtos → entregar → reembolsar" é uma sequência inválida, possivelmente fraudulenta.

Como funciona

Introduza uma operação em um *endpoint* da API que combine a entrada do cliente e o estado atual para iniciar uma mudança de estado no lado do provedor sto: (in,S) -> (out,S'). Modele as transições de estado válidas no *endpoint*, que pode ser um Recurso de Processamento ou um Recurso do Detentor da Informação e verifique a validade das solicitações de mudança recebidas e das solicitações de atividades de negócio durante a execução.

Combine uma "Mensagem do Comando" e uma "Mensagem do Documento" (Hohpe, 2003) para descrever a entrada e a ação/atividade desejada, e receber um reconhecimento ou um resultado. Em um contexto de processo de negócios, como o processamento de sinistros ou o gerenciamento de pedidos, uma OPERAÇÃO DE TRANSIÇÃO DO ESTADO pode realizar uma única atividade de negócio em um processo ou mesmo colocar a execução completa de uma instância do processo inteira no lado do provedor.

O princípio básico é mostrado na Figura 5.24. As operações update() e replace() são centradas na entidade e encontradas principalmente nos RECURSOS DO DETENTOR DA INFORMAÇÃO centrados em dados; as operações processActivity() ficam bem nos RECURSOS DE PROCESSAMENTO orientados a ações. As chamadas para as OPERAÇÕES DE TRANSIÇÃO DO ESTADO disparam uma ou mais instâncias do padrão "Transação de Negócios" descrito no livro *Patterns of Enterprise Application Architecture* (Fowler, 2002). Quando várias OPERAÇÕES DE TRANSIÇÃO DO ESTADO são oferecidas por um RECURSO DE PROCESSAMENTO, a API passa o controle explícito para os estados de processamento internos para que o cliente possa cancelar a execução, acompanhar seu progresso e influenciar seu resultado.

Existem dois tipos bem diferentes de atualização, *substituição completa* (ou substituição do estado) e *alteração parcial* (ou atualização incremental). As substituições completas geralmente podem ser processadas sem acessar o

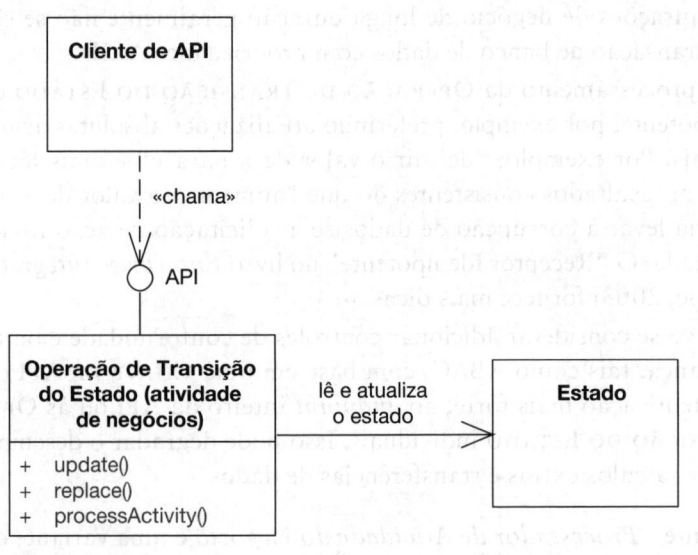

Figura 5.24 As OPERAÇÕES DE TRANSIÇÃO DO ESTADO são com estado, e leem e gravam no armazenamento no lado do provedor.

estado atual e podem ser vistas como instâncias das OPERAÇÕES DE CRIAÇÃO DO ESTADO. A mudança incremental costuma requerer o acesso de leitura ao estado (como descrito neste padrão). *Upsert* (*update* + inserção) é um caso especial combinando ambos os temas: tentar substituir uma entidade inexistente resulta na criação de uma nova (com o identificador fornecido na mensagem de solicitação) (Higginbotham, 2019). Com as APIs baseadas em HTTP, a substituição completa é normalmente exposta com o método PUT, já a alteração parcial pode ser conseguida com PATCH.

Do ponto de vista de uma estrutura de representação da mensagem, as mensagens de solicitação e a resposta das instâncias OPERAÇÃO DE TRANSIÇÃO DO ESTADO podem ser de alta granularidade (no caso mais simples, um único PARÂMETRO ATÔMICO), assim como gerais (ÁRVORES DE PARÂMETRO aninhadas). Suas representações da mensagem de solicitação variam muito em complexidade.

Muitas OPERAÇÕES DE TRANSIÇÃO DO ESTADO são transacionais internamente. A execução da operação deve ser regida e protegida por um limite de transação idêntico ao limite de operação da API. Embora não deva ser visível para o cliente no nível técnico, não há problemas em divulgar na documentação da API devido a consequências para a composição. A transação pode ser *uma transação do sistema* seguindo o paradigma ACID (atomicidade, consistência, isolamento e durabilidade) (Zimmermann, 2007) ou uma saga (Richardson, 2018), correspondendo mais ou menos às transações de negócio baseadas em compensação (Wikipédia, 2022g). Se ACID não for uma opção, os princípios BASE ou TCC (tentar/cancelar/confirmar) (Pardon, 2011) podem ser considerados; é necessária uma decisão consciente entre consistência rigorosa e eventual (Fehling, 2014), e uma estratégia de bloqueio também deve ser decidida. Os limites da transação devem ser escolhidos conscientemente. As transações de negócio de longa duração geralmente não se encaixam em uma transação de banco de dados com propriedades ACID.

O processamento da OPERAÇÃO DE TRANSIÇÃO DO ESTADO deve parecer idempotente, por exemplo, preferindo atualizações absolutas acima das incrementais. Por exemplo, "definir o valor de x para y" é mais fácil de processar com resultados consistentes do que "aumentar o valor de x por y", o que poderia levar à corrupção de dados se a solicitação de ação fosse duplicada/reenviada. O "Receptor Idempotente" no livro *Enterprise Integration Patterns* (Hohpe, 2003) fornece mais dicas.

Deve-se considerar adicionar controles de conformidade e outros meios de segurança, tais como ABAC, com base em uma CHAVE DA API ou um *token* de autenticação mais forte, ao *endpoint* inteiro da API ou às OPERAÇÕES DE TRANSIÇÃO DO ESTADO individuais. Isso pode degradar o desempenho causado por cálculos extras e transferências de dados.

Variante *Processador de Atividade do Negócio* é uma variante desse padrão que pode suportar cenários BPM de *front-end* e realizar serviços BPM também (Figura 5.25). Note que usamos o termo atividade em um sentido geral – as atividades podem ser de alta granularidade e participar de processos maiores (p. ex., aceitar ou rejeitar sinistros ou prosseguir com o *check-out* em nossos cenários de exemplo), mas também podem ser bem gerais (p. ex., processar sinistros ou comprar *on-line*).

As atividades individuais podem ser responsáveis por qualquer uma das seguintes *ações primitivas* de alta granularidade fornecendo controle do processo: preparar, iniciar, suspender/retomar, concluir, falhar, cancelar, desfazer, reiniciar e limpar. Dada a natureza assíncrona da execução da atividade do negócio e, no caso do BPM de *front-end*, a propriedade do processo no lado do cliente, também deve ser possível receber os seguintes *eventos* via OPERAÇÕES DE TRANSIÇÃO DO ESTADO: atividade terminada, com falha ou abortada e ocorrência da transição do estado.

A Figura 5.26 reúne as ações primitivas e os estados em uma máquina de estado genérica modelando o comportamento dos RECURSOS DE PROCESSAMENTO e suas OPERAÇÕES DE TRANSIÇÃO DO ESTADO na variante Processador da Atividade do Negócio. Dependendo da complexidade do seu comportamento, instâncias dos RECURSOS DO DETENTOR DA INFORMAÇÃO também podem ser especificadas, implementadas, testadas e documentadas dessa forma.

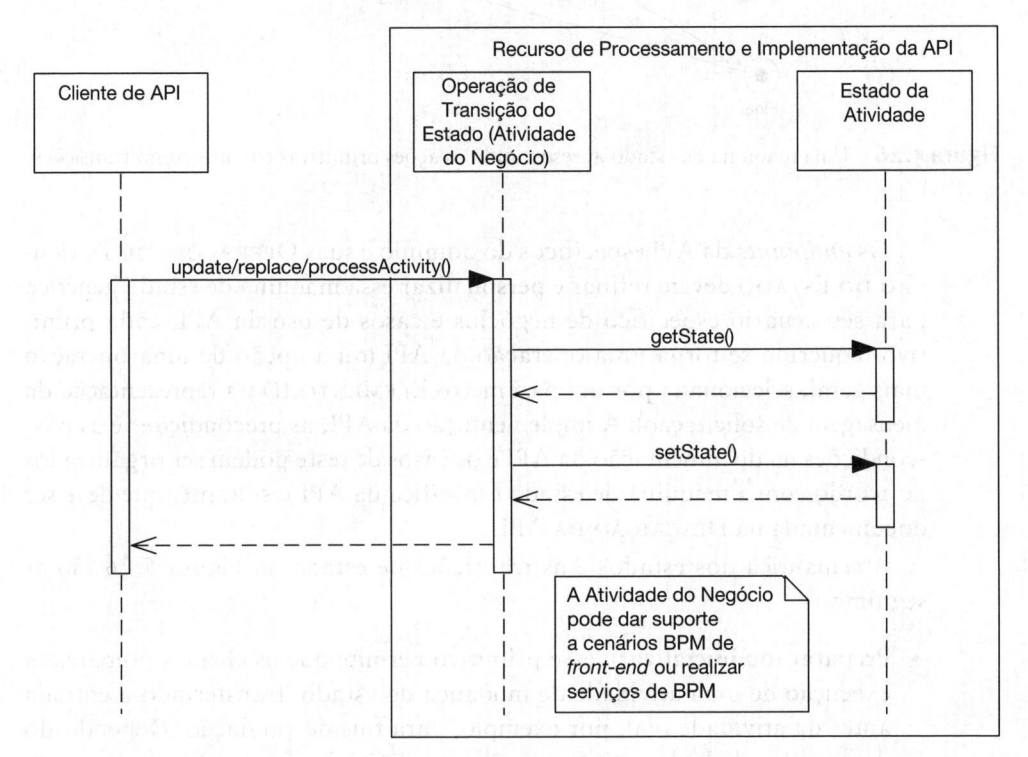

Figura 5.25 OPERAÇÃO DE TRANSIÇÃO DO ESTADO em um RECURSO DE PROCESSAMENTO (no caso acima: variante Processador de Atividade do Negócio).

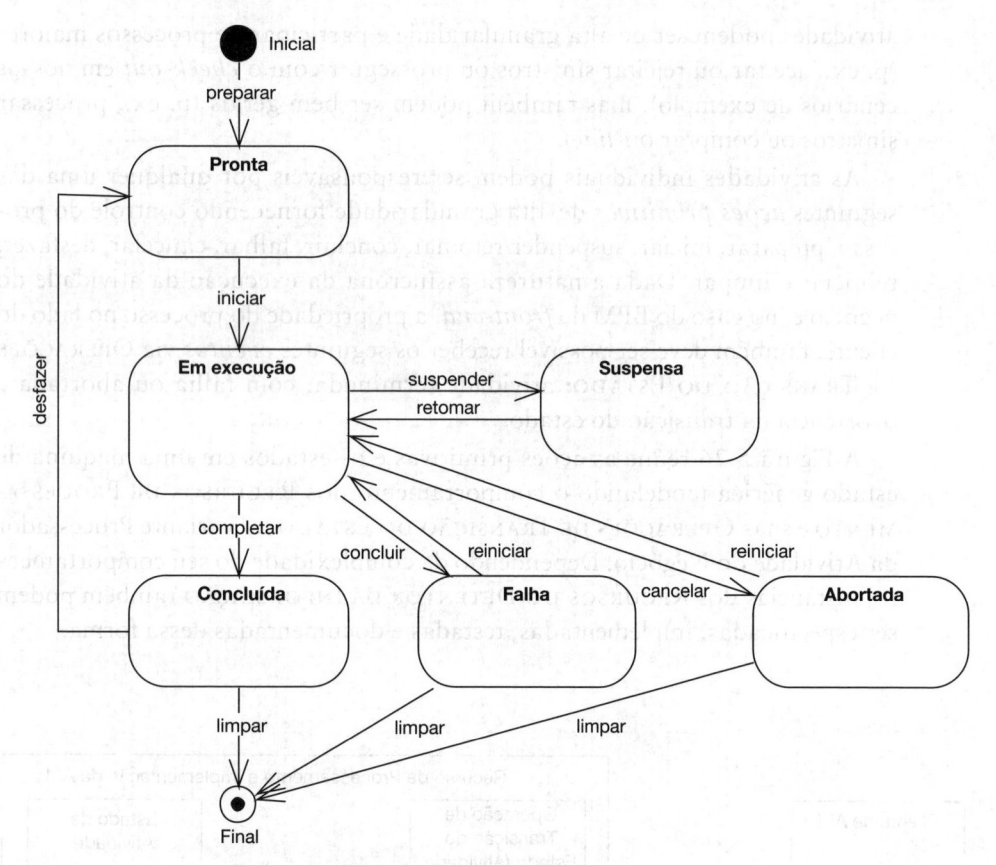

Figura 5.26 Uma máquina de estado apresentando as ações primitivas comuns como transições.

Os *endpoints* da API específicos do domínio e suas Operações de Transição do Estado devem refinar e personalizar essa máquina de estado genérica para seu cenário específico de negócios e casos de uso da API; cada primitivo requerido se torna uma operação da API (ou a opção de uma operação mais geral, selecionada por um parâmetro Elemento ID na representação da mensagem de solicitação). A implementação da API, as precondições e as pós-condições na documentação da API e os casos de teste podem ser organizados de acordo com a máquina de estado específica da API resultante, que deve ser documentada na Descrição da API.

A semântica dos estados e as transições de estado na Figura 5.26 são as seguintes:

- **Preparar (ou inicializar):** esse primitivo permite que os clientes preparem a execução de uma atividade de mudança do estado, transferindo a entrada antes da atividade real, por exemplo, para fins de validação. Dependendo da complexidade de tal informação, uma inicialização pode envolver uma única chamada ou uma conversa mais complexa. Assim que todas as informações são fornecidas, a atividade fica "Pronta" para iniciar e um identificador de atividade é atribuído. Esse primitivo pode ser visto como uma instância do padrão próximo OPERAÇÃO DE CRIAÇÃO DO ESTADO.

- **Iniciar:** esse primitivo permite que os clientes iniciem explicitamente a execução de uma atividade, que foi inicializada e está pronta para iniciar. O estado da atividade se torna "Em execução".
- **Suspender/retomar:** esses dois primitivos permitem que os clientes pausem e depois continuem a execução de uma atividade em operação. Suspender uma atividade em execução pode liberar recursos de execução dentro do *endpoint* da API.
- **Concluir:** esse primitivo faz a transição do estado de atividade de "Em execução" para "Concluída", indicando que a atividade terminou com sucesso.
- **Falhar:** essa atividade faz a transição do estado "Em execução" para "Falhou", possivelmente explicado em um RELATÓRIO DE ERROS.
- **Cancelar:** esse primitivo permite que os clientes interrompam a execução da atividade e "Abortem", caso não estejam mais interessados em seus resultados.
- **Desfazer:** esse primitivo permite compensar as ações executadas pela atividade, revertendo efetivamente o estado do *endpoint* da API de volta ao seu ponto original, antes do início da atividade. Nem sempre é possível fazê-lo, especialmente quando as atividades provocam efeitos colaterais que afetam o exterior do provedor de API. Um exemplo é um *e-mail* enviado e que não pode ser recuperado. Note que presumimos que a compensação pode ser feita dentro da transição para desfazer. Em alguns casos, pode ser preciso configurar uma atividade separada (com sua própria máquina de estado).
- **Reiniciar:** esse primitivo permite que os clientes tentem novamente a execução de uma atividade com falha ou abortada. O estado da atividade volta para "Em execução".
- **Limpar:** esse primitivo remove qualquer estado associado às atividades terminadas, com falha ou abortadas. O identificador da atividade não é mais válido e o estado da atividade faz a transição para "Final".

No BPM de *front-end*, os clientes de API são proprietários do estado da instância do processo. Eles podem informar ao provedor de API sobre os seguintes dois tipos de eventos (ao expor os serviços BPM, tais notificações de eventos podem seguir na outra direção, do provedor de serviços para seus clientes):

- **Atividade concluída, falha ou abortada:** assim que a execução da atividade conclui, as partes afetadas devem ser notificadas de sua conclusão bem-sucedida ou de sua falha para que possam recuperar sua saída. Isso pode acontecer com uma chamada para um padrão OPERAÇÃO DE CRIAÇÃO DO

ESTADO (em sua variante Operação de Notificação de Eventos). Também pode ser feito de forma diferente, por exemplo, por meio de eventos enviados pelo servidor ou por *callbacks*.

- **Ocorrência da transição do estado:** para monitorar e acompanhar o progresso da atividade, as partes afetadas quererem saber sobre o estado atual de uma atividade e mudanças nele, elas querem ser notificadas quando ocorre uma transição de estado. As opções de realização desse tipo de evento, que seguem um modelo *push*, incluem *streaming* de eventos, eventos enviados pelo servidor e *callbacks*. Seguindo um modelo *pull*, as pesquisas de estado podem ser feitas como instâncias do padrão OPERAÇÃO DE RECUPERAÇÃO.

Várias OPERAÇÕES DE TRANSIÇÃO DO ESTADO, geralmente localizadas no mesmo *endpoint* da API, podem ser compostas para cobrir subprocessos ou processos de negócios inteiros. Deve ser decidido conscientemente onde compor: o BPM de *front-end* muitas vezes usa um *front-end* da *web* como cliente de API; os serviços de BPM produzem RECURSOS DO PROCESSAMENTO compostos expondo OPERAÇÕES DE TRANSIÇÃO DO ESTADO gerais, realizando efetivamente o padrão "Gerenciamento de Padrões" de Hohpe (2003). Outras opções são (1) introduzir um API Gateway (Richardson, 2018) como um único ponto de integração e coordenação de coreografias ou (2) serviços de coreografia de forma totalmente descentralizada via chamadas P2P (ponto a ponto) e/ou transmissão de eventos.

Executando essas atividades, as OPERAÇÕES DE TRANSIÇÃO DO ESTADO mudam o estado da atividade de negócio no *endpoint* da API. A complexidade de suas precondições e pós-condições, bem como as invariantes, é diversa, dependendo do cenário de negócios e integração em mãos. Complexidades médias a altas dessas regras são comuns em muitos domínios e cenários de aplicações. Esse comportamento deve ser especificado na DESCRIÇÃO DA API. Os primitivos de transição e as transições do estado devem ser explícitos nela.

Ao realizar o padrão e sua variante Processador da Atividade de Negócios em HTTP, verbos adequados (POST, PUT, PATCH ou DELETE) devem ser escolhidos entre as opções de interface REST uniformes. A instância do processo e os identificadores da atividade normalmente aparecem na URI como um ELEMENTO ID. Isso facilita recuperar as informações de *status* via HTTP GET. Cada ação primitiva pode ter suporte de uma OPERAÇÃO DE TRANSIÇÃO DO ESTADO separada. Uma alternativa é o primitivo ser fornecido como um parâmetro de entrada para uma operação de gerenciamento de processos mais geral. Nas APIs de recurso HTTP, o identificador de processo e o nome do primitivo muitas vezes são transportados como parâmetros de caminho, o que vale também para o identificador da atividade. ELEMENTOS DE *LINK* e URIs melhoram o estado da atividade e informam as partes afetadas sobre as atividades subsequentes e alternativas, as oportunidades de compensação etc.

Exemplo

A atividade "prosseguir com *check-out* e pagar" em uma loja *on-line* mostra o padrão em um processo de gerenciamento de pedidos. "Adicionar item ao carrinho de compras" é uma atividade no subprocesso "navegação do catálogo de produtos". Essas operações mudam o estado no lado do provedor, transmitem a semântica do negócio, e têm precondições e pós-condições não triviais, bem como invariantes (p. ex., "não entregar os produtos e emitir fatura ao consumidor antes que ele tenha feito *check-out* e confirmado o pedido"). Alguns podem ser de longa duração também, exigindo controle e transferência do *status* da atividade de alta granularidade.

O exemplo a seguir, do caso Lakeside Mutual, na Figura 5.27, ilustra os dois extremos da granularidade da atividade. As ofertas são criadas em uma operação com uma etapa; os sinistros são gerenciados passo a passo, causando transições de estado incrementais no lado provedor. Alguns primitivos da Figura 5.26 podem ser atribuídos às Operações de Transição do Estado no caso. Por exemplo, createClaim(), corresponde ao primitivo inicial, e close-Claim() conclui a atividade de negócio de verificação do sinistro. A verificação de fraude pode ser de longa duração, indicando que a API deve dar suporte aos primitivos de suspensão e retomada nas Operações de Transição do Estado correspondentes do Recurso de Processamento para o gerenciamento dos sinistros.

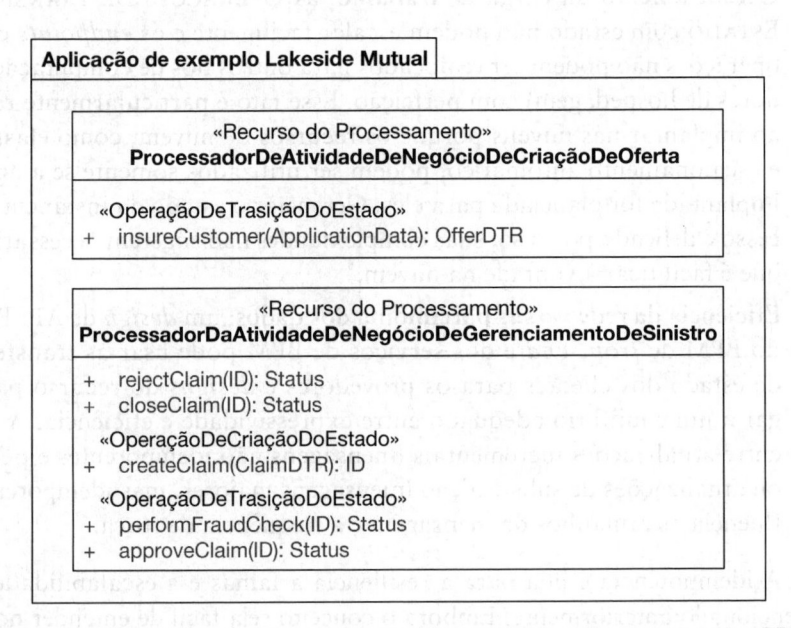

```
┌─ Aplicação de exemplo Lakeside Mutual ──────────────────┐
│  ┌──────────────────────────────────────────────────┐   │
│  │          «Recurso do Processamento»              │   │
│  │  ProcessadorDeAtividadeDeNegócioDeCriaçãoDeOferta│   │
│  ├──────────────────────────────────────────────────┤   │
│  │  «OperaçãoDeTrasiçãoDoEstado»                    │   │
│  │  +  insureCustomer(ApplicationData): OfferDTR    │   │
│  └──────────────────────────────────────────────────┘   │
│                                                          │
│  ┌────────────────────────────────────────────────────┐ │
│  │           «Recurso do Processamento»               │ │
│  │ ProcessadorDaAtividadeDeNegócioDeGerenciamentoDeSinistro │
│  ├────────────────────────────────────────────────────┤ │
│  │  +  rejectClaim(ID): Status                        │ │
│  │  +  closeClaim(ID): Status                         │ │
│  │  «OperaçãoDeCriaçãoDoEstado»                       │ │
│  │  +  createClaim(ClaimDTR): ID                      │ │
│  │  «OperaçãoDeTrasiçãoDoEstado»                      │ │
│  │  +  performFraudCheck(ID): Status                  │ │
│  │  +  approveClaim(ID): Status                       │ │
│  └────────────────────────────────────────────────────┘ │
└──────────────────────────────────────────────────────────┘
```

Figura 5.27 Dois exemplos de Operações de Transição do Estado: serviço BPM geral e execução do processo BPM de *front-end* e de alta granularidade.

Discussão

Os fatores do *design* são resolvidos do seguinte modo:

- **Granularidade do serviço:** os RECURSOS DO PROCESSAMENTO e suas OPERAÇÕES DE TRANSIÇÃO DO ESTADO podem aceitar "cortes de serviço" menores e maiores (Gysel, 2016), portanto, promovem a agilidade e a flexibilidade. Os RECURSOS DO DETENTOR DA INFORMAÇÃO também têm tamanhos diferentes. O impacto das decisões de dimensionamento do *endpoint* no acoplamento e em outras qualidades foi discutido anteriormente nesses dois padrões. O fato de que tais estados são explicitamente modelados como parte da DESCRIÇÃO DA API possibilita rastreá-los em primeiro lugar.

- **Consistência e auditoria:** as OPERAÇÕES DE TRANSIÇÃO DO ESTADO podem e devem lidar com o gerenciamento de transações do negócio e do sistema internamente na implementação da API. As opções de *design* escolhidas, vistas antes, e sua realização determinam se a instância padrão é capaz de resolver esses fatores e atender aos seus requisitos. Da mesma forma, o *log* e o monitoramento interno da implementação da API dão apoio à auditoria.

- **Dependências nas mudanças de estado feitas com antecedência:** as mudanças de estado podem colidir entre si. Os provedores de API devem verificar a validade de uma transição do estado solicitada e os clientes devem esperar que suas solicitações de transição do estado possam ser negadas devido a suas suposições desatualizadas sobre o estado atual.

- **Gerenciamento da carga de trabalho:** as OPERAÇÕES DE TRANSIÇÃO DO ESTADO com estado não podem escalar facilmente e os *endpoints* com tais operações não podem ser realocados para outros nós de computação (servidores de hospedagem) com perfeição. Esse fato é particularmente relevante ao implantar nas nuvens porque os recursos de nuvem, como elasticidade e escalonamento automático, podem ser utilizados somente se a aplicação implantada for planejada para eles. Gerenciar o estado da instância do processo é delicado por si só; suas complexidades não sugerem necessariamente que é fácil ficar à vontade na nuvem.[8]

- **Eficiência da rede *versus* parcimônia dos dados:** um *design* de API RESTful do BPM de *front-end* e dos serviços de BPM pode usar as transferências de estado dos clientes para os provedores e *designs* do recurso para chegar a um equilíbrio adequado entre expressividade e eficiência. A escolha entre atualizações incrementais (mensagens não idempotentes e pequenas) ou atualizações de substituição (mensagens maiores, mas idempotentes) influencia os tamanhos da mensagem e a frequência de troca.

A idempotência é boa para a resiliência a falhas e a escalabilidade, como mencionado anteriormente. Embora o conceito seja fácil de entender nos livros

---

[8] As funções de nuvem sem servidor, por exemplo, parecem ser mais adequadas para outros cenários de utilização.

didáticos e em exemplos básicos, muitas vezes não está claro como conseguir a idempotência em cenários mais complexos do mundo real, além de não ser uma tarefa fácil. Por exemplo, é fácil de dar e receber uma recomendação para enviar uma mensagem "o novo valor é n", em vez de "o valor de x aumentou em um", mas a situação fica mais complexa em cenários de negócios avançados, como o gerenciamento de pedidos e o processamento de pagamentos em que várias entidades relacionadas no nível da implementação são modificadas por uma única chamada de API. O conceito é abordado em profundidade em *Cloud Computing Patterns* (Fehling, 2014) e *Enterprise Integration Patterns* (Hohpe, 2003).

Quando as Operações de Transição do Estado são expostas nas APIs Públicas ou nas APIs da Comunidade, elas normalmente devem ser protegidas contra ameaças de segurança, como ocorre nos casos em que algumas ações e atividades podem exigir autorização para que apenas certos clientes autenticados possam disparar transições do estado. Além disso, a validade dessas transições também pode depender do conteúdo da mensagem. Uma discussão mais profunda sobre requisitos de segurança e *designs* que respondem a eles está fora do escopo deste livro.

O desempenho e a escalabilidade são principalmente orientados pela complexidade técnica da operação da API. A quantidade de processamento de *back-end* necessária nas implementações da API, o acesso simultâneo a dados compartilhados e a carga de trabalho da infraestrutura de TI resultante (conexões remotas, cálculos, E/S de disco, consumo de energia da CPU) diferem muito na prática. Do ponto de vista da confiabilidade, pontos únicos de falha devem ser evitados e uma abordagem centralizada para o gerenciamento de processos na implementação da API pode se tornar uma.

Padrões relacionados

O padrão difere dos outros parecidos da seguinte forma: uma Função de Computação não toca no estado da aplicação no lado do provedor (leitura ou gravação); uma Operação de Criação do Estado somente grava nele (no modo de anexação). As instâncias da Operação de Recuperação leem, mas não gravam nele; as instâncias Operação de Transição do Estado leem e gravam o estado no lado do provedor. A Operação de Recuperação obtém informações do provedor; as Operações de Criação do Estado enviam atualizações para o provedor. As Operações de Transição do Estado podem usar *push* e/ou *pull*. Uma Operação de Transição do Estado pode se referir a um elemento de estado no lado do provedor em sua mensagem de solicitação (p. ex., um id do pedido ou um número de série do membro da equipe); as Operações de Criação do Estado geralmente não fazem isso, exceto por motivos técnicos, como impedir o uso de chaves duplicadas ou atualizar logs de auditoria. Elas costumam retornar os Elementos ID para um acesso posterior.

As Operações de Transição do Estado podem ser vistas para disparar e/ou realizar "Transações de Negócio" (Fowler, 2002). As instâncias desse padrão podem participar de conversas de longa execução, portanto, com estado

(Hohpe, 2007). Se isso for feito, as informações contextuais necessárias para o registro e a depuração muitas vezes devem ser propagadas – por exemplo, introduzindo uma REPRESENTAÇÃO CONTEXTUAL explícita. As OPERAÇÕES DE TRANSIÇÃO DO ESTADO podem usar e acompanhar um ou mais padrões de conversas RESTful, como em "A Pattern Language for RESTful Conversations" (Pautasso, 2016). Por exemplo, é possível considerar refatorar o gerenciamento do estado e as partes computacionais de uma atividade de processo em serviços separados. Os padrões de conversação ou coreografias e/ou orquestrações podem definir as combinações válidas e as sequências de execução desses serviços.

As OPERAÇÕES DE TRANSIÇÃO DO ESTADO costumam ser expostas nas APIS DA COMUNIDADE – o Capítulo 10, "Histórias de padrões reais", aprofunda esse caso. Sistemas baseados em serviços expõem essas operações também nas APIS DE SOLUÇÃO INTERNA. Uma CHAVE DA API normalmente protege o acesso externo a operações que gravam no estado no lado do provedor e um ACORDO DE NÍVEL DE SERVIÇO pode reger seu uso.

Mais informações

Há muita literatura sobre BPM(N) e o gerenciamento do fluxo de trabalho que introduz conceitos e tecnologias para implementar os componentes de serviço com estado em geral e as OPERAÇÕES DE TRANSIÇÃO DO ESTADO em particular (p. ex., Leymann [2000], Leymann [2002], Bellido [2013] e Gambi [2013]).

Em RDD (Wirfs-Brock, 2002), as OPERAÇÕES DE TRANSIÇÃO DO ESTADO correspondem a "Coordenadores" e "Controladores" encapsulados como "Provedores de Serviços" e acessíveis remotamente com a ajuda de um "*Interfacer*". Michael Nygard sugere muitos padrões e receitas que melhoram a confiabilidade em *Release It!* (Nygard, 2018a).

O método de *design* do serviço com sete etapas no DPR sugere chamar papéis do *endpoint* e responsabilidades operacionais, como a OPERAÇÃO DE TRANSIÇÃO DO ESTADO, ao preparar listas de *endpoints* candidatos e aprimorá-las (Zimmermann, 2021b).

Padrão:
FUNÇÃO DE COMPUTAÇÃO

Quando e por que aplicar

Os requisitos para uma aplicação indicam que algo deve ser calculado. O resultado desse cálculo depende exclusivamente de sua entrada. Enquanto a entrada fica disponível no mesmo lugar que requer o resultado, o cálculo não deve ser executado nesse ponto – por exemplo, por razões de custo, eficiência, carga de trabalho, confiança ou especialização.

Um cliente de API pode querer perguntar ao provedor de *endpoint* da API se alguns dados atendem a certas condições ou pode querer convertê-los de um formato em outro.

De que forma um cliente pode chamar um processamento remoto sem efeitos colaterais no lado do provedor e ter um resultado calculado a partir de sua entrada?

- **Reprodução e confiança:** terceirizar o trabalho para uma parte remota causa perda de controle, o que dificulta garantir que os resultados sejam válidos. O cliente pode confiar no provedor para fazer o cálculo corretamente? Ele está sempre disponível quando necessário e há uma possibilidade de ser retirado no futuro? As chamadas locais podem ser registradas e reproduzidas com bastante facilidade. Embora isso seja possível também com conexões remotas, mais coordenação é necessária e outro tipo de falha pode acontecer ao depurar e reproduzir as execuções remotas.[9]
- **Desempenho:** as chamadas locais em um programa são rápidas. As chamadas remotas entre as partes do sistema têm atrasos devido à latência da rede, à serialização e desserialização das mensagens, bem como ao tempo necessário para transferir os dados de entrada e saída, dependendo dos tamanhos da mensagem e da largura de banda da rede disponível.
- **Gerenciamento da carga:** alguns cálculos podem exigir muitos recursos, como tempo de CPU e memória principal (RAM), que podem ser insuficientes no lado do cliente. Alguns cálculos podem ser executados por um longo período de tempo devido à sua complexidade computacional ou à grande quantidade de entrada a ser processada. Isso pode afetar a escalabilidade do provedor e sua capacidade de cumprir o ACORDO DE NÍVEL DE SERVIÇO.

É possível fazer o cálculo necessário localmente, mas isso pode exigir o processamento de grandes quantidades de dados, o que, por sua vez, pode diminuir a velocidade dos clientes sem a capacidade necessária de CPU/RAM. Como consequência, tal abordagem não distribuída leva a uma arquitetura monolítica, que exigirá a reinstalação de clientes toda vez que o cálculo tiver que ser atualizado.

Como funciona

Introduza uma operação de API `cf` com `cf: in -> out` para o *endpoint* da API, que muitas vezes é um RECURSO DO PROCESSAMENTO. Deixe essa FUNÇÃO DE COMPUTAÇÃO validar a mensagem de solicitação recebida, executar a função `cf` desejada e retornar seu resultado na resposta.

---

[9] Essas observações são válidas quando os cálculos são transferidos de um cliente para um provedor de API em um RECURSO DO PROCESSAMENTO, mas também na terceirização do gerenciamento de dados para um RECURSO DO DETENTOR DA INFORMAÇÃO.

Uma Função de Computação não acessa nem altera o estado da aplicação no lado do servidor, como mostrado na Figura 5.28.

Planeje estruturas de mensagens de solicitação e resposta adequadas ao propósito da Função de Computação. Inclua essa função na Descrição da API (no contexto do *endpoint* ao qual é adicionado). Defina pelo menos uma precondição explícita que referencie os elementos na mensagem de solicitação e uma ou mais pós-condições que especifiquem o que a mensagem de resposta contém. Explique como os dados devem ser interpretados.

Não há necessidade de introduzir o gerenciamento das transações na implementação da API porque uma mera Função de Computação é sem estado por definição.

Variantes   O padrão geral e um tanto simples Função de Computação tem muitas variantes: *Serviço de Transformação* e *Serviço de Validação*, bem como *Computação de Longa Execução* (que é mais desafiador tecnicamente do que o caso geral). Cada variante requer diferentes representações das mensagens de solicitação/resposta.

Um Serviço de Transformação implementa um ou mais padrões de conversão de mensagens, como no livro *Enterprise Integration Patterns* (Hohpe, 2003), em uma forma acessível por rede. Um Serviço de Transformação não altera o significado dos dados que processou, mas altera sua representação. Ele pode converter de uma estrutura de representação em outro formato (p. ex.,

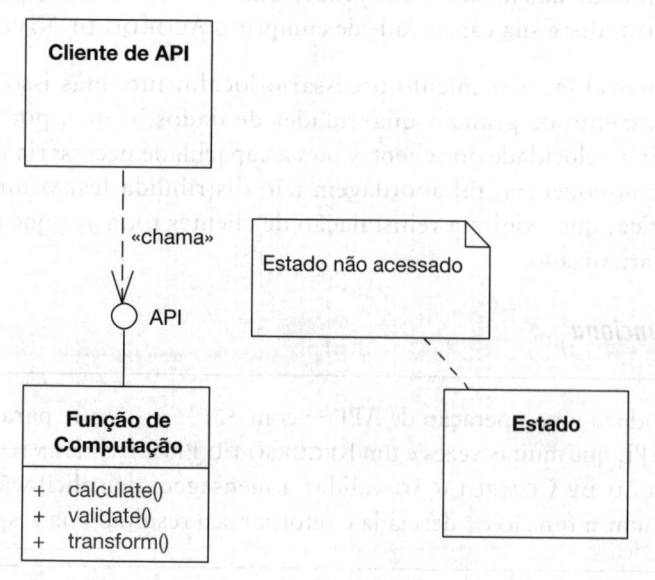

Figura 5.28   Uma Função de Computação não possui estado, sem ler nem gravar no armazenamento no lado do provedor.

esquemas de registro de clientes usados em dois subsistemas diferentes) ou de uma notação em outra (p. ex., XML em JSON, JSON em CSV). Os Serviços de Transformação normalmente aceitam e retornam ÁRVORES DE PARÂMETROS com complexidade variada.

O Serviço de Validação também é conhecido como Verificador da (Pre)Condição. Para lidar com uma entrada potencialmente incorreta, o provedor de API sempre deve validá-la antes de processá-la, deixando explícito em seu contrato que a entrada pode ser rejeitada. Pode ser útil para que os clientes possam testar a validade da entrada de formas explícita e independente da chamada da função para processá-la. A API se divide em duas operações, um Serviço de Validação e outra FUNÇÃO DE COMPUTAÇÃO:

1. Uma operação para validar a entrada sem fazer a computação.
2. Uma operação para fazer a computação (que pode falhar devido à entrada inválida, a menos que essa entrada tenha sido validada antes).

O Serviço de Validação resolve o seguinte problema:

De que forma um provedor de API pode verificar a correção/precisão das representações de transferência dos dados recebidos (parâmetros) e dos recursos no lado do provedor (e seu estado)?

A solução para esse problema é introduzir uma operação da API que recebe um ELEMENTO DE DADOS com qualquer estrutura e complexidade, e retorna um PARÂMETRO ATÔMICO (p. ex., um valor booleano ou inteiro) que representa o resultado da validação. A validação se refere principalmente à carga da solicitação. Se a implementação da API consulta o estado interno atual durante a validação, o Serviço de Validação se torna uma variante da OPERAÇÃO DE RECUPERAÇÃO (p. ex., para pesquisar certos valores e regras de cálculo), como na Figura 5.29.

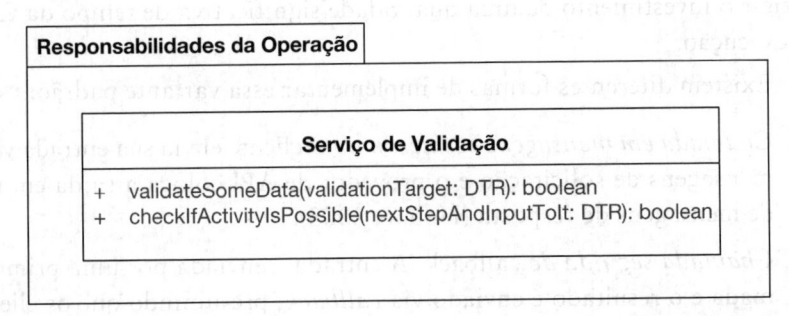

Responsabilidades da Operação
Serviço de Validação
+ validateSomeData(validationTarget: DTR): boolean + checkIfActivityIsPossible(nextStepAndInputToIt: DTR): boolean

Figura 5.29 Variante do Serviço de Validação: dados de solicitação arbitrários, resposta booleana (DTR: *data transfer representation* – representação da transferência de dados).

Duas solicitações de exemplo são "Este é um sinistro válido?" e "Você conseguirá aceitar este pedido de compra?", feitas antes de uma chamada para uma Operação de Transição do Estado em nossos cenários de amostra. No caso de "validação da pré-atividade", os tipos de parâmetros podem ser complexos (dependendo da atividade a ser pré-validada). A resposta pode conter sugestões sobre como corrigir quaisquer erros que foram informados.

Existem muitos outros tipos de condições e itens que valem a pena validar, variando desde classificações e categorizações, como `isValidOrder(orderDTR)`, verificações de *status*, como `isOrderClosed(orderId)`, até verificações de conformidade complexas, tais como `has4EyesPrinicipleBeenApplied(...)`. Tais validações normalmente retornam resultados bem simples (como um indicador de sucesso e, possivelmente, outras explicações), além de serem sem estado e operarem com base nos dados de solicitação recebidos exclusivamente, o que as torna fáceis de escalar e mover de um nó de implantação para outro.

A terceira variante é a Computação de Longa Execução. Uma operação de função simples pode ser suficiente com base nos seguintes pressupostos:

- A representação de entrada deve ser correta.
- O tempo esperado de execução da função é curto.
- O servidor tem capacidade de processamento de CPU suficiente para o pico de carga esperado.

No entanto, às vezes o processamento levará uma quantidade incrível de tempo e outras vezes, não é possível garantir que o tempo de processamento de uma computação será curto o bastante (p. ex., devido à carga imprevisível, à disponibilidade de recursos no lado do provedor de API ou devido aos tamanhos variados dos dados de entrada enviados pelo cliente). Em tais casos, os clientes devem ter alguma forma de chamada assíncrona e sem bloqueio de uma função de processamento. Um *design* mais refinado é necessário para as Computações de Longa Execução, que podem receber uma entrada inválida e exigir o investimento de uma quantidade significativa de tempo da CPU para a execução.

Existem diferentes formas de implementar essa variante padrão:

1. *Chamada em mensagens assíncronas.* O cliente envia sua entrada via fila de mensagens de solicitação e o provedor de API coloca a saída em uma fila de mensagens de resposta (Hohpe, 2003).
2. *Chamada seguida de* callback. A entrada é enviada por uma primeira chamada e o resultado é enviado via *callback*, presumindo que os clientes podem dar suporte a *callbacks* (Voelter, 2004).

3. *Solicitação de longa duração.* A entrada é publicada e um Elemento de Link informa onde o progresso pode ser consultado com Operações de Recuperação. Por fim, o resultado é publicado em seu próprio Recurso do Detentor da Informação – há uma oportunidade opcional, mas útil, para usar o *link* para cancelar a solicitação e limpar o resultado quando não é mais necessário (tal processamento de solicitação com estado é mais detalhado na variante Processador de Atividades de Negócios do padrão Operação de Transição do Estado). Essa opção de implementação é muitas vezes escolhida nas APIs da *web* (Pautasso, 2016).

Exemplos

Um exemplo simples e autoexplicativo de um Serviço de Transformação é mostrado na Figura 5.30.

Uma operação para descobrir a integridade de um serviço é chamada de *heartbeat*. Tal mensagem de teste é um exemplo de comando simples exposto remotamente em um *endpoint* Recurso do Processamento (ver Figura 5.31).

As operações "estou ativo", às vezes chamadas de *"ping* no nível da aplicação", aceitam e respondem às mensagens de teste. Elas costumam ser adicionadas a implementações de API críticas como parte de uma estratégia de gerenciamento dos sistemas (nesse caso, gerenciamento de falhas e desempenho).

```
┌─────────────────────────────────────────────────────────────┐
│ Aplicação de exemplo Lakeside Mutual                        │
│                           API                               │
│                            ○                                │
│                            │                                │
│   ┌─────────────────────────────────────────────────┐       │
│   │        «Recurso de Processamento»               │       │
│   │    UtilidadeDeGeoComputaçãoEValidação           │       │
│   ├─────────────────────────────────────────────────┤       │
│   │ «FunçãoDeComputação»                            │       │
│   │ + calculateDistance(from: AddressDTR, to:       │       │
│   │   AddressDTR): ResultDTR                        │       │
│   │ «ServiçoDeTransformação»                        │       │
│   │ + milestoKilometers(ukDistance: int): int       │       │
│   │ «ServiçoDeValidação»                            │       │
│   │ + isAddressValid(address: AddressDTR): boolean  │       │
│   └─────────────────────────────────────────────────┘       │
└─────────────────────────────────────────────────────────────┘
```

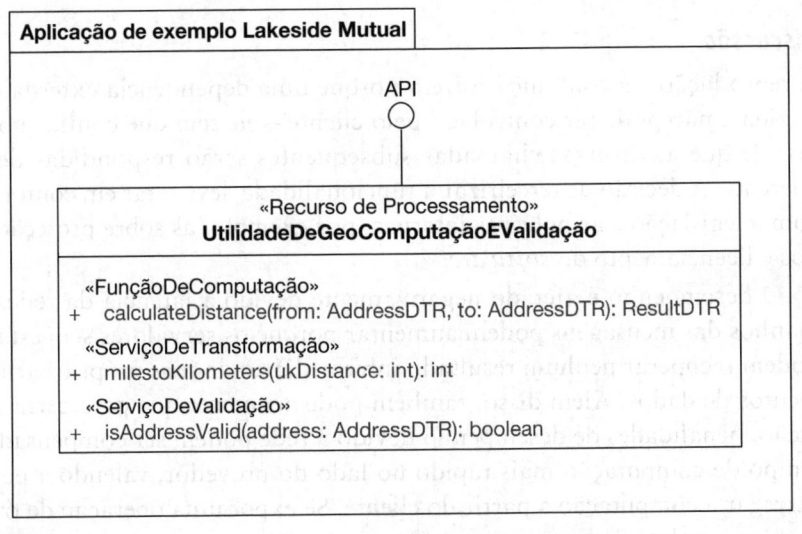

Figura 5.30 Um Recurso do Processamento que fornece Serviços de Transformação.

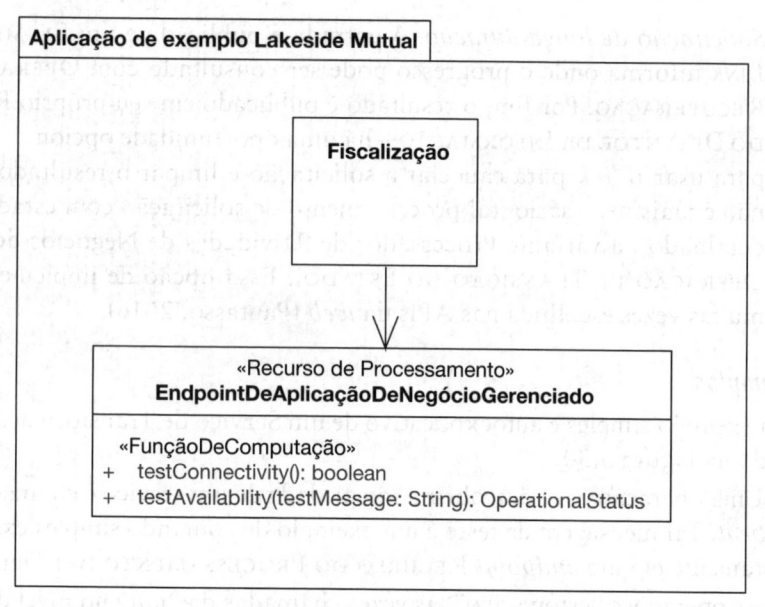

```
┌─────────────────────────────────────────────────────┐
│ Aplicação de exemplo Lakeside Mutual                │
│                                                     │
│                  ┌──────────────┐                   │
│                  │ Fiscalização │                   │
│                  └──────┬───────┘                   │
│                         │                           │
│                         ▼                           │
│   ┌─────────────────────────────────────────────┐   │
│   │        «Recurso de Processamento»           │   │
│   │   EndpointDeAplicaçãoDeNegócioGerenciado    │   │
│   ├─────────────────────────────────────────────┤   │
│   │   «FunçãoDeComputação»                      │   │
│   │ + testConnectivity(): boolean               │   │
│   │ + testAvailability(testMessage: String):    │   │
│   │                           OperationalStatus │   │
│   └─────────────────────────────────────────────┘   │
└─────────────────────────────────────────────────────┘
```

Figura 5.31 Exemplos de Serviços de Validação: operações para verificar a integridade.

Suas precondições e pós-condições são simples e seu contrato de API é esboçado no fragmento UML anterior.

Não são necessárias transações do sistema nem compensação no nível do negócio (desfazer) nesses exemplos simples do padrão e suas variantes.

Discussão

A reprodução e a confiança sofrem porque uma dependência externa é introduzida e não pode ser controlada pelo cliente – ele tem que confiar no provedor de que as diversas chamadas subsequentes serão respondidas de forma coerente. A decisão de terceirizar a funcionalidade deve estar em conformidade com a legislação e as políticas internas, por exemplo, as sobre proteção de dados e licenciamento do *software*.

O desempenho é afetado negativamente devido à latência da rede. Os tamanhos das mensagens podem aumentar porque os servidores sem estado não podem recuperar nenhum resultado intermediário de seus próprios armazenamentos de dados. Além disso, também pode acontecer que para certa computação, penalidades de desempenho devido à rede podem ser compensadas pelo tempo de computação mais rápido no lado do provedor, valendo a pena descarregar a computação a partir do cliente. Se expor uma operação de transformação ou validação como um serviço remoto for muito caro, uma API baseada em biblioteca local é uma alternativa mais barata.

A *cache* só faz sentido em certas condições. Mais de um cliente tem que solicitar a mesma computação na mesma entrada e o resultado tem que ser determinista. Além disso, o provedor deve ter capacidade de armazenamento suficiente. Só então pode vale a pena investir em resultados de *cache* para que eles possam ser compartilhados em vários clientes.

Do ponto de vista da segurança, as necessidades de proteção das mensagens de solicitação e resposta dependem da sensibilidade do conteúdo da mensagem. Por exemplo, a mensagem de resposta de um Serviço de Validação pode ter necessidades de proteção baixas se o resultado sozinho é difícil de interpretar sem seu contexto de chamada. Os ataques DoS são uma ameaça para todas as operações remotas da API – são necessárias contramedidas adequadas e um gerenciamento de riscos.

O gerenciamento da carga é simplificado porque as operações sem estado podem ser movidas livremente. Por definição, as implementações do padrão não mudam o estado da aplicação no lado do provedor (possivelmente, exceto para os *logs* de acesso e o armazenamento temporário ou permanente dos resultados de validação, se/conforme necessário para atender aos requisitos de segurança, tais como não repúdio). Portanto, as implementações são fáceis de escalar e mover, o que as torna elegíveis para as implantações em nuvem.

A manutenção da implementação da Função de Computação é separada das atualizações do cliente, contanto que a interface da Função de Computação não mude. Se a implementação da API for implantada na nuvem, o custo de alugar a oferta do serviço de nuvem deve ser levado em conta.

Se a computação requer muito recurso (CPU, RAM), o algoritmo e o *design* da distribuição podem ser repensados para evitar gargalos e pontos únicos de falha. O padrão de conversa "Solicitação de Longa Duração" (Pautasso, 2016) cobre esse tópico. Embora não seja diretamente observado no contrato de API funcional, isso é crítico para o *design* de API, porque pode afetar a capacidade de cumprir o Acordo de Nível de Serviço da API. A carga da CPU e da RAM também afeta os componentes que implementam a API, o que torna mais desafiador escalar a implementação da função. Armazenar em *cache* os resultados da computação e computar alguns resultados antes mesmo deles serem solicitados (antecipando o que os clientes querem com base no que solicitaram antes) são duas táticas de gerenciamento de desempenho e carga elegíveis nessa situação.

Padrões relacionados

O padrão "Serviço" em DDD inclui uma semântica semelhante (porém é mais amplo e visa a camada da lógica de negócio de uma aplicação). Ele pode ajudar a identificar os candidatos a Função de Computação durante a identificação do *endpoint* (Vernon, 2013).

Lambdas de computação sem servidor, implantados em nuvens públicas, como AWS ou Azure, podem ser vistos como Funções de Computação, a menos que sejam apoiados pelas ofertas de armazenamento em nuvem, tornando-os com estado.

Mais Informações

Os tipos de serviço são um tópico abordado pela literatura SOA do início dos anos 2000, como nas obras *Enterprise SOA* (Krafzig, 2004) e *SOA in Practice* (Josuttis, 2007). Embora as taxonomias do tipo de serviço nesses livros sejam mais focadas na arquitetura geral, alguns serviços básicos e serviços utilitários têm responsabilidades que não exigem o acesso de leitura ou gravação ao estado do provedor/servidor, portanto, se qualificam como instâncias desse padrão e suas variantes.

A abordagem de *design* por contrato no método de programação orientada a objetos e na linguagem Eiffel (Meyer, 1997) inclui a validação na codificação do comando de negócios, nos métodos de domínio e automatiza a verificação da precondição e da pós-condição. Essa abordagem interna do programa pode ser vista como uma alternativa aos Serviços de Validação externos (mas também como um uso bem conhecido e avançado).

Existem muitos recursos *on-line* sobre computação sem servidor. Um ponto de partida é o site de Jeremy Daly e o *blog* Serverless (Daly, 2021).

Resumo

Esse capítulo apresentou os padrões que lidam com as questões de arquitetura da API. Especificamos os papéis do *endpoint* e as responsabilidades das operações nas etapas iniciais de um *design* de API, como na fase Definir do processo ADDR.

Os papéis e as responsabilidades ajudam a esclarecer o significado arquitetural desses elementos de *design* de API e servem como entrada para as fases seguintes. O Capítulo 3, "Narrativas de decisão da API", abordou as perguntas, as opções e os critérios elegíveis no *design* de *endpoints* e operações orientado a papéis e responsabilidades. Complementando essa discussão, este capítulo trouxe padrões completos.

Seguindo o modelo de padrões introduzido no Capítulo 4, abordamos os papéis dos *endpoints* da API orientados a dados:

- Um tipo específico de Recurso do Detentor da Informação é o Recurso de Transferência de Dados, elegível quando vários clientes desejam compartilhar informações sem acoplamento direto uns com os outros.

- Outros tipos que diferem em termos de ciclo de vida, relacionamentos e mudança são DETENTOR DOS DADOS MESTRES, DETENTOR DOS DADOS OPERACIONAIS e DETENTOR DOS DADOS DE REFERÊNCIA. Os dados mestres são mutáveis, duram muito tempo e têm muitas referências de entrada. Os dados operacionais são de curta duração e podem ser alterados pelos clientes também. Os dados de referência também duram muito tempo e são imutáveis.

- Um RECURSO DE PESQUISA DE LINKS pode desacoplar mais os clientes e os provedores de API (em termos de referências de *endpoint* na carga das mensagens de solicitação e resposta).

Modelamos *endpoints* da API orientados a atividades como RECURSOS DO PROCESSAMENTO com e sem estado. Um Processador de Atividades de Negócio é uma variante importante do RECURSO DO PROCESSAMENTO, dando suporte a dois cenários: BPM de *front-end* e serviços de BPM.

As questões de execução dos RECURSOS DO DETENTOR DA INFORMAÇÃO e dos RECURSOS DO PROCESSAMENTO são diferentes, e o significado em termos de arquitetura de uma mera pesquisa muitas vezes é diferente de uma transferência de dados. Tais considerações são boas razões para chamar esses papéis do *endpoint* e as responsabilidades de operação, e possivelmente separá-los, introduzindo vários *endpoints*. Esses *endpoints* orientados por papel são planejados e operados de forma diferente durante a execução. Por exemplo, uma política de gerenciamento DETENTOR DOS DADOS MESTRES dedicada em relação à retenção e à proteção dos dados pode diferir das regras de gerenciamento dos dados empregadas para os RECURSOS DO PROCESSAMENTO, que trabalham apenas com dados transitórios e de curta duração.

Foram utilizados os seguintes estereótipos de papéis do RDD (Wirfs-Brock, 2002): detentor da informação (para *endpoints* orientados a dados) e controlador/coordenador (como papéis assumidos por nosso padrão RECURSO DO PROCESSAMENTO). Ambos os padrões de *endpoint* também se qualificam como interface e provedor de serviços.

Os recursos do detentor orientados a dados e os processadores orientados a atividades também têm características diferentes em termos de semântica, estrutura, qualidade e evolução. Por exemplo, enquanto uma API pode oferecer acesso a vários armazenamentos de dados individuais separadamente, os clientes podem querer realizar atividades tocando em vários recursos de *back-end*/implementação em uma única solicitação. A API pode, portanto, incluir um RECURSO DO PROCESSAMENTO dedicado, desempenhando o papel de um controlador RDD que opera em (e/ou processa dados a partir de) múltiplos RECURSOS DO DETENTOR DA INFORMAÇÃO de baixa granularidade.[10]

---

[10] O livro *RESTful Web Services Cookbook* menciona explicitamente esses recursos do controlador (Allamaraju, 2010).

Definimos quatro responsabilidades operacionais para os recursos de *endpoint*. Elas diferem na forma como leem e gravam no estado da aplicação no lado do provedor, como mostrado na Tabela 5.1.

Tabela 5.1 Impacto da operação sobre o estado por padrão de responsabilidade

	Sem leitura	Leitura
Sem gravação	Função de Computação	Operação de Recuperação
Gravação	Operação de Criação do Estado	Operação de Transição do Estado

Os padrões desta seção se comparam do seguinte modo:

- Assim como uma Operação de Recuperação, uma Função de Computação não muda o estado da aplicação (mas entrega dados não triviais ao cliente); ela recebe toda a entrada necessária do cliente, enquanto uma Operação de Recuperação consulta o estado da aplicação no lado do provedor (no modo de somente leitura).
- Instâncias das Operações de Criação do Estado e as Funções de Computação recebem todos os dados necessários do cliente; uma Operação de Criação do Estado muda o estado da aplicação no lado do provedor (acesso de gravação), já uma Função de Computação o preserva (sem acesso).
- Uma Operação de Transição do Estado também retorna dados não triviais (como a Operação de Recuperação e a Função de Computação), mas também muda o estado da aplicação no lado do provedor. A entrada vem do cliente, mas também do estado da aplicação no lado do provedor (acesso de leitura/gravação).

Muitas Funções de Computação e Operações de Criação do Estado podem ser planejadas como idempotentes. Isso também se aplica à maior parte das Operações de Recuperação; algumas podem ser mais difíceis de tornar idempotentes (p. ex., as que usam *caches* avançados ou uma implementação do padrão Paginação usando o "Estado da Sessão do Servidor" [Fowler, 2002]; note que isso geralmente não é recomendado por esse motivo). Algumas Operações de Transição do Estado causam mudanças de estado inerentes, por exemplo, quando as chamadas para as operações contribuem para o gerenciamento das instâncias do processo de negócios. A idempotência nem sempre é conseguida em tais casos: iniciar uma atividade não é idempotente se toda solicitação para iniciar pode começar uma instância de atividade simultânea separada, por exemplo. Já o cancelamento de determinada instância de atividade iniciada é idempotente.

Todas as operações, realizando algum padrão apresentado neste capítulo ou não, comunicam-se por mensagens de solicitação e resposta, cuja estrutura muitas vezes é uma Árvore de Parâmetros (um padrão do Capítulo 4). O cabeçalho e o conteúdo da carga dessas mensagens podem ser planejados – e progressivamente melhorados para ter certas qualidades – com a ajuda dos padrões nos Capítulos 6 e 7. *Endpoints* e APIs inteiras costumam ter versões, e os clientes esperam uma vida útil e uma garantia de suporte para eles (como discutido no Capítulo 8). Essas garantias e a política de versionamento podem diferir por papel de *endpoint*. As instâncias do padrão Detentor dos Dados Mestres, por exemplo, duram mais e mudam com menos frequência do que as instâncias do Detentor dos Dados Operacionais (não só em termos de conteúdo e estado, mas também de API e definições dos dados).

Os papéis e as responsabilidades dos *endpoints* e suas operações devem ser documentados. Eles afetam os aspectos de negócio das APIs (padrões no Capítulo 9, "Documentação e comunicação dos contratos de API"): a Descrição da API deve especificar quando uma API pode ser chamada e o que o cliente pode esperar de retorno (presumindo que uma resposta seja enviada).

O livro *Software Systems Architecture: Working with Stakeholders Using Viewpoints and Perspectives* (Rozanski, 2005) apresenta o ponto de vista da informação. O artigo "Data on the Outside versus Data on the Inside" (Helland, 2005) explica os pontos fortes do *design* e as restrições para os dados expostos nas APIs e nos dados internos da aplicação. Embora não seja específico para as APIs e os sistemas orientados a serviços, *Release It!* captura uma série de padrões que promovem a estabilidade (incluindo confiabilidade e gerenciamento). Os exemplos incluem "Circuit Breaker" e "Bulkhead" (Nygard, 2018a). O livro *Site Reliability Engineering* (Beyer, 2016) informa como o Google executa os sistemas de produção.

A seguir, veremos as responsabilidades dos elementos da representação de mensagens e sua estrutura (Capítulo 6, "*Design* das representações das mensagens de solicitação e resposta").

Capítulo 6

Design das representações das mensagens de solicitação e resposta

Tendo definido os *endpoints* da API e suas operações no capítulo anterior, agora analisamos as mensagens de solicitação e resposta que os clientes e os provedores de API trocam. Essas mensagens são uma parte fundamental do contrato de API – elas fazem ou interrompem a interoperabilidade. Mensagens grandes e avançadas podem ser muito informativas, mas também adicionam *overhead* durante a execução; mensagens pequenas e concisas podem ser eficientes para o transporte, mas podem não ser entendidas facilmente e podem fazer com que os clientes emitam solicitações de acompanhamento para atender plenamente suas necessidades de informação.

Começamos com uma discussão dos desafios de *design* e, em seguida, introduzimos os padrões que respondem a esses desafios. Os padrões são apresentados em duas seções, "Estereótipos dos elementos" e "Representações especiais".

Este capítulo corresponde à fase Desenhar do processo ADDR (Alinhar–Definir–Desenhar–Refinar), visto no início da Parte II.

Introdução ao *design* de representação de mensagens

Os clientes e os provedores de API trocam mensagens, geralmente representadas em formatos textuais, como JSON ou XML. De acordo com nosso modelo de domínio, introduzido no Capítulo 1, "Fundamentos da interface de programação de aplicações (API)", essas mensagens contêm representações de conteúdo que podem ser bem complexas. Os padrões básicos de estrutura estrutura introduzidos no Capítulo 4, "Introdução à linguagem de padrões" (Parâmetro Atômico, Árvore de Parâmetros, Lista de Parâmetros Atômicos e Floresta de Parâmetros) ajudam a definir os nomes, os tipos e o aninhamento desses elementos das mensagens de solicitação e resposta. Além da carga (ou corpo) das mensagens, a maioria dos protocolos de comunicação oferece outras formas de transportar os dados. Por exemplo, HTTP permite a transmissão de pares de chave/valor como cabeçalhos, mas também como parâmetros de caminho, consulta e *cookie*.

Pode-se pensar que conhecer essas diferentes maneiras de trocar informações é suficiente para planejar as mensagens de solicitação e resposta. Mas vendo com atenção, podemos detectar padrões de uso recorrentes nos elementos da representação de mensagens, levando às seguintes perguntas:

Quais são os significados dos elementos da mensagem? Esses significados podem ser estereotipados?

Quais responsabilidades dentro das conversas têm certos elementos da mensagem? Quais objetivos de qualidade eles ajudam a atender?

Os padrões neste capítulo respondem a essas perguntas, primeiro inspecionando os elementos individuais, depois vendo as representações compostas para cenários de usos específicos.

Desafios do *design* de representações da mensagem

Dois temas abrangentes para os padrões neste capítulo são o *tamanho da mensagem* e o *detalhamento da conversa*, porque esses fatores determinam o consumo de recursos no *endpoint*, na rede e nos clientes da API. A segurança, como uma questão transversal, também é influenciada. Também devem ser levados em conta os seguintes fatores de decisão de arquitetura:

- *Interoperabilidade* no nível do protocolo e do conteúdo da mensagem (formato), como influenciada pelas plataformas de comunicação e as linguagens de programação utilizadas pela implementação do consumidor e do provedor (p. ex., durante a serialização e a desserialização dos parâmetros).
- *Latência* do ponto de vista do consumidor/cliente de API, por exemplo, determinada pela infraestrutura de rede (largura de banda e latência do *hardware* subjacente em particular) e pelo esforço de processamento dos *endpoints* para serializar/desserializar a carga e entregá-la à implementação da API.
- *Taxa de transferência* e *escalabilidade* são principalmente preocupações do provedor de API; os tempos de resposta não devem degradar, mesmo que a carga do provedor cresça porque mais clientes estão o usando (ou os clientes existentes causam mais carga).
- *Manutenção*, sobretudo a extensão das mensagens existentes, e a capacidade para implantar e evoluir clientes e provedores de API de forma independente uns dos outros. A capacidade de modificação é uma importante questão secundária da manutenção (p. ex., compatibilidade com as versões anteriores para promover um desenvolvimento paralelo e a flexibilidade da implantação).

- *Conveniência e experiência do desenvolvedor* nos lados do consumidor e do provedor, definidas em termos de função, estabilidade, facilidade de uso e clareza (incluindo o esforço de aprendizagem e programação). Os desejos e as necessidades desses dois lados muitas vezes entram em conflito. Por exemplo, uma estrutura de dados fácil de criar e preencher pode ser difícil de ler; um formato compacto que é leve de transferir pode ser difícil de documentar, preparar, entender e analisar.

Para algumas dessas questões, fica óbvio seu impacto nas representações que aparecem nas APIs; para outras, o relacionamento será claro à medida que avançamos no capítulo. Abrangemos os pontos fortes detalhados nos textos de padrões individuais a seguir.

Padrões neste capítulo

Os ELEMENTOS DE DADOS são os blocos de construção fundamentais de qualquer comunicação entre cliente/provedor, representando os conceitos do modelo de domínio nas mensagens de solicitação e resposta. Expondo a Linguagem Publicada da API (Evans, 2003) por meio de um esquema explícito, as definições de dados internas do provedor não são reveladas e os participantes da comunicação podem ser desacoplados o máximo possível.

Alguns desses ELEMENTOS DE DADOS são especiais porque certos participantes da comunicação gostam ou requerem informações adicionais que não fazem parte do modelo de domínio central. Este é o propósito dos ELEMENTOS DE METADADOS. Os tipos de ELEMENTOS DE METADADOS usados com frequência são *metadados de controle*, *metadados de proveniência* e *metadados agregados*.

Questões de identidade surgem em diferentes partes da API: *endpoints*, operações e elementos dentro das mensagens podem exigir identificação para evitar mal-entendidos entre clientes e provedores desacoplados. ELEMENTOS ID podem ser usados para diferenciar os participantes da comunicação e as partes da API. Os ELEMENTOS ID podem ser únicos globalmente ou válidos dentro de determinado contexto restrito. Quando acessíveis pela rede, os ELEMENTOS ID se transformam em ELEMENTOS DE LINK. Esses ELEMENTOS geralmente têm a forma de *hiperlinks* no estilo *web*, por exemplo, ao trabalhar com APIs de recurso HTTP.

Muitos provedores de API querem identificar os participantes da comunicação dos quais recebem mensagens. Essas informações de identidade ajudam a determinar se uma mensagem se origina de um cliente registrado, válido ou desconhecido. Uma abordagem simples é pedir que os clientes incluam uma CHAVE DA API em cada mensagem de solicitação que o provedor avalia para identificar e autenticar o cliente.

Combinações de ELEMENTOS DE DADOS básicos resultam em estruturas mais complexas. Tal exemplo é um RELATÓRIO DE ERROS, uma estrutura de mensagem comum que inclui Elementos de Dados, Elementos de Metadados e Elementos ID para relatar as falhas de comunicação e processamento. Os Relatórios de Erros indicam o que aconteceu quando e onde, mas não devem divulgar os detalhes da implementação no lado do provedor.

As informações contextuais costumam ser transmitidas em locais específicos da aplicação ou do protocolo de transporte. Às vezes é útil montar uma Representação Contextual dos Elementos de Metadados que podem ser colocados na carga da mensagem. Tais representações podem conter Elementos ID, por exemplo, para correlacionar solicitações e respostas ou solicitações subsequentes.

A Figura 6.1 mostra os padrões do capítulo e suas relações.

Estereótipos dos elementos

Os quatro padrões que expressam responsabilidades são Elemento de Dados, Elemento de Metadados, Elemento ID e Elemento de *Link*. Esses estereótipos de elementos dão significado às partes das representações das mensagens de solicitação e resposta.

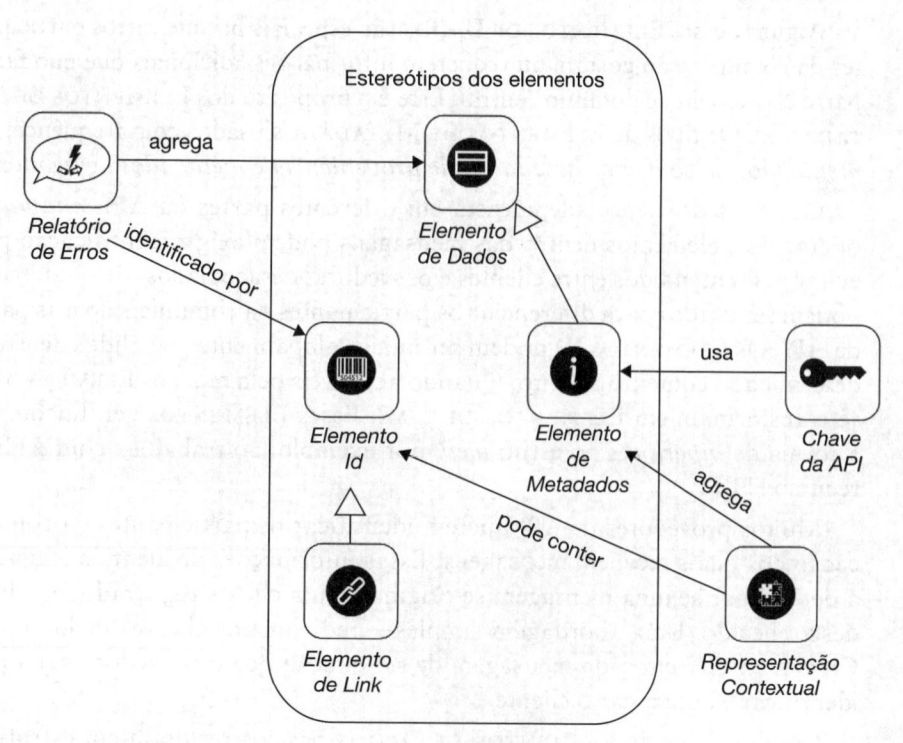

Figura 6.1 Mapa dos padrões deste capítulo: estereótipos dos elementos e suas relações com outros padrões.

Padrão:
ELEMENTO DE DADOS

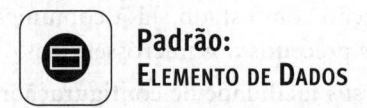

Quando e por que aplicar

Os *endpoints* da API e suas operações foram identificados em um alto nível de abstração e refinamento. Por exemplo, na engenharia avançada, os principais conceitos de domínio a serem expostos e suas relações foram extraídos. No contexto da evolução e da modernização do sistema, foi decidido abrir um sistema ou fornecer uma visão do conteúdo de um banco de dados ou sistema de *back-end* via *endpoints* da API e suas operações.

Um "canvas de objetivos" da API (Lauret, 2019), um "plano de ação" da API (Sturgeon, 2016b) ou outro tipo de lista de *endpoints* candidatos (Zimmermann, 2021b) foi criado; as assinaturas da operação foram definidas, pelo menos provisoriamente. Mas o *design* das mensagens de solicitação e resposta ainda não está finalizado.

De que forma as informações no nível do domínio e da aplicação podem ser trocadas entre os clientes e os provedores de API sem expor as definições dos dados internos do provedor na API?

Os dados trocados podem ou não estar envolvidos na leitura e na gravação do estado da aplicação no lado do provedor e dos dados na implementação da API. Tais relações não devem ser visíveis para o cliente.

De que forma a implementação do cliente e do provedor de API pode ser desacoplada de um ponto de vista do gerenciamento de dados?

Além do desejo de promover um baixo acoplamento, os seguintes fatores concorrentes dizem respeito a se os elementos de dados devem ficar ocultos atrás da interface ou expostos (parcial ou totalmente):

- **Funcionalidade avançada *versus* facilidade de processamento e desempenho:** quanto mais os dados e o comportamento são modelados e expostos em uma API e em seu modelo de domínio subjacente, mais surgem opções de processamento de dados para os participantes da comunicação. No entanto, também fica cada vez mais complexo ler e gravar com precisão e consistência nas instâncias dos elementos do modelo de domínio. A interoperabilidade corre risco e aumenta o esforço de documentação da API. As referências de objetos remotos e os *stubs* de chamada de procedimentos podem ser difíceis de programar e de ter suporte nas ferramentas, mas são rápidos em estabelecer uma comunicação com estado. Já a comunicação sem estado viola os princípios SOA e os preceitos dos microsserviços.

- **Segurança e privacidade dos dados *versus* facilidade de configuração:** deixar o parceiro da comunicação conhecer muitos detalhes sobre uma aplicação e seus dados introduz ameaças à segurança, como o risco de adulteração dos dados. Já uma proteção extra dos dados requer um esforço de configuração e processamento. As informações relacionadas à segurança podem ter que viajar com a carga de solicitação e resposta, portanto, participam da parte técnica da Descrição da API.

- **Manutenção *versus* flexibilidade:** o contrato de dados e suas implementações devem ser flexíveis para incluir requisitos em constante mudança; no entanto, qualquer novo recurso e mudanças em um recurso existente devem ser analisados quanto à sua compatibilidade e, se implementados, devem ser mantidos no futuro (se os clientes ainda os usarem). Para atender às necessidades de informação de diferentes clientes, as operações da API oferecem, às vezes, diferentes representações de dados de forma personalizável. Os meios de personalização devem ser planejados, implementados, documentados e ensinados. Todas as combinações possíveis devem ser testadas e receber suporte conforme a API evolui. Portanto, os meios de flexibilidade fornecidos podem aumentar os esforços de manutenção.[1]

É possível enviar *strings* simples e não estruturadas para serem interpretadas pelo consumidor, mas em muitos domínios, essa abordagem pontual para o *design de* API não é adequada. Por exemplo, ao integrar aplicações corporativas, isso acopla muito o cliente e o provedor de API, e pode prejudicar o desempenho e a auditoria.

É possível usar conceitos remotos baseados em objetos, como CORBA (*common object request broker architecture*) ou Java RMI (*remote method invocation*), mas os paradigmas remotos baseados em objetos distribuídos têm levado a soluções de integração difíceis de testar, operar e manter a longo prazo (Hohpe, 2003).[2]

Como funciona

Defina um vocabulário dedicado dos Elementos de Dados para as mensagens de solicitação e resposta que integre e/ou mapeie as partes relevantes dos dados na lógica de negócios de uma implementação da API.

---

[1] Ver também as discussões sobre Versionamento Semântico, Descrição da API (incluindo os contratos de serviços técnicos), Lista de Desejos e Acordo de Nível de Serviço nos Capítulos 7, 8 e 9.

[2] Os objetos distribuídos e outras formas de referências remotas são conceitos fundamentais no estilo de integração "Remote Procedure Invocation" (Hohpe, 2003).

Capítulo 6 | *Design* das representações das mensagens de solicitação e resposta   **259**

Em termos de DDD (*design* orientado a domínio), esse vocabulário dedicado é chamado de *Linguagem Publicada* (Evans, 2003). Ele protege os Agregados, as Entidades e os Objetos de Valor do DDD na camada do domínio. Com relação aos conceitos em nosso modelo de domínio, introduzidos no Capítulo 1, os Elementos de Dados descrevem um papel geral dos elementos de representação da mensagem (também conhecidos como parâmetros).

O padrão Elemento de Dados pode ser plano, pode ser um padrão Parâmetros Atômicos não estruturados ou Listas de Parâmetros Atômicos. Os Elementos de Dados básicos podem formar as folhas das Árvores de Parâmetros. Os mais complexos geralmente contêm um Elemento ID e apresentam um número de atributos específicos do domínio como valores adicionais estruturados ou não estruturados. Podem ser expostas instâncias únicas ou múltiplas desses elementos de dados, compondo em conjunto o estado da aplicação. Se múltiplas instâncias são gerenciadas e transferidas juntas, elas formam uma *coleção* de elementos (Allamaraju, 2010; Serbout, 2021), também conhecida como conjunto de elementos.

Definições de esquema explícitas para os elementos de representação da mensagem devem ser feitas (e compartilhadas com os clientes de API) na Descrição da API.[3] Formatos abertos e suportados por ferramentas, como JSON ou XML,

Estereótipos dos elementos

«Padrão» Elemento de Dados		«Classe do Domínio» Mensagem
- data: ParameterTree	* parâmetros de consulta * entidade	- protocolHeaders

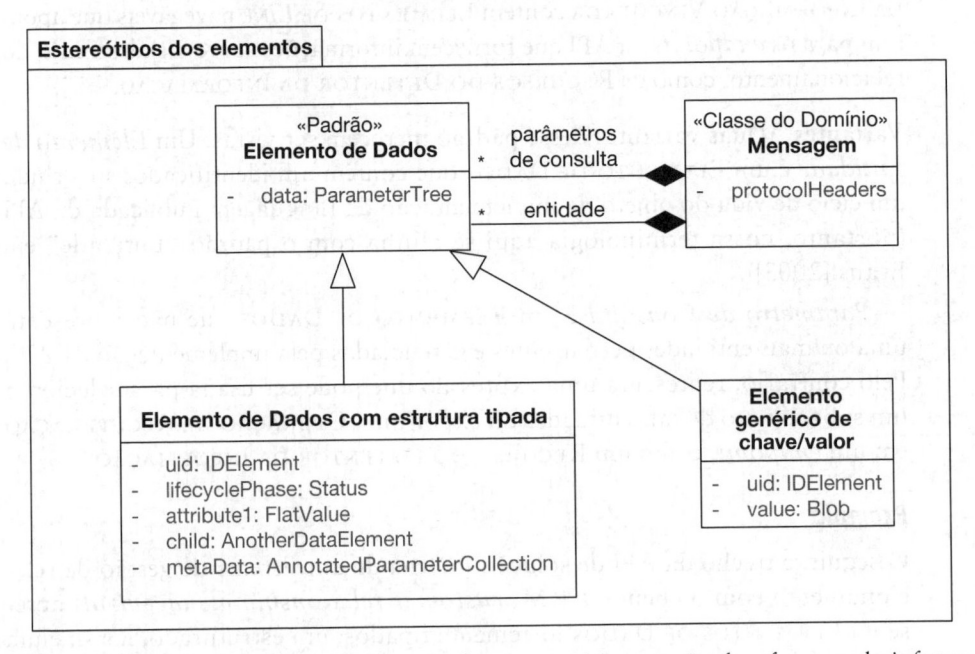

Elemento de Dados com estrutura tipada	Elemento genérico de chave/valor
- uid: IDElement - lifecyclePhase: Status - attribute1: FlatValue - child: AnotherDataElement - metaData: AnnotatedParameterCollection	- uid: IDElement - value: Blob

Figura 6.2 Os Elementos de Dados podem ser genéricos ou tipados, fornecendo informações complementares opcionais.

---

[3] De acordo com nosso modelo de domínio da API no Capítulo 1, essas DTRs (representações de transferência de dados) são equivalentes em nível de rede aos DTOs (objetos de transferência de dados) em nível de programa descritos por Daigneau (2011) e Fowler (2002).

são comumente usados nesses *contratos de dados*. Instâncias de exemplo dos dados que passam na validação do esquema devem ser fornecidas. O esquema pode promover uma forte tipagem e validação, mas também ser bastante genérico e com pouca tipagem. Listas de chave/valor costumam ser usadas nas interfaces genéricas <ID, chave1, valor1, chave2, valor2, ... chaven, valorn>.

A Figura 6.2 mostra dois tipos de Elementos de Dados com atributos de exemplo, colocados nas representações da mensagem. Um é tipado, o outro é genérico.

Os atributos dos Elementos de Dados podem ser estereotipados por papel, por exemplo, em "atributos descritivos", "atributos dependentes do tempo", "atributos do estado do ciclo de vida" e "atributos operacionais do estado", de acordo com Rebecca Wirfs-Brock em sua apresentação "Cultivating Your Design Heuristics" (Wirfs-Brock, 2019, p. 39).

Para dar suporte ao aninhamento e à estruturação das entidades nas operações da API, por exemplo, seguindo a relação de um pedido até o produto adquirido e o comprador em uma loja *on-line*, pode ser incluída uma Entidade Incorporada. Uma alternativa é um Detentor da Informação Vinculada fazer referência a um *endpoint* da API separado. Uma Entidade Incorporada contém um ou mais Elementos de Dados aninhados, enquanto um Detentor da Informação Vinculada contém Elementos de *Link* navegáveis que apontam para os *endpoints* da API que fornecem informações sobre o(s) destino(s) do relacionamento, como os Recursos do Detentor da Informação.

Variantes Duas variantes desse padrão merecem ser vistas. Um *Elemento de Entidade* é um Elemento de Dados que contém um identificador sugerindo um ciclo de vida do objeto na implementação da Linguagem Publicada da API (portanto, nossa terminologia aqui se alinha com o padrão "Entidade" em Evans [2003]).

Parâmetro de Consulta é um Elemento de Dados que não representa uma ou mais entidades pertencentes e gerenciadas pela implementação da API. Pelo contrário, representa uma expressão que pode ser usada para selecionar um subconjunto de tais entidades ao expor uma Operação de Recuperação em um *endpoint*, como um Recurso do Detentor da Informação.

Exemplo

O seguinte trecho da API de solução interna de um sistema de gestão de relacionamento com o cliente (CRM, *customer relationship management*) apresenta Elementos de Dados fortemente tipados: um estruturado, name, e um plano e textual, phoneNumber (notação do contrato: linguagem de microsserviços específica do domínio [MDSL], introduzida no Apêndice C):

```
data type Customer {
  "customerId": ID,
    "name": ("first":D<string>, "last":D<string>),
```

```
        "phoneNumber":D<string>
}

endpoint type CustomerRelationshipManagementService
    exposes
        operation getCustomer
            expecting payload "customerId": ID
            delivering payload Customer
```

Customer é uma Árvore de Parâmetros que combina os dois elementos de dados. O exemplo também apresenta um Parâmetro Atômico e um Elemento ID: customerId. Note que essas representações de dados podem ter sido especificadas em um modelo de domínio primeiro. Dito isso, os elementos do modelo de domínio usados para a implementação da API não devem ser expostos diretamente sem integrá-los e/ou mapeá-los – é desejado um baixo acoplamento do cliente, da interface e da implementação.

Discussão

Uma Linguagem Publicada robusta e profundamente estruturada é expressiva, mas também difícil de garantir e manter, enquanto uma simples pode ser ensinada e entendida facilmente, mas pode não representar adequadamente as especificidades do domínio. Essas concessões dificultam o *design* da API. Responder à pergunta de granularidade do contrato de dados é importante.

Acordos sensatos em relação a esses pontos conflitantes exigem uma interação e uma abordagem incremental para a seleção e a adoção dos padrões. Práticas recomendadas sobre DDD no *design* do serviço foram publicadas e devem ser consideradas (Vernon, 2013). O Apêndice A resume algumas e adiciona nossos próprios *insights*. O uso de muitos Elementos de Dados orientados a domínio torna as APIs expressivas para que os clientes possam encontrar e usar o que eles precisam com facilidade.

A segurança e a privacidade dos dados podem ser melhoradas expondo o menor número possível de Elementos de Dados. As interfaces enxutas promovem igualmente a manutenção e a facilidade de configuração (i.e., flexibilidade no lado do provedor). "Menos é mais" e "em caso de dúvida, deixe de fora" são regras práticas a serem seguidas na definição de contratos de dados seguros nas APIs. A filosofia "menos é mais" pode limitar a expressividade, mas promove a compreensão. Os dados da entidade devem ser incluídos em quaisquer atividades de análise e *design* da segurança, como a modelagem de ameaças, a segurança e a conformidade por *design*, o teste de penetração e as auditorias de conformidade (Julisch, 2011). Esse é um ponto essencial porque, caso contrário, informações sensíveis podem ser vazadas.

Usar as mesmas estruturas dos Elementos de Dados em uma API inteira ou em um conjunto de serviços internos permite uma composição mais fácil dos serviços. O livro *Enterprise Integration Patterns* chama essa abordagem de "Modelo de Dados Canônico", mas aconselha ter cuidado (Hohpe, 2003). Podem-se considerar os microformatos (Microformats, 2022) em tal esforço de padronização.

Se muitos ELEMENTOS DE DADOS relacionados/aninhados forem definidos, com alguns sendo opcionais, o processamento fica complicado. O desempenho e o teste são prejudicados. Embora a flexibilidade no lado do cliente seja alta inicialmente, as coisas ficam difíceis quando a API avançada começa a mudar com o tempo.

Padrões organizacionais (e antipadrões), como a síndrome do "não inventado aqui" e "feudos" ou "jogos de poder", muitas vezes levam a abstrações complexas, desnecessárias e com engenharia excessiva. Simplesmente expor tais abstrações por meio de uma nova API (sem colocar "Camadas Anticorrupção" [Evans, 2003] para esconder a complexidade) falha a longo prazo. Os cronogramas e os orçamentos dos projetos correm risco em tais casos.

Padrões relacionados

Um ELEMENTO DE DADOS pode conter instâncias do padrão "Objeto de Valor" no DDD (Evans, 2003) em trânsito – a "Entidade" do DDD é representada como uma variante do nosso padrão. Dito isso, saiba que as instâncias dos padrões DDD não devem ser convertidas em *designs* da API de "um para um". Quando uma Camada Anticorrupção pode proteger o participante abaixo em uma relação (no caso discutido, o cliente de API), o que está acima (=nesse caso, o provedor de API) deve planejar sua Linguagem Publicada de tal forma que o acoplamento indesejado seja minimizado (Vernon, 2013).

Pode fazer sentido ter diferentes representações para a mesma entidade dependendo do contexto em que ela é usada. Por exemplo, um consumidor é um conceito de negócio generalizado e modelado como uma entidade em muitos modelos de domínio. Em geral, muitos de seus atributos são relevantes apenas em certos casos de uso (p. ex., informações da conta para o domínio de pagamento). Nesse caso, uma LISTA DE DESEJOS pode permitir que os clientes decidam quais informações eles querem. Nas APIs de recurso HTTP, a negociação do conteúdo e os tipos de mídia personalizados fornecem opções de realização flexíveis para as representações multifuncionais. O padrão "Negociação do Tipo de Mídia" no livro *Service Design Patterns* está relacionado (Daigneau, 2011).

A obra *Core J2EE Patterns* (Alur, 2013) apresenta um padrão "Objeto de Transferência de Dados" para usar dentro do limite da aplicação (p. ex., transferência de dados entre os níveis). O livro *Patterns of Enterprise Application Architecture* (Fowler, 2002) toca em muitos aspectos do *design* de API remota, como Fachadas Remotas e DTOs. Da mesma forma, Eric Evans menciona os aspectos funcionais da API nos padrões DDD, como "Contextos Delimitados" e "Agregados" (Evans, 2003). As instâncias desses padrões contêm várias entidades; portanto, eles podem ser usados para montar os ELEMENTOS DE DADOS em unidades mais gerais.

Os padrões gerais da modelagem de dados em (Hay, 1996) cobrem as representações de dados, mas focam o armazenamento e a apresentação dos dados em vez do transporte deles (portanto, os fatores discutidos diferem dos nossos). Arquétipos da modelagem específica do domínio para os sistemas de informação corporativos também podem ser encontrados na literatura do tema (Arlow, 2004).

O *site* "Cloud Adoption Patterns" (Brown, 2021) tem um padrão de processo chamado "Identificar Entidades e Agregados".

Mais informações

O Capítulo 3 do livro *RESTful Web Services Cookbook* dá conselhos sobre o *design* da representação no contexto do HTTP. A receita 3.4, por exemplo, discute como escolher um formato de representação e um tipo de mídia, com Átomo sendo uma das opções (Allamaraju, 2010).

O livro *Design Practice Reference* apresenta o DDD e as práticas ágeis relacionadas e elegíveis na API, além do *design* do contrato de dados (Zimmermann, 2021b).

Context Mapper esclarece as relações entre os padrões DDD estratégicos em sua linguagem específica do domínio (DSL) e ferramentas (Kapferer, 2021).

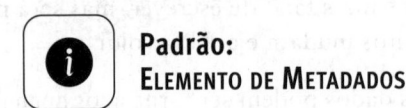

> **Padrão:**
> **ELEMENTO DE METADADOS**

Quando e por que aplicar

As representações das mensagens de solicitação e resposta de uma operação de API foram definidas usando um ou mais padrões básicos de estrutura: PARÂMETRO ATÔMICO, LISTA DE PARÂMETROS ATÔMICOS, ÁRVORE DE PARÂMETROS e FLORESTA DE PARÂMETROS. Para processar essas representações com precisão e eficiência, os destinatários das mensagens requerem seu nome e tipo, mas também gostam de mais informações sobre seu significado e conteúdo.

De que modo as mensagens podem ser enriquecidas com informações adicionais para que os destinatários possam interpretar o conteúdo da mensagem corretamente sem ter que codificar suposições sobre a semântica dos dados?

Além das questões de qualidade discutidas no início deste capítulo, o impacto na interoperabilidade, o acoplamento e a facilidade de uso *versus* a eficiência durante a execução devem ser considerados.

- **Interoperabilidade:** se os dados viajam com as informações do tipo, da versão e do autor correspondentes, o destinatário pode usar essas informações extras para resolver as ambiguidades sintática e semântica. Por exemplo, um elemento da representação pode conter um valor monetário e um elemento extra pode especificar a moeda desse valor. O fato de que um elemento opcional não está presente ou que um elemento obrigatório não está definido para um valor significativo também pode ser indicado com informações extras.

- **Acoplamento**: se os dados da execução são acompanhados por dados explicativos adicionais, eles ficam mais fáceis de interpretar e processar. O conhecimento compartilhado entre consumidor e provedor é explícito, e transferido do contrato de API durante o *design* para o conteúdo da mensagem durante a execução. Isso pode aumentar o acoplamento das partes da comunicação, mas pode igualmente diminuí-lo. O baixo acoplamento facilita a manutenção a longo prazo.

- **Facilidade de uso** *versus* **eficiência durante a execução**: elementos de representação extras na carga podem ajudar o destinatário da mensagem a entender o conteúdo da mensagem e processá-la de forma eficiente. No entanto, esses elementos aumentam o tamanho da mensagem, requerem capacidade de processamento e transporte, e têm uma complexidade inerente. Os casos de teste da API devem cobrir sua criação e uso. Um cliente que codifica suposições sobre semântica dos dados (incluindo seu significado e quaisquer restrições que se aplicam) é mais fácil de escrever, mas será mais difícil de manter conforme os requisitos mudam e a API evolui.

Os dados extras que explicam outros dados podem ser fornecidos apenas na DESCRIÇÃO DA API. Essa documentação de metadados estática e explícita geralmente é suficiente, mas ela limita a capacidade do destinatário da mensagem de tomar decisões baseadas em metadados dinamicamente durante a execução.

Um segundo *endpoint* da API poderia ser introduzido para perguntar sobre os metadados separadamente. No entanto, essa abordagem incha a API e introduz um esforço adicional de documentação/treinamento, testes e manutenção.

Como funciona

Introduza um ou mais ELEMENTOS DE METADADOS para explicar e melhorar os outros elementos de representação que aparecem nas mensagens de solicitação e resposta. Preencha os valores dos ELEMENTOS DE METADADOS de forma completa e consistente; use-os para orientar o consumo e o processamento interoperáveis e eficientes da mensagem.

Metadados e modelagem de metadados são conceitos maduros e bem estabelecidos em muitos campos da ciência da computação, por exemplo, bancos de dados e linguagens de programação sob termos como *informações do tipo durante a execução*, *reflexão* e *introspecção*. No mundo real, bibliotecas de livros e arquivos de documentos os aplicam extensivamente.

Muitas instâncias desse padrão são Parâmetros Atômicos simples e escalares com um nome e um tipo (como booleano, inteiro ou *string*), mas os metadados também podem ser agregados e compostos em hierarquias de Árvores de Parâmetros. Uma solução flexível, mas propensa a erros, é representar os Elementos de Metadados como pares de *strings* de chave/valor que são analisados e convertidos no destinatário da mensagem.

A Figura 6.3 mostra o padrão no contexto. Os Elementos de Metadados tornam-se parte da Descrição da API. Eles devem ser mantidos atualizados enquanto uma API evolui, no nível da especificação (esquema) e no nível do conteúdo (instância). Os metadados atuais (ou recentes) devem ser especificados para equilibrar a utilidade para o cliente com o esforço de calcular e se manter atualizado. Alguns metadados, como o autor original de um documento, podem ser imutáveis. Para alguns metadados, por exemplo, os contadores de listas, pode fazer sentido definir uma data de validade. A interoperabilidade pode sofrer e as incompatibilidades semânticas podem não ser detectadas.

Variantes Existem três variantes desse padrão, as quais representam tipos específicos e utilização dos metadados observados nas APIs:

- *Elementos de Metadados de Controle* como identificadores, *flags*, filtros, controles de hipermídia, *links*, informações de segurança (incluindo Chaves da API, listas de controle de acesso, credenciais de papéis, somas de verificação e resumos de mensagens) direcionam o processamento.

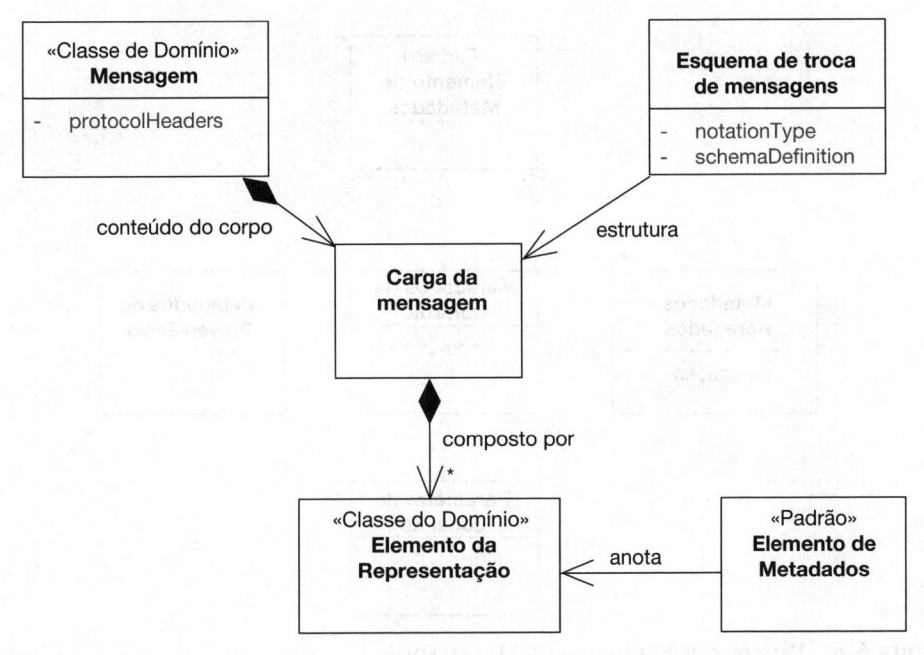

Figura 6.3 Uso dos Elementos de Metadados (dados sobre dados) em contexto.

Os parâmetros de consulta podem ser vistos como um caso especial de metadados de controle ao orientar o comportamento do mecanismo de consulta no lado do provedor. Os metadados de controle muitas vezes assumem a forma de parâmetros booleanos, *strings* ou numéricos.

- *Elementos de Metadados Agregados* fornecem análises semânticas ou resumos de outros elementos da representação. Cálculos como contadores das unidades de PAGINAÇÃO se qualificam como instâncias dessa variante. Informações estatísticas sobre os elementos da entidade na Linguagem Publicada, como pedidos de sinistro pelo cliente ou vendas de produtos por trimestre, também se qualificam como metadados agregados.
- *Elementos de Metadados de Proveniência* revelam a origem dos dados. Em nosso contexto de *design* de API, exemplos incluem proprietário, IDs de mensagem/solicitação, data de criação e outros *timestamps*, informações de localização, números de versão e mais informações contextuais.

Essas variantes são visualizadas na Figura 6.4. Existem outras formas de ELEMENTOS DE METADADOS (explicados mais adiante).

Cada ELEMENTO DE METADADOS pode realizar mais de uma das variantes. Por exemplo, um código de região pode fornecer informações de proveniência, mas também ser usado para controlar o processamento de dados. Tais dados podem agir como um filtro em um cenário de gerenciamento de direitos digitais ou ser usados em "Roteadores Baseados em Contexto" na integração de aplicações corporativas (Hohpe, 2003).

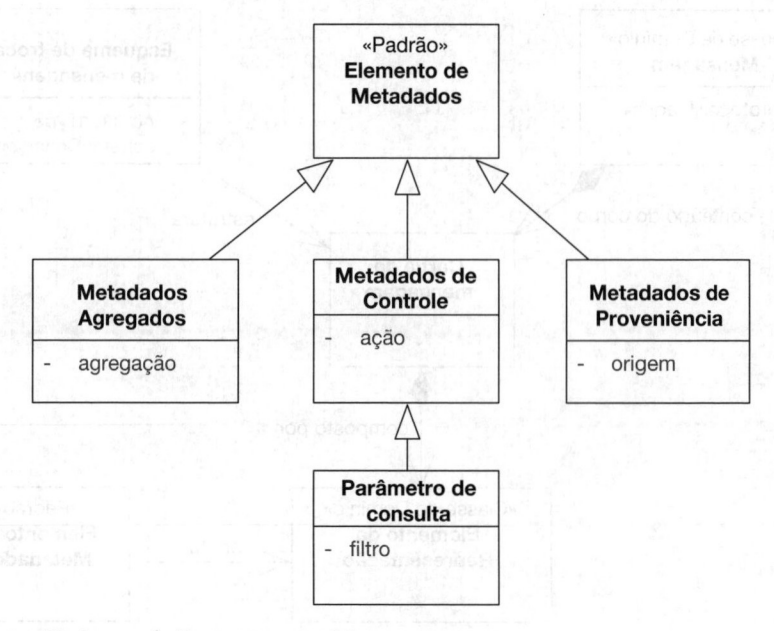

Figura 6.4 Variantes de ELEMENTO DE METADADOS.

No gerenciamento da informação, três tipos principais de metadados são usados para descrever qualquer tipo de recurso (como um livro ou um conteúdo multimídia) (Zeng, 2015): os metadados descritivos têm propósitos como descoberta e identificação; eles podem incluir elementos como título, resumo, autor e palavras-chave. Os metadados estruturais indicam como os elementos da informação compostos são reunidos – por exemplo, como páginas (ou seções) são ordenadas para formar os capítulos. Os metadados administrativos fornecem informações para ajudar a gerenciar um recurso, por exemplo, quando e como ele foi criado, qual o tipo de arquivo e outras propriedades técnicas, e quem pode acessá-lo. Dois subconjuntos comuns de dados administrativos são os metadados de gerenciamento de direitos, incluindo os direitos de propriedade intelectual, e os metadados de preservação, que contêm informações usadas para arquivar um recurso.

Exemplo

O exemplo a seguir, do estudo de caso Lakeside Mutual, mostra os três tipos de metadados: de proveniência (Content-Type, Date), de controle (a CHAVE DA API b318ad-736c6c844b no cabeçalho) e agregados (size).

```
curl -X GET --header 'Authorization: Bearer b318ad736c6c844b' \
--verbose http://localhost:8110/customers\?limit\=1
> GET /customers?limit=1 HTTP/1.1
> Host: localhost:8110
> User-Agent: curl/7.77.0
> Accept: */*
> Authorization: Bearer b318ad736c6c844b
>
< HTTP/1.1 200
< ETag: "0fcf9424c411d523774dc45cc974190ff"
< X-Content-Type-Options: nosniff
< X-XSS-Protection: 1; mode=block
< Content-Type: application/hal+json
< Content-Length: 877
< Date: Fri, 19 Nov 2021 15:10:41 GMT
<
{
    "filter": "",
    "limit": 1,
    "offset": 0,
    "size": 50,
    "customers": [ {
        ...
    } ],
```

```
    "_links": {
      "self": {
        "href": "/customers?filter=&limit=1&offset=0"
      },
      "next": {
        "href": "/customers?filter=&limit=1&offset=1"
      }
    }
  }
```

A maioria dos Elementos de Metadados são Parâmetros Atômicos neste exemplo. O objeto JSON `_links` forma uma Árvore de Parâmetros simples, que agrupa dois Parâmetros Atômicos que servem como Elementos de *Link*.

Discussão

A precisão geralmente melhora quando o padrão é aplicado (com uma implementação correta e consistente). O acoplamento diminui no nível dos dados, mas ainda existe no nível dos metadados. Uma facilidade de uso pode ser alcançada.

A eficiência do processamento pode sofrer devido ao aumento do tamanho das mensagens. A manutenção, a segurança e a interoperabilidade podem melhorar, mas igualmente sofrem dependendo da quantidade, da estrutura e do significado dos metadados. O uso excessivo desses Elementos de Metadados aumenta o risco de uma interface ficar inchada e de a manutenção e a evolução dela serem mais desafiadoras (p. ex., em termos de Versionamento Semântico).

Definidos, preenchidos, trocados e interpretados com sabedoria, os Elementos de Metadados podem agilizar o processamento no lado do destinatário (evitando um trabalho desnecessário), melhorar os resultados computacionais e sua exibição (guiando/orientando o *front-end* da aplicação e o usuário humano), e contribuir para um modelo de segurança de ponta a ponta que proteja os participantes da comunicação de ameaças externas e internas. Os metadados de segurança podem servir como entrada para os algoritmos de criptografia/descriptografia, para dar suporte a verificações da integridade etc.

Os metadados podem residir e ser definidos nas várias camadas lógicas definidas no livro *Patterns of Enterprise Application Architecture* (Fowler, 2002). Por exemplo, a Paginação é uma preocupação da camada de apresentação ou serviço – a camada de lógica de negócios da implementação da API no lado do provedor não se importa com isso. O mesmo vale para a *cache* das respostas anteriores. Um tipo de metadados de controle de acesso/acesso também costuma ser criado e usado na camada de apresentação ou serviço. A proveniência dos dados e as informações de validade, como proprietários do vídeo/áudio e direitos de propriedade intelectual nas APIs de *streaming* de mídia e certos tipos de metadados de controle pertencem à camada lógica do negócio. Já as estatísticas de consulta e as agregações podem ser vistas como informações da camada de acesso a dados (ou da camada de persistência). Se os metadados da camada inferior já existirem, os *designs* de API devem decidir se passam esses metadados ou os convertem e integram (concessão: esforço *versus* acoplamento).

O cliente deve depender dos metadados apenas quando for necessário atender obrigatoriamente a requisitos funcionais e não funcionais. Em todos os outros casos, os metadados devem ser tratados como um recurso opcional de conveniência para tornar o uso da API mais eficiente, de forma que a API e seus clientes ainda devem funcionar se os metadados não existem. Por exemplo, os metadados de controle, como os *links* de PAGINAÇÃO e as contagens de páginas relacionadas, farão o cliente depender deles assim que introduzidos. Alguns metadados de agregação, como o tamanho das coleções de entidades incorporadas, podem ser calculados no destinatário da mensagem em vez de no lado do provedor como alternativa.

Uma alternativa a adicionar metadados às mensagens de solicitação ou resposta é prever uma operação dedicada retornando metadados sobre um elemento específico da API. Em tal *design*, um ELEMENTO ID ou um ELEMENTO DE *LINK* identifica os dados que são complementados com metadados, assim a operação dedicada assume a forma de uma OPERAÇÃO DE RECUPERAÇÃO. Uma abordagem ainda mais avançada é definir *detentores da informação dos metadados* dedicados como tipos especiais de DETENTOR DOS DADOS MESTRES (ou DETENTOR DOS DADOS DE REFERÊNCIA se imutável), possivelmente referenciado indiretamente via RECURSOS DE PESQUISA DE *LINKS*.

As *ETags* nas mensagens HTTP, definidas no RFC 7232 (Fielding, 2014a), podem ser vistas como metadados de controle e proveniência. As datas de validade das senhas únicas se qualificam como metadados também. O padrão SOLICITAÇÃO CONDICIONAL explica e elabora as ETags no Capítulo 7, "Aprimoramento do *design* da mensagem para melhorar a qualidade".

Padrões relacionados

Um ELEMENTO DE METADADOS é uma especialização do conceito mais abstrato de um ELEMENTO DE DADOS. Nem todos os metadados afetam a lógica de negócios e o modelo de domínio na implementação da API (como explicado antes). Os ELEMENTOS ID às vezes são acompanhados por ELEMENTOS DE METADADOS adicionais (p. ex., para classificar o identificador/*link* ou definir um tempo de validade). Os metadados geralmente têm a forma sintática dos PARÂMETROS ATÔMICOS. Várias instâncias relacionadas do padrão podem ser transportadas como LISTAS DE PARÂMETROS ATÔMICOS ou ser incluídas em ÁRVORES DE PARÂMETROS.

O padrão PAGINAÇÃO depende dos metadados para informar ao cliente sobre as páginas de resultados atuais, anteriores e próximas, bem como a quantidade total de páginas/resultados etc. Os controles de hipermídia, como as relações de *link* tipadas, contêm metadados também (como explicado mais adiante no padrão ELEMENTO DE *LINK*).

Um "Objeto Contextual" ao qual os "Interceptadores" podem adicionar suas informações é apresentado em várias linguagens padrão, incluindo *Remoting Patterns* (Voelter, 2004). Nosso padrão REPRESENTAÇÃO CONTEXTUAL sugere definir um local e uma estrutura padrão em toda a API independentes da tecnologia para os metadados em geral e os metadados de controle em particular.

As informações "Indicador de Formato" e "Expiração da Mensagem", introduzidas no livro *Enterprise Integration Patterns* (Hohpe, 2003), dependem dos metadados. O mesmo ocorre com as informações de controle e proveniência, como "id da mensagem" e "data da mensagem" nas APIs de mensagens, como o Jakarta Messaging (antigo JMS). Outros padrões de integração corporativos, por exemplo, "Identificador de Correlação" e "Guia de Roteamento", podem ser vistos como ELEMENTOS DE METADADOS especiais. Um Identificador de Correlação mantém principalmente o controle dos metadados, mas também compartilha metadados de proveniência (porque identifica uma mensagem de solicitação anterior). Isso vale também para o "Endereço de Retorno" (porque aponta para um *endpoint* ou canal). "Filtros da Mensagem", "Seletores de Mensagens" e "Agregadores" geralmente operam nos metadados de controle e proveniência.

Mais informações

Para uma introdução geral aos tipos de metadados e padrões elegíveis, consulte as seguintes fontes:

- A página da Wikipédia sobre metadados (Wikipedia, 2022c); a Wikipédia também lista inúmeros padrões de metadados com foco em certas áreas, por exemplo, DOIs (identificação de documentos) e SAML (declarações de segurança) (Wikipedia, 2022d).
- *Understanding Metadata: What Is Metadata, and What Is It For?* (Riley, 2017).
- Dublin Core (DCMI, 2020) é um padrão de metadados amplamente adotado para recursos em rede, como livros ou conteúdo multimídia digital.

A literatura de gerenciamento de informações aborda os metadados em profundidade. Dois exemplos são "A Gentle Introduction to Metadata" (Good, 2002) e *Introduction to Metadata* (Baca, 2016). Murtha Baca distingue cinco tipos de metadados (Baca, 2016):

- Administrativos: metadados usados no gerenciamento e na administração de coleções e recursos de informações.
- Descritivos: metadados usados para identificar, autenticar e descrever coleções e recursos de informações confiáveis e afins.
- De preservação: metadados relacionados ao gerenciamento de preservação das coleções e dos recursos de informações.

- Técnicos: metadados relacionados ao modo como um sistema funciona ou ao modo como os metadados se comportam.
- De uso: metadados relacionados ao nível e ao tipo de uso das coleções e dos recursos de informações.

Esses tipos de metadados também são resumidos no tutorial Metadata Basics (Zeng, 2015).

Nossa variante Elemento de Metadados de Controle corresponde ao tipo técnico, e as informações de uso muitas vezes vêm como um Elemento de Metadados Agregado. Os Elementos de Metadados de Proveniência geralmente têm natureza administrativa, descritiva ou de preservação.

O livro *Zalando RESTful API and Event Scheme Guidelines* (Zalando, 2021) destaca a importância dos metadados do OpenAPI. Uma publicação no *blog* de Steve Klabnik aborda os metadados nas representações de recursos (Klabnik, 2011).

Padrão:
ELEMENTO ID

Quando e por que aplicar

Foi planejado e implementado um modelo de domínio que representa os principais conceitos de uma aplicação, um sistema com muito *software* ou um ecossistema de *softwares*. O acesso remoto à implementação do modelo de domínio está em construção (p. ex., como recursos HTTP, operações de serviços da *web* ou métodos de serviço gRPC). Princípios de arquitetura, como baixo acoplamento, implantação independente e isolamento (das partes do sistema e dos dados), podem ser estabelecidos.

O modelo de domínio consiste em vários elementos relacionados com diferentes ciclos de vida e semântica. Sua decomposição atualmente escolhida nos *endpoints* da API acessíveis remotamente (p. ex., expostos por um conjunto de microsserviços) sugere que essas entidades relacionadas devem ser divididas em vários *endpoints* e operações da API (p. ex., recursos HTTP expondo as interfaces uniformes POST-GET-PUT-PATCH-DELETE, tipos de porta de serviço da *web* com operações ou serviços e métodos gRPC). Os clientes de API querem seguir os relacionamentos dentro e entre os limites da API para atender suas necessidades de informação e integração. Para tanto, artefatos durante o *design* e instâncias durante a execução de tais artefatos devem ser apontados sem ambiguidades ou erros nos nomes.

Como diferenciar os elementos da API na fase de *design* e na execução?

Os elementos da API que requerem identificação incluem *endpoints*, operações e elementos da representação nas mensagens de solicitação e resposta. Eles podem ou não ser planejados com DDD:

Ao aplicar o DDD, como os elementos da Linguagem Publicada podem ser identificados?

Os seguintes requisitos não funcionais devem ser atendidos quando esses problemas de identificação são abordados:

- **Esforço *versus* estabilidade**: em muitas APIs, *strings* de caracteres simples são usadas como nomes lógicos. Esses *identificadores locais* são fáceis de criar, mas podem ficar ambíguos quando usados fora de seu contexto original (p. ex., quando os clientes trabalham com várias APIs). Eles podem ter que ser alterados nesse caso. Por outro lado, *identificadores globais* são designados para durar mais tempo, mas requerem coordenação do espaço do endereço e manutenção. Nos dois casos, o *namespace* deve ser planejado com cuidado e propósito. A mudança de requisitos pode tornar necessário renomear os elementos e as versões da API podem ficar incompatíveis com as versões anteriores. Nesses casos, certos nomes podem não ser mais únicos, podendo causar conflitos.

- **Legibilidade para máquinas e seres humanos**: as pessoas que trabalham com identificadores incluem desenvolvedores, administradores de sistemas e auditores de sistemas e segurança dos processos. Nomes longos, logicamente estruturados e/ou autoexplicativos são mais acessíveis para os seres humanos do que os curtos, criptografados e/ou codificados. No entanto, os seres humanos muitas vezes não querem ler os identificadores em sua totalidade; por exemplo, o público principal dos parâmetros de consulta e dos identificadores de sessão é a implementação da API e a infraestrutura de suporte, não um usuário final de uma aplicação da *web*.

- **Segurança (confidencialidade)**: em muitos contextos de aplicações, deve ser impossível ou, pelo menos, extremamente difícil, adivinhar os identificadores de instância; no entanto, o esforço para criar identificadores únicos que não podem ser falsificados deve ser justificado. Testadores, equipe de suporte e outras partes interessadas de uma DESCRIÇÃO DA API podem querer entender, e possivelmente até mesmo memorizar, os identificadores, mesmo se eles se qualificam como informações sensíveis que devem ser protegidas.

Sempre é possível incorporar todos os dados de carga relacionados como ENTIDADES INCORPORADAS, evitando a necessidade de introduzir identificadores que façam referência a informações que não são incluídas. Mas essa solução simples desperdiça recursos de processamento e comunicação quando as informações transferidas não são requeridas pelos destinatários. A construção de uma carga complexa e parcialmente redundante também pode ser propensa a erros.

Como funciona

> Introduza um tipo especial de ELEMENTO DE DADOS, um ELEMENTO ID exclusivo, para identificar os *endpoints* da API, as operações e os elementos da representação de mensagens que devem ser diferenciados. Use esses ELEMENTOS ID com consistência na descrição e na implementação da API. Decida se um ELEMENTO ID é único e global ou válido apenas no contexto de uma API específica.

Decida sobre o esquema de nomenclatura a ser usado na API e documente-o na DESCRIÇÃO DA API. Veja a seguir as abordagens populares para a identificação única:

- Os UUIDs numéricos (Leach, 2005) fornecem ELEMENTOS ID em muitos sistemas distribuídos. Muitas vezes, os inteiros de 128 bits servem como UUIDs. Muitas bibliotecas-padrão de linguagens de programação podem gerá-los. Em algumas fontes, os UUIDs também são chamados de *identificadores globalmente únicos* (GUIDs, *globally unique identifiers*).

- Alguns provedores de nuvem geram *strings legíveis por humanos* para identificar as instâncias de serviço com exclusividade (vistas em breve); tal abordagem também é viável para os ELEMENTOS ID que aparecem nas mensagens de solicitação e resposta.

- O uso de identificadores com *chave substituta* atribuídos pelas camadas inferiores na arquitetura geral (p. ex., sistema operacional, banco de dados ou sistema de mensagens) é outra abordagem. As chaves primárias atribuídas por bancos de dados entram nessa categoria.

Instâncias do padrão ELEMENTO ID costumam se mover como PARÂMETROS ATÔMICOS e também podem se tornar entradas nas LISTAS DE PARÂMETROS ATÔMICOS ou folhas das ÁRVORES DE PARÂMETROS. A DESCRIÇÃO DA API especifica o escopo do ELEMENTO ID (local ou globalmente único?) e o tempo de vida da garantia de exclusividade. A Figura 6.5 mostra que os ELEMENTOS ID são tipos especiais de ELEMENTOS DE DADOS. URIs e URNs, como dois tipos de *strings* legíveis por humanos, aparecem na figura.

Observe que os identificadores podem ser lidos por humanos e por máquinas. Se às vezes os identificadores tiverem que ser inseridos por usuários, escolha um esquema que crie nomes curtos e fáceis de pronunciar. Veja os nomes das aplicações criadas pelo provedor de nuvem Heroku; por exemplo, `peaceful-reaches-47689`). Caso contrário, use UUIDs numéricos. O *blog* Medium, por sua vez, usa URIs híbridas como identificadores de página. Uma URI de história no *site* é `https://medium.com/olzzio/seven-microservices-tenets-e97d6b0990a4`.

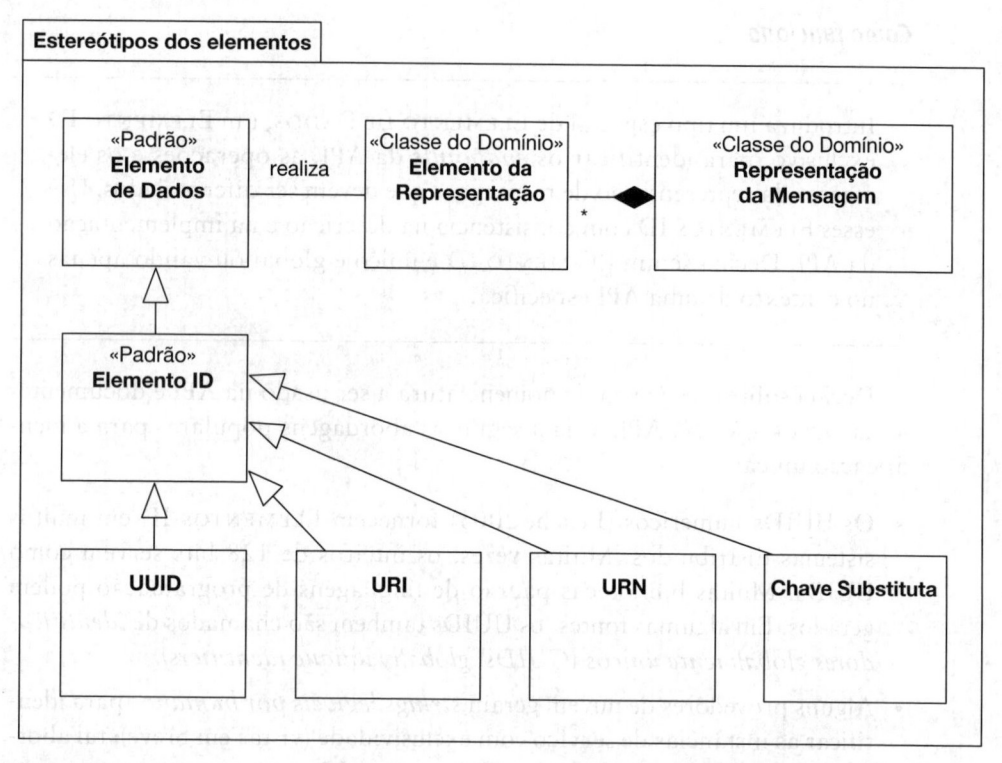

Figura 6.5 Os Elementos ID têm formas diferentes: UUID, URI, URN, Chave Substituta.

Se exigido pelos requisitos de segurança, verifique se qualquer Elemento ID exposto – não importa se é um UUID, uma *string* legível por humanos ou uma chave substituta proveniente da implementação da API – é aleatório e imprevisível, e se o acesso aos elementos identificados é protegido por um mecanismo de autorização adequado, como recomendado pelo OWASP para evitar uma autorização quebrada no nível do objeto (Yalon, 2019).

As URIs são globalmente únicas, mas podem ser reatribuídas ao longo do tempo (e depois vinculadas a destinos inesperados, como quando são usadas por clientes mais antigos ou ao trabalhar com dados de *backup* restaurados). Às vezes, os nomes de recursos unificados (URNs, *unified resource names*) são preferidos em relação às URIs, usando uma sintaxe prefixo:primeiro_nome:ultimo_nome hierárquica de acordo com o RFC 2141 (Moats, 1997):

```
<URN> ::= "urn:" <NID> ":" <NSS>
```

<NID> é o identificador do *namespace* e <NSS> é a *string* específica do *namespace*. Exemplos de URNs podem ser encontrados na página correspondente da Wikipédia (Wikipedia, 2022e).

Exemplo

Os cursores da PAGINAÇÃO na API REST do X, antigo Twitter (Twitter, 2022), usam ELEMENTOS ID, por exemplo, `next_cursor`:

```
{
    "data": [...],
    "next_cursor": "c-3yvu1pzhd3i7",
    "request": {...}
}
```

A implementação da API adicionou um identificador gerado automaticamente para `next_cursor` nesse fragmento de resposta HTTP. Esse identificador deve ser único, pelo menos, até a sessão do usuário expirar. E mais, a associação entre esse identificador e a próxima posição do cursor da sessão do usuário deve ser armazenada para que o conteúdo correto seja retornado quando o usuário solicita `next_cursor` com esse identificador via HTTP GET. Este exemplo também mostra que o escopo do identificador pode ser vinculado não só pelo espaço, mas também pelo tempo.

Discussão

ELEMENTOS ID, como UUIDs e URNs, fornecem um bom equilíbrio entre ser curto e fácil de processar, mas também são expressivos o suficiente para identificar os membros de uma grande população de entidades e garantir uma singularidade segura e confiável nos sistemas distribuídos (se construídos e gerenciados corretamente). A implementação do algoritmo de geração de IDs determina a precisão deles.

Os identificadores locais são fáceis de criar. Os identificadores de *string* simples são fáceis para as pessoas processarem e compararem, por exemplo, ao depurar. Os UUIDs são difíceis de lembrar e processar manualmente, mas ainda são mais fáceis de lidar do que um conteúdo gerado ou com *hash*, como *tokens* de acesso que podem ter centenas de caracteres de comprimento. A utilização de *strings* literais simples e primitivas como identificadores não costuma ser duradoura. Os sistemas e as integrações dos sistemas vêm, mudam e somem com o tempo. Quanto menos expressivos são os nomes, mais provável é que nomes semelhantes ou idênticos sejam usados em outro lugar.

Uma abordagem simplista seria usar números que aumentam automaticamente, como `sid001`, `sid002` etc. Mas há vários problemas nisso. Além do vazamento de informações, é desnecessariamente difícil manter esses números exclusivos nas configurações distribuídas (que introduzem ameaças à segurança, vistas posteriormente).

O ideal é que todos os identificadores de certo tipo espalhados por um sistema distribuído devam compartilhar a mesma estrutura ou esquema de nomenclatura. O monitoramento de ponta a ponta e a correlação de eventos durante as análises da causa-raiz no gerenciamento de incidentes são simplificados assim. E mais, às vezes é preferível (ou inevitável) mudar o esquema para entidades diferentes (p. ex., quando as restrições do sistema de herança entram em jogo). É uma situação de conflito comum: flexibilidade *versus* simplicidade.

Os UUIDs por si só podem não ser adequados em todos os casos. A geração de UUIDs depende da implementação e varia entre as bibliotecas e as linguagens de programação. Embora geralmente tenham 128 bits de comprimento (de acordo com o RFC 4122), algumas implementações seguem um padrão um pouco previsível, tornando possível que os invasores de força bruta os adivinhem. Depende do contexto do projeto e dos requisitos se tal "adivinhação" é um problema. Os Elementos ID devem ser incluídos em qualquer análise de segurança e atividades de *design* como modelagem de ameaças, segurança e conformidade por *design*, testes de penetração e auditorias de conformidade (Julisch, 2011).

Quando vários sistemas e componentes são integrados para realizar a API, é difícil garantir a exclusividade das chaves substitutas das camadas lógicas inferiores (p.ex., a implementação do banco de dados) que se tornam Elementos ID no nível da API. Também surgem questões de segurança. Além disso, as chaves do banco de dados das entidades correspondentes não têm permissão para mudar nesse caso, mesmo ao recuperar o banco de dados a partir de um *backup*. As chaves substitutas no nível da implementação acoplam muito cada consumidor ao banco de dados.

Padrões relacionados

Um Elemento ID pode viajar como um Parâmetro Atômico e ser contido em Árvores de Parâmetros. As Chaves da API e os Identificadores de Versão podem ser vistos como tipos específicos de identificadores. Os Detentores dos Dados Mestres costumam requerer esquemas de identificação robustos devido à sua longevidade; os Detentores dos Dados Operacionais normalmente são identificados de forma única também. Os elementos de dados retornados pelos Detentores dos Dados de Referência podem servir como Elementos ID, por exemplo, códigos postais identificando cidades (ou partes delas). Os Recursos de Pesquisa de Links podem esperar Elementos ID nas solicitações e entregar Elementos de Link nas respostas; os Recursos de Transferência de Dados usam Elementos ID exclusivos locais ou globais para definir as unidades de transferência ou os locais de armazenamento. Exemplos de tal *design* podem ser encontrados nas ofertas de armazenamento em nuvem, como AWS S3 (*simple storage service*) com seus recipientes identificados por URI.

Os identificadores locais não são suficientes para implementar totalmente o REST (até o nível de maturidade 3). Se os identificadores globais simples ou estruturados forem insuficientes, é possível mudar para usar URIs absolutas, como descrito no padrão Elemento de Link. Os Elementos de Link fazem uma referência remota aos elementos da API não apenas únicos e globais, mas também acessíveis na rede. Eles são usados frequentemente para realizar os Detentores da Informação Vinculada.

Um "identificador de Correlação", um "Endereço de Retorno" e as chaves usadas na "Verificação de Declaração", além dos padrões "Identificador do Formato" (Hohpe, 2003) são padrões relacionados. A criação de identificadores exclusivos também é necessária ao aplicar esses padrões (que têm um contexto de uso diferente).

Mais informações

"Quick Guide to GUIDs" (GUID, 2022) fornece uma discussão mais profunda sobre GUIDs, incluindo seus prós e contras.

A literatura dos sistemas distribuídos discute as abordagens gerais de nomenclatura, identificação e endereço (p. ex., [Tanenbaum, 2007]). O RFC 4122 (Leach, 2005) descreve o algoritmo básico para a geração de números aleatórios. Os *namespaces* XML e os nomes de pacotes Java são conceitos de identificação hierárquica, única e global (Zimmermann, 2003).

Padrão:
ELEMENTO DE *LINK*

Quando e por que aplicar

Um modelo de domínio consiste em múltiplos elementos relacionados com ciclos de vida e semântica variáveis. A integração e o mapeamento atualmente escolhidos desse modelo na API sugerem que essas entidades relacionadas devem ser expostas separadamente.

Os clientes de API querem seguir os relacionamentos dos elementos e chamar operações da API adicionais para atender suas necessidades gerais de informação e integração. Seguir um relacionamento, por exemplo, pode definir a próxima etapa de processamento oferecida por um RECURSO DE PROCESSAMENTO ou fornecer mais detalhes sobre o conteúdo de um RECURSO DO DETENTOR DA INFORMAÇÃO que aparece em uma coleção ou em um relatório de visão geral. O endereço em que a próxima etapa de processamento pode ser chamada deve ser especificado em algum lugar – um simples ELEMENTO ID não é suficiente.[4]

De que forma os *endpoints* e as operações da API podem ser referenciados nas cargas das mensagens de solicitação e resposta para que possam ser chamados remotamente?

---

[4] Tais ponteiros são necessários para implementar o princípio REST do HATEOAS (hipermídia como motor do estado da aplicação) (Allamaraju, 2010) com "Controles de Hipermídia" (Webber, 2010; Amundsen, 2011). A PAGINAÇÃO dos resultados da resposta de consulta entregues pelas OPERAÇÕES DE RECUPERAÇÃO também requer esses *links* de controle.

Mais especificamente:

> De que forma ponteiros globalmente únicos e acessíveis pela rede para os *endpoints* da API e suas operações podem ser incluídos nas mensagens de solicitação e resposta? Como esses ponteiros podem ser usados para permitir que os clientes orientem as transições de estado e a sequência de chamadas das operações no lado do provedor?

Os requisitos aqui são semelhantes aos do padrão parecido ELEMENTO ID; o *endpoint* e a identificação da operação devem ser únicos, fáceis de criar e ler, estáveis e seguros. O contexto remoto desse padrão torna necessário lidar com os *links* violados e as falhas de rede.

É possível usar ELEMENTOS ID simples para identificar os recursos/entidades remotos relacionados, mas é necessário um processamento adicional para transformar esses identificadores em endereços de rede na *web*. Os ELEMENTOS ID são gerenciados no contexto da implementação do *endpoint* da API que os atribui. Para os ELEMENTOS ID locais serem usados como ponteiros para outros *endpoints* da API, eles teriam que ser combinados com o endereço de rede exclusivo do *endpoint*.

Como funciona

> Inclua um tipo especial de ELEMENTO ID, um ELEMENTO DE *LINK*, nas mensagens de solicitação ou resposta. Deixe esses ELEMENTOS DE *LINK* atuarem como ponteiros (acessíveis pela rede, legíveis por humanos e máquinas) para outros *endpoints* e operações. Como opção, deixe que ELEMENTOS DE METADADOS adicionais anotem e expliquem a natureza do relacionamento.

Ao realizar APIs de recursos HTTP no nível de maturidade REST 3, adicione metadados quando necessário para dar suporte a controles de hipermídia, por exemplo, o verbo HTTP e o tipo MIME que é suportado (e esperado) pelo recurso de destino do *link*.

As instâncias do padrão ELEMENTO DE *LINK* podem viajar como PARÂMETROS ATÔMICOS. Elas também podem se tornar entradas nas LISTAS DE PARÂMETROS ATÔMICOS ou folhas das ÁRVORES DE PARÂMETROS. A Figura 6.6 ilustra a solução em um nível conceitual, com a URI HTTP como uma parte de destaque no nível da tecnologia.

Os *links* devem conter não apenas um endereço (como URL em RESTful HTTP), mas também informações sobre a semântica e as consequências de seguir o *link* em uma chamada de API subsequente:

- Os ELEMENTOS DE *LINK* indicam uma próxima etapa de processamento possível ou necessária, por exemplo, em um processo de negócios de longa duração?

Capítulo 6 | *Design* das representações das mensagens de solicitação e resposta

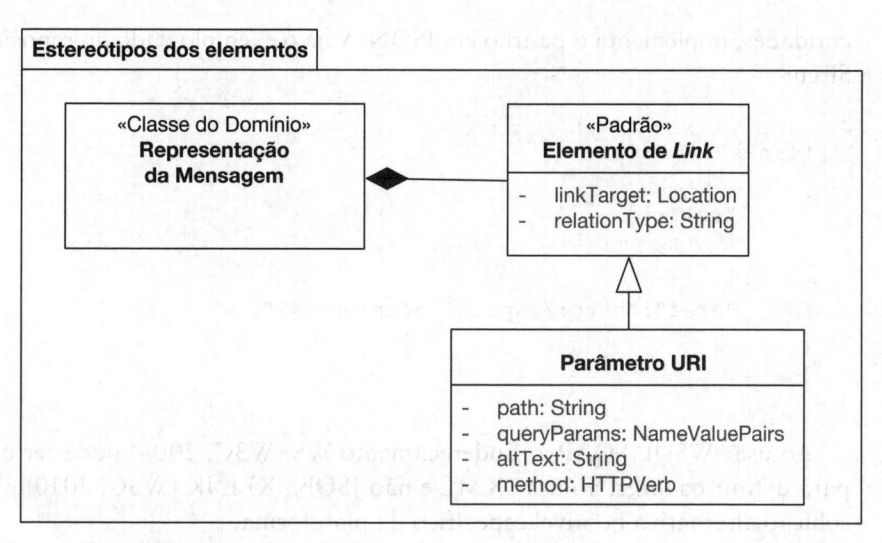

```
┌─ Estereótipos dos elementos ──────────────────────────────┐
│                                                            │
│  ┌──────────────────┐         ┌──────────────────────┐    │
│  │ «Classe do Domínio»│        │      «Padrão»       │    │
│  │  Representação    │◆────────│  Elemento de Link   │    │
│  │   da Mensagem    │         ├──────────────────────┤    │
│  │                  │         │ - linkTarget: Location│    │
│  └──────────────────┘         │ - relationType: String│    │
│                                └──────────────────────┘    │
│                                          △                 │
│                                          │                 │
│                                ┌──────────────────────┐    │
│                                │    Parâmetro URI     │    │
│                                ├──────────────────────┤    │
│                                │ - path: String       │    │
│                                │ - queryParams: NameValuePairs │
│                                │ - altText: String    │    │
│                                │ - method: HTTPVerb   │    │
│                                └──────────────────────┘    │
└────────────────────────────────────────────────────────────┘
```

Figura 6.6   Solução ELEMENTO DE LINK.

- Permite desfazer e/ou compensar uma ação anterior?
- O *link* aponta para a próxima fatia de um conjunto de resultados (como uma página em PAGINAÇÃO)?
- O *link* dá acesso às informações detalhadas sobre um item específico?
- Ou permite mudar para "algo completamente diferente"?[5]

Respondendo às perguntas anteriores, os *tipos de link* semânticos normalmente incluem o seguinte:

1. *Próximo*: próxima etapa de processamento quando um tipo de serviço incremental (p. ex., um RECURSO DE PROCESSAMENTO) é usado.
2. *Desfazer*: operação para desfazer ou de compensação no contexto atual.
3. *Mais*: o endereço para recuperar mais resultados. Também pode ser visto como fazer um movimento horizontal nos dados do resultado.
4. *Detalhes*: mais informações sobre a origem do *link*. Seguir esse *link* faz um movimento vertical nos dados.

Alguns tipos de *links* foram registrados e, portanto, são um pouco padronizados. Veja, por exemplo, a coleção dos tipos de relação de *links* da organização Internet Assigned Numbers Authority (IANA, 2020) e do livro *Design and Build Great Web APIs: Robust, Reliable, and Resilient*, de Mike Amundsen (Amundsen, 2020).

A ALPS, ou semântica do perfil no nível da aplicação (*Application-Level Profile Semantics*) (Amundsen ,2021) pode ser usada para definir os *links* da *web*. Siren (Swiber, 2017), outra especificação de hipermídia para representar

---
[5] https://en.wikipedia.org/wiki/And_Now_for_Something_Completely_Different

entidades, implementa o padrão em JSON. Veja o exemplo dado no repositório Siren:

```
{
    "links":[
        {
            "rel":[
                "self"
            ],
            "href":"http://api.x.io/orders/42"
        }
    ]
}
```

Ao usar WSDL/SOAP, o Endereçamento WS (W3C, 2004) pode ser usado para definir os *links*; ao usar XML e não JSON, XLINK (W3C, 2010) é uma solução alternativa no nível específico da plataforma.

Exemplo

Uma resposta paginada da API do Núcleo do Cliente em Lakeside Mutual contendo muitos ELEMENTOS DE *LINK* é mostrada na seguinte lista:

```
curl -X GET --header 'Authorization: Bearer b318ad736c6c844b' \
http://localhost:8110/customers\?limit\=1
{
  "filter": "",
  "limit": 1,
  "offset": 0,
  "size": 50,
  "customers": [{
    ...
    "_links": {
      "self": {
        "href": "/customers/bunlo9vk5f"
      },
      "address.change": {
        "href": "/customers/bunlo9vk5f/address"
      }
    }
  }],
  "_links": {
    "self": {
      "href": "/customers?filter=&limit=1&offset=0"
    },
    "next": {
      "href": "/customers?filter=&limit=1&offset=1"
    }
  }
}
```

O *link* `self` em `customers` pode ser usado para obter mais informações sobre o consumidor com o ID `bunlo9vk5f`, `address.change` oferece uma maneira de mudar o endereço do consumidor, os *links* `self` e `next` no final apontam para o bloco de paginação atual e o próximo com deslocamentos 0 e 1, respectivamente.

Discussão

Os Elementos de *Link*, como as URIs, são precisos. Quando bem estruturadas, as URIs são legíveis por humanos e máquinas, enquanto esquemas de URI complexos são difíceis de manter. Uma solução ou um esquema de URI em toda a organização pode promover consistência e facilidade de uso. Usar tipos de *links* padronizados, como os definidos por IANA, melhora a manutenção e a estruturação dos Elementos de *Link* de acordo com o "Web Linking" na RFC 8288 (Nottingham, 2017). O uso de URIs exclusivamente para a identificação de recursos é um princípio REST. O endereçamento global é alcançado com uma nomenclatura descentralizada.

O padrão resolve o problema de identificação "global, atemporal e absoluta" às custas de um modelo de programação mais complicado no lado do cliente (que por sua vez é muito flexível). Planejar URIs estáveis e seguras é não trivial do ponto de vista do risco e do esforço. Elementos de *Link*, como URIs, introduzem ameaças de segurança, portanto, as URIs devem ser incluídas nos esforços do *design* de segurança e de teste para garantir que URIs inválidas não travem o servidor ou se tornem portas de entrada para invasores.

Tal estilo REST não diferencia um Elemento ID e um Elemento de *Link*. Isso tem vantagens (uma suposta facilidade de uso e garantia de endereçamento), mas também tem desvantagens (é difícil mudar as URLs). Assim que as URIs são usadas nos Elementos de *Link*, fica muito arriscado e caro alterar o esquema da URI (o padrão Recurso de Pesquisa de *Links* e os redirecionamentos HTTP podem ser a salvação). As pessoas que navegam na *web* podem deduzir as informações de *link* a partir da página HTML exibida atualmente e com sua intuição sobre o serviço prestado (ou consultar a documentação do serviço); os programas dos clientes de API e seus desenvolvedores não podem fazer isso com tanta facilidade.

Saber o Elemento de *Link* não é suficiente para interagir com um *endpoint* remoto (como um recurso em RESTful HTTP ou uma operação SOAP). Além disso, são necessários detalhes sobre o *endpoint* para se comunicar com sucesso (p. ex., em RESTful HTTP, o verbo HTTP, os parâmetros de solicitação e a estrutura do corpo da resposta). Para facilitar a comunicação dos detalhes adicionais, esses detalhes devem ser definidos na Descrição da API do serviço vinculado pelo Elemento de *Link* e/ou incluídos nos Elementos de Metadados durante a execução.

Padrões relacionados

Elemento ID é um padrão relacionado, fornecendo exclusividade das referências locais aos elementos da API. Os Elementos ID não contêm endereços acessíveis por rede, portanto, exclusivos globalmente. Eles normalmente também não contêm informações semânticas, como sugerimos incluir nos Elementos de Link. Os Elementos de Link e os Elementos ID podem ser acompanhados por Elementos de Metadados.

Os Elementos de Link costumam ser usados para fazer a Paginação. Eles também podem organizar transferências de estado orientadas por hipermídia. Os Elementos ID válidos localmente ou os Elementos de Link completos e válidos globalmente podem ser retornados pelas Operações de Criação do Estado e pelas Operações de Transição do Estado. Usar Elementos de Link pode ser bom (ou obrigatório) ao realizar processos de negócios distribuídos como um conjunto orquestrado de Operações de Transição do Estado expostas por um ou mais Recursos de Processamento (esse uso avançado foi discutido como serviços BPM e BPM de *front-end* no Capítulo 5, "Definição dos tipos de *endpoints* e das operações").

O "Serviço Vinculado" (Daigneau, 2011) captura um conceito relacionado, o destino do Elemento de Link. *A Pattern Language for RESTful Conversations* (Pautasso, 2016) apresenta os padrões relacionados para a integração RESTful, como "Navegação no lado do cliente seguindo hiperlinks", "Solicitação de longa execução" e "Travessia da coleção de recursos".

Mais informações

"Designing & Implementing Hypermedia APIs" (Amundsen, 2013), uma apresentação QCon, é um bom ponto de partida para fazer uma investigação. Muitos exemplos podem ser encontrados nos repositórios GitHub da API Academy (API Academy, 2022).

O Capítulo 5 de *RESTful Web Services Cookbook* apresenta oito receitas para a "Vinculação da *web*" (Allamaraju, 2010). Por exemplo, a Seção 5.4 discute como atribuir tipos de relação de *links*. O Capítulo 4 no mesmo livro aconselha sobre como planejar as URIs. Veja também o Capítulo 12 de *Build APIs You Won't Hate* (Sturgeon, 2016b) para conhecer os Elementos de Link nas APIs de recurso HTTP no nível de maturidade 3.

A especificação ALPS também lida com as representações de *links*. Ela é descrita, por exemplo, em *Design and Build Great Web APIs* (Amundsen, 2020). O RFC 6906 é sobre a relação de *link* de "perfil" (Wilde, 2013). Outro rascunho RFC, chamado *JSON Hypertext Application Language*, sugere um tipo de mídia para as relações de *link*. O *site* REST Level 3 (Bishop, 2021) sugere perfis e padrões para os Elementos de Link HTTP.

Bibliotecas e notações que implementam o conceito incluem HAL, Hydra (Lanthaler, 2021), JSON-LD, Collection+JSON e Siren; veja a apresentação de Kai Tödter, "RESTful Hypermedia APIs" (Tödter, 2018), e a publicação no *blog* de Kevin Sookocheff para ter uma visão geral (Sookocheff, 2014).

Representações especiais

Alguns estereótipos de elementos são tão predominantes nas APIs e/ou tão multifacetados que garantem seu próprio padrão. Um exemplo é a CHAVE DA API, que é um mero ELEMENTO DE METADADOS atômico, de uma perspectiva de representação da mensagem; no entanto, sua aplicação no contexto de segurança adiciona pontos fortes únicos, que devem ser abordados. O RELATÓRIO DE ERROS e a REPRESENTAÇÃO CONTEXTUAL compreendem um ou mais elementos da representação. Outra característica comum dos três padrões nesta seção é o foco na qualidade da API (continuada e aprofundada no próximo capítulo).

Você pode estar se perguntando por que abordamos as considerações de segurança em um capítulo sobre *design* da representação da mensagem. A intenção não é fornecer um panorama completo, mas apresentamos as CHAVES DA API porque são amplamente conhecidas e usadas em várias APIs. Segurança é um tópico amplo e importante, e em geral são necessários *designs* de segurança mais sofisticados do que meras CHAVES DA API. Fornecemos ponteiros para as informações relacionadas na seção de resumo no final deste capítulo.

Padrão: CHAVE DA API

Quando e por que aplicar

Um provedor de API oferece serviços apenas para participantes inscritos e registrados. Um ou mais clientes se inscrevem, querendo usar os serviços. Esses clientes devem ser identificados, por exemplo, para impor uma TAXA-LIMITE ou implementar um PLANO DE PREÇOS.

De que forma um provedor de API pode identificar e autenticar os clientes e suas solicitações?

Ao identificar e autenticar os clientes no lado do provedor de API, surgem muitas questões:

- De que forma os programas dos clientes podem identificar a si mesmos em um *endpoint* da API sem ter que armazenar e transmitir as credenciais da conta de usuário?
- De que forma a identidade de um programa do cliente de API pode ser independente da organização do cliente e dos usuários do programa?
- De que forma os níveis variados de autenticação da API, dependendo da criticidade da segurança, podem ser implementados?

Existem conflitos entre os requisitos de segurança e outras qualidades:

- De que forma os clientes podem ser identificados e autenticados em um *endpoint* da API, ainda mantendo a API fácil de usar para eles?
- De que forma os *endpoints* podem ser protegidos, enquanto minimizam os impactos no desempenho?

Por exemplo, a API do X (antigo Twitter) oferece um *endpoint* da API para atualizar o *status* do usuário – o que corresponde a enviar um *tweet*. Somente os usuários identificados e autenticados devem conseguir fazer isso, e apenas em suas próprias contas.

- **Estabelecer uma segurança básica**: uma API que atende clientes assinantes precisa associar as solicitações de entrada e o cliente correspondente. Nem todos os *endpoints* da API e as operações têm os mesmos requisitos de segurança. Por exemplo, um provedor de API pode querer apenas impor uma Taxa-Limite, que requer algum tipo de identificação, mas não justifica a introdução de recursos de segurança de alta-fidelidade.
- **Realizar controle de acesso**: permita que os consumidores controlem quais clientes de API podem acessar o serviço. Nem todos os clientes de API precisam das mesmas permissões, portanto, deve ser possível gerenciar isso com granularidade alta.
- **Evitar a necessidade de armazenar ou transmitir as credenciais da conta de usuário**: um cliente de API poderia simplesmente enviar as credenciais (p. ex., um identificador de usuário e senha) para sua conta de usuário com cada solicitação (p. ex., via autenticação HTTP básica).[6] No entanto, essas credenciais são usadas não apenas para a API, mas também para o gerenciamento das contas, por exemplo, para alterar os detalhes do pagamento. Enviar essas credenciais confidenciais por um canal não criptografado ou armazenar as credenciais em um servidor como parte da configuração da API introduzem um risco de segurança. Um ataque bem-sucedido é muito mais grave se o invasor também tem acesso à conta do cliente e, como consequência, aos registros de cobrança ou a outras informações relacionadas ao usuário.
- **Desacoplar os clientes da organização deles**: ataques externos podem ser uma grande ameaça. Usar as credenciais da conta do consumidor como segurança da API significa também dar à equipe interna (como administradores do sistema e desenvolvedores de API) acesso total à conta, o que não é necessário. Uma solução deve permitir diferenciar entre o pessoal que administra e paga por uma conta e as equipes de desenvolvimento e operações que configuram os programas do cliente.
- **Segurança *versus* facilidade de uso**: um provedor de API deseja facilitar que seus consumidores acessem seu serviço e fiquem ativos rápido. Forçar um

---

[6] A Autenticação HTTP básica, descrita no RFC 7617 (Reschke, 2015), é um "esquema de autenticação que transmite as credenciais como pares de id-usuário/senha, codificados usando Base64".

esquema de autenticação complexo e possivelmente oneroso (p. ex., SAML,[7] que fornece uma poderosa funcionalidade de autenticação) aos seus clientes pode desencorajá-los de usar a API. Encontrar o equilíbrio certo depende muito dos requisitos de segurança da API.

- **Desempenho**: proteger uma API pode ter um impacto no desempenho da infraestrutura – criptografar as solicitações requer computação e os volumes de dados aumentam com qualquer carga adicional transmitida para autenticação e autorização.

Existe um grande portfólio de soluções de segurança no nível da aplicação que aborda os requisitos de confidencialidade, integridade e disponibilidade (CIA, *confidentiality, integrity, and availability*). No entanto, para uma API pública e gratuita, o *overhead* do gerenciamento e o impacto no desempenho podem não ser economicamente viáveis. Para uma API DE SOLUÇÃO INTERNA ou uma API DA COMUNIDADE, a segurança poderia ser implementada no nível da rede com uma rede privada virtual (VPN, *virtual private network*) ou SSL (*secure sockets layer*) bidirecional. Essa abordagem complica os cenários de uso no nível da aplicação, como a aplicação de TAXAS-LIMITE.

Como funciona

Como provedor de API, atribua a cada cliente um *token* exclusivo (a CHAVE DA API), que o cliente possa apresentar ao *endpoint* da API e fazer a identificação.

Codifique a CHAVE DA API como um PARÂMETRO ATÔMICO, ou seja, uma única *string* simples. Essa representação interoperável facilita o envio da chave no cabeçalho da solicitação, no corpo da solicitação ou como parte de uma *string* de consulta URL.[8] Devido ao seu pequeno tamanho, incluir em cada solicitação causa apenas um *overhead* mínimo. A Figura 6.7 mostra o exemplo de uma solicitação para uma API protegida que inclui a CHAVE DA API `b318ad736c6c844b` no cabeçalho `Authorization` do HTTP.

Antes de implementar uma solução personalizada, verifique se sua estrutura, ou uma extensão de terceiros, já oferece suporte para trabalhar com as CHAVES DA API. Coloque a integração automatizada ou os testes de ponta a ponta em prática para garantir que os *endpoints* sejam acessíveis apenas com uma CHAVE DA API válida.

---

[7] SAML, *security assertion markup language* (OASIS, 2005), é um padrão OASIS para as partes trocarem informações de autenticação e autorização. Uma aplicação de SAML é implementar o *logon* único.

[8] Por motivos de segurança, enviar uma chave em uma *string* de consulta URL não é recomendado e deve ser utilizado apenas como último recurso. As *strings* de consulta geralmente aparecem em arquivos de *log* ou ferramentas de análise, comprometendo a segurança da CHAVE DA API.

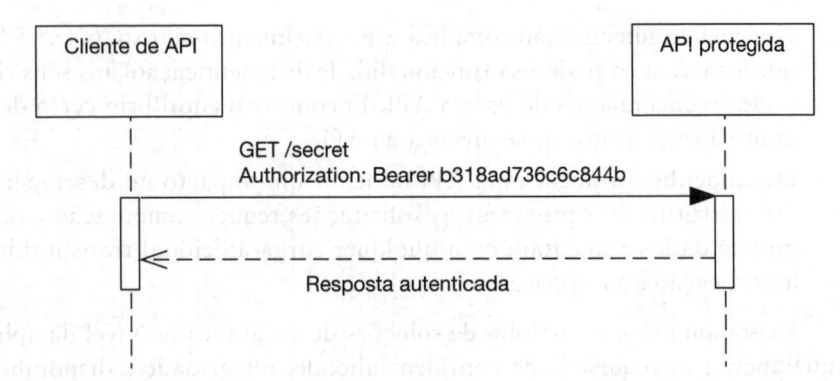

```
┌─────────────────┐                                              ┌─────────────────┐
│  Cliente de API │                                              │   API protegida │
└─────────────────┘                                              └─────────────────┘
         │                                                                │
         │            GET /secret                                         │
         │────────────Authorization: Bearer b318ad736c6c844b─────────────▶│
         │                                                                │
         │◀───────────────── Resposta autenticada ────────────────────────│
         │                                                                │
```

Figura 6.7 Exemplo de CHAVE DA API: HTTP GET com a autenticação Bearer.

Como provedor de API, verifique se as CHAVES DA API geradas são únicas e difíceis de adivinhar. Isso pode ser feito usando um número de série (para garantir a exclusividade) preenchido com dados aleatórios e assinado e/ou criptografado com uma chave privada (para não ser adivinhado). Como alternativa, baseie a chave em um UUID (Leach, 2005). Os UUIDs são mais fáceis para usar em uma configuração distribuída porque não há nenhum número de série a ser sincronizado entre os sistemas. Porém, os UUIDs não são necessariamente randomizados;[9] eles também requerem mais ocultação, assim como no esquema do número de série.

Uma CHAVE DA API também pode ser combinada com uma chave secreta adicional para garantir a integridade das solicitações. A chave secreta é compartilhada entre o cliente e o servidor, mas nunca transmitida nas solicitações da API. O cliente usa essa chave para criar um *hash* de assinatura da solicitação e envia o *hash* junto com a CHAVE DA API. O provedor pode identificar o cliente com a CHAVE DA API fornecida, calcular o mesmo *hash* de assinatura usando a chave secreta compartilhada e comparar as duas. Isso garante que a solicitação não foi adulterada. Por exemplo, a Amazon usa essa criptografia assimétrica para proteger o acesso à Elastic Compute Cloud.

Exemplo

A seguinte chamada para um RECURSO DE PROCESSAMENTO na API Cloud Convert inicia a conversão de um arquivo .docx do Microsoft Word em um PDF. O cliente cria um novo processo de conversão informando ao provedor o formato de entrada e saída desejado em uma OPERAÇÃO DE CRIAÇÃO DO ESTADO. Esses formatos são passados como dois PARÂMETROS ATÔMICOS no corpo da

---

[9] UUIDs versão 1 são uma combinação de *timestamp* e endereços de *hardware*. A seção "Security Considerations" do RFC 4122 (Leach, 2005) adverte: "Não presuma que os UUIDs são difíceis de adivinhar; eles não devem ser utilizados como recursos de segurança (identificadores cuja mera posse concede acesso), por exemplo".

solicitação. O arquivo de entrada, então, deve ser fornecido por uma segunda chamada para uma Operação de Transição do Estado na mesma API:

```
curl -X POST https://api.cloudconvert.com/process \
--header 'Authorization: Bearer gqmbwwB74tToo4YOPEsev5' \
--header 'Content-Type: application/json' \
--data '
{
    "inputformat": "docx",
    "outputformat": "pdf"
}'
```

Para fins de cobrança, o cliente se identifica passando a Chave da API gqmbwwB74tToo4YOPEsev5 no cabeçalho Authorization da solicitação, de acordo com a especificação HTTP/1.1 Authentication do RFC 7235 (Fielding, 2014b). O HTTP suporta vários tipos de autenticação; aqui o tipo Bearer do RFC 6750 (Jones, 2012) é usado. O provedor de API pode identificar o cliente e cobrar sua conta. A resposta contém um Elemento ID para representar o processo específico, que pode então ser usado para recuperar o arquivo convertido.

Discussão

Uma Chave da API é uma alternativa leve em relação a um protocolo de autenticação completo e equilibra os requisitos básicos de segurança com o desejo de minimizar o *overhead* do gerenciamento e da comunicação.

Tendo a Chave da API como um segredo compartilhado entre o *endpoint* da API e o cliente, o *endpoint* pode identificar o cliente que faz a chamada e usar essas informações para autenticar e autorizar o cliente. Usando uma Chave da API separada em vez das credenciais da conta do cliente separa os diferentes papéis do consumidor, como administração, gerenciamento de negócios e uso da API. Isso possibilita que o consumidor crie e gerencie várias Chaves da API, por exemplo, para serem usadas em diferentes implementações ou locais do cliente, com permissões variadas associadas. No caso de uma quebra ou violação de segurança, elas também podem ser revogadas e uma nova gerada independentemente da conta do cliente. Um provedor também pode dar aos clientes a opção de usar várias Chaves da API com permissões diferentes ou fornecer análises (p. ex., o número de chamadas de API feitas) e Taxas-Limite por chave. Como a Chave da API é pequena, ela pode ser incluída em cada solicitação sem afetar muito o desempenho.

A Chave da API é um segredo compartilhado e como é transportada com cada solicitação, deve ser usada apenas em uma conexão segura, como HTTPS. Se isso não for possível, medidas de segurança adicionais (VPN, criptografia da chave pública) devem ser usadas para protegê-la e atender aos requisitos gerais de segurança (como confidencialidade e não repúdio). Configurar e usar protocolos seguros e outras medidas de segurança tem certo *overhead* no gerenciamento e no desempenho da configuração.

Uma CHAVE DA API é apenas um identificador simples que não pode ser usado para transportar elementos de dados ou metadados, como um tempo de validade ou *tokens* de autorização.

Mesmo quando combinadas com uma chave secreta, as CHAVES DA API podem ser insuficientes ou impraticáveis como o único meio de autenticação e autorização. As chaves também não são para autenticar e autorizar os usuários da aplicação. Considere o caso em que três partes estão envolvidas em uma conversa: o usuário, o provedor de serviço e um terceiro que deseja interagir com o provedor de serviços em nome do usuário. Por exemplo, um usuário deseja permitir que uma aplicação móvel armazene os dados em sua conta Dropbox. Nesse caso, as CHAVES DA API não podem ser usadas se o usuário não quiser compartilhá-las com o terceiro. Deve-se considerar o uso de OAuth 2.0 (Hardt, 2012) e OpenID Connect (OpenID, 2021) nessas situações (e em muitas outras).

Alternativas mais seguras às CHAVES DA API são os protocolos de autenticação ou autorização completos, em que os protocolos de autorização incluem a funcionalidade de autenticação. Kerberos (Neuman, 2005) é um protocolo de autenticação muitas vezes usado em uma rede para fornecer *logon* único. Combinado com o LDAP (*lightweight directory access protocol*) (Sermersheim, 2006) pode igualmente fornecer a autorização. O LDAP sozinho oferece autorização, bem como capacidades de autenticação. Outros exemplos de protocolos de autenticação PPP são CHAP (*challenge-handshake authentication protocol*) (Simpson, 1996) e EAP (*extensible authentication protocol*) (Vollbrecht, 2004). Voltamos a esta discussão no resumo do capítulo.

Padrões relacionados

Muitos servidores da *web* usam identificadores da sessão (Fowler, 2002) para manter e rastrear as sessões dos usuários em várias solicitações. O conceito é semelhante ao das CHAVES DA API. Diferente delas, os identificadores da sessão são usados apenas para uma única sessão e depois descartados.

Security Patterns (Schumacher, 2006) fornece soluções que atendem aos requisitos de segurança, como CIA, detalhando seus pontos fortes e fracos. Mecanismos de controle de acesso, como controle de acesso baseado em funções (RBAC, *role-based access control*) e controle de acesso baseado em atributos (ABAC, *atribute-based access control*) podem complementar as CHAVES DA API e outras abordagens para a autenticação. Essas práticas de controle de acesso requerem um dos mecanismos de autenticação descritos a serem implementados.

Mais informações

O Projeto de Segurança da API OWASP (Yalon, 2019) e "REST Security Cheat Sheet" (OWASP, 2021) devem ser consultados ao proteger as APIs de recurso

HTTP. A folha de cola contém uma seção sobre CHAVES DA API e outras informações valiosas sobre segurança também.

O Capítulo 15 *Principles of Web API Design* aborda maneiras de proteger as APIs (Higginbotham, 2021). O Capítulo 12 do livro *RESTful Web Services Cookbook* (Allamaraju, 2010) é dedicado à segurança e apresenta seis receitas relacionadas. "A Pattern Language for RESTful Conversations" (Pautasso, 2016) aborda dois padrões relacionados do mecanismo de autenticação alternativo em um contexto RESTful, "Autenticação de recursos básicos" e "Autenticação de recursos baseada em formulários".

Padrão:
RELATÓRIO DE ERROS

Quando e por que aplicar
Os participantes da comunicação precisam gerenciar com segurança as situações inesperadas durante a execução. Por exemplo, um cliente chamou uma API, mas o provedor de API não consegue processar a solicitação com sucesso. A falha pode ser causada por dados de solicitação incorretos, estado da aplicação inválido, direitos de acesso ausentes ou inúmeros outros problemas que poderiam ser falha do cliente, do provedor e de sua implementação de *back-end*, ou da infraestrutura de comunicações subjacente (incluindo a rede e os intermediários).

De que forma um provedor de API pode informar seus clientes sobre as falhas de comunicação e processamento? Como essa informação pode ser independente das tecnologias e das plataformas de comunicação subjacentes (p. ex., cabeçalhos no nível do protocolo representando os códigos de *status*)?

- **Expressividade e expectativas do público-alvo:** o público-alvo das informações com falhas inclui desenvolvedores e operadores, bem como suporte técnico e equipe de apoio (além de *middleware*, ferramentas e programas de aplicações). Mensagens de erro elaboradas sugerem uma melhor manutenção e evolução. Quanto mais explicam, mais úteis podem ser ao corrigir os defeitos porque reduzem o esforço para encontrar as causas-raízes das falhas. No entanto, as mensagens de erro não devem presumir qualquer contexto ou cenário de uso no lado do consumidor nem habilidades tecnológicas devido à diversidade do público-alvo. Elas devem encontrar um equilíbrio entre expressividade e compactação (brevidade); explicações com muita informação contendo jargões desconhecidos podem confundir alguns destinatários e causar uma reação "longo demais, não li".
- **Robustez e confiabilidade:** os principais fatores de decisão ao introduzir qualquer tipo de relatório de erros e tratamento vêm do desejo de aumentar a

robustez e a confiabilidade. Os relatórios de erros devem incluir muitos casos diferentes, inclusive os erros que ocorrem durante o tratamento de erros e o relatório. Eles devem ajudar a gerenciar o sistema e corrigir os problemas.

- **Segurança e desempenho:** os códigos de erro ou as mensagens devem ser expressivos e significativos para os consumidores, mas não devem revelar nenhum detalhe da implementação no lado do provedor por razões de segurança e privacidade dos dados.[10] Os erros gerados podem ser usados para ataques de negação de serviço. Os provedores de API precisam controlar os orçamentos do seu desempenho ao relatar os erros, sendo a segurança um desses motivos. O *log* e o monitoramento no lado do provedor também têm custos de desempenho (e armazenamento) associados.

- **Interoperabilidade e portabilidade:** ao relatar erros, os meios da tecnologia subjacente devem ser levados em conta. Por exemplo, ao usar HTTP, um código de *status* de resposta adequado permite que as outras partes (p. ex., ferramentas de monitoramento) entendam o erro. No entanto, para evitar muito acoplamento desnecessário, não deve ser o único meio de comunicar os erros. Protocolo, formato e autonomia da plataforma/tecnologia devem ser preservados como facetas do baixo acoplamento (Fehling, 2014).

- **Internacionalização:** a maioria dos desenvolvedores está acostumada com mensagens de erro em inglês. Se essas mensagens chegam aos usuários finais e aos administradores, elas precisam ser traduzidas para terem suporte de linguagem natural (NLS, *natural language support*) e suporte para a internacionalização.

Como funciona

Responda com códigos de erro nas mensagens de resposta, que indiquem e classifiquem as falhas de forma simples e legível por máquina. Além disso, adicione descrições textuais dos erros para as partes interessadas do cliente de API, incluindo desenvolvedores e/ou usuários humanos, como administradores.

A informação RELATÓRIO DE ERROS tem a estrutura de uma LISTA DE PARÂMETROS ATÔMICOS, uma tupla composta por um código de erro (que pode ter a forma de um ELEMENTO ID) e uma descrição textual. Os códigos de erro podem ser os mesmos do protocolo ou da camada de transporte, como os códigos de *status* HTTP 4xx.

O RELATÓRIO DE ERROS também pode conter um ELEMENTO ID correlacionado, que permita ao provedor analisar internamente uma solicitação com

---

[10] Quando você viu pela última vez uma exceção SQL com rastreamento completo da pilha no lado do servidor em uma página da *web*?

falha. O padrão REPRESENTAÇÃO CONTEXTUAL realiza tal *design* de uma forma neutra em relação à plataforma. Os *timestamps* também são outro elemento da informação comum nos RELATÓRIOS DE ERROS.

A Figura 6.8 ilustra os blocos de construção da solução.

Exemplo

Os clientes que fazem *login* em suas contas Lakeside Mutual precisam fornecer seu nome de usuário e senha:

```
curl -i -X POST \
  --header 'Content-Type: application/json' \
  --data '{"username":"xyz","password":"wrong"}' \
  http://localhost:8080/auth
```

Se as credenciais não estão corretas, um erro HTTP 401 é retornado junto com uma resposta mais detalhada renderizada como um objeto JSON, montados pela estrutura Spring neste exemplo (o código do *status* é repetido e explicado com dois textos):

```
HTTP/1.1 401
Content-Type: application/json;charset=UTF-8
Date: Wed, 20 Jun 2018 08:25:10 GMT

{
  "timestamp": "2018-06-20T08:25:10.212+0000",
  "status": 401,
  "error": "Unauthorized",
  "message": "Access Denied",
  "path": "/auth"
}
```

Da mesma forma, considere que o cliente não especifica o tipo de conteúdo do corpo da solicitação:

```
curl -i -X POST --data '{"username":"xyz","password":"wrong"}' \
  http://localhost:8080/auth
```

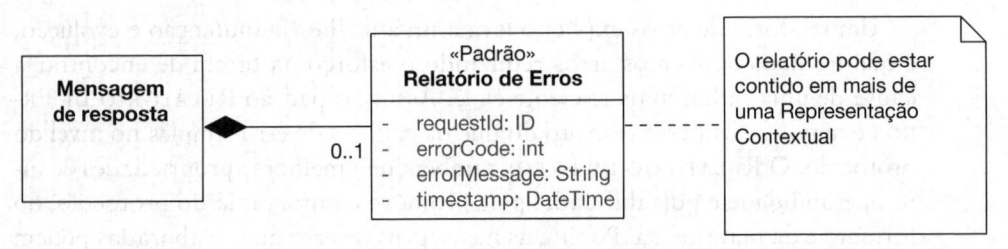

Figura 6.8 Padrão RELATÓRIO DE ERROS, que fornece informações legíveis por máquinas e humanos, inclusive metadados de proveniência.

Então o provedor responderá com uma mensagem de erro adequada (novamente usando os padrões Spring):

```
HTTP/1.1 415
EHDate: Wed, 20 Jun 2018 08:29:09 GMT


{
  "timestamp": "2018-06-20T08:29:09.452+0000",
  "status": 415,
  "error": "Unsupported Media Type",
  "message": "Content type
     'application/x-www-form-urlencoded;
     charset=UTF-8' not supported",
  "path": "/auth"
}
```

O cabeçalho `message` informa ao desenvolvedor que o tipo de conteúdo (padrão) `application/x-www-form-urlencoded` não é suportado por esse *endpoint*. A estrutura Spring permite personalizar o relatório de erros padrão.

Discussão

Um RELATÓRIO DE ERROS com código permite que o consumidor da API lide com o erro programaticamente e apresente uma mensagem legível por humanos para o usuário final. Incluindo uma mensagem de erro textual, o erro pode ser explicado em mais detalhes do que com um código no nível do protocolo ou do transporte. Uma resposta RELATÓRIO DE ERROS elaborada também pode conter dicas para resolver o problema que levou ao erro, seguindo as convenções para as chamadas de emergência (190, 192 e 193): o que aconteceu com quem, onde e quando.

Comparado a um código de erro numérico simples, uma mensagem textual detalhada tem um maior risco de expor os detalhes da implementação no lado do provedor ou outros dados confidenciais sem querer. Por exemplo, ao informar sobre uma tentativa de *login* com falha, essa mensagem não deve revelar se o ID de usuário usado (p. ex., um *e-mail*) realmente mapeia para uma conta ou não, a fim de dificultar os ataques de força bruta. A mensagem de erro textual também poderá ser internacionalizada se chega a um usuário humano.

Um relatório de erros explícito leva a uma melhor manutenção e evolução, e quanto mais explica os erros reduzindo o esforço na tarefa de encontrar a causa de uma falha, mais eficiente ele é. Assim, o padrão RELATÓRIO DE ERROS é mais eficaz a esse respeito do que os códigos de erro simples no nível do protocolo. O RELATÓRIO DE ERROS também tem melhores propriedades de interoperabilidade e portabilidade, pois promove a autonomia do protocolo, do formato e da plataforma. Porém, as mensagens de erro mais elaboradas podem revelar informações sensíveis no que diz respeito à segurança; tal revelação de informações detalhadas sobre os sistemas internos abre caminhos de ataque.

Os códigos no nível do transporte ainda podem ser usados além dos RELATÓRIO DE ERROS da carga visando tornar-se independente do protocolo de transporte. Os RELATÓRIO DE ERROS da carga podem descrever um conjunto mais granular dos erros do que é possível com um conjunto predefinido de categorias de erro no nível do transporte. Relatar problemas de comunicação com códigos no nível do transporte e problemas de processamento da aplicação/*endpoint* na carga se alinha com o princípio da separação geral das preocupações.

Se a API conseguir responder com uma mensagem internacionalizada, será tentador deixar de fora o código do erro. Mas isso força qualquer consumidor não humano a analisar a mensagem de erro para descobrir o que deu errado; portanto, um relatório de erros sempre deve incluir códigos de erro facilmente legíveis por máquina. E mais, isso garante que o desenvolvedor de cliente possa mudar as mensagens apresentadas para os usuários humanos.

Ao relatar os erros que ocorreram ao processar um PACOTE DE SOLICITAÇÕES, é bom relatar o *status* do erro ou o sucesso por entrada no pacote e para todo o pacote. Existem diferentes opções, como o relatório de erros para um lote inteiro de solicitações, que pode ser combinado com um *array* associativo de relatórios de erros individuais que são acessíveis via ID da solicitação.

Padrões relacionados

Um RELATÓRIO DE ERROS pode ser parte da REPRESENTAÇÃO CONTEXTUAL nas mensagens de resposta. Ele pode conter ELEMENTOS DE METADADOS, por exemplo, aqueles que informam sobre os próximos passos possíveis (para resolver o problema relatado ou corrigi-lo).

O padrão "Erro Remoto" (Voelter, 2004) contém uma noção generalizada e mais baixa desse padrão, focada no ponto de vista do *middleware* dos sistemas distribuídos.

O relatório de erros é um bloco de construção importante para tornar as implementações das APIs robustas e resilientes. Muitos mais padrões são necessários para uma solução completa, por exemplo, "Circuit Breakers", descrito pela primeira vez em Nygard, (2018a). A categoria de gerenciamento de sistemas (Hohpe, 2003) contém padrões relacionados, como "Fila de Mensagens Mortas".

Mais informações

Veja o Capítulo 4 do livro *Build APIs You Won't Hate* (Sturgeon, 2016b) para ter uma abordagem detalhada dos relatórios de erros no contexto RESTful HTTP.

A preparação da produção em geral é contemplada em *Production-Ready Microservices: Building Standardized Systems across an Engineering Organization* (Fowler, 2016).

O RFC 7807 propõe um formato padrão para os detalhes de erro legíveis por máquina para as APIs HTTP. Além de usar o código de *status* HTTP, o corpo da resposta contém uma LISTA DE PARÂMETROS ATÔMICOS fornecendo informações sobre o tipo de erro que ocorreu (na forma de uma URI), um título descrevendo a categoria do problema e um elemento de detalhe com uma descrição do problema mais elaborada que inclui os dados da solicitação.

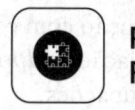

> **Padrão:**
> REPRESENTAÇÃO CONTEXTUAL

Quando e por que aplicar

Um *endpoint* da API e suas operações foram definidos. Informações contextuais devem ser trocadas entre o cliente e o provedor de API. Exemplos de tais informações contextuais são a localização do cliente e outros dados do perfil do usuário da API, as preferências que formam uma LISTA DE DESEJOS ou os controles de qualidade de serviço (QoS), tais como credenciais utilizadas para autenticar, autorizar e cobrar os clientes. Tais credenciais podem ser as CHAVES DA API ou as declarações JWT (JSON Web Token).

De que forma os consumidores e os provedores de API podem trocar informações contextuais sem contar com um protocolo específico?

Exemplos importantes de protocolos remotos são os protocolos de aplicações, como HTTP, ou os protocolos de transporte, como TCP. No contexto desse padrão, presumimos que um protocolo concreto ainda não foi selecionado, mas já está claro que algumas garantias QoS devem ser dadas.

As interações entre o cliente e o provedor de API podem fazer parte das conversas e consistem em várias chamadas de operação relacionadas. Os provedores de API também podem atuar como clientes de API que consomem os serviços fornecidos por outras APIs (em suas implementações) para criar sequências de chamadas da operação. Algumas partes das informações contextuais podem ser locais para as operações individuais; outras podem ser compartilhadas e entregues entre as chamadas da operação em tais conversas.

De que forma as informações da identidade e as propriedades da qualidade em uma solicitação podem ficar visíveis nas conversas para as solicitações subsequentes?

- **Interoperabilidade e modificação:** as solicitações podem cruzar vários nós de computação e viajar em diferentes protocolos de comunicação do cliente para o provedor – o mesmo ocorre nas respostas de volta. É difícil assegurar que as informações de controle trocadas entre o consumidor e o prestador sejam capazes de passar por cada intermediário (incluindo *gateways* e barramentos de serviço) em um sistema distribuído com sucesso, mas permaneçam inalteradas quando o protocolo subjacente muda. A existência e a semântica dos cabeçalhos do protocolo predefinido podem mudar à medida que os protocolos evoluem. A modificação como uma questão de manutenção tem um domínio de negócio e uma faceta de tecnologia da plataforma. No caso em discussão, estamos interessados especificamente na capacidade de *upgrade*. Uma decisão sobre a centralização ou a descentralização da informação contextual pode ter impacto nessa qualidade.

- **Dependência dos protocolos em evolução**: a história dos sistemas distribuídos e da engenharia de *software* sugere que os protocolos e os formatos continuam mudando (com algumas exceções notáveis, como TCP). Por exemplo, protocolos de mensagens leves, como o MQTT, podem ser encontrados além do HTTP nos cenários IoT (Internet das Coisas). Usar cabeçalhos específicos do protocolo fornece aos desenvolvedores de cliente e provedor de API um controle máximo sobre o que acontece durante o transporte e evita que eles mesmos tenham que implementar o transporte e o uso da propriedade QoS. No entanto, essa escolha também introduz uma dependência extra com um esforço de aprendizagem associado. No caso de um protocolo ser substituído por outro conforme a API evolui, é necessário um esforço extra de manutenção para fazer a portabilidade da implementação da API.

  Para promover a independência do protocolo e um *design* independente da plataforma, às vezes não devem ser usados os cabeçalhos padrão e os recursos de extensão do cabeçalho disponíveis no protocolo de comunicação subjacente.

- **Produtividade do desenvolvedor (controle *versus* conveniência)**: nem todos os clientes e provedores de API têm os mesmos requisitos de integração, nem deve ser esperado que todos os seus programadores sejam especialistas em protocolo, rede ou comunicação remota.[11] Portanto, deve-se decidir se será priorizado o controle ou a conveniência na definição e no transporte das informações QoS e outras formas de metadados de controle: o uso de cabeçalhos de protocolo é conveniente e possibilita utilizar *frameworks* específicos do protocolo, *middleware* e infraestrutura (tais como balanceadores de carga e *caches*), mas delega controle aos *designers* de protocolo e aos implementadores. Uma abordagem personalizada maximiza o controle, mas requer um esforço de desenvolvimento e teste.

- **Diversidade de clientes e seus requisitos**: quando diferentes clientes usam os serviços de uma API para casos de uso variados, possivelmente sob outras circunstâncias e em momentos diversos, ocorre alguma generalização e são introduzidos pontos de variabilidade. Em tais cenários, informações contextuais no nível da aplicação e da infraestrutura sobre o cliente podem ser

---

[11] Apesar da noção de "desenvolvedores *full stack*", que é mencionada com frequência atualmente.

necessárias para rotear e processar as solicitações de forma específica do cliente, registrar as atividades sistematicamente para uma análise *off-line* ou propagar as credenciais de segurança. Por exemplo, as regulações bancárias podem permitir armazenar e acessar os dados do consumidor apenas no país dele. Então os bancos multinacionais têm que proteger os dados em conformidade. Isso pode ser conseguido colocando o país do cliente no contexto e roteando todas as solicitações de acordo com a instância do sistema correta para o gerenciamento do cliente nacional.

- **Segurança de ponta a ponta (entre serviços e protocolos):** para conseguir a segurança de ponta a ponta, *tokens* e assinaturas digitais devem ser transportados por vários nós. Essas credenciais de segurança são metadados típicos que o consumidor e o provedor devem trocar diretamente; intermediários e *endpoints* de protocolo violariam a segurança de ponta a ponta desejada.

- **Registro e auditoria no nível do domínio de negócios (entre as chamadas):** um identificador de transação de negócios é normalmente gerado quando uma solicitação do usuário chega no primeiro ponto de contato em um sistema distribuído maior, como uma aplicação corporativa multiníveis. Esse Elemento ID é então incluído em todas as solicitações para os sistemas de *back-end*, produzindo um rastreamento de auditoria completo das solicitações do usuário. Por exemplo, um API Design Guide da Cisco introduz um cabeçalho HTTP personalizado chamado `TrackingID` para essa finalidade (Cisco Systems, 2015). Isso funciona bem se HTTP é usado para todas as trocas de mensagens, mas o que acontece com `TrackingID` se os protocolos são trocados à medida que descemos na hierarquia de chamadas?

Como funciona

Combine e agrupe todos os Elementos de Metadados que carregam as informações desejadas em um elemento de representação personalizado nas mensagens de solicitação e/ou resposta. Não transporte essa Representação Contextual nos cabeçalhos do protocolo, coloque-a na carga da mensagem.

Separe o contexto global do local em uma conversa estruturando a Representação Contextual de acordo. Posicione e marque o elemento Representação Contextual consolidado para que seja fácil de encontrar e diferenciar dos outros Elementos de Dados.

O padrão pode ser realizado definindo uma Árvore de Parâmetros para encapsular os Elementos de Metadados que compõem a Representação Contextual personalizada. A Figura 6.9 mostra um esboço da solução em UML. A estrutura da Árvore de Parâmetros resultante normalmente é de

Capítulo 6 | *Design* das representações das mensagens de solicitação e resposta

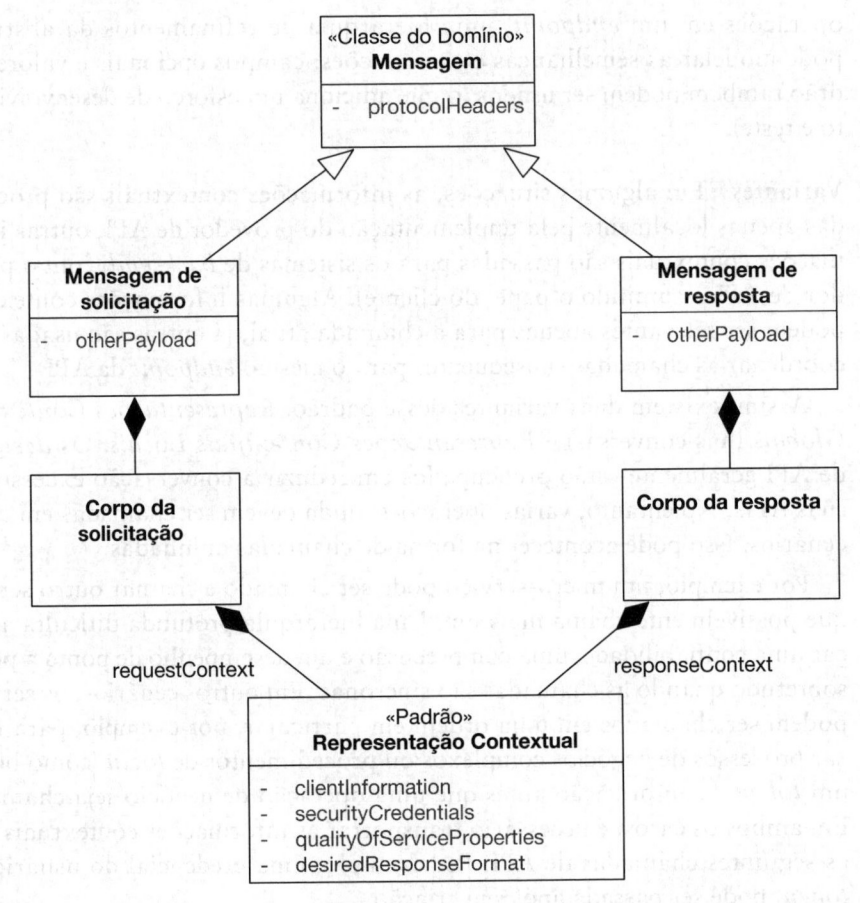

```
                    «Classe do Domínio»
                        Mensagem
                    - protocolHeaders

         ▲                              ▲
         │                              │
   Mensagem de                    Mensagem de
   solicitação                     resposta
   - otherPayload                 - otherPayload

         ◆                              ◆
         │                              │
    Corpo da                       Corpo da resposta
    solicitação

         │                              │
   requestContext                  responseContext
                    «Padrão»
              Representação Contextual
         - clientInformation
         - securityCredentials
         - qualityOfServiceProperties
         - desiredResponseFormat
```

Figura 6.9 REPRESENTAÇÃO CONTEXTUAL.

baixa a média complexidade (em termos de nível de aninhamento e cardinalidades dos elementos). Embora as ÁRVORES DE PARÂMETROS sejam uma escolha comum, uma LISTA DE PARÂMETROS ATÔMICOS simples pode ser usada alternativamente se os requisitos exigirem apenas números ou enumerações (p. ex., classificadores de palavras-chave ou códigos de produtos no contexto de uma API de loja).

Exemplos dos ELEMENTOS DE METADADOS incluídos são classificadores de prioridade, identificadores da sessão, identificadores da correlação, bem como valores lógicos do relógio e temporizadores utilizados, por exemplo, para fins de coordenação e correlação (nas mensagens de solicitação e resposta). Dados de localização, local, versão do cliente, requisitos do sistema operacional etc. também se qualificam como informações contextuais sobre solicitações.

É possível usar a mesma estrutura e localização em todas as operações em uma API para tornar as REPRESENTAÇÕES CONTEXTUAIS fáceis de localizar, entender e processar. Se as informações contextuais diferem muito entre as operações em um *endpoint*, uma hierarquia de refinamentos da abstração pode modelar as semelhanças e as variações; campos opcionais e valores padrão também podem ser usados (o que adiciona um esforço de desenvolvimento e teste).

Variantes Em algumas situações, as informações contextuais são processadas apenas localmente pela implementação do provedor de API; outras informações contextuais são passadas para os sistemas de *back-end* (com o provedor de API assumindo o papel do cliente). Algumas informações contextuais podem ser relevantes apenas para a chamada atual, já outras são usadas para coordenar as chamadas subsequentes para o mesmo *endpoint* da API.

Assim, existem duas variantes desse padrão: *Representações Contextuais Globais* (nas conversas) e *Representações Contextuais Locais*. Os *designers* de API geralmente estão preocupados em reduzir a conversação excessiva de suas APIs. No entanto, várias operações ainda devem ser chamadas em certos cenários. Isso pode acontecer na forma de chamadas aninhadas.

Por exemplo, um microsserviço pode ser chamado e chamar outro serviço, que possivelmente chama mais um. Uma hierarquia profunda dificulta alcançar uma confiabilidade, uma compreensão e um desempenho de ponta a ponta, sobretudo quando as chamadas são síncronas. Em outros cenários, os serviços podem ser chamados em uma ordem em particular, por exemplo, para realizar processos de negócios complexos ou procedimentos de *login* (como buscar um *token* de autorização antes que uma operação de negócio seja chamada). Em ambos os casos, é necessário transportar as informações contextuais para as seguintes chamadas de API. Por exemplo, uma credencial do usuário (ou *token*) pode ser passada após sua criação.

O identificador (ID) do processo de negócios ou a transação original pode ser delegada para serviços mais profundos na hierarquia de chamadas para garantir a autorização correta da solicitação. O rastreamento e o *log* durante uma conversa utilizam essa transferência contextual.

A Figura 6.10 ilustra o aninhamento de chamadas da operação.

Ao compartilhar informações contextuais como desejado, um contexto pode incluir diferentes escopos. As informações no contexto podem ser classificadas como locais ou globais. O contexto *local* contém informações válidas apenas para essa solicitação. Podem ser IDs de mensagens, nomes de usuário, vida útil da mensagem, e assim por diante. O contexto *global* contém informações que são válidas por mais tempo do que uma única solicitação, por exemplo, no contexto das chamadas de operações aninhadas ou dentro de um processo de negócios de longa duração. Como mencionado antes, os *tokens* de autenticação que são delegados em várias chamadas, transações globais ou identificadores de processos de negócios são exemplos de informações contextuais normalmente encontradas em um contexto global. A Figura 6.11 serve como ilustração.

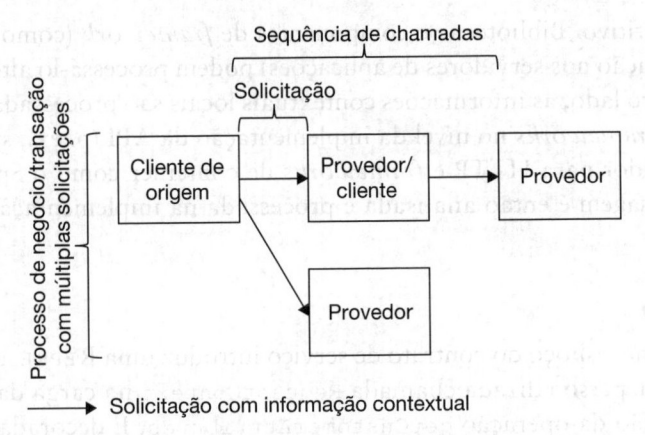

Capítulo 6 | *Design* das representações das mensagens de solicitação e resposta

Figura 6.10 Um provedor de API atuando também como cliente de API, requerendo informações contextuais.

Essa divisão em contextos locais (nível da operação/mensagem) e globais compartilhados entre os participantes da comunicação distribuídos é boa para o raciocínio sobre os envolvidos e o tempo de vida das informações contextuais. O contexto global muitas vezes é administrado por meio de intermediários no nível da aplicação (p. ex., *gateways* de API validando, transformando e/ou roteando as solicitações) por ser padronizado e o tratamento das informações

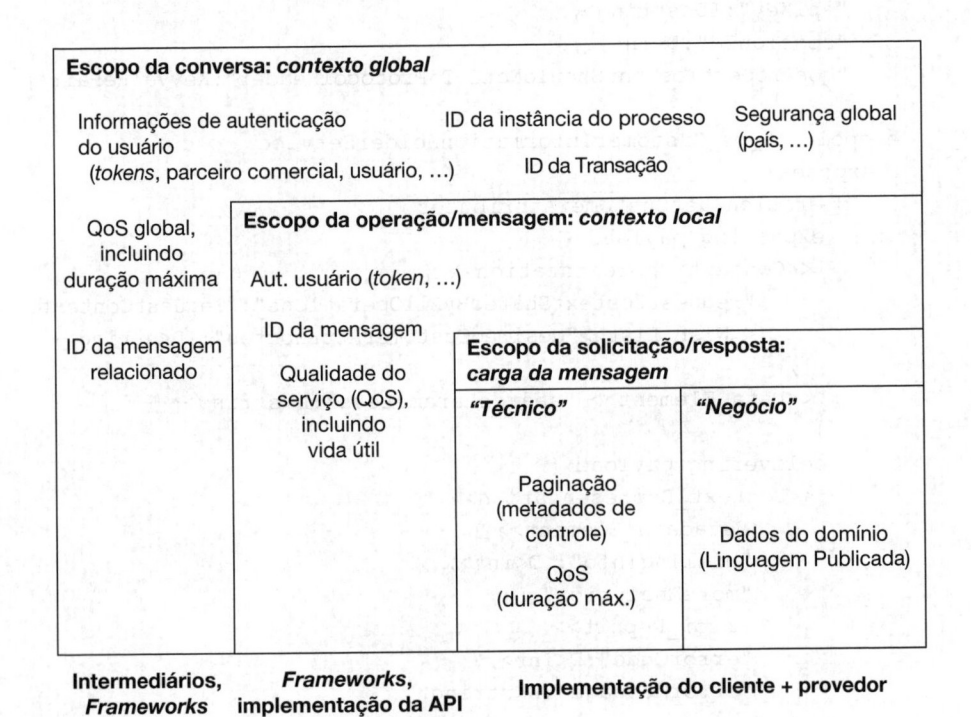

Figura 6.11 Escopos do contexto: global (conversa) e local (operação, solicitação/resposta).

ser repetitivo. Bibliotecas e componentes de *framework* (como processadores de anotação nos servidores de aplicações) podem processá-lo alternativamente. Por outro lado, as informações contextuais locais são processadas por bibliotecas ou *frameworks* no nível da implementação da API (p. ex., suporte no lado do servidor para HTTP e *frameworks* de contêiner como o Spring). A carga da mensagem é então analisada e processada na implementação do provedor de API.

Exemplo

O seguinte esboço do contrato de serviço introduz uma REPRESENTAÇÃO CONTEXTUAL personalizada chamada RequestContext na carga da mensagem de solicitação da operação getCustomerAttributes. É decorada com o estereótipo <<Context_Representation>>, portanto, facilmente reconhecível na carga da solicitação. A notação de contrato da API usada no exemplo é MDSL. Um manual MDSL e referência são apresentados no Apêndice C:

```
API description ContextRepresentationExample

data type KeyValuePair P // não mais especificado
data type CustomerDTO P // não mais especificado

data type RequestContext {
    "apiKey":ID<string>,
    "sessionId":D<int>?,
    "qosPropertiesThatShouldNotGoToProtocolHeader":KeyValuePair*}

endpoint type CustomerInformationHolderService
  exposes
    operation getCustomerAttributes
      expecting payload {
       <<Context_Representation>> {
          "requestContextSharedByAllOperations": RequestContext,
          <<Wish_List>>"desiredCustomerAttributes":ID<string>+
       },
       <<Data_Element>> "searchParameters":D<string>*
      }
      delivering payload {
       <<Context_Representation>> {
          <<Metadata_Element>> {
            "billingInfo": D<int>,
            "moreAnalytics":D},
          <<Error_Report>> {
            "errorCode":D<int>,
            "errorMessage":D<string>}
         }, {
```

```
        <<Pagination>> {
          "thisPageContent":CustomerDTO*,
          "previousPage":ID?,
          "nextPage":ID?}
        }
     }
```

RequestContext contém uma CHAVE DA API, além de um ELEMENTO ID sessionId (a ser criado pelo provedor na autenticação bem-sucedida). Outros cabeçalhos de forma livre podem ser adicionados na parte de chave/valor dele. A carga da resposta de getCustomerAttributes contém um segundo uso do padrão. Note que o exemplo também possui três padrões adicionais: LISTA DE DESEJOS, RELATÓRIO DE ERROS e PAGINAÇÃO.

Quando o contrato MDSL é transformado em OpenAPI, o exemplo anterior pode ser apresentado como YAML, assim:

```
openapi: 3.0.1
info:
  title: ContextRepresentationExample
  version: "1.0"
servers: []
tags:
- name: CustomerInformationHolderService
  externalDocs:
    description: The role of this endpoint is not specified.
    url: ""
paths:
  /CustomerInformationHolderService:
    post:
      tags:
      - CustomerInformationHolderService
      summary: POST
      description: POST
      operationId: getCustomerAttributes
      requestBody:
        content:
          application/json:
            schema:
              type: object
              properties:
                anonymous1:
                  type: object
                  properties:
                    requestContextSharedByAllOperations:
                      $ref:'#/components/schemas/RequestContext'
                    desiredCustomerAttributes:
                      minItems: 1
```

```yaml
                        type: array
                        items:
                          type: string
                    searchParameters:
                      type: array
                      items:
                        type: string
              responses:
                "200":
                  description: getCustomerAttributes successful execution
                  content:
                    application/json:
                      schema:
                        type: object
                        properties:
                          anonymous2:
                            type: object
                            properties:
                              anonymous3:
                                type: object
                                properties:
                                  billingInfo:
                                    type: integer
                                    format: int32
                                  moreAnalytics:
                                    type: string
                              anonymous4:
                                type: object
                                properties:
                                  errorCode:
                                    type: integer
                                    format: int32
                                  errorMessage:
                                    type: string
                          anonymous5:
                            type: object
                            properties:
                              anonymous6:
                                type: object
                                properties:
                                  thisPageContent:
                                    type: array
                                    items:
                                      $ref: "#/components\
                                        /schemas/CustomerDTO"
                                  previousPage:
                                    type: string
```

```
                        format: uuid
                        nullable: true
                    nextPage:
                        type: string
                        format: uuid
                        nullable: true
components:
    schemas:
        KeyValuePair:
            type: object
        CustomerDTO:
            type: object
        RequestContext:
            type: object
            properties:
                apiKey:
                    type: string
                sessionId:
                    type: integer
                    format: int32
                    nullable: true
                qosPropertiesThatShouldNotGoToProtocolHeader:
                    type: array
                    items:
                        $ref: '#/components/schemas/KeyValuePair'
```

A especificação MDSL é muito mais curta do que a OpenAPI gerada a partir dela.

Discussão

O uso desse padrão não só promove os ELEMENTOS DE METADADOS contextuais dos cabeçalhos do protocolo nas cargas, mas faz isso de forma não segmentada. As informações na REPRESENTAÇÃO CONTEXTUAL podem lidar com QoS durante a execução, como classificadores de prioridade. Metadados de controle e metadados de proveniência geralmente são incluídos nas REPRESENTAÇÕES CONTEXTUAIS que aparecem nas mensagens de solicitação. Trocar metadados agregados, tais como a contagem de resultados nas respostas, também é possível, porém menos comum.

Representando as informações de controle e outros metadados de uma forma comum como parte da carga, o cliente e o provedor de API podem ser isolados/abstraídos das mudanças no protocolo subjacente ou na tecnologia utilizada (p. ex., se forem utilizados protocolos diferentes, como HTTP simples, AMQP, WebSockets ou gRPC). É evitada a dependência de um único formato de cabeçalho do protocolo (e suporte do protocolo para ele). Uma única solicitação que viaja por um *gateway* ou um *proxy* pode ser trocada entre os protocolos, perdendo ou modificando suas informações de cabeçalho do protocolo originais ao longo o caminho. Por exemplo, o projeto gRPC-Gateway (gRPC-Gateway, 2022) gera um servidor de *proxy* reverso que traduz uma API JSON RESTful em gRPC; os cabeçalhos HTTP são mapeados para os cabeçalhos de solicitação gRPC pelo *proxy*. Independentemente de tal troca de protocolos, as informações do cabeçalho na carga permanecem iguais e chegam no cliente.

A introdução de uma REPRESENTAÇÃO CONTEXTUAL compartilhada/padronizada compensa se as necessidades de informação dos clientes e dos consumidores são semelhantes ou idênticas em todo o *endpoint* ou API. Se uma API é atendida por apenas um protocolo de transporte, uma REPRESENTAÇÃO CONTEXTUAL explícita e personalizada leva a um *design* único e também a um esforço de processamento. Pode ser mais fácil ficar com o modo nativo e no nível do protocolo de transmitir o contexto (como os cabeçalhos HTTP). Talvez os puristas do protocolo vejam a introdução de cabeçalhos personalizados na carga como um antipadrão, indicando uma falta compreensão do protocolo e de suas capacidades. Essa discussão se resume às prioridades relativas de conformidade com recomendações técnicas *versus* controle do destino da API.

Uma desvantagem em potencial das REPRESENTAÇÕES CONTEXTUAIS explícitas é a redundância, por exemplo dos códigos de *status*, no protocolo e na carga. Pode ser preciso lidar com diferenças acidentais ou deliberadas. Por exemplo, o que um cliente *web* deve fazer se recebe uma mensagem com o *status* HTTP "200 OK", mas uma falha é indicada como parte da carga? E quanto ao oposto, com o HTTP indicando uma falha, mas a carga afirmando que a solicitação foi processada corretamente? Apenas incluir informações do cabeçalho, como um código de *status* HTTP, textualmente na carga não fornece nenhuma abstração do protocolo subjacente. É necessário um esforço extra para mapear essas informações para uma forma independente da plataforma que seja significativa no nível da aplicação. Por exemplo, um código "404" será compreensível para todos os desenvolvedores da *web*, mas não significa nada para os especialistas em Jakarta Messaging. Uma mensagem textual "*endpoint* de serviço indisponível", no entanto, faz sentido para os recursos HTTP e para o uso da fila de mensagens. Observe também que o protocolo de transporte subjacente pode depender da presença de alguns cabeçalhos. Incluir as informações do cabeçalho na carga e, assim, transportá-las duas vezes leva novamente à redundância e ao aumento do tamanho da mensagem. Isso pode prejudicar o desempenho e levar a inconsistências. Se possível, essa duplicação deve ser evitada.

Em relação à produtividade do programador, não está claro se eles são mais produtivos (a curto e longo prazos) ao delegar as informações contextuais para o protocolo ou ao implementar eles mesmos uma REPRESENTAÇÃO CONTEXTUAL. O maior esforço consiste em reunir as informações necessárias e colocá-las em algum lugar (no lado do emissor), depois localizá-las e processá-las (no lado do destinatário). Presumindo que as bibliotecas de protocolos forneçam uma API local adequada, espera-se que o esforço de desenvolvimento não seja muito diferente. Alguns protocolos podem não dar suporte a todos os cabeçalhos QoS necessários. Nesse caso, os desenvolvedores precisam implementar esses recursos na API se não for possível selecionar os protocolos que fazem isso.

A separação das preocupações e da coesão (montar todas as informações contextuais em um lugar) pode ser conflitante. As decisões relacionadas de *design* devem ser orientadas pelas respostas às seguintes perguntas: quem produz e quem consome as informações contextuais, e quando isso acontece? Com que frequência as definições dos dados mudarão ao longo do tempo? Qual o tamanho dos dados? Quais são suas necessidades de proteção?

Padrões relacionados

Esse padrão costuma ser combinado com outros, como no caso em que as solicitações de dados colocadas em uma LISTA DE DESEJOS podem fazer parte das REPRESENTAÇÕES CONTEXTUAIS (mas não necessariamente). Da mesma forma, um RELATÓRIO DE ERROS pode ter lugar nos contextos da mensagem de resposta. Os PACOTES DE SOLICITAÇÕES podem exigir dois tipos de REPRESENTAÇÃO CONTEXTUAL, um no nível do contêiner e outro para cada elemento individual da solicitação ou da resposta. Por exemplo, os RELATÓRIOS DE ERROS individuais e um relatório no nível do pacote agregado podem fazer sentido quando uma ou mais respostas individuais em um PACOTE DE SOLICITAÇÕES falham. Um IDENTIFICADOR DE VERSÃO também pode ser transportado na REPRESENTAÇÃO CONTEXTUAL.

Embora o padrão "Front Door" (Schumacher, 2006) seja aplicado com frequência para introduzir *proxies* reversos, os provedores e os clientes de API podem não querer que todos os cabeçalhos passem por procedimentos de segurança fornecidos por tais *proxies* – uma REPRESENTAÇÃO CONTEXTUAL pode ser aplicada nesses casos. Um "API Gateway" (Richardson, 2016) ou *proxy* poderia atuar como intermediário e modificar a(s) solicitação(ões) e a(s) resposta(s) original(is), mas isso torna a arquitetura geral mais complexa e mais desafiadora de gerenciar e evoluir. Apesar dessa abordagem ser conveniente, também significa abrir mão do controle (ou ter menos controle, mas uma dependência extra).

Um padrão semelhante aparece em várias outras linguagens padrões. Por exemplo, o "Objeto Contextual" (Alur, 2013) resolve o problema do armazenamento independente do protocolo para as informações do estado e do sistema no contexto da programação Java (em vez de um contexto remoto). O padrão "Contexto de Chamadas" (Voelter, 2004) descreve uma solução para agregar informações contextuais em um contexto de chamadas extensível de uma chamada distribuída.

Um Contexto de Chamadas é transferido entre um cliente e um objeto remoto com cada chamada remota. O padrão "Componente Envelope" (Hohpe,

2003) resolve um problema parecido, tornando certas partes de uma mensagem visíveis para a infraestrutura da mensagem responsável por um segmento em particular. Padrões de gerenciamento de sistemas como "Escuta" (Hohpe, 2003) podem ser usados para implementar a auditoria e o *log* necessários.

Mais informações

O Capítulo 3 de *RESTful Web Services Cookbook* discute uma abordagem alternativa baseada nos *cabeçalhos de entidade* (no contexto do HTTP) em duas de suas receitas (Allamaraju, 2010).

O artigo "On the Representation of Context" (Stalnaker, 1996) dá uma visão geral da representação contextual na linguística.

O padrão ELEMENTO DE METADADOS fornece mais ponteiros para os padrões relacionados e outras informações básicas.

Resumo

Esse capítulo examinou a estrutura e o significado dos elementos de representação nas mensagens de solicitação e resposta. Os estereótipos dos elementos diferenciam dados e metadados, identificadores e *links*; alguns elementos da representação têm finalidades especiais e comuns.

Focamos no contrato dos dados como representado pelos ELEMENTOS DE DADOS. Grande parte dos dados que um contrato de API expõe vem da implementação da API (p. ex., instâncias das entidades de modelo do domínio). Sendo dados sobre dados, os ELEMENTOS DE METADADOS fornecem informações complementares, como traços de origem, estatísticas ou dicas de uso. Outra especialização do ELEMENTO DE DADOS é o ELEMENTO ID. Os ELEMENTOS ID são a cola que o código necessita para endereçar, diferenciar e interconectar as partes da API (como *endpoints*, operações ou elementos da representação). Os ELEMENTOS ID não contêm endereços acessíveis à rede e, normalmente, não contêm informações semânticas. Se essas informações forem necessárias, o padrão ELEMENTO DE *LINK* será elegível. Todos os ELEMENTOS DE DADOS podem vir como PARÂMETROS ATÔMICOS, mas também podem ser agrupados como LISTAS DE PARÂMETROS ATÔMICOS ou montados em ÁRVORES DE PARÂMETROS. O acesso de leitura e gravação aos *endpoints* RECURSOS DO DETENTOR DA INFORMAÇÃO requer, naturalmente, ELEMENTOS DE DADOS. Os parâmetros de entrada e saída dos RECURSOS DO PROCESSAMENTO também. Os ELEMENTOS DE METADADOS podem explicar a semântica desses recursos ou facilitar seu uso no lado do cliente. Todas essas considerações estruturais e propriedades dos ELEMENTOS DE DADOS devem ser definidas no contrato de API e explicadas na DESCRIÇÃO DA API.

Também abordamos três elementos da representação especiais. As CHAVES DA API podem ser usadas sempre que os clientes precisam ser identificados, por exemplo, para impor uma Taxa-Limite ou um Plano de Preços (consulte o Capítulo 8, "Evolução de APIs"). Uma Representação Contextual contém e agrupa vários Elementos de Metadados e/ou Elementos ID para o propósito particular de compartilhar informações contextuais via carga. Um Relatório de Erros pode ter lugar em uma Representação Contextual ao relatar os erros causados por um Pacote de Solicitações (porque a estrutura de resumo/detalhes necessária é difícil de modelar nos cabeçalhos no nível do protocolo ou nos códigos de *status*). O padrão Pacote de Solicitações é contemplado no Capítulo 7.

Existem muitos complementos e alternativas às Chaves da API, pois a segurança é um tópico desafiador e multifacetado. Por exemplo, OAuth 2.0 (Hardt, 2012) é um protocolo-padrão do setor para a autorização, também sendo a base para a autenticação segura por meio de OpenID Connect (OpenID, 2021). Para a Integração de *Front-End*, uma escolha comum é JWT, como definido pelo RFC 7519 (Jones, 2015). O JWT define um formato de mensagem simples para os *tokens* de acesso. Esses *tokens* são criados e assinados criptograficamente pelo provedor de API. Os provedores podem verificar a autenticidade do *token* e usá-lo para identificar os clientes. Ao contrário das Chaves da API, os JWTs podem ter uma carga, de acordo com a especificação. O provedor pode armazenar informações adicionais nessa carga para o cliente ler que um invasor não consegue mudar sem violar a assinatura.

Outro exemplo de protocolo de autenticação ou autorização completo é o Kerberos (Neuman, 2005), muitas vezes usado em uma rede para fornecer um *logon* único (autenticação). Em combinação com LDAP (Sermersheim, 2006), ele também pode fornecer a autorização. O próprio LDAP também oferece recursos de autenticação, portanto pode ser usado como um protocolo de autenticação e/ou autorização. Exemplos de protocolos de autenticação de ponto a ponto são CHAP (Simpson, 1996) e EAP (Vollbrecht, 2004). SAML (OASIS, 2005) é uma alternativa que pode ser usada na Integração de *Back-End*, para garantir a comunicação entre as APIs dos sistemas de *back-end*. Essas alternativas oferecem uma melhor segurança, mas também têm muito mais complexidade de implementação e execução.

Advanced API Security (Siriwardena, 2014) fornece uma discussão abrangente sobre como proteger as APIs com OAuth 2.0, OpenID Connect, JWS e JWE. O Capítulo 9 de *Build APIs You Won't Hate* (Sturgeon, 2016b) examina as alternativas conceituais e da tecnologia, e fornece instruções sobre como implementar um servidor OAuth 2.0. A especificação OpenID Connect (OpenID, 2021) lida com a identificação do usuário no protocolo OAuth 2.0. O Capítulo 15 de *Principles of Web API Design* (Higginbotham, 2021) discute maneiras de proteger as APIs.

Todos os padrões neste capítulo trabalham com qualquer formato de troca de mensagens textuais e padrão de troca. Nossos exemplos usam o padrão de troca de mensagens de solicitação/resposta devido ao seu uso generalizado; os padrões são escritos de tal forma que também sejam elegíveis ao escolher outro padrão de troca de mensagens. Embora isso seja de especial relevância no *design* de sistemas baseados em serviços, nenhum padrão apresentado presumiu qualquer estilo ou tecnologia de integração em particular.

Em seguida, no Capítulo 7, veremos o *design* avançado da estrutura de mensagem, visando maneiras de melhorar certas qualidades.

Capítulo 7

Aprimoramento do *design* da mensagem para melhorar a qualidade

Este capítulo abrange sete padrões que abordam problemas com a qualidade da API. Sem dúvida, seria difícil encontrar *designers* e *product owners* de API que não valorizem qualidades como compreensão intuitiva, desempenho esplêndido e evolução perfeita. Dito isso, qualquer melhoria na qualidade tem um preço: um custo literal, como esforço de desenvolvimento extra, mas também consequências negativas, como um impacto adverso em outras qualidades. Essa necessidade de equilíbrio é causada pelo fato de que algumas qualidades entram em conflito entre si – basta pensar no desempenho quase clássico *versus* concessões de segurança.

Primeiro, estabelecemos por que essas questões são relevantes em "Introdução à qualidade da API". A seção seguinte seção apresenta dois padrões que lidam com a "Granularidade da mensagem". Três padrões para o "Conteúdo de mensagem orientado a clientes" vêm em seguida, e dois padrões visam a "Otimização da troca de mensagens".

Esses padrões dão suporte à terceira e à quarta fases do processo de *design* ADDR (Alinhar–Definir–Desenhar–Refinar) para as APIs apresentadas no início da Parte II.

Introdução à qualidade da API

Os sistemas de *software* modernos são distribuídos: clientes móveis e da *web* se comunicam com os serviços da API de *back-end*, muitas vezes hospedados por um provedor de nuvem ou até mesmo vários. Vários *back-end*s também trocam informações e disparam atividades entre si. Independentemente das tecnologias e dos protocolos utilizados, em tais sistemas, as mensagens viajam por uma ou várias APIs. Isso coloca altas demandas nos aspectos de qualidade do contrato de API e sua implementação: os clientes de API esperam que qualquer API fornecida seja confiável, responsiva e escalável.

Os provedores de API devem equilibrar as preocupações conflitantes para garantir uma alta qualidade do serviço, assegurando simultaneamente o custo-benefício. Assim, todos os padrões apresentados neste capítulo ajudam a resolver o seguinte problema geral de *design*:

> Como alcançar certo nível de qualidade de uma API publicada, ao mesmo tempo utilizando os recursos disponíveis de uma forma eficiente?

Os problemas de desempenho e escalabilidade podem não ter alta prioridade no desenvolvimento inicial de uma nova API, sobretudo no desenvolvimento ágil – considerando que essas questões surjam. Geralmente, não há informações suficientes sobre como os clientes usarão a API para tomar decisões fundamentadas. Também seria possível imaginar, mas isso não seria prudente e violaria princípios como tomar decisões no momento mais seguro (Wirfs-Brock, 2011).

Desafios ao melhorar a qualidade da API

Os cenários de uso dos clientes de API diferem entre si. As mudanças que beneficiam alguns clientes podem impactar negativamente outros. Por exemplo, uma aplicação da *web* que roda um dispositivo móvel com uma conexão não confiável pode preferir uma API que oferece apenas os dados necessários para renderizar a página atual o mais rápido possível. Todos os dados transmitidos, processados e não usados são um desperdício, gastando um valioso tempo de bateria e outros recursos. Outro cliente em execução como um serviço de *back-end* pode recuperar periodicamente grandes quantidades de dados para gerar relatórios elaborados. Ter que fazê-lo em múltiplas interações entre cliente/servidor introduz um risco de falhas de rede; o relatório tem que recomeçar em algum ponto ou iniciar do zero quando tais falhas ocorrem. Se a API foi planejada com suas mensagens de solicitação/resposta adaptadas a certo caso de uso, muito provavelmente a API não é ideal para outro caso.

Vendo com atenção, surgem os seguintes conflitos e problemas de *design*:

- **Tamanhos das mensagens *versus* número de solicitações:** é preferível trocar várias mensagens pequenas ou poucas maiores? É aceitável que alguns clientes tenham que enviar várias solicitações para obter todos os dados necessários para que outros clientes não precisem receber dados que eles não utilizam?

- **Necessidades de informação dos clientes individuais:** é bom e aceitável priorizar os interesses de alguns clientes em detrimento de outros?

- **Uso da largura de banda da rede *versus* esforços de computação:** a largura de banda deve ser preservada à custa de maior uso de recursos nos *endpoints* da API e seus clientes? Tais recursos incluem os nós de computação e o armazenamento de dados.

- **Complexidade da implementação *versus* desempenho:** a economia da largura de banda obtida vale suas consequências negativas, por exemplo, uma implementação mais difícil e mais cara de manter?

- **Sem estado *versus* desempenho:** faz sentido sacrificar o cliente/provedor sem estado para melhorar o desempenho? Uma implementação sem estado melhora a escalabilidade.
- **Facilidade de uso *versus* latência:** vale a pena agilizar as trocas de mensagens mesmo que isso resulte em uma API mais difícil de usar?

Veja que a lista anterior não é completa. As respostas para essas perguntas dependem dos objetivos de qualidade das partes interessadas da API e de outras preocupações. Os padrões neste capítulo fornecem diferentes opções para escolher dentro de um determinado conjunto de requisitos. As seleções adequadas diferem entre as APIs. A Parte I deste livro deu uma visão geral orientada à decisão desses padrões na seção "Escolha de melhorias na qualidade da API" do Capítulo 3, "Narrativas de decisão da API". Neste capítulo, aprofundamos isso.

Padrões neste capítulo

A seção "Granularidade da mensagem" contém dois padrões: ENTIDADE INCORPORADA e DETENTOR DA INFORMAÇÃO VINCULADA. Os ELEMENTOS DE DADOS oferecidos pelas operações da API muitas vezes referenciam outros elementos, por exemplo, usando *hiperlinks*. Um cliente pode seguir esses *links* para recuperar dados adicionais; isso pode ficar cansativo e levar a um esforço de implementação e uma latência maiores no lado do cliente. Uma alternativa é os clientes poderem recuperar todos os dados de uma vez quando os provedores incorporam diretamente os dados referenciados, em vez de apenas vinculá-los.

A seção "Conteúdo da mensagem orientado a clientes" apresenta três padrões. As operações de API às vezes retornam grandes conjuntos de elementos de dados (p. ex., publicações em um *site* de rede social ou produtos em uma loja de *e-commerce*). Os clientes de API podem estar interessados em todos esses elementos de dados, mas não necessariamente todos de uma vez e não o tempo todo. A PAGINAÇÃO divide os elementos de dados em blocos para que apenas um subconjunto da sequência seja enviado e recebido de uma só vez. Os clientes não ficam mais sobrecarregados com os dados, e o desempenho e o uso dos recursos melhoram. Os provedores podem oferecer conjuntos de dados relativamente robustos em suas mensagens de resposta. Se o problema é que nem todos os clientes requerem todas as informações o tempo todo, então uma LISTA DE DESEJOS permite que eles solicitem apenas os atributos em um conjunto de dados de resposta no qual estão interessados. O MODELO DE DESEJO aborda o mesmo problema, mas oferece aos clientes ainda mais controle sobre as estruturas de dados de resposta possivelmente aninhadas. Esses padrões lidam com questões como precisão das informações, parcimônia dos dados, tempos de resposta e poder de processamento exigido para responder a uma solicitação.

Por fim, a seção "Otimização da troca de mensagens" apresenta dois padrões, SOLICITAÇÃO CONDICIONAL e PACOTE DE SOLICITAÇÕES. Os outros padrões neste capítulo oferecem várias opções para ajustar o conteúdo da mensagem e evitar a emissão de muitas solicitações ou a transmissão de dados que não são usados; as Solicitações Condicionais, por outro lado, evitam o envio de dados que um cliente já tem. Embora o número de mensagens trocadas fique igual, a implementação da API pode responder com um código de *status* dedicado para informar ao cliente que os dados mais recentes não estão disponíveis. O número de solicitações enviadas e respostas recebidas também pode prejudicar a qualidade de uma API. Se os clientes tiverem que enviar pequenas solicitações e aguardar as respostas individuais, agrupá-las em uma mensagem maior pode melhorar a taxa de transferência e reduzir o esforço de implementação no lado do cliente. O padrão Pacote de Solicitações apresenta essa opção de *design*.

A Figura 7.1 apresenta uma visão geral dos padrões deste capítulo e mostra suas relações.

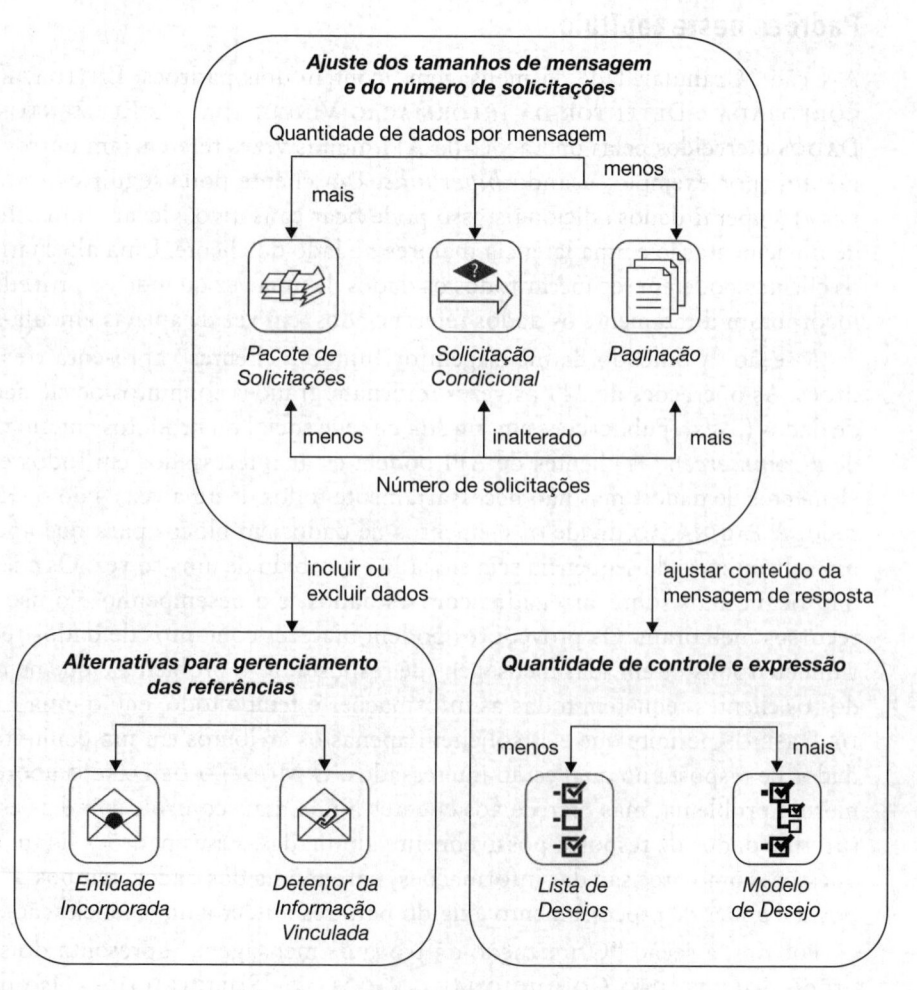

Figura 7.1 Mapa dos padrões deste capítulo (qualidade da API).

Granularidade da mensagem

Os elementos de informação nas representações das mensagens de solicitação e resposta, conceitos do nosso modelo de domínio da API (consulte o Capítulo 1, "Fundamentos da interface de programação de aplicações (API)"), muitas vezes referenciam outros para expressar contenção, agregação ou outras relações. Por exemplo, os dados operacionais, como pedidos e envios, costumam estar associados aos dados mestres, como registros de produtos e consumidores. Para expor essas referências ao definir os *endpoint*s da API e suas operações, as duas opções básicas são as seguintes:

1. ENTIDADE INCORPORADA: inclua os dados referenciados em um ELEMENTO DE DADOS possivelmente aninhado (introduzido no Capítulo 6, "*Design* das representações das mensagens de solicitação e resposta") na representação da mensagem.
2. DETENTOR DA INFORMAÇÃO VINCULADA: coloque um ELEMENTO DE *LINK* (também no Capítulo 6) na representação da mensagem para pesquisar os dados referenciados por meio de de uma chamada de API separada para um RECURSO DO DETENTOR DA INFORMAÇÃO (Capítulo 5, "Definição dos tipos de *endpoint*s e das operações").

Essas opções de tamanho e escopo da mensagem têm impacto na qualidade da API:

- **Desempenho e escalabilidade:** o tamanho da mensagem e o número de chamadas necessárias para cobrir todo um cenário de integração devem ser baixos. Poucas mensagens que transportam muitos dados levam tempo para criar e processar; muitas mensagens pequenas são fáceis de criar, mas precisam de mais trabalho para a infraestrutura de comunicações e requerem coordenação no lado destinatário.
- **Modificação e flexibilidade:** compatibilidade com versões anteriores e extensão são desejadas em qualquer sistema distribuído cujas partes evoluem independentemente uma das outras. Os elementos da informação nas representações estruturadas e independentes podem ser difíceis de mudar porque qualquer atualização local deve ser coordenada e sincronizada com as atualizações para as operações da API que trabalham com eles e as estruturas de dados relacionadas na implementação da API. As representações estruturadas com referências a recursos externos geralmente são ainda mais difíceis de mudar do que os dados independentes porque os clientes têm de estar cientes de tais referências para que possam segui-los corretamente.
- **Qualidade dos dados:** os dados mestres estruturados, como perfis do consumidor ou detalhes do produto diferem dos dados de referência não estruturados e simples, como códigos do país e da moeda (o Capítulo 5 fornece uma categoria dos dados do domínio por tempo de vida e mutabilidade). Quanto mais dados são transportados, mais governança é necessária para tornar esses

dados úteis. Por exemplo, a propriedade dos dados pode ser diferente para produtos e consumidores em uma loja *on-line*, e os respectivos proprietários dos dados geralmente têm requisitos diferentes, por exemplo, relativos à proteção dos dados, à validação e à frequência da atualização. Podem ser necessários metadados adicionais e procedimentos de gerenciamento dos dados.

- **Privacidade dos dados:** em termos de classificações de privacidade dos dados, a origem e o destino das relações de dados podem ter necessidades de proteção diferentes. Um exemplo é um registro do consumidor com endereço de contato e informações do cartão de crédito. Uma recuperação dos dados mais granular facilita a aplicação de controles apropriados e regras, reduzindo o risco dos dados restritos incorporados vazando sem querer.

- **Atualização e consistência dos dados:** se os dados forem recuperados por clientes concorrentes em momentos diferentes, pode haver capturas de tela inconsistentes e visualizações dos dados nesses clientes. As referências dos dados (*links*) podem ajudar os clientes a recuperar a versão mais recente dos dados referenciados. No entanto, tais referências podem ser quebradas, pois seus destinos podem mudar ou desaparecer após o *link* de referência ser enviado. Ao incorporar todos os dados referenciados na mesma mensagem, os provedores de API podem fornecer uma captura consistente e interna do conteúdo, evitando o risco de os destinos do *link* ficarem indisponíveis. Os princípios da engenharia de *software*, como a responsabilidade única, podem ter desafios relacionados à consistência e à integridade dos dados quando levados ao extremo porque os dados podem ficar fragmentados e dispersos.

Os dois padrões de granularidade da mensagem, ENTIDADE INCORPORADA e DETENTOR DA INFORMAÇÃO VINCULADA nesta seção endereçam essas questões de maneiras opostas. Combiná-los caso a caso leva a tamanhos de mensagem adequados, equilibrando o número de chamadas e a quantidade de dados trocados para atender a diversos requisitos de integração.

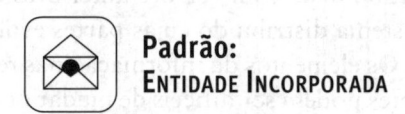

> **Padrão:**
> **ENTIDADE INCORPORADA**

Quando e por que aplicar

As informações exigidas por um participante da comunicação contêm dados estruturados. Esses dados incluem vários elementos que se relacionam entre si de certas maneiras. Por exemplo, os dados mestres, como um perfil do consumidor, podem *conter* outros elementos que fornecem informações de contato, incluindo endereços e números de telefone, ou um relatório periódico dos resultados do negócio pode *agregar* informações da origem, como números das vendas mensais resumindo as transações individuais do negócio. Os clientes de API trabalham com vários elementos da informação relacionados ao criar as mensagens de solicitação ou processar as mensagens de resposta.

De que forma é possível evitar a troca de várias mensagens quando seus destinatários requerem *insights* sobre vários elementos da informação relacionados?

É possível simplesmente definir um *endpoint* da API para cada elemento da informação básico (p. ex., uma entidade definida em um modelo de domínio da aplicação). Esse *endpoint* é acessado sempre que os clientes de API requerem dados desse elemento da informação, por exemplo, quando referenciados a partir de outros. Mas se os clientes de API usarem esses dados em muitas situações, essa solução causará muitas solicitações subsequentes quando as referências são seguidas. Isso tornaria necessário coordenar a execução da solicitação e introduzir o estado da conversa, o que prejudica a escalabilidade e a disponibilidade. Também é mais difícil de manter a consistência dos dados distribuídos do que a dos dados locais.

Como funciona

Para qualquer relação de dados que o destinatário deseja seguir, incorpore um ELEMENTO DE DADOS na mensagem de solicitação ou resposta, que contenha os dados da extremidade de destino da relação. Coloque essa ENTIDADE INCORPORADA dentro da representação da origem da relação.

Analise os relacionamentos de saída no novo ELEMENTO DE DADOS e considere incorporá-los na mensagem também. Repita a análise até o *fechamento transitivo* ser alcançado, ou seja, até que todos os elementos alcançados tenham sido incluídos ou excluídos (ou os círculos detectados e o processamento interrompido). Revise cada relação da origem/destino com atenção para avaliar se os dados de destino são realmente necessários no lado do destinatário em casos suficientes. Uma resposta sim a essa pergunta justifica transmitir as informações da relação como ENTIDADES INCORPORADAS; do contrário, transmitir referências para os DETENTORES DA INFORMAÇÃO VINCULADA pode ser suficiente. Por exemplo, se um pedido de compra tiver uma relação de *uso* com os dados mestres do produto e esses dados mestres são necessários para entender o pedido, a representação do pedido de compra nas mensagens de solicitação ou resposta deve conter uma cópia de todas as informações relevantes armazenadas nos dados mestres do produto em uma ENTIDADE INCORPORADA.

A Figura 7.2 mostra a solução.

Incluir uma ENTIDADE INCORPORADA em uma mensagem leva a uma estrutura de ÁRVORE DE PARÂMETROS que contém o ELEMENTO DE DADOS representando os dados relacionados. Os ELEMENTOS DE METADADOS adicionais nessa árvore podem indicar o tipo de relacionamento e outras informações complementares.

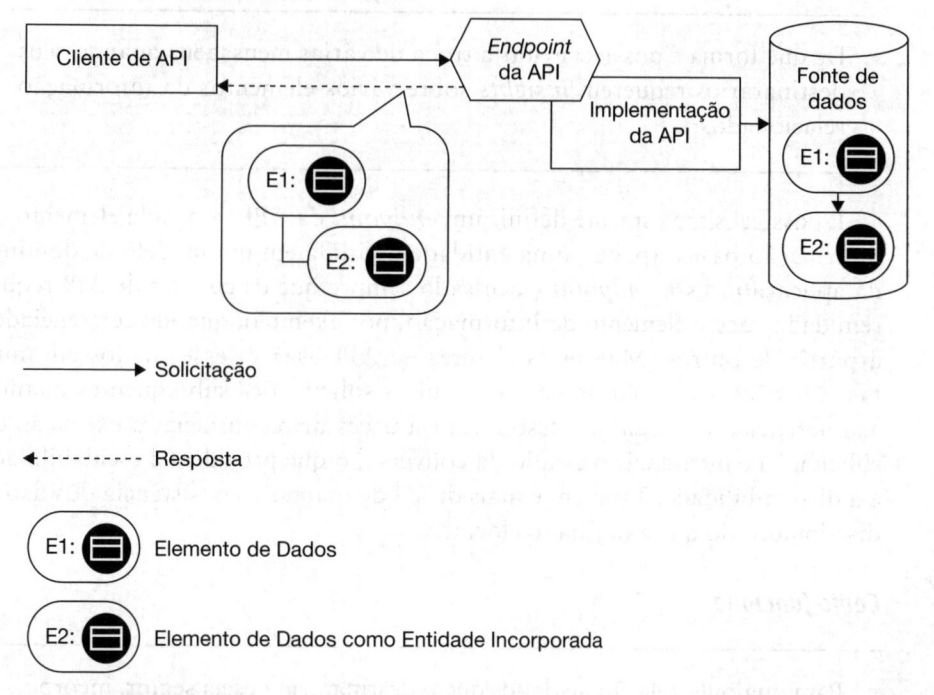

Figura 7.2 ENTIDADE INCORPORADA: um *endpoint* e uma operação da API, retornando conteúdo estruturado da mensagem que corresponde à estrutura dos dados de origem na implementação da API para seguir as relações dos dados.

Existem várias opções para estruturar a árvore, correspondentes ao ELEMENTO DE DADOS contido. Ele pode ser aninhado, por exemplo, ao representar hierarquias de relacionamento de contenção profunda, e também pode ser plano e simplesmente listar um ou mais PARÂMETROS ATÔMICOS. Ao trabalhar com JSON nas APIs de recurso HTTP, os objetos JSON (possivelmente incluindo outros objetos JSON) fazem essas opções. As relações de "um para muitos" (como um pedido de compra referindo-se aos seus itens de compra) fazem a ENTIDADE INCORPORADA ter um conjunto de valores. Os *arrays* JSON podem representar esses conjuntos. As opções para representar as relações de "muitos para muitos" são semelhantes ao padrão DETENTOR DA INFORMAÇÃO VINCULADA. A ÁRVORE DE PARÂMETROS, por sua vez, pode conter nós dedicados para os relacionamentos. Alguma redundância pode ser desejada ou tolerada, mas também pode confundir os consumidores que esperam dados normalizados. As relações bidirecionais precisam de uma atenção especial. Uma das direções pode ser usada para criar a hierarquia ENTIDADE INCORPORADA. Se a direção oposta também deve ser explícita na representação da mensagem, uma segunda instância desse padrão pode ser necessária, causando a duplicação dos dados. Nesse caso, pode ser melhor expressar o segundo relacionamento com ELEMENTOS ID incorporados ou ELEMENTOS DE *LINK*.

Em qualquer caso, a DESCRIÇÃO DA API tem que explicar a existência, a estrutura e o significado das instâncias da ENTIDADE INCORPORADA.

Exemplo

Lakeside Mutual, nossa aplicação de exemplo de microsserviços introduzido no Capítulo 2, "Estudo de caso Lakeside Mutual", contém um serviço chamado Núcleo do Cliente, que agrega vários itens de informação (aqui, entidades e objetos de valor do DDD) em suas assinaturas de operação. Os clientes de API, como o *front-end* Autoatendimento do Cliente, podem acessar esses dados por meio de uma API de recurso HTTP. Essa API contém várias instâncias do padrão ENTIDADE INCORPORADA. Aplicando o padrão, uma mensagem de resposta pode ser assim:[1]

```
curl -X GET http://localhost:8080/customers/gktlipwhjr

{
  "customer": {
    "id": "gktlipwhjr"
  },
  "customerProfile": {
    "firstname": "Robbie",
    "lastname": "Davenhall",
    "birthday": "1961-08-11T23:00:00.000+0000",
    "currentAddress": {
      "streetAddress": "1 Dunning Trail",
      "postalCode": "9511",
      "city": "Banga"
    },
    "email": "rdavenhall0@example.com",
    "phoneNumber": "491 103 8336",
    "moveHistory": [{
      "streetAddress": "15 Briar Crest Center",
      "postalCode": "",
      "city": "Aeteke"
    }]
  },
  "customerInteractionLog": {
    "contactHistory": [],
    "classification": "??"
  }
}
```

Os elementos da informação referenciados estão totalmente contidos na mensagem de resposta. Os exemplos são `customerProfile` e `customerInteractionLog`. Não aparece nenhum *link* URI para outros recursos. Observe que a entidade `customerProfile` realmente incorpora dados aninhados nesse conjunto de dados (p. ex., `currentAddress` e `moveHistory`), enquanto `customerInteractionLog` não (mas ainda está incluído como uma ENTIDADE INCORPORADA vazia).

---

[1] Veja que os dados apresentados são fictícios, gerados por https://www.mockaroo.com

Discussão

Aplicar esse padrão resolve o problema de ter que trocar várias mensagens quando os destinatários requerem diversos elementos de informação relacionados. Uma ENTIDADE INCORPORADA reduz o número de chamadas necessárias: se as informações necessárias estão incluídas, o cliente não precisa criar uma solicitação de acompanhamento para obtê-las. As entidades incorporadas podem levar a uma redução no número de *endpoints*, porque não é preciso nenhum *endpoint* dedicado para recuperar as informações vinculadas. No entanto, as entidades incorporadas levam a mensagens de resposta maiores, que geralmente precisam de mais tempo para transferir e consomem mais largura de banda. Também é preciso tomar cuidado para garantir que as informações incluídas não tenham maiores necessidades de proteção do que a origem e que nenhum dado restrito passe.

Pode ser desafiador antecipar quais informações os diferentes destinatários das mensagens (i.e., os clientes de API das mensagens de resposta) requerem para executar suas tarefas. Como resultado, há uma tendência de incluir mais dados do que a maioria dos clientes precisa. Tal *design* pode ser encontrado em muitas APIs PÚBLICAS que atendem a numerosos clientes variados e possivelmente desconhecidos.

Percorrer todas as relações entre os elementos da informação para incluir todos os possíveis dados interessantes pode exigir representações de mensagens complexas e levar a mensagens grandes. É improvável e/ou difícil garantir que todos os destinatários exigirão o mesmo conteúdo da mensagem. Uma vez incluída e exposta em uma DESCRIÇÃO DA API, é difícil remover uma ENTIDADE INCORPORADA de forma compatível com as versões anteriores (porque os clientes já podem estar contando com ela).

Se a maioria ou todos os dados forem realmente usados, enviar muitas mensagens pequenas pode exigir mais largura de banda do que enviar uma mensagem grande (p. ex., porque os metadados do cabeçalho do protocolo são enviados com cada mensagem pequena). Se as entidades incorporadas mudarem em diferentes velocidades, retransmiti-las causará um *overhead* desnecessário porque as mensagens com conteúdo parcialmente alterado só podem ser armazenadas em *cache* em sua totalidade. Uma entidade operacional com rápida mudança pode referenciar os dados mestres imutáveis, por exemplo.

A decisão de usar uma ENTIDADE INCORPORADA pode depender do número de consumidores das mensagens e da homogeneidade dos seus casos de uso. Se apenas um consumidor com um caso de uso específico é direcionado, muitas vezes é bom incorporar todos os dados necessários diretamente. Por outro lado, diferentes consumidores ou casos de uso podem não trabalhar com os mesmos dados. Para minimizar o tamanho das mensagens, é aconselhável não transferir todos os dados. Cliente e provedor podem ser desenvolvidos pela mesma organização ao fornecer "*Back-ends* para *Front-ends*" (Newman, 2015). As entidades incorporadas podem ser uma estratégia razoável para minimizar o número de solicitações nesse caso. Em tal situação, elas simplificam o desenvolvimento introduzindo uma estrutura regular e uniforme.

Combinações de vinculação e incorporação de dados geralmente fazem sentido, como incorporar todos os dados imediatamente exibidos em uma interface de usuário e vincular o resto para uma recuperação sob demanda. Os dados vinculados são obtidos somente quando o usuário pagina ou abre os elementos de interface do usuário correspondentes. Atlassian (Atlassian, 2022) discute tal abordagem híbrida: "Os objetos relacionados incorporados costumam ser limitados em seus campos para evitar que tais gráficos de objetos se tornem muito profundos e gerem ruído. Eles muitas vezes excluem seus próprios objetos aninhados, em uma tentativa de encontrar equilíbrio entre desempenho e utilidade".

Os "API Gateways" (Richardson, 2016) e o *middleware* de mensagens (Hohpe, 2003) também podem ajudar ao lidar com diferentes necessidades de informação. Os *gateways* podem fornecer duas APIs alternativas que usam a mesma interface de *back-end* e/ou coletam e agregam informações de diferentes *endpoints* e operações (o que os torna com estado). Os sistemas de mensagem podem fornecer capacidades de transformação, como filtros e melhorias.

Padrões relacionados

O Detentor da Informação Vinculada descreve a solução complementar e oposta para o problema do gerenciamento da referência. Um motivo para mudar para tal Detentor pode ser para mitigar problemas no desempenho, por exemplo, causados por redes lentas ou não confiáveis que dificultam a transferência de grandes mensagens. Os Detentores da Informação Vinculada podem ajudar a melhorar a situação, pois permitem o *cache* de cada entidade de forma independente.

Se reduzir o tamanho da mensagem é o principal objetivo do *design*, uma Lista de Desejos ou, ainda mais expressivo, um Modelo de Desejo também pode ser aplicado para minimizar os dados a serem transferidos, permitindo que os consumidores descrevam dinamicamente de qual subconjunto dos dados eles precisam. Uma Lista de Desejos ou um Modelo de Desejo pode ajudar a ajustar o conteúdo em uma Entidade Incorporada.

Os Detentores dos Dados Operacionais referenciam os Detentores dos Dados Mestres por padrão (direta ou indiretamente); essas referências são muitas vezes representadas como Detentores da Informação Vinculada. As referências entre os detentores de dados do mesmo tipo provavelmente são incluídas com o padrão Entidade Incorporada. Os Recursos do Detentor da Informação e os Recursos do Processamento podem lidar com dados estruturados que precisam ser vinculados ou incorporados. As Operações de Recuperação, em especial, incorporam ou vinculam as informações relacionadas.

Mais informações

Phil Sturgeon apresenta este padrão como "Documento Incorporado (Aninhamento)" (Sturgeon, 2016b). Veja a Seção 7.5 de *Build APIs You Won't Hate* para ter dicas adicionais e exemplos.

Padrão:
DETENTOR DA INFORMAÇÃO VINCULADA

Quando e por que aplicar

Uma API expõe os dados estruturados para atender às necessidades de informação de seus clientes. Esses dados contêm elementos que se relacionam entre si (p. ex., os dados mestres do produto podem *conter* outros elementos da informação, que fornecem informações detalhadas, ou um relatório de desempenho para um período de tempo pode *agregar* dados brutos, como medições individuais). Os clientes de API trabalham com vários elementos da informação relacionados ao preparar as mensagens de solicitação ou processar as mensagens de resposta. Nem todas essas informações sempre são úteis para os clientes em sua totalidade.[2]

De que forma é possível manter as mensagens pequenas mesmo quando uma API lida com vários elementos da informação que se referenciam?

Uma regra geral para os estados de *design* do sistema distribuído que trocaram mensagens deve ser mensagens pequenas, pois as grandes podem usar em excesso os recursos de processamento da rede e do *endpoint*. No entanto, nem tudo que os participantes da comunicação querem compartilhar entre si pode caber nessas pequenas mensagens. Eles podem querer seguir muitos ou todos os relacionamentos dentro dos elementos da informação. Se as origens e os destinos do relacionamento não forem combinados em uma única mensagem, os participantes terão que informar uns aos outros como localizar e acessar as partes individuais. Esse conjunto de informações distribuídas deve ser planejado, implementado e evoluído. As dependências resultantes entre os participantes e as informações que eles compartilham precisam ser gerenciadas. Por exemplo, as apólices de seguro geralmente se referem ao consumidor e aos dados mestres do produto – cada um desses elementos relacionados da informação pode, por sua vez, consistir em várias partes (ver o Capítulo 2 para ter uma cobertura mais profunda dos dados e das entidades de domínio neste exemplo).

Uma opção é sempre (transitivamente) incluir todos os elementos da informação relacionados de cada elemento transmitido nas mensagens de solicitação e resposta em toda a API, como descrito no padrão ENTIDADE INCORPORADA. No entanto, essa abordagem pode levar a grandes mensagens contendo dados não exigidos por alguns clientes e prejudicar o desempenho das chamadas individuais da API. Ela acopla as partes interessadas desses dados.

---

[2] Esse contexto de padrões é semelhante ao da ENTIDADE INCORPORADA, mas enfatiza a diversidade dos desejos e das necessidades do cliente.

Como funciona

Adicione um ELEMENTO DE LINK às mensagens que pertencem a vários elementos relacionados da informação. Deixe o DETENTOR DA INFORMAÇÃO VINCULADA resultante referenciar outro *endpoint* da API, que exponha o elemento vinculado.

O *endpoint* da API referenciado geralmente é um RECURSO DO DETENTOR DA INFORMAÇÃO representando o elemento vinculado da informação. Esse elemento pode ser uma entidade do modelo de domínio que é exposto pela API (possivelmente integrado e mapeado), e também pode ser o resultado de um cálculo na implementação da API.

Os DETENTORES DA INFORMAÇÃO VINCULADA podem aparecer nas mensagens de solicitação e resposta – o último caso é mais comum. Normalmente, uma ÁRVORE DE PARÂMETROS é usada na estrutura da representação, combinando coleções de ELEMENTOS DE LINK e, opcionalmente, ELEMENTOS DE METADADOS explicando a semântica do *link*. Nos casos simples, um conjunto de PARÂMETROS ATÔMICOS ou um único PARÂMETRO ATÔMICO pode ser suficiente como os portadores do *link*.

A Figura 7.3 mostra a conversa em duas etapas realizando o padrão.

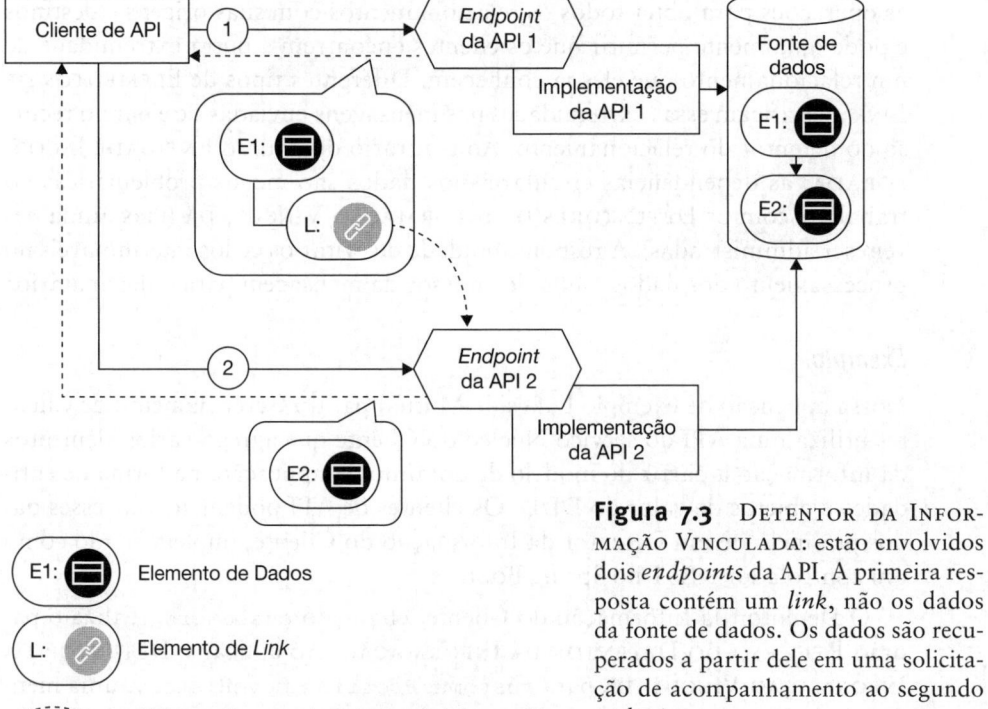

Figura 7.3 DETENTOR DA INFORMAÇÃO VINCULADA: estão envolvidos dois *endpoints* da API. A primeira resposta contém um *link*, não os dados da fonte de dados. Os dados são recuperados a partir dele em uma solicitação de acompanhamento ao segundo *endpoint*.

O Elemento de Link que constitui o Detentor da Informação Vinculada fornece informações de localização, por exemplo, uma URL (com domínio/nome de *host* e número da porta ao usar HTTP sobre TCP/IP). O Elemento de Link também tem um nome local para conseguir identificá-lo na representação da mensagem (como um objeto JSON). Se mais informações sobre a relação devem ser enviadas aos clientes, esse Elemento de Link pode ser anotado com detalhes sobre a relação correspondente, por exemplo, um Elemento de Metadados especificando seu tipo e semântica. Em qualquer caso, clientes e provedores de API devem concordar com o significado das relações de *link* e estar cientes do acoplamento e dos efeitos colaterais introduzidos. A existência e o significado do Detentor Da Informação Vinculada, incluindo as cardinalidades em ambas as extremidades da relação, devem ser documentados na Descrição da API.

Os relacionamentos de "um para muitos" podem ser modelados como coleções, transmitindo os vários Elementos de Link como Listas de Parâmetros Atômicos. Os relacionamentos de "muitos para muitos" (como entre livros e leitores em um sistema de gerenciamento de bibliotecas) podem ser modelados como dois relacionamentos de "um para muitos", com uma coleção vinculando os dados de origem aos destinos e uma segunda vinculando os dados de destino às origens (presumindo que o destinatário da mensagem quer seguir a relação em ambas as direções). Tal *design* pode exigir a introdução de um *endpoint* da API adicional, um *recurso do detentor do relacionamento*, representando a relação em vez da origem ou do destino. Esse *endpoint* expõe as operações para obter todos os relacionamentos com suas origens e destinos e pode igualmente permitir que os clientes encontrem a outra extremidade de um relacionamento que eles já conhecem. Diferentes tipos de Elementos de Link identificam essas extremidades nas mensagens enviadas de e para o recurso do detentor do relacionamento. Ao contrário do padrão Entidade Incorporada, as dependências circulares nos dados são menos problemáticas ao trabalhar com os Detentores da Informação Vinculada (mas ainda devem ser administradas). A responsabilidade de evitar os ciclos intermináveis no processamento dos dados muda do emissor da mensagem para o destinatário.

Exemplo

Nossa aplicação de exemplo Lakeside Mutual para o Gerenciamento de Clientes utiliza uma API do serviço Núcleo do Cliente que agrega vários elementos da informação a partir do modelo de domínio da aplicação, na forma de entidades e objetos de valor do DDD. Os clientes de API podem acessar esses dados por meio de um Detentor da Informação do Cliente, implementado como um controlador REST no Spring Boot.

O Detentor da Informação do Cliente, chamado `customers`, realiza o padrão Recurso do Detentor da Informação. Ao aplicar o Detentor da Informação Vinculada para `customerProfile` e `moveHistory`, uma mensagem de resposta pode ser assim:

```
curl -X GET http://localhost:8080/customers/gktlipwhjr
{
    "customer": {
        "id": "gktlipwhjr"
    },
    "links": [{
        "rel": "customerProfile",
        "href": "/customers/gktlipwhjr/profile"
    }, {
        "rel": "moveHistory",
        "href": "/customers/gktlipwhjr/moveHistory"
    }],
    "email": "rdavenhall0@example.com",
    "phoneNumber": "491 103 8336",
    "customerInteractionLog": {
        "contactHistory": [],
        "classification": "??"
    }
}
```

Tanto `profile` quanto `moveHistory` são implementados como sub-recursos do Detentor da Informação do Cliente. `customerProfile` pode ser recuperado por uma solicitação GET subsequente para a URI `/customers/gktlipwhjr/profile`. Como o cliente sabe que uma solicitação GET deve ser usada? Essa informação pode ser incluída em um ELEMENTO DE METADADOS. Neste exemplo, os *designers* da API decidiram não incluí-la. Em vez disso, a DESCRIÇÃO DA API especifica que as solicitações GET são usadas por padrão para recuperar as informações.

Discussão

Vincular em vez de incorporar os dados relacionados resulta em mensagens menores e usa menos recursos na infraestrutura de comunicações ao trocar mensagens individuais. No entanto, isso deve ser contrastado com o uso de recursos possivelmente maior causado pelas mensagens extras necessárias para seguir os *links*: solicitações adicionais são necessárias para cancelar a referência das informações vinculadas. Vincular em vez de incorporar pode exigir mais recursos na infraestrutura de comunicações. *Endpoints* adicionais do RECURSO DO DETENTOR DA INFORMAÇÃO devem ser fornecidos para os dados vinculados, levando a um esforço de desenvolvimento e operacional, além de custos, mas permitindo impor restrições de acesso adicionais.

Ao introduzir DETENTORES DA INFORMAÇÃO VINCULADA nas representações das mensagens, uma promessa implícita é feita ao destinatário de que esses *links* podem ser seguidos com sucesso. O provedor pode não estar disposto a manter essa promessa infinitamente. Mesmo que seja garantida vida longa ao *endpoint* vinculado, os *links* ainda podem ser quebrados, por exemplo, quando a organização de dados ou o local de implantação muda. Os clientes devem esperar isso e ser capazes de seguir redirecionamentos ou as referências para os *links* atualizados. Para minimizar a quebra dos *links*, o provedor de API deve investir na manutenção da consistência deles. Um Recurso de Pesquisa de Links pode ser usado para fazer isso.

Às vezes, a distribuição de dados reduz o número de mensagens trocadas. Diferentes Detentores da Informação Vinculada podem ser definidos para os dados que mudam em velocidade diferente. Os clientes poderão solicitar os dados que mudam com frequência sempre que pedirem a última captura deles; eles não precisam solicitar novamente os dados alterados e mais lentos incorporados (portanto, fortemente acoplados).

O padrão leva a *designs* de API modulares, mas também adiciona uma dependência que deve ser gerenciada. Possivelmente há custos no desempenho, na carga de trabalho e de manutenção. O padrão Entidade Incorporada pode ser usado se justificado do ponto de vista do desempenho. Isso faz sentido se poucas chamadas grandes são melhores do que muitas pequenas devido às capacidades de processamento da rede e do *endpoint*, ou às restrições (isso deve ser medido, e não imaginado). Pode ser necessário mudar entre a Entidade Incorporada e o Detentor da Informação Vinculada durante a evolução da API. Com o padrão Dois Em Produção, ambos os *designs* podem ser oferecidos ao mesmo tempo, por exemplo, para a experimentação com uma mudança em potencial. As refatorações da API "Detentor da Informação Inline" e "Detentor da Informação de Extração" do Catálogo de Refatoração da Interface (Stocker, 2021b) fornecem mais orientações e instruções passo a passo.

O Detentor da Informação Vinculada é bem adequado ao referenciar os detentores da informação robustos que atendem a vários cenários de uso: em geral, nem todos os destinatários da mensagem exigem o conjunto completo de dados referenciados, como é o caso quando os Detentores dos Dados Mestres, como os perfis do consumidor ou os registros de produtos, são referenciados pelos Detentores dos Dados Operacionais, como consultas ou pedidos do consumidor. Seguindo os *links* para os Detentores da Informação Vinculada, os destinatários da mensagem podem obter os subconjuntos necessários sob demanda.

A decisão de usar o Detentor da Informação Vinculada e/ou incluir uma Entidade Incorporada pode depender do número de clientes de API e do nível de similaridade de seus casos de uso. Outro fator de decisão é a complexidade do modelo de domínio e dos cenários de aplicação representados. Se um cliente com um caso de uso específico é direcionado, normalmente faz sentido incorporar todos os dados; contudo, se existem vários clientes, nem todos eles podem querer os mesmos dados abrangentes. Em tais situações, os Detentores da Informação Vinculada apontando para os dados utilizados apenas por uma fração dos clientes reduzem os tamanhos das mensagens.

Padrões relacionados

Os Detentores da Informação Vinculada geralmente referenciam os Recursos do Detentor da Informação. Os Recursos do Detentor da

Informação referenciados podem ser combinados com o Recurso de Pesquisa de Links para lidar com os *links* potencialmente quebrados. Por definição, os Detentores dos Dados Operacionais referenciam os Detentores dos Dados Mestres, e essas referências podem ser incluídas e niveladas como Entidades Incorporadas ou estruturadas e progressivamente seguidas usando os Detentores da Informação Vinculada.

Outros padrões que ajudam a reduzir a quantidade de dados trocados podem ser usados como alternativa. Solicitação Condicional, Lista de Desejos e Modelo de Desejo são elegíveis. A Paginação é uma opção também.

Mais informações

"Serviço Vinculado" (Daigneau, 2011) é um padrão semelhante, mas é menos focado em dados. *Web Service Patterns* (Monday, 2003) têm um padrão "População DTO Parcial" que resolve um problema parecido (DTO, *data transfer object* – objeto de transferência de dados).

Veja *Build APIs You Won't Hate*, Seção 7.4 (Sturgeon, 2016b), para ter mais dicas e exemplos, em "Compound Document (Sideloading)".

O teorema BAC (*backup, availability, consistency* – *backup*, disponibilidade, consistência) investiga mais as questões do gerenciamento de dados (Pardon, 2018).

Conteúdo da mensagem orientado a clientes (ou modelagem da resposta)

Na seção anterior, apresentamos dois padrões para lidar com as referências entre os elementos de dados nas mensagens. Um provedor de API pode escolher incorporar ou vincular os elementos de dados relacionados e também combinar essas duas opções para conseguir tamanhos de mensagem adequados. Dependendo dos clientes e do uso da API, seu melhor uso pode ser claro. Mas os cenários de uso dos clientes podem ser tão diferentes que uma solução ainda melhor seria permitir que eles mesmos decidissem durante a execução em quais dados estão interessados.

Os padrões nesta seção oferecem duas abordagens diferentes para otimizar mais essa faceta da qualidade da API, *fatiamento da resposta* e *modelagem da resposta*. Eles abordam os seguintes desafios:

- **Desempenho, escalabilidade e uso de recursos**: fornecer todos os dados a todos os clientes todas as vezes, mesmo para aqueles que têm apenas uma necessidade de informação limitada ou mínima, tem um preço. Do ponto de vista do desempenho e da carga de trabalho, faz sentido transmitir apenas as partes relevantes de um conjunto de dados. Porém o pré-processamento e o pós-processamento necessários para reestruturar as trocas de mensagens também requerem recursos e podem prejudicar o desempenho. Esses custos precisam ser equilibrados com a redução esperada do tamanho da mensagem de resposta e as capacidades da rede de transporte subjacente.

- **Necessidades de informação dos clientes individuais:** um provedor de API pode ter que atender a vários clientes com diferentes necessidades de informação. Em geral, os provedores não querem implementar APIs personalizadas ou operações específicas do cliente, mas deixam os clientes compartilharem um conjunto de operações comuns. No entanto, alguns clientes podem estar interessados apenas em um subconjunto dos dados disponibilizados por uma API. As operações comuns podem ser muito limitadas ou numerosas em tais casos. Outros clientes podem ficar sobrecarregados se um grande conjunto de dados chega de uma só vez. Entregar poucos ou muitos dados a um cliente também é conhecido como *underfetching* (buscar dados de menos) e *overfetching* (buscar dados demais).

- **Baixo acoplamento e interoperabilidade:** as estruturas da mensagem são elementos importantes do contrato de API entre o provedor e o cliente de API. Elas contribuem para o conhecimento compartilhado dos participantes da comunicação, o que impacta o aspecto de baixo acoplamento para a autonomia do formato. Metadados para controlar o tamanho e o sequenciamento do conjunto de dados fazem parte desse conhecimento compartilhado e devem ser evoluídos junto com a carga.

- **Conveniência e experiência do desenvolvedor:** a experiência do desenvolvedor, incluindo o esforço de aprendizagem e a conveniência de programação, está intimamente relacionada às considerações de compreensão e complexidade. Por exemplo, um formato compacto otimizado para a transferência pode ser difícil de documentar e entender, preparar e consumir. A elaboração de estruturas aprimoradas com metadados que simplificam e otimizam o processamento causa um esforço extra durante a construção (durante o *design* e a execução).

- **Segurança e privacidade dos dados:** requisitos de segurança (integridade e confidencialidade dos dados em particular) e preocupações com a privacidade dos dados são relevantes em qualquer *design* da mensagem. Medidas de segurança podem exigir cargas de mensagens adicionais, como CHAVES DA API ou *tokens* de segurança. Uma consideração importante é qual carga pode e deve realmente ser enviada. Os dados que não são enviados não podem ser adulterados (pelo menos não na conexão). A necessidade de certas medidas de segurança específicas dos dados pode realmente levar a diferentes *designs* de mensagens (p. ex., as informações do cartão de crédito podem ser fatoradas em um *endpoint* da API dedicado com operações especificamente seguras). No contexto do fatiamento e do sequenciamento de grandes conjuntos de dados, todas as partes podem ser tratadas igualmente, a menos que tenham necessidades diferentes de proteção. A carga pesada causada por montar e transmitir grandes conjuntos de dados pode expor o provedor a ataques de negação de serviço.

- **Esforço de teste e manutenção:** permitir que os clientes selecionem quais dados receber (e quando) cria opções e flexibilidade em relação ao que o provedor deve esperar (e aceitar) nas solicitações recebidas. Portanto, aumentam os esforços de teste e manutenção.

Os padrões nesta seção, PAGINAÇÃO, LISTA DE DESEJOS e MODELO DE DESEJO, endereçam esses desafios de diferentes formas.

Padrão:
PAGINAÇÃO

Quando e por que aplicar

Os clientes consultam uma API, buscando coleções de itens de dados para serem exibidos ao usuário ou processados em outras aplicações. Em pelo menos uma dessas consultas, o provedor de API responde enviando um grande número de itens. O tamanho da resposta pode ser maior do que o cliente precisa ou está pronto para consumir de uma só vez.

O conjunto de dados pode consistir em elementos estruturados e idênticos (p. ex., as linhas obtidas em um banco de dados relacional ou os itens da linha em um trabalho em lote executado por um sistema de informação da empresa no *back-end*) ou em itens de dados heterogêneos que não seguem um esquema comum (p. ex., partes de um documento em um banco de dados NoSQL orientado a documentos, como MongoDB).

De que forma um provedor de API pode fornecer grandes sequências de dados estruturados sem sobrecarregar os clientes?

Além dos fatores já apresentados na introdução desta seção, a PAGINAÇÃO equilibra o seguinte:

- **Consciência da sessão e isolamento:** fatiar os dados de somente leitura é relativamente simples. Mas e se o conjunto de dados subjacentes muda durante a recuperação? A API garante que, assim que um cliente recupera a primeira página, as páginas subsequentes (que podem ou não ser recuperadas depois) conterão um conjunto de dados consistente com o subconjunto inicialmente recuperado? E as várias solicitações simultâneas para os dados parciais?

- **Tamanho do conjunto de dados e perfil de acesso aos dados:** alguns conjuntos de dados são grandes e repetitivos, e nem todos os dados transmitidos são acessados o tempo todo. Isso oferece uma otimização em potencial, especialmente para o acesso sequencial nos itens de dados ordenados do mais recente para o mais antigo, que podem não ser mais relevantes para o cliente. Além disso, os clientes podem não estar prontos para consumir conjuntos de dados com tamanhos arbitrários.

Pode-se pensar em enviar todo o conjunto de dados grande em uma única mensagem de resposta, mas essa abordagem simples pode desperdiçar a capacidade dos *endpoints* e da rede, o que também não escala bem. O tamanho da resposta para uma consulta pode ser desconhecido previamente ou o conjunto de resultados pode ser muito grande para ser processado de uma só vez no lado do cliente (ou no lado do provedor). Sem mecanismos para limitar tais consultas, podem ocorrer erros de processamento, tais como exceções de falta de memória, e o cliente ou a implementação do *endpoint* pode falhar. Desenvolvedores e *designers* de API geralmente subestimam os requisitos de memória impostos pelos contratos de consulta ilimitados. Esses problemas costumam passar despercebidos até que a carga de trabalho simultânea seja colocada no sistema ou o tamanho do conjunto de dados aumente. Em ambientes compartilhados, é possível que as consultas ilimitadas não possam ser processadas de forma eficiente em paralelo, o que leva a problemas de desempenho, escalabilidade e consistência semelhantes – combinando com solicitações simultâneas, que são difíceis de depurar e analisar.

Como funciona

Divida os grandes conjuntos de dados de resposta em blocos gerenciáveis e fáceis de transmitir (também conhecidos como páginas). Envie um bloco de resultados parciais por mensagem de resposta e informe o cliente sobre o número total e/ou restante de blocos. Forneça recursos de filtragem opcionais para permitir que os clientes solicitem determinada seleção de resultados. Para maior conveniência, inclua uma referência para o próximo bloco/página em relação à atual.

O número de elementos de dados em um bloco pode ser fixo (seu tamanho faz parte do contrato de API) ou especificado pelo cliente dinamicamente como um parâmetro de solicitação. Os ELEMENTOS DE METADADOS e os ELEMENTOS DE LINK informam ao cliente de API como recuperar os blocos adicionais depois.

Os clientes de API processam algumas ou todas as respostas parciais iterativamente, quando necessário – eles solicitam os dados do resultado página por página. Assim, as solicitações subsequentes para os blocos adicionais devem ser correlacionados. Pode fazer sentido definir uma política que oriente como os clientes podem terminar o processamento do conjunto de resultados e a preparação das respostas parciais (possivelmente exigindo um gerenciamento do estado da sessão).

A Figura 7.4 mostra uma sequência de solicitações que usa a PAGINAÇÃO para recuperar três páginas de dados.

Variantes O padrão tem quatro variantes que navegam o conjunto de dados de diferentes formas: com base em páginas, deslocamento, cursor ou *token*, e hora.

A *Paginação Baseada em Páginas* (um nome um tanto tautológico) e a *Paginação Baseada em Deslocamento* referem-se aos elementos do conjunto de dados de forma diferente. A variante baseada em página divide o conjunto de dados em páginas do mesmo tamanho; o cliente ou o provedor especifica o tamanho da página. Então os clientes solicitam as páginas por seu índice (como

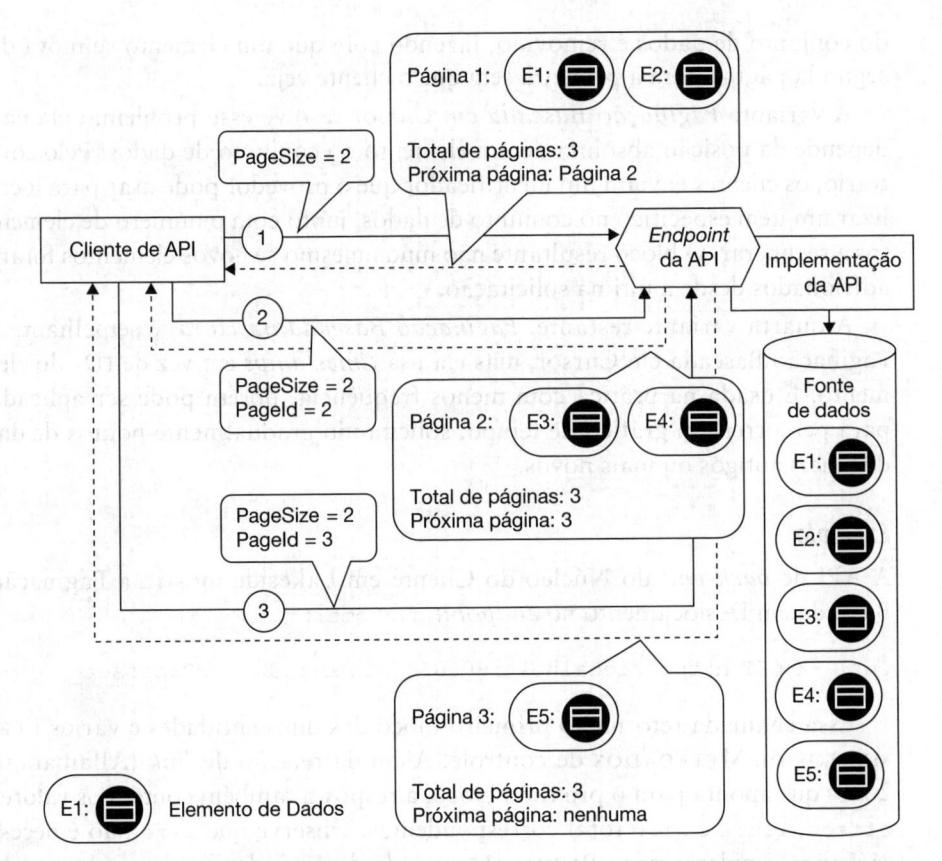

Capítulo 7 | Aprimoramento do *design* da mensagem para melhorar a qualidade

Figura 7.4 PAGINAÇÃO: solicitações de consulta e acompanhamento para as páginas, mensagens de resposta com resultados parciais.

os números da página em um livro). Com a Paginação Baseada em Deslocamento, um cliente seleciona um deslocamento em todo o conjunto de dados (i.e., quantos elementos únicos pular) e o número de elementos para retornar no próximo bloco (muitas vezes referido como *limite*). As duas abordagens podem ser usadas de forma alternada (o deslocamento pode ser calculado multiplicando o tamanho da página pelo número da página); elas lidam com o problema e resolvem os fatores de maneiras semelhantes. A Paginação Baseada em Páginas e a Paginação Baseada em Deslocamento não diferem muito em relação à experiência do desenvolvedor e a outras qualidades. Se as entradas são solicitadas com um deslocamento e limite ou todas as entradas são divididas em páginas de determinado tamanho, então solicitadas por um índice, é uma diferença menor. Qualquer caso requer dois parâmetros inteiros.

Essas variantes não são adequadas para os dados que mudam entre as solicitações, portanto, invalidam os cálculos do índice ou do deslocamento. No caso de haver um conjunto de dados ordenado pela hora de criação do mais recente para o mais antigo, supomos que um cliente recuperou a primeira página e agora solicita a segunda. Entre essas solicitações, o elemento na frente do conjunto de dados é removido, fazendo com que um elemento se mova da segunda página para a primeira sem que o cliente veja.

A variante *Paginação Baseada em Cursor* resolve esse problema: ela não depende da posição absoluta de um elemento no conjunto de dados. Pelo contrário, os clientes enviam um identificador que o provedor pode usar para localizar um item específico no conjunto de dados, junto com o número de elementos a recuperar. O bloco resultante não muda mesmo se novos elementos foram adicionados desde a última solicitação.

A quarta variante restante, *Paginação Baseada na Hora*, é semelhante à Paginação Baseada em Cursor, mas ela usa *timestamps* em vez de IDs do elemento. É usada na prática com menos frequência, porém pode ser aplicada para percorrer um gráfico de tempo, solicitando gradualmente pontos de dados mais antigos ou mais novos.

Exemplo

A API de *back-end* do Núcleo do Cliente em Lakeside mostra a Paginação Baseada em Deslocamento no *endpoint* customer:

```
curl -X GET http://localhost:8080/customers?limit=2&offset=0
```

Essa chamada retorna ao primeiro bloco das duas entidades e vários ELEMENTOS DE METADADOS de controle. Além da relação de *link* (Allamaraju, 2010) que aponta para o próximo bloco, a resposta também contém os valores offset, limit e size total correspondentes. Observe que size não é necessário para implementar a PAGINAÇÃO no lado do provedor, mas permite que os clientes de API mostrem aos usuários finais ou a outros consumidores quantos elementos de dados a mais (ou páginas) podem ser solicitados posteriormente.

```
{
  "offset": 0,
  "limit": 2,
  "size": 50,
  "customers": [
    ...
    ,
    ...
  ],
  "_links": {
    "next": {
      "href": "/customers?limit=2&offset=2"
    }
  }
}
```

Capítulo 7 | Aprimoramento do *design* da mensagem para melhorar a qualidade 331

O exemplo anterior pode ser facilmente mapeado para a consulta SQL correspondente `LIMIT 2 OFFSET 0`. Em vez de mencionar deslocamentos e limites, a API também poderia utilizar a metáfora de página no vocabulário da mensagem, como mostrado abaixo:

```
curl -X GET http://localhost:8080/customers?page-size=2&page=0
{
    "page": 0,
    "pageSize": 2,
    "totalPages": 25,
    "customers": [
        ...
        ,
        ...
    ],
    "_links": {
        "next": {
            "href": "/customers?page-size=2&page=1"
        }
    }
}
```

Usando a Paginação Baseada em Cursor, primeiro o cliente solicita uma página inicial do tamanho 2 desejado:

```
curl -X GET http://localhost:8080/customers?page-size=2
{
    "pageSize": 2,
    "customers": [
        ...
        ,
        ...
    ],
    "_links": {
        "next": {
            "href": "/customers?page-size=2&cursor=mfn834fj"
        }
    }
}
```

A resposta contém um *link* para o próximo bloco de dados, representado pelo valor do cursor `mfn834fj`. O cursor pode ser tão simples quanto a chave primária do banco de dados ou conter mais informações, como um filtro de consulta.

Discussão

A PAGINAÇÃO visa a melhorar muito o consumo e o desempenho dos recursos enviando apenas os dados atualmente necessários e fazendo isso no momento certo.

Uma única mensagem de resposta grande pode ser ineficiente para trocar e processar. Nesse contexto, o tamanho do conjunto de dados e o perfil de acesso aos dados (i.e., as necessidades do usuário), especialmente o número de registros de dados necessários para estar disponível para um cliente de API (de imediato e ao longo do tempo), exigem uma atenção especial. Sobretudo ao retornar dados para o consumo humano, nem todos os dados podem ser necessários imediatamente; então a PAGINAÇÃO pode melhorar muitíssimo os tempos de resposta para o acesso aos dados.

Do ponto de vista da segurança, recuperar e codificar grandes conjuntos de dados pode incorrer em esforço e custo no lado do provedor, portanto, levar a um ataque de negação de serviço. Além disso, transferir grandes conjuntos de dados em uma rede pode levar a interrupções, pois a maioria das redes não tem garantia de ser confiável, especialmente as redes celulares. Esse aspecto é melhorado com a PAGINAÇÃO porque os invasores só podem solicitar páginas com pequenas partes de dados em vez de um conjunto de dados inteiro (presumindo que o valor máximo do tamanho da página seja limitado). Veja que em um ataque bem sútil, pode ser suficiente solicitar a primeira página. Se uma implementação de API mal projetada carrega um grande conjunto de dados inteiro, esperando alimentar os dados para o cliente página por página, um invasor ainda consegue ocupar a memória do servidor.

Se a estrutura das respostas desejadas não é orientada, de modo que uma coleção de itens de dados possa ser particionada, a PAGINAÇÃO não pode ser aplicada. Comparado com as mensagens de resposta usando o padrão ÁRVORE DE PARÂMETROS sem PAGINAÇÃO, o padrão é bem mais complexo de entender e, portanto, pode ser menos conveniente de usar, pois transforma uma única chamada em uma conversa mais longa. A PAGINAÇÃO requer mais esforço de programação do que trocar todos os dados com uma mensagem.

A PAGINAÇÃO leva a um maior acoplamento entre o cliente e o provedor de API do que as transferências de mensagens únicas porque são necessários elementos da representação adicionais para gerenciar o fatiamento dos conjuntos de resultados em blocos. Isso pode ser mitigado padronizando os ELEMENTOS DE METADADOS necessários. Por exemplo, com a hipermídia, é possível seguir um *link* da *web* para buscar a próxima página. Um problema de acoplamento restante é a sessão que pode ser estabelecida com cada cliente enquanto as páginas estão sendo varridas.

Se os clientes de API quiserem ir além do acesso sequencial, representações complexas de parâmetros podem ser necessárias para fazer o acesso aleatório buscando páginas específicas (ou permitir que os próprios clientes calculem o índice da página). A variante Paginação Baseada em Cursor – da perspectiva do cliente, míope – com seu cursor ou *token*, geralmente não permite o acesso aleatório.

Entregar uma página por vez permite que o cliente de API processe uma quantidade digerível de dados, e uma especificação de qual página retornar facilita a navegação remota diretamente no conjunto de dados. Menos memória do *endpoint* e capacidade de rede são necessárias para lidar com as páginas individuais, embora algum *overhead* seja introduzido porque é necessário o gerenciamento da PAGINAÇÃO (analisado em breve).

A aplicação da PAGINAÇÃO traz outras preocupações em termos de *design*:

- Onde, quando e como definir o tamanho da página (o número de elementos de dados por página). Isso influencia a comunicação excessiva da API (recuperar os dados em muitas páginas pequenas requer inúmeras mensagens).
- Como ordenar os resultados – isto é, como atribuí-los às páginas e organizar os resultados parciais nessas páginas. Essa ordem normalmente não pode mudar após o início da recuperação paginada. Mudar a ordem à medida que uma API evolui ao longo de sua vida pode tornar uma nova versão da API incompatível com as anteriores, podendo passar despercebido se não comunicado corretamente e testado por completo.
- Onde e como armazenar os resultados intermediários, e por quanto tempo (política de exclusão, limites de tempo).
- Como lidar com a repetição da solicitação. Por exemplo, as solicitações iniciais e subsequentes devem ser idempotentes para evitar erros e incoerências?
- Como correlacionar as páginas/blocos (com as solicitações original, anterior e próxima).

Outros problemas de *design* para a implementação da API incluem política de *cache* (se houver), tempo de vida dos resultados (se estiverem atualizados), filtragem, bem como pré-processamento e pós-processamento da consulta (p. ex., agregações, contagens, somas). As preocupações típicas da camada de acesso a dados (p. ex., nível de isolamento e bloqueio nos bancos de dados relacionais) também entram aqui (Fowler, 2002). Os requisitos de consistência diferem por tipo de cliente e caso de uso: O desenvolvedor de cliente está ciente da PAGINAÇÃO? A resolução dessas questões é específica do contexto. As representações de *front-end* dos resultados de pesquisa nas aplicações da *web*, por exemplo, diferem da replicação de dados mestres em lote nas INTEGRAÇÕES DE BACK-END dos sistemas de informação corporativos.

Com relação às mudanças internas para as coleções mutáveis, dois casos devem ser distinguidos. Uma questão que deve ser tratada é que novos itens podem ser adicionados enquanto o cliente percorre as páginas. A segunda diz respeito às atualizações (ou remoção) dos itens em uma página que já foi vista pelo cliente. A PAGINAÇÃO pode lidar com os novos itens, mas geralmente perderá as alterações dos itens já baixados que aconteceram enquanto uma "sessão" da PAGINAÇÃO estava em andamento.

Se o tamanho da página foi definido como muito pequeno, às vezes o resultado da PAGINAÇÃO pode ser desagradável para os usuários (sobretudo os desenvolvedores que usam a API), pois eles precisam clicar e esperar para recuperar a próxima página, mesmo se há apenas alguns resultados. E mais, os usuários humanos podem esperar que as pesquisas no lado do cliente filtrem um conjunto de dados inteiro. Introduzir a PAGINAÇÃO pode resultar incorretamente em resultados de pesquisa vazios porque os itens de dados correspondentes se encontram nas páginas que ainda não foram recuperadas.

Nem todas as funções que exigem um conjunto de registros inteiro, como a pesquisa, funcionam (bem) com a PAGINAÇÃO ou precisam de um esforço extra (como estruturas de dados intermediárias no lado do cliente de API). Paginar após a pesquisa/filtragem (e não vice-versa) reduz a carga de trabalho.

Esse padrão abrange o *download* de grandes conjuntos de dados, mas e o *upload*? Tal *Paginação de Solicitação* pode ser vista como um padrão complementar. Ela faria o *upload* gradual dos dados e dispararia um trabalho de processamento só quando todos os dados estivessem lá. A Construção do Estado Incremental, um dos Padrões de Conversação (Hohpe, 2017), tem essa natureza inversa. Ela descreve uma solução semelhante à PAGINAÇÃO para entregar os dados do cliente para o provedor em várias etapas.

Padrões relacionados

A PAGINAÇÃO pode ser vista como o oposto do PACOTE DE SOLICITAÇÕES: enquanto a PAGINAÇÃO se preocupa em reduzir o tamanho da mensagem individual dividindo uma mensagem grande em muitas páginas menores, o PACOTE DE SOLICITAÇÕES combina várias mensagens em uma única e grande.

Uma consulta paginada normalmente define uma LISTA DE PARÂMETROS ATÔMICOS para seus parâmetros de entrada contendo os parâmetros de consulta e uma ÁRVORE DE PARÂMETROS para seus parâmetros de saída (i.e., as páginas).

Um esquema de correlação de solicitação/resposta pode ser necessário para que o cliente possa diferenciar os resultados parciais de várias consultas na chegada das mensagens de resposta. O padrão "Identificador de Correlação" (Hohpe, 2003) pode ser elegível nesses casos.

Uma "Sequência de Mensagens" (Hohpe, 2003) também pode ser usada quando um elemento de dados grande tem que ser dividido.

Mais informações

O Capítulo 10 de *Build APIs You Won't Hate* abrange os tipos de PAGINAÇÃO, examina as abordagens da implementação e apresenta exemplos em PHP (Sturgeon, 2016b). O Capítulo 8 de *RESTful Web Services Cookbook* lida com as consultas em um contexto HTTP RESTful (Allamaraju, 2010). *Web API Design: The Missing Link* cobre a PAGINAÇÃO em "More on Representation Design" (Apigee, 2018).

Capítulo 7 | Aprimoramento do *design* da mensagem para melhorar a qualidade

Em um contexto mais amplo, a interface do usuário (UI) e as comunidades de *design* da *web* têm padrões PAGINAÇÃO capturados em diferentes contextos (não *design* e gerenciamento da API, mas *design* de interação e visualização de informações). Veja a cobertura do tópico no *site* Interaction Design Foundation (Foundation, 2021) e no *site* UI Patterns (UI Patterns, 2021).

O Capítulo 8 do livro *Implementing Domain-Driven Design* apresenta uma recuperação passo a passo de um *log*/arquivo de notificação, que pode ser visto como Paginação Baseada em Deslocamento (Vernon, 2013). O RFC 5005 aborda a paginação de *feed* e o armazenamento para Atom (Nottingham, 2007).

> **Padrão:**
> **LISTA DE DESEJOS**

Quando e por que aplicar

Os provedores de API atendem a vários clientes diferentes que chamam as mesmas operações. Nem todos os clientes têm as mesmas necessidades de informação: alguns podem usar apenas um subconjunto dos dados oferecidos por um *endpoint* e suas operações, outros podem precisar de conjuntos de dados robustos.

De que forma um cliente de API pode informar ao provedor de API, durante a execução, sobre os dados nos quais está interessado?

Ao lidar com esse problema, os *designers* de API equilibram os aspectos do desempenho, como o tempo de resposta e a taxa de transferência, com os fatores que influenciam a experiência do desenvolvedor, como esforço de aprendizagem e evolução. Eles se esforçam para ter parcimônia nos dados (ou *Datensparsamkeit*).

Esses fatores poderiam ser resolvidos com a introdução de componentes da infraestrutura, tais como *gateways* e *caches* no nível da rede e da aplicação, para reduzir a carga no servidor, mas esses componentes aumentam a complexidade do modelo de implantação e da topologia da rede do ecossistema de APIs, aumentando os testes de infraestrutura relacionados, o gerenciamento das operações e os esforços de manutenção.

Como funciona

> Como cliente de API, forneça uma LISTA DE DESEJOS na solicitação, enumerando todos os elementos de dados desejados do recurso solicitado. Como provedor de API, na mensagem de resposta, forneça apenas os elementos de dados enumerados na LISTA DE DESEJOS ("modelagem da resposta").

Especifique a LISTA DE DESEJOS como uma LISTA DE PARÂMETROS ATÔMICOS ou uma ÁRVORE DE PARÂMETROS plana. Como um caso especial, um PARÂMETRO ATÔMICO simples pode ser incluído e indicar um nível de explicação (ou nível de detalhe) como `minimal`, `medium` ou `full`.

A Figura 7.5 mostra as mensagens de solicitação e resposta usadas ao introduzir uma LISTA DE DESEJOS:

O Avaliador de Lista na figura tem duas opções de implementação. Muitas vezes é convertido em um filtro para a fonte de dados de modo que apenas os dados relevantes sejam carregados. Uma alternativa é a implementação da API buscando um conjunto de resultados completo na fonte de dados e selecionando as entidades que aparecem no desejo do cliente ao montar os dados da resposta. Veja que a fonte de dados pode ser qualquer tipo de sistema de *back-end*, possivelmente remoto, ou um banco de dados. Por exemplo, o desejo se traduz em uma cláusula WHERE de uma consulta SQL quando a fonte de dados é um banco de dados relacional. Se um sistema remoto é acessado por uma API, a LISTA DE DESEJOS pode simplesmente ser passada após ter sido validada (presumindo que a API posterior também suporta o padrão).

Variantes Uma variante comum é fornecer opções de *expansão* nas respostas. A resposta para a primeira solicitação fornece apenas um resultado conciso com uma lista de parâmetros que pode ser expandida nas solicitações subsequentes. Para expandir os resultados da solicitação, o cliente pode selecionar um ou mais parâmetros na LISTA DE DESEJOS de uma solicitação de acompanhamento.

Outra variante é definir e dar suporte a um mecanismo curinga, como conhecido no SQL e em outras linguagens de consulta. Por exemplo, um asterisco `*` pode solicitar todos os elementos de dados de um recurso em particular (que poderia então ser o padrão se nenhum desejo é especificado). Esquemas ainda mais complexos são possíveis, como as especificações em cascata (p. ex., `customer.*` buscando todos os dados sobre o consumidor).

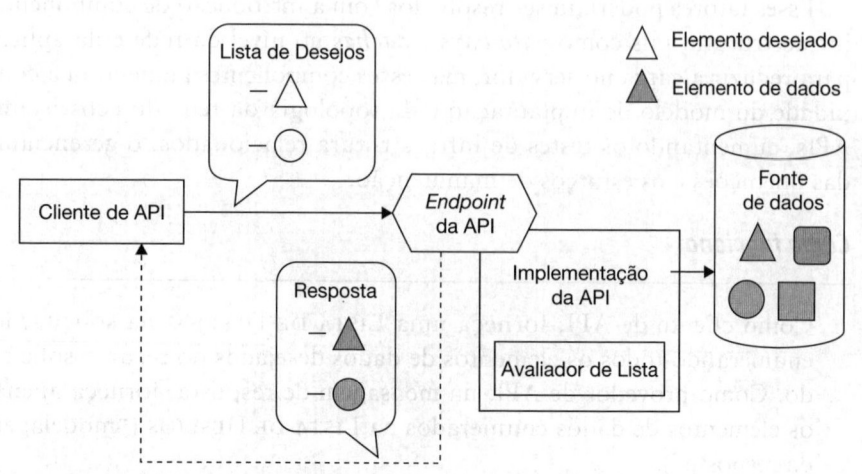

Figura 7.5 LISTA DE DESEJOS: um cliente enumera os elementos de dados desejados do recurso.

Exemplo

Na aplicação Núcleo do Cliente da Lakeside Mutual, uma solicitação de um cliente retorna todos os seus atributos disponíveis.

```
curl -X GET http://localhost:8080/customers/gktlipwhjr
```

Para o ID do cliente `gktlipwhjr`, isso retornaria o seguinte:

```
{
    "customerId": "gktlipwhjr",
    "firstname": "Max",
    "lastname": "Mustermann",
    "birthday": "1989-12-31T23:00:00.000+0000",
    "streetAddress": "Oberseestrasse 10",
    "postalCode": "8640",
    "city": "Rapperswil",
    "email": "admin@example.com",
    "phoneNumber": "055 222 4111",
    "moveHistory": [ ],
    "customerInteractionLog": {
        "contactHistory": [ ],
        "classification": {
            "priority": "gold"
        }
    }
}
```

Para melhorar o *design*, uma LISTA DE DESEJOS na *string* de consulta pode restringir o resultado aos campos incluídos no desejo. No exemplo, um cliente de API pode estar interessado apenas em `customerId`, `birthday` e `postalCode`:

```
curl -X GET http://localhost:8080/customers/gktlipwhjr?\
fields=customerId,birthday,postalCode
```

A resposta retornada contém agora apenas os campos solicitados:

```
{
    "customerId": "gktlipwhjr",
    "birthday": "1989-12-31T23:00:00.000+0000",
    "postalCode": "8640"
}
```

Essa resposta é muito menor; apenas a informação solicitada pelo cliente é transmitida.

Discussão

A LISTA DE DESEJOS ajuda a gerenciar as diferentes necessidades de informação dos clientes de API. É muito adequado se a rede tem uma capacidade limitada e há certa confiança de que os clientes geralmente requerem apenas um subconjunto dos dados disponíveis. As possíveis consequências negativas incluem outras ameaças de segurança, complexidade adicional, bem como esforços de teste e manutenção. Antes de introduzir um mecanismo da Lista de Desejos, essas consequências negativas devem ser consideradas com cuidado. Muitas vezes, elas são tratadas como algo secundário e atenuá-las pode levar a problemas de manutenção e evolução assim que a API entra em produção.

Ao adicionar ou não valores de atributo na instância Lista de Desejos, o cliente de API expressa seus desejos para o provedor, então o desejo da parcimônia de dados (ou *Datensparsamkeit*) é atendido. O provedor não precisa fornecer versões especializadas e otimizadas das operações para determinados clientes nem adivinhar os dados necessários para os casos de uso do cliente. Os clientes podem especificar os dados de que necessitam, melhorando assim o desempenho ao criar menos carga do banco de dados e da rede.

Os provedores precisam implementar mais lógica em suas camadas de serviço, possivelmente afetando outras camadas no acesso aos dados também. Os provedores correm o risco de expor seu modelo de dados aos clientes, aumentando o acoplamento. Os clientes devem criar a Lista de Desejos, a rede deve transportar esses metadados e o provedor deve processá-los.

Uma lista de nomes de atributos separados por vírgulas pode levar a problemas quando mapeados para os elementos da linguagem de programação. Por exemplo, um nome de atributo incorreto pode levar a um erro (se o cliente de API tiver sorte) ou o desejo expresso pode ser ignorado (o que pode levar o cliente de API à impressão de que o atributo não existe). Além disso, as mudanças na API podem ter consequências inesperadas – um atributo renomeado pode não ser mais encontrado se os clientes não modificarem seus desejos em conformidade.

Soluções usando as variantes mais complexas introduzidas antes (p. ex., as especificações em cascata, curingas ou expansão) podem ser mais difíceis de entender e compilar do que as alternativas mais simples. Às vezes, os recursos de pesquisa e filtro internos do provedor, como curingas ou expressões regulares, podem ser reutilizados.

Esse padrão (ou, de forma mais geral, todos os padrões e práticas que compartilham esse objetivo comum e tema do conteúdo da mensagem orientada ao cliente) também é conhecido como *modelagem da resposta*.

Padrões relacionados

O Modelo de Desejo aborda o mesmo problema da Lista de Desejos, mas usa uma estrutura possivelmente aninhada para expressar os desejos em vez de uma lista plana de nomes dos elementos. Em geral, a Lista de Desejos e o Modelo de Desejo lidam com Árvores de Parâmetros nas mensagens de resposta porque os padrões para reduzir os tamanhos das mensagens são particularmente úteis ao lidar com as estruturas complexas dos dados de resposta.

Usar uma Lista de Desejos tem uma influência positiva ao manter uma Taxa-Limite, pois menos dados são transferidos quando o padrão é usado.

Para reduzir ainda mais os dados transferidos, eles podem ser combinados com uma SOLICITAÇÃO CONDICIONAL.

O padrão PAGINAÇÃO também reduz os tamanhos das mensagens de resposta ao dividir as grandes respostas repetidas em partes. Os dois padrões podem ser combinados.

Mais informações

A sintaxe da expressão regular ou as linguagens de consulta como XPath (para as cargas XML) podem ser vistas como uma variante avançada desse padrão. GraphQL (GraphQL, 2021) oferece uma linguagem de consulta declarativa para descrever a representação a ser recuperada em um esquema acordado e encontrado na documentação da API. Detalhamos mais o GraphQL no padrão MODELO DE DESEJO.

Web API Design: The Missing Link (Apigee, 2018) recomenda LISTAS DE DESEJOS separadas por vírgulas em seu capítulo "More on Representation Design". James Higginbotham apresenta esse padrão como "Incorporar Zoom" (Higginbotham, 2018).

"Practical API Design at Netflix, Part 1: Using Protobuf FieldMask" no Netflix Technology Blog (Borysov, 2021) menciona seletores de campo GraphQL e conjuntos de arquivos esparsos em JSON:API (JSON API, 2022). Ele apresenta o Protocol Buffer `FieldMask` como uma solução para as APIs gRPC no Netflix Studio Engineering. Os autores sugerem que os provedores de API podem enviar as bibliotecas de clientes com `FieldMask` predefinido para as combinações de campos mais usadas. Isso faz sentido se vários consumidores estão interessados no mesmo subconjunto de campos.

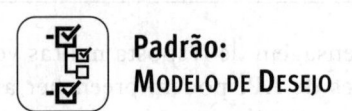

Padrão:
MODELO DE DESEJO

Quando e por que aplicar

Um provedor de API precisa atender a vários clientes diferentes que chamam as mesmas operações. Nem todos os clientes têm as mesmas necessidades de informação: alguns podem precisar apenas de um subconjunto dos dados oferecidos pelo *endpoint*; outros podem precisar de conjuntos de dados robustos e profundamente estruturados.

De que forma um cliente de API pode informar o provedor de API sobre os dados aninhados nos quais está interessado? Como tais preferências podem ser expressas de forma flexível e dinâmica?[3]

---

[3] Veja que isso é muito semelhante ao problema do padrão LISTA DE DESEJOS, mas adiciona o tema de aninhamento dos dados da resposta.

Um provedor de API que tem vários clientes com informações diferentes pode simplesmente expor uma estrutura de dados complexa que representa o superconjunto (ou união) do que a comunidade de clientes deseja (p. ex., todos os atributos dos dados mestres, como informações do produto ou do consumidor, ou coleções de entidades dos dados operacionais, como os itens do pedido de compra). Muito provavelmente, essa estrutura ficará cada vez mais complexa conforme a API evolui. Essa abordagem geral também tem custos no desempenho (tempo de resposta, taxa de transferência) e introduz ameaças à segurança.

Uma alternativa é usar uma LISTA DE DESEJOS plana que simplesmente enumera os atributos desejados, mas uma abordagem tão simples tem expressividade limitada ao lidar com as estruturas de dados aninhadas.

Gateways e *proxies* no nível da rede e da aplicação podem ser introduzidos para melhorar o desempenho, por exemplo, armazenando em *cache*. Tais respostas para os problemas de desempenho aumentam a complexidade do modelo de implantação e da topologia de rede, requerendo um esforço de *design* e configuração.

Como funciona

Adicione um ou mais parâmetros à mensagem de solicitação, que espelhe a estrutura hierárquica dos parâmetros na mensagem de resposta correspondente. Torne esses parâmetros opcionais ou use booleanos como seus tipos para que os valores indiquem se um parâmetro deve ou não ser incluído.

A estrutura do desejo que espelha a mensagem de resposta muitas vezes é uma ÁRVORE DE PARÂMETROS. Os clientes de API podem preencher as instâncias do parâmetro MODELO DE DESEJO com valores vazios, de amostra ou fictícios ao enviar uma mensagem de solicitação ou definir seu valor booleano para *true* indicando seu interesse. O provedor de API usa a estrutura do desejo espelhada como um modelo para a resposta e substitui os valores solicitados por dados de resposta reais. A Figura 7.6 mostra o *design*.

O Processador de Modelos na figura tem duas opções de implementação, dependendo do formato do modelo escolhido. Se um objeto espelhado já foi recebido na conexão e estruturado como uma ÁRVORE DE PARÂMETROS, essa estrutura de dados pode ser percorrida para preparar a recuperação da fonte de dados (ou extrair as partes relevantes do conjunto de resultados). Como alternativa, os modelos podem estar na forma de uma consulta declarativa, que deve ser avaliada primeiro e depois convertida em uma consulta do banco de dados ou um filtro a ser aplicado nos dados obtidos (as duas opções são semelhantes às do componente Avaliador de Lista de um processador LISTA DE DESEJOS mostrado na Figura 7.5). A avaliação da instância do modelo pode ser direta e ter suporte de bibliotecas ou conceitos de linguagem na implementação

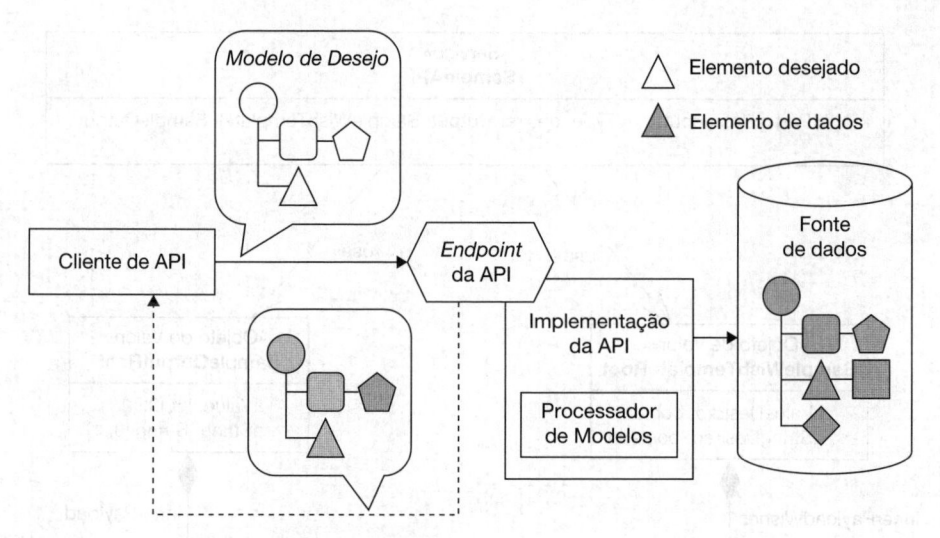

Figura 7.6 Componentes do MODELO DE DESEJO e etapas do processamento.

da API (p. ex., navegar os objetos JSON aninhados com JSONPath, documentos XML com XPath ou combinar com uma expressão regular).

Para as sintaxes do modelo complexas que constituem uma linguagem específica do domínio, pode ser necessária a introdução de conceitos do compilador, tais como varredura e análise.

A Figura 7.7 mostra a estrutura correspondente dos parâmetros de entrada e saída para dois campos de alto nível, aValue e aString, e um objeto-filho aninhado que também tem dois campos, aFlag e aSecondString. Os parâmetros de saída (ou elementos da mensagem de resposta) têm tipos inteiros e de *string*, e o espelho na mensagem de solicitação especifica os valores booleanos correspondentes. Definir o booleano para *true* indica interesse nos dados.

Exemplo

O seguinte contrato de serviço MDSL introduz um <<Wish_Template>> destacado com um estereótipo:

```
data type PersonalData P //  não especificado, espaço reservado
data type Address P // não especificado, espaço reservado
data type CustomerEntity <<Entity>> {PersonalData?, Address?}

endpoint type CustomerInformationHolderService
  exposes
    operation getCustomerAttributes
      expecting payload {
        "customerId":ID, // ID do cliente
        <<Wish_Template>>"mockObject":CustomerEntity
        // tem a mesma estrutura do conjunto de resultados desejado
      }
      delivering payload CustomerEntity
```

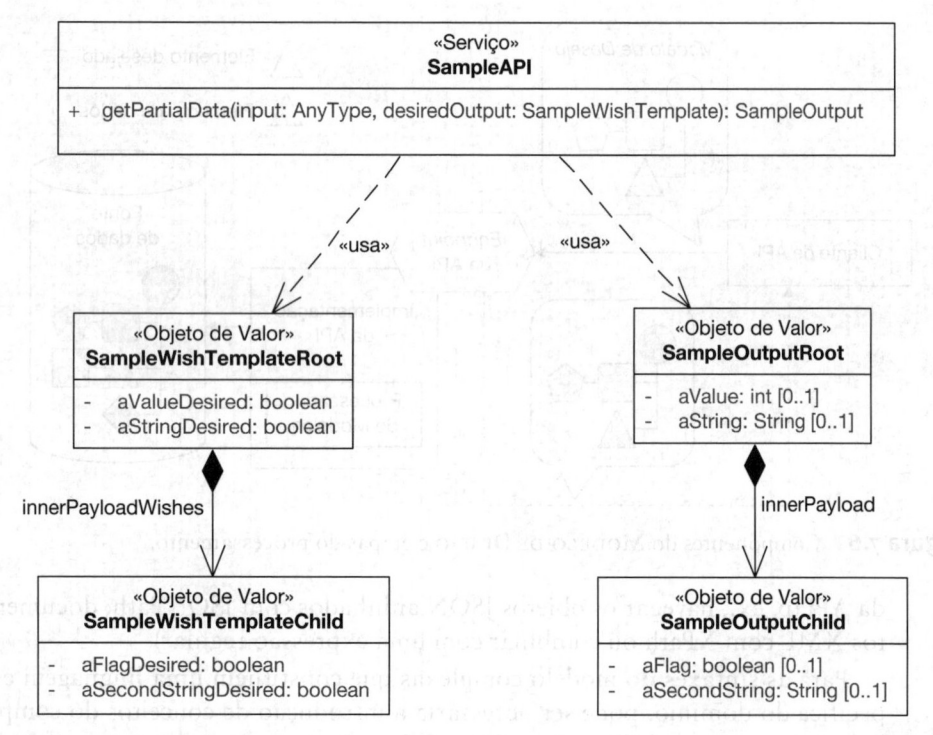

```
                            «Serviço»
                            SampleAPI
    + getPartialData(input: AnyType, desiredOutput: SampleWishTemplate): SampleOutput
```

                    «usa»   «usa»

```
    «Objeto de Valor»                       «Objeto de Valor»
    SampleWishTemplateRoot                  SampleOutputRoot
    - aValueDesired: boolean                - aValue: int [0..1]
    - aStringDesired: boolean               - aString: String [0..1]
```

   innerPayloadWishes   innerPayload

```
    «Objeto de Valor»                       «Objeto de Valor»
    SampleWishTemplateChild                 SampleOutputChild
    - aFlagDesired: boolean                 - aFlag: boolean [0..1]
    - aSecondStringDesired: boolean         - aSecondString: String [0..1]
```

Figura 7.7 Possível estrutura do objeto fictício/de espelho (MODELO DE DESEJO).

Neste exemplo de API, o cliente pode enviar um objeto de espelho `CustomerEntity` (ou fictício) que pode incluir os atributos `PersonalData` e/ou `Address` (isso é feito na definição `CustomerEntity` de `data type`). O provedor pode então verificar quais atributos foram enviados (ignorando os valores fictícios no desejo) e responder com uma instância `CustomerEntity` preenchida contendo `PersonalData` e/ou `Address`.

Discussão

A parcimônia dos dados (ou *Datensparsamkeit*) é um importante princípio geral de *design* nos sistemas distribuídos com desempenho e segurança críticos. No entanto, esse princípio nem sempre é aplicado quando se define iterativa e incrementalmente um *endpoint* da API: geralmente é mais fácil adicionar coisas (no caso em questão, itens de informação ou atributos) do que removê--los, isto é, assim que algo é adicionado a uma API, muitas vezes é difícil determinar se pode ser removido com segurança de forma compatível com as versões anteriores (sem mudanças importantes), pois muitos clientes (talvez até desconhecidos) podem depender dele. Especificando os valores de atributo selecionados na instância do MODELO DE DESEJO e preenchendo com valores do marcador ou *flags* booleanos, o consumidor expressa seus desejos ao provedor; assim, o desejo da parcimônia e da flexibilidade dos dados é atendido.

Ao implementar esse padrão, várias decisões devem ser tomadas, incluindo como representar e preencher o modelo. O padrão parecido de uma LISTA DE DESEJOS menciona uma lista separada por vírgulas como uma abordagem, mas as ÁRVORES DE PARÂMETROS que formam o MODELO DE DESEJO são mais elaborados e, portanto, requerem codificação e análise sintática. Embora as notações de modelo altamente sofisticadas possam melhorar muito a experiência do desenvolvedor no lado do cliente e o desempenho, elas também correm o risco de se tornar em uma parte maior e bem complexa do *middleware* incorporada na implementação da API (que vem com um esforço de desenvolvimento, teste e manutenção, além do risco técnico).

Outra questão é como lidar com os erros dos desejos que não podem ser atendidos, por exemplo, porque o cliente especificou um parâmetro inválido. Uma abordagem seria ignorar o parâmetro em silêncio, mas isso pode ocultar problemas reais, como um erro de digitação ou a mudança dom nome de um parâmetro.

O padrão é aplicável não apenas ao planejar as APIs em relação aos recursos de negócios, mas também ao trabalhar com mais domínios relacionados à infraestrutura de TI, como redes definidas por *software*, contêineres de virtualização ou análise de *big data*. Tais domínios e soluções de *software* normalmente têm modelos de domínio avançados e muitas opções de configuração. Lidar com a variabilidade resultante justifica uma abordagem flexível para o *design* de API e a recuperação de informações.

GraphQL, com seu sistema de tipos, introspecção e capacidades de validação, bem como seu conceito de solução, pode ser visto como uma realização avançada desse padrão (GraphQL, 2021). Os MODELOS DE DESEJO do GraphQL são os esquemas de consulta e mutação que fornecem descrições declarativas dos desejos e das necessidades do cliente. Veja que a adoção do GraphQL requer a implementação de um servidor GraphQL (de fato realizando o Processador de Modelo na Figura 7.6). Esse servidor é um tipo particular de *endpoint* da API localizado no topo dos *endpoints* reais da API (que se tornam soluções nos termos do GraphQL). Esse servidor deve analisar a descrição declarativa das consultas e das mutações, em seguida, chamar uma ou mais soluções, que por sua vez podem chamar outras ao seguir a hierarquia da estrutura de dados.

Padrões relacionados

A LISTA DE DESEJOS aborda o mesmo problema, mas usa uma enumeração plana em vez de um objeto fictício/de modelo. Os dois padrões lidam com as instâncias da ÁRVORE DE PARÂMETROS nas mensagens de resposta. O MODELO DE DESEJO se torna parte de uma ÁRVORE DE PARÂMETROS que aparece na mensagem de solicitação.

O MODELO DE DESEJO compartilha muitas características com seu padrão parecido LISTA DE DESEJOS. Por exemplo, sem validação do contrato de dados no lado do cliente e do provedor em um esquema (XSD, Esquema JSON), o

Modelo de Desejo tem as mesmas desvantagens da abordagem de enumeração simples descrita no padrão Lista de Desejos. Os Modelos de Desejo podem ficar mais complexos de especificar e entender do que as listas de desejos simples. – esquemas e validadores geralmente não são necessários para as listas de desejos simples. Os desenvolvedores de provedor devem estar cientes de que os desejos complexos com aninhamento profundo podem forçar e pressionar a infraestrutura de comunicação.[4] O processamento também pode ficar mais complexo. Aceitar o esforço extra, bem como a complexidade adicionada às definições dos dados de parâmetros e seu processamento, só faz sentido se as estruturas mais simples, como as Listas de Desejos, não conseguem expressar o desejo adequadamente.

Usar um Modelo de Desejo tem uma influência positiva na Taxa-Limite, pois menos dados são transferidos quando o padrão é usado e menos solicitações são necessárias.

Mais informações
Em "You Might Not Need GraphQL", Phil Sturgeon mostra várias APIs que implementam a modelagem da resposta e como elas correspondem aos conceitos relacionados do GraphQL (Sturgeon, 2017).

Otimização da troca de mensagens (ou eficiência da conversa)

A seção anterior mostrou padrões que permitem aos clientes especificar a partição dos grandes conjuntos de dados e em quais pontos de dados individuais eles estão interessados. Isso permite que os provedores e os clientes de API evitem transferências e solicitações de dados desnecessárias. Mas talvez o cliente já tenha uma cópia dos dados e não queira receber os mesmos dados novamente. Ou pode ter que enviar muitas solicitações individuais, que causam um *overhead* na transmissão e no processamento. Os padrões descritos aqui fornecem soluções para os dois problemas e tentam equilibrar os seguintes fatores comuns:

- **Complexidade do *design* e da programação do *endpoint*, do cliente e da carga da mensagem**: o esforço adicional necessário para implementar e operar um *endpoint* da API mais complexo que leva em consideração as características da frequência da atualização dos dados precisa ser equilibrado com a redução esperada no processamento do *endpoint* e no uso da largura de banda. Reduzir o número de solicitações não implica que menos informações são trocadas. Por isso, as mensagens restantes devem transportar mais cargas complexas.

---

[4] Olaf Hartig e Jorge Pérez analisaram o desempenho da API GraphQL do GitHub e descobriram um "aumento exponencial nos tamanhos dos resultados" conforme aumentavam a profundidade do nível da consulta. A API expirou nas consultas com níveis de aninhamento superiores a 5 (Hartig, 2018).

- **Precisão do relatório e da cobrança:** o relatório e a cobrança do uso da API devem ser precisos e percebidos como sendo justos. Uma solução que sobrecarrega o cliente com um trabalho adicional (p. ex., manter controle de qual versão dos dados ele tem) para reduzir a carga de trabalho do provedor pode exigir algum incentivo do provedor. Essa complexidade extra na conversa entre cliente/provedor também pode ter um impacto na consideração das chamadas da API.

Os dois padrões que respondem a esses fatores são a SOLICITAÇÃO CONDICIONAL e o PACOTE DE SOLICITAÇÕES.

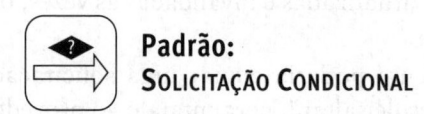

Padrão:
SOLICITAÇÃO CONDICIONAL

Quando e por que aplicar

Alguns clientes continuam solicitando os mesmos dados no lado do servidor repetidas vezes. Esses dados não mudam entre as solicitações.

De que forma é possível evitar o processamento no lado do servidor e o uso da largura de banda desnecessários na chamada a operações da API que retornam dados que raramente mudam?

Além dos desafios apresentados no início desta seção, os seguintes fatores se aplicam:

- **Tamanho das mensagens:** se a largura de banda da rede ou a capacidade de processamento do *endpoint* for limitada, é um desperdício retransmitir as grandes respostas que o cliente já recebeu.
- **Carga de trabalho do cliente:** os clientes podem querer saber se o resultado de uma operação mudou desde a última chamada para evitar o reprocessamento dos mesmos resultados. Isso reduz a carga de trabalho.
- **Carga de trabalho do provedor:** algumas solicitações são muito baratas de responder, como aquelas que não envolvem um processamento complexo, consultas do banco de dados externas ou outras chamadas de *back-end*. Qualquer complexidade adicional durante a execução do *endpoint* da API, por exemplo, qualquer lógica de decisão introduzida para evitar chamadas desnecessárias, pode ir na contramão das possíveis economias em tais casos.
- **Atualidade *versus* correção dos dados:** os clientes de API podem querer armazenar em *cache* uma cópia local dos dados para reduzir o número de chamadas da API. Como detentores da cópia, eles devem decidir quando atualizar seus *caches* para evitar dados obsoletos. As mesmas considerações se aplicam

aos metadados. Por um lado, quando os dados mudam, as chances são de que os metadados sobre eles também mudem. Por outro lado, os dados podem permanecer iguais e apenas os metadados podem mudar. As tentativas de ter conversas mais eficientes devem levar em conta essas considerações.

Pode-se considerar aumentar ou diminuir a escala no nível da implantação física para alcançar o desempenho desejado, mas essa abordagem tem limites e é cara. O provedor de API ou um *gateway* de API intermediário pode armazenar em *cache* os dados solicitados anteriormente para servi-los rápido sem ter que recriar ou buscar no banco de dados ou em um serviço de *back-end*. Esses *caches* dedicados devem ser mantidas atualizadas e invalidadas às vezes, o que leva a problemas complexos de *design*.[5]

Em um *design* alternativo, o cliente poderia enviar uma solicitação de "comprovação" ou do tipo "olhe antes de saltar", perguntando ao provedor se algo mudou antes de enviar a solicitação real. Mas esse *design* dobra o número de solicitações, torna a implementação do cliente mais complexa e pode reduzir o desempenho do cliente quando a rede tem alta latência.

Como funciona

Faça solicitações condicionais adicionando Elementos de Metadados às representações da mensagem (ou cabeçalhos do protocolo) e processando essas solicitações somente se a condição especificada pelos metadados for atendida.

Se a condição não for atendida, o provedor não responderá com uma resposta completa, mas retornará um código de *status* especial. Os clientes poderão então usar o valor em *cache* anterior. No caso mais simples, as condições representadas pelos Elementos de Metadados poderiam ser transferidas em um Parâmetro Atômico. Números de versão dos dados específicos da aplicação ou *timestamps* podem ser usados se já existem na solicitação.

A Figura 7.8 mostra os elementos da solução.

Também é possível implementar o padrão Solicitação Condicional na infraestrutura da comunicação, ortogonal e complementar ao conteúdo específico da aplicação. Para tanto, o provedor pode incluir um *hash* dos dados atendidos. O cliente pode incluir esse *hash* nas solicitações subsequentes para indicar qual versão dos dados ele já tem e para quais dados deseja receber apenas as versões mais recentes. Uma resposta `condition violated` especial é retornada em vez da resposta completa se a condição não é atendida. Essa abordagem implementa

---

[5] Como observa Phil Karlton (citado por Martin Fowler), "Há apenas duas coisas difíceis na Ciência da Computação: invalidação do *cache* e nomenclatura das coisas" (Fowler, 2009). Fowler ironiza essa afirmação.

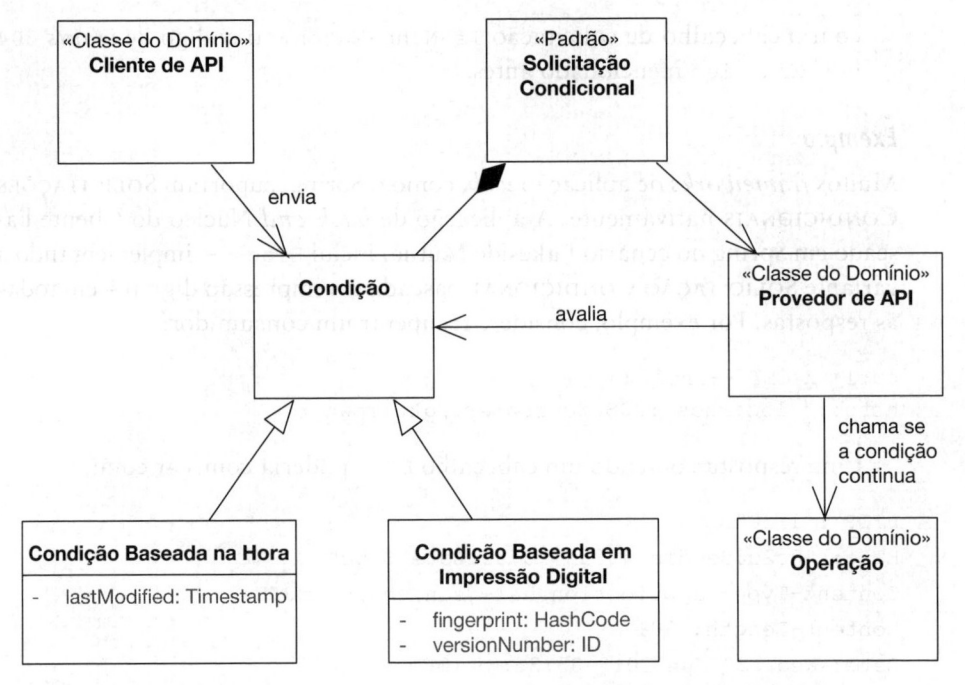

Figura 7.8 Solicitação Condicional.

uma estratégia de "*cache* virtual", permitindo aos clientes reciclarem as respostas recuperadas antes (presumindo que eles mantiveram uma cópia).

Variantes As condições da solicitação podem ter diferentes formas, levando a diferentes variantes do padrão:

- *Solicitação Condicional Baseada na Hora*: os recursos são marcados com *timestamp* com uma data `lastmodified`. Um cliente pode usar esse *timestamp* nas solicitações subsequentes para que o servidor responda com uma representação do recurso somente se ela for mais recente do que a cópia que o cliente já tem. Veja que essa abordagem requer uma sincronização do relógio entre clientes e servidores, caso deva funcionar com precisão (o que nem sempre pode ser necessário). Em HTTP, o cabeçalho da solicitação `If--Modified-Since` tem tal *timestamp* e o código de *status* `304 Not Modified` é usado para indicar que uma versão mais recente não está disponível.
- *Solicitação Condicional Baseada em Impressão Digital*: os recursos são marcados pelo provedor, ou seja, têm impressão digital, usando, por exemplo, uma função *hash* aplicada no corpo da resposta ou algum número de versão. Os clientes podem então incluir a impressão digital para indicar a versão dos dados que já possuem. Em HTTP, a *tag* de entidade (`ETag`), conforme descrito no RFC 7232 (Fielding, 2014a), serve a esse propósito junto

com o cabeçalho de solicitação `If-None-Match` e o código de *status* `304 Not Modified` mencionado antes.

Exemplo

Muitos *frameworks* de aplicação *web*, como o Spring, suportam SOLICITAÇÕES CONDICIONAIS nativamente. A aplicação de *back-end* Núcleo do Cliente baseado em Spring no cenário Lakeside Mutual inclui ETags – implementando a variante SOLICITAÇÃO CONDICIONAL baseada em impressão digital – em todas as respostas. Por exemplo, considere recuperar um consumidor:

```
curl -X GET --include \
http:://localhost:8080/customers/gktlipwhjr
```

Uma resposta contendo um cabeçalho `ETag` poderia começar com:

```
HTTP/1.1 200
ETag: "0c2c09ecd1ed498aa7d07a516a0e56ebc"
Content-Type: application/hal+json;charset=UTF-8
Content-Length: 801
Date: Wed, 20 Jun 2018 05:36:39 GMT
{
  "customerId": "gktlipwhjr",
...
```

As solicitações subsequentes podem incluir a `ETag` recebida do provedor anteriormente para tornar a solicitação condicional:

```
curl -X GET --include --header \
'If-None-Match: "0c2c09ecd1ed498aa7d07a516a0e56ebc"' \
http://localhost:8080/customers/gktlipwhjr
```

Se a entidade não mudou, ou seja, ocorre `If-None-Match`, o provedor responde com `304 Not Modified`, incluindo a mesma `ETag`:

```
HTTP/1.1 304
ETag: "0c2c09ecd1ed498aa7d07a516a0e56ebc"
Date: Wed, 20 Jun 2018 05:47:11 GMT
```

Se o consumidor mudou, o cliente receberá a resposta completa, incluindo uma nova `ETag`, como mostrado na Figura 7.9.

Observe que o microsserviço Núcleo do Cliente implementa a SOLICITAÇÃO CONDICIONAL como um filtro aplicado à resposta. Usar um filtro significa que a resposta ainda é calculada, mas então é descartada pelo filtro e substituída pelo código de *status* `304 Not Modified`. Essa abordagem tem a vantagem de ser transparente para a implementação do *endpoint*; porém, só economiza largura de banda e não o tempo de computação. Um *cache* no lado do servidor poderia ser usado para minimizar o tempo computacional também.

Discussão

As SOLICITAÇÕES CONDICIONAIS permitem que clientes e provedores de API economizem largura de banda sem presumir que os provedores se lembram se determinado cliente já viu a última versão dos dados solicitados. Cabe aos clientes lembrarem o servidor sobre sua última versão conhecida dos dados. Eles armazenam em *cache* as respostas anteriores e são responsáveis por manter o controle de seu *timestamp* ou da impressão digital, e reenviar essas informações junto com suas próximas solicitações. Isso simplifica a configuração

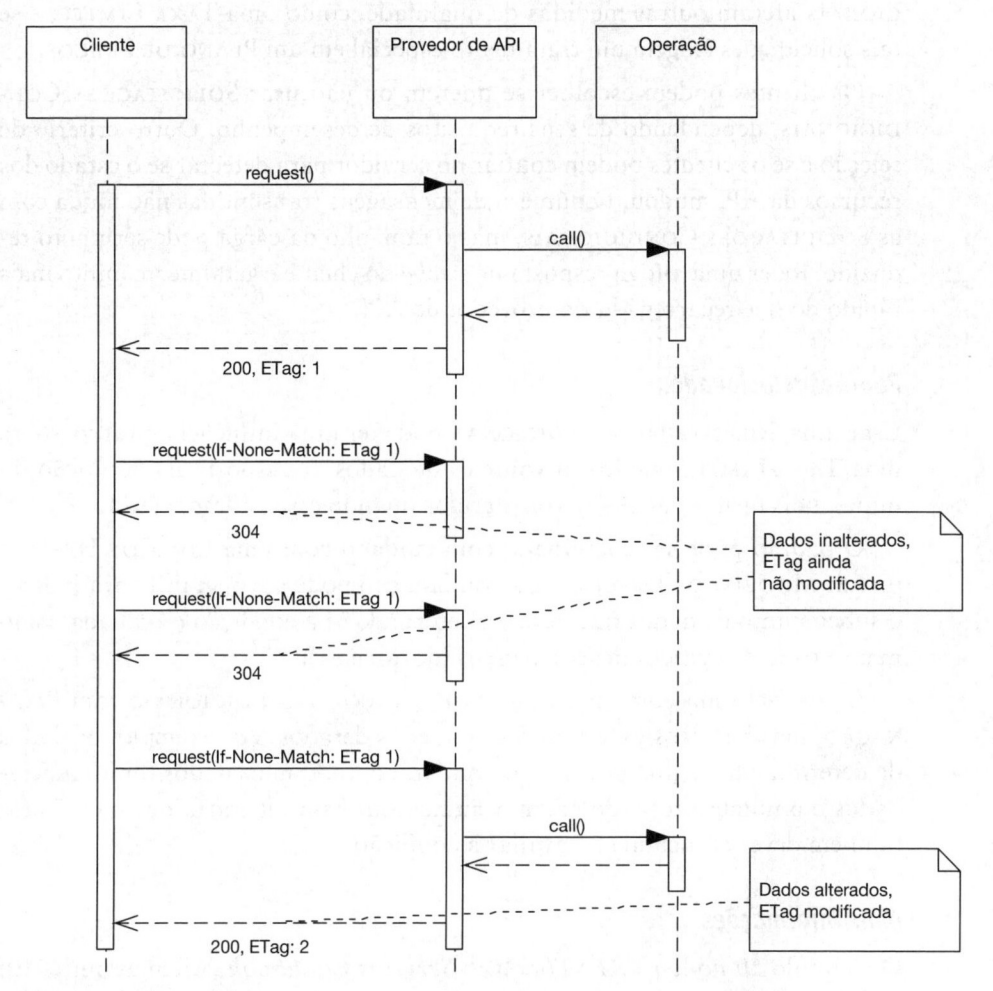

Figura 7.9 Exemplo de SOLICITAÇÃO CONDICIONAL.

do *intervalo de atualização dos dados*. Os *timestamps*, como uma forma de especificar o intervalo de atualização dos dados, são simples de implementar, mesmo nos sistemas distribuídos, desde que apenas um sistema grave os dados. A hora do sistema é a hora principal nesse caso.

A complexidade do *endpoint* da API no lado do provedor não aumenta se o padrão é implementado com um filtro, como mostrado no exemplo anterior. Outras melhorias, como o armazenamento em *cache* adicional das respostas, podem ser feitas para os *endpoints* específicos, reduzindo a carga de trabalho do provedor. Isso aumenta a complexidade do *endpoint*, pois ele deve avaliar as condições, os filtros e as exceções, incluindo os erros que podem ocorrer devido ao tratamento ou à filtragem da condição.

Os provedores também precisam decidir como as Solicitações Condicionais afetam outras medidas de qualidade, como uma Taxa-Limite, e se tais solicitações exigem um tratamento especial em um Plano de Preços.

Os clientes podem escolher se querem ou não usar Solicitações Condicionais, dependendo de seus requisitos de desempenho. Outro critério de seleção é se os clientes podem confiar no servidor para detectar se o estado dos recursos da API mudou. O número de mensagens transmitidas não muda com as Solicitações Condicionais, mas o tamanho da carga pode ser muito reduzido. Reler uma antiga resposta no *cache* do cliente é geralmente muito mais rápido do que recarregá-la do provedor de API.

Padrões relacionados

Usar uma Solicitação Condicional pode ter uma influência positiva sobre uma Taxa-Limite que inclui volumes de dados de resposta na definição do limite, pois menos dados são transferidos quando esse padrão é usado.

O padrão pode ser combinado com cuidado com uma Lista de Desejos ou um Modelo de Desejo. Essa combinação pode ser bem útil para indicar o subconjunto de dados que deve ser retornado se a condição é avaliada como true e os dados precisam ser enviados (novamente).

É possível uma combinação de Solicitações Condicionais com Paginação, mas há casos extremos a serem considerados. Por exemplo, os dados de determinada página podem não mudar, contudo mais dados foram adicionados e o número total de páginas aumentou. Essa alteração nos metadados também deve ser incluída ao avaliar a condição.

Mais informações

O Capítulo 10 no livro *RESTful Web Services Cookbook* (Allamaraju, 2010) é dedicado às solicitações condicionais. Algumas das nove receitas desse capítulo tratam até das solicitações que modificam os dados.

Padrão:
PACOTE DE SOLICITAÇÕES

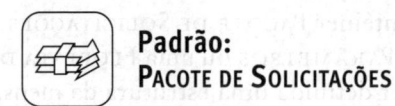

Quando e por que aplicar

Um *endpoint* da API, que expõe uma ou mais operações, foi especificado. O provedor de API observa que os clientes fazem muitas solicitações pequenas e independentes; respostas individuais são retornadas para essas solicitações. Essas sequências de interação com intensa comunicação prejudicam a escalabilidade e a taxa de transferência.

Como reduzir o número de solicitações e respostas para aumentar a eficiência da comunicação?

Além do desejo geral por mensagens eficientes e parcimônia dos dados (como discutido na introdução deste capítulo), o objetivo desse padrão é melhorar o desempenho:

- **Latência:** reduzir o número de chamadas da API pode melhorar o desempenho do cliente e do provedor, por exemplo, quando a rede tem alta latência ou um *overhead* é decorrente do envio de várias solicitações e respostas.
- **Taxa de transferência:** trocar as mesmas informações com menos mensagens pode levar a uma maior taxa de transferência. No entanto, o cliente tem de esperar mais tempo até que possa começar a trabalhar com os dados.

É possível considerar usar mais *hardware* ou um melhor para atender às demandas de desempenho dos clientes de API, mas essa abordagem tem seus limites físicos e é cara.

Como funciona

Defina um PACOTE DE SOLICITAÇÕES como um contêiner de dados que monta várias solicitações independentes em uma única mensagem de solicitação. Adicione metadados, como identificadores de solicitações individuais (elementos do pacote), e um contador dos elementos do pacote.

Existem duas opções para planejar as mensagens de resposta:

1. Uma solicitação com uma resposta: PACOTE DE SOLICITAÇÕES com *uma resposta no pacote*.
2. Uma solicitação com várias respostas: PACOTE DE SOLICITAÇÕES com *várias respostas*.

Por exemplo, uma mensagem de contêiner PACOTE DE SOLICITAÇÕES pode ser estruturada como uma ÁRVORE DE PARÂMETROS ou uma FLORESTA DE PARÂMETROS. Na primeira opção, deve ser definida uma estrutura da mensagem para o contêiner de resposta que espelha o conjunto de solicitações e corresponde às solicitações no pacote. A segunda opção pode ser implementada com o suporte dos protocolos de rede subjacentes para dar suporte à uma troca de mensagens adequada e aos padrões de conversação. Por exemplo, com o HTTP, o provedor pode adiar a resposta até que um item do pacote tenha sido processado. O RFC 6202 (Saint-Andre, 2011) apresenta detalhes sobre essa técnica, que é chamada de *long polling*.

Os erros devem ser tratados individualmente e no nível do contêiner. Existem diferentes opções. Um RELATÓRIO DE ERROS para todo o lote, por exemplo, pode ser combinado com um *array* associativo de RELATÓRIOS DE ERROS individuais para os elementos do pacote acessíveis via ELEMENTOS ID.

A Figura 7.10 mostra um PACOTE DE SOLICITAÇÕES de três solicitações individuais, A, B e C, montadas em uma única chamada de API remota. Aqui, uma única resposta no pacote é usada (Opção 1).

A implementação da API deve dividir o pacote de solicitações e montar o pacote de respostas. Isso pode ser tão simples quanto iterar um *array* que o *endpoint* no lado do provedor entrega, mas também pode exigir alguma decisão e lógica de envio adicionais, por exemplo, usando um ELEMENTO DE METADADOS de

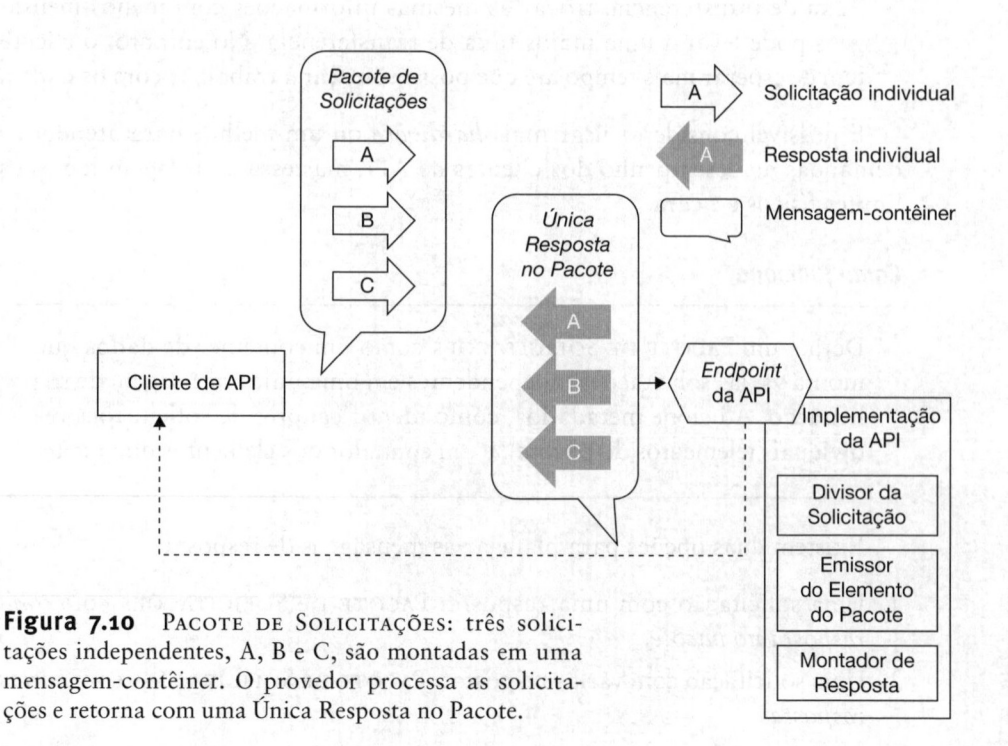

Figura 7.10 PACOTE DE SOLICITAÇÕES: três solicitações independentes, A, B e C, são montadas em uma mensagem-contêiner. O provedor processa as solicitações e retorna com uma Única Resposta no Pacote.

controle na solicitação para decidir para onde, na implementação da API, rotear os elementos do pacote. O cliente de API deve dividir uma resposta no pacote de maneira semelhante se o provedor retorna uma única resposta no pacote.

Exemplo

No serviço Núcleo do Cliente na Lakeside Mutual, os clientes podem solicitar vários consumidores a partir do Recurso Do Detentor da Informação do consumidor especificando uma Lista de Parâmetros Atômicos dos Elementos ID do consumidor. Um parâmetro de caminho serve como contêiner do pacote. Uma vírgula (,) separa os elementos do pacote:

```
curl -X GET http://localhost:8080/customers/ce4btlyluu,rgpp0wkpec
```

Isso retornará os dois consumidores solicitados como Elementos de Dados, representados como objetos JSON em um *array* no nível do pacote (usando a opção de uma resposta no pacote):

```
{
  "customers": [
    {
      "customerId": "ce4btlyluu",
      "firstname": "Robbie",
      "lastname": "Davenhall",
      "birthday": "1961-08-11T23:00:00.000+0000",
      ...
      "_links": { ... }
    },
    {
      "customerId": "rgpp0wkpec",
      "firstname": "Max",
      "lastname": "Mustermann",
      "birthday": "1989-12-31T23:00:00.000+0000",
      ...
      "_links": { ... }
    }
  ],
  "_links": { ... }
}
```

Esse exemplo implementa a opção padrão Pacote de Solicitações com uma resposta no pacote, apresentada antes.

Discussão

Ao transmitir um pacote de solicitações de uma só vez, o número de mensagens pode ser muito reduzido se os cenários de uso no lado do cliente incluem um processamento em lote ou em massa (p. ex., atualizações periódicas dos dados mestres do cliente). Como consequência, a comunicação acelera porque é necessária menos comunicação de rede. Dependendo do caso de uso real, o esforço de implementação do cliente também pode diminuir porque ele não precisa acompanhar as várias solicitações em andamento. É possível processar todos os elementos independentes do pacote logicamente encontrados em uma única resposta, um por um.

O padrão aumenta o esforço e a complexidade do processamento do *endpoint*. Os provedores devem dividir as mensagens de solicitação e, ao realizar o Pacote de Solicitações com várias respostas, coordenar as inúmeras respostas individuais. O esforço de processamento do cliente e a complexidade podem aumentar também porque os clientes devem lidar com o Pacote de Solicitações e seus elementos independentes, novamente exigindo uma estratégia de divisão. Por fim, o *design* e o processamento da carga da mensagem ficam mais complexos, pois os dados de várias origens precisam ser mesclados em uma mensagem.

Sendo independentes, as solicitações individuais no Pacote de Solicitações podem ser executadas simultaneamente pelo *endpoint*. Portanto, o cliente não deve fazer nenhuma suposição sobre a ordem de avaliação das solicitações. Os provedores de API devem documentar essa propriedade do contêiner na Descrição da API. Garantir a ordem dos elementos no pacote é mais trabalho extra, por exemplo, ordenando uma resposta no pacote como no Pacote de Solicitações de entrada.

O padrão é elegível se o protocolo de comunicação subjacente não conseguir lidar com múltiplas solicitações de uma só vez. Ele pressupõe que os controles de acesso aos dados são suficientemente definidos e apresentados, de modo que todos os elementos do pacote possam ser processados. Se não, o provedor deve compor respostas parciais que indiquem ao cliente quais comandos/solicitações no pacote falharam e como corrigir a entrada correspondente para que a chamada possa ser repetida. Tal controle de acesso no nível do elemento pode ser um desafio para ser resolvido no lado do cliente.

Os clientes devem esperar que todas as mensagens no pacote tenham sido processadas, aumentando a latência geral até que uma primeira resposta seja recebida; no entanto, em comparação com muitas chamadas consecutivas, o tempo total de comunicação normalmente acelera, pois menos comunicação de rede é necessária. O esforço de coordenação pode tornar o provedor de serviço com estado, o que é considerado prejudicial nos microsserviços e nos ambientes de nuvem devido ao seu impacto negativo na escalabilidade, ou seja, fica mais difícil escalar na horizontal quando a carga de trabalho aumenta porque o *middleware* dos microsserviços ou a infraestrutura do provedor de nuvem pode conter balanceadores de carga que agora precisam garantir que as solicitações subsequentes cheguem nas instâncias corretas e os procedimentos de *failover* recriem o estado de forma adequada. Não é óbvio se o pacote ou seus elementos devem ser as unidades da escala.

Padrões relacionados

As mensagens de solicitação e resposta de um Pacote de Solicitações formam Florestas de Parâmetros ou Árvores de Parâmetros. Informações adicionais sobre a estrutura e informações que identificam as solicitações individuais vêm como um ou mais Elementos ID ou Elementos de Metadados. Esses identificadores podem realizar o padrão "Identificador da Correlação" (Hohpe, 2003) para rastrear as respostas até as solicitações.

Um Pacote de Solicitações pode ser entregue como uma Solicitação Condicional. O padrão também pode ser combinado com uma Lista de Desejos ou um Modelo de Desejo. É preciso analisar com cuidado se ganhos suficientes podem ser obtidos para garantir a complexidade de uma combinação de dois ou mesmo três padrões. Se as entidades requeridas são do mesmo tipo (p. ex., várias pessoas em um catálogo de endereços são solicitadas), a Paginação e suas variantes podem ser aplicadas em vez do Pacote de Solicitações.

Usar um Pacote de Solicitações tem uma influência positiva ao ficar dentro de uma Taxa-Limite que conta as chamadas da operação porque menos mensagens são trocadas quando o padrão é usado. Esse padrão vai bem com os Relatórios de Erros explícitos porque muitas vezes é desejável relatar o *status* do erro ou o sucesso por elemento do pacote, e não o Pacote de Solicitações inteiro.

O Pacote de Solicitações pode ser visto como uma extensão do padrão de *design* geral "Comando": cada solicitação individual é um comando de acordo com a terminologia de Gamma (1995). A "Sequência de Mensagens" (Hohpe, 2003) resolve o problema oposto: para reduzir o tamanho da mensagem, as mensagens são divididas em pequenas e marcadas com um ID de sequência. O preço disso é um número maior de mensagens.

Mais informações

A Receita 13 no Capítulo 11 do livro *RESTful Web Services Cookbook* (Allamaraju, 2010) aconselha não fornecer um *endpoint* generalizado para canalizar várias solicitações individuais.

Rotinas conjuntas podem melhorar o desempenho na aplicação do padrão Pacote de Solicitações no contexto do processamento em lote (também conhecido como blocos). "Improving Batch Performance when Migrating to Microservices with Chunking and Coroutines" detalha essa opção (Knoche, 2019).

Resumo

Esse capítulo apresentou padrões relacionados à qualidade da API, especificamente, a encontrar o ponto ideal entre a granularidade do *design* da API, o desempenho na execução e a capacidade de fornecer suporte a muitos clientes diversos. Ele investigou se é melhor trocar muitas mensagens pequenas ou poucas mensagens grandes.

A aplicação do padrão Entidade Incorporada torna a troca da API independente. O Detentor da Informação Vinculada leva a mensagens menores que podem se referir a outros *endpoints* da API e, portanto, levarão a várias idas e vindas para recuperar as mesmas informações.

A Paginação permite que os clientes recuperem conjuntos de dados por partes, dependendo de suas necessidades de informação. Se a seleção exata dos detalhes a serem obtidos não for conhecida no momento do *design* e os clientes quiserem que a API atenda a todos os seus desejos, então as Listas de Desejos e o Modelo de Desejo oferecem a flexibilidade necessária.

As mensagens em massa em um Pacote de Solicitações exigem apenas uma interação. Embora o desempenho possa ser otimizado com cuidado por meio de envio e recebimento de cargas com a granularidade certa, ele também ajuda a introduzir Solicitações Condicionais e a evitar o reenvio da mesma informação aos clientes que já a têm.

Veja que o desempenho é difícil de prever no geral e mais ainda nos sistemas distribuídos. Normalmente, ele é medido sob condições estáveis, conforme a paisagem do sistema evolui – se um controle de desempenho mostra uma tendência negativa correndo o risco de violar um ou mais Acordos de Nível de Serviço formalmente especificados ou outras políticas de qualidade especificadas durante a execução, o *design* da API e sua implementação devem ser revisados. Esse é um amplo conjunto de questões importantes para todos os sistemas distribuídos; ele fica ainda mais sério quando um sistema é decomposto em pequenas partes, tais como microsserviços a serem escalados e evoluídos independentemente entre si. Mesmo quando os serviços têm baixo acoplamento, o orçamento do desempenho para atender aos requisitos do tempo de resposta de um usuário final que execute uma função em particular no nível do negócio pode ser avaliado somente por inteiro e de ponta a ponta. Existem produtos comerciais e um *software* de código aberto para testar e monitorar a carga/desempenho. Os desafios incluem o esforço necessário para configurar um ambiente com o potencial de gerar resultados significativos e reproduzíveis, bem como a capacidade de lidar com a mudança (de requisitos, arquiteturas do sistema e suas implementações). Simular o desempenho é outra opção. Há muito trabalho acadêmico sobre a modelagem do desempenho preditivo dos sistemas e das arquiteturas de *software* (p. ex., "The Palladio-Bench for Modeling and Simulating Software Architectures" [Heinrich, 2018]).

A seguir, veremos a evolução da API, incluindo as abordagens para o versionamento e o gerenciamento do ciclo de vida (Capítulo 8, "Evolução de APIs").

Capítulo 8

Evolução de APIs

Este capítulo aborda os padrões elegíveis quando as APIs mudam ao longo do tempo. As APIs mais bem-sucedidas evoluem; compatibilidade e extensão são requisitos um pouco conflitantes, que precisam ser equilibrados durante o ciclo de vida da API. Clientes e provedores podem não concordar sobre a combinação mais eficiente. Manter várias versões é dispendioso; a compatibilidade total com as versões anteriores pode ser desejada. No entanto, parece que isso costuma ser mais difícil de alcançar na prática. Más decisões de evolução podem decepcionar os consumidores (e seus clientes de API) e pressionar os provedores (e seus desenvolvedores).

Primeiro discutimos a necessidade de haver padrões de evolução, depois apresentamos os padrões que descobrimos na prática: dois padrões para a gestão do versionamento e da compatibilidade, e quatro padrões que descrevem as diferentes garantias de gerenciamento do ciclo de vida.

Este capítulo corresponde à fase Refinar do processo ADDR (Alinhar–Definir–Desenhar–Refinar).

Introdução à evolução das APIs

Por definição, uma API não é um produto independente e estático, mas parte de um sistema aberto, distribuído e interconectado. As APIs servem para fornecer uma base sólida para a construção das aplicações do cliente. Ainda assim, por longos períodos de tempo, como as ondas do oceano que moldam os penhascos rochosos, as APIs mudam, sobretudo quando usadas por ondas e mais ondas de clientes.

À medida que as APIs evoluem para se adaptar a um ambiente em mudanças, novos recursos são adicionados, *bugs* e falhas são corrigidos, e alguns recursos são descontinuados. Nossos padrões de evolução ajudam a introduzir mudanças na API de forma controlada, a lidar com suas consequências e a gerenciar o impacto dessas mudanças sobre os clientes de API. Eles dão suporte a proprietários de API, *designers* e clientes quando respondem a seguinte pergunta:

> *Quais são as regras que regem o equilíbrio entre estabilidade e compatibilidade, manutenção e extensão durante a evolução da API?*

Desafios ao evoluir as APIs

Nossos padrões de evolução se preocupam com as seguintes qualidades desejadas direta ou indiretamente:

- **Autonomia:** permitir que o provedor e o cliente de API sigam ciclos de vida diferentes. Um provedor pode lançar novas versões da API sem quebrar a compatibilidade dos clientes existentes.
- **Baixo acoplamento:** minimizar o impacto no cliente forçado pelas mudanças na API.
- **Extensão:** tornar possível para o provedor melhorar e estender a API, e mudá-la para aceitar novos requisitos.
- **Compatibilidade:** garantir que as mudanças da API não levem a "mal-entendidos" semânticos entre cliente e provedor.
- **Sustentabilidade:** minimizar o esforço da manutenção a longo prazo para dar suporte a antigos clientes.

Os ciclos de vida diferentes e independentes, as frequências da distribuição e os cronogramas dos provedores e dos clientes de API tornam necessário planejar a evolução da API cedo e continuamente. É proibido fazer mudanças arbitrárias em uma API já publicada. Esse problema fica mais grave à medida que um número crescente de clientes começa a usar e depender dela. A influência do provedor sobre os clientes ou a capacidade de gerenciá-los pode diminuir se existem muitos clientes (ou o provedor não conhece seus clientes). As APIs públicas são particularmente desafiadoras de evoluir: se existirem provedores alternativos, os clientes poderão preferir a API mais estável oferecida. No entanto, mesmo se nenhum provedor concorrente está disponível, os clientes de API podem não conseguir se adaptar às novas versões da API e, assim, confiar no provedor para evoluí-la de forma justa. Isso acontece sobretudo se os clientes são conhecidos por terem sido implementados em um projeto por algum desenvolvedor contratado que não está mais disponível. Por exemplo, uma pequena empresa pode ter pago um consultor externo para integrar sua loja *on-line* com um provedor de pagamento por meio de uma API de pagamento. No momento em que a API vai para uma nova versão, esse consultor externo pode ter passado para outra atribuição.

Compatibilidade e *extensão* costumam ser requisitos de qualidade conflitantes. Muitas ponderações na evolução de uma API são feitas por considerações de compatibilidade. A compatibilidade é uma propriedade da relação entre provedor e cliente. As duas partes são compatíveis se podem realizar sua troca de mensagens, interpretar e processar corretamente todas as mensagens de acordo com a semântica da respectiva versão da API. Por exemplo, o provedor da versão da API n e os clientes escritos para essa versão são compatíveis por definição (presumindo que os testes de interoperabilidade passaram). Se o cliente para a versão da API n é compatível com o provedor de API para a versão n-1, o provedor é *compatível com a nova versão* do cliente. Se o cliente para a versão n da API é compatível com a versão n+1 do provedor, o provedor é *compatível com a versão anterior* da API.

A compatibilidade é fácil de conseguir (pelo menos, presumindo que ela existe) no momento da implantação inicial de um provedor de API e seus clientes. Existe uma versão inicial e ela é documentada na Descrição da API, para que clientes e provedores de API concordem e compartilhem o mesmo conhecimento, de forma que a interoperabilidade pode ser planejada e testada. Conforme a API evolui, a compreensão compartilhada pode começar a disseminar. Clientes e provedor se separam simplesmente porque apenas um lado realmente tem a chance de mudar.

As considerações da compatibilidade ficam mais relevantes e difíceis de conseguir quando o ciclo de vida de todos os provedores de API e todos os clientes não conseguem mais ser sincronizados. Com a mudança de muitas aplicações para a computação em nuvem, o número de clientes remotos aumentou significativamente e as relações entre cliente/provedor continuam mudando de forma dinâmica. Nos paradigmas da arquitetura moderna, como os microsserviços, uma característica importante é a capacidade de escalar de forma independente (para executar várias instâncias de um serviço ao mesmo tempo) e implantar novas versões com zero tempo de inatividade. O último é conseguido com várias instâncias de serviço em execução ao mesmo tempo e trocando para a nova versão uma após outra, até que todas as instâncias tenham sido atualizadas. Pelo menos durante essa transição, várias versões da API são oferecidas. Isso significa que ao planejar como evoluir uma API e garantir sua compatibilidade, a possibilidade de ter várias versões do cliente interagindo com várias versões da API deve ser levada em consideração.

Extensão é a capacidade de oferecer novas funcionalidades em uma API. Por exemplo, a versão atual de uma API pode expor mensagens de resposta contendo um único Elemento de Dados (Capítulo 6, "*Design* das representações das mensagens de solicitação e resposta") chamado "preço" representando os valores monetários e a Descrição da API pode explicar que a moeda é o dólar americano. Em uma versão futura da API, diversas moedas devem ser suportadas. A implementação de tal extensão pode facilmente quebrar a compatibilidade dos clientes existentes porque eles podem lidar apenas com os valores em dólares americanos. Se um novo Elemento de Dados chamado "moeda" for introduzido, eles não conseguirão processá-lo até que sejam atualizados. Assim, às vezes a extensão entra em conflito com a sustentação da compatibilidade.

Os padrões de evolução neste capítulo estão preocupados com as decisões conscientes sobre o nível de comprometimento e suporte do ciclo de vida, bem como com manter ou quebrar a compatibilidade em diferentes circunstâncias. Eles também descrevem como comunicar as alterações que quebram ou que não quebram a compatibilidade.

Os diferentes ciclos de vida, as frequências e as datas de implantação de provedores e clientes ocorrem muitas vezes na prática, sobretudo na API Pública e nos cenários da API da Comunidade (dois padrões apresentados no Capítulo 4, "Introdução à linguagem de padrões"). Isso torna necessário planejar a evolução da API antes de qualquer lançamento de *software* porque é difícil, ou às vezes até impossível, mudar uma API já publicada arbitrariamente. Dependendo da proporção de provedores e clientes de API, vale a pena sobrecarregar o provedor (para manter as versões mais antigas da API) ou o cliente (para migrar para as novas versões da API com mais frequência). Fatores políticos, como a importância de um cliente, influenciam o espaço da solução: para não perder os clientes insatisfeitos, o provedor se esforçará mais para fornecer suporte às versões antigas da API. No caso de uma posição mais poderosa do provedor, os clientes podem ser forçados a migrar para as versões mais recente da API com maior frequência, reduzindo os períodos de suporte das APIs ou os recursos dentro dela.

Às vezes, as APIs são lançadas sem uma estratégia para mantê-las e atualizá-las. Tal abordagem pontual leva a problemas no futuro, resultando em clientes prejudicados e na indisponibilidade desses clientes para seus usuários. Pior ainda, os problemas podem passar despercebidos quando não são tomadas medidas para evitar que os clientes interpretem mal uma mensagem que – mantendo uma sintaxe idêntica ou, pelo menos, semelhante – mudou a semântica em uma nova versão da API (p. ex., um elemento de preço inclui imposto sobre valor agregado ou não, e qual é a taxa?). Fazer o versionamento de uma API inteira, com todos os seus *endpoints*, operações e mensagens, é uma estratégia de baixa granularidade e que leva a muitas versões lançadas, talvez demais. Muito esforço pode ser empregado no lado do cliente para acompanhar e adaptar uma nova versão da API.

Se nenhuma garantia explícita é dada, os clientes costumam esperar implicitamente que uma API seja oferecida para sempre (e na maioria dos casos não é o que um provedor quer). Quando uma API finalmente termina, mas o cliente esperava que ela estivesse disponível eternamente (sobretudo as APIs Públicas com clientes anônimos) ou talvez até mesmo tenha negociado extensões vitalícias, a reputação do provedor fica prejudicada.

Às vezes, os provedores querem mudar as versões com muita frequência. Isso pode resultar em problemas para manter várias versões em paralelo ou forçar atualizações nos clientes. É importante evitar a rotatividade de clientes com muitas versões que não agregam valor suficiente para investir tempo e recursos para o *upgrade*. Além disso, algumas APIs devem presumir que os desenvolvedores de clientes de API não estão disponíveis o tempo todo. Nesse caso, o provedor de API geralmente tem que suportar as versões anteriores de sua API. Tal situação ocorre, por exemplo, se os desenvolvedores de cliente foram contratados para o *site* de uma pequena empresa que deve continuar em execução e nunca serão pagos para atualizar para uma nova versão da API. A API Stripe (Stripe, 2022) para aceitar pagamentos *on-line* pode ter esses clientes pequenos. Os projetos estudantis geralmente usam APIs públicas. Mudanças nessas APIs que quebrem a compatibilidade fazem com que os resultados do projeto parem de funcionar, muitas vezes após o término dos projetos.

Padrões neste capítulo

A Figura 8.1 mostra o mapa de padrões deste capítulo.

Apresentar um IDENTIFICADOR DE VERSÃO explícito, visível e validado corretamente pelos destinatários da mensagem ajuda clientes e provedores a distinguirem as mudanças compatíveis e incompatíveis. Esse identificador também é útil para o monitoramento e o suporte da API. Um IDENTIFICADOR DE VERSÃO com três partes seguindo o padrão VERSIONAMENTO SEMÂNTICO descreve a compatibilidade entre as alterações e, portanto, transmite mais informações do que os números de versão simples.

A GARANTIA DE VIDA LIMITADA impõe um prazo no qual uma API recebe suporte. Esse prazo é comunicado quando a API é publicada, permitindo que os clientes planejem as migrações da API necessárias em tempo hábil. Quando o padrão DOIS EM PRODUÇÃO é aplicado, os provedores oferecem múltiplas versões de uma API para evitar mal-entendidos semânticos baseados em compatibilidades com as versões anteriores ou posteriores mal implementadas, dando aos clientes a liberdade de escolha. Cada versão em execução na produção tem um IDENTIFICADOR DE VERSÃO separado. É uma solução intermediária que

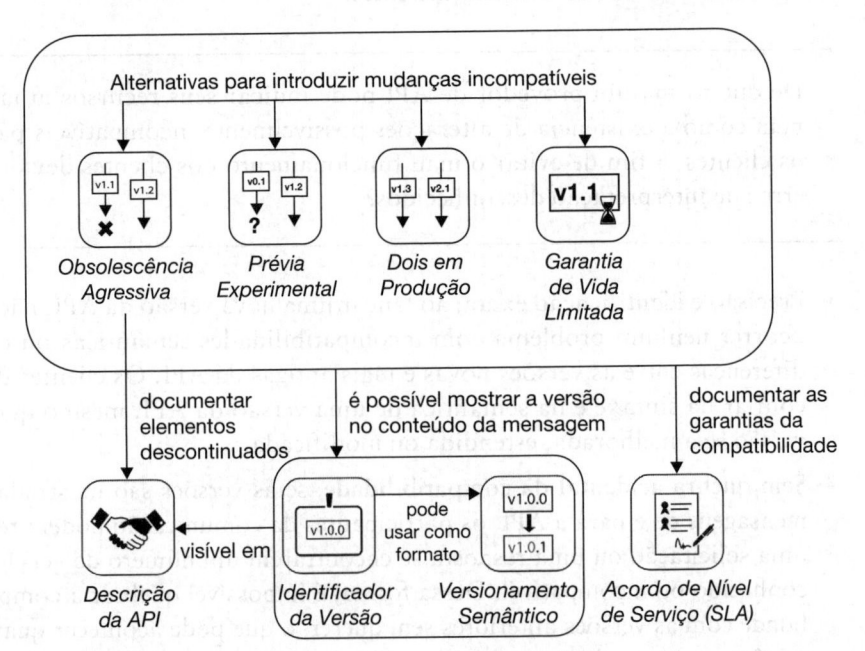

Figura 8.1 Mapa de padrões deste capítulo (evolução da API).

permite uma transição gradual. Às vezes, um provedor de API não quer dar nenhuma garantia explicitamente, como ao desenvolver uma API e ainda ajustar a estrutura exata da mensagem e o *design* do *endpoint*. Em tais situações, o padrão PRÉVIA EXPERIMENTAL pode ser usado, o que não dá garantias, mas permite que os futuros clientes aprendam e experimentem a API em desenvolvimento. Com a OBSOLESCÊNCIA AGRESSIVA, o provedor de API pode descontinuar e eliminar as APIs (ou partes delas) a qualquer momento sem oferecer múltiplas versões da API de imediato.

Gestão de versionamento e compatibilidade

Os dois padrões nesta seção são IDENTIFICADOR DE VERSÃO e VERSIONAMENTO SEMÂNTICO.

Padrão:
IDENTIFICADOR DE VERSÃO

Quando e por que aplicar

Uma API que é executada em produção evolui. Novas versões com funcionalidade aprimorada são oferecidas ao longo do tempo. Por fim, as mudanças em uma nova versão não são mais compatíveis com as anteriores – isso quebra a compatibilidade com os clientes existentes.

> De que forma um provedor de API pode indicar seus recursos atuais, bem como a existência de alterações possivelmente incompatíveis para os clientes, a fim de evitar o mau funcionamento dos clientes devido a erros de interpretação desconhecidos?

- **Precisão e identificação exata:** ao lançar uma nova versão da API, não deve ocorrer nenhum problema com incompatibilidades semânticas ou outras diferenças entre as versões novas e mais antigas da API. Os clientes devem confiar na sintaxe e na semântica de uma versão da API, mesmo que essa versão seja melhorada, estendida ou modificada.

- **Sem quebra acidental da compatibilidade:** se as versões são mostradas nas mensagens de e para a API, os participantes da comunicação podem rejeitar uma solicitação ou uma resposta se encontrarem um número de versão desconhecido ou incompatível. Dessa forma, é impossível quebrar a compatibilidade com as versões anteriores sem querer, o que pode acontecer quando a semântica de um elemento da representação existente muda sem aviso prévio.

- **Impacto no lado do cliente:** alterações que quebram a compatibilidade em uma API requerem alterações nos clientes. Essas mudanças geralmente não agregam nenhum valor para o negócio. Portanto, os clientes gostam de uma API estável na qual eles podem confiar, uma API que não causa custos adicionais para os lançamentos de manutenção frequentes que acompanham as alterações da API.
- **Rastreabilidade das versões da API em uso:** os provedores de API podem monitorar quais e/ou quantos clientes dependem de uma versão específica da API. Esses dados podem ser usados para planejar outras ações de governança, por exemplo, desativar as versões antigas da API ou priorizar as melhorias dos recursos.

Às vezes, as organizações lançam APIs sem planejar como gerenciar seus ciclos de vida. Talvez pensem que tal planejamento pode ser feito de forma eficaz após a implementação. No entanto, a falta de governança e versionamento é um dos fatores que fizeram com que algumas iniciativas e projetos de arquitetura orientados a serviços falhassem no passado (Joachim, 2013).

Como funciona

Introduza um indicador de versão explícito. Inclua o IDENTIFICADOR DE VERSÃO na DESCRIÇÃO DA API e nas mensagens trocadas. Para fazer o último, adicione um ELEMENTO DE METADADOS ao endereço do *endpoint*, ao cabeçalho do protocolo ou à carga da mensagem.

O IDENTIFICADOR DE VERSÃO explícito geralmente requer um valor numérico para indicar o progresso da evolução e a maturidade. Pode ser incluído nos elementos de representação dedicados, nos sufixos do nome do atributo/elemento, nas partes dos endereços de *endpoint*, como URLs, nomes de domínio, *namespaces* XML ou cabeçalho do tipo de conteúdo HTTP. Para evitar problemas de consistência, o IDENTIFICADOR DE VERSÃO deve aparecer em um e apenas um lugar em todas as trocas de mensagens suportadas por uma API, a menos que o cliente ou o *middleware* queira muito vê-lo em vários lugares.

Para gerar identificadores, o padrão VERSIONAMENTO SEMÂNTICO com três partes costuma ser usado. Referindo-se a tal IDENTIFICADOR DE VERSÃO estruturado, as partes da comunicação podem verificar se eles conseguem entender e interpretar corretamente a mensagem. As incompatibilidades são simples de detectar e diferenciar das extensões dos recursos.

Ao indicar uma nova versão com um IDENTIFICADOR DE VERSÃO diferente, o destinatário pode abortar a interpretação da mensagem antes que outros problemas ocorram e relatar um erro de incompatibilidade (p. ex., em um RELATÓRIO DE ERROS). A DESCRIÇÃO DA API pode referenciar os recursos que foram introduzidos em um ponto específico no tempo (p. ex., no lançamento de determinada versão) ou que estão disponíveis apenas em certas versões da API, mas que foram desativados nas versões posteriores, como em casos de uso do padrão OBSOLESCÊNCIA AGRESSIVA.

Observe que o esquema das mensagens de solicitação e resposta (p. ex., definido como tipos de mídia personalizados nas APIs de recurso HTTP) também pode ter controle de versão, possivelmente alinhado, de forma vaga, ao versionamento de *endpoint*/operação. Alexander Dean e Frederick Blundun chamam essa abordagem de *SchemaVer* em (Dean, 2014).

Observe também que a evolução da API e da implementação são duas coisas diferentes, pois a implementação pode evoluir separado da interface (e ser atualizada com mais frequência). Isso pode levar ao uso de vários identificadores de versão, um para a API remota e outro para cada implementação dela.

Todas as dependências da implementação devem ser incluídas no conceito de versionamento (e/ou a compatibilidade com as versões anteriores das dependências deve ser assegurada): se os componentes na camada inferior, como um banco de dados que sustenta as chamadas de API com estado, têm um esquema que não pode ser evoluído tão rápido quanto a própria API, isso pode retardar a frequência do lançamento. Deve estar claro qual das duas (ou mais) versões da API em produção usa qual versão dos sistemas de *back-end* e outras dependências posteriores. Pode ser considerada uma estratégia "*roll forward*" (avanço) ou adicionar uma fachada que desacople o versionamento da implementação do versionamento da API.

Exemplo

Nas APIs de recurso HTTP, a versão de diferentes recursos pode ser indicada da seguinte forma. A versão dos formatos de representação específicos e suportados pelo cliente aparece nos cabeçalhos de negociação do tipo de conteúdo do protocolo HTTP, como o cabeçalho Accept (Fielding, 2014c):

```
GET /customers/1234
Accept: text/json+customer; version=1.0
...
```

A versão dos *endpoints* e das operações específicas se torna parte do identificador do recurso:

```
GET v2/customers/1234
...
```

A versão de toda a API também pode ser especificada no nome do domínio de *host*:

```
GET /customers/1234
Host: v2.api.service.com
...
```

Nas APIs baseadas em SOAP/XML, a versão é geralmente indicada como parte do *namespace* do elemento da mensagem de nível superior:

```
<soap:Envelope>
  <soap:Body>
    <ns:MyMessage xmlns:ns="http://www.nnn.org/ns/1.0/">
    ...
    </ns:MyMessage>
  </soap:Body>
</soap:Envelope>
```

Outra possibilidade é especificar a versão na carga, como no seguinte exemplo JSON. Na versão inicial 1.0 da API de cobrança, os preços foram definidos em euros:

```
{
  "version": "1.0",
  "products": [
    {
      "productId": "ABC123",
      "quantity": 5;
      "price": 5.00;
    }
  ]
}
```

Com uma nova versão, o requisito de várias moedas foi cumprido. Isso leva a uma nova estrutura de dados e ao novo conteúdo do elemento da versão "version": "2.0":

```
{
  "version": "2.0",
  "products": [
    {
      "productId": "ABC123",
      "quantity": 5;
      "price": 5.00;
      "currency": "USD"
    }
  ]
}
```

Se nenhum IDENTIFICADOR DE VERSÃO ou qualquer outro mecanismo para indicar uma mudança que quebra a compatibilidade foi usado, um *software* antigo interpretando a versão 2.0 da mensagem presumiria que o produto custa cinco euros, embora custe cinco dólares americanos. É porque um novo atributo mudou a semântica de um existente. Passar a versão no tipo de conteúdo HTTP, como mostrado antes, pode eliminar esse problema. Embora seja possível introduzir um campo novo, `priceInDollars`, para evitar o problema, tais mudanças levam a uma dívida técnica, que aumenta ao longo do tempo, principalmente nos exemplos menos comuns.

Discussão

O uso do padrão IDENTIFICADOR DE VERSÃO permite que o provedor comunique claramente a compatibilidade e a extensão da API, do *endpoint*, da operação e da mensagem. Reduz a probabilidade de problemas devido a alterações semânticas não detectadas entre as versões da API quebrando sem querer a compatibilidade. Também permite rastrear quais versões da carga da mensagem são realmente usadas pelos clientes.

As APIs que trabalham com IDENTIFICADORES DE *LINK*, como controles de hipermídia nas APIs de recurso HTTP, requerem uma atenção especial no versionamento. Os *endpoints* e as APIs que são muito acoplados entre si, como os que formam um produto de API, devem ter uma versão em conjunto (de forma coordenada). As APIs de baixo acoplamento, como as expostas por microsserviços de propriedade e mantidos por diferentes equipes em uma organização, são mais desafiadoras de evoluir. No caso Lakeside Mutual, se a versão 5 da API de *back-end* Gerenciamento de Clientes retorna IDENTIFICADORES DE *LINK* que se referem à apólice RECURSOS DO DETENTOR DA INFORMAÇÃO que residem no *back-end* Gerenciamento de Apólices, qual versão do *endpoint* da apólice o *back-end* Gerenciamento de Clientes presume? Ele pode não conhecer a versão da API de *back-end* Gerenciamento de Apólices com a qual o cliente de API recebendo os *links* da apólice, que residem no *front-end* Autoatendimento do Consumidor, é capaz de lidar (os componentes mencionados da arquitetura Lakeside Mutual foram introduzidos na Figura 2.6).

Quando o IDENTIFICADOR DE VERSÃO muda, os clientes podem ser obrigados a migrar para uma nova versão da API, embora a funcionalidade da qual eles dependem não tenha mudado – isso aumenta o esforço para alguns clientes de API.

A introdução de IDENTIFICADORES DE VERSÃO não permite que os provedores façam alterações arbitrárias na API, nem minimiza as mudanças necessárias para fornecer suporte aos antigos clientes. No entanto, possibilita aplicar padrões que têm esses benefícios, por exemplo, ao oferecer DOIS EM PRODUÇÃO. O padrão em si não suporta a dissociação do ciclo de vida do provedor e do cliente, mas é requerido por outros padrões que fazem isso. Por exemplo, a implementação de DOIS EM PRODUÇÃO e OBSOLESCÊNCIA AGRESSIVA é simplificada quando as versões são sinalizadas explicitamente.

Esse padrão descreve um mecanismo simples, mas eficaz, para indicar as mudanças que quebram a compatibilidade, especialmente aquelas que uma "Leitura Tolerante" (Daigneau, 2011) conseguiria analisar com sucesso, mas não entenderia e usaria corretamente. Tornando a versão explícita, os provedores podem forçar o cliente a rejeitar a mensagem de uma versão mais recente ou se recusar a processar uma solicitação desatualizada. Isso fornece um mecanismo para fazer alterações incompatíveis com segurança. No entanto, força os clientes a migrar para uma nova versão suportada da API. Padrões como DOIS EM PRODUÇÃO podem fornecer um período de carência em que os clientes podem migrar para a nova versão.

Ao optar pelo versionamento explícito, deve ser decidido em que nível ocorre o versionamento: na WSDL (*web services description language*), todo o contrato pode ter versão (p. ex., alterando o *namespace*), assim como suas operações individuais (p. ex., tendo um sufixo de versão) e elementos de representação (esquemas). As APIs de recurso HTTP também podem ter versões diferentes: tipos de conteúdo, URLs e elementos de versão na carga podem ser usados para indicar a versão (como mostrado antes). O escopo de versionamento ("assunto") e a solução de versionamento ("meios") não devem ser confundidos. Os elementos de representação, por sua vez, podem ter informações da versão, mas também estar sujeitos, eles mesmos, ao versionamento.

Usar unidades menores de versionamento, como operações únicas, diminui o acoplamento entre provedor e cliente: os consumidores podem usar apenas os recursos de um *endpoint* da API que não são afetados por uma alteração. Em vez de fornecer um *endpoint* da API separado por cliente, o versionamento de alta granularidade (no nível das operações ou dos elementos de representação da mensagem) pode limitar o impacto da mudança. No entanto, quanto mais elementos de uma API têm versão, maior o esforço de governança e teste. As organizações de clientes e provedores precisam acompanhar os muitos elementos da versão e suas versões ativas. Oferecer APIs especializadas para clientes especiais ou diferentes tipos de clientes pode ser uma escolha melhor de *design* em tais circunstâncias.

O uso de um IDENTIFICADOR DE VERSÃO pode levar a solicitações de alteração desnecessárias para os componentes de *software*, como o cliente de API. Isso pode acontecer se o código precisa ser alterado sempre que a versão da API muda. Por exemplo, mudanças em um *namespace* XML exigem mudanças e novas implantações de clientes. Ao usar uma geração de código primitiva (p. ex., JAXB [Wikipedia, 2022f] sem nenhuma customização), isso pode ser um problema porque uma alteração no *namespace* resulta em uma alteração no nome do pacote Java, que afeta todas as classes geradas e referências no código para essas classes. No mínimo, a geração de código deve ser customizada (ou mecanismos de acesso aos dados mais robustos e estáveis devem ser usados) para que o impacto de tais alterações técnicas seja reduzido e contido.

Diferentes tecnologias de integração oferecem diferentes mecanismos de versionamento e tem diferentes práticas correspondentes que são aceitas pelas respectivas comunidades. Se SOAP é usado, as versões são geralmente indicadas por diferentes *namespaces* das mensagens SOAP trocadas, embora algumas APIs usem um sufixo de versão para o elemento da mensagem de alto nível. Por outro lado, partes da comunidade REST condenam o uso de IDENTIFICADORES DE VERSÃO explícitos e outras incentivam o uso de cabeçalhos para aceitar e do tipo de conteúdo HTTP (p. ex., ver Klabnik [2011]) para transmitir a versão. Mas na prática, muitas aplicações também usam IDENTIFICADORES DE VERSÃO no JSON/XML trocado ou a URL para indicar a versão.

Padrões relacionados

Um IDENTIFICADOR DE VERSÃO pode ser visto como um tipo especial de ELEMENTO DE METADADOS. O IDENTIFICADOR DE VERSÃO pode ser estruturado ainda mais, por exemplo, usando o padrão VERSIONAMENTO SEMÂNTICO. O padrão do ciclo de vida DOIS EM PRODUÇÃO requer um versionamento explícito; os outros padrões do ciclo de vida (OBSOLESCÊNCIA AGRESSIVA, PRÉVIA EXPERIMENTAL e GARANTIA DE VIDA LIMITADA) também podem usá-la.

A visibilidade e o papel de uma API orientam as decisões de *design* relacionadas. Por exemplo, os diferentes ciclos de vida, as frequências da implantação e as datas de lançamento de provedores e clientes em uma API PÚBLICA para o cenário de INTEGRAÇÃO DE *FRONT-END* podem tornar necessário planejar a evolução da API antes de tomar decisões de *design*. Esses cenários geralmente não permitem que os provedores façam alterações pontuais e arbitrárias nas APIs já publicadas devido ao impacto de tais alterações nos clientes (p. ex., tempos de inatividade, testes resultantes e esforços de migração) – alguns ou todos esses clientes podem nem ser conhecidos. Uma API DA COMUNIDADE fornecendo capacidades de INTEGRAÇÃO DE *BACK-END* entre algumas partes de comunicação estáveis que são mantidas no mesmo ciclo de lançamento (e compartilham um roteiro comum) pode empregar táticas de versionamento mais livres. Por fim, uma API de SOLUÇÃO INTERNA para a INTEGRAÇÃO DE *FRONT-END*, que conecta um *front-end* de aplicação móvel a um único *back-end* de propriedade, desenvolvido e operado pela mesma equipe ágil, pode recorrer a uma abordagem pontual e oportunista para a evolução, que dependa de testes unitários e integrados automatizados e frequentes dentro de uma prática de integração e entrega contínuas.

Mais informações

Como o versionamento é um aspecto importante da API e do *design* de serviços, há muitas comunidades de desenvolvimento diferentes. As estratégias diferem amplamente e são debatidas com entusiasmo. As opiniões vão desde nenhum versionamento explícito, porque uma API sempre deve ser compatível com as versões anteriores, de acordo com "Roy Fielding on Versioning, Hypermedia, and REST" (Amundsen, 2014), até as diferentes estratégias de versionamento comparadas por Mark Little (Little, 2013). James Higginbotham descreve as opções disponíveis em "When and How Do You Version Your API?" (Higginbotham, 2017a) e em *Principles of Web API Design* (Higginbotham, 2021).

O Capítulo 11 de *SOA in Practice* (Josuttis, 2007) introduz um ciclo de vida do serviço no contexto do *design* SOA (arquitetura orientada a serviços); o Capítulo 12 examina o versionamento.

O Capítulo 13 de *Build APIS You Won't Hate* (Sturgeon, 2016b) discute sete opções de versionamento (com o IDENTIFICADOR DE VERSÃO nas URLs sendo uma das opções), e suas vantagens e desvantagens. O capítulo também dá dicas de implementação.

O Capítulo 15 de *SOA with REST* (Erl, 2013) trata do versionamento do serviço para REST.

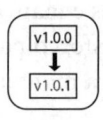

Padrão:
VERSIONAMENTO SEMÂNTICO

Quando e por que aplicar

Ao adicionar IDENTIFICADORES DE VERSÃO para as mensagens de solicitação e resposta ou ao publicar as informações da versão na DESCRIÇÃO DA API, não fica necessariamente claro, a partir de um único número, quão significativas são as mudanças entre as diferentes versões. Como consequência, o impacto dessas mudanças é desconhecido e deve ser analisado por cada cliente (p. ex., inspecionando a documentação da API em profundidade ou executando testes de compatibilidade especiais). Os consumidores gostariam de saber com antecedência o impacto de um *upgrade* da versão, para que possam planejar a migração sem ter que investir muito esforço ou correr um risco desnecessário. A fim de cumprir quaisquer garantias feitas aos clientes, os provedores devem gerenciar as diferentes versões e, portanto, revelar e divulgar se a interface da API planejada e as mudanças da implementação são compatíveis ou quebrarão a funcionalidade do cliente.

De que forma as partes interessadas podem comparar as versões da API para detectar de imediato se elas são compatíveis?

- **Esforço mínimo para detectar a incompatibilidade da versão**: quando as APIs mudam, é importante que todas as partes, em especial os clientes, saibam qual o impacto da implementação da nova versão. Os clientes querem saber qual o nível de compatibilidade é alcançado para que possam decidir se simplesmente usam a nova versão logo ou planejam e executam uma migração necessária.
- **Clareza do impacto da mudança**: sempre que uma nova versão da interface da API é lançada, deve ser claro para os desenvolvedores do provedor de API, bem como para os clientes de API, o impacto da mudança e as garantias, especialmente no que diz respeito à compatibilidade. Para planejar projetos de desenvolvimento de clientes de API, o esforço e o risco de aceitar a nova versão da API devem ser conhecidos.
- **Separação clara das mudanças com diferentes níveis de impacto e compatibilidade**: para tornar o impacto da mudança claro e atender às necessidades dos diferentes clientes, muitas vezes é necessário separar as alterações com diferentes níveis de compatibilidade com as versões anteriores. Por exemplo, muitas correções de *bugs* no nível da implementação podem ser feitas com a compatibilidade com as versões anteriores preservada. A correção de *bugs* no *design* ou o fechamento de lacunas conceituais muitas vezes requer alterações que quebram a compatibilidade nos clientes.

- **Manutenção das versões da API e esforços de governança relacionados:** gerenciar a API, e especialmente muitas versões da API, é difícil e vincula os recursos. Quanto mais garantias foram feitas para os clientes e mais APIs e versões da API são disponibilizadas, geralmente maior é o esforço para gerenciar essas APIs. Os provedores costumam se esforçar para manter essas tarefas de gerenciamento no mínimo.

- **Clareza no que diz respeito à linha do tempo da evolução:** podem ser criadas múltiplas versões paralelas de uma API, por exemplo, ao usar o padrão DOIS EM PRODUÇÃO. Nesses casos, é necessário acompanhar com cuidado a evolução de cada API. Uma versão pode conter correções de *bugs* apenas, já outra contém mensagens reestruturadas que violam a compatibilidade da API. A data de publicação da API não é importante em tais casos, porque as versões sucessoras são lançadas em momentos diferentes, tornando a informação da data sem sentido em relação às garantias ao cliente ou ao fornecedor.

Ao marcar uma nova versão da API, independentemente dos IDENTIFICADORES DA VERSÃO explícitos serem adicionados às mensagens ou as versões serem indicadas em outro lugar, a solução mais fácil é usar números simples e únicos como versões (versão 1, versão 2 etc.). No entanto, esse esquema de versionamento não indica quais versões são compatíveis entre si (p. ex., a versão 1 pode ser compatível com a versão 3, mas a versão 2 é um novo ramo de desenvolvimento e será mais desenvolvida nas versões 4 e 5). Assim, ramificar as APIs, por exemplo, em um caso DOIS EM PRODUÇÃO, com um esquema de versionamento simples e um número é difícil porque um gráfico de compatibilidade invisível e várias ramificações da API devem ser seguidos. Isso ocorre porque uma única versão representa a ordem cronológica dos lançamentos, mas não lida com quaisquer outras questões.

Uma opção é usar o ID de confirmação da revisão da API como o IDENTIFICADOR DE VERSÃO (dependendo do sistema de controle da fonte, esse ID pode não ser numérico, como no Git). Embora isso libere os *designers* e os desenvolvedores de API de terem que atribuir os números da versão manualmente, nem todo ID de confirmação é implantado e nenhuma indicação de ramificações e compatibilidade pode ser visível para o cliente de API.

Como funciona

Introduza um esquema de versionamento hierárquico com três números x.y.z, que permita aos provedores de API indicar os diferentes níveis de mudanças em um identificador composto. Os três números são geralmente chamados de versões maior, menor e correção.

A Figura 8.2 mostra um esquema de numeração comum.

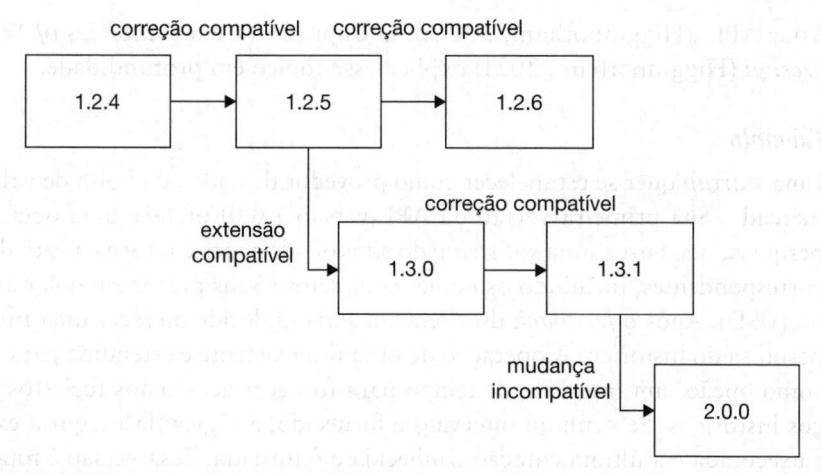

```
correção compatível    correção compatível

    ┌───────┐          ┌───────┐          ┌───────┐
    │ 1.2.4 │ ───────► │ 1.2.5 │ ───────► │ 1.2.6 │
    └───────┘          └───┬───┘          └───────┘
                           │
                  extensão │       correção compatível
                 compatível▼
                       ┌───────┐          ┌───────┐
                       │ 1.3.0 │ ───────► │ 1.3.1 │
                       └───────┘          └───┬───┘
                                              │
                                    mudança   │
                                  incompatível▼
                                          ┌───────┐
                                          │ 2.0.0 │
                                          └───────┘
```

Figura 8.2 VERSIONAMENTO SEMÂNTICO. Os números da versão indicam se uma mudança é compatível ou não.

O esquema de numeração comum na VERSIONAMENTO SEMÂNTICO trabalha com três números:

1. *Versão maior.* Esse número é incrementado para mudanças incompatíveis e que geram quebras, como remover uma operação existente. Por exemplo, uma mudança para a versão 1.3.1 que quebre a compatibilidade resultará em uma nova versão 2.0.0.

2. *Versão menor.* Esse número é incrementado se uma nova versão fornece novas funcionalidades (como uma nova operação para uma API ou um novo elemento de dados opcional para as mensagens de uma operação existente) de forma compatível. Por exemplo, uma extensão compatível com a versão 1.2.5 resultará em uma nova versão 1.3.0.

3. *Versão de correção* (também chamada de versão *patch*). Esse número é incrementado para as correções de *bugs* compatíveis, como alterar e esclarecer a documentação em um contrato de API ou mudar a implementação da API para corrigir um erro lógico. Por exemplo, uma correção de *bug* compatível com a versão 1.2.4 resultará em uma nova versão 1.2.5.

O VERSIONAMENTO SEMÂNTICO descreve apenas como os IDENTIFICADORES DE VERSÃO são construídos, não como são colocados e usados. Essa observação se aplica ao objeto de versão (p. ex., a API inteira, os *endpoints* e as operações individuais, e os tipos de dados da mensagem) e aos locais onde os identificadores são visíveis (p. ex., *namespace*, conteúdo do atributo e nomes do atributo). O VERSIONAMENTO SEMÂNTICO pode ser aplicado nas versões que não são comunicadas aos clientes e nas versões que são.

Observe a diferença entre as versões da API (visíveis para os clientes) e as revisões da API (escolhidas e tratadas internamente pelos provedores) que James Higginbotham explica em "A Guide for When (and How) to Version

Your API" (Higginbotham, 2017b). O Capítulo 14 em *Principles of Web API Design* (Higginbotham, 2021) explica esse tópico em profundidade.

Exemplo

Uma *startup* quer se estabelecer como provedor de dados da bolsa de valores no mercado. Sua primeira versão da API (versão 1.0.0) oferece uma operação de pesquisa, que busca uma *substring* do símbolo de ações e retorna a lista de ações correspondentes, incluindo os nomes completos e seus preços em dólar americano (USD). Após o *feedback* do cliente, a *startup* decide oferecer uma função de pesquisa do histórico. A operação de pesquisa existente é estendida para aceitar, como opção, um intervalo de tempo para fornecer acesso aos registros de preços históricos. Se nenhum intervalo é fornecido, a lógica da pesquisa existente é executada e a última cotação conhecida é retornada. Essa versão é totalmente compatível com a versão antiga e clientes antigos podem chamar a operação e interpretar seus resultados. Assim, essa versão é chamada de versão 1.1.0.

Um *bug* é descoberto na função de pesquisa da versão 1.1.0: nem todas as cotações com uma *string* de pesquisa fornecida são encontradas, apenas as que *começam* com a *string* são retornadas. O contrato de API está correto, mas não totalmente implementado e não testado o suficiente. A implementação da API é corrigida e implementada como a versão 1.1.1.

Os clientes internacionais são atraídos pelos serviços oferecidos pela *startup* e solicitam o suporte de bolsas internacionais. Assim, a resposta é estendida para incluir um elemento de moeda obrigatório. Essa mudança é incompatível do ponto de vista do cliente, então a nova versão é numerada como 2.0.0.

Observe que o exemplo é independente da tecnologia de propósito. Os dados fornecidos podem ser transferidos em qualquer formato, por exemplo, como objetos JSON ou XML, e as operações podem ser implementadas usando qualquer tecnologia de integração (HTTP, gRPC etc.). Esse padrão lida com o problema conceitual de emitir identificadores de versão baseados na mudança feita na interface da API e/ou em sua implementação.

Discussão

O Versionamento Semântico é muito claro no que diz respeito a expressar o impacto na compatibilidade das alterações entre as duas versões da API. No entanto, aumenta o esforço de atribuir Identificadores de Versão precisos, porque às vezes é difícil decidir a qual categoria uma mudança pertence. Tais discussões sobre compatibilidade são bem difíceis, mas fornecem informações importantes sobre as mudanças sendo feitas. Mas, se o padrão não é aplicado com consistência, mudanças que quebram a compatibilidade podem se infiltrar em pequenas atualizações. Tais violações devem ser vigiadas e discutidas em rápidas reuniões diárias, nas revisões do código etc.

A separação clara entre mudanças que quebram e que não quebram a compatibilidade é alcançada com a semântica dos números de versão maior *versus* menor/de correção. Essa separação permite que clientes e provedores de APIs avaliem melhor o impacto das mudanças e, assim, a aplicação do VERSIONAMENTO SEMÂNTICO aumenta a transparência das mudanças.

Aspectos adicionais incluem a capacidade de gerenciamento das versões de API e o esforço de governança relacionado. O padrão estabelece a base para resolver esse fator muito amplo e transversal. Ao oferecer um meio para sinalizar claramente a extensão da compatibilidade, podem ser aplicados padrões e medidas adicionais.

Uma versão simplificada do padrão usa apenas dois números, n.m. Por exemplo, Higginbotham sugere usar um esquema simplificado de versionamento semântico maior.menor (Higginbotham, 2017a). Uma opção é usar três números, mas ocultar o terceiro dos clientes e usá-lo apenas internamente, talvez como um número de revisão interna. Não divulgar as versões de correção evita um acoplamento acidental com clientes que interpretam o terceiro número de versão recebido nas mensagens, um número que eles não devem receber nem usar.

Tanto a API (e seu contrato) quanto a implementação da API podem e provavelmente terão a versão de uma forma ou de outra. Tenha cuidado: as diferenças devem ser comunicadas claramente porque os números de versão de uma interface e sua(s) implementação(ões) geralmente não corresponderão. Quando os padrões oficiais evoluem lentamente, a versão da API e as versões de suas implementações muitas vezes diferem. Por exemplo, um sistema de gestão de clínicas pode implementar a versão 3 da norma HL7 (International, 2022) em suas versões de *software* do sistema 6.0, 6.1 e 7.0.[1]

As APIs que admitem as reproduções de mensagens, por exemplo, as fornecidas por *logs* de transação distribuídos, como o Apache Kafka, requerem uma atenção especial durante o versionamento. Essas transações devem ser compatíveis com as versões anteriores, caso o cliente escolha reproduzir o histórico de mensagens. As versões incompatíveis de uma mensagem quebrariam a compatibilidade do cliente. Portanto, todas as versões das mensagens devem estar constantemente em sincronia para fornecer suporte ao processamento de mensagens futuras e históricas. O mesmo vale para as capacidades de *backup* e restauração nos sistemas baseados em microsserviços (presumindo que as versões mais antigas e incompatíveis dos dados sejam restauradas e novamente expostas na API) (Pardon, 2018).

Padrões relacionados

O VERSIONAMENTO SEMÂNTICO requer um IDENTIFICADOR DE VERSÃO. O IDENTIFICADOR com três dígitos pode viajar como uma única *string* (com restrições de formatação) ou como uma LISTA DE PARÂMETROS ATÔMICOS com

---

[1] HL7 define a forma como os sistemas trocam dados médicos.

três entradas. A DESCRIÇÃO DA API e/ou o ACORDO DE NÍVEL DE SERVIÇO pode ter a parte da informação do versionamento que importa para os clientes.

A introdução de uma TAXA-LIMITE, muitas vezes é um exemplo de mudança que quebra a compatibilidade, exigindo mensagens de resposta para transportar os novos RELATÓRIOS DE ERROS indicando que um limite foi aprovado.

Todos os padrões do ciclo de vida que diferem no nível de comprometimento assumido pelo provedor de API estão relacionados: GARANTIA DE VIDA LIMITADA, DOIS EM PRODUÇÃO, OBSOLESCÊNCIA AGRESSIVA e PRÉVIA EXPERIMENTAL. Ao aplicar esses padrões, a VERSIONAMENTO SEMÂNTICO ajuda a diferenciar as versões passadas, presentes e futuras, representando as garantias de compatibilidade e como elas mudam.

Para melhorar a compatibilidade entre as versões, especialmente as menores, o padrão "Leitura Tolerante" pode ser usado (Daigneau, 2011).

Mais informações

Mais informações sobre a implementação do VERSIONAMENTO SEMÂNTICO podem ser encontradas *on-line* em Semantic Versioning 2.0.0 (Preston-Werner, 2021).

Para obter informações adicionais sobre como usar o versionamento semântico em REST, o *site* REST Cookbook (Thijssen, 2017) inclui um capítulo sobre versão. O *site* API Style-book também cobre a governança e o versionamento (Lauret, 2017).

A especificação do Apache Avro (Apache, 2021a) diferencia o esquema da gravação do esquema da leitura e identifica os casos em que esses esquemas correspondem ou não. Os últimos casos indicam questões de incompatibilidade e/ou interoperabilidade, exigindo uma nova versão maior.

Alexander Dean e Frederick Blundun apresentam uma estrutura e uma semântica para o versionamento do esquema (Dean, 2014). Três números de versão desse padrão são utilizados, definindo especificamente seus significados no contexto das estruturas de dados. O primeiro número é chamado de *modelo* e é alterado se todas as leituras de dados são quebradas. O segundo é a *revisão*, que é incrementado se algumas leituras de dados são quebradas. O terceiro é chamado de *adição* e é incrementado se todas as alterações são compatíveis com as versões anteriores.

O LinkedIn define as mudanças que quebram e as que não quebram a compatibilidade em "API Breaking Change Policy" (Microsoft, 2021).

Garantias do gerenciamento do ciclo de vida

Esta seção apresenta quatro padrões que explicam quando e como publicar e desativar as versões da API: PRÉVIA EXPERIMENTAL, OBSOLESCÊNCIA AGRESSIVA, GARANTIA DE VIDA LIMITADA e DOIS EM PRODUÇÃO.

Padrão:
PRÉVIA EXPERIMENTAL

Quando e por que aplicar

Um provedor está desenvolvendo uma nova API ou uma nova versão da API, que difere muito da(s) versão(ões) publicada(s) e ainda está em intenso desenvolvimento. Como resultado, o provedor quer liberdade para fazer quaisquer modificações necessárias. No entanto, o provedor também quer oferecer aos clientes um acesso inicial para que eles possam começar a integração com a nova API e comentar sobre os novos recursos.

> De que forma os provedores podem tornar a introdução de uma nova API, ou de uma nova versão da API, menos arriscada para seus clientes e obter um *feedback* antecipado sem congelar o *design* da API prematuramente?

- **Inovações e novos recursos:** o acesso inicial a recursos emergentes aumenta a consciência do cliente de uma nova API (ou versão) e dá a ele tempo para decidir se usa a nova API e inicia projetos de desenvolvimento. Um processo de desenvolvimento de integração incremental, ou mesmo ágil, é suportado; as práticas ágeis recomendam um lançamento inicial e frequente.
- *Feedback*: os provedores desejam *feedback* dos primeiros clientes e/ou das principais contas para exporem os recursos certos com qualidades adequadas em suas APIs. Muitos clientes querem influenciar o *design* da API fazendo comentários e dando sugestões sobre a experiência do desenvolvedor.
- **Esforços focados:** os provedores não querem documentar, gerenciar e dar suporte aos protótipos da API com o mesmo nível de rigor das versões oficiais. Isso ajuda a focar seus esforços e economiza recursos.
- **Aprendizagem inicial:** os consumidores querem aprender sobre novas APIs ou versões da API mais cedo para que possam planejar com antecedência e construir produtos inovadores que utilizam os novos recursos.
- **Estabilidade:** os consumidores gostam de APIs estáveis para minimizar os esforços de mudança causados pelas atualizações frequentes das quais eles não podem se beneficiar (ainda).

O provedor poderia apenas lançar uma nova versão completa da API quando o desenvolvimento está concluído. No entanto, isso significa que os clientes não podem começar a desenvolver e testar a API até a data de lançamento. Desenvolver as primeiras implementações do cliente pode levar vários meses – durante esse tempo, a API não pode ser usada, resultando em perdas de receita (para os provedores de API comerciais).

Uma forma de combater esses problemas é lançar versões da API com frequência. Embora essa prática permita que o cliente dê uma olhadinha na API, o provedor precisa gerenciar muitas versões. O provedor provavelmente lançará muitas alterações incompatíveis, o que aumenta ainda mais o esforço de governança e dificulta que os clientes acompanhem de perto a versão mais recente da API.

Como funciona

> Forneça acesso a uma API com base no melhor esforço sem se comprometer com a funcionalidade oferecida, a estabilidade e a longevidade. Informe clara e explicitamente essa falta de maturidade da API para lidar com as expectativas dos clientes.

A Figura 8.3 mostra o padrão.

Lançando uma versão instável como uma PRÉVIA EXPERIMENTAL em uma área de testes de desenvolvimento sem controle, o provedor disponibiliza uma versão da API para os clientes fora do processo de gerenciamento normal. Por exemplo, a prévia pode não ser governada por um ACORDO DE NÍVEL DE SERVIÇO, mas ainda ser documentada por um esboço da DESCRIÇÃO DA API. Os consumidores se voluntariam para testar e experimentar a nova versão da API sabendo que não podem confiar em sua disponibilidade, estabilidade ou qualquer outro nível de qualidade. Por definição, a da API PRÉVIA EXPERIMENTAL pode desaparecer de repente ou estar disponível por um curto período e por apenas uma quantidade fixa de tempo. Ter um acesso inicial à visualização da API é especialmente bom para os clientes que devem estimar o esforço necessário para integrar com a versão final ou que gostariam de iniciar seu próprio desenvolvimento enquanto o desenvolvimento da API está em andamento.

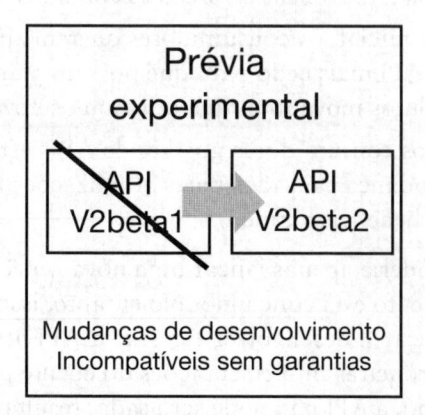

Figura 8.3 Mudanças na área de testes PRÉVIA EXPERIMENTAL e na produção.

A Prévia Experimental, que inclui as garantias de pré-lançamento, muitas vezes é complementada por uma aplicação do padrão Dois em Produção para governar o ciclo de vida das APIs de produção. A Prévia Experimental pode ser disponibilizada para todos os clientes conhecidos ou desconhecidos; uma alternativa é um grupo fechado de usuários que pode ser selecionado para ela (para limitar o suporte e o esforço de comunicação).

Exemplo

Vamos supor que uma empresa de ferramentas de *software* fictícia deseja criar um novo produto que lhe permite sair de sua zona de conforto, pois vai além da funcionalidade oferecida nos produtos existentes. A empresa esteve ativa no desenvolvimento de uma solução contínua de construção e implantação, atualmente oferecida como um serviço de *software* em nuvem com uma interface de usuário *on-line* na *web*. As equipes de desenvolvimento nos consumidores da empresa de ferramentas de *software* usa o serviço para criar seu *software* buscando uma revisão em um repositório e implantando os artefatos criados em servidores configuráveis. Agora, os grandes consumidores solicitaram uma API para disparar e gerenciar melhor as compilações, e receber notificações sobre os estados da compilação, além da interface da *web*. Como a empresa de ferramentas de *software* ainda não ofereceu nenhuma API para seus produtos, carecendo de conhecimento e experiência, os desenvolvedores escolhem uma Prévia Experimental da API e a melhoram continuamente incorporando o *feedback* dos consumidores que decidiram adotá-la no início.

Discussão

As Prévias Experimentais concedem aos clientes um acesso inicial às inovações da API e têm a oportunidade de influenciar o *design* dela. Isso é fiel aos valores e aos princípios ágeis, como receber a mudança e responder a ela continuamente. Os provedores têm a flexibilidade de alterar a API livre e rapidamente antes de declará-la estável. Aprender e ajudar o provedor a experimentar uma nova API e seus recursos é diferente de escrever aplicações de produção. Os provedores podem introduzir um período de carência para facilitar a transição das versões prévia e de produção. Os primeiros adotantes realizam uma espécie de teste de aceitação, pois eles podem ter inconsistências e funcionalidades ausentes nessa versão da API, resultando em mudanças sem exigir que o provedor siga um processo de governança completo.

Como desvantagem, os provedores podem achar difícil atrair clientes devido à falta de comprometimento de longo prazo com a API experimental, sendo percebida como imatura. Os clientes devem continuar mudando sua implementação até que uma versão estável seja lançada. Os clientes podem enfrentar uma perda total de investimento se uma API estável nunca for liberada e/ou a prévia desaparecer de repente.

Ao oferecer uma API em um ambiente de não produção muito vinculada à versão de desenvolvimento atual, os provedores podem oferecer visualizações em uma nova API ou na versão da API para os clientes interessados. Nesse ambiente, níveis de serviço diferentes, e geralmente muito vagos (p. ex., em relação à disponibilidade), são garantidos. Os consumidores podem decidir usar de propósito esse ambiente relativamente instável para dar *feedback* sobre o novo *design* da API e sua funcionalidade, e para iniciar o desenvolvimento. No entanto, os clientes também podem optar por esperar pela nova versão de produção da API ou manter a versão atual oficialmente suportada (que ainda é fornecida com os níveis de serviço padrão, portanto, é geralmente mais estável e confiável).

Quando aplicada no momento certo e com o escopo certo, a Prévia Experimental permite e/ou aprofunda a colaboração entre provedores e seus clientes, permitindo que os clientes implementem mais rapidamente o *software* que utiliza a nova funcionalidade da API. No entanto, a organização do provedor deve operar um ambiente de execução adicional, por exemplo, fornecendo diferentes *endpoints* da API no mesmo local, em outro local físico ou em um local de hospedagem virtual; o canal de acesso adicional pode acrescentar o esforço de gerenciamento de sistemas e deve ser assegurado corretamente. Também torna mais transparente seu progresso de desenvolvimento nas novas APIs. Isso inclui alterações (e erros) que não fazem parte da API final, que ficam visíveis para as partes externas.

Padrões relacionados

A Prévia Experimental é semelhante aos programas beta (de teste) tradicionais. É o comprometimento com suporte mais fraco assumido por um provedor de API (seguido pela Obsolescência Agressiva). Ao fazer a transição da API para um ambiente produtivo, outro padrão de governança do ciclo de vida deve ser escolhido, por exemplo, Dois em Produção e/ou Garantia de Vida Limitada. Quando o N na variante Produção de Dois em Produção é aplicado, uma Prévia Experimental pode ser combinada com qualquer um desses padrões.

A Prévia Experimental pode ter um Identificador de Versão, mas não precisa. Uma Descrição da API deve indicar claramente qual versão é visualizada experimentalmente e qual é produtiva. Chaves da API específicas podem ser atribuídas para conceder acesso a certos clientes à versão prévia/beta.

Mais informações

Vimal Maheedharan compartilha dicas e truques sobre testes beta em seu artigo "Beta Testing of Your Product: 6 Practical Steps to Follow" (Maheedharan, 2018).

James Higginbotham aconselha manter as operações com e sem suporte separadas, e obter *feedback* cedo e com frequência. Ele recomenda as seguintes estabilidades das operações da API: experimental, pré-lançamento, com suporte, descontinuada e desativada (Higginbotham, 2020).

Padrão:
OBSOLESCÊNCIA AGRESSIVA

Quando e por que aplicar

Assim que uma API é lançada, ela evolui, e novas versões com funcionalidades adicionadas, removidas ou alteradas são oferecidas. Para reduzir o esforço, os provedores de API não querem mais dar suporte a certas funcionalidades para os clientes, por exemplo, porque não são mais usadas regularmente ou foram substituídas por versões alternativas.

De que formas os provedores de API podem reduzir o esforço para manter uma API inteira ou suas partes (como *endpoints*, operações ou representações da mensagem) com níveis garantidos na qualidade do serviço?

- **Minimizar o esforço de manutenção**: permitir que o provedor descontinue o suporte das partes raramente usadas de uma API ou uma API inteira ajuda a reduzir o esforço de manutenção. Dar suporte a clientes antigos pode ser bem complicado. As habilidades e a experiência necessárias (em relação a notações, ferramentas e plataformas em certas versões) podem diferir daquelas necessárias para evoluir a versão atual.
- **Reduzir as mudanças forçadas para os clientes em determinado período de tempo como consequência das alterações da API**: muitas vezes não é possível simplesmente desativar uma versão antiga. Os clientes geralmente não seguem o mesmo ciclo de vida de seus provedores: mesmo dentro da mesma organização, muitas vezes é difícil ou impossível implementar as atualizações em dois sistemas ao mesmo tempo, por exemplo, se diferentes equipes possuem esses sistemas. O problema piora se diferentes organizações possuem os sistemas – nesse caso, o provedor de API pode nem conhecer os desenvolvedores do cliente. Portanto, muitas vezes é necessário dissociar os ciclos de vida dos clientes e dos provedores. Essa dissociação pode ser feita dando aos clientes tempo para fazer qualquer mudança necessária. Para reduzir o impacto das mudanças para eles, também é útil remover apenas certas partes obsoletas de uma API (p. ex., as operações ou os elementos da mensagem nas solicitações e nas respostas), não a versão da API inteira. Remover apenas as partes de uma API reduz o impacto das mudanças para os clientes em comparação com a retirada do suporte de uma versão da API inteira. A remoção não pode afetar os clientes que não dependem do(s) recurso(s) descontinuado(s) em particular.
- **Respeitar/reconhecer a dinâmica de poder**: as unidades organizacionais e as equipes podem influenciar-se mutuamente de várias formas, desde a ação de ouvir formal ou informalmente até uma votação oficial e aprovações. Fatores políticos influenciam as decisões de *design*. Por exemplo, os consumidores

mais conhecidos costumam ter uma boa influência sobre os provedores concorrentes que podem ser trocados facilmente porque suas APIs são semelhantes ou idênticas. Em oposição, um monopolista que oferece uma API pode impor mudanças a milhões de clientes sem envolvê-los – pois eles não têm para onde ir. Dependendo da proporção de clientes de API por provedor, pode valer a pena transferir mais esforços de implementação para um ou outro.
- **Objetivos e restrições comerciais:** remover as APIs obsoletas ou os recursos da API pode ter consequências monetárias se existe um PLANO DE PREÇOS comercial. Há o risco de o produto da API ficar menos valioso se os recursos são cortados, mas o preço permanece igual (ou aumenta). Os provedores podem tentar motivar clientes a ir para outra oferta, como uma nova linha de produtos, para reduzir os custos de manutenção do antigo produto. Para tanto, os clientes podem ser solicitados a pagar taxas extras para certos recursos antigos ou ter descontos oferecidos para os novos.

É possível não oferecer garantias ou assegurar uma GARANTIA DE VIDA LIMITADA bem curta, mas tais comprometimentos fracos nem sempre minimizam o impacto das mudanças como o desejado. É possível declarar uma API como sendo uma PRÉVIA EXPERIMENTAL, mas é um comprometimento ainda mais fraco que os clientes podem não receber bem.

Como funciona

Anuncie uma data de desativação, a ser definida o mais cedo possível para toda a API ou suas partes obsoletas. Declare as partes obsoletas da API ainda disponíveis, porém não mais recomendadas para ser usadas, de modo que os clientes tenham tempo suficiente para atualizar para uma versão mais recente ou alternativa antes que as partes da API das quais dependem desapareçam. Remova as partes obsoletas da API e o suporte para elas assim que o prazo terminar.

A OBSOLESCÊNCIA AGRESSIVA torna as versões antigas da API inteira, ou partes dela, indisponíveis rapidamente, por exemplo, dentro de um ano (ou até menos) para uma API de aplicação corporativa.

Ao lançar uma API, o provedor deve comunicar claramente que segue uma estratégia de OBSOLESCÊNCIA AGRESSIVA, o que significa que um recurso em particular pode ser descontinuado e posteriormente desativado a qualquer momento no futuro (removido do suporte e da manutenção). Quando um elemento da API, da operação ou da representação deve ser removido, o provedor declara esse elemento da API como obsoleto e especifica quando o recurso será removido por completo. Dependendo da sua posição no mercado e da disponibilidade das alternativas, os clientes podem então optar por atualizar ou trocar para um provedor diferente.

Quando um provedor lança uma API, ele se reserva o direito de descontinuar e remover partes dela mais tarde. As partes podem ser *endpoints* inteiros, operações expondo determinadas funcionalidades ou elementos específicos da representação nas mensagens de solicitação e resposta (como um parâmetro particular de entrada ou saída). Portanto, o planejamento da obsolescência e a remoção envolvem três etapas. A Figura 8.4 mostra isso.

As três etapas são as seguintes:

1. *Lançar*. Uma versão da API é usada em produção (V1 na figura). Os clientes a utilizam com alegria.
2. *Descontinuar*. O provedor anuncia a desativação de uma API ou de algumas partes dela em uma versão da API, e indica quando essas partes serão removidas (p. ex., quando a próxima versão da API é publicada, V2 na figura). Os clientes recebem o anúncio e podem iniciar a migração para a nova versão ou, em casos extremos, mudar para provedores alternativos.
3. *Remover/desativar*. O provedor implementa uma nova versão da API que já não suporta mais as partes obsoletas (V2 na figura). A versão antiga é desativada; as solicitações para o antigo *endpoint* falham ou são redirecionadas para a nova versão. Quando ocorrer uma remoção/desativação, os clientes que dependerem de quaisquer partes removidas da API (porque não migraram para uma versão mais recente) não terão mais acesso a elas.

A estratégia da OBSOLESCÊNCIA AGRESSIVA é elegível quando as necessidades do provedor superam as dos clientes. Ao anunciar claramente a descontinuidade e o cronograma de remoção para as versões antigas de APIs ou as partes da API, o provedor pode reduzir e limitar o esforço para dar suporte às partes da API que não valem a pena suportar em um sentido amplo, por exemplo, economicamente, porque um recurso é muito caro para manter (p. ex., os recursos raramente usados), ou legalmente, porque alguma funcionalidade fica indisponível. Por exemplo, a introdução do IBAN (código padrão internacional

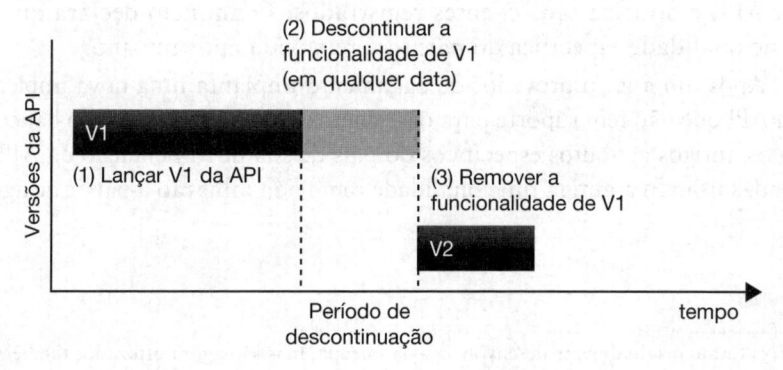

Figura 8.4 Abordagem em etapas para a OBSOLESCÊNCIA AGRESSIVA: o provedor de API primeiro lança a V1 da funcionalidade da API. Com a versão disponível, o provedor a descontinua e a remove.

para a identificação de contas bancárias) para identificar as contas bancárias substituiu os números de conta antigos e a introdução da moeda Euro substituiu muitas outras moedas. As APIs que lidam com contas e moedas tiveram que ser alteradas em conformidade.

A notificação de uma data de desativação e posterior descontinuação permite que os clientes planejem o esforço necessário e programem-se para continuar usando a API antiga enquanto migram para uma forma alternativa de conseguir a funcionalidade necessária. Comunicar quais entidades estão obsoletas e quando serão removidas pode exigir a adição de marcadores especiais de "término", por exemplo, nos cabeçalhos do protocolo ou nos ELEMENTOS DE METADADOS. Uma solução alternativa e simples é enviar aos desenvolvedores de cliente um *e-mail* lembrando e avisando que eles ainda dependem dos recursos da API que desaparecerão em breve.

Por vezes, a OBSOLESCÊNCIA AGRESSIVA pode ser a única opção para os provedores de API que ainda não declararam nenhuma política do ciclo de vida. Se nenhuma garantia for dada, descontinuar os recursos e anunciar períodos de transição possivelmente generosos podem ser uma forma adequada de introduzir mudanças incompatíveis.

Exemplo

Um provedor de pagamento oferece uma API que permite aos clientes instruir pagamentos de suas contas para outras contas. As contas podem ser identificadas pelos números do banco e da conta antigos e específicos do país ou por IBANs.[2] Como os IBANs são o novo padrão e os antigos números do banco e da conta raramente são usados, o provedor de API decide não dar mais suporte aos números antigos. Isso permite que ele exclua partes de sua implementação, reduzindo o esforço de manutenção.

Para permitir que clientes antigos migrem para o esquema IBAN, o provedor publica um anúncio de remoção em sua página da *web* de documentação da API, marca o número da conta e do banco como obsoleto na documentação da API, e notifica seus clientes registrados. O anúncio declara que a antiga funcionalidade específica do país será removida após um ano.

Após um ano, o provedor de pagamento implanta uma nova implementação da API que não tem suporte para os números antigos da conta e do banco, e remove os antigos atributos específicos do país de sua documentação da API. As chamadas usando a antiga funcionalidade removida falharão a partir de agora.[3]

---

[2] Os IBANs foram originalmente desenvolvidos na Europa, mas são agora utilizados também em outras partes do mundo. Eles se tornaram uma norma ISO (ISO 2020).

[3] Veja que, neste caso, a legislação também especificou um período de transição para o sistema IBAN, descontinuando o antigo esquema de números da conta específico do país.

Discussão

Esse padrão permite alterar as APIs com uma granularidade um tanto alta: na melhor das hipóteses, os clientes não precisam mudar nada se a funcionalidade que se torna obsoleta não é usada, contanto que a base de código do provedor continue pequena e simples de manter. O padrão pode ser aplicado não somente proativamente, mas também reativamente durante a manutenção da API.

Os provedores devem anunciar quais recursos estão obsoletos e quando serão desativados. No entanto, os clientes que dependem dos recursos raramente usados ou que utilizam muito todos os recursos da API são forçados a mudar implementando modificações dentro de um cronograma que talvez seja desconhecido quando a decisão de usar uma API em particular foi tomada. O tempo de descomissionamento é comunicado aos clientes após a descontinuação e não durante o lançamento da API (diferente do padrão Tempo de Vida Limitada); portanto, ele pode ou não se encaixar no roteiro de lançamento do cliente. Além disso, os tempos de desativação e os períodos de descomissionamento podem diferir por parte da API. Outro desafio é que os clientes devem ser notificados sobre as partes obsoletas, o que pode ser um desafio em alguns cenários de API Pública. Uma governança da API pragmática e adequada ajuda nesse caso.

A Obsolescência Agressiva pode ser usada para impor um ecossistema coerente e seguro em torno das APIs oferecidas: por exemplo, substituir algoritmos criptográficos fracos, padrões defasados ou bibliotecas ineficientes pode ajudar a ter uma melhor experiência para todas as partes envolvidas.

O padrão Obsolescência Agressiva enfatiza a redução do esforço no lado do provedor, mas sobrecarrega os clientes. Basicamente, exige que os clientes evoluam continuamente com a API. Por sua vez, os clientes ficam atualizados com as funções e as melhorias mais recentes e, assim, se afastam das versões antigas; como nos casos em que são forçados a usar procedimentos de segurança novos ou atualizados (melhores). Dependendo do período de descontinuação, os clientes podem planejar e seguir as alterações da API, mas são obrigados a permanecer bastante ativos.

Dependendo da API e dos tipos de *endpoint* da API e suas políticas de versionamento, explicados nos padrões Identificador de Versão e Versionamento Semântico, não é fácil chegar a uma abordagem adequada de descontinuação e descomissionamento. Os dados mestres podem ser mais difíceis de ser removidos das representações da mensagem do que os dados operacionais. É preciso esforço para manter uma lista precisa das partes obsoletas na Descrição da API e é importante planejar quando essas partes serão finalmente removidas da API.

Nos cenários internos em particular, saber quais sistemas estão atualmente usando uma API (ou o subconjunto obsoleto de uma API) é de grande ajuda ao decidir se, e quais, os recursos ou as APIs devem ser removidos. Os serviços entre empresas costumam ser mais restritivos e são planejados para garantir que outros sistemas continuem a funcionar corretamente. Assim, cuidados adicionais devem ser tomados antes que uma API ou uma funcionalidade seja finalmente removida. Conhecer as relações entre os sistemas e estabelecer a rastreabilidade da dependência pode ajudar nesse problema em ambos os cenários. Práticas DevOps e ferramentas de suporte podem ser utilizadas para tais tarefas (p. ex., para o monitoramento e a análise de *log* distribuído). O gerenciamento da arquitetura corporativa pode fornecer *insights* quanto aos relacionamentos ativos e obsoletos do sistema.

Em alguns contextos de negócios, os clientes externos não são suportados com grande cuidado porque o uso da API não é muito importante para o provedor de API (p. ex., serviços de *commodity* que validam os dados ou os convertem de uma notação ou linguagem em outra). Em tais circunstâncias, usar o padrão PLANO DE PREÇOS (ou pelo menos algum mecanismo de medição) pode ajudar a identificar os serviços que serão descontinuados e finalmente removidos. Os PLANOS DE PREÇOS podem ajudar a medir financeiramente o valor econômico de uma API que pode ser comparada com o esforço de manutenção e desenvolvimento, assim resultando em uma decisão econômica sobre o prolongamento do tempo de vida da API.

Padrões relacionados

Várias estratégias para a descontinuação de partes da API podem ser empregadas, como retratado nos padrões DOIS EM PRODUÇÃO e GARANTIA DE VIDA LIMITADA. O padrão OBSOLESCÊNCIA AGRESSIVA pode ser usado em alta granularidade. Embora outras estratégias sejam ligadas a APIs, *endpoints* ou operações inteiras, apenas certos elementos da representação podem ficar obsoletos e ser removidos na OBSOLÊNCIA AGRESSIVA, permitindo mudanças menos obstrutivas.

Outra diferença para outros padrões é que a OBSOLESCÊNCIA AGRESSIVA sempre usa prazos relativos para remover a funcionalidade: como a funcionalidade fica obsoleta durante o tempo de vida de uma API, ela é marcada como obsoleta dentro de seu período ativo e o período de desativação é executado a partir desse momento. Por outro lado, DOIS EM PRODUÇÃO ou GARANTIA DE VIDA LIMITADA pode ser usado com prazos absolutos com base na data de lançamento inicial.

A OBSOLESCÊNCIA AGRESSIVA pode ou não usar um IDENTIFICADOR DE VERSÃO. Se presente, uma DESCRIÇÃO DA API ou um ACORDO DE NÍVEL DE SERVIÇO deve indicar seu uso.

Mais informações

Managed Evolution (Murer, 2010) compartilha informações gerais sobre a governança de serviços e o versionamento, por exemplo, como definir padrões de qualidade e monitorar o tráfego. O Capítulo 7 discute maneiras de medir a evolução gerenciada.

A obsolescência planejada é discutida em "Microservices in Practice, Part 1" (Pautasso, 2017a). Nesse caso, o plano prevê uma vida útil bem curta.

Padrão:
GARANTIA DE VIDA LIMITADA

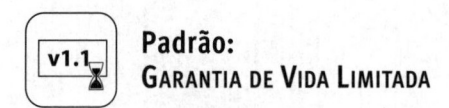

Quando e por que aplicar

Uma API foi publicada e disponibilizada para, pelo menos, um cliente. O provedor de API não consegue gerenciar ou influenciar os roteiros de evolução dos clientes, ou considera como sendo altos os danos financeiros ou de reputação causados por forçar os clientes a mudar sua implementação. Portanto, o provedor não quer fazer nenhuma mudança na API publicada que quebre a compatibilidade, mas ainda deseja melhorá-la no futuro.

De que forma um provedor pode informar aos clientes o período de tempo em que eles podem confiar na versão publicada de uma API?

- **Planejar as alterações no lado do cliente causadas por mudanças na API**: quando os clientes têm que modificar seu código porque uma API muda de forma incompatível, a modificação deve ser planejada bem antes da publicação da nova versão da API. Isso permite que os clientes alinhem seu roteiro de desenvolvimento e aloquem recursos no planejamento dos projetos, reduzindo os problemas de migração posteriores. Alguns clientes não podem (ou não querem) migrar para as versões da API mais recentes – pelo menos por um período de tempo considerável.
- **Limitar o esforço de manutenção para dar suporte aos clientes antigos**: os provedores buscam baixos custos para o desenvolvimento e as operações. Reestruturar uma API pode facilitar o uso e diminuir o esforço de desenvolvimento e manutenção (Stocker, 2021a). No entanto, outros fatores aumentam o esforço do provedor. Esses fatores incluem o suporte das partes da API mais antigas ou menos usadas.

Como funciona

Como provedor de API, não quebre a API publicada por um período de tempo fixo. Rotule cada versão da API com uma data de validade.

A Figura 8.5 mostra a linha do tempo resultante da GARANTIA DE VIDA LIMITADA.

O provedor promete manter a API útil por um período de tempo definido, limitado, mas bem longo, e a aposenta depois disso. Essa prática mantém o cliente a salvo do impacto negativo indesejado ou de interrupções. Também

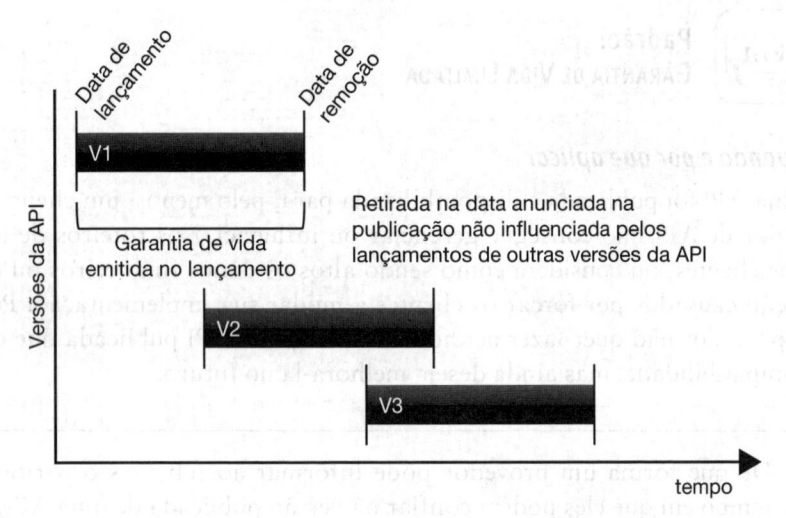

Figura 8.5 Ciclo de vida da API ao usar a GARANTIA DE VIDA LIMITADA. O momento da remoção é declarado na publicação.

define um prazo de validade fixo que o cliente pode planejar sempre que uma versão é publicada.

A vantagem de uma janela de tempo fixa que serve como GARANTIA DE VIDA LIMITADA (em vez de fixar o número de versões ativas, que é a abordagem adotada no padrão DOIS EM PRODUÇÃO) é que não é mais necessária uma coordenação entre o provedor e a organização do cliente. Ao usar uma versão da API pela primeira vez, o cliente já sabe quando ele tem que adaptar e lançar uma versão de sua aplicação que seja compatível com a versão atual da API.

O padrão GARANTIA DE VIDA LIMITADA enfatiza a estabilidade para o lado do cliente com uma validade predefinida – as versões desatualizadas podem ser desativadas imediatamente quando chega a hora. O provedor garante que a API nunca mudará de forma incompatível no período de tempo anunciado previamente e concorda em implementar qualquer medida razoável para manter a API em funcionamento e compatível com as versões anteriores durante esse tempo.

Na prática, prazos garantidos muitas vezes são múltiplos de 6 meses (p. ex., 6, 12, 18 ou 24 meses), o que parece fornecer um bom equilíbrio para as necessidades do provedor e do cliente.

Exemplo

Um exemplo de GARANTIA DE VIDA LIMITADA foi a introdução do IBAN na Europa. O tempo de vida limitado foi especificado em uma resolução de 2012 do Parlamento Europeu (UE, 2012) concedendo um período até 2014 após o qual os números das contas antigos e nacionais tiveram que ser substituídos pelo novo padrão. O uso de IBANs tornou-se obrigatório depois disso. Esse requisito regulatório naturalmente teve um impacto nos sistemas de *software* que precisam identificar as contas. Os serviços oferecidos por tais sistemas tiveram que emitir uma Garantia de Vida Limitada para as antigas operações da API, que usavam os números de contas antigos. Esse exemplo mostra que as estratégias de versionamento e evolução não só são decididas pelo provedor de API apenas, mas também podem ser influenciadas ou mesmo determinadas por forças externas (como legislação ou consórcios da indústria).

Discussão

Em geral, esse padrão permite planejar com antecedência devido a janelas de tempo fixas que são conhecidas antes. Ele faz isso limitando a capacidade do provedor de responder a solicitações urgentes de alteração, caso tenham impacto na compatibilidade.

Os consumidores são forçados a atualizar seus clientes de API em um ponto fixo e bem definido no tempo, que pode entrar em conflito com seu próprio roteiro e ciclo de vida. Isso pode ser um problema se os clientes de API ainda em uso não são mais mantidos ativamente. Alterar os clientes existentes pode nem ser possível, por exemplo, se um fornecedor de *software* não mantém mais ativamente seus produtos.

Esse padrão é aplicável se o provedor pode restringir a evolução da API para incluir apenas as alterações compatíveis com as versões anteriores durante a garantia de vida fixa. Com o tempo, o esforço para fazê-lo aumentará e a API acumulará uma dívida técnica introduzindo mudanças de uma forma compatível com as versões anteriores que o cliente ainda pode interpretar. Essa dívida aumenta o esforço no lado do provedor, por exemplo, para testes de regressão e ao manter a API; o provedor tem que viver com essa dívida adicional até que seja permitido mudar ou revogar a API.

Embora a Garantia de Vida Limitada geralmente faça parte do Acordo de Nível de Serviço entre provedor e cliente, ela tem grandes implicações sobre o provedor. Quanto mais tempo a garantia for válida, maior a carga sobre a organização de desenvolvimento do provedor. Para manter a API publicada estável, o provedor geralmente primeiro tenta fazer todas as alterações de uma forma compatível com as versões anteriores. Isso pode levar a interfaces pouco claras com nomes estranhos para dar suporte aos clientes mais antigos e novos. Se as alterações não puderem ser feitas (com eficiência) na versão existente, poderá ser desenvolvida uma nova versão da API. Essa nova versão deve ser executada em paralelo com a versão antiga para cumprir a garantia.

Além disso, o congelamento da API causado pela garantia pode inibir o progresso e a integração de novas tecnologias e recursos no lado do provedor que, por sua vez, pode também prejudicar os clientes.

Em algumas situações, os provedores podem querer se livrar dos clientes que não atualizam quando a garantia de vida expira. Devido a erros no *design* da API ou ao progresso na área de criptografia, podem surgir riscos de segurança para todo o ecossistema do provedor e todos os clientes. Introduzir o padrão GARANTIA DE VIDA LIMITADA é uma maneira institucionalizada de forçar as atualizações adequadas do cliente.

Padrões relacionados

Abordagens mais brandas dão ao provedor mais liberdade em relação ao lançamento de atualizações incompatíveis; elas são apresentadas nos padrões OBSOLESCÊNCIA AGRESSIVA e DOIS EM PRODUÇÃO. O padrão GARANTIA DE VIDA LIMITADA compartilha algumas propriedades com a OBSOLESCÊNCIA AGRESSIVA. Em ambos os casos, a API não deve mudar de forma incompatível dentro do período de tempo anunciado. O período de tempo fixo na GARANTIA DE VIDA LIMITADA implica uma notificação implícita de descontinuação; o fim da garantia é o tempo de descomissionamento. Após o período de tempo garantido ter expirado, o provedor pode fazer quaisquer alterações, incluindo as que quebram a compatibilidade, ou pode descontinuar a versão expirada da API.

Uma GARANTIA DE VIDA LIMITADA geralmente tem um IDENTIFICADOR DE VERSÃO explícito. A DESCRIÇÃO DA API e, se houver, um ACORDO DE NÍVEL DE SERVIÇO devem indicar a data de validade real da versão da API para informar os clientes da API sobre a próxima necessidade de tomar medidas e atualizar.

Mais informações

O livro *Managed Evolution* (Murer, 2010) dá conselhos detalhados sobre os processos de gerenciamento do versionamento e do serviço, por exemplo, incluindo padrões de qualidade. A Seção 3.6 menciona a retirada do serviço.

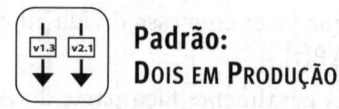

Padrão:
DOIS EM PRODUÇÃO

Quando e por que aplicar

Uma API evolui e novas versões com funcionalidade aprimorada são oferecidas regularmente. Em algum momento, as alterações em uma nova versão não são mais compatíveis com as versões anteriores, quebrando a compatibilidade de clientes existentes. No entanto, os provedores de API e seus clientes, em especial de uma API PÚBLICA ou uma API DA COMUNIDADE, evoluem em velocidades diferentes. Alguns deles não podem ser forçados a atualizar para a versão mais recente em um curto espaço de tempo.

De que forma um provedor pode atualizar gradualmente uma API sem quebrar a compatibilidade dos clientes existentes, mas também sem manter um grande número de versões de API em produção?

- **Permitir que o provedor e o cliente sigam diferentes ciclos de vida:** ao alterar uma API ao longo do tempo, um dos principais problemas é como (e por quanto tempo) dar suporte aos clientes das versões mais antigas da API. Geralmente, manter as versões antigas da API ativas requer recursos adicionais para as operações e a manutenção, por exemplo, correções de *bugs*, *patches* de segurança, atualizações das dependências externas e testes de regressão subsequentes requerem trabalho para cada versão. Isso tem um custo e vincula os recursos do desenvolvedor.

  Nem sempre é possível simplesmente desativar uma versão antiga, pois os ciclos de vida e a evolução dos clientes de API e seus provedores costumam ser diferentes. Mesmo dentro da mesma empresa, é difícil ou até impossível implantar vários sistemas que dependem uns dos outros ao mesmo tempo, especialmente se eles pertencem a diferentes unidades organizacionais. O problema fica pior se vários clientes são de propriedade de diferentes organizações ou se os clientes são desconhecidos para o provedor (p. ex., nos cenários da API Pública). Assim, muitas vezes é necessário dissociar os ciclos de vida do cliente e do provedor. Permitir tais ciclos de vida autônomos é um dos principais preceitos dos microsserviços (Pautasso, 2017a).

  Nos ciclos de vida independentes com frequências diferentes de publicação da API e datas de lançamento das implementações dos provedores de API e seus clientes, torna-se necessário planejar a evolução da API desde o início do *design* e do desenvolvimento dela porque é impossível fazer mudanças arbitrárias em uma API já publicada.

- **Garantir que as alterações da API não levem a problemas de compatibilidade com as versões anteriores não detectados entre clientes e provedor:** introduzir apenas as alterações compatíveis com as versões anteriores é difícil, sobretudo se essas alterações são feitas sem ferramentas que verificam automaticamente as incompatibilidades. Existe o risco de que as mudanças introduzirão problemas silenciosamente, por exemplo, ao alterar o significado dos elementos existentes nas solicitações e nas respostas sem tornar as alterações visíveis na sintaxe da mensagem. Um exemplo é a decisão de incluir o imposto sobre o valor agregado em um preço, sem mudar o nome ou o tipo do parâmetro. Tal mudança semântica não pode ser detectada pelos destinatários da mensagem facilmente, mesmo nos testes de API.

- **Garantir a capacidade de reverter caso uma nova versão da API seja mal projetada:** ao reprojetar ou reestruturar uma API completamente, o novo *design* pode não funcionar como o esperado. Por exemplo, a funcionalidade ainda exigida por alguns clientes pode ser removida involuntariamente. Ser capaz de retroceder e desfazer uma mudança ajuda a não quebrar a compatibilidade desses clientes por um tempo.

- **Minimizar as alterações no cliente:** os clientes em geral gostam da estabilidade da API. Quando uma API é lançada, presume-se que ela funciona como o pretendido. As atualizações vinculam os recursos e custam dinheiro (que seria mais bem gasto entregando mais valor do negócio). No entanto, fornecer uma

API altamente estável requer um esforço inicial no lado do provedor. A agilidade no lado do provedor pode disparar mudanças frequentes no lado do cliente, que podem vir inesperadamente e nem sempre ser bem-vindas.

- **Minimizar o esforço de manutenção para dar suporte aos clientes que dependem das antigas versões da API**: qualquer estratégia de gerenciamento do ciclo de vida não só deve levar em consideração o esforço do cliente, mas também deve equilibrá-lo com o esforço do provedor para manter várias versões da API, incluindo as versões com suporte para os recursos pouco usados (e, portanto, não lucrativos).

Como funciona

Implante e ofereça suporte para as duas versões de um *endpoint* da API e suas operações, que forneçam variações da mesma funcionalidade. Os DOIS EM PRODUÇÃO não precisam ser compatíveis entre si. Atualize e desative as versões de uma forma contínua e sobreposta.

A estratégia de suporte contínuo e sobreposto pode ser realizada da seguinte forma:

- Escolha como identificar uma versão, por exemplo, usando o padrão IDENTIFICADOR DE VERSÃO.
- Ofereça um número fixo (geralmente dois, como indicado no nome do padrão) das versões da API em paralelo e informe os clientes sobre essa escolha do ciclo de vida.
- Ao lançar uma nova versão da API, retire a mais antiga que ainda é executada em produção (que é a segunda e última por padrão) e informe os clientes restantes (se houver) sobre as opções de migração. Continue a dar suporte à versão anterior.
- Redirecione as chamadas para a versão retirada, por exemplo, utilizando as capacidades no nível do protocolo, tais como aquelas em HTTP.

Seguindo essas etapas, uma janela gradual das versões ativas é criada (ver a Figura 8.6). Assim, os provedores permitem que os clientes escolham o momento da migração para uma versão mais recente. Se uma nova versão é lançada, o cliente pode continuar usando a versão anterior e migrar mais tarde. Ele pode aprender sobre as alterações da API e as modificações no lado do cliente sem arriscar a estabilidade de seu próprio sistema de produção primário.

Variante Embora normalmente duas versões sejam oferecidas em paralelo, esse padrão pode também ser aplicado em uma variante um pouco alterada: em *N em Produção,* mais de duas versões são suportadas.

Em N em Produção, a janela gradual das versões ativas é aumentada em N (com N maior que 2). Essa estratégia dá aos clientes mais tempo e mais opções

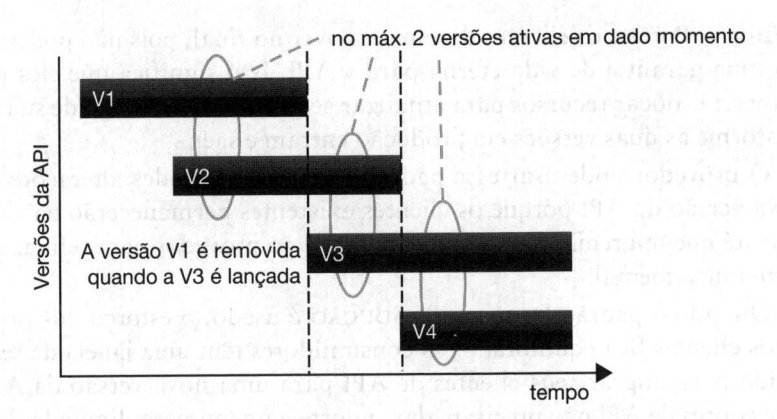

Figura 8.6 Tempo de vida da versão ao usar DOIS EM PRODUÇÃO. Os clientes sempre têm escolha entre duas versões.

para atualizar, mas coloca mais esforço de manutenção e custo operacional no lado do provedor, obviamente.

Exemplo

Um fornecedor de *software* comercial lança a versão 1 de uma API da folha de pagamento para seu sistema ERP (planejamento de recursos empresariais). No desenvolvimento contínuo desse sistema ERP, a API da folha de pagamento é estendida com novos recursos de gerenciamento do plano de pensão. Em algum momento, os novos recursos violam a API porque suas políticas de retenção de dados são incompatíveis com as usadas anteriormente. Uma nova versão maior, versão 2, é publicada. Como o fornecedor suporta DOIS EM PRODUÇÃO, ele lança seu *software* com a antiga API (versão 1) e a nova API com os recursos de gerenciamento do plano de pensão (versão 2). Os consumidores que usam a versão 1 podem atualizar o sistema ERP e começar a migrar para a versão 2. Os novos consumidores que precisam do recurso de gerenciamento do plano de pensão podem começar a usar a API versão 2 de imediato.

Com o próximo lançamento do sistema ERP, o fornecedor de *software* publica novamente uma nova API (versão 3) e remove o suporte da versão 1; as versões 2 e 3 são agora DOIS EM PRODUÇÃO. Os consumidores que ainda usam a versão 1 são cortados até que tenham migrado para a versão 2 ou 3 (para a qual podem ser redirecionados). Os clientes que usam a versão 2 podem continuar usando-a até a versão 4 sair. A versão 5 encerra a vida útil da versão 3, e assim por diante.

Discussão

O padrão DOIS EM PRODUÇÃO desembaraça o ciclo de vida do provedor e do cliente. Os clientes de API não precisam lançar seu *software* sempre que o provedor faz isso de uma forma inovadora. Pelo contrário, eles recebem uma janela de tempo na qual podem migrar, testar e lançar suas atualizações de *software*. Porém, os clientes devem se mover no final, pois não podem confiar em uma garantia de vida eterna para a API. Isso significa que eles precisam planejar e alocar recursos para atualizar seu *software* ao longo de sua vida útil conforme as duas versões em produção entram e saem.

O provedor pode usar esse padrão para fazer grandes alterações em uma nova versão da API porque os clientes existentes permanecerão na versão antiga até que migrem. Isso dá mais liberdade ao provedor para refinar a API de forma incremental.

Quando o padrão Dois em Produção é usado, o esforço dos provedores e dos clientes fica equilibrado: os consumidores têm uma janela de tempo definida para migrar seus clientes de API para uma nova versão da API, já os provedores de API não precisam dar suporte a um número ilimitado de versões por um período de tempo indefinido e possivelmente longo. Como resultado, esse padrão também esclarece as responsabilidades de ambas as partes para planejar seu ciclo de vida: o provedor pode introduzir versões novas e possivelmente incompatíveis, mas deve suportar diversas versões, enquanto o cliente deve migrar para uma nova versão em um tempo limitado, mas pode planejar seu cronograma de lançamento de forma bem livre e flexível.

Mas para os clientes, pode ser difícil saber quando a atividade de desenvolvimento é necessária: ao contrário do padrão Garantia de Vida Limitada, a remoção das versões da API é dinâmica e depende de outros lançamentos da API. Portanto, não pode ser planejada tão facilmente (a menos que os padrões sejam combinados).

Padrões relacionados

O uso desse padrão costuma requerer o padrão Identificador de Versão para diferenciar as versões da API que estão atualmente ativas e têm suporte simultâneo. As versões totalmente compatíveis, por exemplo, como indicado pela versão de correção no Versionamento Semântico, podem substituir as versões ativas sem violar as restrições de Dois em Produção; os Dois em Produção são duas versões maiores. Isso deve ser relatado na Descrição da API e/ou no Acordo de Nível de Serviço.

A Obsolescência Agressiva pode ser aplicada a um dos Dois em Produção para forçar os clientes a pararem de usar a versão mais antiga da API e migrarem para uma mais recente de modo que o provedor possa introduzir uma versão da API ainda mais recente. Se o cliente exige mais garantias sobre a data de validade da versão antiga da API, pode ser melhor combinar Dois em Produção com uma Garantia de Vida Limitada.

Uma Prévia Experimental pode ser uma das duas versões (ou N) em execução na produção ao seguir esse padrão.

Mais informações

Managed Evolution abrange o gerenciamento do ciclo de vida em um nível geral, mas também entra no versionamento da API. A Seção 3.5.4 relata um uso combinado de Versionamento Semântico e de Dois em Produção. Três versões são relatadas como sendo um bom meio-termo entre a complexidade do provedor e o ritmo de adaptação (Murer, 2010).

"Challenges and Benefits of the Microservice Architectural Style", um artigo com duas partes no portal do IBM Developer (Fachat, 2019), recomenda esse padrão.

Resumo

Esse capítulo apresentou seis padrões referentes à evolução das APIs. Dois padrões abrangeram o versionamento e o gerenciamento da compatibilidade: IDENTIFICADOR DE VERSÃO e VERSIONAMENTO SEMÂNTICO. É muito mais fácil detectar a presença e o impacto das alterações se cada revisão da API for devidamente identificada. O IDENTIFICADOR DE VERSÃO deve indicar claramente se a nova versão é ou não compatível com as anteriores. As versões maiores, menores e de correção devem ser diferenciadas.

Os quatro padrões restantes se concentraram no ciclo de vida da API, equilibrando o desejo de estabilidade do cliente e a necessidade do provedor de restringir o esforço de manutenção. A PRÉVIA EXPERIMENTAL ajuda a introduzir alterações e obter *feedback* sobre elas a partir dos clientes interessados sem comprometer sua estabilidade, como em um lançamento oficial. O padrão DOIS EM PRODUÇÃO facilita a migração dos clientes, oferecendo-lhes duas ou mais versões simultâneas da API. A OBSOLESCÊNCIA AGRESSIVA e a GARANTIA DE VIDA LIMITADA tornam explícito que nenhuma API dura para sempre e os clientes devem estar cientes de que algum dia suas dependências deixarão de funcionar (pelo menos em parte). A obsolescência pode ser declarada a qualquer momento, com um período de carência concedido (chamado período de descontinuação). Por definição, uma garantia de vida é estabelecida no momento da publicação da API.

Uma solução extrema para um provedor de API seria uma *prévia experimental em produção*, que também poderia ser chamada de "ausência de incompatibilidade" ou "surfar a última onda". Nenhuma garantia de compatibilidade é dada, e os clientes que pretendem continuar trabalhando por longos períodos devem ficar em sincronia com a versão mais atual da API. No entanto, isso requer esforço e, muitas vezes, não é uma opção viável.

Ao contrário da maioria dos outros padrões deste livro, apenas alguns padrões de evolução afetam diretamente a sintaxe das mensagens de solicitação e resposta: um IDENTIFICADOR DE VERSÃO pode ser colocado na mensagem e usar um PARÂMETRO ATÔMICO atuando como um ELEMENTO DE METADADOS para transmitir a versão – seguindo ou não o esquema do VERSIONAMENTO SEMÂNTICO.

O elemento versionado pode residir em diferentes níveis de abstração: API inteira, *endpoints*, operações individuais e/ou tipos de dados usados nas mensagens de solicitação e resposta. O mesmo ocorre nas garantias do ciclo de vida oferecidas em uma política de OBSOLESCÊNCIA AGRESSIVA. As operações que aplicam o padrão Pacote de Solicitações são um caso especial, perguntando se todas as solicitações agrupadas no contêiner da solicitação devem ter a mesma versão. Misturar as versões pode ser desejável, mas complica o envio de solicitações no lado do provedor.

Os Detentores dos Dados Operacionais, que implementam recursos inovadores e críticos, muitas vezes são expostos aos clientes de teste e aos primeiros adotantes em uma Prévia Experimental; eles também podem realizar a Obsolescência Agressiva e, com frequência, ser substituídos por uma API mais nova e pela implementação da API. Os Detentores dos Dados Mestres tendem a conceder Garantias de Vida Limitadas mais longas do que os outros tipos de detentores da informação. Seus clientes se beneficiam particularmente bem de uma política Dois Em Produção. Os Detentores dos Dados de Referência raramente podem evoluir; se evoluírem, o padrão Dois em Produção é elegível também nesse cenário. Um Recurso do Processamento de longa duração, com Operações de Transição do Estado representando as atividades de negócio, podem não apenas ter que migrar a API e a Implementação da API (incluindo as definições do banco de dados) ao atualizar o Identificador de Versão para uma nova versão maior, mas também ter que atualizar todas as instâncias do processo.

As estratégias de evolução devem ser documentadas na Descrição da API e no Acordo de Nível de Serviço da API. As Taxas-Limite e os Planos de Preços devem ser alterados conforme a API evolui. As mudanças nesses artefatos também podem disparar atualizações da versão.

O livro *Service Design Patterns* (Daigneau, 2011) inclui um capítulo chamado "Evolution". Dois de seus seis padrões (*Alterações que Quebram a Compatibilidade e Versionamento*) não estão disponíveis *on-line*, mas são apresentados no livro. Os padrões *Leitura Tolerante* e *Contratos Orientados ao Consumidor* lidam com a evolução; os dois restantes (*Argumento de Mensagem Única, Alteração do Conjunto de Dados*) focam na construção e na representação das mensagens, que têm impacto sobre a evolução. Um modelo do ciclo de vida em particular é descrito em um IBM Redpiece, que aborda uma solução de gerenciamento da API (Seriy, 2016).

O Capítulo 13 de *RESTful Web Services Cookbook* (Allamaraju, 2010) é dedicado à extensibilidade e ao versionamento no contexto do RESTful HTTP. Ele apresenta sete receitas afins – por exemplo, como manter a compatibilidade da URI e implementar clientes para dar suporte à extensão. Roy Fielding expressa suas opiniões sobre versionamento, hipermídia e REST em uma entrevista ao InfoQ (Amundsen, 2014). James Higginbotham aborda o tópico em "When and How Do You Version Your API?" (Higginbotham, 2017a). O movimento de microsserviços sugere abordagens pouco tradicionais para o gerenciamento do ciclo de vida e a evolução – ver "Microservices in Practice: Part 2" (Pautasso, 2017b) para uma discussão.

A seguir, temos o Capítulo 9, "Documentação e comunicação dos contratos de API", que abrange os contratos de API e as descrições, incluindo os aspectos técnicos e de negócios.

Capítulo 9
Documentação e comunicação dos contratos de API

Este capítulo final da Parte II reúne padrões para obter as especificações técnicas da API e compartilhá-las com desenvolvedores dos clientes e outras partes interessadas. Também são abordados os aspectos do negócio que são de responsabilidade dos *product owners* da API, incluindo preço e restrições de uso. Documentar os artefatos da engenharia de *software* pode não ser uma tarefa popular, mas é fundamental para promover a interoperabilidade e a compreensão da API. Cobrar pelo uso da API e limitar o uso dos recursos protege as integridades atual e futura de uma API. Não fazer isso pode não causar grandes problemas no curto prazo (dependendo do *status* e da criticidade da API), mas aumenta os riscos técnicos e de negócio, possivelmente prejudicando o sucesso da API no longo prazo.

Ao contrário dos capítulos anteriores, este não corresponde a uma fase no ADDR (Alinhar–Definir–Desenhar–Refinar). Devido à sua natureza transversal, especificações da API e artefatos da documentação complementares podem ser introduzidos e gradualmente aprimorados a qualquer momento; portanto, o ADDR tem uma etapa de documentação separada, que abrange as atividades relacionadas a esse tópico (Higginbotham, 2021). Os padrões deste capítulo são elegíveis nessa etapa ADDR extra.

Introdução à documentação da API

Os Capítulos 4 a 8 abrangeram os papéis e as responsabilidades dos *endpoints* e das operações da API, aprofundaram as estruturas da mensagem, que nos ajudam a alcançar certos objetivos de qualidade, e apresentaram as estratégias de versionamento e evolução de longo prazo da API. É possível pensar que, escolhendo e aplicando deliberadamente os padrões selecionados, o sucesso da API é mais ou menos garantido. Infelizmente, apenas construir um produto técnico decente não é suficiente para garantir seu sucesso. Os provedores de

API também devem comunicar suas ofertas para os clientes existentes e futuros, para que eles possam decidir se uma oferta específica corresponde às suas próprias expectativas técnicas e comerciais. Uma a compreensão conjunta dos recursos da API é necessária em todos os estágios de evolução dela, durante o desenvolvimento e a execução. Sem essa compreensão, a experiência do desenvolvedor e a interoperabilidade do *software* sofrem. Para resolver essas questões, os padrões deste capítulo ajudam aos *product owners* da API a responder à seguinte pergunta:

> *De que forma as capacidades funcionais, as propriedades da qualidade e os aspectos relacionadas ao negócio de uma API podem ser documentados, comunicados e aplicados?*

Desafios ao documentar APIs

A quantidade de documentação necessária no nível do código costuma ser objeto de intensas discussões entre os desenvolvedores. Um valor ágil, por exemplo, é preferir um *"software* funcional acima da documentação abrangente" (Beck, 2001). No entanto, se o objeto da documentação é a API, presumindo que os clientes não têm acesso ao código de implementação da API, fornecer uma documentação adequada e rica o suficiente é primordial. O material introdutório ajuda a começar rápido, sem obstáculos.[1] A quantidade de documentação necessária depende do relacionamento entre cliente/provedor. Se o mesmo indivíduo ou a mesma equipe ágil desenvolve implementações do cliente e do provedor de APIs, pode ser bom confiar no conhecimento implícito por algum tempo. Se os desenvolvedores do cliente pertencem a outras equipes ou organizações, ou não são conhecidos, uma documentação detalhada e abrangente faz sentido e justifica seu investimento.

A documentação tem como alvo principal as pessoas. Se for legível por máquina também, as ferramentas podem transformá-la (p. ex., em exibições da *web*) e gerar dados de teste e código do cliente para diferentes linguagens de programação.

Ao documentar uma API, surgem as seguintes questões:

- **Interoperabilidade:** como o cliente e o provedor de API podem explicitar seu acordo quanto aos aspectos funcionais da chamada de serviço? Por exemplo, quais representações de transferência de dados são esperadas e entregues? Há algum pré-requisito para uma chamada bem-sucedida? E como essa informação funcional pode ser alterada com outros elementos da especificação técnica (tais como cabeçalhos do protocolo, políticas de segurança, registros de falhas) e documentação no nível do negócio (p. ex.,

---

[1] No Capítulo 1, definimos a *experiência do desenvolvedor* (DX) com quatro pilares: função, estabilidade, facilidade de uso e clareza.

semântica da operação, proprietário da API, informações da cobrança, procedimentos de suporte, versionamento)? A documentação deve ser independente da plataforma ou oferecer precisão no nível do protocolo?

- **Conformidade:** como um cliente pode saber sobre a conformidade de um provedor com as regulações do governo, regras de segurança e privacidade, e outras obrigações legais?
- **Ocultação das informações:** qual é o nível certo de detalhe para as especificações de qualidade do serviço (QoS), evitando pouca especificação (que pode levar à tensão entre clientes e provedores) e muita especificação (que pode causar muito esforço no desenvolvimento, nas operações e na manutenção)?

A documentação da API também deve responder as seguintes perguntas:

- **Aspectos econômicos:** como um provedor de API pode selecionar um modelo de preços que equilibra seus interesses econômicos com os de seus clientes e a concorrência?
- **Desempenho e confiabilidade:** como o provedor pode manter um desempenho satisfatório para todos os clientes, economizando adequadamente seus recursos? Como o provedor oferece serviços confiáveis e econômicos sem restringir demais a capacidade dos clientes de usarem seus serviços?
- **Granularidade da medição:** com que precisão e granularidade o consumo da API deve ser medido para atender às necessidades de informação do cliente sem incorrer em punições de desempenho desnecessárias ou problemas de confiabilidade?
- **Atratividade do ponto de vista do consumidor:** como um provedor de API pode comunicar a atratividade, a disponibilidade e as metas de desempenho de seus serviços aos clientes (presumindo que mais de um provedor oferece determinada funcionalidade) sem fazer promessas irreais que podem causar insatisfação do cliente ou perdas financeiras?

Os clientes de API podem declarar que desejam um serviço com 100% de garantia de tempo ativo, recursos ilimitados e desempenho fantástico com um custo mínimo ou zero. Claro, isso não é realista. Um provedor de API deve encontrar um equilíbrio entre economizar os recursos disponíveis e ter lucro, ou manter os custos no mínimo (p. ex., ao fornecer ofertas abertas do governo).

Padrões neste capítulo

Uma DESCRIÇÃO DA API é criada para especificar inicialmente a API e fornecer um mecanismo não só para definir sua estrutura sintática, mas também abranger questões organizacionais, tais como estratégias de propriedade, suporte e evolução. O nível de detalhe de tais descrições pode variar desde mínimo até elaborado.

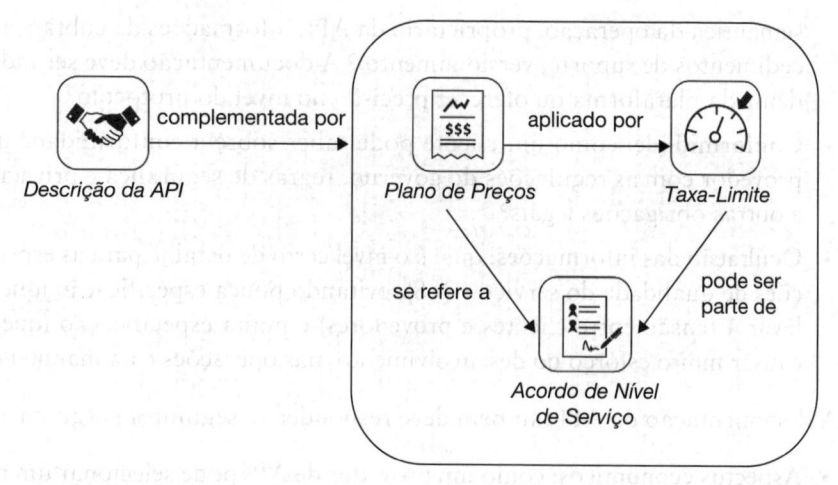

Figura 9.1 Mapa dos padrões deste capítulo (documentação da API).

Os provedores podem definir um PLANO DE PREÇOS para o uso da API para cobrar os clientes ou outras partes interessadas. As opções comuns são assinaturas com preço fixo e simples, e preços mais elaborados baseados no consumo.

Os clientes de API podem usar demais muitos recursos, influenciando negativamente o serviço para outros clientes. Para limitar esse abuso, os provedores podem estabelecer uma TAXA-LIMITE para restringir clientes específicos. O cliente pode ter uma TAXA-LIMITE, evitando chamadas desnecessárias para a API.

Os clientes têm que saber que um provedor pode entregar uma qualidade de serviço aceitável e os provedores querem oferecer serviços de alta qualidade, ao mesmo tempo, usando seus recursos disponíveis de forma econômica. Um ACORDO DE NÍVEL DE SERVIÇO (SLA, *service level agreement*) expressa o comprometimento resultante nos objetivos no nível do serviço direcionados e nas punições associadas. Os SLAs costumam focar a disponibilidade, mas também podem se referir a qualquer outra propriedade da qualidade não funcional.

A Figura 9.1 mostra as relações entre os padrões deste capítulo.

Padrões da documentação

Nossos quatro padrões finais explicam como especificar os contratos de API, como se comunicar e/ou aplicar os termos de uso da API acordados: DESCRIÇÃO DA API, PLANO DE PREÇOS, TAXAS-LIMITE e ACORDO DE NÍVEL DE SERVIÇO.

Padrão:
DESCRIÇÃO DA API

Quando e por que aplicar

Um provedor de API decidiu expor uma ou mais operações em um *endpoint* da API. Os desenvolvedores do cliente (p. ex., desenvolvedores de aplicações móveis e da *web* que implementam as INTEGRAÇÕES DE *FRONT-END* ou os integradores de sistema que escrevem adaptadores para as INTEGRAÇÕES DE *BACK-END*) ainda não conseguem codificar as chamadas da operação e não sabem o que esperar nas respostas. Também faltam descrições complementares da interface, incluindo explicações informais do significado das operações da API (p. ex., parâmetros nas representações da mensagem, efeitos no estado da aplicação na implementação da API) e das qualidades relacionadas (incluindo idempotência e transacionalidade).

Qual conhecimento deve ser compartilhado entre um provedor de API e seus clientes? Como esse conhecimento deve ser documentado?

Os fatores de alto nível a serem resolvidos e equilibrados na definição do conhecimento compartilhado nos sistemas distribuídos incluem:

- **Interoperabilidade:** a autonomia da plataforma é uma das múltiplas dimensões do baixo acoplamento que, por sua vez, é um princípio SOA importante e um preceito dos microsserviços (Zimmermann, 2017). Clientes e servidores podem ser escritos em linguagens de programação diferentes e rodam em diferentes sistemas operacionais, o que os obriga a concordar com um formato de codificação e serialização comum e independente da linguagem de programação das mensagens sendo trocadas durante a execução. Além disso, os clientes devem concordar com os provedores sobre um formato de representação comum para as próprias descrições da API de modo que a interoperabilidade das ferramentas de desenvolvimento para criar APIs e seus clientes possa ser alcançada. Isso pode ser visto como um aspecto da autonomia do formato, outra dimensão do baixo acoplamento (Fehling, 2014).

- **Consumíveis (incluindo capacidade de compreensão e de aprendizagem, e simplicidade):** qualquer adivinhação necessária para entender e usar uma API aumenta o esforço e o custo de consumir uma API. Deve levar alguns minutos, em vez de horas ou dias, para escrever um primeiro cliente de API que troca com sucesso mensagens com a implementação da API no lado do provedor; os programadores preferem vitórias rápidas e uma realização contínua a muitas iterações de tentativa e erro frustrantes. Ler tabelas longas listando parâmetros com seus efeitos e significados, e uma engenharia reversa da estrutura a partir das respostas de amostra costuma levar mais tempo do que copiar e colar um exemplo de código ou consumir uma descrição de interface bem definida e validada que também pode ser usada para gerar código e casos de teste (que, a propósito, é visto como um antipadrão por partes da comunidade). De modo geral, as ferramentas e sua documentação devem ser "honestas". As descrições da API e as ferramentas de suporte não devem ocultar o fato de que a comunicação de rede remota ocorre e não devem tirar o controle (e a responsabilidade) dos programadores de clientes e provedores. Quanto mais honesta for uma API e sua descrição, mais consumível ela será, pois surpresas desagradáveis são evitadas, por exemplo, durante os testes e a manutenção. Descrições simples e suas implementações são geralmente mais fáceis de entender do que as acidentalmente complexas.

- **Ocultação das informações:** os provedores têm certas expectativas sobre como os clientes usam suas APIs. Os clientes fazem suposições sobre como chamar as operações corretamente. Essas suposições podem dizer respeito à presença exigida e aos valores permitidos dos parâmetros, ao sequenciamento de chamadas, à frequência das chamadas etc. Se as suposições do cliente corresponderem às expectativas do provedor, a interação será bem-sucedida. No entanto, os provedores não devem vazar os detalhes secretos da implementação nas interfaces e as interações bem-sucedidas não devem depender dos clientes imaginando quais suposições devem ser feitas.

- **Extensão e evolução:** clientes e provedores evoluem em ritmos diferentes; um provedor pode ter que atender às necessidades presentes e futuras de vários clientes, que diferem em seus casos de uso e escolhas de tecnologia. Isso pode levar à introdução de recursos opcionais e a elementos da representação (que supostamente promovem a compatibilidade, mas também podem prejudicá-la). A velocidade da correção de *bugs* e o aprimoramento das capacidades são importantes. Nossos padrões de evolução abrangem desses fatores em profundidade. Quando as APIs evoluem, a documentação correspondente deve ser atualizada para refletir as mudanças. Isso acarreta risco e custo.

É possível optar por fornecer apenas informações básicas, como endereços de rede e exemplos de chamadas e respostas da API, e muitas APIs públicas fazem exatamente isso. Tal abordagem deixa espaço para interpretação e é fonte de problemas de interoperabilidade. Ela alivia o trabalho da equipe de API no lado do provedor porque menos informações devem ser atualizadas durante a evolução do serviço e a manutenção. O custo disso é um esforço extra de aprendizagem, experimentação, desenvolvimento e teste no lado do cliente.

Como funciona

Crie uma DESCRIÇÃO DA API que defina as estruturas das mensagens de solicitação e resposta, o relatório de erros e outras partes relevantes do conhecimento técnico para o compartilhamento entre provedor e cliente.

Além das informações estáticas e estruturais, também inclua aspectos dinâmicos ou comportamentais, sobretudo sequências de chamadas, precondições e pós-condições, além de invariantes.

Complemente a descrição da interface sintática com políticas de gerenciamento da qualidade, bem como especificações semânticas e informações organizacionais.

Torne a DESCRIÇÃO DA API legível por pessoas e máquinas. Especifique-a em texto simples ou em uma linguagem mais formal, dependendo do cenário de uso suportado, da cultura de desenvolvimento e da maturidade das práticas de desenvolvimento.

Certifique-se de que a especificação semântica está alinhada com o negócio, mas que também é tecnicamente precisa – ela deve revelar os recursos do negócio suportados em termos de domínio para que seja compreensível para os analistas de negócios (também conhecidos como especialistas no domínio), mas também cobrir as preocupações de gerenciamento de dados, como consistência, atualização e idempotência. Abranja o licenciamento, os termos e as condições ou decomponha essas informações e defina um ACORDO DE NÍVEL DE SERVIÇO (p. ex., para as APIs de negócios e críticas).

Considere usar uma linguagem de descrição de contrato funcional e reconhecida, como a Especificação OpenAPI (antes conhecida como Swagger) para a parte técnica do contrato das APIs de recurso HTTP. Veja que a Especificação OpenAPI (OAS) Versão 3.0 tem um atributo para compartilhar as informações de licença.

Variantes   Duas variantes são populares na prática: *Descrição Mínima* e *Descrição Elaborada*. Elas representam as extremidades opostas de um espectro. Formas híbridas também podem ser encontradas.

- *Descrição Mínima*. No mínimo, os clientes precisam conhecer os endereços do *endpoint* da API, os nomes da operação, a estrutura e o significado das representações das mensagens de solicitação e resposta, como definido em nosso modelo de domínio introduzido no Capítulo 1, "Fundamentos da interface de programação de aplicações (API)". Essa descrição mínima forma o contrato técnico da API. Nas APIs de recurso HTTP, os nomes das operações são limitados pelos verbos/métodos HTTP (com o uso desses verbos sendo definido

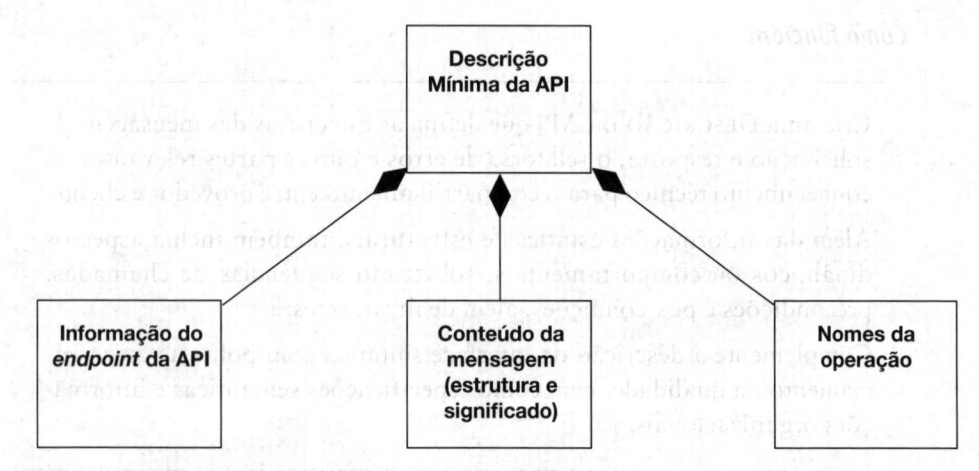

Figura 9.2 Variante mínima da DESCRIÇÃO DA API.

implicitamente/por convenção). Junto com o contrato de dados, eles ainda precisam ser especificados explicitamente. A Figura 9.2 mostra essa variante.

- *Descrição Elaborada*. As descrições mais elaboradas da API adicionam exemplos de uso. Elas apresentam tabelas detalhadas que explicam os significados dos parâmetros, os tipos de dados e as restrições, enumeram os códigos de erro e as estruturas do erro nas respostas e podem até incluir casos de teste para verificar a conformidade do provedor, como na Figura 9.3. Veja o Capítulo 1, bem como as Receitas 3.14 e 14.1 no livro *RESTful Web Services Cookbook* (Allamaraju, 2010) para ter dicas afins.

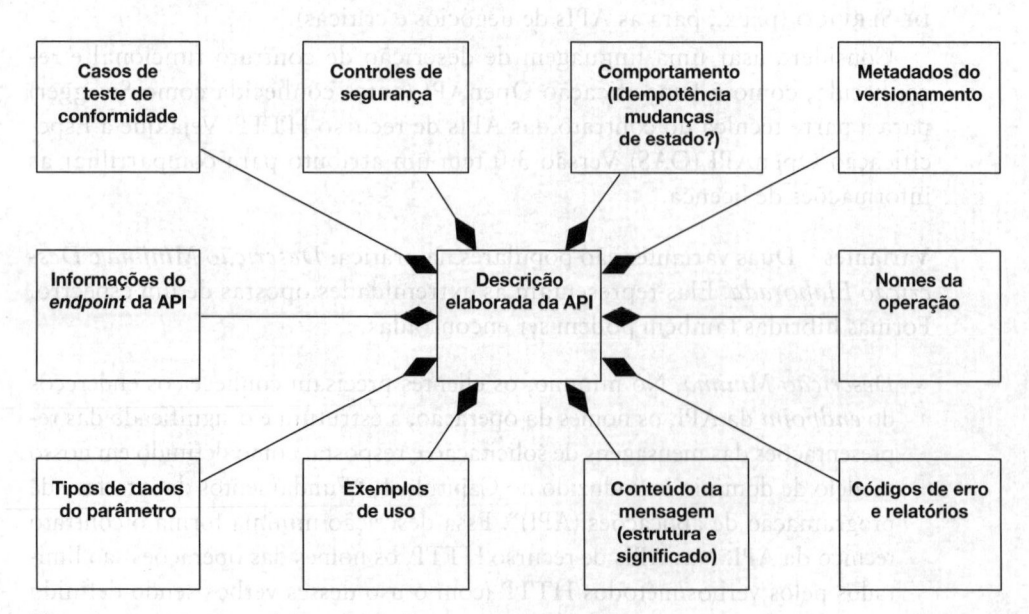

Figura 9.3 Variante elaborada da DESCRIÇÃO DA API.

Exemplo

O "Modelo das Descrições Elaboradas da API", na Figura 9.4, abrange as informações do negócio e as preocupações de *design* da API funcionais e técnicas.

Na prática, as descrições das APIs costumam ser disponibilizadas nos portais do desenvolvedor, em wikis de projetos ou *sites* de documentação de serviços. A MDSL, introduzida no Apêndice C, "Linguagem de microsserviços específica do domínio (MDSL)", suporta nativamente o padrão DESCRIÇÃO DA API.

Discussão

Uma Descrição Mínima é compacta e fácil de evoluir e manter. As Descrições Elaboradas têm muitas informações e promovem a interoperabilidade.

Contrato de serviço: [Nome]

| Domínio do negócio (ponto de vista do cenário, área funcional):
• ... | Histórias do usuário e atributos da qualidade (fatores do *design*):
• ... |

Referência rápida do serviço (sinopse do que o serviço fornece para os consumidores):
• ...

Sintaxe da chamada (contrato funcional): especificação IDL, política de segurança; exemplos de dados de solicitação/resposta; endereços do *endpoint* (implantação de teste, instâncias de produção); exemplo de programa do consumidor do serviço (código-fonte); informações de tratamento de erros (códigos de erro, exceções)
• ...

Semântica da chamada (contrato comportamental): descrição informal das precondições, das pós-condições, das invariantes, dos significados dos parâmetros; FSM; exemplo de composição de serviços; casos de teste de integração
• ...

Acordo de nível de serviço (SLA) com objetivos de nível de serviço (SLO); políticas de qualidade do serviço (QoS)
• ...

Informações contábeis (preço do serviço); dependências externas/ necessidades de recursos
• ...

Informações do ciclo de vida: versão(ões) atual(is) e anterior(es); limitações; roteiro futuro; proprietário do serviço com informações de contato, *link* para suporte e sistema de rastreamento de *bugs*
• ...

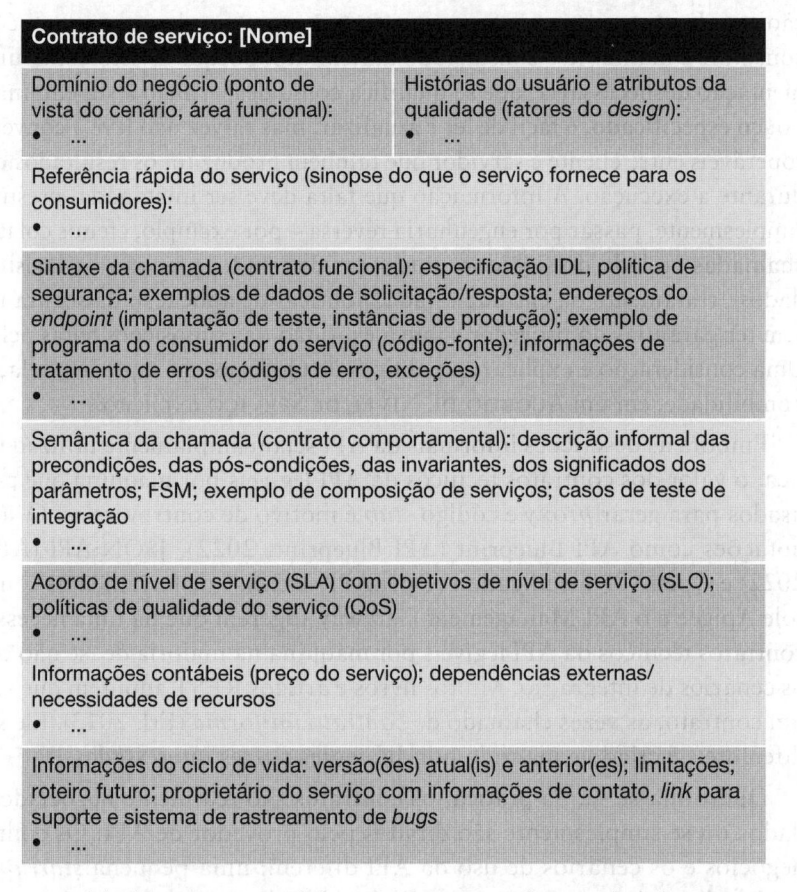

Figura 9.4 Modelo das Descrições Elaboradas da API (também conhecido como "contratos de serviço"). IDL: linguagem de descrição da interface; FSM: máquina de estados finita.

Uma Descrição Mínima pode fazer com que os desenvolvedores do cliente precisem adivinhar ou fazer engenharia reversa do comportamento no lado do provedor. Tais suposições implícitas fazem com que o princípio de ocultação das informações seja violado, por vezes ficando inválido a longo prazo. Além disso, as ambiguidades podem prejudicar a interoperabilidade – os esforços de teste e manutenção aumentam se novas versões incompatíveis com as versões anteriores não são indicadas como tais. As Descrições Elaboradas podem introduzir inconsistências devido à sua redundância intrínseca, em que os mesmos elementos são mencionados em diferentes partes da especificação. Se divulgarem detalhes da implementação no lado do provedor, como dependências posteriores (de saída), violam o princípio de ocultação das informações. Causam um esforço de manutenção ao evoluir, principalmente a necessidade de atualizar sistematicamente as descrições (então, implementar as alterações com consistência).

A quantidade de esforço necessária para as Descrições da API que atendem à necessidade de informações dos clientes depende da profundidade da especificação escolhida e do nível de detalhe requerido para possibilitar uma comunicação significativa e correta. Se um contrato é especificado em excesso, é difícil de consumir e manter (e é considerado antienxuto, porque é visto como uma documentação desnecessária, que se qualifica como desperdício a ser eliminado). Se é pouco especificado, é fácil de ler e atualizar, mas talvez não leve a conversas interoperáveis entre cliente e servidor que também produzam os resultados desejados durante a execução. A informação que falta deve ser imaginada, presumida ou, simplesmente, passar por engenharia reversa – por exemplo, efeitos colaterais das chamadas no lado do servidor (mudanças de estado, precisão e consistência dos dados), tratamento da entrada errada, políticas de aplicação da segurança etc. –, sem ter garantias do provedor sobre a exatidão das suposições feitas pelo cliente. Uma consideração é explicar as políticas de QoS, por exemplo, em relação à disponibilidade, em um Acordo de Nível de Serviço explícito.

Embora as descrições informais da API sejam amplamente utilizadas na prática, o valor dos contratos técnicos da API legíveis por máquina que podem ser usados para gerar *proxy* e código *stub* é motivo de controvérsias. O sucesso de notações como API Blueprint (API Blueprint, 2022), JSON:API (API JSON, 2022) e OpenAPI Specification (OpenAPI, 2022), e de ferramentas como o console Apigee e o API Management Gateway sugerem que há uma necessidade de contratos técnicos da API legíveis por máquina na maioria de (se não em todos) os cenários de integração. Muitos livros e artigos REST admitem que sempre há um contrato, às vezes chamado de *contrato uniforme* (Erl, 2013). Ele só parece diferente e é criado e mantido por diferentes partes interessadas.

Questiona-se se, na prática, os contratos são realmente negociados e acordados ou se simplesmente são ditados pelo provedor de API. Os contextos de negócios e os cenários de uso da API diferem: uma pequena *startup* ou uma equipe de projeto de tese consumindo APIs de nuvem de um dos provedores de nuvem dominantes tem pouca esperança de solicitar recursos ou negociar termos e condições. Na outra extremidade do espectro, os grandes fornecedores de *software* e os usuários corporativos com acordos de nível empresarial (ELA, *enterprise-level agreements*) fazem exatamente isso em seus acordos estratégicos de terceirização e parcerias em nuvem, por exemplo, ao implementar aplicações de multilocatários e críticos para os negócios. A dinâmica de mercado e a cultura de desenvolvimento determinarão o esforço investido no escopo e na qualidade de uma Descrição da API. Os desenvolvedores do cliente podem (e devem) considerar a precisão e a utilidade dessas descrições no processo de tomada de decisão ao selecionar uma API e seu provedor.

Padrões relacionados

Todos os outros padrões neste livro estão relacionados a isso de uma forma ou de outra. Dependendo da missão crítica e da dinâmica de mercado, uma Descrição da API pode ser completada com um Acordo de Nível de Serviço para especificar as metas da qualidade, e as consequências de não atendê-las. Informações da versão e estratégias de evolução podem ser incluídas (p. ex., os padrões Identificador de Versão e Dois em Produção).

"Descritor de Serviço" (Daigneau, 2011) e "Descrição da Interface" (Voelter, 2004) abrangem a parte técnica da Descrição da API.

Mais informações

Um API Stylebook *on-line* coleta e referencia dicas de documentação relacionados em um "tópico de *design*" dedicado (Lauret, 2017). A Receita 14.1 no livro *RESTful Web Services Cookbook* (Allamaraju, 2010) examina como documentar os serviços Web RESTful. "Engagement Perspective" em *Perspectives on Web Services* (Zimmermann, 2003) reúne as melhores práticas WSDL (e SOAP); grande parte do conselho dado também se aplica a outras sintaxes do contrato de API. O Capítulo 13 em *Principles of Web API Design* (Higginbotham, 2021) cobre os diferentes formatos de descrição da API e outros componentes de uma documentação útil da API.

O modelo "Canvas de Microsserviços" proposto por Chris Richardson cria Descrições Elaboradas quando preenchidos completamente. O modelo inclui informações da implementação, relações das chamadas de serviço e eventos produzidos/assinados (Richardson, 2019).

A noção de *Design* por Contrato foi estabelecida por Bertrand Meyer no contexto da engenharia de *software* orientada a objetos (Meyer, 1997). Sua dica também pode ser adotada ao definir contratos de API remotos. O papel específico dos dados nos contratos da interface é explicado por Pat Helland em "Data on the Outside versus Data on the Inside" (Helland, 2005).

A coleção de práticas DPR (*design practice reference*) apresenta uma atividade *Design* de Serviço por Etapas e um artefato Descrição da API (Zimmermann, 2021b). A MDSL implementa o padrão (Zimmermann, 2022).

Padrão:
PLANO DE PREÇOS

Quando e por que aplicar

Uma API é um ativo das organizações ou dos indivíduos que a construíram. Do ponto de vista das organizações comerciais, significa que ela tem valor monetário e imaterial. O desenvolvimento e as operações desse ativo devem ter alguma forma de financiamento. Os clientes da API podem ser cobrados pelo uso dela, mas o provedor da API também pode vender anúncios ou encontrar outros meios de levantar fundos.

De que forma o provedor de API pode medir o consumo do serviço da API e cobrar por ele?

Ao medir e cobrar, as seguintes questões são difíceis de resolver de forma aceitável para os clientes de API e seus provedores:

- **Aspectos econômicos**: escolher um modelo de preços é uma decisão que toca em muitos aspectos de uma organização: visibilidade da organização, equidade dos preços percebida, identidade visual, percepção da empresa no mercado, monetização, estratégia de aquisição de clientes (testes gratuitos, *upselling* etc.), concorrentes, satisfação do cliente. Outro fator é o esforço e o custo necessário para medir e cobrar os clientes, que devem ser contrastados com os benefícios de medir e cobrar.

- **Precisão**: os usuários da API esperam ser cobrados apenas pelos serviços que eles consomem. Eles podem até querer ter certo controle sobre os limites de gastos. Relatórios de medição detalhados e faturas aumentam a confiança do usuário da API, mas essa contabilidade profunda de cada chamada da API também pode incorrer em uma penalidade no desempenho.

- **Granularidade da medição**: a medição pode ser feita e relatada em diferentes níveis de detalhamento. Por exemplo, um provedor de API pode oferecer uma medição contínua com relatórios em tempo real, já outro pode apenas relatar diariamente os números agregados. Quando a medição está baixa, o provedor perde dinheiro.

- **Segurança**: os dados de medição e cobrança podem conter informações confidenciais sobre os usuários que precisam ser protegidas (p. ex., para cumprir os regulamentos de privacidade dos dados). Os provedores também devem cobrar o cliente correto. Fingir a identidade de outro cliente ou usar as CHAVES DA API de outra pessoa deve ser evitado. Nos sistemas multilocatários, como as ofertas de nuvem, os locatários nem devem saber que existem outros (nem mesmo em situações de erro em que RELATÓRIOS de Erros detalhados são coletados). Esses outros locatários podem incluir concorrentes ou parceiros de negócios; acordos de não divulgação podem ter sido assinados. Embora os locatários possam estar interessados nos dados de desempenho de outros locatários, compartilhar esses dados deliberadamente ou sem querer é antiético (ou mesmo ilegal).

É possível cobrar o cliente com uma taxa de inscrição única, mas tal abordagem pode tratar de igual maneira usuários com baixa demanda e com alta demanda. É uma solução válida em alguns casos, mas também pode simplificar demais o cenário e ser muito barato para certos segmentos de usuários e muito caro para outros.

Como funciona

Atribua um Plano de Preços para o uso da API à Descrição da API, utilizado para cobrar clientes de API, anunciantes ou outras partes interessadas.

Defina e monitore as métricas para medir o uso da API, por exemplo, estatísticas de uso da API por operação.

Variantes Existem muitas variantes de Planos de Preços. Os mais comuns são *preços baseados em assinatura* e *preços baseados em uso*. Uma *alocação baseada no mercado* é menos vista (também conhecida como *alocação de recursos no estilo leilão*). Esses planos podem ser combinados com um *modelo freemium* em que um nível de uso baixo ou amador em particular é gratuito. O pagamento entra em vigor para os usos mais elevados ou assim que um período de teste inicial expira. Combinações de diferentes planos também são possíveis, por exemplo, uma *taxa de assinatura fixa* mensal para um pacote básico e *preço baseado em uso* extra para os serviços consumidos adicionalmente.

- *Preços Baseados em Assinatura (ver Figura 9.5).* No preço baseado em assinatura ou taxa fixa, o consumidor é cobrado com uma taxa recorrente (p. ex., mensal ou anual) que é independente do uso real do serviço, às vezes em combinação com uma Taxa-limite para garantir o uso justo. Dentro desses limites, a assinatura normalmente permite aos consumidores um uso quase ilimitado e requer menos contabilidade do que o preço baseado em uso. Uma alternativa é um provedor oferecer diferentes níveis de cobrança, a partir dos quais um usuário pode escolher o que melhor combina com seu uso esperado. Se um consumidor exceder o seu limite, poderá ser oferecido um *upgrade* para um nível de cobrança mais caro. Se um cliente não estiver disposto a fazer o *upgrade*, outras chamadas serão bloqueadas (ou respondidas com um nível de serviço inferior).

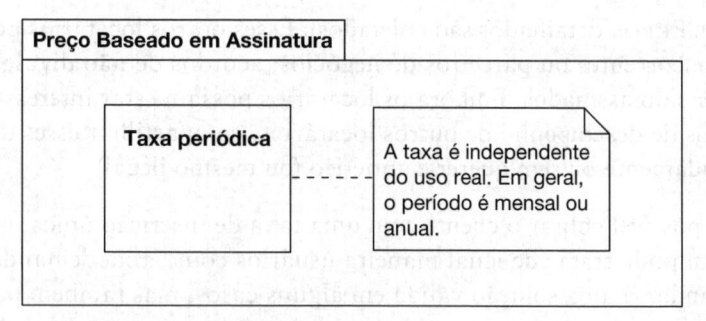

Figura 9.5 Variante Preço Baseado em Assinatura.

- *Preço Baseado em Uso (ver Figura 9.6).* Uma política de preços baseada em uso cobra o consumidor somente pelo uso real (p. ex., chamadas de API ou quantidade de dados transferidos) dos recursos do serviço. O preço pode ser variado para as diferentes operações da API. Uma simples leitura de um recurso, por exemplo, pode custar menos do que criar um recurso. Essa utilização pode ser cobrada periodicamente. Uma alternativa é oferecer pacotes pré-pagos (como às vezes é feito nos contratos de telefonia móvel) com créditos que são então gastos.[2]

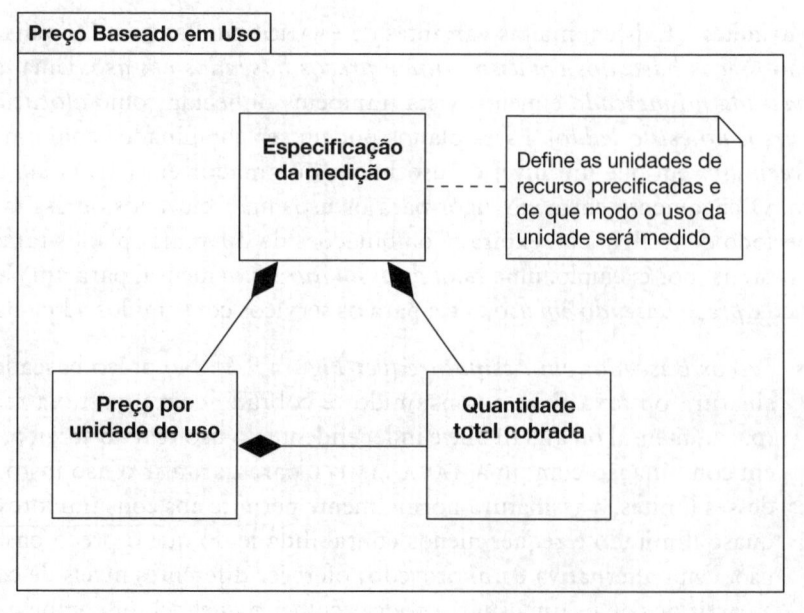

Figura 9.6 Variante Preço Baseado em Uso

---

[2] Por exemplo, ao utilizar o CloudConvert, um SaaS de conversão de documentos, os consumidores podem comprar pacotes de minutos de conversão, que podem ser gastos ao longo do tempo.

- *Preço Baseado em Mercado (ver Figura 9.7)*. O preço elástico baseado em mercado é uma terceira variante. Para um mercado emergir, o preço de um recurso pode ter que se mover alinhado com a demanda do serviço. Um consumidor então faz uma oferta para usar o serviço a um preço máximo específico e quando o preço de mercado cai ou fica abaixo do preço de oferta, o consumidor tem o serviço alocado até que o preço fique acima do preço de oferta novamente.

Essas variantes dos PLANOS DE PREÇOS diferem no esforço necessário para definir e atualizar os preços, e elas têm um impacto na atração e na retenção dos consumidores. Também diferem em suas ambições de obter lucros sustentáveis. Por fim, podem diferir no escopo: *endpoint* inteiro da API *versus* operações individuais, acesso à API *versus* serviços de *back-end* (p. ex., computação real/recuperação dos dados/comunicação) são duas dimensões do escopo.

Desenvolvedores dos clientes e proprietários de aplicações são aconselhados a ler as letras miúdas e fazer testes para se familiarizar com a granularidade da cobrança e os procedimentos operacionais antes de se comprometerem em usar uma oferta específica. Pode ser necessária alguma experimentação para encontrar um perfil de consumo da API que seja técnica e financeiramente satisfatório.

Exemplo

Imagine um provedor fictício oferecendo uma API para enviar e receber programaticamente *e-mails*, liberando os clientes de trabalhar com os protocolos SMTP e POP/IMAP diretamente. O provedor decidiu implementar um PLANO DE PREÇOS baseado em uso, com um nível *freemium* para o baixo uso e diferentes níveis de preços, dependendo de quantos *e-mails* são enviados por mês, como mostrado na Tabela 9.1.

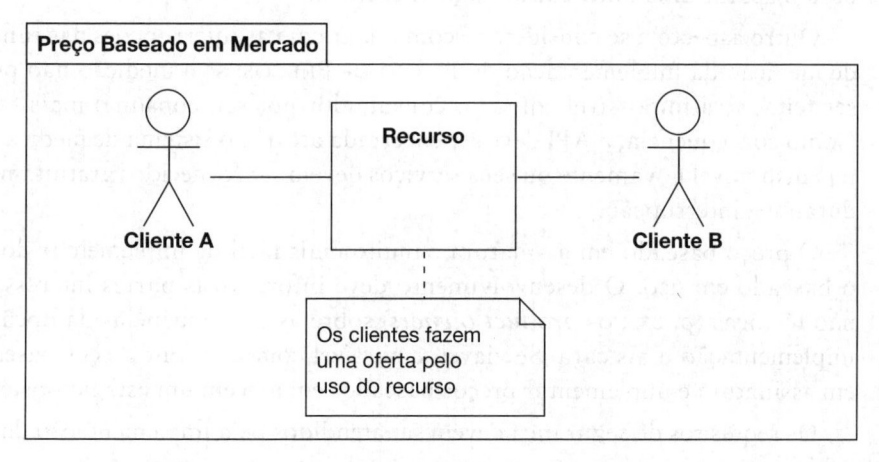

Figura 9.7 Variante Preço Baseado em Mercado.

Tabela 9.1 Plano de Preços baseado em uso de um provedor de API fictício com diferentes níveis de cobrança.

E-mails por mês (até)	Preço por mês
100	Gratuito
10.000	US$20
100.000	US$150
1.000.000	US$1.000

Um concorrente do provedor, tentando se diferenciar e manter o monitoramento no mínimo, pode optar por uma taxa de assinatura fixa de US$50 por mês, que oferece *e-mails* ilimitados para os consumidores.

Discussão

Ao usar um Plano de Preços, os consumidores e seu provedor chegam a um acordo claro sobre os custos incorridos e suas obrigações mútuas (p. ex., no que diz respeito ao faturamento e à liquidação do pagamento). Um Plano de Preços às vezes também é chamado de Plano de Taxas.

Escrever e publicar Planos de Preços diferenciados é um desafio. Requer muito conhecimento sobre os interesses dos consumidores e dos modelos de negócios em ambos os lados. O *product owner* da API e os desenvolvedores devem trabalhar juntos para escolher uma variante que equilibre esforço e benefício. Os clientes de API devem ser identificados por uma Chave da API ou outros meios de autenticação. O preço baseado em uso requer monitoramento detalhado e medição das ações do cliente. Para evitar disputas, os consumidores desejarão relatórios detalhados para rastrear e monitorar seu uso da API. Isso requer mais esforço no lado do provedor. Podem ser colocados limites para disparar uma notificação quando excedido.

Outro aspecto a se considerar é como lidar com as interrupções das funções de medição da implementação do Plano de Preços: se a medição não puder ser feita, será impossível cobrar o consumidor por seu consumo mais tarde. Como consequência, a API deve ser encerrada até que o sistema de medição esteja disponível novamente ou seus serviços devem ser fornecidos gratuitamente durante a interrupção.

O preço baseado em assinatura é muito mais fácil de implementar do que o baseado em uso. O desenvolvimento deve informar as partes interessadas não técnicas (p. ex., os *product owners*) sobre as consequências da opção de implementação mais cara. Se viável, é possível começar com preços baseados em assinatura e implementar preços baseados em uso em um estágio posterior.

Os requisitos de segurança devem ser atendidos pela implementação da API subjacente e pela infraestrutura operacional.

Padrões relacionados

Um PLANO DE PREÇOS pode usar TAXAS-LIMITE para impor diferentes níveis de cobrança. Se usado, o PLANO deve referenciar o ACORDO DE NÍVEL DE SERVIÇO.

Para identificar o cliente que faz uma solicitação, uma CHAVE DA API (ou outra prática de autenticação) pode ser usada. Uma LISTA DE DESEJOS ou um MODELO DE DESEJO pode ajudar a manter os custos baixos se a quantidade de dados transferidos faz parte da definição do PLANO DE PREÇOS.

Mais informações

"API Gateway" (Richardson, 2016) e os padrões de gerenciamento de sistemas no livro *Enterprise Integration Patterns* (Hohpe, 2003), "Escuta" e "Armazenamento de Mensagens", em particular, podem ser usados para implementar a medição e servir como pontos de aplicação. Uma Escuta pode ser inserida entre a origem e o destino de uma mensagem para copiar as mensagens de entrada para um canal secundário ou um Armazenamento de Mensagens, que é usado para contar as solicitações por cliente sem ter que implementar isso no *endpoint* da API.

Padrão: TAXAS-LIMITE

Quando e por que aplicar

Um *endpoint* da API e o contrato de API, expondo operações, mensagens e representações de dados, foram estabelecidos. Uma DESCRIÇÃO DA API foi definida e especifica os padrões de troca de mensagens e protocolo. Os clientes de API se inscreveram no provedor e concordaram com os termos e as condições que regem o uso do *endpoint* e as operações. Algumas APIs podem não exigir qualquer relação contratual, por exemplo, quando oferecidas como um serviço de dados abertos ou durante um período de teste.

De que forma o provedor da API pode impedir que os clientes da API usem a API em excesso?[3]

Na busca por impedir o uso excessivo da API, que pode prejudicar as operações do provedor ou outros clientes, devem ser encontradas soluções para os seguintes problemas de *design*:

- **Aspectos econômicos:** evitar o uso excessivo por parte dos clientes de API requer que os recursos sejam implementados e mantidos. Os clientes podem

---

[3] O provedor de API define exatamente o que é considerado excessivo. Em geral, uma assinatura com taxa fixa paga impõe limitações diferentes de um plano de uso gratuito. Veja o padrão PLANO DE PREÇOS para uma discussão detalhada das concessões dos diferentes modelos de assinatura.

reagir negativamente às cotas e sua aplicação devido ao trabalho extra envolvido (p. ex., para ficarem cientes de suas permissões). Este pode ser um critério para o cliente ir para um concorrente. As medidas só devem ser tomadas se o impacto e a gravidade dos abusos da API são considerados suficientemente altos para justificar os custos e os riscos de negócio.

- **Desempenho:** o provedor de API normalmente quer, ou pode ser exigido por contrato ou regulação, manter uma alta qualidade de seu serviço para todos os clientes de API. Os detalhes exatos podem ser definidos no respectivo Acordo de Nível de Serviço.
- **Confiabilidade:** se algum cliente de API abusa do serviço deliberadamente ou sem querer, ações devem ser tomadas para impedir danos aos outros clientes. Solicitações individuais podem ser rejeitadas ou o acesso à API revogado. Se um provedor é muito restritivo, corre o risco de não atender os consumidores em potencial; se é muito liberal, fica sobrecarregado e os tempos de resposta percebidos por outros consumidores (p. ex., consumidores pagantes) podem sofrer. Os outros clientes podem começar a procurar alternativas nesse caso.
- **Impacto e gravidade dos riscos de uso excessivo da API:** as possíveis consequências negativas dos clientes de API que abusam do serviço deliberadamente ou sem querer devem ser analisadas e avaliadas. Essas consequências devem ser ponderadas em função dos custos de qualquer medida tomada para evitar o abuso. Por exemplo, os padrões de uso previstos podem indicar uma baixa probabilidade de consequências negativas do abuso e/ou um baixo impacto de tal abuso (p. ex., impacto econômico ou danos à reputação). Se os riscos restantes puderem ser mitigados ou aceitos, o provedor de API pode decidir não tomar nenhuma ação para impedir que os clientes de API usem em excesso da API.
- **Consciência do cliente:** os clientes responsáveis desejarão gerenciar sua permissão. Eles monitoram seu uso para não correr o risco de ser bloqueados por exceder seu limite.

Para evitar que clientes com uso excessivo prejudiquem outros clientes de API, pode-se simplesmente adicionar mais capacidade de processamento, espaço de armazenamento e largura de banda da rede. Muitas vezes isso não é economicamente viável.

Como funciona

Introduza e aplique uma Taxa-Limite para se proteger dos clientes de API com uso excessivo.

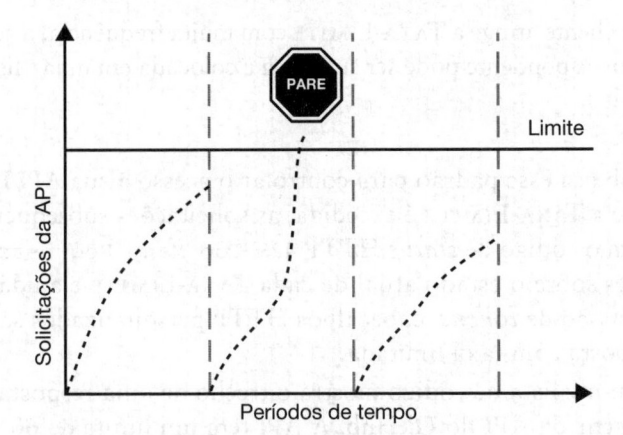

Figura 9.8 TAXA-LIMITE: assim que o cliente excede o número permitido de solicitações por período de tempo, todas as outras solicitações são recusadas.

Formule esse limite como certo número de solicitações permitidas por janela de tempo. Se o cliente excede esse limite, outras solicitações podem ser recusadas, processadas em um período posterior ou atendidas com garantias de melhor esforço, alocando uma menor quantidade de recursos. A Figura 9.8 mostra essa TAXA-LIMITE baseada em intervalos com redefinições periódicas.

Defina o escopo da TAXA-LIMITE, que pode ser a API inteira, um único *endpoint*, um grupo de operações ou uma operação individual. As solicitações não precisam ser tratadas uniformemente. Os *endpoints* podem ter custos operacionais variados e o uso de *tokens* pode diferir.[4]

Defina um período de tempo apropriado, por exemplo, diário ou mensal, por operação da API ou grupo de operações da API após o qual a TAXA-LIMITE é redefinida. Esse intervalo pode ser contínuo. Mantenha o controle das chamadas dos clientes no período de tempo definido através do monitoramento e do *log*.

Uma TAXA-LIMITE também pode restringir a quantidade de simultaneidade permitida, ou seja, o número de solicitações simultâneas que um cliente pode fazer. Por exemplo, em um plano gratuito, os clientes podem ser limitados a apenas uma solicitação simultânea. Quando um cliente excede sua TAXA-LIMITE, o provedor pode parar de atendê-lo completamente ou retardá-lo (ou, para as ofertas comerciais, oferecer um *upgrade* para um plano de custo mais alto). Este último caso também costuma ser descrito como *throttling* (limitação de taxa). Veja que a terminologia exata difere de acordo com o provedor e muitas vezes os termos TAXA-LIMITE e a limitação são usados alternadamente.

---

[4] Por exemplo, recuperar um ID simples custa um único *token* (unidade) na API do YouTube, já um *upload* de vídeo consome, aproximadamente, 1.600 unidades.

Se um cliente atinge a TAXA-LIMITE com muita frequência, a conta ou a CHAVE DA API correspondente pode ser suspensa e colocada em uma "lista de negação".[5]

Exemplo

O GitHub usa esse padrão para controlar o acesso à sua API HTTP RESTful: assim que a TAXA-LIMITE é excedida, as solicitações subsequentes são respondidas com o código de *status* HTTP 429 Too Many Requests. Para informar os clientes sobre o estado atual de cada TAXA-LIMITE e ajudá-los a gerenciar sua permissão de *tokens*, cabeçalhos HTTP personalizados são enviados com cada resposta com taxa limitada.

A seguinte lista de código mostra o trecho de uma resposta com taxa limitada a partir da API do GitHub. A API tem um limite de 60 solicitações por hora, das quais 59 permanecem:

```
curl -X GET --include https://api.github.com/users/misto
HTTP/1.1 200 OK
...
X-RateLimit-Limit: 60
X-RateLimit-Remaining: 59
X-RateLimit-Reset: 1498811560
```

X-RateLimit-Reset indica o tempo em que o limite será redefinido com um *timestamp* UNIX.[6]

Discussão

Uma TAXA-LIMITE dá ao provedor controle sobre o consumo da API pelos clientes. Implementando uma TAXA-LIMITE, um provedor de API pode proteger sua oferta contra clientes maliciosos, como *bots* indesejados, e preservar a qualidade de seu serviço. O provedor pode fornecer melhores recursos devido ao uso máximo limitado, melhorando assim o desempenho e a confiabilidade para todos os clientes.

Decidir sobre os limites adequados não é fácil. Se a TAXA-LIMITE for muito alta, ela não terá o efeito desejado. Limites excessivamente agressivos irritarão os usuários da API. Encontrar os níveis certos requer experimentação e ajuste. Por exemplo, um PLANO DE PREÇOS do provedor pode permitir 30 mil solicitações por mês. Sem restrições adicionais, um cliente poderia consumir todas essas solicitações em um curto período de tempo, provavelmente sobrecarregando o provedor. Para mitigar esse problema específico, o provedor poderia restringir

---

[5] Uma lista de negação, ou lista de bloqueio, é um mecanismo de controle de acesso que barra certos elementos bloqueados, mas permite que todos os outros passem. É o oposto de uma lista de permissões, ou lista de boas-vindas, em que apenas os elementos na lista podem passar.

[6] Os *timestamps* UNIX contam o número de segundos a partir de 1º de janeiro de 1970.

adicionalmente os clientes a apenas uma solicitação por segundo. Os clientes precisam controlar seu uso e ficar atentos à Taxa-Limite, por exemplo, rastreando seu uso da API e/ou colocando em fila as solicitações. Isso pode ser feito por *cache* e priorização das chamadas da API. Uma Taxa-Limite torna a implementação da API com estado, o que deve ser levado em conta ao escalar.

As ofertas pagas oferecem uma forma melhor de gerenciar as Taxas-Limite com vários níveis de assinaturas e, consequentemente, limites diferentes. O uso excessivo da API pode até ser visto como algo positivo (porque leva ao aumento da receita). No entanto, um serviço gratuito não deve dar a todos os seus clientes a mesma Taxa-Limite também. Ele pode levar em conta outras métricas para aceitar clientes de vários tamanhos e estágios. Por exemplo, o Facebook concede chamadas de API proporcionais ao número de usuários que a aplicação cliente instalou.

Para medir e aplicar as métricas da Taxa-Limite, o provedor precisa identificar o cliente ou o usuário. Para a identificação, o cliente de API obtem um meio de se identificar no *endpoint* (mais precisamente, no ponto de aplicação da política de segurança[7] dentro da API), por exemplo, com uma Chave da API ou um protocolo de autenticação. Se nenhuma inscrição é necessária, por exemplo, em um serviço gratuito, o *endpoint* deve estabelecer outra forma de identificar o cliente, como pelo endereço IP.

Padrões relacionados

Os detalhes de uma Taxa-Limite podem fazer parte de um Acordo de Nível de Serviço. Uma Taxa-Limite pode depender do nível de assinatura do cliente, que é descrito no padrão Plano de Preços. Nesses casos, a Taxa-Limite é usada para aplicar os níveis de cobrança do Plano de Preços.

Uma Lista de Desejos ou um Modelo de Desejo pode ajudar a garantir que as Taxas-Limite vinculadas aos dados não sejam violadas. O estado atual da Taxa-Limite, por exemplo, quantas solicitações permanecem no período de cobrança atual, pode ser comunicado via Representação Contextual na carga da mensagem.

Mais informações

"Leaky Bucket Counter" (Hanmer, 2007) oferece uma possível variante da implementação para a Taxa-Limite. O Capítulo 21 em *Site Reliability Engineering* (Beyer, 2016) cobre as estratégias para lidar com a sobrecarga.

Os padrões do gerenciamento de sistemas publicados por Hohpe (2003) podem ajudar a implementar a medição e, portanto, também servir como pontos

---

[7] Na linguagem XACML (*eXtensible access control markup language* – linguagem de marcação de controle de acesso eXtensível) (OASIS, 2021), o ponto de aplicação da política protege um recurso do acesso não autorizado. Ele consulta um ponto de decisão da política em segundo plano ao fazê-lo.

de aplicação. Por exemplo, um "Barramento de Controle" pode ser usado para aumentar ou diminuir determinados limites dinamicamente durante a execução e o "Armazenamento de Mensagens" pode ajudar a implementar o monitoramento contínuo do uso dos recursos ao longo do tempo.

O Cloud Architecture Center (Google, 2019) apresenta diferentes estratégias e técnicas para a realização das Taxas-limite.

Padrão:
Acordo de Nível de Serviço

Quando e por que aplicar

Uma Descrição da API define um ou mais *endpoints* da API, incluindo a interface funcional das operações, com suas mensagens de solicitação e resposta. O comportamento dinâmico das chamadas dessas operações ainda não foi articulado com precisão em termos de características qualitativas e quantitativas de QoS. Além disso, o suporte dos serviços da API e seu ciclo de vida, incluindo o tempo de vida garantido e o tempo médio para reparação, ainda não foi especificado.

De que forma um cliente de API pode aprender sobre as características específicas da qualidade de serviço de uma API e suas operações do *endpoint*?

Como essas características, e as consequências de não atendê-las, podem ser definidas e comunicadas de forma mensurável?

Questões parcialmente conflitantes dificultam a especificação das características de QoS de forma aceitável para clientes e provedores. As seguintes preocupações devem de ser abordadas de maneira específica:

- **Agilidade e vitalidade do negócio:** o modelo de negócios de um cliente de API pode confiar na disponibilidade de determinado serviço de API (e em algumas outras qualidades mencionadas, como escalabilidade ou privacidade). A agilidade e a vitalidade do negócio podem depender das garantias nas três primeiras qualidades, pois as violações delas podem atrapalhar o cliente.

- **Atratividade do ponto de vista do consumidor:** presumir que mais de uma API está disponível e oferece uma funcionalidade necessária, e garantir as características do serviço podem ser uma expressão de confiança do provedor em suas próprias capacidades (incluindo a implementação da API e os sistemas posteriores). Por exemplo, ao escolher entre duas ofertas semelhantes funcionalmente com diferentes garantias de disponibilidade, os consumidores são mais propensos a ficar com a oferta que tem uma garantia de disponibilidade maior (a menos que outros fatores, como preço, tenham mais prioridade e favoreçam a API oferecendo a menor garantia).

- **Disponibilidade:** o cliente de API geralmente está interessado em um alto tempo de atividade dos serviços do provedor de API. O tempo de atividade é importante em muitos domínios e capacita os clientes de API a dar certas garantias aos seus próprios consumidores.
- **Desempenho e escalabilidade:** o cliente de API geralmente está interessado em baixa latência e uma alta taxa de transferência é desejada no lado do provedor.
- **Segurança e privacidade:** se uma API lida com dados confidenciais ou privados, o cliente de API está interessado nos meios e nas medidas tomadas pelo provedor para garantir a segurança e a privacidade.
- **Regulamentos do governo e obrigações legais:** os regulamentos do governo devem ser atendidos, por exemplo, os relacionados à proteção de dados pessoais[8] ou a exigência de que os dados sejam armazenados localmente.[9] Esses regulamentos podem proibir as empresas locais de usar as ofertas de um provedor estrangeiro, a menos que o provedor os cumpra. Por exemplo, uma *startup* suíça pode usar os serviços de um provedor dos EUA em conformidade com a Proteção de Privacidade Suíça-EUA. Uma garantia do provedor de API pode ser uma maneira de documentar a conformidade.
- **Custo-benefício e riscos para o negócio do ponto de vista de um provedor:** um provedor deseja economizar seus recursos disponíveis e normalmente também quer ter lucro (ou manter os custos em um mínimo – p. ex., nas ofertas abertas do governo). Oferecer uma garantia alta e irreal no nível do serviço ou concordar em pagar multas exigiria uma consideração cuidadosa e deve estar alinhado com as estratégias de gerenciamento de risco no lado do provedor. Oferecer qualquer garantia, sem ter valores claros, não é aconselhável por causa dos altos riscos e custos para implementar e mitigar as violações das garantias.

O cliente pode simplesmente confiar no provedor se esforçando bem, comercial e tecnicamente, para fornecer uma experiência de uso da API satisfatória; em muitas APIs públicas, bem como nas APIs de solução interna, essa opção é escolhida. No entanto, se o uso da API é crucial para o cliente, o risco resultante pode não ser tolerado. É possível contar com textos não estruturados e de forma livre que estabelecem os termos e as condições comerciais e técnicas de uso da API apenas informalmente – muitas APIs públicas fornecem esses documentos. Porém, tais documentos em linguagem natural (assim como acordos orais pontuais) são ambíguos, deixam espaço para interpretações que

---

[8] O Regulamento Geral de Proteção de Dados da UE (UE 2016) regulamenta como as empresas devem proteger os dados das pessoas que elas processam.

[9] Por exemplo, as leis no Brasil e na Rússia exigem que os provedores armazenem os dados localmente (The Economist, 2015).

podem levar a mal-entendidos e, por sua vez, a situações críticas do projeto. Eles podem não ser mais suficientes quando a pressão competitiva aumenta. Quando não há alternativa disponível ou não há espaço para negociar um acordo personalizado, decidir simplesmente usar uma API se resume a confiar no provedor e/ou prever suas futuras características de QoS com base em dados históricos e experiências anteriores.

Como funciona

Como *product owner* da API, estabeleça um Acordo de Nível de Serviço orientado à qualidade, que defina os objetivos testados no nível do serviço.

Em qualquer Acordo de Nível de Serviço, defina pelo menos um objetivo de nível de serviço (SLO, *service-level objective*), bem como punições, créditos ou ações de compensação, e procedimentos de notificação para as violações do SLA. Um SLA e seus SLOs devem identificar as operações da API às quais pertencem. Os desenvolvedores do cliente de API podem então estudar o SLA e seus SLOs com cuidado antes de se comprometer em usar um *endpoint* da API específico e suas operações. A estrutura do SLA deve ser reconhecível, de preferência até padronizada em todas as ofertas; o estilo de escrita deve ser assertivo e claro. A Figura 9.9 mostra a estrutura de um SLA com seus SLOs.

Obtenha os SLOs para cada serviço controlado a partir dos atributos de qualidade específicos e mensuráveis que são relevantes para a API e de preferência que foram especificados durante a análise e o *design* (Cervantes, 2016). Os SLOs também podem surgir das diretrizes regulatórias. Leis de proteção de dados pessoais, como o Regulamento Geral de Proteção de Dados (UE, 2016), podem exigir que os dados sejam apagados quando deixam de ser necessários. Os SLOs podem ser agrupados em categorias amplas. As diretrizes de SLA da Comissão Europeia (C-SIG, 2014), por exemplo, classificam os SLOs em desempenho, segurança, gerenciamento de dados e proteção de dados pessoais.

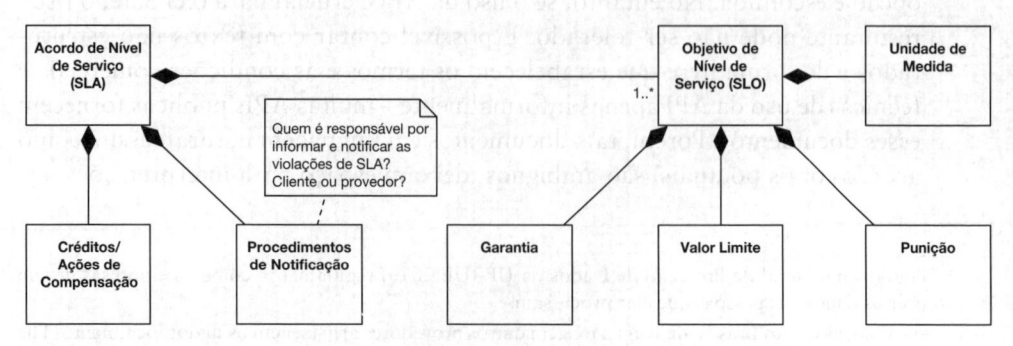

Figura 9.9 Estrutura e conteúdo de um Acordo de Nível de Serviço.

Em cada SLO que corresponde a um atributo de qualidade em particular, especifique um valor *limite* e a unidade de medida. Dê uma *garantia* (i.e., uma porcentagem mínima) para quanto tempo será atendido e uma *punição* se não conseguir. Por exemplo, um SLO pode afirmar que em 99% do tempo (garantia), as solicitações devem ser respondidas em menos de 500 milissegundos (limite, unidade de medida) em uma janela de 30 dias. Se esse SLO não puder ser atendido, os clientes receberão um desconto de 10% em sua próxima conta (punição).

É importante indicar claramente como a medição será feita e interpretada. Isso evita confusão e expectativas irreais. Por exemplo, no caso anterior, é importante esclarecer que os 99% são calculados em uma janela de 30 dias.

Ao definir o SLA, todas as partes relevantes, internas e externas, devem estar envolvidas no início (p. ex., altos executivos, departamento jurídico e responsáveis pela segurança). Os provedores de API devem permitir que a especificação SLA seja revisada e aprovada por um conjunto bem definido dessas partes interessadas (p. ex., o departamento jurídico). Em geral, várias iterações são necessárias, o que pode ser bem demorado devido às agendas cheias. Concordar com o conteúdo e o texto do SLA é um processo de negociação, que pode ser muito intenso e tem um grande fator humano.[10]

Exemplo

A Lakeside Mutual oferece uma aplicação de autoatendimento para os consumidores solicitarem cotações para diferentes seguros. Como parte de sua nova estratégia de crescimento, a empresa começou a oferecer produtos de seguro *"white label"*.* Terceiros podem colocar a sua própria marca nos produtos desenvolvidos pela Lakeside Mutual e disponibilizá-los em seus *sites*, com a Lakeside Mutual ficando com uma pequena parte dos prêmios do seguro. Para aumentar a confiança na oferta, foi definido o seguinte SLA:

> O serviço de API de White-Label Insurance tem um tempo de resposta máximo de 0,5 segundo.

O tempo de resposta pode precisar de alguns esclarecimentos:

> O tempo de resposta é medido do momento em que a solicitação chega ao *endpoint* da API até a resposta ser enviada.

Observe que isso não inclui o tempo necessário para a solicitação e a resposta viajarem na rede do provedor de API até o cliente. Além disso, o provedor assegura:

> O SLO de White-Label Insurance será atendido em 99% das solicitações, medidos em uma janela de 30 dias. Caso contrário, o consumidor receberá um crédito

---

[10] Pense nos processos de aquisição e de tomada de decisão do dia a dia!

* N. de R. T. Modelo de negócio livre de direitos autorais em que o desenvolvimento de um produto ou serviço é terceirizado, ou seja, o produto/serviço é desenvolvido por uma empresa e vendido por outra como se fosse seu.

de desconto de 10% no período de cobrança atual. Para receber um crédito, o consumidor deve enviar um pedido, incluindo as datas e as horas do incidente, para o centro de suporte ao cliente.

Discussão

O público-alvo principal desse padrão é o *product owner* da API no lado do provedor, não os desenvolvedores dos *endpoints* e das operações da API. Um SLA costuma fazer parte dos termos e das condições (de serviços) ou de um acordo de serviço principal, junto com outras políticas, como uma política de uso aceitável ou de privacidade.

Os clientes estabelecem um entendimento compartilhado com o provedor sobre os níveis de serviço e os níveis de qualidade que podem ser esperados. Um SLA pode visar todos os serviços prestados ou um conjunto específico de operações expostas em um *endpoint* da API específico. Por exemplo, os SLO relativos a uma regulação de proteção de dados pessoais provavelmente serão gerenciados em um SLA geral, mas os objetivos do gerenciamento de dados – como a frequência de *backup* dos dados – podem diferir por *endpoint* e/ou operação. SLAs bem trabalhados com SLOs mensuráveis são um indicador de maturidade e transparência do serviço. Em especial, muitas APIs públicas e ofertas de nuvem não expõem nenhum SLA ou apenas SLAs fracos. Isso pode ser atribuído à dinâmica do mercado e à falta de regulamentos.

O provedor pode ser responsabilizado por não fornecer o serviço. Às vezes, as organizações não querem ser responsabilizadas por suas falhas. Estabelecer obrigações claramente definidas, como um ACORDO DE NÍVEL DE SERVIÇO, pode desencadear uma resistência interna na organização causada por medo.

Só faz sentido definir SLAs e SLOs precisos e publicá-los para os clientes se isso for exigido (e pago) pelos clientes – ou se os provedores considerarem bom do ponto de vista do negócio. Caso contrário, os SLAs podem causar um risco desnecessário ao negócio, pois muitas vezes têm um vínculo legal. Pode ser difícil cumpri-los em todos os momentos; se não forem solicitadas, por que oferecer grandes garantias? Os SLAs exigem um esforço substancial para serem planejados, implementados e monitorados; mitigar violações de SLA também é trabalhoso. Manter funcionários de operações para lidar rapidamente com as violações de SLA é caro. Os riscos para o negócio relacionados aos SLAs podem ser mitigados limitando a responsabilidade do provedor de API, por exemplo, para oferecer créditos de serviço como a única punição para as violações de SLA.

As alternativas a um SLA com SLOs mensuráveis, como descrito neste padrão, são não definir SLAs ou definir as metas de qualidade em termos vagos (i.e., em um SLA com SLOs especificados informalmente). Um SLA pode conter SLOs mensuráveis sobre certas qualidades e especificar outros apenas informalmente. Por exemplo, os aspectos da segurança são difíceis de capturar formalmente sem se tornarem muito complexos e irreais, ou difíceis de validar. Um provedor pode, portanto, concordar em fazer "esforços comercialmente razoáveis" para proteger sua API.

Os SLAs podem ser bons para o provedor de API, mesmo na forma de um SLA interno – resultando em uma variante do padrão no qual o provedor de API usa o SLA para especificar e medir seu próprio desempenho em qualidades relevantes, mas não compartilha essas informações com clientes externos à organização. Essa abordagem pode fazer parte do *Site Reliability Engineering* (Beyer, 2016).

Padrões relacionados

Um ACORDO DE NÍVEL DE SERVIÇO acompanha o contrato de API ou a DESCRIÇÃO DA API (que se referiria ao ACORDO DE NÍVEL DE SERVIÇO). Os SLAs podem reger o uso das instâncias de muitos padrões nessa linguagem de padrões, como nas categorias de representação e qualidade dessa linguagem de padrões.

Os detalhes das TAXAS-LIMITE e dos PLANOS DE PREÇOS podem ser incluídos em um ACORDO DE NÍVEL DE SERVIÇO.

Mais informações

O livro *Site Reliability Engineering* (Beyer, 2016) dedica um capítulo inteiro aos SLOs, incluindo suas medições, denominadas "Indicadores de Nível de Serviço" (SLI – *service level indicators*).

Jay Judkowitz e Mark Carter abrangem o gerenciamento de SLA, SLO e SLI em uma postagem no Google Cloud Platform Blog (Judkowitz, 2018).

Resumo

Esse capítulo apresentou quatro padrões referentes à documentação das APIs, tanto do ponto de vista técnico quanto do ponto de vista de negócios: DESCRIÇÃO DA API, PLANO DE PREÇOS, TAXA-LIMITE e ACORDO DE NÍVEL DE SERVIÇO.

Enquanto a DESCRIÇÃO DA API se concentra em capturar a funcionalidade da API, um ACORDO DE NÍVEL DE SERVIÇO estabelece as qualidades que os clientes podem esperar da API explicitamente. O PLANO DE PREÇOS reúne esses dois aspectos, pois define como muitos clientes devem pagar para acessar os diferentes subconjuntos da funcionalidade da API com certo nível de qualidade. Uma TAXA-LIMITE pode impedir os clientes de explorarem os recursos do provedor de API além do que eles pagarem.

Naturalmente, os quatro padrões têm fortes conexões com muitos padrões nos Capítulos 5 a 7. A DESCRIÇÃO DA API deve tornar explícito o papel do *endpoint* da API: os RECURSOS DO DETENTOR DA INFORMAÇÃO são orientados a dados, e esses dados diferem em termos de seu uso, vida útil e vinculação; os RECURSOS DO PROCESSAMENTO são orientados à atividade, em níveis de granularidade que variam de ações simples a processos de negócios complexos. O mesmo vale para as responsabilidades de operação nesses tipos de *endpoints*, que diferem na forma como acessam o estado da aplicação no lado do provedor: Operação de Criação do Estado (acesso de gravação), Operação de Recuperação (acesso de leitura), Operação de Transição do Estado (acesso de leitura e gravação) e Função de Computação (sem acesso). Esses papéis do *endpoint* e as responsabilidades operacionais influenciam a necessidade e o conteúdo de um Plano de Preços e de uma Taxa-Limite, além de um Acordo de Nível de Serviço. Por exemplo, um Recurso do Detentor da Informação pode cobrar os clientes dependendo dos dados transferidos e armazenados, já um Recurso do Processamento pode querer limitar quantas solicitações de atividade simultâneas os clientes podem iniciar e a intensidade computacional dessas solicitações. As convenções para nomear os *endpoints* e suas operações na documentação da API devem deixar claros seus papéis e responsabilidades de imediato.

As Taxas-Limite e os Planos de Preços costumam usar Chaves da API para identificar os clientes. A Taxa-Limite é afetada quando são aplicados padrões, como o Pacote de Solicitações, que mudam o tamanho da mensagem e a frequência das trocas. Se um Plano de Preços estiver em vigor, os clientes esperarão certas garantias no nível do serviço, por exemplo, em relação ao desempenho, à disponibilidade e à estabilidade da API.

Por fim, a abordagem do versionamento e as garantias de ciclo de vida vistas no Capítulo 8, "Evolução de APIs", fazem parte das Descrições da API e/ou dos Acordos de Nível de Serviço. É provável que a combinação do Plano de Preços com a Prévia Experimental faça menos sentido do que cobrar pelo consumo das APIs aplicando os padrões Dois em Produção e/ou Garantia de Vida Limitada.

Terminamos com o catálogo de padrões! O próximo capítulo aplica-os em exemplos maiores e reais.

Parte III

Nossos padrões em ação (agora e depois)

A Parte III volta-se ao panorama geral do *design* e da evolução da API.

Agora que nossos 44 padrões foram introduzidos e examinados em profundidade, podemos aplicá-los juntos em *designs* de API maiores e reais, apresentados no Capítulo 10, "Histórias de padrões reais". Também é hora de refletir e compartilhar nossas perspectivas sobre o futuro das APIs no Capítulo 11, "Conclusão".

Parte III

Nossos padrões em ação
(agora e depois)

Capítulo 10

Histórias de padrões reais

Este capítulo investiga o *design* e a evolução da API em domínios de negócios reais e nos gêneros das aplicações. Apresentamos dois sistemas centrados na API, com seus contextos, requisitos e desafios de *design* como exemplos maiores e específicos do domínio no uso padrão. Os dois sistemas estão em produção há muito tempo.

Voltamos às questões, às opções e aos critérios para a seleção de padrões do Capítulo 3, "Narrativas de decisão da API". Para tanto, o capítulo aplica os padrões dos Capítulos 4 a 9 combinados, com foco em:

- quando aplicar qual padrão e por quê;
- quando preferir quais alternativas e por quê.

A primeira história sobre padrões, "Integração de processos em larga escala no negócio de hipotecas suíço", trata de uma solução de digitalização de processos para negócios e serviços públicos eletrônicos. A segunda, "APIs para processos de oferta e pedidos no domínio da construção de edificações", apresenta APIs da *web* com suporte para processos de negócios no setor de construção (de edifícios físicos reais!).

Depois de ler este capítulo, você será capaz de combinar os padrões dos capítulos anteriores e utilizar uma abordagem específica ao contexto de negócios, orientada aos atributos de qualidade, para o *design* de API. Os dois casos de amostra apresentam exemplos maiores e reais do uso de padrões e explicam a lógica por trás dele.

Integração de processos em larga escala no negócio de hipotecas suíço

Nesta seção, apresentamos o caso Terravis e seu uso de padrões.

Contexto e domínio do negócio

Terravis (Lübke, 2016) é uma grande plataforma de integração baseada em processos, desenvolvida e usada na Suíça. Ela conecta e integra registros de imóveis, cartórios, bancos e outras partes para a realização de processos de registros de imóveis e hipoteca, tudo eletronicamente. O projeto começou em 2009 e resultou em um produto premiado (Möckli, 2017).

Embora o domínio de registros de imóveis, lotes, hipotecas e proprietários (dos lotes) esteja bem estabelecido há vários séculos, ele permaneceu um *refúgio intocado* para o processamento feito em papel por um longo tempo. Aqui, a estrutura federada da Suíça levou a diferentes cantões (Estados-membros da Confederação Suíça) usando diferentes processos, modelos de dados e leis que regem os negócios de registros de imóveis. Em 2009, a Federação Suíça propôs uma lei estabelecendo as bases para a digitalização do registro de imóveis suíço. Pela primeira vez, (1) um modelo de dados comum, com identificadores exclusivos em toda a Suíça para lotes, chamado *EGRID* (o identificador EGRID é um ID de lote eletrônico), e direitos, denominado *EREID* (ID de direitos eletrônicos); e (2) uma interface de acesso aos dados do Registro de Imóveis, chamada *GBDBS* (Meldewesen, 2014)[1], para acessar esses dados foram definidos e declarados obrigatórios. Essa API e modelo de dados devem ser oferecidos por todos os registros de imóveis suíços.

Nas oito dimensões contextuais definidas por Philippe Kruchten (Kruchten, 2013), a plataforma Terravis pode ser caracterizada da seguinte forma:

1. *Tamanho do sistema*: do ponto de vista do negócio, a Terravis oferece três serviços a clientes institucionais e escritórios nos cantões: (1) *Consulta*, que permite acesso unificado aos dados do Registro de Imóveis Suíço (sujeito a permissões de acesso e auditoria); (2) *Automação do Processo*, digitalização completa dos processos de ponta a ponta entre diferentes parceiros; e (3) *Nomeado*, que permite aos bancos terceirizarem a administração da hipoteca. Tecnicamente, a Terravis consiste em, aproximadamente, cem (micro) serviços que realizam diferentes tarefas, como geração de documentos ou implementação de uma regra de negócio. A Terravis integra centenas de sistemas parceiros e deverá conectar cerca de mil sistemas quando todos os parceiros estiverem participando.

---

[1] Em alemão: *Grundbuchdatenbezugsschnittstelle*.

2. *Criticidade do sistema*: a Terravis é considerada crítica para a infraestrutura financeira na Suíça.
3. *Idade do sistema*: o sistema foi lançado pela primeira vez em 2009 e tem sido desenvolvido desde então.
4. *Distribuição da equipe*: a equipe fica em um único escritório em Zurique, na Suíça.
5. *Taxa de mudança*: a Terravis continua adicionando processos aos seus componentes Automação do Processo e Nomeado, e uma melhor integração dos dados no componente Consulta. A duração do *sprint* é de um mês. Uma análise recente das mudanças nos processos modelados em linguagem de execução de processos de negócio (BPEL, *business process execution language*) mostrou que os processos evoluem constantemente (Lübke, 2015).
6. *Preexistência de uma arquitetura estável*: a Terravis é uma aplicação inédita. Embora tenha precisado se adaptar a algumas restrições arquiteturais internas anteriores (p. ex., uso de *frameworks* internos e exclusivos de sua empresa-mãe, SIX Group), no geral foi iniciada como um projeto *greenfield* (que começa do zero).
7. *Governança*: a Terravis foi criada como um projeto de parceria público-privada no SIX Group. Possui órgãos de governança que representam a Federação Suíça, cantões como representantes dos registros de imóveis, bancos e cartórios. Assim, a governança reflete todas as partes interessadas no sistema e é igualmente complexa como ambiente técnico.
8. *Modelo de negócio*: a Terravis é comercializada como uma oferta de "*software* como serviço" com taxas, permitindo que parceiros institucionais e administrativos usem a plataforma.

Embora o escopo inicial do projeto tenha sido construir apenas o componente Consulta, que permite que participantes importantes nos processos do registro de imóveis acessem os dados mestres federados, logo ficou decidido que mais valor poderia ser oferecido digitalizando processos de negócios inteiros. Isso levou à definição de APIs de propriedade da Terravis que permitem que bancos, cartórios etc. interajam com a Terravis, com a API de Registro de Imóveis sendo de propriedade da Federação Suíça. Essa diversidade também ficou evidente nas diferentes convenções de nomenclatura e nos diferentes ciclos de lançamento nas APIs. A Terravis não deve armazenar nem colocar em *cache* os dados do Registro de Imóveis em seu componente Consulta para respeitar a propriedade federada e de cantões desses dados mestres.

Desafios técnicos

Muitos desafios técnicos da Terravis têm origem em seu complexo ambiente de negócios (Berli, 2014). Diferentes parceiros, que usam diferentes sistemas de *software*, conectam-se à Terravis via APIs. Isso leva a problemas de integração técnica, intensificados pelos diferentes ciclos de vida de todos os sistemas parceiros. As implantações sincronizadas são impossíveis; as frequências da implementação e da atualização são medidas em meses e anos, não em semanas. Assim, a evolução adequada da API foi um desafio.

A integração técnica também ficou mais complexa com uma API de Registro de Imóveis genérica, que referencia muitos detalhes do modelo comum de dados do Registro, portanto, exige que os clientes conheçam bem esse modelo de dados. As diferenças entre as relações de "um para muitos" e "um para um" ficaram aparentes nos *workshops*. Assim, a Terravis decidiu oferecer APIs baseadas em um novo modelo de dados mais fácil de usar para conseguir aceitação.

Embora a integração tenha sido planejada para ser somente entre parceiros ou máquinas, logo ficou claro que nem todos os parceiros conseguiriam mudar seus sistemas para implementar as APIs da Terravis. Para outros, a frequência da atualização não era tão alta quanto a da Terravis. Assim, a Terravis decidiu também oferecer uma interface de usuário na *web* chamada *Portal*. A Terravis permite que cada parceiro trabalhe com as instâncias do negócio no portal ou via sistemas integrados em paralelo. Dessa forma, os parceiros que implementam apenas funcionalidades limitadas de uma API mais antiga podem usar a nova funcionalidade por meio do portal, se necessário.

Confiança é um fator de sucesso essencial para a Terravis: ao demonstrar que o projeto era capaz de (1) entregar uma plataforma difícil de construir, (2) manter um alto ritmo de lançamentos e (3) entregar seus serviços com alta confiabilidade e segurança, a Terravis tornou-se um mediador respeitado entre os bancos, cartórios, registros de imóveis e outras partes envolvidas.

Para estabelecer confiança com os cantões como proprietários dos registros de imóveis, a Terravis foi obrigada a não se tornar uma brecha legal para um registro de imóveis central em toda a Suíça. Embora a plataforma deva fornecer acesso transparente aos dados, independentemente do Registro de Imóveis mestre, essa obrigação implicava que a Terravis não deveria colocar dados em *cache* nem armazenar os dados do Registro. Essa restrição causa problemas nos tempos de resposta para a consulta de dados, que possivelmente deve entrar em contato com todos os registros de imóveis suíços para entregar um resultado.

Muitos requisitos importantes se referem à manutenção de longo prazo (p. ex., acomodar diferentes ciclos de vida, como discutido antes) e à segurança. Segurança inclui o uso no nível do transporte entre a Terravis e todos os parceiros, a auditoria completa das transações e das etapas do processo de negócios sendo executada, e o não repúdio das instruções via plataforma. A Terravis foi a primeira plataforma a oferecer servidores de assinatura centralizados que atendiam a todos os requisitos de assinaturas eletrônicas com vinculação legal na Suíça, permitindo às partes assinarem documentos e conduzirem seus processos de forma totalmente digital.

No momento da escrita deste livro, a plataforma lidava com mais de 500 mil processos de registros de imóveis de ponta a ponta anualmente e processava ainda mais consultas de lotes.

Papel e *status* da API

Como a Terravis está muito focada nas integrações técnica e de negócio de seus parceiros para proporcionar processos digitalizados, as APIs são artefatos altamente importantes. Devido ao seu papel como conector (inspirado no Capítulo 1, "Fundamentos da interface de programação de aplicações (API)"), as APIs são os facilitadores da integração, e *designs* da API melhores levam a melhores serviços da Terravis.

Embora as APIs para o componente Consulta sejam relativamente estáveis, as APIs para o componente Automação do Processo muda com mais frequência. Cada vez mais processos de negócio e suas variantes com suporte são adicionados ao longo do tempo.

Sempre que uma grande mudança em um processo de negócio é feita ou uma nova mudança é implementada como um processo digitalizado, a definição da API é uma das duas partes mais importantes do documento, junto com a documentação do processo de negócio. Assim, a expressão dos contratos de API, o significado e a semântica claros das operações da API são qualidades fundamentais das APIs da Terravis, e os principais fatores de sucesso para todo o produto.

Uso e implementação dos padrões

A Terravis aplicou muitos padrões deste livro. Nesta seção, descrevemos os primeiros padrões aplicados a todos os componentes. Em seguida, fornecemos um passo a passo dos componentes.

Padrões aplicados a todos os componentes

A Terravis diferencia a API da Comunidade e a API de Solução Interna, como mostrado na Figura 10.1. Como apenas os parceiros institucionais estão legalmente autorizados a usar os serviços da Terravis, nenhuma API Pública é oferecida. Partes como bancos e cartórios têm que se registrar, demonstrar que estão legalmente autorizados a usar o serviço e assinar um contrato. Tendo concluído o processo, eles podem usar as APIs da Comunidade disponíveis. Além disso, a Terravis usa APIs de Solução Interna, porque muitos componentes grandes são divididos em microsserviços menores, que se comunicam internamente. Essas decisões são protegidas dos parceiros, tratadas como detalhes da implementação pela Terravis e sujeitas a alterações a critério da equipe. Assim, para evitar um acoplamento indesejado, as APIs de Solução Interna não são publicadas nem disponibilizadas para os parceiros.

Os serviços são específicos da função (p. ex., geração de documentos e processo de criação da hipoteca), mas geralmente não oferecem nenhuma interface de usuário diretamente. Sobretudo, como a Terravis pretende ser uma plataforma de integração de processos totalmente automatizada, as interfaces de usuário não são necessárias para todos os parceiros. Por exemplo, quando os registros de imóveis trabalham com a Terravis, eles usam a integração da API de

```
┌─────────────────────┐     ┌──────────────────────────────────────────────────┐
│ Parceiros           │     │ Terravis                                         │
│  ┌───────────┐      │     │   ┌───────────┐  ┌───────────┐  ┌───────────┐   │
│  │ Banco     │ ←──────────→ │ Consulta da│  │ Nomeado   │  │ Portal    │   │
│  │           │      │     │   │ Terravis  │  │(depositário)│ │ Terravis │   │
│  └───────────┘      │     │   └───────────┘  └───────────┘  └───────────┘   │
│  ┌───────────┐      │     │   ┌──────────────────────────────────────────┐  │
│  │ Cartório  │      │     │   │ Automação do processo da Terravis        │  │
│  │           │      │     │   │  ┌──────────┐ ┌───────────┐ ┌──────────┐ │  │
│  └───────────┘      │     │   │  │Processo 1,2│→│ Geração de│ │ Regras   │ │  │
│  ┌───────────┐      │     │   │  │ ...       │ │ documentos│ │de negócio│ │  │
│  │ ...       │ ←──────────→ │  └──────────┘ └───────────┘ └──────────┘ │  │
│  └───────────┘      │     │   └──────────────────────────────────────────┘  │
└─────────────────────┘     └──────────────────────────────────────────────────┘
```

API da Comunidade   API de Solução Interna

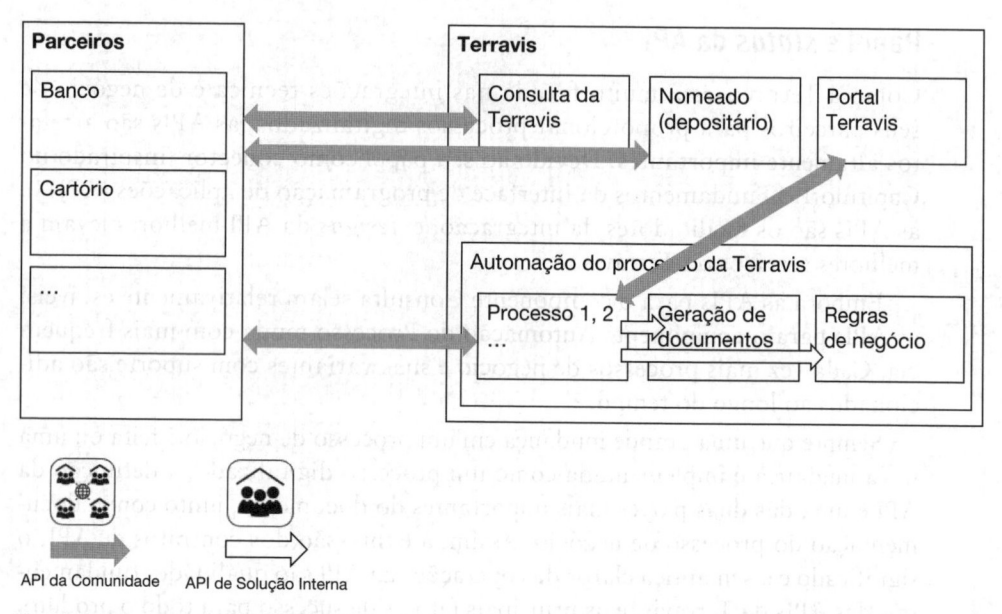

Figura 10.1   Visão de alto nível das APIs na Terravis.

seus fornecedores de *software*. Há outra razão para separar a parte da interface de usuário (Portal Terravis) do *back-end* e da lógica do processo (Automação do Processo Terravis): como ilustrado na Figura 10.1, o Portal Terravis usa apenas APIs DA COMUNIDADE para se conectar aos serviços de *back-end*. O Portal serve como um substituto para um sistema parceiro, que suporta todas as funções da plataforma. O Portal Terravis permite que usuários humanos usem o sistema, mas não consegue ter a eficiência de uma integração direta do sistema. Como examinado antes, os parceiros que não conseguiram se integrar rapidamente, tiveram que ser aceitos. Esse *design* resultou em uma importante função extra: serve como uma implementação de referência de todas as APIs da Terravis, portanto, ajuda ao validar o *design* da API durante o desenvolvimento. Do ponto de vista dos serviços de *back-end*, o Portal é apenas mais um sistema parceiro.

Todas as APIs são documentadas em uma DESCRIÇÃO DA API, que consiste em uma WSDL (*web services description language*) com Esquemas XML correspondentes e, se necessário, um documento com amostras e modelos gráficos para os tipos de dados. No entanto, a documentação nos Esquemas WSDL e XML é preferida para que haja apenas uma fonte para todas as informações relacionadas à API. Além da Descrição da API, a Terravis define ACORDOS DE NÍVEL DE SERVIÇO como parte do contrato, que os parceiros devem obrigatoriamente assinar para terem acesso às APIs DA COMUNIDADE. Tais ACORDOS DE NÍVEL DE SERVIÇO definem, por exemplo, as garantias de disponibilidade, segurança e confidencialidade. Uma parte do contrato da interface é que todas as partes devem validar as mensagens SOAP recebidas e enviadas nos respectivos Esquemas XML. A interpretação correta dos dados é essencial porque as atividades com vínculo legal são disparadas com base nisso. A validação XML completa garante que nenhum problema de interoperabilidade sintática surja. Também reduz o risco de interpretações semânticas erradas entre os sistemas. A validação pode ser facilmente habilitada nos *frameworks* comumente usados, como o Spring, e é uma camada de garantia de qualidade e aplicação da interoperabilidade na Terravis.

A Terravis não usa o padrão CHAVE DA API para transferir informações de autenticação em uma mensagem de solicitação. Em vez disso, ela depende totalmente do SSL bidirecional para autenticar as solicitações de API via certificado do cliente fornecido.

Como descrito antes, permitir que muitos sistemas parceiros evoluam junto com a Terravis é um fator crítico do sucesso. Assim, muitos padrões de evolução são usados na Terravis: ela dá uma garantia de DOIS EM PRODUÇÃO para cada API oferecida. No entanto, a terceira versão da API não é eliminada de imediato. Pelo contrário, uma versão modificada do padrão GARANTIA DE VIDA LIMITADA é usada: quando uma terceira versão da API é lançada, a mais antiga está programada para desativar dentro de um ano. Essa abordagem estabelece um equilíbrio entre as necessidades da Terravis para reduzir o esforço de manutenção das antigas versões da API e ainda dá aos parceiros com implantações raras a oportunidade de acompanhar as mudanças da API.

A Terravis usa uma variante personalizada do esquema VERSIONAMENTO SEMÂNTICO, n.m.o, para atribuir números de versão às versões da API. A semântica do número do meio, ou seja, a versão menor, é vaga para indicar que duas versões da API com as mesmas versões maiores, mas diferentes versões menores, são semanticamente compatíveis em um negócio e as mensagens de ambas as versões da API podem ser transformadas entre si sem perda. Essa definição vaga permite uma refatoração estrutural, se e somente se a semântica permanece completamente inalterada. Se não quebram a compatibilidade, versões corrigidas (indicadas pelo terceiro número) também são usadas para adicionar novas funcionalidades menores.

A Terravis usa o padrão IDENTIFICADOR DE VERSÃO para transmitir as informações da versão no *namespace* XML e como um elemento no cabeçalho de uma mensagem. O *namespace* contém apenas as versões maiores e menores, portanto, garante a compatibilidade com as versões de correção. Inicialmente, foi considerado adequado transmitir também a versão completa como informações que não devem ser usadas na lógica de negócios, mas para as informações de diagnóstico. Assim, a versão completa foi armazenada no elemento de cabeçalho separado. Porém, de acordo com a lei de Hyrum (Zdun, 2020), é inevitável que os parceiros acabem confiando nesse número de versão como em qualquer outra parte da API e lógica de negócios implementada com base nas informações transmitidas.

Em todas as APIs e componentes, o padrão RELATÓRIO DE ERROS é usado. A Terravis utiliza uma estrutura de dados comum em todas as APIs para sinalizar os erros de uma forma legível por máquina (códigos de erro como MORTGAGE_NOT_FOUND). Essa estrutura de dados contém informações contextuais

(p. ex., o erro detalha que a hipoteca não foi encontrada) e uma descrição padrão em inglês do erro, caso o erro seja apresentado diretamente para um usuário ou operador, por exemplo, "Mortgage CH12345678 not found".

Componente Consulta

O primeiro componente desenvolvido, que também é um pré-requisito para o componente Automação do Processo, adicionado posteriormente, é o componente Consulta, mostrado na Figura 10.2.

A API da Consulta tem duas operações principais, getParcelIndex e getParcelsById, que podem, por exemplo, ser chamadas por bancos e cartórios. As mensagens de solicitação dessas duas OPERAÇÕES DE RECUPERAÇÃO fornecem uma REPRESENTAÇÃO CONTEXTUAL como parte da carga, contendo um ID da mensagem. Durante a análise do problema, esse ID serve como um "Identificador de Correlação" (Hohpe, 2003) entre as solicitações de entrada (dos parceiros da Terravis) e as chamadas de saída para o registro de imóveis. getParcelIndex é usada para pesquisar os IDs do lote por um número limitado de critérios de consulta, como o número do lote antigo específico do cantão, ou um ID de direitos eletrônico (EREID). Ela retorna uma lista de IDs do lote (EGRIDs) que podem ser usados para buscar os dados mestres via getParcelsById.

As duas operações funcionam como fachada, porque não contêm uma lógica de negócios, mas, seguindo o padrão "Roteador de Mensagens" (Hohpe, 2003), servem como um componente de roteamento técnico enviando as solicitações de entrada para os sistemas de registro de imóveis. Como a Terravis não tem permissão para colocar em *cache* os dados do Registro de Imóveis, ela tem um conjunto limitado de mapeamentos (p. ex., qual registro atende qual comunidade ou quais EGRIDs ou EREIDs são conhecidos por serem hospedados por certo registro) para identificar um sistema de registro. No entanto, se nenhuma entrada é encontrada nesses mapeamentos, uma pesquisa em toda a Suíça enviando a solicitação para cada sistema de registro deve ser feita. O principal benefício da Consulta é o roteamento central: os parceiros não são

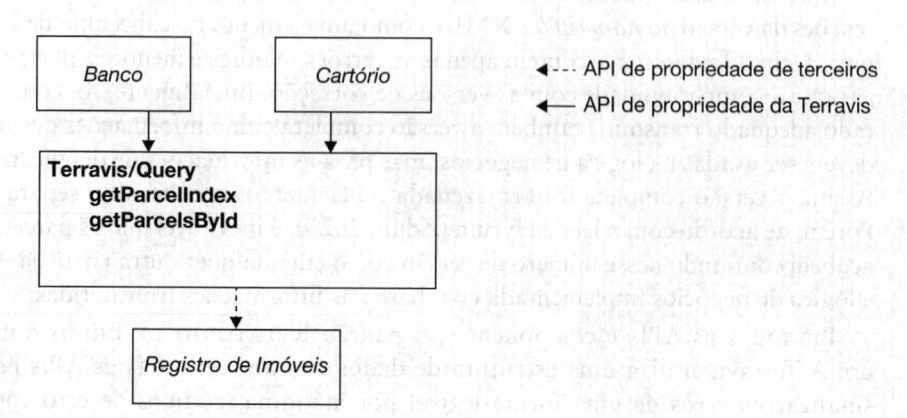

Figura 10.2 Visão geral da Consulta da Terravis com as APIs correspondentes.

obrigados, legal e tecnicamente, a esclarecer e configurar o acesso aos dados do Registro de Imóveis, o que é uma tarefa difícil com mais de cem sistemas diferentes. Em vez disso, a Terravis serve como um ponto de acesso a partir do qual as solicitações são enviadas.

A operação `getParcelsById` também utiliza os padrões DETENTOR DOS DADOS MESTRES e LISTA DE DESEJOS: ela permite o acesso de somente leitura aos dados mestres armazenados nos registros de imóveis. Uma enumeração define três possíveis tamanhos de dados dos resultados que podem ser selecionados de acordo com as necessidades atuais do parceiro e com base em suas permissões. Por exemplo, nem todos os parceiros têm permissão para acessar os dados históricos de um registro de imóveis. Somente dez lotes podem ser consultados de uma só vez; portanto, não é implementada nenhuma proteção adicional, como PAGINAÇÃO, contra o uso excessivo. Como fachada, essa operação pode impor uma TAXA-LIMITE global nas solicitações em toda a Suíça para gerenciar a carga no sistema da Terravis. Tais solicitações são processadas em sua própria fila, que é limitada pelo número de solicitações ativas simultâneas, enquanto pesquisas que poderiam ser restringidas com antecedência a um registro de imóvel são processadas sem uma TAXA-LIMITE.

Fornecer acesso aos dados do Registro de Imóveis é um serviço comercial. Existe um PLANO DE PREÇOS. Para gerar faturas mensais de acordo com esse plano, as solicitações da API dos parceiros são registradas em uma tabela de taxas dedicada no banco de dados. A Terravis cobra sua própria taxa de serviço, além de taxas de registro de imóveis, que são então encaminhadas para o registro correspondente.

A consulta é um serviço de somente leitura. Todas as operações que mudam os dados do Registro de Imóveis estão claramente separadas no componente Automação do Processo, que é descrito na próxima seção. A Terravis segue assim o padrão de separação de responsabilidade de consulta e comando (CQRS, (*query responsibility separation*), como descrito inicialmente em *Object-Oriented Software Construction* (Meyer, 1997).

Componente Automação do Processo

O componente Automação do Processo, da Terravis, oferece mais de 20 processos de negócios de longa duração envolvendo várias partes/parceiros, alterando os dados do Registro de Imóveis. Suas APIs mais sofisticadas e orientadas por valor são os RECURSOS DO PROCESSAMENTO, que servem como equivalentes técnicos dos processos de negócios que encapsulam a lógica dos processos de ponta a ponta relativa aos registros de imóveis. A Figura 10.3 apresenta uma arquitetura simplificada. Parceiros, como os mostrados na figura, acessam o sistema via SOAP e SSL bidirecional. As solicitações são autenticadas e autorizadas em um *proxy* reverso; os serviços de infraestrutura adicionais roteiam e transformam as mensagens. A Terravis também envia solicitações de saída via componentes da infraestrutura semelhantes, como um ESB (barramento de serviços corporativos), que encapsulam o roteamento para os *endpoints* do parceiro e a transformação para a versão da API dele (indicada pelas setas bidirecionais na Figura 10.3). Essa lógica é oferecida a todos os processos de negócio. Cada processo é modelado em BPEL e implantado como um único artefato do processo.

Todas as mensagens de solicitação de todas as APIs relativas à automação do processo contêm um cabeçalho especial, que implementa o padrão REPRESENTAÇÃO CONTEXTUAL. Esse cabeçalho contém um ID do processo de negócios exclusivo (uma instância do padrão ELEMENTO ID) gerado pela Terravis, um ID da mensagem gerado pelo cliente, o ID do parceiro da Terravis, o usuário associado (enviado para fins de auditoria) e a versão completa da API implementada pelo cliente (para o suporte).

Os processos de negócios são iniciados usando uma OPERAÇÃO DE CRIAÇÃO DO ESTADO. Os nomes dessas operações começam com *"start"* – por exemplo, `startNewMortgage` para um processo de negócio que cria uma nova hipoteca. A Figura 10.4 mostra as partes selecionadas, por exemplo, com um banco como parceiro. Os nomes das operações que disparam uma atividade do negócio implementando o padrão OPERAÇÃO DE TRANSIÇÃO DO ESTADO em sua variante PROCESSADOR DE ATIVIDADE DO NEGÓCIO começa com *"request"* (solicitar). Tais operações sempre têm uma operação de *callback*: por exemplo, se a Terravis solicitar uma ação em um banco, o banco enviará o resultado via *callback* para a Terravis (ou vice-versa). Os nomes das operações de *callback* começam com *"confirm"* (confirmar) ou *"reject"* (rejeitar), dependendo do resultado da atividade do negócio. Os nomes das operações começando com *"do"* (fazer) sinalizam uma solicitação para uma atividade que não é supervisionada pela Terravis. Por exemplo, o envio de documentos é iniciado por tais operações para as quais a Terravis não pode verificar se foram ou não realizadas. Da mesma

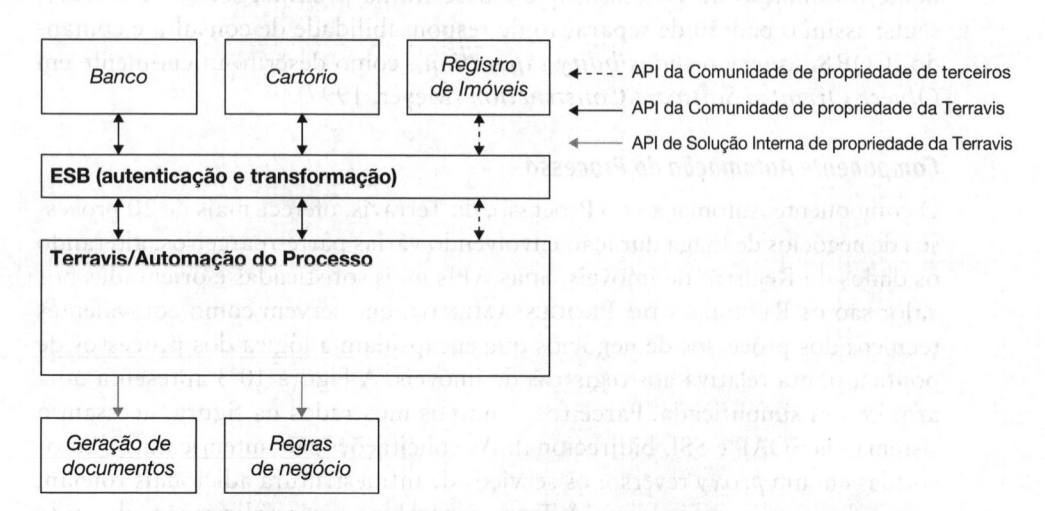

Figura 10.3 Visão geral da Automação do Processo da Terravis com padrões selecionados e serviços internos. Cada seta indica um provedor de API, por exemplo, os Bancos são clientes de API e provedores das operações de *callback*.

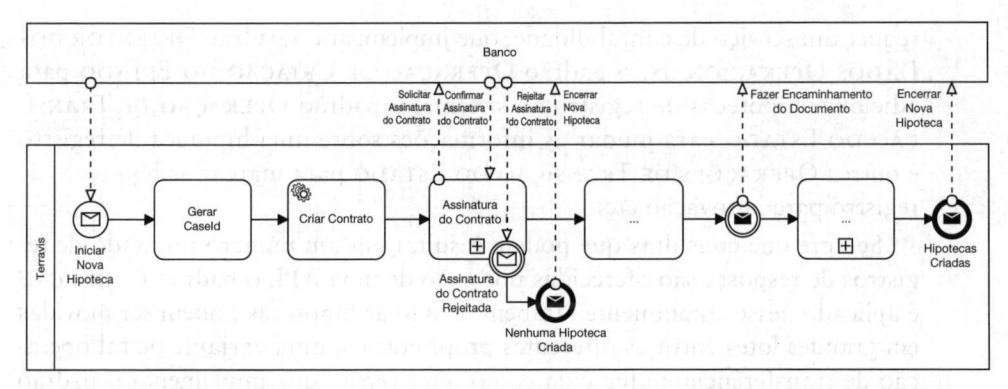

Figura 10.4 Estrutura de um processo de negócio com um banco parceiro.

forma, existem as operações *"notify"* (notificar) (não mostradas na figura), que sinalizarão os resultados parciais do processo de negócio. As operações *do* e *notify* provavelmente também serão implementadas como OPERAÇÕES DE TRANSIÇÃO DO ESTADO, mas não exigem resposta para o cliente original. Assim, o *design* da implementação final fica com o provedor de API. Finalmente, o fim do processo é sinalizado por uma operação *"end"* (encerrar), que é enviada a todos os parceiros participantes para fechar seus respectivos casos de negócios e sinalizar sucesso ou fracasso em atingir o objetivo do processo de negócio. Desse modo, a Terravis faz suas implementações do processo de negócios como RECURSOS DO PROCESSAMENTO na variante de serviços BPM.

Por definição, os serviços do processo de negócio são com estado e o objetivo do *design* era mover todos os estados para os processos. No entanto, existem serviços compartilhados sem estado que ajudam os processos. Por exemplo, certos documentos eletrônicos são gerados em muitos processos que devem ser assinados digitalmente mais adiante. Tais operações são oferecidas como FUNÇÕES DE COMPUTAÇÃO via APIs DE SOLUÇÃO INTERNA.

O processo ELEMENTOS DE METADADOS, como o estado atual do processo ou os pagamentos pendentes, é exposto com uma API que utiliza o padrão PAGINAÇÃO para dividir as respostas em tamanhos razoáveis. Como um requisito era exibir o número de acessos totais, as extensões SQL de propriedade do Microsoft SQL Server são usadas para buscar a página solicitada e o número total de resultados em uma única consulta. Esse *design* acelera muito a resposta para essas APIs.

O Portal Terravis que fornece o acesso da *web* à funcionalidade do componente Automação do Processo possui outras APIs DE SOLUÇÃO INTERNA. Isso inclui o gerenciamento de tarefas pendentes via API que também usa a PAGINAÇÃO.

Componente Nomeado

O componente mais recente da Terravis é o serviço Nomeado. O Nomeado faz parte da oferta do depositário para os bancos que lidam com todas as hipotecas baseadas em registros (em oposição à hipotecas em papel). Esse componente requer um serviço de contabilidade, que implementa o padrão Detentor dos Dados Operacionais, o padrão Operação de Criação do Estado para adicionar hipotecas de registro ao sistema, o padrão Operação de Transição do Estado para mudar as informações sobre uma hipoteca de registro e outras Operações de Transição do Estado para marcar as hipotecas de registro para aprovação etc.

Sempre que consultas que podem resultar em um número ilimitado de registros de resposta são oferecidas por meio de uma API, o padrão Paginação é aplicado nesse componente também. Como as hipotecas podem ser movidas em grandes lotes entre os diferentes proprietários, uma variante de tal operação de transferência é oferecida como uma versão que implementa o padrão Pacote de Solicitações. Esse padrão permite mover milhares de hipotecas entre os diferentes proprietários em uma única chamada de operação da API.

Tecnologias de implementação do padrão

As APIs da Terravis são baseadas nas tecnologias WS-*: as interfaces são planejadas usando WSDL e o Esquema XML. Enquanto o HTTP pode ser usado para chamadas de serviço entre os contêineres no mesmo *host*, o HTTPS é usado para todas as comunicações entre as máquinas. As chamadas da API são adicionalmente protegidas com um SSL bidirecional (certificados de cliente). Por exemplo, as conexões de parceiros para o *proxy* reverso de entrada são protegidas com os certificados de máquina do cliente. O mesmo vale para as conexões do *proxy* reverso para o respectivo serviço.

Há inúmeras escolhas possíveis da tecnologia para implementar clientes e provedores SOAP. Inicialmente, o JAX-WS foi usado para implementar os serviços que oferecem a lógica de negócios. Mais tarde, a Terravis migrou para o Spring-WS.

Para extrair e lidar de forma eficiente com as informações da mensagem, a Representação Contextual em particular, foram definidos interceptadores que preenchem o *log* e o contexto da solicitação para que a lógica da autorização e do *log* seja simplificada e menos propensa a erros. Esses interceptores são usados em todos os serviços implementados em Java.

Os componentes de infraestrutura, sobretudo os componentes de transformação no barramento de serviço corporativo, são implementados usando tecnologias mais gerais, tais como XML DOM (W3C 1998), XSLT (W3C 2007) ou XQuery (W3C, 2017). Essas linguagens específicas do XML permitem maior eficiência do desenvolvedor ao implementar os componentes da infraestrutura.

Retrospectiva e perspectiva

A Terravis teve sucesso em parte por causa de seu processo de negócios e do *design* da API. Gerenciar a complexidade ambiental e técnica é um desafio, que fica mais fácil se as interfaces forem definidas de forma acessível e com uma semântica clara. O *design* da API é muito influenciado pelos requisitos do negócio e pelas restrições técnicas, e coordenar o *design* da API com tantos parceiros pode ser assustador. No entanto, essa tarefa fica mais fácil com o tempo, conforme todas as partes, interessados técnicos e do negócio, se conhecem melhor, assim como os princípios de *design* subjacentes.

No início, as APIs da Terravis eram maiores e particionadas por parceiro. Por exemplo, o componente Automação do Processo oferecia uma API grande para os bancos e outra para os cartórios, mas cada API incluía todas as operações necessárias para todos os processos de negócios. Assim, uma API abrangia diferentes componentes técnicos, porém o mais importante, em diferentes domínios: esses *designs* da API gerais e orientados por grupos de interessados levaram a um acoplamento indesejado, que foi resolvido usando o princípio da segregação de interface (Martin, 2002). As APIs recém-definidas são particionadas com base no papel do parceiro e no processo de negócios, levando a mais APIs menores, que são mais fáceis de discutir e comunicar. As APIs menores e mais focadas na tarefa também são mais fáceis de evoluir: se uma mudança é feita, apenas os clientes que usam a API em particular são afetados. Isso elimina o esforço para os clientes não afetados; também facilita a análise do impacto da mudança pelas partes afetadas, porque o escopo da mudança é mais limitado e mais claramente definido.

A ideia inicial de transmitir as informações da versão completa em um campo separado, incluindo a versão de correção, falhou na prática. Embora tenha sido enfatizado repetidas vezes que nenhuma lógica deve depender desse campo, os parceiros começaram a fazer exatamente isso.

As estruturas de dados que implementam o padrão RELATÓRIO DE ERROS foram estendidas para permitir o suporte completo para os erros legíveis por máquina e a capacidade de apresentar os erros em vários idiomas, um recurso que se encaixa bem nas quatro línguas oficiais da Suíça. A alteração necessária das mensagens de erros não estruturadas para estruturadas teve que ser feita aos poucos em diferentes APIs. Agora isso é padrão para qualquer nova API ou versão da API. A conclusão é que os dados estruturados para sinalizar os erros aumentam a clareza da comunicação e também ajudam a planejar com cuidado as condições do erro e outras informações importantes para os clientes.

O padrão PAGINAÇÃO tem sido usado mais extensivamente ao longo do tempo. De início, algumas operações foram planejadas sem pensar em minimizar a carga, o tempo de processamento necessário e os recursos. Problemas na execução foram analisados, identificados e mitigados, por exemplo, usando esse padrão. Usar todo o potencial do servidor de banco de dados subjacente para não exigir uma segunda consulta de contagem (em vez de um Mapeador do Objeto Relacional, como Java Persistence API ou Hibernate) resultou em uma melhoria do desempenho maior.

O projeto encontrou uma diferença substancial entre as APIs genericamente planejadas e as APIs específicas da tarefa: a API do Registro de Imóveis é planejada de forma muito genérica. Assim, apenas duas versões foram lançadas em mais de 10 anos – a API é sintaticamente muito estável. Para solicitar atualizações para os dados do Registro de Imóveis, uma mensagem com estruturas de dados genéricas, semelhantes a comandos, é criada e enviada. Isto reduz o número de operações expostas a uma operação, mas move a complexidade para a carga da mensagem. Devido à estrutura genérica, a API é difícil de aprender, entender, implementar e testar. Por outro lado, os esquemas de propriedade da Terravis foram projetados de forma muito específica no contexto dos processos de negócios suportados, em um *design* de primeiro contrato, orientado pela demanda das partes interessadas. Essas APIs são muito mais fáceis de entender e implementar. No entanto, expõem muitas operações e mudam com mais frequência. Pensando bem, as APIs específicas das tarefas e orientadas por domínio acabaram sendo mais adequadas.

No geral, a Terravis tem sido uma plataforma de sucesso, em parte porque o *design* de sua API permite a integração total entre os diversos interessados. O uso dos padrões apresentados neste livro, bem como de outros padrões, como os "Padrões de Integração Empresarial", ajudou a produzir APIs bem planejadas. Embora o cenário do negócio seja incomum e complexo devido aos tipos e à quantidade de sistemas e organizações envolvidos, a integração de muitos sistemas diferentes é um desafio comum. Assim, as lições aprendidas neste projeto podem beneficiar outros.

Processos de oferta e pedidos no domínio da construção de edificações

Esta seção apresenta os padrões usados como parte de um sistema interno do fabricante de colunas de concreto SACAC, que criou um cenário interno de microsserviços para melhorar seus processos de oferta e pedidos.

Contexto e domínio do negócio

SACAC é uma empresa suíça que produz colunas de concreto para construtoras. Cada coluna é adaptada especificamente a determinado local de construção. O processo de oferta para tais colunas de concreto é muito mais complexo do que se esperaria. Dependendo da rigidez e do tamanho da coluna necessários, diferentes materiais, como aço, e/ou variações diversas das extremidades da coluna de concreto são requeridos para assegurar a estabilidade de uma edificação recém-construída. Além disso, a SACAC pode ajustar a forma da coluna de concreto para atender às ideias do arquiteto do edifício no que ele considerar uma estética atraente. Essa grande flexibilidade do produto exige muitos cálculos e *designs*, e deve cumprir muitas regras de negócio. O mercado é competitivo, e as construtoras podem solicitar ofertas das mesmas colunas de concreto para o mesmo edifício com fabricantes concorrentes em nome do proprietário.

Para dar suporte ao processo de oferta, os diferentes sistemas de *software* existentes, por exemplo, sistemas de planejamento de recursos empresariais

(ERP, *enterprise resource planning*) e de projeto assistido por computador (CAD, *computer-aided design*), devem trabalhar juntos. Uma nova funcionalidade, por exemplo, um sistema de configuração para criar as ofertas, foi desenvolvida em um novo sistema. Com relação às dimensões do projeto definidas por Philippe Kruchten (Kruchten, 2013), o sistema de oferta e pedidos da SACAC pode ser descrito da seguinte forma:

1. *Tamanho do sistema*: o sistema tem 15 serviços planejados como microsserviços verticais, rodando em uma máquina virtual. Cada serviço é uma aplicação Ruby implementada com Ruby on Rails (Ruby on Rails, 2022) ou Sinatra (Sinatra, 2022), que inclui a interface do usuário, a lógica de negócios e o acesso a um barramento de mensagens e a um banco de dados MongoDB.
2. *Criticidade do sistema*: o sistema é altamente crítico para a empresa porque certos processos centrais são executados somente através do novo sistema.
3. *Idade do sistema*: o sistema foi lançado há 10 anos e vem sendo desenvolvido continuamente desde então.
4. *Distribuição da equipe*: o desenvolvimento começou na Suíça, mas, conforme o projeto progrediu, mais e mais trabalho foi desenvolvido por uma equipe remota, localizada na Alemanha.
5. *Taxa de mudança*: o sistema continua sendo mantido e desenvolvido. No começo, cerca 20 versões por ano eram lançadas. Mais tarde, esse número caiu para seis lançamentos por ano. A equipe de desenvolvimento também mudou ao longo do tempo: havia até três desenvolvedores, mais um testador e um membro da equipe de TI. No total, 12 pessoas estavam envolvidas.
6. *Preexistência de uma arquitetura estável*: a empresa não dispunha de uma arquitetura de TI, portanto era um projeto *greenfield*.
7. *Governança*: a própria equipe do projeto foi obrigada a definir todas as restrições da arquitetura e regras de gerenciamento, mas manteve contato direto com o CEO.
8. *Modelo de negócio*: o foco inicial do projeto era a melhoria do processo, visando reduzir a taxa de erros, estabelecendo mais consciência do processo, removendo redundâncias do tipo "copiar e colar" e automatizando os processos.

O sistema foi fundamental para chegar a um aumento de 100% no volume de vendas em dois anos, oferecendo preços mais baixos por ter estimativas de custo mais precisas e conseguindo oferecer colunas de concreto com menores margens de risco. Depois desse sucesso, o projeto se transformou em uma iniciativa de melhoria de processos de negócios para diminuir mais o custo geral e o tempo do ciclo de vida dele.

Desafios técnicos

O principal requisito para a SACAC é a precisão de todos os cálculos e, portanto, a oferta final. Ter que mudar as decisões técnicas para opções mais caras levaria a um aumento dos custos e menos lucros, ou a clientes não fazendo um pedido.

O ambiente dinâmico do projeto foi um desafio. Como pela primeira vez os principais processos foram melhorados e digitalizados, muitas mudanças e partes interessadas tiveram que ser gerenciadas, e novas ideias surgiram com o tempo. Foi necessário extrair os requisitos corretos e entender os processos de negócios atuais antes de otimizá-los e desenvolver o suporte de *software* correspondente. Isso também incluiu uma transição de "comprar um *software*" para uma mentalidade "desenvolver um *software* personalizado para uma necessidade específica", bem como uma mudança para pensar em "um cenário de aplicações integradas", em vez de "sistemas de *software* únicos".

O processo de oferta abrange várias funções de colaboração, como consumidor, engenheiro, desenhista, planejador etc. O consumidor solicita uma oferta especificando restrições que têm uma grande influência na coluna de concreto e, portanto, no preço. Esses dados devem ser usados nos sistemas CAD e de análise estrutural para projetar e avaliar a solução. Antes desse projeto, o processo de negócios era orientado a pessoas e suportado por um *software* independente. Isso foi transformado em um cenário de *software* usando as APIs HTTP e WebDAV, bem como mensagens assíncronas seguindo uma arquitetura orientada a microsserviços.

As principais opções de arquitetura incluem integração baseada em navegador, APIs RESTful HTTP e desacoplamento usando hipermídia e documentos JSON nativos (Nottingham, 2022). Todos os microsserviços são regidos por convenções comuns de nomenclatura e restrições arquiteturais, como ao usar tecnologias de mensagens síncronas ou assíncronas (Hohpe, 2003).

Papel e *status* da API

A solução consiste em diferentes microsserviços, organizados por domínios, por exemplo, gerenciamento das ofertas, gerenciamento dos pedidos, cálculo da diferença e planejamento da produção.

A parte customizada do *software* SACAC é organizada como microsserviços, que fornecem e consomem APIs HTTP RESTful realizadas com HTTPS e JSON como o formato de troca de mensagens, mostrado na Figura 10.5. Um *software* comercial é integrado usando suas respectivas interfaces, principalmente com base nas transferências de arquivos.

O sistema CAD, que é uma aplicação independente, foi necessário para projetar as colunas de concreto. Sendo um sistema autônomo sem componentes de servidor, a integração foi um desafio: a solução escolhida foi oferecer arquivos de configuração para essa aplicação por meio de um compartilhamento virtual WebDAV (Dusseault, 2007). WebDAV costuma ser usado como um protocolo de rede de compartilhamento de arquivos, para salvar e ler arquivos em um servidor remoto. Os arquivos nessa implementação WebDAV podem ser lidos e gravados como arquivos normais, mas também disparam a lógica de negócios. Por exemplo, o *upload* de um arquivo CAD válido de uma coluna de concreto para o compartilhamento WebDAV dispara mais processamento de um processo de pedidos, como seguir para a próxima ação.

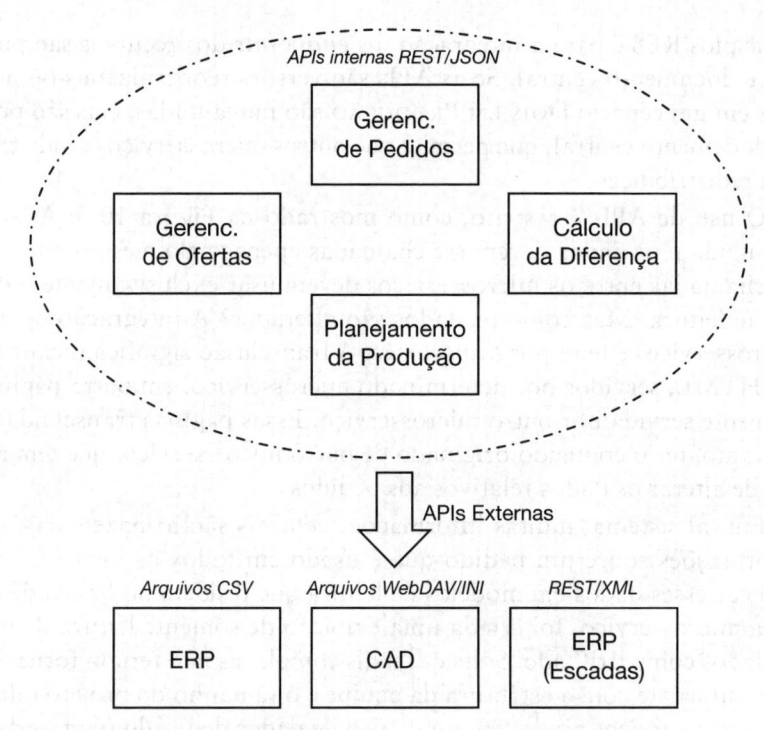

```
                  APIs internas REST/JSON
                         ┌─────────┐
                         │ Gerenc. │
                         │de Pedidos│
                         └─────────┘
          ┌─────────┐                    ┌─────────┐
          │ Gerenc. │                    │ Cálculo │
          │de Ofertas│                   │da Diferença│
          └─────────┘                    └─────────┘
                       ┌──────────────┐
                       │ Planejamento │
                       │ da Produção  │
                       └──────────────┘

                              ⬇ APIs Externas

   Arquivos CSV      Arquivos WebDAV/INI       REST/XML
   ┌─────────┐       ┌─────────┐            ┌─────────┐
   │   ERP   │       │   CAD   │            │   ERP   │
   │         │       │         │            │(Escadas)│
   └─────────┘       └─────────┘            └─────────┘
```

Figura 10.5 APIs no ecossistema SACAC.

Além de fornecer interfaces baseadas em arquivos, a integração CAD teve que mapear o modelo de dados da aplicação. Esse modelo de dados é muito específico das colunas de concreto, já o modelo de dados CAD é genérico e planejado para qualquer tipo de trabalho CAD. Fechar essa lacuna semântica exigiu discussões com muitas partes interessadas antes que uma exportação e uma importação corretas dos dados do CAD pudessem ser feitas. Outro sistema externo foi um sistema ERP, que não tinha APIs fáceis de consumir para a integração externa. Assim, optou-se por utilizar arquivos CSV publicados via WebDAV para transferir os dados. O terceiro sistema externo foi integrado mais tarde. Era um sistema ERP diferente usado para o planejamento de escadas de concreto (em resposta a um aumento do escopo do produto) oferecendo APIs da *web* adequadas usando a carga XML.

As APIs oferecidas pelo próprio sistema devem ser usadas apenas por outros microsserviços e, portanto, são APIs DE SOLUÇÃO INTERNA para a INTEGRAÇÃO DE FRONT-END e a INTEGRAÇÃO DE BACK-END. Uma equipe de desenvolvimento é responsável por todos os microsserviços, o que permite uma fácil negociação das alterações na API. Em geral, as APIs são estáveis. Elas podem ser movidas de um microsserviço para outro; no entanto, a parte do contrato técnico da DESCRIÇÃO DA API deve permanecer compatível.

A transparência da localização é obtida com a veiculação de um documento central que contém os *endpoints* para todas as APIs. Como esse projeto usa os princípios REST para a integração, os *endpoints* dos recursos são publicados nesse documento central. Se as APIs são versões reorganizadas ou novas versões em um cenário DOIS EM PRODUÇÃO são implantadas, elas são publicadas no documento central, que permite que outros microsserviços ainda trabalhem sem redistribuição.

O uso de APIs é restrito, como mostrado na Figura 10.6. As operações que mudam os dados devem ser chamadas apenas pelo mesmo microsserviço. As chamadas entre os microsserviços devem usar exclusivamente APIs de somente leitura. Mas como os dados são alterados? A integração de diferentes microsserviços é feita por *transclusão*. A transclusão significa incluir fragmentos HTML, servidos por determinado microsserviço, em outra página, possivelmente servida por outro microsserviço. Essas páginas transcluídas podem, portanto, ter o conteúdo originado de outro microsserviço, que tem a permissão de alterar os dados relativos aos pedidos.

Em tal sistema, muitas informações centrais são armazenadas, contendo informações sobre um pedido que é usado em todos os lugares. Em vez de replicar esses dados em modelos de leitura que residem no banco de dados de cada microsserviço, foi criada uma exibição de somente leitura de um banco de dados compartilhado. Soluções mais complexas não teriam fornecido benefício suficiente com a estrutura da equipe e o tamanho do projeto informados. Os microsserviços ainda têm um banco de dados dedicado para os dados, que eles possuem exclusivamente.

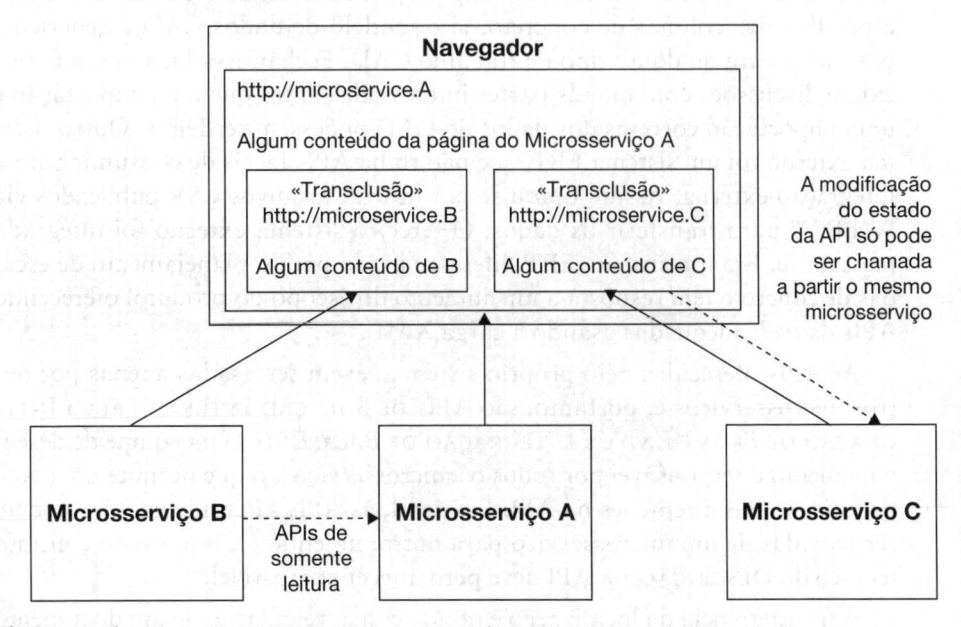

Figura 10.6 Transclusão HTML e restrições da API.

Uso e implementação dos padrões

Muitos padrões diferentes são usados nesta solução. Primeiro, o uso principal da API é uma INTEGRAÇÃO DE *FRONT-END* que permite páginas HTML e fragmentos de página transcluídos para chamar a lógica de negócios em seus microsserviços de origem. Essas APIs permitem operações de leitura e gravação, sendo estas últimas OPERAÇÕES DE CRIAÇÃO DO ESTADO (gravação) e OPERAÇÕES DE TRANSIÇÃO DO ESTADO (leitura e gravação). As operações de gravação são restritas a páginas ou partes das páginas entregues pelo mesmo microsserviço. Além disso, a INTEGRAÇÃO DE *BACK-END* é usada com APIs de somente leitura entre os diferentes microsserviços. Exemplos de operações nessas APIs são OPERAÇÕES DE RECUPERAÇÃO para buscar vários objetos de domínio, bem como FUNÇÕES DE COMPUTAÇÃO complexas, por exemplo, para calcular as métricas da engenharia estrutural.

A API inteira não teve versão. Às vezes, versões diferentes eram necessárias para dar suporte a tipos de processos de negócios antigos e novos. Nesses casos, antigas APIs necessárias foram disponibilizadas com o padrão DOIS EM PRODUÇÃO, e suas URLs foram diferenciadas por um IDENTIFICADOR DE VERSÃO.

Para melhorar a experiência do usuário, muitos resultados foram exibidos em incrementos. Assim, as OPERAÇÕES DE RECUPERAÇÃO de dados suportam o padrão PAGINAÇÃO. Isso é comumente feito quando as representações do consumidor, da oferta e do objeto de domínio nomeado são retornadas. Outro padrão usado para reduzir o tamanho da carga da mensagem é a SOLICITAÇÃO CONDICIONAL. Sua aplicação evita retornar dados que não mudaram desde a última solicitação.

Como um processo de negócios, bem como as interações individuais com o sistema, pode consistir em várias etapas e várias chamadas para o sistema, uma REPRESENTAÇÃO CONTEXTUAL é passada com todas as chamadas de API e solicitações de página HTML: isso inclui os elementos comuns, como informações de segurança. Um requisito comum também abordado na REPRESENTAÇÃO CONTEXTUAL é a personificação de um usuário por um administrador ou uma conta de suporte. O contexto do negócio também é incluído, podendo ser uma etapa do processo em particular, um pedido ou qualquer outro objeto de negócios. Esses elementos contextuais são identificados por seus respectivos UUIDs (identificadores únicos universais), que estão alinhados com o padrão ELEMENTO ID e são passados no contexto. O contexto da solicitação pode incluir um ponto de salto "de" e "para" que permite aos usuários navegar facilmente o sistema. Podem ser especificadas URLs não padrão do usuário para seguir ou retornar. Isso é implementado usando ELEMENTOS DE *LINK*. Devido ao uso de REST e por contar com a hipermídia para a navegação dos processos de negócios, bem como a seleção das versões da API corretas, os ELEMENTOS DE *LINK* são uma importante informação transmitida nas mensagens. Como explicado anteriormente, eles, são alterados por um documento JSON central que, em nossos termos padrões, serve como um Recurso de Pesquisa De Links dando transparência de localização para os *endpoints* da API.

As solicitações podem falhar por vários motivos, como interrupções técnicas, permissões insuficientes ou erros simples na lógica de negócios. No início, apenas códigos de erro HTTP simples foram retornados. Com o tempo, importantes mensagens de erro voltadas para o usuário foram melhoradas retornando um Relatório de Erros com mais informações sobre o problema.

O sistema foi implementado em Ruby usando Ruby on Rails. Esse *framework* permite a fácil implementação de alguns padrões. Por exemplo, Solicitações Condicionais são suportadas pelo próprio *framework*. Ruby on Rails também suporta APIs no estilo HTTP, JSON e REST. Para integrar sistemas externos via WebDAV, uma biblioteca personalizada, RailsDAV, foi desenvolvida e é de código aberto.

Para um gerenciamento melhor e mais fácil do contexto da solicitação e do conteúdo transcluído, todos os microsserviços são acessíveis sob um domínio TCP/IP que é servido por um *proxy* reverso. Tal *proxy* usa a URL para encaminhar as solicitações para os microsserviços corretos. Assim, todos os ativos e *scripts* são servidos a partir do mesmo domínio e problemas com medidas de segurança no lado do navegador (p. ex., relacionadas a políticas de mesma origem) podem ser evitados.

Retrospectiva e perspectiva

Em resumo, o projeto foi um sucesso e o *software* foi o principal bloco de construção para a realização de muitos benefícios de negócios na SACAC, com vantagens competitivas. A integração baseada em API na solução, bem como nos sistemas externos, foi essencial para a realização do suporte a processos de negócios de ponta a ponta. Em retrospectiva, outras APIs para exportar dados para fins estatísticos e de BI foram úteis. No geral, a solução integra bem dados e sistemas. Nenhum foco foi colocado também na exportação de dados para outros sistemas e na integração com casos de uso externos, porque essa necessidade só ficou clara mais tarde.

Uma das lições aprendidas é que as interfaces de usuário bem aceitas precisam ser suportadas por APIs bem alinhadas e orientadas pelos requisitos do usuário e, portanto, pelo negócio (e não pela tecnologia). Neste livro, os padrões de responsabilidade servem como uma ponte.

Embora tenham sido usados microsserviços, a questão continua sendo se um bloco monolítico teria sido o modelo de desenvolvimento mais eficiente. No entanto, é difícil avaliar isso após o fato – os microsserviços impõem uma estrutura e limites, e esses limites são uma excelente ferramenta para os arquitetos de *software*.

Esse projeto foi iniciado antes de muitas das tecnologias estarem disponíveis nas principais bibliotecas. A transclusão, por exemplo, pode ser alcançada por meios-padrão atualmente. Se o projeto começasse do zero hoje, muitas funcionalidades não teriam que ser implementadas em código personalizado, mas reutilizadas a partir de bibliotecas. Para melhorar a confiabilidade e a experiência do usuário, mais ações provavelmente seriam processadas de forma assíncrona.

O projeto poderia utilizar uma equipe de projeto experiente e focar no valor e nos benefícios do negócio, sendo finalmente bem-sucedido. Ele estendeu as responsabilidades dos desenvolvedores para também atuarem como consultores de negócios e engenheiros de processo de negócios – trabalhando lado a lado com empresários para fazerem uma transformação digital em um domínio real, que requer mais *software* do que se poderia imaginar.

Resumo

Esse capítulo apresentou dois grandes exemplos de *designs* de API reais, que (conscientemente ou não) aplicaram os padrões deste livro. Ambos os sistemas estão em produção e evoluíram com o tempo.

A primeira história de padrões contou com um *hub* de integração de processos de negócios em larga escala e um portal para o negócio de hipotecas suíço. Vimos que foram aplicados muitos padrões de qualidade, incluindo LISTA DE DESEJOS e REPRESENTAÇÃO CONTEXTUAL. Os padrões de evolução IDENTIFICADOR DE VERSÃO e DOIS EM PRODUÇÃO também desempenharam um papel importante neste cenário, que envolve muitas partes, negócios e organizações governamentais. O uso de suas APIs DA COMUNIDADE deve ser pago com um PLANO DE PREÇOS.

A segunda história de padrões envolveu arquitetos da construção civil, além de arquitetos de *software* e *designers* de API. Ela descreveu uma oferta da *web* e um sistema de gerenciamento de pedidos para colunas de concreto personalizadas para canteiros de obras. Os padrões de API deste livro, incluindo os muitos encontrados na primeira história (p. ex., RELATÓRIO DE ERROS), bem como os padrões do papel do *endpoint*, como RECURSO DE PESQUISA DE LINKS, ajudaram a criar um *design* de *software* flexível e eficiente em termos de recursos.

Observe que, mesmo que os padrões sejam escolhidos e bem aplicados, as implementações da API ainda podem prejudicar as qualidades, como extensão, desempenho, consistência e disponibilidade. Tais aspectos relacionados à qualidade, e padrões que os abordam, têm inúmeras relações de "muitos para muitos" entre si e com outros fatores cruciais do sucesso. Os padrões sempre devem ser adotados *e* adaptados ao contexto do projeto. Boas práticas de engenharia de *software* para o desenvolvimento e o teste devem ser aplicadas ao longo do caminho.

Estamos quase terminando agora. Um resumo e perspectivas para concluir o livro são dados a seguir.

Capítulo 11
Conclusão

Vamos então recapitular o conteúdo do livro e refletir sobre os padrões de *design* de API e sua evolução, conforme os apresentamos em três partes. Este capítulo também aponta para uma pesquisa relacionada e contém nossa opinião – um tanto especulativa e arriscada – sobre o futuro das APIs e do conhecimento sobre arquitetura relacionado a elas.

Sistemas distribuídos são a norma hoje. Neles, uma série de serviços trabalha junto e se comunica por meio de APIs remotas. Quando montadas em aplicativos distribuídos, as APIs e suas implementações devem atender a requisitos de integração bem diversos: diferentes APIs podem usar diferentes protocolos de comunicação e formatos de troca de mensagens, seus componentes de implementação podem residir em diferentes zonas de segurança e/ou estar em locais diversos etc. Variadas opções estão disponíveis para ajustar a mensagem e o *design* do *endpoint* de acordo com as qualidades desejadas e as restrições existentes. Por exemplo, as APIs geralmente devem ser responsivas, escaláveis e confiáveis, mas também fáceis de desenvolver e evolutivas. Muitas automatizam os processos e as atividades de negócios envolvendo consumidores, produtos e parceiros comerciais. Tais atividades de negócios e seu *software* de suporte costumam mudar em resposta às alterações em seus requisitos funcionais e objetivos de qualidade.

O objetivo da linguagem de padrões apresentada neste livro é ajudar arquitetos de integração, desenvolvedores de APIs e outros profissionais envolvidos no *design* e na evolução de APIs a tomarem decisões mais conscientes, adequadas e sólidas durante a elaboração de APIs para determinada comunidade de clientes, com seus objetivos e contextos de domínio. Nossos padrões fornecem opções de *design* comprovadas para essas decisões.

Retrospectiva rápida

Apresentamos 44 padrões para o *design* e a evolução de APIs, incluindo os mais comuns, Paginação (Capítulo 7) e Descrição da API (Capítulo 9), mas também os menos óbvios, como Representação Contextual (Capítulo 6) e

DOIS EM PRODUÇÃO (Capítulo 8). O Capítulo 4 deu uma visão geral da linguagem e dos padrões para definir o escopo das APIs e estruturar as mensagens, incluindo a INTEGRAÇÃO DE FRONT-END e a ÁRVORE DE PARÂMETROS.

Presumimos que as APIs que aplicam esses padrões trocam mensagens de texto simples, em vez de objetos remotos. Elas podem fazer isso com canais de comunicação síncronos ou assíncronos e baseados em filas. Os padrões selecionados são implementados no aplicativo de exemplo Lakeside Mutual, introduzido no Capítulo 2, e nos dois casos reais apresentados no Capítulo 10. Embora muitos exemplos e usos conhecidos dos padrões tenham vindo de sistemas orientados a microsserviços, todos os sistemas de *software* que contêm APIs remotas podem se beneficiar da aplicação deles.

Deixamos passar algum padrão? Com certeza. Por exemplo, os *designs* de API reativos, de longa duração e orientados a eventos foram somente abordados: esses tópicos poderiam compor um livro inteiro. Também seria interessante minerar os padrões em estruturas compostas avançadas com certa semântica específica do domínio, como reservas de recursos, apresentações detalhadas e gerais ou atividades de gerenciamento de casos. Pode-se pensar em transformar o livro *Analysis Patterns*, de Martin Fowler (Fowler, 1996), em *designs* de API preestabelecidos. Livros sobre modelagem de dados (Hay, 1996) poderiam dar informações para tal esforço, e iniciativas de definição de dados comuns, como microformatos (Microformats, 2022) e Schema.org[1], teriam seu papel também. O *design* orientado a responsabilidades do negócio poderia ter um lugar de destaque em tal esforço de "API de domínio".

No nível da realização de API, poderíamos diferenciar os "recursos de proteção" agregados e de mediação que chamam outras APIs e os "recursos de base" independentes, que não dependem das APIs fornecidas em outro lugar. Também poderíamos continuar trabalhando em padrões sobre fluxos de orquestração das APIs ou conversas (Pautasso, 2016). Talvez em outro momento. Embora tenhamos sugerido opções de implementação da API, não abordamos tópicos como transações do sistema *versus* compensação no nível do negócio (garantias ACID *versus* inúmeras formas de propriedades BASE); "Sagas" (Richardson, 2018) ou as etapas "Tentar–Confirmar/Cancelar" (Pardon, 2011) podem dar suporte à compensação no nível do negócio.

Falamos apenas brevemente das especificidades do protocolo em exemplos e seções de discussão; as receitas no *RESTful Web Services Cookbook* (Allamaraju, 2010) e muitos outros livros dão conselhos detalhados sobre RESTful HTTP. O prefácio traz informações sobre as linguagens de padrões relacionadas e outras boas leituras.

Também não enfatizamos muito a operação das implementações de API – assim como qualquer implantação de aplicação, as implementações de API precisam ser gerenciadas durante a execução. Existem muitas opções de implantação e hospedagem para as implementações de API e os sistemas orientados

---

[1] https://schema.org

a serviços, incluindo funções sem servidor e outras ofertas de computação na nuvem. Os *endpoints* de API e, possivelmente, os *gateways* de API, devem ser configurados, protegidos, contabilizados e monitorados (p. ex., em relação a falhas e desempenho). Essas atividades se enquadram no *gerenciamento* das APIs, um termo que resume um conjunto de práticas e ferramentas complementares para o *design* e a evolução da API.[2]

Pesquisa de API: refatoração para padrões, MDSL e outros

O *design* "API primeiro" em um *greenfield* é uma coisa, mas e se as APIs de produção tiverem problemas de qualidade? Uma pesquisa realizada por dois de nós, os autores, mostrou que os déficits de qualidade e as mudanças nos requisitos funcionais podem desencadear mudanças na API, assim como fazem os novos requisitos (Stocker, 2021a).

Uma abordagem para melhorar os aspectos de qualidade de um sistema de *software* e se preparar para as alterações funcionais é a *refatoração*. Refatorar é a prática de melhorar um sistema de *software* sem alterar seu comportamento externo e observável. Uma refatoração do código limpa uma parte do código, por exemplo, renomeando classes e métodos para aumentar sua compreensão ou dividindo uma longa parte do código em várias para melhorar a manutenção.

A refatoração de API é uma extensão da noção de refatoração de código (e aumenta um pouco o significado do termo):

> *Uma refatoração de API evolui a interface remota de um sistema sem alterar seu conjunto de recursos e sua semântica para melhorar pelo menos um atributo de qualidade.*

Um "Catálogo de Refatoração de Interface" (Stocker, 2021b) estava surgindo no momento da escrita deste livro. O propósito de uma refatoração pode (mas não tem que) ser o alinhamento do *software* com um padrão de *design* (Kerievsky, 2004). Não é de se surpreender que o Catálogo de Refatoração de Interface referencie e sugira muitos dos padrões deste livro. Exemplos de refatorações para os padrões de API no catálogo são "Adicionar Lista de Desejos", "Introduzir Paginação" e "Externalizar o Contexto".

Muitas refatorações do catálogo são suportadas nas *Ferramentas MDSL (linguagem de microsserviços específica do domínio)*. Isso é possível porque, como mostrado no Apêndice C, a MDSL começa a partir do nosso modelo de domínio da API (introduzido no Capítulo 1) e apresenta todos os nossos padrões (dos Capítulos 4 a 9) de uma forma ou de outra, muitas vezes como decoradores dos elementos de especificação, como *endpoints* da API, operações e elementos de representação da mensagem.

---

[2] Parece que acabamos de ter a segunda rodada de jargões neste livro. Você se lembra da primeira?

Quatro de nós trabalharam nos padrões sobre a relação das APIs com o DDD; dois exemplos são "Fachada do Modelo de Domínio da API" e "Agregar Raízes como Endpoints da API" (Singjai, 2021a; Singjai, 2021b; Singjai, 2021c). Para dar suporte a essa transição, está em andamento uma pesquisa sobre abordagens para a modelagem das APIs em relação aos modelos de domínio e à detecção dos padrões de mapeamento da API para DDD nos modelos. A análise da pesquisa da API é outra direção promissora, produzindo novos padrões como "Recurso de Coleções Mutáveis" (Serbout, 2021).

O futuro das APIs

Sabemos que é difícil prever o futuro. No momento da escrita deste livro, é difícil imaginar que o HTTP desaparecerá. HTTP/2, uma revisão maior do protocolo original, está sob padronização desde 2015, e HTTP/3, o próximo sucessor sugerido, alcançou o *status* de "Padrão Proposto" em junho de 2022. Além disso, nos últimos anos, vimos outros protocolos sendo introduzidos, alguns usando o HTTP/2 internamente; o gRPC é um exemplo de destaque. Mesmo que os protocolos mudem, a explicação da mensagem e a granularidade do serviço, o acoplamento/desacoplamento das partes na comunicação, continuarão mantendo os *designers* de API ocupados, particularmente os das APIs e de seus clientes que operam em ambientes com recursos limitados. O *hardware* melhora, mas a história nos ensina que as expectativas dos clientes crescem com o progresso que o *hardware* faz.

Os formatos de troca de mensagens parecem mudar com mais frequência do que os protocolos. O XML, por exemplo, saiu de moda, e JSON domina no momento da escrita deste livro. No entanto, houve um tempo em que o XML era considerado o estágio de evolução último e final das linguagens de marcação. Será que abandonaremos o JSON? Em caso afirmativo, o que vem a seguir? Não temos respostas para essas perguntas, mas estamos muito confiantes de que os padrões relacionados ao *design* da mensagem, por exemplo, a ENTIDADE INCORPORADA e o DETENTOR DA INFORMAÇÃO VINCULADA, continuarão relevantes – também para o *design* de API que tirar vantagem das próximas gerações de formatos (se houver).[3]

A especificação OpenAPI é a linguagem de descrição dominante das APIs baseadas em HTTP no momento. AsyncAPI está ganhando importância como uma abordagem semelhante para descrever as APIs baseadas em mensagem. A MDSL tem vinculações e suporte do gerador para a especificação OpenAPI e AsyncAPI, bem como para outras linguagens de descrição de API contemporâneas. Será que outras linguagens de descrição de API surgirão e se manterão,

---

[3] Será que algumas ferramentas semi-inteligentes e com formato independente poderão automatizar seu aplicativo no futuro?

cobrindo os dois campos de integração dominantes (comunicações síncrona e assíncrona), bem como outras tecnologias e protocolos de integração? Existe a possibilidade de uma linguagem unificada? O tempo dirá, e estamos ansiosos para descobrir os usos conhecidos de nossos padrões nessas linguagens e os *designs* de API que as usam.

Observações finais

Enquanto os jargões de TI e os conceitos de tecnologia vêm e vão, os estilos de integração e padrões de *design* permanecem. Os padrões não são soluções finais, mas podem ajudá-lo a melhorar e evitar erros comuns, para que tenha a oportunidade de cometer novos erros que, então, tornam-se lições aprendidas e, finalmente, levam a novos padrões ou antipadrões. Veja nossos padrões como um ponto de partida para seus esforços de *design*, não como seu destino!

Estamos confiantes de que o conhecimento de arquitetura e os padrões capturados neste livro têm o potencial de guiar as decisões de arquitetura em seu *design* de API e projetos de desenvolvimento reais. Se isso realmente acontecer, ficaremos felizes em receber seu *feedback* sobre como os padrões o ajudaram a criar APIs incríveis.

Obrigado por adquirir, ler e chegar ao final do nosso livro!

Olaf, Mirko, Daniel, Uwe e Cesare

30 de junho de 2022

Apêndice A

Identificação dos *endpoints* e guias de seleção de padrões

Este apêndice traz orientações sobre quando aplicar cada padrão na forma de uma folha de cola. Também conecta nossa linguagem de padrões ao *design* orientado por responsabilidade (RDD, *responsibility-driven design*) e ao processo ADDR (Alinhar–Definir–Desenhar–Refinar).

Folha de cola para seleção de padrões

A folha de cola fornece tabelas de problemas e padrões, que indicam quando um padrão em particular é elegível. Veja que se trata de uma simplificação grosseira de um conjunto complexo de problemas e considerações de *design*. Os modelos de decisão da Parte I e os textos de padrões na Parte II examinam o contexto, os fatores e as consequências das soluções relacionadas com muito mais profundidade. O Capítulo 4 apresenta vários outros pontos de entrada para o conteúdo do livro e a linguagem de padrões.

Introdução ao *design* de API

Os padrões fundamentais abordam os problemas de escopo iniciais e básicos da API. Tabela A.1 lista tais problemas e os padrões correspondentes.

A seleção desses padrões é orientada por critérios como tipo de cliente, modelo de negócio, visão do produto/projeto e contexto do projeto/produto. O portfólio de clientes (i.e., o número e a localização dos clientes, as necessidades de informação desses clientes) e os requisitos de segurança são critérios importantes a considerar. Os Capítulos 1, 3 e 4 reúnem muitos mais fatores de decisão e qualidades desejadas.

Tabela A.1 Elegibilidade dos padrões fundamentais de API (Capítulo 4)

Problema	Padrões a considerar
Uma aplicação de usuário final quer dados de um *back-end* ou uma atividade nele	Faça uma API de INTEGRAÇÃO DE FRONT-END
Dois *back-ends* precisam colaborar para cumprir um requisito do negócio	Faça uma API de INTEGRAÇÃO DE BACK-END
Uma nova API deve ser amplamente acessível	Introduza uma API PÚBLICA
A visibilidade de uma nova API deve ser restrita a um grupo de clientes	Introduza uma API DA COMUNIDADE
Uma nova API visa uma aplicação apenas, p. ex., para sua decomposição em serviços	Introduza uma API DE SOLUÇÃO INTERNA

A seguir, na Tabela A.2, os padrões de responsabilidade podem dar início ao *design* do *endpoint* da API.

Durante a identificação do *endpoint*, é possível definir uma API ou um *endpoint* da API para cada "Contexto Delimitado" do DDD, se a lógica e os dados forem altamente coesos (Singjai, 2021a). Se a decomposição de alta granularidade for desejável e possível, "Agregar" pode iniciar a identificação da API e do *endpoint* da API (Singjai, 2021b; Singjai, 2021c).

Tabela A.2 Como identificar e classificar os *endpoints* da API por papel (Capítulo 5)

Problema	Padrão(ões)
Identificar os candidatos a *endpoint* da API	Aplique DDD e/ou uma prática de *design* de API em etapas, como ADDR, ou uma das compiladas em *Design Practice Reference* (Zimmermann, 2021b)
Modelar uma capacidade do negócio orientada a ações (representando as atividades do negócio ou os comandos)	Defina um RECURSO DO PROCESSAMENTO e realize as atividades requeridas, assim como a coordenação e o gerenciamento do estado em suas operações (ver a Tabela A.3)
Modelar uma capacidade do negócio orientada a dados	Defina um RECURSO DO DETENTOR DA INFORMAÇÃO ciente do acoplamento introduzido e forneça operações adequadas para criar, ler, atualizar, excluir e pesquisar (Tabela A.3)
Permitir que as aplicações troquem dados transitórios sem as acoplar diretamente	Defina um RECURSO DE TRANSFERÊNCIA DE DADOS e adicione clientes de API aos aplicativos
Desacoplar os locais do provedor dos clientes	Forneça um RECURSO DE PESQUISA DE LINKS como um diretório que serve referências dinâmicas de *endpoint*
Expor dados transitórios de curta duração	Marque um RECURSO DO DETENTOR DA INFORMAÇÃO como um DETENTOR DOS DADOS OPERACIONAIS
Expor dados mutáveis de longa duração	Marque um RECURSO DO DETENTOR DA INFORMAÇÃO como DETENTOR DOS DADOS MESTRES
Expor os dados de longa duração não mutáveis para os clientes	Marque um RECURSO DO DETENTOR DA INFORMAÇÃO como DETENTOR DOS DADOS DE REFERÊNCIA

As operações expostas pelos *endpoints* da API diferem na maneira como tocam (ou não) o estado no lado do provedor: leitura, gravação, leitura/gravação ou sem leitura nem gravação (Tabela A.3).

Tabela A.3 Como classificar as operações (Capítulo 5)

Problema	Padrão(ões)
Permitir que o cliente de API inicialize o estado no lado do provedor (incluindo entidades da camada de domínio)	Marque uma operação como OPERAÇÃO DE CRIAÇÃO DO ESTADO de somente gravação
Permitir que o cliente de API consulte e leia o estado no lado do provedor	Marque uma operação como OPERAÇÃO DE RECUPERAÇÃO de somente leitura
Permitir que o cliente de API atualize ou exclua o estado no lado do provedor	Marque uma operação como OPERAÇÃO DE TRANSIÇÃO DO ESTADO de leitura/gravação (variantes: substituição do estado total/parcial, exclusão do estado)
Permitir que o cliente de API chame uma operação independente do estado	Marque uma operação como FUNÇÃO DE COMPUTAÇÃO

Design das estruturas das mensagens de solicitação e resposta

Assim que os papéis e as responsabilidades dos *endpoints* da API e suas operações são caracterizados, é hora de especificar o contrato de dados (a estrutura dos cabeçalhos e do corpo das mensagens de solicitação e resposta). A Tabela A.4 mostra as diferentes opções.

A Tabela A.5 mostra como, no *design* da carga da mensagem, os elementos básicos e estruturados da mensagem podem receber certos papéis estereotipados.

Tabela A.4 Padrões básicos de estrutura das mensagens (Capítulo 4)

Problema	Padrão(ões)
Os dados são simples	Projete um PARÂMETRO ATÔMICO ou uma LISTA DE PARÂMETROS ATÔMICOS para as mensagens de solicitação e resposta
Os dados são complexos	Projete uma ÁRVORE DE PARÂMETROS, possivelmente organizada como FLORESTA DE PARÂMETROS, para solicitações e respostas; as ÁRVORES DE PARÂMETROS podem conter outras árvores, PARÂMETROS ATÔMICOS ou LISTAS DE PARÂMETROS ATÔMICOS como folhas

Tabela A.5 Estereótipos dos elementos (Capítulo 6)

Problema	Padrão(ões)
Trocar dados estruturados (p. ex., representações da entidade do domínio)	Adicione um ELEMENTO DE DADOS com ENTIDADES INCORPORADAS à carga da mensagem (seguindo as relações da entidade)
Diferenciar os elementos da representação ou outras partes da API	Adicione um ELEMENTO ID à carga da mensagem (local ou globalmente)
Tornar flexível o fluxo das operações	Faça *upgrade* do ELEMENTO ID para o ELEMENTO DE LINK, para suportar o princípio REST de hipertexto como mecanismo de estado da aplicação (controles de hipermídia); os *links* podem referenciar os RECURSOS DO PROCESSAMENTO ou os RECURSOS DO DETENTOR DA INFORMAÇÃO
Anotar a carga para facilitar o processamento	Adicione ELEMENTOS DE METADADOS (controle, proveniência, metadados agregados)

Melhorando a qualidade da API

Os padrões relacionados à qualidade da API ajudam a resolver os problemas de interoperabilidade e representações das mensagens de tamanho correto se o objetivo é atingir a parcimônia da transferência de dados (Tabela A.6).

Tabela A.6 Quando aplicar cada tipo de melhoria da qualidade (Capítulos 6, 7 e 9)

Problema	Padrão(ões)
Os clientes de API relatam problemas de interoperabilidade e uso	Troque da DESCRIÇÃO DA API mínima para a elaborada
	Adicione ELEMENTOS DE DADOS às ÁRVORES DE PARÂMETROS
	Introduza uma REPRESENTAÇÃO CONTEXTUAL na carga, que encapsule os metadados de controle, como as propriedades da qualidade de serviço
Erros de uso da API e outras falhas são difíceis de analisar e corrigir	Adicione um RELATÓRIO DE ERROS às representações da resposta para descrever as falhas em detalhes
Os clientes de API relatam problemas de desempenho	Troque das ENTIDADES INCORPORADAS para os DETENTORES DA INFORMAÇÃO VINCULADA, para ajustar o tamanho da mensagem e a granularidade do serviço (os dois padrões podem ser combinados com flexibilidade)
	Reduza a quantidade de dados transferidos via LISTA DE DESEJOS ou MODELO DE DESEJO
	Considere outros padrões de qualidade, que melhorem a parcimônia da transferência de dados (p. ex., SOLICITAÇÃO CONDICIONAL e PACOTE DE SOLICITAÇÕES)
	Introduza a PAGINAÇÃO
É necessário um controle de acesso	Introduza CHAVES DA API ou soluções de segurança mais avançadas

Suporte e manutenção da API

Os provedores de API precisam lidar com as mudanças e devem equilibrar compatibilidade e extensão. Os padrões de evolução na Tabela A.7 abordam as estratégias e as táticas.

Tabela A.7 Quando aplicar cada padrão de evolução (Capítulo 8)

Problema	Padrão(ões)
Indicar as mudanças incompatíveis com as versões anteriores	Introduza uma nova versão maior da API com um IDENTIFICADOR DE VERSÃO novo e explícito
Comunicar o impacto e a importância das mudanças entre as versões	Aplique o VERSIONAMENTO SEMÂNTICO para diferenciar as versões maiores, menores e de correção
Manter muitas versões dos *endpoints* da API e suas operações	Ofereça DOIS EM PRODUÇÃO (variante: N EM PRODUÇÃO)
Evitar ter que oferecer suporte a muitas versões dos *endpoints* da API e suas partes (incluindo os elementos da estrutura da mensagem)	Anuncie uma estratégia de OBSOLESCÊNCIA AGRESSIVA e estabeleça uma data de descontinuidade/remoção a qualquer momento (mas conceda um período de descontinuidade intermediário)
Comprometer-se a manter a API disponível e com suporte por um período fixo de tempo	Dê uma GARANTIA DE VIDA LIMITADA e comunique-a na publicação da API
Evitar se comprometer com a estabilidade e a futura existência da API	Posicione a API como uma PRÉVIA EXPERIMENTAL

Lançamento e entrada em produção da API

Quando uma API entra em produção, as tarefas de documentação e governança entram em cena. A Tabela A.8 introduz alguns problemas comuns e padrões aplicáveis.

Tabela A.8 Especificação e documentação da API (Capítulo 9)

Problema	Padrão(ões)
Os clientes precisam saber como chamar a API	Crie e publique uma DESCRIÇÃO DA API mínima ou elaborada
Assegurar o uso justo da API	Aplique uma TAXA-LIMITE
Cobrar pelo uso da API	Estabeleça um PLANO DE PREÇOS
Comunicar as características da qualidade de serviço	Emita um ACORDO DE NÍVEL DE SERVIÇO ou uma especificação informal

Design de API "orientado"

Esta seção traz informações básicas sobre o RDD, resume como utilizar o DDD para criar APIs e revisita a natureza complementar do processo ADDR (introduzido no início da Parte II) e nossos padrões.

Conceitos RDD

Para ordenar e estruturar o *design* do *endpoint* e da operação (ou, no ADDR, a fase Definir), adotamos parte da terminologia e dos estereótipos do papel em RDD (Wirfs-Brock, 2002). O RDD foi originalmente criado para o contexto do OOAD (análise e *design* orientados a objetos), que fica claro em suas definições fundamentais:

- Uma *aplicação* é um conjunto de objetos que interagem.
- Um *objeto* é uma implementação de um ou mais papéis.
- Um *papel* agrupa responsabilidades afins.
- Uma *responsabilidade* é a obrigação de realizar uma tarefa ou conhecer as informações.
- Uma *colaboração* pode ser uma interação de objetos ou papéis, ou uma combinação de ambos.
- Um *contrato* é um acordo que descreve os termos de uma colaboração.

Em nossa experiência, o RDD funciona igualmente bem nos níveis do código e da arquitetura. Como o *design* de API tem ramificações arquiteturais e de desenvolvimento, os estereótipos do papel no RDD são uma escolha natural para expressar o comportamento da API. Por exemplo, todos os *endpoints* da API podem ser vistos como tendo interfaces (remotas), que fornecem e protegem o acesso aos papéis dos provedores de serviço, dos controladores/coordenadores e dos detentores da informação. As operações de leitura e gravação expostas pelos *endpoints* da API correspondem às responsabilidades. A DESCRIÇÃO DA API especifica o contrato RDD, e as colaborações surgem das chamadas para as operações da API.

Os padrões no Capítulo 5 usam esses termos e conceitos para o contexto do *design* da API.

DDD e *design* de API

DDD (Evans, 2003; Vernon, 2013) e os nossos padrões também estão relacionados de várias formas:

- Os "Serviços" do DDD são bons candidatos para a exposição remota da API.
- Um "Contexto Delimitado" do DDD pode corresponder a uma única API (com vários *endpoints*).

- Um "Agregado" do DDD também pode ser exposto via API (possivelmente tendo vários *endpoints*, começando com a raiz "Entidade"). Dependendo da natureza de um Agregado, um Recurso do Processamento costuma ser preferível em relação ao Recurso do Detentor da Informação; veja as análises nesses dois padrões para fundamentação.
- Os "Repositórios" do DDD lidam com o gerenciamento do ciclo de vida da entidade, que envolve o acesso de leitura e gravação para o estado da aplicação no lado do provedor de API (como definido por nossos padrões de responsabilidade da operação). Por exemplo, os repositórios geralmente fornecem capacidades de pesquisa, que podem se transformar em Operações de Recuperação no nível da API. Repositórios especiais podem gerar Recursos de Pesquisa de Links. "Fábricas" do DDD também lidam com o gerenciamento do ciclo de vida e podem doar operações de API adicionais (a menos que sua funcionalidade permaneça sendo um detalhe da implementação da API).
- Os "Objetos de Valor" do DDD podem ser expostos como DTRs (representações de transferência de dados) na Linguagem Publicada estabelecida pela parte de dados da Descrição da API. O Elemento de Dados do Capítulo 6 é um padrão relacionado.

No DDD, os padrões Agregado e Entidade geralmente expõem propriedades semelhantes a processos (pois representam grupos de conceitos do domínio que têm uma identidade e um ciclo de vida durante a execução). Assim, esses padrões podem ajudar a identificar os candidatos Operação de Criação do Estado e Operação de Transição do Estado durante a identificação do *endpoint*. Porém é importante não expor todo o modelo de domínio como uma Linguagem Publicada no nível da API, porque isso cria um acoplamento indesejado entre os clientes de API e a implementação da API no lado do provedor.

O DDD não diferencia os dados mestres e os dados operacionais em seus padrões; os dados operacionais e os dados mestres podem fazer parte da Linguagem Publicada, e aparecem em Contextos Delimitados dedicados e Agregados como Entidades (ver Vernon [2013]). Em DDD, o *event sourcing* do domínio (Fowler, 2006) é a prática recomendada para integrar os Agregados (nos mesmos Contextos Delimitados e em diferentes), porque os separa e permite reproduzir os eventos até o estado atual, em caso de falhas que levam a problemas de consistência. As APIs podem suportar isso.

Em *Principles of Web API Design*, James Higginbotham nos lembra que os "recursos não são modelos de dados" e os "recursos não são objetos ou modelos de domínio" (Higginbotham, 2021), com os recursos correspondendo aos *endpoints* em nossa terminologia com tecnologia neutra. E "REST nunca foi CRUD" também. Dito isso, os dados e os modelos de domínio ainda podem servir como *entrada* do *design* da API com cautela.

ADDR e nossos padrões

Principles of Web API Design (Higginbotham, 2021) também é a fonte do processo ADDR que seguimos mais ou menos na Parte II.

A Tabela A.9 resume as correspondências entre as fases/etapas do ADDR e os padrões deste livro. Também fornece exemplos de aplicação de nosso caso de exemplo (veja que algumas decisões de seleção de padrões apareceram nas narrativas do Capítulo 3).

Tabela A.9 ADDR para o mapeamento de padrões (com exemplos)

Fase/etapa	Padrão(ões)	Exemplo
Alinhar		
1. Identificar Capacidades Digitais	Padrões de fundamentos (Capítulo 4)	História do usuário sobre "atualizações da info do contrato", no Capítulo 2
2. Capturar Etapas da Atividade	n/d	A prática ágil de dividir a história *pode* ser aplicada; o mesmo vale para o *event storming* (exemplos *on-line*)*
Definir		
3. Identificar Limites da API	Padrões de fundamentos (Capítulo 4)	Modelo de domínio da Lakeside Mutual e mapa do contexto, no Capítulo 2
	Padrões de responsabilidade (Capítulo 5)	P. ex., uso do RECURSO DO PROCESSAMENTO, do RECURSO DO DETENTOR DA INFORMAÇÃO em Lakeside Mutual
4. Modelar Perfis da API	Padrões de fundamentos (Capítulo 4)	Ver interlúdios no Capítulo 3
	Padrões de responsabilidade (Capítulo 5)	Ver interlúdios no Capítulo 3
	ACORDO DE NÍVEL DE SERVIÇO inicial (Capítulo 9)	Ver interlúdios no Capítulo 3
Desenhar		
5. *Design* de Alto Nível	Padrões básicos de estrutura (Capítulo 4)	Ver interlúdios no Capítulo 3
	Padrões do estereótipo do elemento (Capítulo 6)	Ver interlúdios no Capítulo 3
	Padrões ENTIDADE INCORPORADA e DETENTOR DA INFORMAÇÃO VINCULADA (Capítulo 7)	As APIs de recurso HTTP para Lakeside Mutual, implementadas em Java, fornecem exemplos do uso do padrão (Apêndice B)
	Realização da tecnologia dos padrões (p. ex., como recurso HTTP)	Ver o Apêndice B

(Continua)

Tabela A.9 ADDR para o mapeamento de padrões (com exemplos) *(Continuação)*

Fase/Etapa	Padrão(ões)	Exemplo
Refinar		
6. Refinar o *Design*	Padrões de qualidade (Capítulos 6 e 7)	LISTA DE DESEJOS nas operações do Detentor da Informação do Consumidor em Lakeside Mutual
7. Documentar a API	DESCRIÇÃO DA API, TAXA--LIMITE (Capítulo 9)	Ver o trecho sobre OpenAPI no Apêndice B para um contrato técnico mínimo
	Padrões de evolução, como IDENTIFICADOR DE VERSÃO (Capítulo 8)	Ver decisões de exemplo no Capítulo 3

* https://ozimmer.ch/categories/#Practices

Mais detalhes sobre a etapa Identificar Limites da API. Nossas mensagens estão muito alinhadas com a dica de James Higginbotham; por exemplo, nossos padrões ajudam a evitar os antipadrões que ele analisa (Higginbotham, 2021, p. 70 ff.). Considerar nossos padrões do papel do *endpoint*, no Capítulo 5, durante a decisão entre a semântica dos *endpoints* orientados por atividade ou dados e estar ciente das diferenças nas responsabilidades de suas operações, pode evitar os antipadrões como "Mega API Multifuncional", "API Sobrecarregada" e "API Assistente".

Mais detalhes sobre a etapa Modelar Perfis da API. É uma etapa ADDR na qual muitos dos nossos padrões são elegíveis. Por exemplo, o padrão ELEMENTO DE *LINK* e os ELEMENTOS DE METADADOS, do Capítulo 6, podem ser usados para descrever a "taxonomia do recurso" (recursos independentes/dependentes/associativos) (Higginbotham, 2021, p. 87) e a "classificação de segurança da operação" (operações seguras/inseguras/idempotentes) (p. 91) pode ser expressa com as responsabilidades operacionais do Capítulo 5.

Mais detalhes sobre a etapa *Design* de Alto Nível. Essa etapa ADDR complementa nossos Capítulos 4, 5 e 7 – os padrões desses capítulos se encaixam aqui. A TAXA-LIMITE (Capítulo 9) pode fazer parte da "Camada de Gerenciamento da API". Decidir se é para incluir recursos relacionados ou aninhados, discutidos no contexto da "serialização de hipermídia" (Higginbotham, 2021, p. 127), é coberto por nossos padrões ENTIDADE INCORPORADA e DETENTOR DA INFORMAÇÃO VINCULADA. Nosso padrão MODELO DE DESEJO tem dicas complementares sobre as "APIs baseadas em consulta".

Mais detalhes sobre a etapa Refinar o *Design*. Observe que a otimização do desempenho em um nível neutro da plataforma (como nossos padrões nos Capítulos 6 e 7) não é coberta como tal no ADDR. Dito isso, os padrões dos Capítulos 6 e 7 pertencem a essa fase e etapa no processo ADDR. O processo de Higginbotham e nossos padrões se complementam aqui.

Apêndice B

Implementação do caso Lakeside Mutual

Neste apêndice, voltamos ao caso fictício apresentado no Capítulo 2, "Estudo de caso Lakeside Mutual". Muitos exemplos do caso são fornecidos na Parte II. Aqui, apresentamos os detalhes selecionados da especificação e da implementação.

Aplicação do padrão

Muitos padrões deste livro foram aplicados no caso Lakeside Mutual. Veja alguns exemplos:

- A classe `InsuranceQuoteRequestProcessingResource.java` no microsserviço Gerenciamento de Apólices é um Recurso do Processamento orientado a atividades, que é indicado pelo sufixo do nome. `CustomerInformationHolder.java` orientado a dados no serviço Núcleo do Cliente é um Recurso do Detentor da Informação.

- O elemento de representação `customerProfile` em `CustomerDto.java` aplica o Elemento de Dados e a Entidade Incorporada.

- A realização Taxa-Limite pode ser encontrada em `RateLimitInterceptor.java` no microsserviço Autoatendimento do Cliente.

Uma visão geral mais completa está disponível no repositório GitHub de Lakeside Mutual.[1] A seguir, fornecemos duas visões diferentes na Operação de Recuperação `getCustomers` do Recurso Do Detentor da Informação do Núcleo do Cliente.

---

[1] https://github.com/Microservice-API-Patterns/LakesideMutual/blob/master/MAP.md

Camada de serviço Java

A Figura 2.4, no Capítulo 2, mostra um modelo de domínio dos conceitos da seguradora; a Camada de Serviço Java apresentada aqui implementa partes desse modelo. Devido a restrições de espaço, mostramos apenas partes de cada artefato. Uma implementação completa pode ser encontrada no repositório do GitHub.

Esta é a classe `CustomerInformationHolder`, que serve como um Spring `@RestController`:

```
@RestController
@RequestMapping("/customers")
public class CustomerInformationHolder {
/**
 * Retorna uma 'página' de clientes.
 *
 * Os parâmetros de consulta {@code limit} e {@code offset} podem
 * ser usados para especificar o tamanho máximo da página e o
 * deslocamento do primeiro consumidor da página.
 *
 * A resposta contém os consumidores, o limite e o deslocamento
 * da página atual, bem como o número total de consumidores
 * (tamanho do conjunto de dados).
 * Além disso, contém links no estilo HATEOAS vinculados aos
 * endereços do endpoint da página atual, anterior e seguinte.
 */
  @Operation(summary =
      "Get all customers in pages of 10 entries per page.")
  @GetMapping // responsabilidade da operação: Operação de
              Recuperação
  public ResponseEntity<PaginatedCustomerResponseDto>
      getCustomers(
    @RequestParam(
       value = "filter", required = false, defaultValue = "")
    String filter,
    @RequestParam(
       value = "limit", required = false, defaultValue = "10")
    Integer limit,
    @RequestParam(
       value = "offset", required = false, defaultValue = "0")
    Integer offset,
    @RequestParam(
       value = "fields", required = false, defaultValue = "")
```

```
    String fields) {

  String decodedFilter = UriUtils.decode(filter, "UTF-8");

  Page<CustomerAggregateRoot> customerPage = customerService
    .getCustomers(decodedFilter, limit, offset);

  List<CustomerResponseDto> customerDtos = customerPage
    .getElements()
    .stream()
    .map(c -> createCustomerResponseDto(c, fields))
    .collect(Collectors.toList());

  PaginatedCustomerResponseDto response =
    createPaginatedCustomerResponseDto(
      filter,
      customerPage.getLimit(),
      customerPage.getOffset(),
      customerPage.getSize(),
      fields,
      customerDtos);

  return ResponseEntity.ok(response);
}
```

Especificação OpenAPI e exemplo de cliente de API

Voltando aos detalhes da implementação, a seguinte especificação OpenAPI (encurtada para maior clareza) da operação `getCustomers` da Camada de Serviço Java traz outra visão do *design* de API:

```
openapi: 3.0.1
info:
  title: Customer Core API
  description: This API allows clients to create new customers
    and retrieve details about existing customers.
  license:
    name: Apache 2.0
  version: v1.0.0
servers:
  - url: http://localhost:8110
    description: Generated server url
```

```yaml
paths:
  /customers:
    get:
      tags:
        - customer-information-holder
      summary: Get all customers in pages of 10 entries per page.
      operationId: getCustomers
      parameters:
        - name: filter
          in: query
          description: search terms to filter the customers by name
          required: false
          schema:
            type: string
            default: ''
        - name: limit
          in: query
          description: the maximum number of customers per page
          required: false
          schema:
            type: integer
            format: int32
            default: 10
        - name: offset
          in: query
          description: the offset of the page's first customer
          required: false
          schema:
            type: integer
            format: int32
            default: 0
        - name: fields
          in: query
          description: a comma-separated list of the fields
            that should be included in the response
          required: false
          schema:
            type: string
            default: ''
      responses:
```

```yaml
          '200':
            description: OK
            content:
              '*/*':
                schema:
                  $ref: "#/components/schemas\
                    /PaginatedCustomerResponseDto"
components:
  schemas:
    Address:
      type: object
      properties:
        streetAddress:
          type: string
        postalCode:
          type: string
        city:
          type: string
    CustomerResponseDto:
      type: object
      properties:
        customerId:
          type: string
        firstname:
          type: string
        lastname:
          type: string
        birthday:
          type: string
          format: date-time
        streetAddress:
          type: string
        postalCode:
          type: string
        city:
          type: string
        email:
          type: string
        phoneNumber:
          type: string
        moveHistory:
          type: array
          items:
```

```yaml
            $ref: '#/components/schemas/Address'
        links:
          type: array
          items:
            $ref: '#/components/schemas/Link'
    Link:
      type: object
      properties:
        rel:
          type: string
        href:
          type: string
    AddressDto:
      required:
        - city
        - postalCode
        - streetAddress
      type: object
      properties:
        streetAddress:
          type: string
        postalCode:
          type: string
        city:
          type: string
      description: the customer's new address
    PaginatedCustomerResponseDto:
      type: object
      properties:
        filter:
          type: string
        limit:
          type: integer
          format: int32
        offset:
          type: integer
          format: int32
        size:
          type: integer
          format: int32
        customers:
```

```yaml
        type: array
        items:
          $ref: '#/components/schemas/CustomerResponseDto'
      links:
        type: array
        items:
          $ref: '#/components/schemas/Link'
```

Ao consultar o *endpoint* usando `curl`, a seguinte resposta HTTP é retornada:

```
curl -X GET --header \
'Authorization: Bearer b318ad736c6c844b' \
http://localhost:8110/customers\?limit\=2


{
  "limit": 2,
  "offset": 0,
  "size": 50,
  "customers": [ {
    "customerId": "bunlo9vk5f",
    "firstname": "Ado",
    "lastname": "Kinnett",
    "birthday": "1975-06-13T23:00:00.000+00:00",
    "streetAddress": "2 Autumn Leaf Lane",
    "postalCode": "6500",
    "city": "Bellinzona",
    "email": "akinnetta@example.com",
    "phoneNumber": "055 222 4111",
    "moveHistory": [ ]
  }, {
    "customerId": "bd91pwfepl",
    "firstname": "Bel",
    "lastname": "Pifford",
    "birthday": "1964-02-01T23:00:00.000+00:00",
    "streetAddress": "4 Sherman Parkway",
    "postalCode": "1201",
    "city": "Genf",
    "email": "bpiffordb@example.com",
    "phoneNumber": "055 222 4111",
    "moveHistory": [ ]
```

```
        } ],
        "_links": {
          "self": {
            "href": "/customers?filter=&limit=2&offset=0&fields="
          },
          "next": {
            "href": "/customers?filter=&limit=2&offset=2&fields="
          }
        }
      }
```

Apêndice C

Linguagem de microsserviços específica do domínio (MDSL)

Este apêndice apresenta o conteúdo necessário da *linguagem de microsserviços específica do domínio (MDSL, microservice domain-specific language)* para entender os exemplos nas Partes 1 e 2 do livro. A MDSL é aplicável independentemente dos estilos arquiteturais e das tecnologias de suporte. Nesta obra, MDSL pode significar também *linguagem de especificação dos dados e da mensagem*.

A MDSL permite que os *designers* da API especifiquem os contratos de API, suas representações de dados e vinculações com as tecnologias. A linguagem suporta o modelo de domínio e os padrões deste livro em sua sintaxe e semântica. Suas ferramentas fornecem geradores para a descrição da interface e as linguagens de programação do serviço, como OpenAPI, *buffers* de protocolo gRPC, GraphQL, ALPS (semântica do perfil no nível da aplicação) e Jolie (que também traz suporte para WSDL [*web services description language*] e conversão do Esquema XML).

A especificação da linguagem MDSL e as ferramentas de suporte estão disponíveis *on-line*.[1]

Introdução à MDSL

Em primeiro lugar, a MDSL suporta o padrão DESCRIÇÃO DA API, do Capítulo 9. Para especificar esses contratos de API, a MDSL utiliza conceitos do modelo de domínio, como *endpoint da API*, *operação*, *cliente* e *provedor*, como introduzido no Capítulo 1.

Os padrões deste livro são integrados na linguagem nativa. Por exemplo, os PARÂMETROS ATÔMICOS e as ÁRVORES DE PARÂMETROS, do Capítulo 4, estruturam as definições dos dados. Além disso, os papéis e as responsabilidades introduzidos no Capítulo 5 podem ser atribuídos aos *endpoints* e às operações.

---

[1] https://microservice-api-patterns.github.io/MDSL-Specification

No nível da representação de mensagens, a MDSL inclui decoradores para os estereótipos dos elementos e os padrões de qualidade dos Capítulos 6, 7 e 9 – um exemplo é <<Pagination>>. Por fim, os padrões de evolução do Capítulo 8 são também integrados na linguagem: os provedores de API e seus ACORDOS DE NÍVEL DE SERVIÇO podem divulgar garantias do ciclo de vida como PRÉVIA EXPERIMENTAL ou GARANTIA DE VIDA LIMITADA. Muitos elementos da linguagem podem receber um IDENTIFICADOR DE VERSÃO.

Objetivos de *design*

Como uma linguagem de contrato para o serviço e o *design* da API, a MDSL visa facilitar as *práticas de modelagem ágeis*, o *esboço da API* e os *workshops de design da API*. Deve ser legível para todos os interessados envolvidos no *design* e na evolução da API. A MDSL deve suportar especificações parciais que possam ser refinadas iterativamente. Para ser útil em tutoriais e publicações como este livro, sua sintaxe deve ser compacta, para que um contrato de API importante ainda se encaixe em uma página de livro ou uma apresentação de *slides* (ou menos).

A MDSL pode ser usada no *design* da API *de cima para baixo*, desde os requisitos (p. ex., histórias do usuário para os cenários de integração e os esboços da API) até o código e os artefatos da implantação, e na descoberta *de baixo para cima* das interfaces internas nos sistemas existentes, possivelmente integradas em APIs remotas públicas, da comunidade ou de solução interna. Um exemplo de processo de *design* de cima para baixo é o ADDR (Alinhar–Definir–Desenhar–Refinar) (Higginbotham, 2021), como introduzido no início da Parte II; uma ferramenta de descoberta com suporte MDSL é o Mapeador de Contexto orientado por domínio (Kapferer, 2021).

A MDSL visa a *independência da plataforma* dos *designs* de API. As DESCRIÇÕES DA API criadas com MDSL não estão limitadas ao HTTP ou a qualquer outro formato de troca de protocolo ou mensagem. O *design* do protocolo HTTP se desvia da maioria das linguagens de definição da interface e dos protocolos de comunicação no estilo RPC de várias maneiras. Assim, a MDSL deve fornecer vinculações configuráveis entre provedor e tecnologia que superem as diferenças do protocolo, sem perder a generalidade ou a especificidade.

"Hello World" (versão API)

O "Hello World" da MDSL e o *design* de serviço de API ficam assim:

```
API description HelloWorldAPI

data type SampleDTO {ID<int>, "someData": D<string>}

endpoint type HelloWorldEndpoint
```

```
exposes
  operation sayHello
    expecting payload "in": D<string>
    delivering payload SampleDTO

API provider HelloWorldAPIProvider
  offers HelloWorldEndpoint
  at endpoint location "http://localhost:8000"
  via protocol HTTP
    binding resource HomeResource at "/"
      operation sayHello to POST
```

Há um único tipo de *endpoint*, `HelloWorldEndpoint`, que expõe uma operação `sayhello`. Essa operação tem um único parâmetro de solicitação incorporado, `"in": D<string>` e retorna um DTO (objeto de transferência de dados) não nomeado, chamado `SampleDTO`, como a saída. Esse DTO é modelado explicitamente para que sua especificação possa ser reutilizada. O DTO de exemplo é uma Árvore de Parâmetros, `{ID<int>, "someData": D<string>}`, que é plana neste caso. O Elemento de Dados D na árvore é chamado de `"someData"` e tem um tipo de *string*; o parâmetro ID sem nome, um Elemento ID, é do tipo inteiro.

Cada tipo de *endpoint* descreve um contrato de API independente da plataforma, possivelmente fornecido várias vezes. Além do tipo de *endpoint* `HelloWorldEndpoint`, o exemplo contém uma instância do provedor de API `HelloWorldAPIProvider`, que expõe uma implementação da API que vincula o tipo de *endpoint* abstrato ao HTTP. O tipo do *endpoint* está vinculado a um único recurso HTTP `HomeResource` no exemplo. A única operação de *endpoint* `sayhello` está vinculada ao método `POST` nesse único recurso. A URI do recurso é montada a partir de duas partes marcadas com a palavra-chave `at`, uma no nível do *endpoint* e outra no nível do recurso. Os parâmetros de solicitação podem ser vinculados individual e explicitamente a `QUERY` ou `PATH`, ou a outros tipos de parâmetro definidos nos RFCs HTTP; isso não é mostrado no exemplo, e uma vinculação padrão para a solicitação `BODY` é presumida.

É possível especificar os tipos de dados com antecedência:

```
data type SampleDTOStub {ID, "justAName"}
```

`SampleDTOStub` é especificado de forma incompleta. O primeiro elemento nessa Árvore de Parâmetros plana tem um papel de identificador ID, mas ainda não tem um nome e seu tipo é desconhecido. O papel e o tipo do segundo parâmetro não foram especificados também; consiste apenas em `"justAName"`. Tais especificações incompletas e preliminares são úteis apenas ao esboçar as interfaces nos estágios iniciais do *design* ou quando os detalhes em determinado contexto da modelagem não são uma preocupação.

O "Primer: Getting Started with MDSL"[2] *on-line* e o repositório do projeto fornecem exemplos adicionais.

Referência da MDSL

Vejamos agora os conceitos da linguagem em detalhes.

Tipos de *endpoint* da API (com especificações da mensagem)

A gramática da MDSL é inspirada no modelo de domínio do Capítulo 1. Uma DESCRIÇÃO DA API na MDSL apresenta um ou mais tipos de *endpoint*, que expõem as *operações*. Essas operações esperam e entregam *mensagens* de solicitação e/ou resposta. As mensagens de solicitação e resposta enviadas e recebidas pelas operações consistem em dados simples ou estruturados. Um exemplo completo é dado a seguir:

```
API description CustomerRelationshipManagementExample

endpoint type CustomerRelationshipManager
    serves as PROCESSING_RESOURCE
data type Customer P
exposes
    operation createCustomer
        with responsibility STATE_CREATION_OPERATION
        expecting payload "customerRecord": Customer
        delivering payload "customerId": D<int>
        compensated by deleteCustomer
    // nenhuma operação GET ainda
    operation upgradeCustomer
        with responsibility STATE_TRANSITION_OPERATION
        expecting payload "promotionCode": P // parcialmente
                                                especificado
        delivering payload P // resposta não especificada
    operation deleteCustomer
        with responsibility STATE_DELETION_OPERATION
        expecting payload "customerId": D<int>
        delivering payload "success": MD<bool>
        transitions from "customerIsActive" to "customerIsArchived"
    operation validateCustomerRecord
        with responsibility COMPUTATION_FUNCTION
```

---

[2] https://microservice-api-patterns.github.io/MDSL-Specification/primer

```
    expecting
      headers "complianceLevel": MD<int>
      payload "customerRecord": Customer
    delivering
      payload "isCompleteAndSound": D<bool>
    reporting
      error ValidationResultsReport
        "issues": {"code":D<int>, "message":D<string>}+
```

A API `CustomerRelationshipManager` expõe e atende como um `PROCESSING_RESOURCE` (ou, seguindo nossa convenção de *layout* para os nomes de padrões, como um Recurso do Processamento). É um dos padrões de responsabilidade no Capítulo 5. Suas quatro operações diferem em suas características de leitura/gravação; isso é expresso pelos decoradores `with responsibility`. Por exemplo, `upgradeCustomer` é `STATE_TRANSITION_OPERATION`. Todas as operações no exemplo têm mensagens de solicitação e resposta (o que não é obrigatório na MDSL, pois os padrões de troca de mensagens podem variar). O conteúdo do cabeçalho e da carga das mensagens de solicitação e resposta é modelado via representações de transferência de dados MDSL, introduzidas na seção "Tipos e contratos de dados", a seguir.

Algumas operações definem as operações para desfazer (`compensated by`) e as transições do estado (`transitions from ... to`). A operação `validateCustomerRecord` pode retornar um Relatório de Erros, que é um padrão no Capítulo 6. Observe que um ou mais problemas podem ser relatados em `ValidationResultsReport` devido à sua cardinalidade "pelo menos um", indicada com o símbolo de mais, "+". Essa operação também apresenta um cabeçalho de solicitação, `"complianceLevel": MD<int>`, que tem um papel de metadados e um tipo inteiro.

Veja "Service Endpoint Contracts in MDSL" na especificação da linguagem *on-line* para mais explicações (Zimmermann, 2022).

Tipos e contratos de dados

Ao longo do livro, enfatizamos a importância da modelagem dos dados. A Linguagem Publicada de uma API contém representações de dados em vários lugares, podendo ser planas ou aninhadas:

- Os tipos do *endpoint* definem as operações, que têm mensagens de solicitação e (opcionalmente) resposta que contém o conteúdo da carga e cabeçalhos de metadados. A estrutura dessas mensagens deve ser especificada sem ambiguidade, acordada para ter interoperabilidade, bem como precisão, e deve assegurar uma experiência positiva do desenvolvedor de cliente.

- Quando certas estruturas de dados são usadas por várias operações, essas operações podem referenciar as representações de transferência de dados compartilhados (que são acessórios no nível da mensagem para os DTOs internos aos programas). Tais representações passam a fazer parte de um ou mais contratos de *endpoint* da API.

- As APIs podem ser usadas para emitir e receber eventos. Tais eventos também requerem definições dos dados.

As definições de dados da API têm um forte impacto no sucesso de uma API, porque a quantidade de acoplamento entre cliente e provedor é influenciada por elas.

A MDSL suporta a modelagem dos dados de várias formas, abordando os cenários de uso anteriores. Os tipos de dados MDSL são inspirados, e generalizados, nos formatos da troca de mensagens, como JSON. Veja dois exemplos:

```
data type SampleDTO {ID, D<string>}

data type Customer {
  "name": D<string>,
  "address": {"street": D<string>, "city": D<string>}*,
  "birthday": D<string> }
```

Os padrões básicos de estrutura, no Capítulo 4, PARÂMETRO ATÔMICO e ÁRVORE DE PARÂMETROS em particular, fornecem o sistema de tipos da MDSL. No exemplo, `"name": D<string>` é um PARÂMETRO ATÔMICO e Customer é uma ÁRVORE DE PARÂMETROS aninhada, contendo uma ÁRVORE DE PARÂMETROS interna que representa um ou mais elementos `"address"`. Isso é indicado pelo asterisco * no final da sua definição.

Árvores e florestas de parâmetros

O aninhamento é suportado para realizar o padrão ÁRVORE DE PARÂMETROS. A estrutura é expressa em uma sintaxe de objeto ou bloco: {...{...}}. Essa sintaxe é semelhante aos objetos nas linguagens de representação de dados como JSON.

O exemplo anterior apresenta duas árvores; uma delas está embutida na especificação da mensagem:

```
"address": {"street": D<string>, "city": D<string>}
```

A utilização do padrão FLORESTA DE PARÂMETROS é indicada por colchetes [...]:

```
data type CustomerProductForest [
  "customers": { "customer": CustomerWithAddressAndMoveHistory}*;
  "products": { "product": ID<string> }
]
```

Parâmetros atômicos (especificação total ou parcial)

Os PARÂMETROS ATÔMICOS completos são definidos como trios *Identificador/Papel/Tipo*: `"aName"`: `D<String>`.

- O *identificador* opcional "`aName`" corresponde aos nomes das variáveis nas linguagens de programação e nas linguagens de representação de dados, como JSON. Os identificadores devem ser incorporados em aspas duplas: `"somePayloadData"`. Eles podem conter espaços em branco: `" "` ou sublinhados `"_"`.
- O *papel* obrigatório pode ser `D` (dados), `MD` (metadados), `ID` (identificador) ou `L` (*link*). Esses papéis correspondem diretamente aos quatro padrões de estereótipo dos elementos no Capítulo 6: ELEMENTO DE DADOS, ELEMENTO DE METADADOS, ELEMENTO ID e ELEMENTO DE *LINK*.
- Os *tipos* básicos são `bool`, `int`, `long`, `double`, `string`, `raw` e `void`. Essa informação do tipo é opcional.

Por exemplo, `D<int>` é um valor de dados inteiro, e `D<void>` é um elemento de representação vazio.

Justificativa para o conceito do trio Identificador/Papel/Tipo

O elemento de especificação principal é o papel na carga da mensagem obtido por uma parte em particular de um cabeçalho ou uma carga (ou um elemento de representação, em nossa terminologia do modelo de domínio) – os identificadores e o tipo de dados são opcionais. Tornar opcionais o identificador e o tipo dá suporte ao uso inicial da MDSL, quando um *design* de API ainda não está completo:

```
operation createCustomer
    expecting payload "customer": D
    delivering payload MD
```

A especificação das três partes é um pouco diferente dos pares identificador/tipo normalmente usados nas linguagens de programação. Como mencionado antes, apenas o papel é obrigatório. Isso possibilita criar especificações bem compactas durante a modelagem ágil das APIs. Um elemento abstrato e não especificado pode ser representado como `P` (para parâmetro ou espaço reservado para a carga). `P` pode assumir o lugar dos elementos Papel/Tipo no trio Identificador/Papel/Tipo; o espaço reservado também pode substituir o trio inteiro:

```
operation upgradeCustomer
    expecting payload "promotionCode": P // espaço reservado
    delivering payload P // resposta não especificada
```

"`nameOnly`" também pode especificar um parâmetro de espaço reservado genérico (que não tem papel nem tipo).

Multiplicidade

Os classificadores de cardinalidade "`*`", "`?`" e "`+`" transformam uma definição do tipo em uma coleção ("`*`": zero ou mais; "`?`": um ou nenhum; "`+`": pelo menos um). O padrão, que não precisa ser especificado, é "`!`" (exatamente um).

A referência da linguagem *on-line* tem mais explicações em "Data Contracts and Schemas in MDSL" (Zimmermann, 2022).

Provedores e vinculações de protocolo (HTTP, outras tecnologias)

Por padrão, a MDSL generaliza e abstrai os conceitos em outras linguagens de contrato de API. Isso é bem simples para a maioria delas (e já foi feito antes em outras linguagens de definição de interface). Para as APIs de recurso HTTP, conceitos adicionais e uma etapa intermediária são necessários, porque os *endpoints* MDSL não mapeiam "um para um" os recursos e suas URIs. Em particular, o endereçamento de *endpoint* dinâmico, como promovido pelo RFC6570 "URI Templates" (Fielding, 2012) e usado nos parâmetros do caminho HTTP, é específico para o HTTP. Além disso, não é óbvio como expressar as cargas de solicitação complexas das operações de recuperação – HTTP GET e os corpos da solicitação não funcionam bem juntos.[3] O HTTP também lida com o endereçamento, os parâmetros de solicitação e resposta, os erros e as questões de segurança de formas específicas (por boas razões).

As informações de mapeamento que faltam podem ser especificadas em uma *vinculação HTTP* explícita no nível do provedor:

```
API provider CustomerRelationshipManagerProvider version "1.0"
offers CustomerRelationshipManager
  at endpoint location "http://localhost:8080"
via protocol HTTP binding
  resource CustomerRelationshipManagerHome
    at "/customerRelationshipManagerHome/{customerId}"
    operation createCustomer to PUT // POST obtido
      element "customerRecord" realized as BODY parameter
    // nenhum GET ainda
    operation upgradeCustomer to PATCH
      element "promotionCode" realized as BODY parameter
    operation deleteCustomer to DELETE
      element "customerId" realized as PATH parameter
```

---

[3] As especificações do protocolo não estão totalmente explícitas e precisas aqui; dito isto, muitas ferramentas e protocolos de execução não suportam essa combinação.

```
    operation validateCustomerRecord to POST
        element "customerRecord" realized as BODY parameter
provider governance TWO_IN_PRODUCTION
```

Para gerar OpenAPI e, posteriormente, *stubs* no lado do servidor e *proxies* no lado do cliente a partir das especificações MDSL, nem todas as informações de vinculação requeridas necessárias podem vir dos tipos de *endpoint* abstratos. Um exemplo particularmente importante é o mapeamento das operações MDSL para os verbos HTTP, como GET, POST, PUT etc. Assim, detalhes do mapeamento adicionais, por exemplo, se um parâmetro da carga é transferido na *string* QUERY ou na mensagem BODY (a URI PATH, um HEADER ou um COOKIE), também podem ser fornecidos (como fundamentado antes). Os relatórios de erros e as políticas segurança podem ser igualmente vinculados, e a informação do tipo de mídia pode ser fornecida.

Veja "Protocol Bindings for HTTP, gRPC, Jolie, Java" na especificação da linguagem *on-line* para mais explicações (Zimmermann, 2022).

Resumo do suporte para os padrões da API de microsserviço

A MDSL suporta os padrões de API de microsserviço (MAP, *microservice API patterns*), apresentados neste livro de várias formas:

1. Os elementos de representação básicos servem como regras gramaticais da MDSL na parte do contrato de dados. A ÁRVORE DE PARÂMETROS e o PARÂMETRO ATÔMICO são as principais construções; as LISTAS DE PARÂMETROS ATÔMICOS e as FLORESTAS DE PARÂMETROS também têm suporte. As ÁRVORES DE PARÂMETROS correspondem aos objetos JSON {...}; as cardinalidades definidas "*" e "+" indicam que uma API que usa JSON como formato de troca de mensagens deve enviar ou receber um *array* JSON [...]. Os tipos básicos como `int`, `string` e `bool` também podem ser encontrados na MDSL.

2. Os padrões fundamentais podem aparecer como anotações do decorador para a descrição da API inteira, por exemplo, PUBLIC_API e FRONTEND_INTEGRATION. Outros padrões de visibilidade e direção do Capítulo 4 também têm suporte: PUBLIC_API, COMMUNITY_API, SOLUTION_INTERNAL_API.

3. Existem decoradores de papel e responsabilidade nos níveis do *endpoint* e da operação. Alguns padrões servem como decoradores no nível do *endpoint* da API, por exemplo, expressando os papéis PROCESSING_RESOURCE e MASTER_DATA_HOLDER. Outros padrões de responsabilidade aparecem como decoradores representando as responsabilidades da operação, por exemplo, COMPUTATION_FUNCTION e RETRIEVAL_OPERATION (Capítulo 5).

4. Os estereótipos dos elementos da representação fornecem opções para a parte do papel no trio Identificador/Papel/Tipo definindo os PARÂMETROS ATÔMICOS: D (dados), MD (metadados), L (*link*) e ID (identificador).
5. Os tipos de dados explícitos e os elementos da representação incorporados podem ser anotados com decoradores de padrões também. Exemplos de estereótipos decorando os elementos da representação são <<Context Representation>> e <<Error_Report>> do Capítulo 6, bem como <<Embedded_Entity>> e <<Wish_List>> do Capítulo 7.

O seguinte exemplo elaborado apresenta todos os cinco tipos de suporte MAP na MDSL:

```
API description CustomerManagementExample version "1.0.1"
usage context SOLUTION_INTERNAL_API
  for FRONTEND_INTEGRATION

data type Customer <<Data_Element>> {ID, D} // preliminar

endpoint type CustomerRelationshipManager
 serves as INFORMATION_HOLDER_RESOURCE
 exposes
  operation findAll with responsibility RETRIEVAL_OPERATION
    expecting payload "query": {
      "queryFilter":MD<string>*,
      "limit":MD<int>,
      "offset":MD<int> }
    delivering payload
     <<Pagination>> "result": {
       "responseDTR":Customer*,
       "offset-out":MD<int>,
       "limit-out":MD<int>,
       "size":MD<int>,
       "self":Link<string>,
       "next":L<string> }*
```

O uso do padrão PAGINAÇÃO (Capítulo 7) é indicado na operação `findAll`; o *design* da mensagem na especificação de `CustomerRelationshipManager` segue o esboço da solução no padrão com elementos da representação específicos do padrão, como `"limit"`. Alinhado com a descrição do padrão, o cliente especifica `"limit"` e `"offset"` na paginação baseada em deslocamento.

O exemplo contém instâncias de todos os quatro tipos de estereótipos dos elementos, como ELEMENTO DE METADADOS e ELEMENTO DE LINK. Nomes longos e curtos podem especificar os elementos de dados; ambas as opções são usadas no exemplo (ver `"self"` e `"next"`):

- `Data` ou `D`, representando um papel de dados/valor simples/básico. `D` corresponde ao Elemento de Dados.
- `Identifier` ou `ID` para os identificadores, correspondendo ao padrão Elemento ID.
- `Link` ou `L` para os identificadores que também são acessíveis pela rede (p. ex., os *links* das URIs) como descrito no padrão Elemento de *Link*.
- `Metadata` ou `MD`, representando os Elementos de Metadados de controle, proveniência ou agregados.

Os estereótipos de papel do elemento podem ser combinados com os tipos básicos para produzir especificações precisas dos Parâmetros Atômicos.

Usar as anotações e os estereótipos do decorador MDSL é opcional. Se forem usados, eles tornam a descrição da API mais expressiva e podem ser processados por ferramentas como validadores de contrato/linters da API, geradores de código/configuração, MDSL para conversores OpenAPI etc.

Ferramentas da MDSL

Estão disponíveis um editor baseado em Eclipse e um linter de API, que também oferecem transformações para um *design* de API rápido e orientado a objetivos ("API primeiro") e refatoram muitos padrões deste livro. Não só as especificações MDSL podem ser validadas, mas contratos específicos de plataforma (OpenAPI, gRPC, GraphQL e Jolie) podem ser gerados. Uma ferramenta MDSL-Web[4] de protótipo está disponível como um projeto de código aberto. Uma interface de linha de comando (CLI, *command-line interface*) oferece a maior parte da funcionalidade do IDE; portanto não é essencial trabalhar com Eclipse ao criar e usar as especificações MDSL.

Existem um modelo de gerador intermediário e uma API para que o suporte para outras linguagens de destino e a integração com outras ferramentas possam ser adicionados. Relatórios baseados em modelos estão disponíveis via Apache Freemarker. Um dos modelos de exemplo disponíveis transforma a MDSL em Markdown.

Veja "MDSL Tools: Users Guide" para atualizações (Zimmermann, 2022).

---

[4] https://github.com/Microservice-API-Patterns/MDSL-Web

Recursos *on-line**

A referência da linguagem precisa e atualizada pode ser encontrada *on-line*.[5] Um manual MDSL, um tutorial e uma referência rápida também estão disponíveis no *site* da MDSL.

O Catálogo de Refatoração de Interface, introduzido no Capítulo 11, especifica muitas refatorações da API com fragmentos MDSL de antes e depois:

https://interface-refactoring.github.io

Instruções passo a passo e demonstrações das ferramentas MDSL estão disponíveis como postagens em *blogs*:

https://ozimmer.ch/categories/#Practices

---

[5] https://microservice-api-patterns.github.io/MDSL-Specification
* N. de E. A manutenção e a disponibilização das páginas (em inglês) citadas aqui não são de nossa responsabilidade.

Referências

(Allamaraju, 2010) S. Allamaraju, *RESTful Web Services Cookbook*. O'Reilly, 2010.

(Alur, 2013) D. Alur, D. Malks e J. Crupi, *Core J2EE Patterns: Best Practices and Design Strategies*, 2ª ed. Prentice Hall, 2013.

(Amundsen, 2011) M. Amundsen, *Building Hypermedia APIs with HTML5 and Node*. O'Reilly, 2011.

(Amundsen, 2013) M. Amundsen, "Designing & Implementing Hypermedia APIs". Apresentação de *slides* na QCon New York, jun. 2013. https://www.slideshare.net/rnewton/2013-06q-connycdesigninghypermedia.

(Amundsen, 2014) M. Amundsen, "Roy Fielding on Versioning, Hypermedia, and REST". *InfoQ*, dez. 2014. https://www.infoq.com/articles/roy-fielding-on-versioning/.

(Amundsen, 2020) M. Amundsen, *Design and Build Great Web APIs: Robust, Reliable, and Resilient*. Pragmatic Bookshelf, 2020.

(Amundsen, 2021) M. Amundsen, L. Richardson e M. W. Foster, "Application-Level Profile Semantics (ALPS)". Internet Engineering Task Force, Internet-Draft, maio 2021. https://datatracker.ietf.org/doc/html/draft-amundsen-richardsonfoster-alps-07.

(Apache, 2021a) "Apache Avro Specification". Apache Software Foundation, 2021. https://avro.apache.org/docs/current/spec.html#Schema+Resolution.

(Apache, 2021b) "Apache Thrift". Apache Software Foundation, 2021. https://thrift.apache.org/.

(API Academy, 2022) "API Academy GitHub Repositories". API Academy, acessado em 24 jun. 2022. https://github.com/apiacademy.

(API Blueprint, 2022) "API Blueprint. A Powerful High-Level API Description Language for Web APIs". API Blueprint, acessado em 24 jun. 2022. https://apiblueprint.org/.

(Apigee, 2018) Apigee, *Web API Design: The Missing Link*. Apigee, 2018, EPUB. https://cloud.google.com/apigee/resources/ebook/web-api-design-register/index.html/.

(Arlow, 2004) J. Arlow e I. Neustadt, *Enterprise Patterns and MDA: Building Better Software with Archetype Patterns and UML*. Addison-Wesley, 2004.

(Atlassian, 2022) "Bitbucket Cloud Reference". Atlassian Developer, acessado em 24 jun. 2022. *https://developer.atlassian.com/cloud/bitbucket/rest/ intro/ #serialization*.

(Baca, 2016) M. Baca, *Introduction to Metadata,* 3ª ed. Getty Publications, 2016. *http://www.getty.edu/publications/intrometadata*.

(Beck, 2001) K. Beck *et al.*, "Manifesto for Agile Software Development". 2001. *https://agilemanifesto.org/*.

(Bellido, 2013) J. Bellido, R. Alarcón e C. Pautasso, "Control-Flow Patterns for Decentralized RESTful Service Composition". *ACM Transactions on the Web (TWEB)* 8, nº 1 (2013): 5:1–5:30. *https://doi.org/10.1145/2535911*.

(Belshe, 2015) M. Belshe, R. Peon e M. Thomson, "Hypertext Transfer Protocol Version 2 (HTTP/2)". RFC 7540; RFC Editor, maio 2015. *https:// doi.org/10.17487/RFC7540*.

(Berli, 2014) W. Berli, D. Lübke e W. Möckli, "Terravis – Large-Scale Business Process Integration between Public and Private Partners". *In: Proceedings of INFORMATIK 2014,* Gesellschaft für Informatik e.V., 2014, 1075–1090.

(Beyer, 2016) B. Beyer, C. Jones, J. Petoff e N. R. Murphy, *Site Reliability Engineering: How Google Runs Production Systems*. O'Reilly, 2016.

(Bishop, 2021) M. Bishop, "Level 3 REST". Draft, 2021. *https://level3.rest/*.

(Borysov, 2021) A. Borysov e R. Gardiner, "Practical API Design at Netflix, Part 1: Using Protobuf FieldMask". Netflix Technology Blog, 2021. *https:// netflixtechblog.com/practical-api-design-at-netflix-part-1-using-protobuffieldmask-35cfdc606518*.

(Brewer, 2012) E. Brewer, "CAP Twelve Years Later: How the 'Rules' Have Changed". *Computer* 45, nº 2 (2012): 23–29.

(Brown, 2021) K. Brown, B. Woolf, C. D. Groot, C. Hay e J. Yoder, "Patterns for Developers and Architects Building for the Cloud". Acessado em 24 jun. 2022. *https://kgb1001001.github.io/cloudadoptionpatterns/*.

(Buschmann, 1996) F. Buschmann, R. Meunier, H. Rohnert, P. Sommerlad e M. Stal, *Pattern-Oriented Software Architecture – Volume 1: A System of Patterns*. Wiley, 1996.

(Buschmann, 2007) F. Buschmann, K. Henney e D. Schmidt, *Pattern-Oriented Software Architecture: A Pattern Language for Distributed Computing*. Wiley, 2007.

(Cavalcante, 2019) A. Cavalcante, "What Is DX?", out. 2019. *https://medium. com/swlh/what-is-dx-developer-experience-401a0e44a9d9*.

(Cervantes, 2016) H. Cervantes e R. Kazman, *Designing Software Architectures: A Practical Approach*. Addison-Wesley, 2016.

(Cisco Systems, 2015) "API Design Guide". Cisco DevNet, 2015. *https:// github.com/ CiscoDevNet/api-design-guide*.

(Coplien, 1997) J. O. Coplien e B. Woolf, "A Pattern Language for Writers' Workshops". *C Plus Plus Report* 9 (1997): 51–60.

(C-SIG, 2014) C-SIG, "Cloud Service Level Agreement Standardisation Guidelines". Cloud Select Industry Group, Service Level Agreements Subgroup; European Commission, 2014. https://ec.europa.eu/newsroom/dae/redirection/document/6138.

(Daigneau, 2011) R. Daigneau, *Service Design Patterns: Fundamental Design Solutions for SOAP/WSDL and RESTful Web Services*. Addison-Wesley, 2011.

(Daly, 2021) J. Daly, "Serverless". 2021. https://www.jeremydaly.com/serverless/.

(DCMI, 2020) "Dublin Core Metadata Initiative Terms". DublinCore, 2020. https://www.dublincore.org/specifications/dublin-core/dcmi-terms/.

(Dean, 2014) A. Dean e F. Blundun, "Introducing SchemaVer for Semantic Versioning of Schemas". *Snowplow Blog*, 2014. https://snowplowanalytics.com/blog/2014/05/13/introducing-schemaver-for-semantic-versioning-of-schemas/.

(Dubuisson, 2001) O. Dubuisson e P. Fouquart, *ASN.1: Communication between Heterogeneous Systems*. Morgan Kaufmann Publishers, 2001.

(Dusseault, 2007) L. M. Dusseault, "HTTP Extensions for Web Distributed Authoring and Versioning (WebDAV)". RFC 4918; RFC Editor, jun. 2007. https://doi.org/10.17487/RFC4918.

(Erder, 2021) M. Erder, P. Pureur e E. Woods, *Continuous Architecture in Practice: Software Architecture in the Age of Agility and DevOps*. Addison-Wesley, 2021.

(Erl, 2013) T. Erl, B. Carlyle, C. Pautasso e R. Balasubramanian, *SOA with REST: Principles, Patterns and Constraints for Building Enterprise Solutions with REST*. Prentice Hall, 2013.

(EU, 2012) Parlamento Europeu e Conselho da União Europeia, "Technical Requirements for Credit Transfers and Direct Debits in Euros". Regulamento (UE) 260/2012, 2012. https://eur-lex.europa.eu/legal-content/EN/TXT/?uri=CELEX:52012AP0037.

(EU, 2016) Parlamento Europeu e Conselho da União Europeia, "General Data Protection Regulation". Regulamento (UE) 2016/679, 2016. https://eur-lex.europa.eu/eli/reg/2016/679/oj.

(Evans, 2003) E. Evans, *Domain-Driven Design: Tackling Complexity in the Heart of Software*. Addison-Wesley, 2003.

(Evans, 2016) P. C. Evans e R. C. Basole, "Revealing the API Ecosystem and Enterprise Strategy via Visual Analytics". *Communications of the ACM* 59, n° 2 (2016): 26–28. https://doi.org/10.1145/2856447.

(Fachat, 2019) A. Fachat, "Challenges and Benefits of the Microservice Architectural Style". IBM Developer, 2019. https://developer.ibm.com/

articles/challenges-and-benefits-of-the-microservice-architectural-style-part-2/.

(Fehling, 2014) C. Fehling, F. Leymann, R. Retter, W. Schupeck e P. Arbitter, *Cloud Computing Patterns: Fundamentals to Design, Build, and Manage Cloud Applications*. Primavera de 2014.

(Ferstl, 2006) O. K. Ferstl e E. J. Sinz, *Grundlagen der wirtschaftsinformatik*. Oldenbourg, 2006.

(Fielding, 2012) R. T. Fielding, M. Nottingham, D. Orchard, J. Gregorio e M. Hadley, "URI Template". RFC 6570; RFC Editor, mar. 2012. *https://doi.org/10.17487/RFC6570*.

(Fielding, 2014c) R. T. Fielding e J. Reschke, "Hypertext Transfer Protocol (HTTP/1.1): Semantics and Content". RFC 7231; RFC Editor, jun. 2014. *https://doi.org/10.17487/RFC7231*.

(Fielding, 2014a) R. T. Fielding e J. Reschke, "Hypertext Transfer Protocol (HTTP/1.1): Conditional Requests". RFC 7232; RFC Editor, jun. 2014. *https://doi.org/10.17487/RFC7232*.

(Fielding, 2014b) R. T. Fielding e J. Reschke, "Hypertext Transfer Protocol (HTTP/1.1): Authentication". RFC 7235; RFC Editor, jun. 2014. *https://doi.org/10.17487/RFC7235*.

(Foundation, 2021) "Split the Contents of a Website with the Pagination Design Pattern". Interaction Design Foundation, 2021. *https://www.interaction-design.org/literature/article/split-the-contents-of-a-website-with-the-aginationdesign-pattern*.

(Fowler, 1996) M. Fowler, *Analysis Patterns: Reusable Object Models*. Addison-Wesley, 1996.

(Fowler, 2002) M. Fowler, *Patterns of Enterprise Application Architecture*. Addison-Wesley, 2002.

(Fowler, 2003) M. Fowler, "AnemicDomainModel". 25 nov. 2003. *https://martinfowler.com/bliki/AnemicDomainModel.html*.

(Fowler, 2006) M. Fowler, "Further Patterns of Enterprise Application Architecture". Atualizado 18 jul. 2006. *https://martinfowler.com/eaaDev/*.

(Fowler, 2009) M. Fowler, "TwoHardThings". 14 jul. 2009. *https://martinfowler.com/bliki/TwoHardThings.html*.

(Fowler, 2011) M. Fowler, "CQRS". 14 de julho de 2011. https://martinfowler.com/bliki/CQRS.html.

(Fowler, 2013) M. Fowler, "GiveWhenThen". 21 ago. 2013. *https://www.martinfowler.com/bliki/GivenWhenThen.html*.

(Fowler, 2016) S. J. Fowler, *Production-Ready Microservices: Building Standardized Systems across an Engineering Organization*. O'Reilly, 2016.

(Furda, 2018) A. Furda, C. J. Fidge, O. Zimmermann, W. Kelly e A. Barros, "Migrating Enterprise Legacy Source Code to Microservices: On

Multitenancy, Statefulness, and Data Consistency". *IEEE Software* 35, n° 3 (2018): 63-72. *https://doi.org/10.1109/MS.2017.440134612.*

(Gambi, 2013) A. Gambi e C. Pautasso, "RESTful Business Process Management in the Cloud". *In: Proceedings of the 5th ICSE International Workshop on Principles of Engineering Service-Oriented Systems (PESOS)*. IEEE, 2013, 1-10. *https://doi.org/10.1109/PESOS.2013.6635971.*

(Gamma, 1995) E. Gamma, R. Helm, R. Johnson e J. Vlissides, *Design Patterns: Elements of Reusable Object-Oriented Software*. Addison-Wesley, 1995.

(Good, 2002) J. Good, "A Gentle Introduction to Metadata". 2002. *http://www.language-archives.org/documents/gentle-intro.html.*

(Google, 2008) "Protocol Buffers". Google Developers, 2008. *https://developers.google.com/protocol-buffers/.*

(Google, 2019) "Rate-Limiting Strategies and Techniques". Google Cloud Architecture Center, 2019. *https://cloud.google.com/architecture/rate-limitingstrategies-techniques.*

(GraphQL, 2021) "GraphQL Specification". GraphQL Foundation, 2021. *https://spec.graphql.org/.*

(gRPC) Autores gRPC, "gRPC: A High Performance, Open Source Universal RPC Framework". Acessado 24 jun. 2022. *https://grpc.io/.*

(gRPC-Gateway, 2022) Autores gRPC-Gateway, "gRPC-gateway". Acessado 24 jun. 2022. *https://grpc-ecosystem.github.io/grpc-gateway/.*

(GUID, 2022) "The Quick Guide to GUIDs". Better Explained, 2022. *https://betterexplained.com/articles/the-quick-guide-to-guids/.*

(Gysel, 2016) M. Gysel, L. Kölbener, W. Giersche e O. Zimmermann, "Service Cutter: A Systematic Approach to Service Decomposition". *In: Proceedings of the European Conference on Service-Oriented and Cloud Computing (ESOCC)*. Springer-Verlag, 2016, 185-200.

(Hanmer, 2007) R. Hanmer, *Patterns for Fault Tolerant Software*. Wiley, 2007.

(Hardt, 2012) D. Hardt, "The OAuth 2.0 Authorization Framework". RFC 6749; RFC Editor, ou. 2012. *https://doi.org/10.17487/RFC6749.*

(Harrison, 2003) N. B. Harrison, "Advanced Pattern Writing Patterns for Experienced Pattern Authors". *In: Proceedings of the Eighth European Conference on Pattern Languages of Programs (EuroPLoP)*. UVK – Universitaetsverlag Konstanz, 2003, 1-20.

(Hartig, 2018) O. Hartig e J. Pérez, "Semantics and Complexity of GraphQL". *In: Proceedings of the World Wide Web Conference (WWW)*. International World Wide Web Conferences Steering Committee, 2018, 1155-1164. *https://doi.org/10.1145/3178876.3186014.*

(Hay, 1996) D. C. Hay, *Data Model Patterns: Conventions of Thought*. Dorset House, 1996.

(Heinrich, 2018) R. Heinrich et al., "The Palladio-Bench for Modeling and Simulating Software Architectures". In: *Proceedings of the 40th International Conference on Software Engineering (ICSE)*. Association for Computing Machinery, 2018, 37–40. *https://doi.org/10.1145/3183440.3183474*.

(Helland, 2005) P. Helland, "Data on the Outside versus Data on the Inside". In: *Proceedings of the Second Biennial Conference on Innovative Data Systems Research (CIDR)*. 2005, 144–153. *http://cidrdb.org/cidr2005/papers/P12.pdf*.

(Hentrich, 2011) C. Hentrich e U. Zdun, *Process-Driven SOA: Patterns for Aligning Business and IT*. Auerbach Publications, 2011.

(Higginbotham, 2017a) J. Higginbotham, "When and How Do You Version Your API?" Tyk Blog, 2017. *https://tyk.io/blog/when-and-how-do-you-version-your-api/*.

(Higginbotham, 2017b) J. Higginbotham, "A Guide for When (and How) to Version Your API". Tyk Blog, 2017. *https://tyk.io/blog/guide-version-api/*.

(Higginbotham, 2018) J. Higginbotham, "REST was NEVER about CRUD". Tyk Blog, 2018. *https://tyk.io/blog/rest-never-crud/*.

(Higginbotham, 2019) J. Higginbotham, "How to Add Upsert Support to Your API". Tyk Blog, 2019. *https://tyk.io/blog/how-to-add-upsert-support-to-your-api/*.

(Higginbotham, 2020) J. Higginbotham, "Tyk Tips Limit Breaking Changes". Tyk Blog, 2020. *https://tyk.io/blog/tyk-tips-limit-breaking-changes/*.

(Higginbotham, 2021) J. Higginbotham, *Principles of Web API Design: Delivering Value with APIs and Microservices*. Addison-Wesley, 2021.

(Hohpe, 2003) G. Hohpe e B. Woolf, *Enterprise Integration Patterns: Designing, Building, and Deploying Messaging Solutions*. Addison-Wesley, 2003.

(Hohpe, 2007) G. Hohpe, "Conversation Patterns: Interactions between Loosely Coupled Services". In: *Proceedings of the 12th European Conference on Pattern Languages of Programs (EuroPLoP)*. UVK – Universitaetsverlag Konstanz, 2007, 1–45.

(Hohpe, 2016) G. Hohpe, I. Ozkaya, U. Zdun e O. Zimmermann, "The Software Architect's Role in the Digital Age". *IEEE Software* 33, nº 6 (2016): 30–39. *https://doi.org/10.1109/MS.2016.137*.

(Hohpe, 2017) G. Hohpe, "Conversations between Loosely Coupled Systems". Última atualização 2017. *https://www.enterpriseintegrationpatterns.com/patterns/conversation/*.

(Hornig, 1984) C. Hornig, "A Standard for the Transmission of IP Datagrams over Ethernet Networks". RFC 894; RFC Editor, abril 1984. *https://doi.org/10.17487/RFC0894*.

(IANA, 2020) "Link Relations". Autoridade para Atribuição de Números da Internet (IANA), 2020. https://www.iana.org/assignments/link-relations/link-relations.xhtml.

(International, 2022) HL7 International, "Health Level 7 International". Acessado em 24 jun. 2022. http://www.hl7.org.

(ISO, 2005) Organização Internacional de Normalização, *Industrial Automation Systems and Integration – Product Data Representation and Exchange – Part 1179: Application Module: Individual Involvement in Activity,* ISO 10303-1179: 2005. ISO, 2005.

(ISO, 2020) Organização Internacional de Normalização, *Financial Services – International Bank Account Number (IBAN) – Part 1: Structure of the IBAN,* ISO 13616-1:2020. ISO, 2020.

(Joachim, 2013) N. Joachim, D. Beimborn e T. Weitzel, "The Influence of SOA Governance Mechanisms on IT Flexibility and Service Reuse". *Journal of Strategic Information Systems* 22, nº 1 (2013): 86–101. https://doi.org/ https://doi.org/10.1016/ j.jsis.2012.10.003.

(Jones, 2012) M. Jones e D. Hardt, "The OAuth 2.0 Authorization Framework: Bearer Token Usage". RFC 6750; RFC Editor, out. 2012. https://doi.org/10.17487/RFC6750.

(Jones, 2015) M. Jones, J. Bradley e N. Sakimura, "JSON Web Token (JWT)". RFC 7519; RFC Editor, maio 2015. https://doi.org/10.17487/RFC7519.

(Josefsson, 2006) S. Josefsson, "The Base16, Base32, and Base64 Data Encodings". RFC 4648; RFC Editor, out. 2006. https://doi.org/10.17487/RFC4648.

(Josuttis, 2007) N. Josuttis, *SOA in Practice: The Art of Distributed System Design.* O'Reilly, 2007.

(JSON API, 2022) JSON API, "JSON:API: A Specification for Building APIs in JSON". 2022. https://jsonapi.org/.

(Judkowitz, 2018) J. Judkowitz e M. Carter, "SRE Fundamentals: SLIs, SLAs and SLOs". Google Cloud Platform Blog, 2018. https://cloudplatform.googleblog.com/2018/07/sre-fundamentals-slis-slas-and-slos.html?m=1.

(Julisch, 2011) K. Julisch, C. Suter, T. Woitalla e O. Zimmermann, "Compliance by Design–Bridging the Chasm between Auditors and IT Architects". *Computers & Security* 30, nº 6 (2011): 410–426.

(Kapferer, 2021) S. Kapferer e O. Zimmermann, "ContextMapper: A Modeling Framework for Strategic Domain-Driven Design". Context Mapper, 2021. https://contextmapper.org/.

(Kelly, 2016) M. Kelly, "JSON Hypertext Application Language". Internet Engineering Task Force; Internet Engineering Task Force, Internet-Draft, maio 2016. https://datatracker.ietf.org/doc/html/draft-kelly-json-hal-08.

(Kerievsky, 2004) J. Kerievsky, *Refactoring to Patterns.* Pearson Higher Education, 2004.

(Kimball, 2002) R. Kimball e M. Ross, *The Data Warehouse Toolkit: The Complete Guide to Dimensional Modeling*, 2ª ed. Wiley, 2002.

(Kircher, 2004) M. Kircher e P. Jain, *Pattern-Oriented Software Architecture, Volume 3: Patterns for Resource Management*. Wiley, 2004.

(Klabnik, 2011) S. Klabnik, "Nobody Understands REST or HTTP". 2011. https://steveklabnik.com/writing/nobody-understands-rest-or-http#representations.

(Knoche, 2019) H. Knoche, "Improving Batch Performance When Migrating to Microservices with Chunking and Coroutines". *Softwaretechnik-Trends* 39, nº 4 (2019): 20–22.

(Krafzig, 2004) D. Krafzig, K. Banke e D. Slama, *Enterprise SOA: Service-Oriented Architecture Best Practices (the COAD Series)*. Prentice Hall, 2004.

(Kruchten, 2000) P. Kruchten, *The Rational Unified Process: An Introduction*, 2ª ed. Addison-Wesley, 2000.

(Kruchten, 2013) P. Kruchten, "Contextualizing Agile Software Development". *Journal of Software: Evolution and Process* 25, nº 4 (2013): 351–361. https://doi.org/10.1002/smr.572.

(Kubernetes, 2022) Kubernetes, "The Kubernetes API". Acessado em 24 de junho de 2022. https://kubernetes.io/docs/concepts/overview/kubernetes-api/.

(Lanthaler, 2021) M. Lanthaler, "Hydra Core Vocabulary – A Vocabulary for Hypermedia-Driven Web APIs". Rascunho não oficial, jul. 2021. http://www.hydra-cg.com/spec/latest/core/.

(Lauret, 2017) A. Lauret, "API Stylebook: Collections of Resources for API designers". 2017. http://apistylebook.com/.

(Lauret, 2019) A. Lauret, *The Design of Web APIs*. Manning, 2019.

(Leach, 2005) P. J. Leach, R. Salz e M. H. Mealling, "A Universally Unique IDentifier (UUID) URN Namespace". RFC 4122; RFC Editor, jul. 2005. https://doi.org/10.17487/RFC4122.

(Lewis, 2014) J. Lewis e M. Fowler, "Microservices: A Definition of This New Architectural Term". martinFowler.com, 2014. https://martinfowler.com/articles/microservices.html.

(Leymann, 2000) F. Leymann e D. Roller, *Production Workflow: Concepts and Techniques*. Prentice Hall, 2000.

(Leymann, 2002) F. Leymann, D. Roller e M.-T. Schmidt, "Web Services and Business Process Management". *IBM System Journal* 41, nº 2 (2002): 198–211. https://doi.org/10.1147/sj.412.0198.

(Little, 2013) M. Little, "The Costs of Versioning an API". *InfoQ*, 2013. https://www.infoq.com/news/2013/12/api-versioning/.

(Lübke, 2015) D. Lübke, "Using Metric Time Lines for Identifying Architecture Shortcomings in Process Execution Architectures". *In: Proceedings of the 2nd International Workshop on Software Architecture and Metrics (SAM)*. IEEE Press, 2015, 55–58.

(Lübke, 2016) D. Lübke e T. van Lessen, "Modeling Test Cases in BPMN for Behavior-Driven Development". *IEEE Software* 33, nº 5 (2016): 15–21. *https://doi.org/10.1109/MS.2016.117*.

(Maheedharan, 2018) V. Maheedharan, "Beta Testing of Your Product: 6 Practical Steps to Follow". *dzone.com*, 2018. *https://dzone.com/articles/beta-testing-of-yourproduct-6-practical-steps-to*.

(Manikas, 2013) K. Manikas e K. M. Hansen, "Software Ecosystems – A Systematic Literature Review". *Journal of Systems and Software* 86, nº 5 (2013): 1294–1306. *https://doi.org/10.1016/j.jss.2012.12.026*.

(Martin, 2002) R. C. Martin, *Agile Software Development: Principles, Patterns, and Practices*. Prentice Hall, 2002.

(Meldewesen, 2014) eCH-Fachgruppe Meldewesen, "GBDBS XML Schema". Acessado em 24 jun. 2014. *https://share.ech.ch/xmlns/eCH-0173/index.html*.

(Melnikov, 2011) A. Melnikov e I. Fette, "The WebSocket Protocol". RFC 6455; RFC Editor, dez. 2011. *https://doi.org/10.17487/RFC6455*.

(Mendonça, 2021) N. C. Mendonça, C. Box, C. Manolache e L. Ryan, "The Monolith Strikes Back: Why Istio Migrated from Microservices to a Monolithic Architecture". *IEEE Software* 38, nº 5 (2021): 17–22. *https://doi.org/10.1109/MS.2021.3080335*.

(Meyer, 1997) B. Meyer, *Object-Oriented Software Construction*, 2ª ed. Prentice Hall, 1997.

(Microformats, 2022) *Site* Microformats. Acessado em 24 jun. 2022. *http://microformats.org*.

(Microsoft, 2021) Microsoft, "LinkedIn API Breaking Change Policy". *Microsoft Docs*, 2021. *https://docs.microsoft.com/en-us/linkedin/shared/breaking-change-policy*.

(Moats, 1997) R. Moats, "URN Syntax". RFC 2141; RFC Editor, maio de 1997. *https://doi.org/10.17487/RFC2141*.

(Möckli, 2017) W. Möckli e D. Lübke, "Terravis – the case of process-oriented land register transactions digitization". *In: Digital Government Excellence Awards 2017: An Anthology of Case Histories*, editado por D. Remenyi. Academic Conferences and Publishing, 2017.

(Monday, 2003) P. B. Monday, *Web Services Patterns: Java Edition*. Apress, 2003.

(Murer, 2010) S. Murer, B. Bonati e F. Furrer, *Managed Evolution – A Strategy for Very Large Information Systems*. Primavera de 2010.

(Neri, 2020) D. Neri, J. Soldani, O. Zimmermann e A. Brogi, "Design Principles, Architectural Smells and Refactorings for Microservices:

A Multivocal Review". *Software-Intensive Cyber Physical Systems* 35, n° 1 (2020): 3–15. *https://doi.org/10.1007/s00450-019-00407-8*.

(Neuman, 2005) C. Neuman, S. Hartman, K. Raeburn e T. Yu, "The Kerberos Network Authentication Service (V5)". RFC 4120; RFC Editor, julho de 2005. *https:// doi.org/10.17487/RFC4120*.

(Newman, 2015) S. Newman, "Pattern: Backends for Frontends". Sam Newman & Associates, 2015. *https://samnewman.io/patterns/architectural/bff/*.

(Nottingham, 2007) M. Nottingham, "Feed Paging and Archiving". RFC 5005; RFC Editor, set. 2007. *https://doi.org/10.17487/RFC5005*.

(Nottingham, 2017) M. Nottingham, "Web Linking". RFC 8288; RFC Editor, out. 2017. *https://doi.org/10.17487/RFC8288*.

(Nottingham, 2022) M. Nottingham, "Home Documents for HTTP APIs". Network Working Group, Internet-Draft, 2022. *https://datatracker.ietf.org/doc/html/draft-nottingham-json-home-06*.

(Nygard, 2011) M. Nygard, "Documenting Architecture Decisions". Cognitect, 2011. *https://www.cognitect.com/blog/2011/11/15/documenting-architecturedecisions*.

(Nygard, 2018a) M. Nygard, *Release It! Design and Deploy Production-Ready Software*, 2ª ed. Pragmatic Bookshelf, 2018.

(Nygard, 2018b) M. Nygard, "Services by Lifecycle". Wide Awake Developers, 2018. *https://www.michaelnygard.com/blog/2018/01/services-by-lifecycle/*.

(Nygard, 2018c) M. Nygard, "Evolving Away from Entities". Wide Awake Developers, 2018. *https://www.michaelnygard.com/blog/2018/04/evolving-away-fromentities/*.

(OASIS, 2005) OASIS, *Security Assertion Markup Language (SAML) v2.0*. Organização para o Avanço de Padrões em Informação Estruturada, 2005.

(OASIS, 2021) OASIS, *eXtensible Access Control Markup Language (XACML) version 3.0*. Organização para o Avanço de Padrões em Informação Estruturada, 2021.

(OpenAPI, 2022) OpenAPI Initiative, "OpenAPI Specification". 2022. *https://spec.openapis.org/oas/latest.html*.

(OpenID, 2021) OpenID Initiative, "OpenID Connect Specification". 2021. *https://openid.net/connect/*.

(OWASP, 2021) "OWASP REST Security Cheat Sheet". Série OWASP Cheat Sheet, 2021. *https://cheatsheetseries.owasp.org/cheatsheets/REST_Security_Cheat_Sheet.html*.

(Pardon, 2011) G. Pardon e C. Pautasso, "Towards Distributed Atomic Transactions over RESTful Services". *In: REST: From Research to Practice*, editado por E. Wilde e C. Pautasso. Primavera de 2011, 507–524.

(Pardon, 2018) G. Pardon, C. Pautasso e O. Zimmermann, "Consistent Disaster Recovery for Microservices: The BAC theorem". *IEEE Cloud Computing* 5, nº 1 (2018): 49–59. https://doi.org/10.1109/MCC.2018.011791714.

(Pautasso, 2016) C. Pautasso, A. Ivanchikj e S. Schreier, "A Pattern Language for RESTful Conversations". *In: Proceedings of the 21st European Conference on Pattern Languages of Programs*. Association for Computing Machinery, 2016.

(Pautasso, 2017a) C. Pautasso, O. Zimmermann, M. Amundsen, J. Lewis e N. M. Josuttis, "Microservices in Practice, Part 1: Reality Check and Service Design". *IEEE Software* 34, nº 1 (2017): 91–98. https://doi.org/10.1109/MS.2017.24.

(Pautasso, 2017b) C. Pautasso, O. Zimmermann, M. Amundsen, J. Lewis e N. M. Josuttis, "Microservices in Practice, Part 2: Service Integration and Sustainability". *IEEE Software* 34, nº 2 (2017): 97–104. https://doi.org/10.1109/MS.2017.56.

(Pautasso, 2018) C. Pautasso e O. Zimmermann, "The Web as a Software Connector: Integration Resting on Linked Resources". *IEEE Software* 35, nº 1 (2018): 93–98. https://doi.org/10.1109/MS.2017.4541049.

(Preston-Werner, 2021) T. Preston-Werner, "Semantic Versioning 2.0.0". 2021. https://semver.org/.

(Reschke, 2015) J. Reschke, "The 'Basic' HTTP Authentication Scheme". RFC 7617; RFC Editor, set. 2015. https://doi.org/10.17487/RFC7617.

(Richardson, 2016) C. Richardson, "Microservice Architecture". Microservices.io, 2016, http://microservices.io.

(Richardson, 2018) C. Richardson, *Microservices Patterns*. Manning, 2018.

(Richardson, 2019) C. Richardson, "Documenting a Service Using the Microservice Canvas", Chris Richardson Consulting Blog, 2019, https://chrisrichardson.net/post/microservices/general/2019/02/27/microservice-canvas.html.

(Riley, 2017) J. Riley, *Understanding Metadata: What Is Metadata, and What Is It For? A Primer*. NISO, 2017. https://www.niso.org/publications/understandingmetadata-2017.

(Rosenberg, 2002) M. Rosenberg, *Nonviolent Communication: A Language of Life*. PuddleDancer Press, 2002.

(Rozanski, 2005) N. Rozanski e E. Woods, *Software Systems Architecture: Working with Stakeholders Using Viewpoints and Perspectives*. Addison-Wesley, 2005.

(Ruby on Rails, 2022) Ruby on Rails [*site*]. Acessado em 24 jun. 2022. https://rubyonrails.org/.

(Saint-Andre, 2011) P. Saint-Andre, S. Loreto, S. Salsano e G. Wilkins, "Known Issues and Best Practices for the Use of Long Polling and Streaming in Bidirectional HTTP". RFC 6202; RFC Editor, abril 2011. *https://doi. org/10.17487/RFC6202*.

(Schumacher, 2006) M. Schumacher, E. Fernandez-Buglioni, D. Hybertson, F. Buschmann e P. Sommerlad, *Security Patterns: Integrating Security and Systems Engineering*. Wiley, 2006.

(Serbout, 2021) S. Serbout, C. Pautasso, U. Zdun e O. Zimmermann, "From OpenAPI Fragments to API Pattern Primitives and Design Smells". In: *Proceedings of the 26th European Conference on Pattern Languages of Programs (EuroPLoP)*. Association for Computing Machinery, 1–35, 2021. *https://doi.org/10.1145/3489449.3489998*.

(Seriy, 2016) A. Seriy, *Getting Started with IBM API Connect: Scenarios Guide*. IBM Redbooks, 2016.

(Sermersheim, 2006) J. Sermersheim, "Lightweight Directory Access Protocol (LDAP): The Protocol". RFC 4511; RFC Editor, jun. 2006. *https://doi.org/10.17487/RFC4511*.

(Simpson, 1996) W. A. Simpson, "PPP Challenge Handshake Authentication Protocol (CHAP)". RFC 1994; RFC Editor, ago. 1996. *https://doi.org/10.17487/RFC1994*.

(Sinatra, 2022) *Site* Sinatra. Acessado em 24 jun. 2022. *http://sinatrarb.com/*.

(Singjai, 2021a) A. Singjai, U. Zdun e O. Zimmermann, "Practitioner Views on the Interrelation of Microservice APIs and Domain-Driven Design: A Grey Literature Study Based on Grounded Theory". In: *Proceedings of the 18th International Conference on Software Architecture (ICSA)*, IEEE, 2021, 25–35. *https://doi.org/10.1109/ICSA51549. 2021.00011*.

(Singjai, 2021b) A. Singjai, U. Zdun, O. Zimmermann e C. Pautasso, "Patterns on Deriving APIs and Their Endpoints from Domain Models". In: *Proceedings of the European Conference on Pattern Languages of Programs (EuroPLoP)*, Association for Computing Machinery, 2021, 1–15.

(Singjai, 2021c) A. Singjai, U. Zdun, O. Zimmermann, M. Stocker e C. Pautasso, "Patterns on Designing API Endpoint Operations". In: *Proceedings of the 28th Conference on Pattern Languages of Programs (PLoP)*, Hillside Group, 2021. *http://eprints.cs.univie.ac.at/7194/*.

(Siriwardena, 2014) P. Siriwardena, *Advanced API Security: Securing APIs with OAuth 2.0, OpenID Connect, JWS, and JWE*. Apress, 2014.

(Sookocheff, 2014) K. Sookocheff, "On Choosing a Hypermedia Type for Your API – HAL, JSON-LD, Collection+JSON, SIREN, Oh My!" março de 2014. *https://sookocheff.com/post/api/on-choosing-a-hypermedia-format/*.

(Stalnaker, 1996) R. Stalnaker, "On the Representation of Context". In: *Proceeding from Semantics and Linguistic Theory*, vol. 6. Cornell University, 1996, 279–294.

(Stettler, 2019) C. Stettler, "Domain Events vs. Event Sourcing: Why Domain Events and Event Sourcing Should Not Be Mixed

Up". Blog innoQ, 15 jan. 2019. *https://www.innoq.com/en/blog/domain-events-versus-event-sourcing*.

(Stocker, 2021a) M. Stocker e O. Zimmermann, "From Code Refactoring to API Refactoring: Agile Service Design and Evolution". In: *Proceedings of the 15th Symposium and Summer School on Service-Oriented Computing (SummerSOC)*, primavera de 2021, 174–193.

(Stocker, 2021b) M. Stocker e O. Zimmermann, Site Catálogo de Refatoração de Interface. 2021. *https://interface-refactoring.github.io/*.

(Stripe, 2022) "API Reference". Stripe API, 2022. *https://stripe.com/docs/api*.

(Sturgeon, 2016a) P. Sturgeon, "Understanding RPC vs REST for HTTP APIs". *Smashing Magazine*, 2016. *https://www.smashingmagazine.com/2016/09/understanding-rest-and-rpc-for-http-apis/*.

(Sturgeon, 2016b) P. Sturgeon, *Build APIs You Won't Hate*. LeanPub, 2016. *https://leanpub.com/build-apis-you-wont-hate*.

(Sturgeon, 2017) P. Sturgeon, "You Might Not Need GraphQL". Blog Runscope, 2017. *https://blog.runscope.com/posts/you-might-not-need-graphql*.

(Swiber, 2017) K. Swiber *et al.*, "Siren: A Hypermedia Specification for Representing Entities". kevinswiber/siren, abril 2017. *https://github.com/kevinswiber/siren*.

(Szyperski, 2002) C. Szyperski, *Component Software: Beyond Object Oriented Programming*, 2ª ed. Addison Wesley, 2002.

(Tanenbaum, 2007) A. S. Tanenbaum e M. Van Steen, *Distributed Systems: Principles and Paradigms*. Prentice Hall, 2007.

(The Economist, 2015) "New EU Privacy Rules Could Widen the Policy Gap with America". *The Economist*, 2015. *https://www.economist.com/international/2015/10/05/new-eu-privacy-rules-could-widen-the-policy-gap-with-america*.

(Thijssen, 2017) J. Thijssen, "REST CookBook". restcookbook.com: How to Do Stuff Restful, 2017. *https://restcookbook.com/*.

(Thoughtworks, 2017) "APIs as a Product". Thoughtworks, 2017. *https://www.thoughtworks.com/radar/techniques/apis-as-a-product*.

(Tödter, 2018) K. Tödter, "RESTful Hypermedia APIs". Slides on-line, SpeakerDeck, 2018. *https://speakerdeck.com/toedter/restful-hypermedia-apis*.

(Torres, 2015) F. Torres, "Context Is King: What's Your Software's Operating Range?" *IEEE Software* 32, nº 5 (2015): 9–12. *https://doi.org/10.1109/MS.2015.121*.

(Twitter, 2022) Equipe da API de Anúncios do Twitter, "Pagination". Twitter Developer Platform, 2022. *https://developer.twitter.com/en/docs/twitter-ads-api/pagination*.

(UI Patterns, 2021) "Pagination Design Pattern". UI Patterns: User Interface Design Pattern Library, 2021. *http://ui-patterns.com/patterns/Pagination*.

(Vernon, 2013) V. Vernon, *Implementing Domain-Driven Design*. Addison-Wesley, 2013.

(Vernon, 2021) V. Vernon e T. Jaskula, *Strategic Monoliths and Microservices: Driving Innovation Using Purposeful Architecture*. Pearson Education, 2021.

(Voelter, 2004) M. Voelter, M. Kircher e U. Zdun, *Remoting Patterns: Foundations of Enterprise, Internet, and Realtime Distributed Object Middleware*. Wiley, 2004.

(Vogels, 2009) W. Vogels, "Eventually Consistent". *Communications of the ACM 52*, nº 1 (2009): 40–44. https://doi.org/10.1145/1435417.1435432.

(Vollbrecht, 2004) J. Vollbrecht, J. D. Carlson, L. Blunk, B. D. Aboba e H. Levkowetz, "Extensible Authentication Protocol (EAP)". RFC 3748; RFC Editor, jun. 2004. https://doi.org/10.17487/RFC3748.

(W3C, 1998) W3C, *Level 1 Document Object Model Specification*. World Wide Web Consortium, 1998. https://www.w3.org/TR/REC-DOM-Level-1/.

(W3C, 2004) W3C, *Web Services Addressing*. World Wide Web Consortium, 2004. https://www.w3.org/Submission/ws-addressing/.

(W3C, 2007) W3C, *XSL Transformations (XSLT), Version 2.0*. World Wide Web Consortium, 2007. https://www.w3.org/TR/xslt20/.

(W3C, 2010) W3C, *XML Linking Language (XLink), Version 1.1*. World Wide Web Consortium, 2010. https://www.w3.org/TR/xlink11/.

(W3C, 2013) W3C, *SPARQL 1.1 Query Language*. World Wide Web Consortium, 2013. https://www.w3.org/TR/sparql11-query/.

(W3C, 2017) W3C, *XQuery 3.1: An XML Query Language*. World Wide Web Consortium, 2017. https://www.w3.org/TR/xquery-31/.

(W3C, 2019) W3C, *JSON-LD 1.1: A JSON-Based Serialization for Linked Data*. World Wide Web Consortium, 2019.

(Webber, 2010) J. Webber, S. Parastatidis e I. Robinson, *REST in Practice: Hypermedia and Systems Architecture*. O'Reilly, 2010.

(White, 2006) A. White, D. Newman, D. Logan e J. Radcliffe, "Mastering Master Data Management". Gartner Group, 2006.

(Wikipedia, 2022a) Wikipédia, s.v. "Wicked Problem". Última edição 24 ago. 2022. https://en.wikipedia.org/wiki/Wicked_problem.

(Wikipedia, 2022b) Wikipédia, s.v. "Reference Data". Última edição 23 dez. 2021. http://en.wikipedia.org/w/index.php?title=Reference%20data&oldid=1000397384.

(Wikipedia, 2022c) Wikipédia, s.v. "Metadata". Última edição 23 dez. 2021. http://en.wikipedia.org/w/index.php?title=Metadata&oldid=1061649487.

(Wikipedia, 2022d) Wikipédia, s.v. "Metadata Standard". Última edição 6 dez. 2021. http://en.wikipedia.org/w/index.php?title=Metadata%20standard&oldid=1059017272.

(Wikipedia, 2022e) Wikipédia, s.v. "Uniform Resource Name". Última edição 27 nov. 2021. *http://en.wikipedia.org/w/index.php?title=Uniform%20 Resource %20Name&oldid=1057401001*.

(Wikipedia, 2022f) Wikipédia, s.v. "Jakarta XML Binding". Última edição 13 nov. de 2021. *http://en.wikipedia.org/w/index.php?title=Jakarta%20 XML%20 Binding&oldid=1055101833*.

(Wikipedia, 2022g) Wikipédia, s.v. "Compensating Transaction". Última edição 5 jul. de 2021. *https://en.wikipedia.org/wiki/Compensating_transaction*.

(Wikipedia, 2022h) Wikipédia, s.v. "Open Data". Última edição 4 jan. 2022. *https://en.wikipedia.org/wiki/Open_data*.

(Wilde, 2013) E. Wilde, "The 'profile' Link Relation Type". RFC 6906; RFC Editor, mar. 2013. *https://doi.org/10.17487/RFC6906*.

(Wirfs-Brock, 2002) R. Wirfs-Brock e A. McKean, *Object Design: Roles, Responsibilities, and Collaborations*. Pearson Education, 2002.

(Wirfs-Brock, 2011) "Agile Architecture Myths #2 Architecture Decisions Should Be Made at the Last Responsible Moment" (publicado por Rebecca). wirfs-brock.com, 18 jan. 2011. *http://wirfs-brock.com/blog/2011/01/18/agile-architecture-myths-2-architecture-decisions-should-be-made-at-the-last-responsible-moment/*.

(Wirfs-Brock, 2019) R. Wirfs-Brock, "Cultivating Your Design Heuristics". Slides on-line, wirfs-brock.com, 2019. *https://de.slideshare.net/rwirfs-brock/cultivating-your-design-heuristics*.

(Yalon, 2019) E. Yalon e I. Shkedy, "OWASP API Security Project". OWASP Foundation, 2019. *https://owasp.org/www-project-api-security/*.

(Zalando, 2021) Zalando, "*RESTful API and Event Guidelines*". Zalando SE Opensource, 2021. *https://opensource.zalando.com/restful-api-guidelines*.

(Zdun, 2013) U. Zdun, R. Capilla, H. Tran e O. Zimmermann, "Sustainable Architectural Design Decisions". *IEEE Software* 30, nº 6 (2013): 46–53. *https://doi.org/10.1109/ MS.2013.97*.

(Zdun, 2018) U. Zdun, M. Stocker, O. Zimmermann, C. Pautasso e D. Lübke, "Guiding Architectural Decision Making on Quality Aspects in Microservice APIs". *In: Service-Oriented Computing: 16th International Conference, ICSOC 2018, Hangzhou, China, November 12–15, 2018, Proceedings*. Primavera de 2018, 73–89. https://doi.org/10.1007/978-3-030-03596-9_5.

(Zdun, 2020) U. Zdun, E. Wittern e P. Leitner, "Emerging Trends, Challenges, and Experiences in DevOps and Microservice APIs". *IEEE Software* 37, nº 1 (2020): 87–91. *https://doi.org/10.1109/MS.2019.2947982*.

(Zeng, 2015) M. L. Zeng, site Metadata Basics. 2015. *https://www.metadataetc.org/metadatabasics/types.htm*.

(Zimmermann, 2003) O. Zimmermann, M. Tomlinson e S. Peuser, *Perspectives on Web Services: Applying SOAP, WSDL and UDDI to Real-World Projects*. Primavera de 2003.

(Zimmermann, 2004) O. Zimmermann, P. Krogdahl e C. Gee, "Elements of Service-Oriented Analysis and Design". Developer Works, IBM Corporation. 2004.

(Zimmermann, 2007) O. Zimmermann, J. Grundler, S. Tai e F. Leymann, "Architectural Decisions and Patterns for Transactional Workflows in SOA". In: *Proceedings of the Fifth International Conference on Service-Oriented Computing (ICSOC)*. Springer-Verlag, 2007, 81–93. https://doi.org/10.1007/978-3-540-74974-5.

(Zimmermann, 2009) O. Zimmermann, "An Architectural Decision Modeling Framework for Service-Oriented Architecture Design". Tese de doutorado, Universidade de Stuttgart, Alemanha, 2009. http://elib.uni-stuttgart.de/opus/volltexte/2010/5228/.

(Zimmermann, 2015) O. Zimmermann, "Architectural Refactoring: A Task-Centric View on Software Evolution". *IEEE Software* 32, nº 2 (2015): 26–29. https://doi.org/10.1109/MS.2015.37.

(Zimmermann, 2017) O. Zimmermann, "Microservices Tenets". *Computer Science – Research and Development* 32, nº 3–4 (2017): 301–310. https://doi.org/10.1007/s00450-016-0337-0.

(Zimmermann, 2021a) O. Zimmermann e M. Stocker, "What Is a Cloud-Native Application Anyway (Part 2)?" Olaf Zimmermann (ZIO), 2021. https://medium.com/olzzio/what-is-a-cloud-native-application-anyway-part-2-f0e88c3caacb.

(Zimmermann, 2021b) O. Zimmermann e M. Stocker, *Design Practice Reference: Guides and Templates to Craft Quality Software in Style*. LeanPub, 2021. https://leanpub.com/dpr.

(Zimmermann, 2021c) O. Zimmermann, "Architectural Decisions – The Making Of". Olaf Zimmermann (ZIO), 2021. https://ozimmer.ch/practices/2020/04/27/Architecture Decision Making.html.

(Zimmermann, 2022) O. Zimmermann, "Microservice Domain Specific Language (MDSL) Language Specification". Microservice-API-Patterns, 2022. https://microservice-api-patterns.github.io/MDSL-Specification/.

Índice

A

ACID, 232, 448
acoplamento, 158, 173–174, 176–177, 263
　baixo, 19–20, 57, 61, 263, 326
Acordo de Nível de Serviço, padrão, 92–93, 416–419, 420, 421
ADDR (Alinhar–Definir–Desenhar–Refinar), fases, 136, 309, 357, 395
ADR (registro de decisão de arquitetura), modelo, 44–45. *Ver também* decisões
Agregar, 33, 64, 183, 258, 459
Apache ActiveMQ, 37
Apache Kafka, 6
API da Comunidade, padrão, 49–50, 143–144
API da *web*, 5
Api de Solução Interna, padrão, 50–51, 144–145
API do Registro de Imóveis da Suíça, 426–427. *Ver também* Terravis
API local, 6, 8, 28–29, 145
Api Pública, padrão, 48–49, 142–143
API remota, 4–5, 7, 8, 28–29, 447, 448,
API(s), 6, 10, 11, 17, 18, 19, 28, 162, 449, 450
　atualização, 389–390
　CRUD (criar, ler, atualizar, deletar), 176–177, 193–194
　ecossistemas, 14
　endpoints, 22, 23
　local(is), 6, 8, 28–29, 145
　papéis e responsabilidades. *Ver* papéis e responsabilidades
　plataforma, 3–4, 144
　qualidade, 29, 84–85, 309–311
　refatoração, 449–450
　remota. *Ver* APIs remotas
　soquete, 5

APIs de plataforma, 3–4, 144
APIs de soquete, 5
aplicação(ões)
　APIs, 11
　back-end, 10
aplicações distribuídas, 5–6, 447
apólice/Lakeside Mutual, 33
arquitetura. *Ver também* decisões; *endpoints*
　endpoints, Recurso do Processamento, padrão, 60
　escopo, 131–132
　microsserviços, 12–18, 38
　orientado a serviços, 12
arquitetura orientada a evento, 220
Árvore de Parâmetros, padrão, 73, 74–76, 152–155
Atlassian, 319
atualização de APIs, 389–390
autoatendimento, Lakeside Mutual
　arquitetura de aplicações, 36–38
　especificação de destino, 39–41
　qualidades desejadas, 31–32
　sistema atual, 35–36
　usabilidade, 32
AWS (Amazon Web Services), 10, 248, 276

B

Back-end da Aplicação, 11, 37, 142
Back-end *Ver* Back-end da Aplicação
baixo acoplamento, 19–20, 57, 61, 263, 326, 355
balanceadores de carga, 13
banco de dados, 5, 170, 178, 198, 257, 264, 275, 331, 336, 441–442
baseada em fila, integração de aplicação orientada a mensagens, 5
biblioteca, 246–247

C

cache, 64, 182, 247
CAD (*design* assistido por computador), 438, 441
camada de serviço, 268, 338
Camada Lógica de Negócio, 139, 183
canal. *Ver* mensagens e sistemas de mensagens, canais
capacidade de compreensão, API, 19, 56–57, 74
capacidade de gerenciamento, no *design* da API, 60, 114, 164, 169, 370
casos de uso, API, 8–9
categorias em tópicos, padrões, 132–133
CHAVE DA API, padrão, 86–87, 288
  como funciona, 285–286
  discusão, 287
  exemplo, 286–287
  padrões relacionados, 288
  quando e por que aplicar, 283–285
clareza da, API, 21, 29
cliente(s), 17
  conteúdo da mensagem orientado a, 325–326, 327–334, 335–344
  decisões de identificação e autenticação, 85–87
CNA (aplicação nativa da nuvem), 10–11, 12
coleções, 157, 206, 322
comando, 168, 355
como lidar com decisões sobre dados de transferência, 107–108
  DETENTOR DA INFORMAÇÃO VINCULADA, padrão, 109
  ENTIDADE INCORPORADA, padrão, 108
compatibilidade, 359. *Ver também* decisões sobre gestão do versionamento e da compatibilidade,
componente Consulta, Terravis, 432–433
componentes, 3, 4
computação quântica, 14
comunicação, 22–23, 65–66, 206–207. *Ver também* mensagens e sistemas de mensagem
conhecimento compartilhado, 4, 399–400
consistência estrita, 188
consistência eventual, 179, 188, 221, 232
Contexto Delimitado, 3, 64, 193, 458
contrato de dados, 29, 259, 475
contrato uniforme, 404
contratos, 7–8, 17, 22, 26–27, 70
  API, 7–8, 22
  uniformes, 404
controlador, 83, 240, 355

conversa(s), 14, 24–25, 239–240, 254. *Ver também* mensagens e sistemas de mensagem
rotinas conjuntas, 355
CQRS (segregação de responsabilidade de consulta e comando), 222, 433
CRUD (criar, ler, atualizar, deletar), APIs, 176–177, 193–194
curinga, 336

D

dados de referência, 62, 64, 178–179, 195–200, 313
dados mestres, 13, 32–33, 35, 62, 63–64, 66, 70, 83, 180, 184–185, 187, 189, 190–191, 192–195, 248–249, 313–314, 315, 318, 320, 333, 340, 383, 427, 432
dados operacionais, 33, 62–63, 184–189, 192, 194, 195, 202, 248–249
data lake, 13
Datensparsamkeit, 20, 335, 338, 342–343
DCE (ambiente de computação distribuída), 5
DDD, 51, 64, 141, 176–178, 230–231, 258, 317, 450
decisão sobre comunicação de erros, RELATÓRIO DE ERROS, padrão, 94–96
decisões, 46, 47, 74–78, 127
  comunicação de erros, RELATÓRIO DE ERROS, padrão, 94–96
  declaração do motivo, 44–45
  documentação da API, 55–57
  estereótipo do elemento, 78–79, 82
    ELEMENTO DE DADOS, padrão, 79–80
    ELEMENTO DE LINK, padrão, 81–82
    ELEMENTO DE METADADOS, padrão, 80
    ELEMENTO ID, padrão, 81
  estrutura e representação da mensagem
    ÁRVORE DE PARÂMETROS, padrão, 73
    FLORESTA DE PARÂMETROS, padrão, 74
    LISTA DE PARÂMETROS ATÔMICOS, padrão, 73
    PARÂMETRO ATÔMICO, padrão, 72
  evitar transferência de dados desnecessária, 102–103
    LISTA DE DESEJOS, padrão, 103
    MODELO DE DESEJO, padrão, 103
    PACOTE DE SOLICITAÇÕES, padrão, 104–105
    SOLICITAÇÃO CONDICIONAL, padrão, 104
  gestão do versionamento e da compatibilidade
    IDENTIFICADOR DE VERSÃO, padrão, 113–114

Versionamento Semântico, padrão, 114
identificação e autenticação do cliente, 85–87
impedir uso excessivo da API por clientes, Taxa-Limite, padrão 90–92
introdução e desativação de versão, 115
   Dois em Produção, padrão, 117–118
   Garantia de Vida Limitada, padrão, 115–116
   Obsolescência Agressiva, padrão, 116–117
medição e cobrança de consumo da API, plano de preços, padrão 88–90
objetivo da qualidade, 92–93
paginação, 98–102
papéis e responsabilidades, 66
   Detentor dos Dados de Referência, padrão, 64
   Detentor dos Dados Mestres, padrão, 63–64
   Detentor dos Dados Operacionais, padrão, 63–64
   Recurso de Pesquisa de Links, padrão, 64–65
   Recurso de Transferência de Dados, padrão, 65–66
   Recurso do Detentor da Informação, padrão, 61–63
   Recurso do Processamento, padrão, 60–61
papéis e responsabilidades da API, 57–59
papel arquitetural de um *endpoint*, 61
   Recurso do Processamento, padrão, 60
   Recursos do Detentor da Informação, padrão, 60–61
representação contextual, Representação Contextual, padrão, 96–98
responsabilidade da operação, 66
   Função de Computação, padrão, 69
   Operação de Criação do Estado, padrão, 67–68
   Operação de Recuperação, padrão, 68
   Operação de Transição do Estado, padrão, 68–69
tipos de integração da API, 52
   Integração de *Back-end*, padrão, 53–55, 139–141
   Integração de *Front-end*, padrão, 53, 138–139

tratamento de dados referenciados, 107–108
   Detentor da Informação Vinculada, padrão, 109
   Entidade Incorporada, padrão, 108,109–110
uso de prévia experimental, 118–119
visibilidade da API, 47–48
   API da Comunidade, padrão, 49–50, 143–144
   API de Solução Interna, padrão, 50–51, 144–145
   API Pública, padrão, 48–49, 142–143
decisões de paginação, 98–102
decisões do estereótipo de elemento, 78, 82
   Elemento de Dados, padrão, 79–80, 257–261, 262
   Elemento de *Link*, padrão, 81–82, 276–279, 280–282
   Elemento de Metadados, padrão, 80, 263–264, 265–266, 267, 268–269, 270
   Elemento ID, padrão, 81, 271–274, 275, 276
decisões para evitar transferência de dados desnecessária, 102–103, 105–107
   Lista de Desejos, padrão, 103
   Modelo de Desejo, padrão, 103
   Pacote de Solicitações, padrão, 104–105
   Solicitação Condicional, padrão, 104
decisões para impedir uso excessivo da API por clientes, Taxas-Limite, padrão, 90–92, 411–416
decisões sobre gestão do versionamento e da compatibilidade, 360
   detectar incompatibilidade, 369–370
   Dois em Produção, padrão, 388–393
   Garantia de Vida Limitada, padrão, 385–388
   Identificador de Versão, padrão, 113–114, 362–369
   Lakeside Mutual, 122
   Obsolescência Agressiva, padrão, 379–385
   Prévia Experimental, padrão, 375–378
   versionamento do esquema, 364, 374
   Versionamento Semântico, padrão, 114, 369–374
decisões sobre introdução e desativação de versão, 115
   Dois em Produção, padrão, 117–118
   Garantia de Vida Limitada, padrão, 115–116
   Obsolescência Agressiva, padrão, 116–117

decisões sobre uso de prévia experimental, 118–119
declaração do motivo, 44–45
Declaração Y. *Ver* declaração de motivo
desafios
  da documentação da API, 396–397
  da evolução, compatibilidade da API, 359
  da melhoria de qualidade da API, 310–311
  do *design* de API, 17–19
  do *design* de API orientado a papéis e responsabilidades, 163–164
  do *design* de representação da mensagem, 254–255
Descrição da API, padrão, 56–57, 168–169, 399–400, 401–402, 401–402, 403–405
Descrição Elaborada, 402
Descrição Mínima, 401, 403–404
desempenho, 17, 20, 21, 22, 29, 64, 69, 75–76, 84, 85, 87, 91–92, 93, 98, 101, 106, 109, 163–164, 196, 199–200, 204–205, 226–227, 257, 284–285, 287, 289, 304, 309, 310, 311, 313, 320, 325, 335, 338, 340, 351, 397, 406–407
design, 8, 14–15. *Ver também* decisões; padrões
  API, 8, 14–15
    clareza, 21
    compreensão, 19
    desafios, 17–19, 29
    diferenças em, 16–17
    estabilidade, 21
    facilidade de uso, 21
    função, 21
    Lakeside Mutual, 39
    modificação, 20
    parcimônia dos dados, 20, 69, 335, 342–343
    privacidade, 20–21
    segurança, 20–21
  API da Lakeside Mutual, 39
  avisos do padrão Paginação, 333
  desafios e qualidades desejadas orientados por papel e responsabilidade, 163–164
  DRY (não se repita), princípio, 64, 196
  idempotência, 164
  operações, 165
  posicionamento de *endpoints*, 161
  processamento no lado do provedor, 168–170
  representação da mensagem, 253–255
  segurança, 169–170
design de API orientado a papel e responsabilidade,
  desafios e qualidades desejadas, 163–164
Design por Contrato, 405

designs reais de API
  retrospectiva e perspectiva, 444
  SACAC
    contexto e domínio do negócio, 438–439
    desafios técnicos, 439–440
    papel e *status* da API, 440–441
    uso de padrões e implementação, 442–443
  Terravis
    contexto e domínio do negócio, 426–433
    desafios técnicos, 427–428
    papel e *status* da API, 429
    uso de padrões e implementação, 429–436
desserialização, 26
Detentor da Informação Vinculada, padrão, 109, 129, 311, 320, 321–324, 325
Detentor dos Dados de Referência, padrão, 64, 195–200
Detentor dos Dados Mestres, padrão, 63–64, 190–195
Detentor dos Dados Operacionais, padrão, 63–64, 183–185, 185–189, 190
DevOps, entrega contínua, 18
diagrama de relacionamento das entidades, 176
distribuição, 18
documentação, 395–397. *Ver também* Descrição da API, padrão
  decisões, 55–57
  desafios, 396–397
Dois em Produção, padrão, 117–118, 388–391, 392
DRY (não se repita), princípio, 64, 196
DTR (representação da transferência de dados), 26

E

ecossistemas, 13–14
ecossistemas de *software* de revenda, 13
Eiffel, 248
Elemento de Dados, padrão, 79–80, 257–261, 262, 311
Elemento de Dados, padrão, 80, 263–264, 265–266, 267, 268–269, 270
Elemento de *Link*, padrão, 81–82, 276–279, 280, 280–282
elemento de representação, 19, 25–26, 30, 79, 80, 81, 128, 133, 150, 152, 158, 258–259, 263, 263, 264, 265, 305–306, 367, 380–381, 465
  estrutura plana *versus* aninhada, 71–78
Elemento ID, padrão, 81, 271–274, 275, 276
endpoint(s), 22, 135–136, 161
  API orientada a dados, 165, 167, 180

de API candidato(s), 162
endereço, 23
papéis, 165, 168-176
posição, 161
Recurso de Transferência de Dados, padrão, 65-66
Recurso do Processamento, padrão, 60
referências dinâmicas, 64-65
endpoints da API orientados a dados, 165, 167, 180
endpoints de API candidatos, 59, 162
entidade, 33, 176, 262, 459
Entidade Incorporada, padrão, 64-65, 108, 109-110, 129, 311, 314-319
entrega contínua, 18
ERP (planejamento de recursos empresariais), 391, 438
Escuta, 411
esquema de versionamento, 364, 374
estabilidade, API, 21, 271-272, 375, 378, 390
estados e transições do estado, semântica de, 234-235
estereótipo. *Ver também* Elemento Id, padrão; Elemento de *Link*, padrão; Elemento de Metadados, padrão
  elemento, 78-82, 256, 282
  papel, 249
estereótipo de papel, 182-183, 215
estruturas de dados compartilhados, ocultar estruturas de dados compartilhados atrás da lógica do domínio, 176-178
ETag (*tag* da entidade), 348
evento, 4, 187, 219
evolução de APIs, 110-111, 357. *Ver também* gestão do versionamento e da compatibilidade, decisões
  desafios, 358-360
  gestão do versionamento e da compatibilidade, decisões, 112-113, 360
    Dois em Produção, padrão, 388-393
    Garantia de Vida Limitada, padrão, 385-388
    Identificador de Versão, padrão, 113-114
    Obsolescência Agressiva, padrão, 379-385
    Prévia Experimental, padrão, 375-378
    Versionamento Semântico, padrão, 114
  Lakeside Mutual, 120-122
expansão dos resultados da solicitação, 336
experiência do desenvolvedor (DX), 17, 21-22
extensão, API, 359-383

F

fachada remota, 188, 194, 195
facilidade de uso, API, 21
fases de elaboração, padrão, 135-136
fatiamento, 326, 327, 332
fatiamento de resposta, 326, 327, 332
fatores, 8
fatores de sucesso, 15, 22, 43
  tempo de vida, 16
  tempo para primeira chamada, 15
  tempo para primeiro tíquete nível n, 15
  valor do negócio, 15
  visibilidade, 15
fechamento transitivo, 315
Floresta de Parâmetros, padrão, 74, 155-157
fluxos de dados, 6
front-end, 4, 10, 31, 36-37, 38, 47, 52, 53, 138, 140, 145-146, 228, 229, 232-233, 235, 236, 237, 281, 317, 333, 368
Front-end da Aplicação, 11, 37, 142
função da, API, 21
Função de Computação, padrão, 69, 240-242, 245-248
futuro das APIs, 450

G

Garantia de Vida Limitada, padrão, 115-116, 361, 385, 385-386, 387-388
gateway, 97, 236, 298, 303, 305, 319, 335, 340, 404, 411, 449
geração de código, 367
gerenciamento de processos de negócio (BPM), 228, 232, 434
GET, solicitações, 322-323
GitHub, 5, 414
Google
  Maps, 15
  Quantum AI, 14
governança, qualidade da API, 84-85, 98, 114, 377
GraphQL, 339, 343
GUID, 276

H

Helland, P., "Data on the Outside versus Data on the Inside", 405
HTTP (protocolo de transferência de hipertexto)
  APIs, 6
  long polling, 352

I

IA (inteligência artificial), Google Quantum, 14
IBANs, 382-383
ID de confirmação, 370
IDEAL (estado isolado, distribuição, elasticidade, automação e baixo acoplamento), 10-11, 12
idempotência, 164
IDENTIFICADOR DE VERSÃO, padrão, 113-114, 361, 362-368
implantação, 47, 58, 122, 145, 335, 340, 358, 360, 427-428, 449
Implementação da API, 17, 39, 163, 258
infraestrutura, 13, 97, 205, 239, 284, 295, 313, 323, 335, 343, 344, 347, 354, 433, 436
  integração, 427-428, 429-430, 437, 441, 447, 450, 6-8, 12, 16, 18-19, 22, 28, 47, 128, 140, 141, 142, 145, 170, 174, 177-178, 212, 217-218, 227, 236, 258, 266, 269, 275, 276, 367-368, 388, 426
INTEGRAÇÃO DE BACK-END, padrão, 53-55, 139-141
  atividade de negócio, 164, 173-174, 228, 230-231, 232-233, 236, 434, 447
INTEGRAÇÃO DE FRONT-END, padrão, 53, 138-139
interface. *Ver* API(s) local(is)
Internet das Coisas, 14
interoperabilidade, 54, 56-57, 76-77, 141
intervalo de atualização de dados, 349
IU (interface do usuário), 53

J

JavaScript, 10, 37
JSON, 128, 153-154

K

Kerberos, 87, 287, 306-307
Kubernetes, 11, 450

L

Lakeside Mutual, 31
  arquitetura dos microsserviços, 38
  contexto do negócio e requisitos, 31-32
  controlador CustomerInformationHolder, 82-83
  design da API e especificação do destino, 39-41
  histórias do usuário e qualidades desejadas, 32
  modelo de domínio, 32-35
  padrões de qualidade e evolução, 120-122
paginação baseada em cursor, 331
paginação baseada em deslocamento, 330-331
recursos de autoatendimento
  arquitetura da aplicação, 36-38
  qualidades desejadas, 31-32
  sistema atual, 35-36
  usabilidade, 32
largura de banda, 20, 201, 310
linguagem de execução de processos de negócio (BPEL), 427, 433
linguagem de marcação para condições meteorológicas digital (DWML), 9
linguagem de padrões, 127, 128
Linguagem Publicada, 51, 201, 255, 258, 260, 262, 265
LISTA DE DESEJOS, padrão, 103, 311, 335-336, 337, 338
LISTA DE PARÂMETROS ATÔMICOS, padrão, 73, 74-76, 150-152
long polling, 352

M

marketplaces de código aberto, 13
MDSL (*Linguagem de Microsserviços Específica do Domínio*), 28, 40-41, 151, 153, 341-342, 449
medição e consumo pelo consumo da API
  decisões, 88-90, 406-407. *Ver também* PLANO DE PREÇOS, padrão
mensagem
  resposta, 24
  solicitação, 24
Mensagem Assíncrona, 6, 19, 141
mensagem de comando, 24, 128, 171, 175
Mensagem de Documento, 128, 171, 175, 230-231
Mensagem de Evento, 128
mensagem de resposta, 24
mensagem de solicitação/resposta, 24, 336
mensagens e sistemas de mensagem, 24
  canais, 128
  cliente, 3-4
  desserialização, 26
  DTR (representação da transferência de dados), 26
  estrutura e representação, 25-26, 71-72, 146
  ÁRVORE DE PARÂMETROS, padrão, 73, 152-155
  desafios do *design*, 254-255
  design, 253-254

FLORESTA DE PARÂMETROS, padrão, 74, 155–157
LISTA DE PARÂMETROS ATÔMICOS, padrão, 73, 150–152
PARÂMETRO ATÔMICO, padrão, 72, 148–150
granularidade, 313–314
DETENTOR DA INFORMAÇÃO VINCULADA, padrão, 320–325
ENTIDADE INCORPORADA, padrão, 314–319
JSON, 128
otimização da troca
PACOTE DE SOLICITAÇÕES, padrão, 351–355
SOLICITAÇÃO CONDICIONAL, padrão, 345–350
padrões, 70–71, 74–78
resposta, 24
serialização, 26
solicitação/resposta, 24
Metadados Agregados, 265
metadados de controle, 97, 102, 255, 265, 268, 269, 270, 295, 303, 330
metadados de proveniência, 255, 265, 269, 270, 303
microsserviços, 12–13, 18, 141, 441
Lakeside Mutual, 38
princípios, 61, 177
transclusão, 441
middleware, 7, 319
modelagem de resposta, 338
MODELO DE DESEJO, padrão, 103, 311, 339–344
modelo de domínio, 22–28. *Ver também* mensagens e sistemas de mensagem
contrato de API, 26–27
conversas, 24–25
estrutura e representação da mensagem, 25–26
modelo de domínio da Lakeside Mutual, 32–35
participantes da comunicação, 22–23
Modificação da API, 20, 254, 294, 313

N

N em Produção, 391

O

OAS (Especificação OpenAPI), 401, 450
OAuth 2.0, 87, 306
OBSOLESCÊNCIA AGRESSIVA, padrão, 116–117, 379–384

ocultar estruturas de dados compartilhados atrás da lógica do domínio, 176–178
OpenStreetMap, 15
OPERAÇÃO DE CRIAÇÃO DO ESTADO, padrão, 67–68, 216–222
OPERAÇÃO DE RECUPERAÇÃO, padrão, 68, 222–223, 224–228
OPERAÇÃO DE TRANSIÇÃO DO ESTADO, padrão, 68–69, 228–236, 237, 238–240
operação(ões), 162, 165
responsabilidade, 66–70, 165–166
FUNÇÃO DE COMPUTAÇÃO, padrão, 69, 240–248
OPERAÇÃO DE CRIAÇÃO DO ESTADO, padrão, 67–68, 216–222
OPERAÇÃO DE RECUPERAÇÃO, padrão, 68, 222–228
OPERAÇÃO DE TRANSIÇÃO DO ESTADO, padrão, 68–69, 228–239
overfetching, 326

P

PACOTE DE SOLICITAÇÕES, padrão, 104–105, 311–312, 351–353, 354, 355
padrões, 41, 43–44, 105–107, 127, 129–131, 255–256. *Ver também* decisões; padrões de fundamentos; padrões de estrutura
ACORDO DE NÍVEL DE SERVIÇO, 92–93, 416–419, 420, 421
API DA COMUNIDADE, 49–50, 143–144
API DE SOLUÇÃO INTERNA, 50–51, 144–145
API PÚBLICA, 48–49, 142–143
ÁRVORE DE PARÂMETROS, 73, 152–155
categorias dos tópicos, 132–133
CHAVE DA API, 86–87, 283–287, 288
de fundamentos, 137–138
DESCRIÇÃO DA API, 56–57, 168–169, 399–400, 401–402, 401–402, 403–405
DETENTOR DA INFORMAÇÃO VINCULADA, 109, 311, 320, 323–324, 325
DETENTOR DA INFORMAÇÃO VINCULADA, padrão, 321–323
DETENTOR DOS DADOS DE REFERÊNCIA, 64, 195–200
DETENTOR DOS DADOS MESTRES, 63–64, 190–195
DETENTOR DOS DADOS OPERACIONAIS, 63–64, 183–185, 185–189, 190
DOIS EM PRODUÇÃO, 117–118, 388–391, 392
ELEMENTO DE DADOS, 79–80, 257–261, 262, 311

ELEMENTO DE LINK, 81–82, 276–279, 280, 280–282
ELEMENTO DE METADADOS, 80, 263–264, 265–266, 267, 268–269, 270
ELEMENTO ID, 81, 271–274, 275, 276
ENTIDADE INCORPORADA, 108, 109–110, 311, 314–315, 315–319
escopo da arquitetura, 131–132
fases da elaboração, 135–136
FLORESTA DE PARÂMETROS, 74, 155–157
FUNÇÃO DE COMPUTAÇÃO, 69, 240–242, 245–248
GARANTIA DE VIDA LIMITADA, 115–116, 361, 385, 385–386, 387–388
IDENTIFICADOR DE VERSÃO, 113–114, 361, 362–368
INTEGRAÇÃO DE BACK-END, 53–55, 139–141
INTEGRAÇÃO DE FRONT-END, 53, 138–139
LISTA DE DESEJOS, 103, 311, 335–336, 337, 338–339
LISTA DE PARÂMETROS ATÔMICOS, 73, 74–76, 150–152
MODELO DE DESEJO, 103, 311, 339–344
OBSOLESCÊNCIA AGRESSIVA, 116–117, 379–380, 382–384
OPERAÇÃO DE CRIAÇÃO DO ESTADO, 216–222
OPERAÇÃO DE RECUPERAÇÃO, 68, 222–223, 224–228
OPERAÇÃO DE TRANSIÇÃO DO ESTADO, 67–69, 228–230, 230–236, 237, 238–240
PACOTE DE SOLICITAÇÕES, 104–105, 311–312, 351–353, 354, 355
PAGINAÇÃO, 100–102, 311, 327–330, 330–331, 332–334
PARÂMETRO ATÔMICO, 72, 74–78, 148–150
PLANO DE PREÇOS, 88–90, 406–410, 411
PRÉVIA EXPERIMENTAL, 118–119, 375–378
RECURSO DE PESQUISA DE LINKS, 64–65, 200–206
RECURSO DE TRANSFERÊNCIA DE DADOS, 65–66, 206–207, 208–211, 212–214, 215
RECURSO DO DETENTOR DA INFORMAÇÃO, 60–63, 176–178, 178–182, 183
RECURSO DO PROCESSAMENTO, 60, 168–170, 170–176
RELATÓRIO DE ERROS, 94–96, 288–290, 291–293
REPRESENTAÇÃO CONTEXTUAL, 96–98, 293–295, 296–298, 299–305
SOLICITAÇÃO CONDICIONAL, 104, 311–312, 345–350
TAXAS-LIMITE, 90–92, 411–415
VERSIONAMENTO SEMÂNTICO, 114, 369–374
padrões de estrutura, 146–147, 157–158
ÁRVORE DE PARÂMETROS, 152–155, 316–317
FLORESTA DE PARÂMETROS, 155–157
LISTA DE PARÂMETROS ATÔMICOS, 73, 74–76, 150–152
PARÂMETRO ATÔMICO, 72, 74–78, 148–150
padrões de fundamentos, 137–138, 145–146
API DA COMUNIDADE API, 143–144
API DE SOLUÇÃO INTERNA, 144–145
API PÚBLICA, 142–143
INTEGRAÇÃO DE BACK-END, 139–141
INTEGRAÇÃO DE FRONT-END, 138–139
paginação baseada em cursor, 101, 330, 331
paginação baseada em deslocamento, 101, 328–329, 330–331
paginação baseada em página, 328–329
paginação baseada em tempo, 101, 330
paginação de solicitação, 334
PAGINAÇÃO, padrão, 311, 327–328, 330–331, 332–334, 334
papéis e responsabilidades, 248
  decisões, 57–59, 61, 66
    DETENTOR DOS DADOS DE REFERÊNCIA, padrão, 64
    DETENTOR DOS DADOS MESTRES, padrão, 63–64
    DETENTOR DOS DADOS OPERACIONAIS, padrão, 63–64
    RECURSO DE PESQUISA DE LINKS, padrão, 64–65
    RECURSO DE TRANSFERÊNCIA DE DADOS, padrão, 65–66
    RECURSO DO DETENTOR DA INFORMAÇÃO, padrão, 60–63
    RECURSO DO PROCESSAMENTO, padrão, 60
  responsabilidade da operação, 66–70
    FUNÇÃO DE COMPUTAÇÃO, padrão, 69
    OPERAÇÃO DE CRIAÇÃO DO ESTADO, padrão, 67–68
    OPERAÇÃO DE RECUPERAÇÃO, padrão, 68
    OPERAÇÃO DE TRANSIÇÃO DO ESTADO, padrão, 68–69
PARÂMETRO ATÔMICO, padrão, 72, 74–78, 148–150
parcimônia de dados, 20, 69, 335, 342–343
Pautasso, C., *A Pattern Language for RESTful Conversations*, 282
PLANO DE PREÇOS, padrão, 88–90, 406–410, 411
políticas, 5, 34–35, 328

precisão
    cobrança, 342–343
    design de API, 63, 90, 112–113, 163
    preço baseado em assinatura, 407–408, 410
    preço baseado em mercado, 409
    preço baseado em uso, 408
PRÉVIA EXPERIMENTAL, padrão, 118–119, 375–378
privacidade, 20–21, 169–170, 326
Processador de Atividade do Negócio, 233, 434
processamento no lado do provedor, 57, 168–170, 201
processo de negócio, 163, 164, 182, 298, 425, 428, 429, 433, 434, 436–437, 439, 443
Processo Unificado, 135–136
produtos, 13
protocolos, 6, 28
protocolos orientados a hipermídia, 6
publicação de uma API, 18

Q

QoS (qualidade de serviço), 84, 416–418
qualidade, 309–310
    atributos, 8, 29
        design de API orientado a papel e responsabilidade, 163–164
        governança, 84–85
    decisões de paginação, 98–102
    desafios da melhoria, 310–311
    Lakeside Mutual, padrões, 120–122
    objetivos e penalidades, 92–93
qualidade de dados, 55, 61, 63, 109, 313–314

R

recurso, 23, 60, 61, 64–65, 76, 105, 266, 322, 323, 408. *Ver também* RECURSO DE TRANSFERÊNCIA DE DADOS, padrão; RECURSO DO DETENTOR DA INFORMAÇÃO, padrão; RECURSO DE PESQUISA DE LINKS, padrão; RECURSO DO PROCESSAMENTO, padrão
Recurso de Coleção, 206
RECURSO DE PESQUISA DE LINKS, padrão, 64–65, 200–206
RECURSO DE TRANSFERÊNCIA DE DADOS, padrão, 65–66, 206–207, 208–215
RECURSO DO DETENTOR DA INFORMAÇÃO, padrão, 60–63, 176–182, 183
recurso do detentor de relacionamento, 322
RECURSO DO PROCESSAMENTO, padrão, 60, 168–172, 172–176
recurso inicial, 23

refatoração, 77, 200, 385, 431, 449–450
referências dinâmicas do *endpoint*, 64–65
relacionamento, 27–28, 36, 73, 108, 152, 176–177, 178–179, 181, 182–183, 184–185, 190, 191, 260, 276, 315–317, 318, 320, 322
RELATÓRIO DE ERROS, padrão, 94–96, 120–121, 288–290, 291–293
REPRESENTAÇÃO CONTEXTUAL, padrão, 96–98, 293–295, 296–298, 299–305
Responsabilidade, 57, 66, 82, 162
REST (transferência de estado representacional), 6
RPC (chamada de procedimento remoto), 5
Ruby on Rails, 443

S

SaaS (*software* como serviço), 12
SACAC
    contexto e domínio do negócio, 438–439
    desafios técnicos, 439–440
    papel e *status* da API, 440–441
    retrospectiva e perspectiva, 444
    uso de padrões e implementação, 442–443
SchemaVer, 364
SDK (*kit* de desenvolvimento de *software*), 7
segurança, 20–21, 169–170, 177
semântica, estados e transições do estado, 234–235
serialização, 26
    serviço, 50, 144, 168–169, 229, 296–298, 359, 384, 406, 420, 429–430, 434–435. *Ver também* microsserviços; QoS (qualidade de serviço); autoatendimento, Lakeside Mutual; SLA (acordo de nível de serviço); SOA (arquitetura orientada a serviço)
serviços em nuvem, 10, 12. *Ver também* autoatendimento
Siriwardena, P., *Advanced API Security*, 307
Sistema de Engajamento, 185, 212
SLA (acordo de nível de serviço), 92–93, 163, 418–419, 420
SLO (objetivo do nível de serviço), 92–93, 418–419, 420
SOA (arquitetura orientada a serviço), 12, 23
software
    ecossistemas, 13–14
    produtos, 13
solicitação condicional baseada em impressão digital, 348
solicitação condicional baseada em tempo, 347
SOLICITAÇÃO CONDICIONAL, padrão, 104, 311–312, 345–350

SPA (aplicativo de página única), 37
sprints, 136

T

taxa de transferência. *Ver* desempenho
Taxa-Limite, padrão, 90-92, 411-415
TCP/IP, 5, 6, 18
tecnologia facilitadora, 14
tempo de resposta. *Ver* desempenho
tempo de vida, 16
tempo para primeira chamada, 15
tempo para primeiro tíquete nível n, 15
Terravis
   contexto e domínio do negócio, 426-427
   desafios técnicos, 427-428
   papel e *status* da API, 429
   retrospectiva e perspectiva, 436-437
   uso de padrões e implementação
      componente Automação do Processo, 433-435
      componente Consulta, 432-433
      componente Nomeado, 435
      padrões aplicados em todos os componentes, 429-431
      tecnologias de implementação do padrão, 436
throttling, 413
tipos de integração, decisões sobre, 52
   Integração de Back-end, padrão, 53-55
   Integração de Front-end, padrão, 53
transação, 62, 232
transclusão, 441
Twitter, API da *web*, 5

U

underfetching, 326
URI, 70, 147, 149, 193, 208, 209, 274, 278, 280-281
URL, 23, 322
URN (nome de recurso unificado), 274
usabilidade, recursos de autoatendimento, Lakeside Mutual, 32
UUID, 276. *Ver também* GUID

V

valor do negócio, 15
verificações de auditoria, 164, 295
Versionamento Semântico, padrão, 114, 369-374
visibilidade, 15
   decisões, 47-48
      Api da Comunidade, padrão, 49-50, 143-144
      Api de Solução Interna, padrão, 50-51
      Api Pública, padrão, 48-49, 142-143
   estrutura dos dados, 51-52

W

Web API Design: The Missing Link, 339
WebDAV, 441
WSDL (*web services description language*), 367

Z

Zalando RESTful API and Event Scheme Guidelines, 270